과학혁명의
기원

고대 그리스 철학부터 뉴턴의 역학까지

과학혁명의 기원

오퍼 갤 지음 | 하인해 옮김

모티브북

이Yi에게 이 책을 바친다.

차례

09 신과학

10 과학의 성전

지은이의 말

　이 책을 쓴 목적은 과학사의 주요 장章들을 독자에게 소개하기 위해
서다. 나는 과학을 위대한 성취인 동시에 무엇보다도 인간적인 노력으로
설명하려고 했다. 과학의 진보와 여러 장애물, 그리고 발전 과정에서 드
러난 진실의 행렬에 관해 이야기하며 과학적 지식의 임의성과 역사성에
초점을 맞추었다. 과학을 포함한 지식은 언제나 실재하는 사람들이 공동
체 안에서 마주한 지역적·문화적·역사적 필요와 도전을 현재와 과거에서
얻은 자원으로 해결하면서 발전했다.

　이 책은 피타고라스의 수학부터 아이작 뉴턴의 《프린키피아》에 이르
는 시간을 아우른다. 책의 첫 장은 중세 성기盛期에 관해 이야기하며 역사
학자들이 걷는 탐구의 길을 독자에게 안내한다. 그 중심에서 과학을 훌
륭하게 은유해줄 고딕 성당은 복잡한 문화적 맥락에서 탄생한 인류 지식
의 위대한 성취다. 나는 각 장에서 특정 시대를 다루었지만 사회적·문화
적 배경, 도전과 기회, 지적 동기와 우려, 인식론적 가정과 기술적 사상,
도구와 절차를 비롯한 지식 형성의 모든 면을 결국 하나의 담론으로 통
합했다. 이 책에서 많은 주제를 논의하며 여러 곳에 등장시킨 성당에 관
한 은유는 현재 우리가 과학으로 부르는 믿음, 관행, 제도의 복합적 체계
가 특별하면서도 임의적으로 나타난 인류 현상이라는 중요한 교훈과 연

결된다.

나는 범위가 광대한 이 책을 쓰면서 다양한 독자를 염두에 두었으므로 글이 유연하게 이어지도록 각주를 최소화하고 인용은 최대한 그대로 옮겼다. 대신 각 장에 관한 더 읽을거리를 소개하고, 본문에 나온 시대나 주제와 관련하여 쉽게 접할 수 있는 영문 자료를 '1차 자료'에 명시했다. 또한 집필에 참고한 주요 자료를 '2차 자료'에 명시했다. 이 자료들은 교사가 강의를 준비하고, 학생이 지금과는 먼 시대와 장소의 문헌을 해석하는 능력을 키우는 데 큰 도움이 될 것이다. 각 장 뒷부분의 토론 문제 역시 교사에게 훌륭한 강의 자료가 될 것이고, 일반 독자에게는 주요 내용에 대한 통찰의 실마리가 될 것이다. 이 책에 사실과 다른 오류가 있다면 그 책임은 온전히 내게 있다.

감사의 말

대학 교육의 지적 가치에 대한 헌사인 이 책은 내가 수년 동안 수업에서 만난 거의 모든 이들 덕분에 세상에 나올 수 있었다. 공식적으로든 비공식적으로든, 말 그대로이든 은유적으로든 말이다. 이 책에 소개한 더 읽을거리의 저자들 외에도 한정된 지면에 열거할 수 없을 만큼 많은 이가 도움을 주었다. 특히 가까이에서 나를 가르쳐준 리브카 펠드헤이Rivka Feldhay, 사베타이 웅구루Sabbetay Unguru, J. E. 맥과이어J. E. McGuire, 피터 머캐머Peter Machamer, 버나드 골드스타인Bernard Goldstein, 고인이 된 마셀로 다스칼Marcelo Dascal과 나와 동고동락한 동료 앨런 차머스Alan Chalmers, 존 슈스터John Schuster, 하난 요란Hanan Yoran, 오하드 파르네스Ohad Parnes, 다니엘라 헬비히Daniela Helbig, 도미닉 머피Dominic Murphy, 빅터 보안차Victor Boantza, 스나이트 기시스Snait Gissis, 그리고 누구보다도 라즈 첸-모리스Raz Chen-Morris에게만큼은 꼭 감사의 말을 전하고 싶다. 집필 마지막 단계에 빅터가 과학 편집자 역할을 자처해준 덕에 나는 심각한 사실관계 오류로 인한 큰 망신을 모면할 수 있었다. 또한 문장이 더욱 간결해지고 논증은 더욱 날카로워졌다.

핼 쿡Hal Cook, 벤 엘먼Ben Elman, 댄 가버Dan Garber, 토니 그래프턴Tony Grafton, 사이먼 섀퍼Simon Schaffer, 그리고 고인이 된 샘 슈위버Sam

Schweber는 공식적으로 만난 적은 없지만 언제나 내 마음속 스승이다. 내게 처음 과학사를 가르쳐준 고故 아모스 펑켄스타인Amos Funkenstein과 예후다 엘카나Yehuda Elkana는 과감하지만 세심하고, 광범위하지만 세밀한 과학의 서사가 가능하다는 사실을 깨우쳐주었다. 나는 여전히 그들의 학식과 깊이, 지적 용기에 감탄을 금치 못한다.

이 책을 쓰는 동안 다행히도 많은 곳이 지적 도움을 주었다. 헤이거Hagar와 이Yi는 이 책의 토대를 (때로는 그들이 생각지도 않게) 닦아주었다. 또한 케임브리지대학교출판부의 루시 라이머Lucy Rhymer, 리사 핀토Lisa Pinto, 매기 제퍼스Maggie Jeffers, 소피 로신케Sophie Rosinke, 찰리 호웰Charlie Howell의 전문적이고 헌신적인 도움이 없었다면 책은 세상에 나올 수 없었다. 모두에게 깊이 감사드린다. 도서관의 많은 직원 역시 이 책에 실린 이미지를 찾아주느라 업무를 제대로 보지 못했다. 특히 시드니대학교 도서관의 톰 굿펠로Tom Goodfellow와 베를린 막스플랑크과학사연구소의 우르테 브라우크만Urte Brauckmann에게 감사의 말을 전한다.

무엇보다도 이 책은 내가 시드니에서 교편을 잡은 수년 동안 만난 대학원생들에게 크나큰 빚을 졌다. 매주 그들과 함께하는 한 시간의 만남은 일주일 중 지적으로 가장 신나는 시간이다. 앨런 솔터Alan Salter는 의학의 역사를, 이언 윌스Ian Wills는 기술의 역사를 내게 가르쳐주었고, 제임스 레이James Ley는 고전 사상과 교육학의 스승이었으며, 키런 크리시나Kiran Krishna는 중세에 관한 모든 것을 알려주었다. 책의 초고를 편집해주고 이미지를 검색하여 내게 크나큰 도움을 준 제니퍼 톰린슨Jennifer Tomlinson은 제인 샤프Jane Sharp를 비롯한 여성의 목소리에 귀 기울이라고 종용했다. 사하르 타바콜리Sahar Tavakoli는 제니퍼와 함께 근대 초기 산파에 관한 정보를, 메건 바움하머Megan Baumhammer는 시각 효과의 힘과 미스터리에 관한 정보를 제공해주었다. 이언 로슨Ian Lawson은 과학 장비와 그 환경의 섬세한 균형을, 클레어 케네디Clare Kennedy는 지도의 매력을 일깨워주었다. 애린 하먼Arin Harman은 기반이 탄탄한 권위자로서 유연한 교수법을 전수해주었고, 닉 보직Nick Bozic은 철학자의 마음가짐을 일깨워주었다. 영국 왕립학회에 관한 내 모든 지식은 패디 홀트Paddy Holt로부터, 마법에 관한 지식은 로라 섬롤Laura Sumrall로부터 비롯되었다. 신디 호도바-에릭Cindy Hodoba-Eric은 내가 근대 초기 자연철학을 복습하게 해주었다. 또한 책의 스타일과 내용, 이미지 취합과 저작권, 복잡한 도식의 디자인과 작성에 대한 신디의 기술, 지식, 열정이 없었다면 나는 책을 끝내지 못했을 것이다.

이 책에서 언급한 내 모든 스승과 함께 작업하여 무척 기뻤다. 그들에게 이 책을 바친다.

대성당

그들은 불안한 사다리를 타고 신을 향해 올랐다.
다듬은 돌을 윈치와 도르래로 천공에 쌓고
망치를 들고 하늘에 머무르며 중력을 거스르고
돌의 무게를 이기며 신을 맞이할 성전을 올렸다.
그러곤 저녁밥과 밍밍한 맥주가 있는 곳으로 내려왔다….

- 존 오먼드John Ormond, 〈성당을 지은 자들The Cathedral Builders〉

대성당-과학에 대한 은유

존 오먼드는 고딕 성당의 장엄함에서 시의 영감을 얻었다. 가장 웅대한 고딕 성당 중 하나는 파리 서남쪽에 있는 샤르트르 대성당일 것이다(그림 1.1). 맨해튼 거리의 한 블록 반보다 긴 130미터의 외관 높이와 10층짜리 건물보다도 높은 37미터의 궁륭vault은 숨을 멎게 한다. 남쪽에 있는 로마네스크 양식의 탑은 높이가 107.5미터고 지안 드 보스Jehan de Beauce가 "다듬은 돌을… 천공에" 쌓아 세운 114미터짜리 북쪽 탑은 30층짜리 고층 건물과 맞먹는다.

| 그림 1.1 | 샤르트르 대성당의 남쪽 정면. 로마네스크 탑과 익랑(장미 무늬 창이 있는 곳) 사이, 그리고 동쪽 뒤 주위에 있는 다리 같은 구조물은 벽을 지지하는 공중 버팀벽이다.

샤르트르 대성당을 지으려고 "불안한 사다리를" 탄 사람들에 대해 알려진 사실은 많지 않다. 우리가 아는 사실은 샤르트르 대성당이 고대 사원과 중세 초기 교회의 자리에 지어졌다는 것이다. 샤르트르 대성당은 1145년에 현재의 형태로 지어지기 시작했고 1194년에 화재 때문에 공사가 중단되었다가 이후 재개되었다고 한다. 그리고 13세기 초에 완공되었다. 중세의 기술 수준을 생각하면 무척 빠른 속도다. 하지만 그 외에는 알려진 것이 별로 없다.

이처럼 알려진 사실이 빈약하기 때문에 샤르트르 대성당, 좀 더 포괄적으로는 고딕 성당에 관한 이야기에서 중요한 부분을 알 수 없다. 많은 성당은 설계자가 없다. 정확한 착공일과 완공일이 없고 청사진도 없다. 수많은 손을 거친 성당은 위대한 걸작이며, 무엇보다도 인간적인 업적이다. 이 책의 첫 장에서 성당을 언급하는 이유는 과학과 흡사하기 때문이다. 성당은 앞으로도 과학의 탄생을 생각할 때 훌륭한 은유가 될 것이다.

과학의 역사는 한눈에 알기 어려우므로 지침이 될 은유가 필요하다. 일반적으로 '과학'은 세상의 본질과 작동 방식을 탐구하는 올바르고 적절한 방식을 일컫는다. 그렇다면 과학에 역사가 있다는 말은 어떤 의미일까? 과거인들이 올바른 이해에 도달할 때까지 시도한 모든 잘못된 방법을 목록화한 것을 과학의 역사로 여길 수도 있다. 이러한 접근법으로는 그들이 지식을 얻은 방식, 그리고 우리가 그 방식으로부터 얻은 혜택을 제대로 통찰할 수 없다. 별 소용이 없지만 순전한 호기심에서 그렇게 접근하더라도 목록을 무엇으로 시작하고 무엇으로 끝내야 할지가 불분명하다. 굳이 실수나 미신을 다른 무엇보다 중요하게 여길 이유가 있을까?

과학을 뜻하는 영단어 'science'는 '진실하고 탄탄하게 뒷받침된 지식'을 뜻하는 라틴어 '스키엔티아scientia'에서 비롯했다. 스키엔티아는 이상이다. 이와 달리 현실의 과학은 성당처럼 위대하지만 '인간적인' 성취다. 인간의 모든 지식과 믿음, 그리고 믿음을 발전시키고 뒷받침하는 모든 방식처럼 과학은 독특하고 지역적이며 역사적이다.

철학 – 과학의 성전

과학에 역사가 있다는 말은 이해하기가 '쉽지 않다'. 과거인들이 세상을 인식한 방식은 분명 지금과 달랐다. 우리는 세상에 관한 우리의 지식, 다시 말해 과학에 감탄하며 그저 과거인들이 틀렸고 과학의 과거는 현재를 향한 행진이었을 뿐이라고 단정하기 쉽다. 달리 말하면 우리는 현재의 과학이 진실하다고 믿는다. 우리가 우리의 방식으로 지식을 모으고 생성하는 이유는 그 방식이 올바르기 때문이라고 생각한다. 우리가 우리의 증거와 논증으로 지식을 뒷받침하는 이유는 우리의 증거가 신뢰할 수 있고 우리의 논증이 유효하기 때문이라고 생각한다. 그리고 과거인들이 다르게 생각한 이유는 우리의 방식을 몰랐기 때문이라고 생각한다.

위와 같은 생각은 그럴듯하지만 완전히 틀렸다. 본말전도이기 때문이다. 우리가 우리의 방식으로 생각하는 까닭은 선조들이 닦은 길을 걸어왔기 때문이다. 우리가 물체에 '질량'이 있다고 생각하는 이유는 아이작 뉴턴Isaac Newton이 자신과 경쟁자들에게 물체들이 서로 당기는 원리를 설명하려고 했기 때문이다. 우리는 더 이상 물질이나 질량을 뉴턴이 생각한 방식으로 생각하지 않는다. 뉴턴은 '틀렸었다'. 그래도 우리는 여전히 뉴턴의 개념과 계산에 기댄다. 뉴턴이 논쟁에서 질 가능성은 무척 컸고, 실제로 졌다면 지금의 물리학은 무척 달라졌을 것이다. 우리가 '무의식'에 대해 아는 이유는 지그문트 프로이트Sigmund Freud가 시력에 문제가 없는데도 앞을 보지 못하거나, 사지가 멀쩡한데도 움직이지 못하는 여성들에게 흥미를 느끼고 매료되었기 때문이다. 프로이트가 심리학 관점에서 질환으로 설명한 히스테리는 더 이상 질병으로 여겨지지 않는다. 프로이트는 지금 우리가 진실이라고 아는 무언가를 발견하지는 못했다. 하지만 그가 주장한 '무의식'은 여전히 심리학의 핵심이며 전반적인 문화에도 중요하다. 프로이트가 없었다면 지금의 심리학은 달랐을 것이다.

과학에 역사가 있다는 말은 바로 이런 뜻이다. 과거 사람들이 이룬 업적의 목표와 궁극적인 원인은 우리가 아니라는 뜻이다. 대신 우리는 선조들이 이룬 업적의 산물이다. 우리의 생각과 믿음은 과거인들의 실수를 바로잡아 얻은 것이 아니라 '그들이 그들의' 시대에 이용할 수 있었던 자

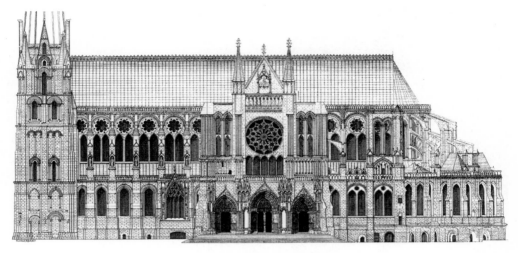

3. CHARTRES: KATHEDRALE. 1 : 400.

| 그림 1.2 | 꿈의 조화. 근대에 그려진 샤르트르 대성당 남쪽의 입면도. G. 데히오G. Dehio와 G. 폰 베촐트G. von Bezold의 《서양의 교회 건축Die Kirchliche Baukunst des abendlandes》(슈투트가르트: 코타Cotta, 1887~1902)에 실렸다.

원으로 눈앞에 놓인 도전들을 극복한 결과다. 과거인들이 다른 방식으로 도전과 마주했다면 우리의 믿음은 지금과 달랐을 것이다. 우리의 믿음이 옳다는 생각은 정당하지만 그것이 옳은 이유는 과거인들이 노력했기 때문이다. 우리 믿음의 진실성은 그 노력의 원인이 아니라 결과다.

우리의 지식이 다른 모든 인간사처럼 역사적이고 임의적으로 결정된다는 사실을 이해하기란 어렵다. 하지만 성당을 떠올리면 좀 더 쉽게 알 수 있다. 예를 들어보자. 감탄의 눈으로 바라본다면 고딕 성당은 그림 1.2에서처럼 질서와 조화의 경이다. 실제로도 성당에는 질서에 관한 독특하고 엄격한 개념이 반영되어 있어서 십자 구조의 각 부분이 음정의 비율을 이룬다. 그런데 이상적인 도면이 아닌 실제 건물은 언뜻 봐도 이상에 한참 못 미친다. 그림 1.3을 보면 첨탑들이 균형을 이루지 않고 창의

| 그림 1.3 | 현실의 비대칭성. 샤르트르 대성당의 정면. 중단되지 않고 지어진 중앙 부분은 적절히 대칭을 이루지만, 건축 시기가 4세기나 다른 양쪽의 탑은 대칭이 깨져 있고 특히 지붕이 몹시 비대칭적이다.

크기도 서로 다르며 전반적으로 비대칭적이고 불규칙하다. 하지만 이런 불완전함을 얕보아서는 안 된다. 생동하고 진화하는 인류 과업의 표징이기 때문이다. 화재나 지진으로 무너진 곳을 고치고, 새로운 첨탑을 세우고, 난간과 처마 돌림띠를 증축하거나 보수하며, 파이프오르간을 새로 설치하거나 철거한 표시들이다. 더군다나 성당은 완전할 필요도 없고 결코 완전하지도 않다. 숭배받는 신에게는 완벽한 질서가 걸맞겠지만 실제 인간의 숭배는 그렇지 않아도 된다. 웅장한 신랑身廊(교회나 성당의 중앙 회랑-옮긴이)을 짓는 동안 오래된 성전을 사용할 수도 있고, 멋진 돔을 지을 여력이 안 된다면 나무 지붕을 올릴 수도 있다. 특히 수 세기에 걸쳐 만들어진 인류의 다른 유산들과 마찬가지로 성당에는 건설에 참여한 많은 사람의 변화하는 기회, 자원, 열망, 그리고 그들이 마주한 어려움과 불완전한 해결법의 흔적이 담겨 있다.

성당이 질서, 완벽, 조화의 이상을 구현하지 않는다는 말은 아니다. 오히려 그 반대로 "불안한 사다리를 타고 신을 향해" 오른 사람들의 이상을 정확하게 담고 있다. 하지만 주목해야 할 사실은 조화로운 질서는 성당을 지은 사람들이 추구한 이상이지 그들이 따를 수 있는 본보기는 아니었다는 것이다. 우리는 이러한 방식으로 과학을 생각해야 한다. 우리는 과학이 제시하는 주장들이 '진실'하다는 사실을 알지만, 진실은 과학을 이끄는 이상이다. 진실은 답이 밝혀지길 기다리는 질문이 없다면 존재할 수 없고 질문과 별개가 될 수도 없다. 과학자들이 증거와 논증을 통해 어떤 주장이 진실임을 확신하게 되었더라도 그것이 오류와 판단 착오에 가려져 있었던 무언가에 도달했다는 의미는 아니다. 그리고 그 '무언가'가 언제나 거기에 있을 것이라는 뜻도 결코 아니다. 과학자들이 증거와 논증을 통해 확신하게 되었다는 것은 이용 가능한 자원을 통해 현재의 도전을 만족스러운 방식으로 해결하는 데 성공했다는 뜻이다. 하지만 과학자들은 이 해결책이 잠정적일 뿐 아니라 도전 역시 잠정적이라는 사실을 잘 안다. 과학적 업적은 성당 건물처럼 만족감이나 영광의 순간을 맞을 수는 있지만 결코 완벽하지 않다. 그리고 조화가 성당 건물의 이상이듯이 진실은 과학 연구를 이끄는 이상이다. 과학은 성당처럼 이상을 좇는 사람들의 산물이지 이상 자체의 성취가 아니다.

성당으로 과학을 은유할 수 있는 또 다른 이유는 과학은 성당을 비롯한 인류의 수많은 성취처럼 수많은 손을 거친 업적이기 때문이다(그림 1.4). 단 한 명의 설계자, 단 하나의 설계, 단 하나의 비전을 꼽기란 불가능하다. 이 책은 물론이고 전반적인 과학사에서 아리스토텔레스나 갈릴레이, 뉴턴 같은 위대한 사상가의 흥미진진한 공헌에 초점을 맞추는 것은 충분히 이해할 수 있는 일이다. 하지만 위대한 공헌을 위대한 진보 자체로 해석해서는 안 된다. 성당 건축처럼 과학에도 모든 이의 노력이 필요하고 모든 "윈치와 도르래"가 중요하다. 물론 어떤 기술자는 다른 기술자보다 실력이 뛰어나고, 어떤 일은 다른 일보다 어렵거나 따라 하기가 힘들기 마련이다. 하지만 아무리 뛰어난 석공일지라도 아직 어리고 경험이 부족한 일꾼의 도움을 전혀 받지 않을 수는 없다. 항상 누군가는 석공이 사용할 "다듬은 돌"을 준비해놓아야 한다. 니콜라우스 코페르니쿠스 Nicolaus Copernicus나 요하네스 케플러Johannes Kepler가 하늘과 땅의 천문학

| 그림 1.4 | 많은 이의 손을 거친 성취. 플라비우스 요세푸스Flavius Josephus가 94년경 썼다고 추정되는 《유대 고대사The Antiquities of the Jews》의 필사본에 실린 장 푸케Jean Fouquet의 세밀화 〈솔로몬왕의 예루살렘 성전 건설The Construction of Temple of Jerusalem by King Solomon〉(1475년경)(man. fr. 247, fol. 163 v. BN, 파리). 푸케는 일꾼들이 각자 다른 도구와 기술을 사용하는 (파리의 노트르담 대성당을 본보기로 한) 상상의 성당 건설 현장에 솔로몬왕이 방문하는 장면을 그렸다.

적 관계를 바라보는 새로운 방식을 마련할 수 있었던 이유는 그들의 시대와 그 이전 시대의 수많은 천문학자, 수학자, 자연철학자가 이룩한 지적 자원을 활용했기 때문이다.

성당에 관한 은유를 통해 과학과 그 역사에서 얻을 수 있는 또 다른 철학적 통찰은 지식이 특정 시대와 장소에 뿌리내리는 방식에 관한 인식이다. 현대의 여러 분야 중에서도 과학은 전 세계적으로 폭넓게 연구된다. 실험실과 컴퓨터 프로그램, 이론과 경험적 절차는 미국이든 중국이든, 오스트레일리아든 스웨덴이든 어디서나 근본적으로 같다. 우리는 이러한 특징이 과학적 지식의 본질적 '보편성'을 나타낸다고 단정하곤 한다. 우리는 현대 인류가 시간과 장소에서 독립적인 '과학적 방법론'을 개발하여 시간과 장소에서 독립적인 '과학적 진실'을 발견하고 있다는 말을 자주 듣는다. 하지만 성당에 관한 은유는 과학의 보편성에 관한 단정이 역사적 인과관계를 혼동한 결과임을 깨닫게 해준다.

과학과 마찬가지로 고딕 성당은 전 세계 어디에나 있다. 중유럽과 서유럽에도 있고 아시아에서도 심심찮게 발견되며 남미에는 특히 많다. 뉴욕 웨스트 110번가에도 전통적인 자재를 사용해 과거 기술로 지은 성당이 있다. 하지만 모든 성당에 본질적으로 보편적인 무언가가 있다고 말하는 사람은 없다. 성당이 특정 장소와 시대에서 기원했고 당시의 종교적·심미적·실용적 이유에서 그 형태를 갖추게 되었다는 사실은 쉽게 알 수 있다. 오랜 세월 동안 수많은 성당이 그런 독특한 형태를 띠게 된 이유는 장소와 시대마다 다르다. 고딕 성당이 전 세계에 존재하게 된 일은, 작고 폐쇄적인 유럽의 여러 독립적 공동체에서 처음 고딕 성당을 지은 사람들의 기호와는 더 이상 관련이 없다. 고딕 성당의 세계화에 결정적인 영향을 미친 것은, 고딕 성당이 처음 출현하고 2백~4백 년 후 제국주의와 선교를 둘러싼 정치적·종교적 상황에서 성당이 상징하게 된 요소들이었다. 그러므로 고딕 성당의 세계화는 성당이 고딕 양식으로 건설된 실제 원인과 거의 무관하다.

마찬가지로 고딕 성당의 세계화는 뾰족아치나 공중 버팀벽의 본질적 보편성을 나타내는 표상이 아니며(그림 1.1) 과학적 이론과 절차의 세계화는 과학의 본질적 보편성을 나타내는 표상이 '아니다'. 과학자들의 보편적인 열망은 그들의 노력이 세계성을 띠는 이유를 이해하는 데 중요하고, "신을 맞이할 성전을 올린" 자들의 종교적 열망은 왜 그들이 전 세계에 비슷한 성당을 지었는지 이해하는 데 중요하다. 하지만 핵심은 과학과 성당이 모든 곳에 있는 이유는 둘 다 '수출'되었기 때문이라는 사실이다. 과학의 보편성은 그 역사의 '결과'이지 원인이 아니다. 과학에 역사가 있다는 말에는 바로 이런 의미가 있다.

과학은 인간의 독특한 문화 현상이기 때문에 역사가 있다. 과학은 대학, 정부 연구소, 학술지 같은 관련 사회 기관이 가르치고, 수행하고, 승인하는 믿음과 관행의 독특하면서도 다양하고 비정형적인 집합이다. 하지만 과학이 전 세계에 존재한다는 사실이 과학 지식의 본질적 보편성—과학적 주장과 절차가 그것이 만들어지고 이행된 장소와 시간에 독립적임—을 의미하지 않듯이, 위와 같은 과학의 독특함이 과학적 지식에 진실이나 합리주의를 독점할 독특한 방식이 있음을 의미하지는 않는다.

이 주장은 과학이 경이로운 성취라는 사실에 대한 부정이 아니다. 과학은 인간적 성취이기 때문에 그 성과는 과학자들이 마주한 도전들로만 평가할 수 있다는 사실을 상기할 뿐이다. 믿음, 기술, 수단, 제도의 여러 다양한 집합은 과거나 지금이나 계속 존재해왔다. 그 자체로 복잡하고 풍성한 여러 '지식 체계'는 해당 문화에서 중요한 역할을 하며 사람들의 호기심과 실용적 필요를 충족시켜주었다. 과학 문화에 속한 우리는 폴리네시아인의 항해 기술, 고대 중국의 의학, 오스트레일리아 원주민이 불을 다루는 기술, 잉카 천문학에 감탄하며 과학에서는 불가능했던 능력들이 다른 지식 체계에서 나타날 수 있다는 사실을 인정하곤 한다.

하지만 그 지식 체계들은 '과학'이 아니다. 과학에 역사가 있다는 말은 과학이라는 용어를 경외의 표현으로 사용하지 않겠다는 의미다. 우리는 감탄할 만하거나 우리가 믿는 지식을 가리키기 위해 또는 우리가 인정하지 않는 지식과 구분하기 위해 과학이라는 말을 쓰지는 않는다. '과학'은 현대 과학계에서 교육하고 연구하는 대상을 일컫는 데 적절한 명칭일 뿐이다. 우리는 앞으로 이러한 믿음, 관행, 제도의 역사를 추적할 것이고, 다른 믿음과 관행은 자원, 경쟁, 배경, 대안의 맥락에서 특정한 역사의 궤도와 만날 때만 살펴볼 것이다.

역사 - 전환점으로서의 성당

성당은 과학에 역사가 있다는 의미를 이해하는 데 도움이 될 뿐 아니라 과학의 역사를 이야기하는 데도 훌륭한 출발점이 되어준다. 다른 모든 역사처럼 과학의 역사는 분명한 시작이 없지만 여러 흥미로운 전환점이 있고 웅장한 고딕 성당이 그중 하나이기 때문이다. 샤르트르 대성당이 지어진 '중세 성기盛期(교회 권력의 최고 전성기-옮긴이)'[1]와 당시 성당 안팎은 과학의 여러 형태, 관행, 제도가 출현하기 시작한 시간이며 장소였다.

대성당이 출현한 시기가 과학의 출현에서 중요한 첫 번째 이유는 당시에 이르러 성당 건설이 유럽 역사에서 물질적, 사회적으로 가능해졌기 때문이다. 과학이 그랬던 것처럼 성당 건설은 무척 어려운 일이었다. 농경

---

1 _ 5장에서 이야기할 '중세'와 '암흑시대'는 14~15세기 학자들이 나중에 붙인 명칭이다. 그들은 5세기의 로마제국 멸망부터 자신들의 시대인 부활의 '르네상스'에 이르는 1천 년을 중세와 암흑시대로 일컬었다. 이 명칭들은 역사학자들의 분류 방식이 지닌 문제를 잘 보여준다. 당시 1천 년의 시기 동안을 산 사람들은 자신의 삶과 시대를 그저 두 시대의 '사이'로 경험하지 않았다. 그들에게는 자신들이 산 시기가 가장 중요한 시대였다.

사회에서 항상 부족한 자원들을, 수년이 아닌 수 세대에 걸쳐야 완성될 뿐 아니라 장기적으로 봐도 공동체의 물질적 안녕에는 도움이 되지 않는 무척 값비싼 프로젝트에 쏟아부어야 하기 때문이다. 파리, 퀼른, 피렌체, 바르셀로나 같은 도심지와 더불어 누아용, 수아송 그리고 샤르트르 같은 외곽 지역들은 이러한 모험을 감행할 만큼 강하고 부유하고 독립적이었다. 성당을 건설한 이유는 제각각이고 복잡하지만, 지식과 관련한 요인은 쉽게 이해할 수 있다. 풍차와 물레방아, 베틀, 깊이갈이 같은 새로운 기술이 유럽 농민과 주민의 경제적 여건을 크게 향상하면서 사회를 극적으로 변화시켰다. 이런 변화가 일기 전까지는 과학을 발전시킬 원대한 프로젝트는 상상도 할 수 없는 일이었다.

고딕 성당의 시대는 '지식인'이 핵심을 이룬 가톨릭교회가 유럽에서 단일한 문화적·정치적 중앙 권력을 행사한 시대의 절정기이기도 하다. 중세 가톨릭교회는 교회 지도자들의 학식과 교회 특사들이 성직자, 학자, 교육자로서 얻고 분류한 지식—주로 종교적 지식이지만 세속적 지식도 포함된다—을 바탕으로 당위성과 권리를 주장했다. 당시 가톨릭교회는 과학이 탄생하고 지적·제도적 형태를 갖추는 과정에서 정치와 지식을 잇고 일상과 추상을 이으며 중요하고 독특한 다리 역할을 했다. 대표적인 예 중 하나는 과학의 태동기부터 지금까지 과학과 가장 동일시되는 연구·교육기관인 대학이다. 근본적으로 종교적 기관이었던 많은 초기 대학의 첫 근거지는 성당이었다.

성당의 시대는 헬레니즘[2] 문화권에서 기원하여 그리스어로 기록된 형이상학, 천문학, 논리학, 우주론, 자연철학, 의학, 수학 같은 고대 그리스 사상의 성취가 기독교 이론과 통합된 시대이기도 하다. 근대 과학 역사의

---

2 _ 이 책에서 '그리스'는 민족적 의미의 그리스와 그리스의 토착 영토를 뜻하고, '헬레니즘'은 민족과 영토의 경계를 넘어 전파된 그리스 문화를 뜻한다.

시작점은 그리스 지식이라고 할 수 있다. 한편 그리스 지식과 기독교 유럽의 만남은 고딕 성당이 나타내는 문화·역사적으로 독특한 시대의 표징이기도 하다. 새롭게 탄생한 대학들에 강의 교재가 필요해지자 유럽인들은 그리스 지식을 탐색했다. 비잔틴제국이 점차 몰락하고 서쪽, 남쪽, 동쪽으로 맞닿은 이슬람 문화가 번영하면서 그리스어와 아랍어로 기록된 필사본 형태의 지식이 유입되었다. 이처럼 문화를 초월하는 자료들이 들어오자 그리스 문화를 탐색하던 유럽인들은 전례가 없던 번역 프로젝트를 시작했다.

역사 서술 - 문화와 지식

성당이 중세 성기의 제유[3]인 까닭을 이해했다면 '성당을 지으려면 어떤 지식이 필요할까?'라고 물을 수 있을 것이다. 성당에는 세상의 어떤 지식이 반영되어 있을까? 좀 더 포괄적으로는 지식의 역사를 이야기하려면 무엇이 필요할까? 어떤 역사일까?

우선 가장 간단한 질문을 해보자. 대성당을 지은 이들은 약 8만 톤에 이르는 어마어마한 양의 돌을 채석장에서 수 킬로미터 떨어진 건설 현장까지 어떻게 날랐을까?

간단한 질문에 짧고 간단하게 답할 수 있을 것이다. 말을 이용해서 날랐다. 이 짧은 답에는 풍성하고 복합적인 이야기가 담겨 있다.

중세 후기 유럽의 전쟁에서 기마전이 점차 사라지자[4] 짐을 싣는 말인

---

3 _ 제유提喩는 사물의 한 부분으로 그 사물 전체를 의미하는 수사법이다. "사람이 빵만으로는 살 수 없다"라는 문장에서 '빵'이 '식량'을 의미하는 것 등이 해당한다.
4 _ 물론 전쟁은 여전히 잦았지만 이 시기의 기사들이 땅에 두 발로 서서 긴 활을 쏘는 농민들이 자신들에게 가장 불명예스러운 죽음을 안긴다는 사실을 깨달은 듯하다.

복마의 가격이 내려가면서 농업에도 사용되기 시작했다. 원래 갑옷과 무기로 중무장한 기사를 태우도록 교배된 말은 덩치가 크고 힘이 세며 민첩했기 때문에 새로운 농기술인 깊이갈이를 거뜬히 해냈다(그림 1.5 오른쪽). 전통적인 얕이갈이(그림 1.5 왼쪽)를 대신한 깊이갈이는 땅을 더 깊이 파서 흙을 엎기 때문에, 땅을 되살리려고 이전처럼 자주 '묵힐' 필요가 없었다. 그러므로 과거 이모작을 하던 농지에서 삼모작까지 가능해졌고 밀, 귀리 같은 작물을 기를 수 있게 되었다. 또한 이렇게 재배한 작물로 말을 사육할 수 있었다. 말은 풀만 먹으면 되는 소와 달리 입맛이 까다롭다. 이동성이 소보다 좋은 말이 보편화되면서 농민들은 농경지로부터 훨씬 먼 곳에서도 살 수 있게 되었고 그동안 놀고 있던 땅에도 작물을 심을 수 있었다(그림 1.5 오른쪽에서 마을의 위치를 확인해보라). 이 모든 변화는 폭넓은 영향을 미쳤다. 식량의 양과 질 모두 증가하면서 인구가 늘고, 경작지와 먼 곳에 거주지가 집중되어 규모가 큰 마을이 많아졌다. 농민들이 정교한 장비, 값비싼 가축과 작물에 투자할 필요를 느끼게 되면서 비교적 부유하고 규모와 인구밀도가 도시 수준에 다다른 공동체들에 새로운 경제적·사회적 네트워크가 형성되었다. 이 상황은 성당에 대한 투자에 필요한 핵심 조건들로도 작용했다. 성당을 짓는 데 필요한 돌을 나를 수 있었던 역마는 성당 건축을 가능하게 하고 사회를 발전시킨 사회적·문화적·경제적 구조의 중요한 부분이기도 했다.

돌을 나르려면 케이크 굽기나 자전거 타기 같은 일을 어떻게 하는지에 대한 지식인 '어떻게에 대한 앎knowing-how'이 필요하다. 일반적으로 이 지식은 몸의 근육, 도구, 재료에 담겨 있고 별다른 설명 없이 실행할 수 있으므로 문자로 완벽하게 기록할 수 없고 그럴 필요도 없다. 어떻게에 대한 앎은 육체적이고 심지어는 단순하고 하찮은 지식으로 여겨질 수도 있다. 하지만 말의 경우에서 보았듯이, 성당과 관련한 어떻게에 대한 앎의 한 측면에 대한 단순한 질문에 답하려면 경제적·기술적 요인과

| 그림 1.5 | 경작. 왼쪽: 소의 얕이갈이를 묘사한 M. 반 데르 구츠M. van der Gucht(1660~1725)의 판화. 고랑이 얼마나 얕은지 주목하라. 오른쪽: 다 코스타Da Costa의 1515년 작 《연대기Liber Chronicarum》 에 실린 시몬 베닝Simon Bening의 삽화 〈구월September〉에서는 말 두 마리가 깊이갈이를 하고 있다 (그림 1.12는 이 문헌과 종류가 같다. 《연대기》 원고는 현재 모건 도서관Morgan Library에 소장되어 있다. MS M.339 fol. 10v). 말들이 바퀴와 무겁고 판판한 틀로 이루어진 쟁기를 끌고 있다.

사회적, 문화적, 심지어 종교적 의미를 연결하는 광범위한 망을 고려해야 한다. 말이 중세 문화에서 차지한 의미를 떠올리면 분명하게 이해할 수 있다. 말은 전쟁과 노동뿐 아니라 예술과 시에 나타난 사람들의 사회적·성적 역할에서 중요한 의미를 차지한다. '기사도'는 중세 문화의 핵심이다.

무거운 짐을 나르는 능력은 일반적인 형태의 지식이지만, 좀 더 구체적

| 그림 1.6 | 12세기에 지어진 (영국 남서부) 웰스 대성당의 아치와 궁륭. 높이와 너비가 다른 여러 궁륭을 덮은 뾰족한 '고딕' 아치에 주목하라.

인 도전 과제를 생각해보면 '그것을 어떻게 해냈는지'에 대한 답은 역사적으로 복잡한 의미를 띤다. 예컨대 성당을 지은 이들이 어떻게 '다듬은 돌을 천공에 쌓을 수 있었을까?'라고 물을 수도 있다. 다시 말해 어떻게 그만큼 높게 지을 수 있었을까? 짧게 답하면 '아치와 볼트를 이용해서'다 (그림 1.6). 이렇게 짧은 답은 아무것도 제대로 설명하지 못한다. 아치에 내재한 지식의 역사는 말의 활용에 관한 지식만큼이나 복잡하다.

앎의 방법

어떻게에 대한 앎 - 아치

성당을 지은 이들에게 아치가 효율적이었던 이유를 설명하기는 쉽다. 아치는 아치 허리 위의 무게가 곡선으로 분배되어 하중이 지주와 바닥으로 분산된다(그림 1.7). 따라서 돌이나 벽돌 같은 건축자재뿐 아니라 구조도 하중을 지탱한다. 그러므로 기둥 위에 평판을 올린 유명 그리스 사원들보다 폭을 훨씬 넓게 만들 수 있다. 중세 석공들은 아치를 만들 때 이 구조적 효율성을 '어떻게' 활용하는지 알았다. 그들은 비계를 설치해 돌을 배열한 다음 쐐기돌을 박아 아치를 안정시킨 후 비계를 제거했다.

말의 경우와 마찬가지로 이 '어떻게에 대한 앎'이 단순하다는 생각은 옳지 않다. 아치도 말처럼 그것을 받아들인 문화와 정교하게 엮여 있기 때문이다.

아치의 역사는 고대 로마에서 시작하지만, 로마인들이 아치를 발명한 것은 아니다. 아치는 고대 세계의 곳곳에서 발견된다. 로마인들은 중동을 정복했을 때 아치를 보고 받아들였다고 추정된다. 로마인들은 아치를 자신들의 위대한 정치적·물질적 문화의 기반으로 삼았다. 아치 덕분에 로마인들은 유명한 도시의 사원과 극장 같은 웅대한 건축물을 만들 수 있었고(그림 1.8 왼쪽) 주변을 차단하는 벽도 올릴 수 있었다. 또한 아치로 구성된 수많은 통행로를 격자처럼 만들어 도시를 외곽이나 외진 지역과 연결했다. 그리하여 도로, 다리, 수로는 도시에 식량과 세금을 날랐고 지방들에는 명령과 병력을 보냈다(그림 1.8 오른쪽). 아치는 중앙과 주변, 그리고 둘 사이의 관계를 규정했고 제국의 기반 시설이 되었다.

로마인들은 아치를 짓는 데 그치지 않고 이론적으로 탐구하고 관찰했고, 우리는 이를 통해 지식의 역사를 다른 관점에서 바라볼 수 있다. 기

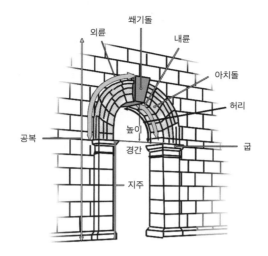

| 그림 1.7 | 로마 아치의 구성. 하중이 허리와 지주를 통해 땅으로 분산되기 때문에 수평 들보보다 경간을 훨씬 넓게 만들 수 있다. 하지만 아치는 원의 한 부분이므로 높이와 경간이 서로의 크기에 따라 달라지고, 실제로는 무게가 원형으로 자연스럽게 분포되지 않으므로 수평 압력을 감당하려면 지주가 육중해야 한다.

원전 1세기 로마 건축과 기술의 거장이었던 비트루비우스Vitruvius가 좋은 예다. 그는 《건축 10서De Architectura libri Decem》 중 제8권에서 '이음매들이 중앙을 향하도록 아치돌을 배치한 아치로 벽의 하중을 분산'하는 방법을 설명했다(그림 1.7 참조). 비트루비우스는 석공들에게 중요한 구조에 대해 이야기했는데 그가 제시한 지식은 석공의 지식과 종류가 달랐다. 이를 '무엇인지에 대한 앎knowing-that'으로 부를 수 있을 것이다.

'어떻게에 대한 앎'과 '무엇인지에 대한 앎' 사이의 구분은 과학의 역사에서 중요하다. 전자의 좋은 예는 말 사육이다. 중세 유럽인들은 말을 '어떻게' 키우고 활용하는지 알았다. 어떻게에 대한 지식은 관습, 전통, 시행착오의 문제였다. 대부분 문맹이었던 중세 농부들이 말에 관한 추상적 원칙이나 일반적인 이론을 알았을 거라고는 생각하기 힘들다. 비트루비

| 그림 1.8 | 로마인들은 아치를 쌓는 기술을 통해 여러 층으로 이루어진 높은 건물을 올릴 수 있었다. 왼쪽 사진의 콜로세움 같은 아치 건물은 도시의 상징이 되었다. 오른쪽 사진에 나타난 프랑스 남부의 가르 다리Pont Du Gard처럼 아치를 수평으로 길게 이어 만든 도로, 다리, 송수로는 도시를 주변 외곽과 다른 지역들에 연결했다.

우스의 지식은 후자의 예다. 무엇인지에 대한 지식은 문자로 전달, 소통되고, 논증과 증거로 발전하고 뒷받침되며, 일반적이고 때로는 추상적이었다.

　고대와 중세의 건축가들은 아치를 '어떻게' 만드는지 분명히 알았다. 그들은 비트루비우스가 제시한 것과 같은 지식을 알거나 신경을 썼을까? 이상적인 기하학 곡선인 아치가 하중을 효율적으로 전달한다는 사실을 알았을까? 그러한 곡선이 '왜' 효율적인지 궁금해했을까? 그런 질문들에 필요한 용어들은 알았을까? 중세 석공은 고대 라틴어는 고사하고 글을 전혀 읽을 수 없었을 것이며, 로마의 기술 논문 같은 자료를 접할 기회도 없었을 것이다. 그들의 지식은 신체 기술에 있었고, 책이 아닌 가르침과 도제 제도를 통해 세대를 거듭하며 전수되었다. 기록, 필사, 논증, 교육되는 '무엇인지에 대한 앎'과 구별되는 그 지식은 본질적으로 '어떻게에 대한 앎'이며 사회적·제도적 구조에 기반한다.

　'어떻게에 대한 앎'이 농부가 말을 기르고 석공이 성당을 짓는 데 충분하다면 '무엇인지에 대한 앎'이 과학의 역사에서 왜 중요할까? 반대로 과학이 비트루비우스의 지식과 같은 것이라면 왜 우리가 석공에 대해 생각해야 할까? '어떻게 그만큼 높이 세울 수 있었을까?'란 질문으로 돌아가면 두 가지 모두 중요한 이유를 알 수 있다.

위 질문에 답하다 보면 과학의 역사에서 또 다른 중요한 특징이 드러난다. 바로 수많은 발전이 놀랍게도 우연히 나타났다는 사실이다. 다시 말해 과학적 발전에는 필연성이 없었다. 하지만 고딕 성당을 그렇게 높이 지은 사람들의 능력은 우연이었을 뿐 아니라 다른 도전을 해결하는 과정에서 나타났다. 로마 아치는 원의 한 부분이기 때문에 고안, 설계, 측정이 무척 쉽다. 하지만 성당을 짓는 이들에게는 한 가지 문제가 있었다. 성당 건축가들은 로마 건축 양식의 단순한 원통형 바실리카 구조였던 고대 교회와 달리 십자 구조와 더불어 위상과 기능이 각기 다르고 분리된 여러 공간을 원했다. 신랑, 측랑側廊(신랑과 평행을 이루는 복도-옮긴이), 예배소 등은 천장 높이와 너비가 달라야 했다. 원형의 로마 아치는 높이와 폭이 같았으므로 형태가 다른 복도와 구역을 연결하려면 기둥 위로 궁륭을 작게 올리고 이를 무거운 지주로 지탱해야 했는데(그림 1.7과 1.9 왼쪽) 위험하고 보기가 좋지 않을뿐더러 비용도 많이 들었다.

중세 석공들은 단순하면서도 독창적인 해결책을 떠올렸다. 이 장에서 살펴본 다른 문제들과 마찬가지로 아치는 책 전체에서 주목할 만한 현상을 잘 나타낸다. 한 가지 특정 문제에 대한 구체적 해결책이 훨씬 광범위하고 일반적인 영향을 미치는 현상이다. 아치가 반드시 원형이어야 할 필요는 없었다. 아치의 꼭대기를 잡고 위로 당긴 것처럼 뾰족하게 만들면 아치 높이와 경간을 다르게 할 수 있다(그림 1.9 오른쪽). 그렇다면 폭이 다른 아치와 궁륭을 같은 높이에서 연결하여 통로와 홀의 정교한 격자를 만들 수 있다. 게다가 뾰족아치에는 훨씬 중요한 장점이 있었다('고딕'은 뾰족한 아치가 우아한 로마네스크 양식보다 천박하고 볼품없다고 여긴 사람들이 비하하기 위해 사용한 용어다). 뾰족아치는 원호 아치보다 훨씬 안정적

이어서 매우 높은 건물을 세울 수 있었다.

하지만 '어떻게에 대한 앎'의 이야기는 '왜'는 알려주지 않는다. 왜 그렇게 높게 지었는가? 왜 아치 높이를 달리했는가? 왜 지지벽을 공중 버팀벽으로 대신했는가? 좀 더 포괄적으로는 성당을 지은 이들은 자신들의 세상과 세상 속 자신들의 위치에 '대해' 무엇을 알았기에 그런 방식으로 성당을 지었을까? 고딕 아치는 중세 석공들이 높은 건물을 지을 수 있었던 어떻게에 대한 지식 덕분에 나타났지만, 석공들이 건물을 높이 지은 동기가 어떻게에 대한 지식은 아니었다.

'무엇인지에 대한 앎'과 '어떻게에 대한 앎'은 모두 필요하고 다른 하나가 또 다른 하나를 규정하지 않으므로, 두 지식의 본질과 관계를 살

| 그림 1.9 | 고딕 양식의 뾰족아치가 로마의 원호 아치보다 나은 점. 레온 바티스타 알베르티Leon Battista Alberti의 《건축론De re aedificatoria》에 실린 왼쪽 그림은 궁륭의 각 차원이 서로 어떻게 결정되는지 보여준다(1485년에 그려졌지만 이 이미지는 《건축과 올바른 예술L'architecture et art de bien bastir》의 1552년도 프랑스 판에 실린 것이다[파리: 자크 케르버Jacques Kerver, 1552]). 오른쪽 쾰른 대성당(1248년 착공) 그림에서 볼 수 있듯이 고딕 아치는 궁륭을 훨씬 높게 만들 수 있을 뿐 아니라 경간과 높이가 다른 궁륭들을 연결할 수도 있다. 이 이미지는 1897년의 목판화다.

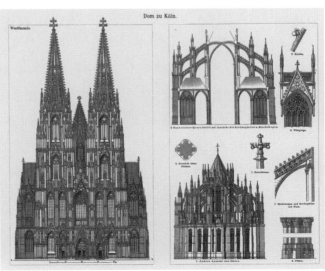

| 그림 1.10 | 코르도바 메스키타는 어떻게에 대한 지식이 그 지식을 적용하는 방식을 결정하지는 않는다는 사실을 잘 보여준다. 왼쪽 사진의 오엽五葉 장식은 모스크가 처음 지어졌을 때 만들어진 구조다. 이슬람교도 석공들은 하중을 지탱하는 다섯 개의 뾰족아치를 네 개의 원호 아치로 감추었다. 마찬가지로 사진 양쪽 가장자리에 있는 아치 두 개의 뾰족한 부분—각각 절반만 보인다—은 각각의 아치돌 위를 세 개의 원호 장식으로 덮어 가렸다. 오른쪽 사진은 기독교도들이 모스크 위로 높이 세운 성당의 돔이다. 기독교 통치자들은 뾰족아치를 숨기려고 하지 않았다. 그들은 어떻게에 대한 이슬람교도의 지식이 낳은 장대한 높이와 그 높이가 암시하는 우수성을 널리 드러냈다.

펴봐야 과학의 역사에 관해 이야기할 수 있다. 좀 더 구체적으로 설명할 수 있는 예는 스페인 코르도바에 있는 메스키타Mezquita(이슬람 사원인 모스크-옮긴이)다. 메스키타는 8~15세기에 이슬람교도들이 통치했던 이베리아반도 남부의 알안달루스에 9~10세기 동안 세워진 대★모스크였으나 이후 기독교인들이 이 지역을 점령하면서 13~14세기에 성당으로 바뀌었다. 처음으로 뾰족아치를 들여온 이슬람교도 석공들은 모스크의 많은 곳에 뾰족아치를 만들었지만 심미적 측면에서는 그다지 만족하지 못한 듯하다. 그래서 원형 장식 아래로 뾰족아치를 감추었고(그림 1.10 왼쪽) "중력을 거스르는" 구조적 효율성을 통해 모스크를 하늘 높이 세우려는 시도는 생각도 하지 않았다. 이슬람교도 석공들은 원호 아치가 광활하게 펼쳐지며 숲처럼 반복되는 방식을 고수했고, 그렇게 지어진 거대한 모스크들은 신비한 분위기를 자아냈다. 하지만 이후 모스크를 장악한 기독교

인들은 뾰족아치의 기술적 장점을 받아들이는 데 그치지 않고 주요 건축 수단으로 삼아 원형의 낮은 아치와 돔 위로 하늘 높이 치솟는 고딕 아치와 돔을 쌓았다(그림 1.10 오른쪽을 보면 이슬람의 붉은 벽돌 아치 위로 기독교의 흰색과 금색 돔이 올라가 있다). 건설자들이 "다듬은 돌을 천공에 쌓은" 일은 '어떻게' 하는지에 대한 지식이 아니라 세상에 '대한' 그들의 앎과 생각에 따라 결정한 결과였다.

그런데 "망치를 들고 하늘에 머물던" 사람들은 '무엇을' 알고 생각했을까? 가장 완벽한 곡선인 원이 물리학적으로는 가장 효율적인 곡선이 아니라는 사실을 곱씹었을까? 뾰족아치가 왜 더 안정적인지, 뾰족아치의 안정성이 그 형태와 어떤 관련이 있는지 궁금해했을까? 우리로서는 알기 힘들다. 그들은 자신들이 무엇을 아는지를 글로 남기지 않았다.

무엇인지에 대한 앎 - 성당을 지은 이들의 세상

하지만 성당을 살펴보면 석공, 석공을 고용한 사람, 그들이 속한 공동체 구성원들이 세상에 대해 '무엇을 알았는지'에 관한 몇 가지 실마리를 찾을 수 있다. 물론 높이도 그중 하나다. 성당을 지은 이들은 "하늘에 머무는" 위험하고도 비용이 많이 드는 노력을 감행했다. 그런 노력을 한 이유는 바로 무엇인지에 대한 앎 때문이었다. 또 다른 실마리는 빛이다. 고딕 성당은 빛으로 가득하다. 그저 조명이 많거나 웅장한 내부로 빛이 많이 들어오도록 방향을 정해서가 아니다. 성당은 거대하고 높은 창으로 빛을 들이고 화려한 스테인드글라스로 물들인다. 이러한 장관을 가능하게 한 새로운 염료와 유리를 제조하는 신기술은 '어떻게에 대한 새로운 지식'이었다. 이 새로운 능력과 빛에 대한 높은 관심을 현실에 적용한 동기를 살펴보면 성당을 지은 이들이 세상에 대해 '무엇을 알았는지'를 알 수 있다.

세 번째 실마리는 성당의 석조 구조물에서 발견되는 놀라운 거미줄 형태다. 이 형태를 보면 성당을 지은 이들이 의도적으로 가능한 한 물질을 멀리하고 질량이 없는 구조로 대체하려 한 듯하다. 가령 거대한 지지벽 대신 가는 공중 버팀벽을 설치했고, 벽을 세울 수밖에 없는 곳에는 커다란 창을 내 벽을 가르고 벽의 남은 공간에는 구멍을 내 장식했다. 성당을 지은 이들은 물질보다 구조를 중요하게 여겼고 특히 특정 구조를 선호했는데 이 구조가 마지막 실마리다. 바로 중세 성기 고딕 성당이 음악의 기본 화음에 따라 지어졌다는 사실이다. 신랑, 익랑翼廊(신랑과 직각으로 교차되는 회랑-옮긴이), 측랑은 1:1, 1:2, 2:3, 3:4의 비율로 지어졌는데 이는 음악 작곡에 적용되는 음정인 1도, 8도, 5도, 4도에 해당한다(그림 1.11).

위 실마리들은 성당을 지은 이들이 이해하고 있던 세상을 우리에게 알려준다. 여기서 주목할 부분은 그 지식이다. 우선 당시에 관한 역사적 사실을 간략히 살펴보자.

정치적으로 당시 나라는 신성로마제국으로 불렸지만, 잘 알려졌다시피 신성하지도 않고 로마 시대도 아니며 진정한 의미의 제국도 아니었다. '신성'은 기독교를 지칭했고, 로마는 마지막으로 유럽 대부분을 지배한 대제국을 언급하여 자기 과시를 하기 위한 것이었으며, 제국은 스스로 품은 열망을 암시한 것이었다. 실제로는 여러 게르만 왕국, 공국, 봉토로 이루어진 집합이었다. 프랑크족이 영토 대부분을 지배했고, 보위에 있던 황제가 세상을 떠나면 권력이 가장 강한 왕들이 다음 황제를 뽑았다. 원래 로마제국은 '유럽'보다 '지중해'와 훨씬 관련이 컸지만, 신성로마제국이 로마제국의 이름을 뒤따른 이유는 순수한 의도 때문이 아니었다. 중세 북유럽의 게르만족 지배자들이 1세기 초에 권력의 정점에 있었던 로마인들의 영토에 대한 권리를 주장하려 한 결과였다. 더 중요한 사실은 로마인들이 당시 헬레니즘이 지배하던 영역을 정복하면서 받아들인 그리스 문

| 그림 1.11 | 샤르트르 대성당에서 발견되는 음악의 조화. 신랑과 익랑이 교차하는 '교차랑crossing'은 정사각형이므로 길이와 폭의 비율이 1:1이고 이는 음악에서 '기본음'인 1도를 나타낸다. 신랑의 폭과 양쪽 측랑 폭 사이의 비율, 그리고 익랑의 길이와 익랑 폭 사이의 비율은 2:1이고 이는 옥타브인 8도에 해당한다. 총길이와 측랑 길이의 비율은 3:2(5도)이고 성가대석 길이와 폭은 4:3(4도)이다.

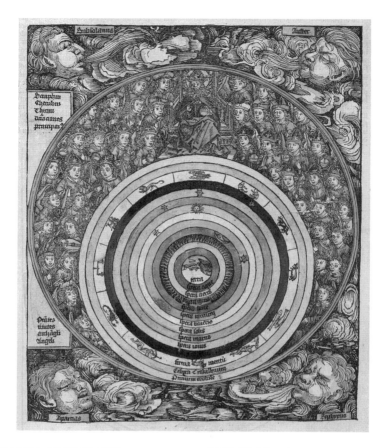

| 그림 1.12 | '뉘른베르크 연대기Nuremberg Chronicle'로 알려진 하르트만 셰델Hartmann Schedel의 《리베르 크로니카룸Liber Chronicarum》에 실린 〈우주The Cosmos〉(folio 5v, 미하엘 볼게무트Michael Wolgemut의 작업실에서 만들어진 목판화. 그림 3.10과 5.8의 오른쪽도 참조하라). 1493년에 라틴어와 독일어로 인쇄되어 첫 활자 세대에 속하는 뉘른베르크 연대기는 삽화가 실린 최초의 활자 서적 중 하나다(이 시대에 나온 인쇄 서적을 '인쿠나불라incunabula'로 부른다. 이에 관해서는 7장을 참조하라). 성경 구절과 몇몇 유럽 도시의 역사를 담은 이 같은 책들은 비기독교도와 기독교도가 낳은 전반적인 지식을 설명한다. 우주론에 관한 통합을 잘 보여주는 위 그림은 정확한 비율을 반영하지는 않지만 조밀한 질서를 담고 있다. 정중앙에 있는 지구를 다른 세 개의 원소인 물, 공기, 불이 차례로 둘러싸고 있다. 그리고 불의 천구 오른쪽 위에 그려진 달의 천구가 네 원소의 영역을 에우고 그 위에 행성들의 천구가 있다(태양이 지구 바로 위에 있다). 행성들 주변으로는 움직이지 않는 별들과 황도의 징표로 이루어진 성경의 창공이 있고, 그 주위로는 투명 구체와 부동不動의 동자動者로 이루어진 제10천Primum Mobile이 있다. 위쪽에는 사탄, 천사와 대천사가 있고 왕좌에 앉은 신이 이들을 내려다보고 있다.

화를 게르만족 지배자들이 받아들였다는 것이다.

정치적 구조가 제대로 갖추어지지 않고 확실한 중심도 없는 세계였지만, 거기 사는 이들의 눈에는 무척 질서정연한 완전체였다. 신의 자애로운 창조물인 이 질서는 성당을 지은 이들이 성당에 표현한 종교적·심미적 의미를 내포했다. 신은 물리적으로 조밀하고 완벽한 원형의 세상을 만들고 그 가운데에 인간을 두었으며 그 주변을 여러 천구가 동심원으로 감싸게 했다. 바깥 천구들에서는 신, 천사, 성인이 사랑과 애정의 눈길로 내려다본다(그림 1.12)(콜럼버스의 최초 항해 후 첫해에 탄생한 이 아름다운 그림에 담긴 생각들은 얼마 지나지 않아 폐기되었다). 신이 물리적 세상에 부여한 질서는 삶과 생각의 모든 면에 스며들었다. 존재하는 모든 것은 신이 맨 위에 있고 물질은 아래에 있는 '존재의 대사슬'에 엮여 있었다. 위에 있는 천사와 아래에 있는 짐승의 가운데에 자리한 인간의 정신은 신의 순수하고 능동적인 형태를 띠지만 육신은 세속적이고 수동적인 물질로 이루어져 있었다. 인간 사이의 정치적 질서는 형이상학적·윤리학적 질서를 반영하여 사람들을 각자 속한 곳에 자리하게 했다. 왕과 주교는 위에 있고 농민은 아래에 있으며, 신의 사절인 교황은 최고의 정치권력을 쥐었다.

이 조화로운 질서를 가장 경이롭게 나타낸 음정의 놀라운 단순함과 완벽함을 성당에 표현하는 것은 당연한 일이었다. 실제로 음정의 비율은 천체를 비롯해 우주의 다른 요소 사이의 관계에서도 나타났다. 이 현상은 세상이 질서정연하고 공정할 뿐 아니라 천구들이 말 그대로 신을 찬송하는 아름다운 곳임을 의미했다. 빛 역시 또 다른 경이였다. 현세에서 무엇보다도 훌륭하고 아름다우며 조화로운 빛은 물질의 영역에서 인간이 찾을 수 있는 가장 순수한 형상이었다. 결코 기세가 꺾이거나 지치는 법 없이 자유롭고 휘황찬란하게 날아다니며 생명과 행복을 선사하는 빛은 신이 내린 은총을 전달하고 상징했다.

긴장과 타협

믿음과 권위 - 교회

인간의 위대한 성취인 과학은 성당처럼 장엄하면서도 불완전하고, 분명한 목적이 있으면서도 임의적이다. 과학은 특수한 역사적 과정의 흔적들이 담긴 인공적 창조물이다. 과학은 성당처럼 어떻게에 관한 다양한 앎을 구현하고 무엇인지에 관한 다양한 앎을 제시한다. 성당을 올린 석조 공사, 아치, 말 사육은 문화, 사회, 경제, 종교와 복잡한 관계를 맺으며 진화한 지식의 전통이었다. 고딕 성당과 그것이 건축된 시기인 중세 성기는 훌륭한 은유일 뿐 아니라 여러 우연이 겹쳐 탄생한 과학에 관한 이야기를 시작하기에 좋은 출발점이다. 이제는 성당을 지은 이들이 성당에 표현한 세상, 다시 말해 그들이 세상에서 어떤 자리에 있었고 신과는 어떤 관계였는지 살펴보자.

성당을 지은 이들이 나타낸 세상은 기독교 교회가 연구하고 가르친 세상이므로 종교적 측면에서 중요할 뿐 아니라 과학을 이해하는 데도 중요하다. 교회는 예배 규칙을 정하고, 신도들을 위한 장소를 제공하며, 성서를 권위적으로 해석하는 등 많은 일을 했다. 위계적이고 관료적인 중세 유럽의 기독교 교회는 고대에서 기원하여 계속 발전한 성문법을 엄격하게 따르는 가장 중앙집권적인 정치·문화 권력이었으므로 왕과 황제는 교회가 부여하는 정당성에 의존할 수밖에 없었다(4장 참고). 교회는 성서에 대한 권한을 가지고 그 내용을 전파하는 데 그치지 않고 정교하고 광범위한 교육 체계를 구축했다. 성당을 건축할 무렵에는 천문학, 음악, 역학 같은 수학의 학문들과 함께 정교한 자연철학도 발전시켰다. 당시 학자들은 아리스토텔레스의 유산과 기독교의 근본 원칙들을 통합하여 학문의 주제와 기본 가정, 논법, 증거의 기준을 아우르는 지적 틀을 마련했다.

근대 과학의 탄생에 중요한 사건인 이 통합은 뒤에서 자세히 살펴볼 것이다.

성당의 시대 동안 나타난 거의 모든 학문적 노력은 교회가 후원한 덕분에 가능했고, 교회 학자들은 고대의 지식을 우러렀다. 당시 학자들은 약 1천 년 전의 문헌에서 여러 사상을 빈틈없이 조합할 방법론을 발견했다. 기독교 역사상 가장 영향력 있는 사상가로 꼽히며 로마제국의 마지막을 함께한 성 아우구스티누스St. Augustine(354~430)의 글들이었다.

아우구스티누스는 유럽인이 아니었다. 로마와 밀라노에서 공부한 4년을 제외하면 몰락하던 로마제국이 지배한 북아프리카 지역에서 지냈고, 카르타고와 가까운 히포 레기우스(지금의 알제리 안나바)에서 주교가 되었다. 그의 삶과 사상은 로마제국이 흥망성쇠한 고대 후기가 중세로 변화한 시기를 상징한다. 원래 고대의 이교를 믿었던 그는 마니교 그노시스파가 되었다가 기독교로 전향했다. 그는 후에 개인적 감정을 솔직하고 감동적으로 담은《고백록Confessions》에서 사상과 믿음이 고통 속에서 탈바꿈한 일을 회상했다. 하지만 수사학을 공부한 그의 글 대부분은 개인적 감정과 거리가 멀었다. 그중 가장 큰 영향을 발휘한 글은 기독교의 우월성을 광범위하게 기술한《신국론The City of God》이다. 그는 여러 종교가 지중해 주변에서 경합하고 사람들이 어떤 종교든 선택할 수 있던 시대에 기독교 교리를 알리기 위해 수백 편의 편지글과 설교집을 편찬했다. 현재의 레바논, 이스라엘, 요르단을 아우르는 대★시리아에서는 유대교 일신론과 가나안 이교가, 에게해 지역에서는 헬레니즘 이교가, 이집트에서는 이시스와 오시리스 숭배가, 페르시아에서는 조로아스터교가 득세하고 있었다.

아우구스티누스와 악의 문제

　아우구스티누스가 제시한 지식과 종교의 프로그램은 이처럼 독특한 문화적 배경에서 그 뿌리를 찾을 수 있다. 그 형태는 지금 우리에게도 익숙하고 성당을 지은 사람들도 분명 품었을 걱정으로 형성되었다. 성당의 목적은 신의 전지전능함과 은총을 알리고 찬양하는 것이다. 그런데 기독교의 주장대로 신이 우리와 함께 있고 자비로우며 무소불능하다면, 세상은 왜 이렇게 악할까? 고통, 질병, 기아, 전쟁이 왜 있을까? 신의 피조물들은 어떻게 그토록 서로에게 잔인할까? 질병을 물리칠 의학의 수준이 낮고 폭력으로부터 스스로를 지킬 힘이 부족했던 중세 유럽인들은 끊임없이 고통과 괴로움을 감내해야 했다. 종교적 대안이 많았던 시대에 이 문제들은 기독교 사상가들을 난처하게 했고, 특히 아우구스티누스처럼 스스로 판단하고 선택하여 기독교로 전향한 이들은 몹시 고뇌했다.

　물론 그리스와 로마의 이교도들도 기독교 계승자들만큼이나 인류 삶의 어려움을 잘 알았다. 하지만 이교도들에게 고통은 철학적·종교적 불가사의가 아니었다. 그들의 신은 인간보다 자애롭지 않았기 때문이다. 오히려 인간의 허점들을 드러내는 캐리커처에 가까웠던 신들은 인간의 행복을 책임진 존재가 아니었다. 아우구스티누스가 한때 믿은 그노시스의 한 분파인 마니교의 신도들은 악을 종교적 딜레마로 여겼는데, 이들의 종교적·형이상학적 해결책은 기독교인이 생각하는 해결책과 거리가 멀었다. 그노시스는 종류가 다양했지만 그 핵심은 '악'이 '선'만큼이나 실질적이고 현존한다는 믿음이었다. 그노시스 세계관에서는 물질 자체가 악이고, 육신에서 빠져나온 영혼만이 신과 함께할 수 있었다.

　기독교 사상가들은 인간의 고통에 대한 그노시스의 해결책과 그리스 종교의 무관심 모두 받아들일 수 없었다. 일신론이 이교와 다른 까닭은 '일신론'이라는 단어가 암시하듯 신이 하나여서가 아니라 신이 도맡은 역할이 다르기 때문이다. 삼위일체, 천사, 사탄을 떠올리면 기독교도 여느 이교만큼이나 반신半神이 많다고 주장할 수 있을 것이다. 하지만 기독교가 일신교인 이유는 하느님이 전지전능하기 때문이다. 일신론은 신이 자신이 '창조한' 세상에 대해 '책임'을 짊어졌다는 믿음이다. 특히 기독교는 이 책임에 자비로운 보살핌인 은총이 따른다고 믿는다. 그러므로 자애롭고 은혜로우며 전능한 신이 창조한 세상의 기반인 물질은 악할 수 없다. 더군다나 기독교 신화의 핵심은 신이 물질적인 인간의 모습으로 자신을 드러낸 일이므로 물질은 더더욱 악할 수 없다. 성당은 인간을 위한 것이고 인간이 지은 것인데 물질이 본질적으로 '악하다면' 현세에 사는 인간의 노력은 무용하고 어떤 물질적 인공물도 비물질적 신에게 영광을 바칠 수 없으므로 성당이란 존재할 수 없다. 기독교가 탄생한 지 1천 년 후 성당이 지어질 때까지 기독교의 핵심 사상은 조물주인 신이 인류 삶에 대해 도덕적 책임을 지고 적극 나선다는 것이었다. 신이 구상한 세상은 완벽하고 온전하게 선해야 했다.

아우구스티누스는 《고백록》에서 인간을 괴롭히는 악과 인간이 저지르는 악에도 불구하고 신은 자애롭고 모든 인류를 아끼며 인간의 행동을 살핀다고 믿어야 할 이유를 설명하는 어려운 일을 감행했다. 그는 신의 초월성을 강조하는 전략을 펼쳤다. 다시 말해 신은 이 세상과 전혀 다르다는 주장이었다. 신의 추상성, 비물질성, 영속성, 불변성은 이 세상의 속성이 아니므로 세상의 실패에 대해 신에게 책임을 물을 수 없다.

하지만 이 답에는 인간에게 중요한 문제가 뒤따른다. 바로 앎에 대한 우리의 능력에 관한 문제다. 신이 일시적이고 물질적인 우리의 존재를 뛰어넘는 절대적으로 초월적인 존재라면, 우리가 애당초 어떻게 신을 알 수 있을까? 알려져 있지도 않고 알 수도 없는 무언가를 믿으라는 기독교의 요구는 불합리하지 않은가? 아우구스티누스는 이 딜레마를 해결하기 위해 무척 이교적인 빛의 은유를 기독교 사상에 접목했다. 그에 따르면 인간은 직접적인 '깨우침'을 통해 신을 알게 된다. 우리는 빛을 경험할 때처럼 신의 존재와 선함을 아무런 도움 없이도 직접 흡수하고 인식하여 신을 알게 된다. 의식적으로 주의 깊게 탐구해야 하는 속세의 지식과 달리 신성한 깨달음은 우리가 빛을 볼 때처럼 수동적으로 이루어진다. 마음의 눈을 뜨고 신의 존재와 선함에 대한 지식을 영혼에 흐르게 하면 깨달을 수 있다. 불확실한 속세의 지식과 달리 신성한 빛을 통한 깨달음은 분명하고 확실하며 자명하다.

지식에 대한 이 개념, 다시 말해 인식론적 개념은 과학의 발전 과정에 무척 중요하다. 이와 더불어 성당과 과학은 은유의 관계를 뛰어넘어 비슷한 딜레마에 부딪혔다. 성당 시대의 유럽에 뿌리 깊이 자리 잡은 기독교는 초기부터 인류가 무엇을 알 수 있고 어떻게 알 수 있을지 진지하게 고민했다. 아우구스티누스와 그 이전의 교부Church Father들은 그리스·로마의 이교를 물리치고 그 문화적 지위를 차지하기를 열망하며 기독교 교리를 형성했다(유대교와의 경쟁은 유럽이 아닌 다른 지역에서 펼쳐졌으므로 이 장의 주제에서 벗어난다). 그러므로 그들이 그리스·로마 이교의 도전을 지식 경쟁의 맥락에서 바라본 사실은 그리 놀랄 일이 아니다. 철학으로 대표되는 지식은 헬레니즘 문화의 큰 자랑거리였다. 초기 기독교 사상가들은 이러한 경쟁에서 타협하려 하지 않았다. 예수의 출현은 기억이 여전히 선명한 비교적 최근의 역사였고, 신이 인간의 모습으로 인류와 함께한 일이 고작 한두 세기 전이었으므로 사람들은 신이 곧 돌아오고 세상이 끝날 거라고 굳게 믿었다. 그러므로 그리스 철학처럼 '속세'를 연구하는 것은 영속적인 대상에서 일시적이고 무용한 대상으로 관심을 돌리는 행위였다. 아우구스티누스의 터전이었던 곳과 가까운 카르타고에서 두 세기 전에 살았던 테르툴리아누스Tertullain(160~230)는 철학을 "자연과 신의 섭리를 무분별하게 해석한 속세의 지혜라는 물질"로 묘사했다. 가장 영향력 있는 기독교 사상가 중 한 명인 그가 보기에 철학으로 눈을 돌리는 것은 시간 낭비일 뿐 아니라 도덕적, 종교적으로 그른 행동이었다. 마음은 세상 바깥에 집중해야 하고, "철학에 선동되는 것은 이단 행위"였다. "우리의 교리는 순수한 마음으로 신을 찾아야 한다고 가르친 솔로몬의 성전 기둥에서 나왔다"라는 테르툴리아누스의 말처럼, 기독교인은 철학이 주입하는 의심에 방해받지 않는 진정한 종교의 가르침을 자유로우면서도 겸허하게 받아들여야 했다. 테르툴리아누스는 다음과 같이 매섭게 다그쳤다.

아테네와 예루살렘이 무슨 상관인가? 아카데메이아가 교회와 무슨 관련이 있단 말인가? 이교도들이 기독교도들과 무슨 상관인가? … 스토아 학파의 기독교나 플라톤 학파의 기독교 또는 변증법의 기독교를 만들려는 모든 시도를 멀리하라! 예수 그리스도가 곁에 있으므로 우리는 호기심이 불러일으키는 논쟁이 필요하지 않고, 복음을 얻었기에 탐구하지 않아도 된다! 믿는 자는 또 다른 믿음을 바라지 않는다. 이것이 우리가 따라야 할 최우선의 조건이므로 그 외에 믿어야 할 것은 없다.

– 테르툴리아누스, 《이단에 대항할 처방Prescription against the Heretics》 7장

(www.newadvent.org/fathers/0311.htm)

테르툴리아누스가 스스로를 압제받는 교파의 현자로 여겼다는 사실을 떠올리면 세속적 지식에 대한 그의 혐오를 이해할 수 있다. 하지만 아우구스티누스의 시대에 기독교는 로마제국의 공식 종교였으므로 주교였던 그는 종교적 멘토뿐 아니라 주류 정치 지도자이기도 했다. 신도들에 대한 세속적 책임도 짊어진 아우구스티누스는 책임을 수행하는 데 필요한 지식을 발굴하고 존중해야 했다. 두 가지 역할을 위해 그가 마련한 절충안은 이후 수 세기 동안 지식에 대한 가톨릭교회의 공식적 입장이 되었고, 과학이 형성되는 과정에서 교회가 맡은 역할을 결정했다.

이교의 지식 모두가 그릇된 가르침과 미신인 것은 아니다. 진실로 삼을 만한 훌륭한 가르침도 있다. 말하자면 그런 가르침은 그들 스스로 만든 것이 아니라 전 세계에 흩어져 있는 신의 섭리라는 광산에서 채굴한 금과 은이다.

- 《그리스도교 교양De Doctrina Christiana》 2권 60절
(https://faculty.georgetown.edu/jod/augustine/ddc.html)

아우구스티누스가 정립하고 교회가 고수한 인식론에 따르면 현세의 지식인 세속적 지식은 신이 우리에게 성경과 열두 제자를 통해 직접 전한 지식보다 가치가 떨어진다. 모든 세속적 지식은 우리가 깨달음을 통해 얻은 신성하고 계시적인 지식처럼 명료하지 않고 언제나 잠정적이고 산만하며 의심의 여지가 있다. 하지만 '물질적 세계'도 자애로운 신이 창조했으므로 완벽하진 않더라도 물질적 세계를 탐구하는 행위를 악행으로 여길 수는 없다. 그러므로 "신의 섭리라는 광산에서 채굴한" "이교의 지식에도… 진실로 삼을 만한 훌륭한 가르침"이 있고 유용할 수 있다. 모범적인 기독교도는 '단순한' 사람이 아니라 지식을 갖춘 사람이다. 아우구스티누스는 "기독교인이란 믿음을 생각하고 생각을 믿는 자"라고 공언했다(《성인의 예정에 관하여De praedestinatione sanctorum》 1:5, www.newadvent.org/fathers/15121.htm).

지식에 관한 아우구스티누스의 개념은 두 가지 이유 때문에 중요하다. 첫 번째는 역사적 이유다. 교회는 거의 2천 년 동안 신성한 지식과 세속적 지식에 대한 그의 절충안을 받아들였다. 덕분에 교회는 거의 모든 시대 동안 선교에 중요한 신에 대한 지식뿐 아니라 세속적 지식도 얻을 수 있었다. 두 번째 이유는 철학에 가깝다. 아우구스티누스의 절충안을 낳은 생각들은 '과학적 지식'에 대한 우리의 개념에 여전히 뿌리박혀 있다. 그는 추상성이 물질성보다 우월하다는 주장과 깨달음의 은유를 통해 과거의 이교도들과 과학을 믿는 현대인 사이에 연결 고리를 만들었다.

아우구스티누스의 원천 - 플로티노스

이제까지 우리의 이야기는 과거로 거슬러 올라갔다. 중세 석공들의 '어떻게에 대한 앎'에서 시작하여 고대 로마의 아치를 이야기했고, 중세 석공들이 성당에 남긴 문화적 실마리들을 이야기하다가 그로부터 1천 년 전에 나타난 아우구스티누스의 가르침을 이야기했다. 이처럼 연대를 거슬러 올라가는 이유는 곧 이야기하고 우선은 역순을 계속해보자. 그렇다면 아우구스티누스 이전 사람들은 어떻게 생각했을까? 구체적으로 아우구스티누스는 종교적, 도덕적 그리고 궁극적으로는 인식론적 우려에 대한 해답을 어디서 찾았을까?

아우구스티누스는 그보다 약 한 세기 전에 활동한 이교도 철학자 플로티노스Plotinus(204~270)의 글에서 아이디어를 얻었다. 아우구스티누스와 테르툴리아누스처럼 플로티노스도 로마제국 치하의 북아프리카 변방 출신이었다. 카이로에서 태어난 그는 위대한 고대 문화 중심지인 알렉산드리아에 매료되었다. 이후 알렉산드리아에서 플라톤과 그가 세운 아카데메이아 제자들의 사상뿐 아니라 페르시아와 인도의 철학도 연구했다. 마흔이 눈앞이었을 때는 군인이 되어 자신의 운을 시험했다. 하지만 결과는 그리 좋지 않았고 245년에 로마로 건너가 여생을 보냈다. 그는 플라톤 철학을 참신하고 과감하게 해석하여 명성을 얻었다. 아우구스티누스와 달리 이교도였던 플로티노스가 마주한 지적 도전은 아우구스티누스와 달랐다. 악의 문제가 히포 레기우스의 주교에게는 신학적 딜레마였을지 몰라도 이교도 철학자에게는 흥미롭지만 부차적인 문제였다. 플로티노스의 가장 큰 관심사는 그리스 철학 전통을 괴롭히는 형이상학적 수수께끼였다. 세상은 어떻게 몹시 다양하고 변화무쌍하면서도 일관성과 질서를 유지할 수 있을까? 그리스 철학의 언어로 표현하자면 '존재being'와 '생성becoming'이 어떻게 조화를 이룰 수 있을까?

이 질문들에 대한 플로티노스의 답은 현대인에게는 어렵게 들리지만 중요하므로 차근차근 살펴보자. 앞서 아우구스티누스에 관한 논의에서 알 수 있듯이, 과거인들의 걱정과 고민은 우리가 과학적 사상을 형성하는 데 중요한 역할을 했다. 그 사상의 뿌리가 먼 과거까지 뻗어 있다는 사실은 과학에 인간의 진정한 역사가 들어 있다는 말이 어떤 의미인지 설명해준다. 플로티노스가 질서 대 변화의 미스터리를 어떻게 독창적이고 창의적으로 풀었는지, 그 해결책이 '실제로' 그리스 철학 전통과 구체적인 지적 맥락에서 얼마나 중요했는지 알아보자.

플로티노스 해결책의 핵심은 존재가 생각의 결과라는 확신이다. 그에 따르면 만물의 근원에는 순수한 생각인 '일자—靈'가 있는데 일자는 스스로 생각하여 존재하게 되고 생각 속에 존재한다. 이처럼 완전한 일치의 상태에서는 모든 긍정적인 성질이 동일한 하나이므로 일자는 선善이자 미美이다. 일자는 생각의 대상을 만드는데 이 구분—생각하는 하나를 생각의 주체와 대상으로 분류하는 구분—이 바로 '어떻게 '일치'가 '다양성'을 낳는가?'라는 질문에 대한 플로티노스의 답이다. 주체가 대상을 생각하는 이 상태에서 일자는 플로티노스가 '정신the Nous'이라고 일컬은 우주의 지성이 된다. 정신은 일치 속의 다양함, 다시 말해 세상 속 만물의 이상적 형태다.

이처럼 일자가 여럿으로 갈라지는 과정의 다음 단계인 '영혼the Soul'에서는 존재가 생성으로 이어지는 연속적인 파생이 일어난다. 살아 있는 모든 존재는 영혼을 지니지만, 영혼은 오로지 인간 안에서만 지성을 추구한다. 스스로 형상 안에 있는 지성은 형상을 순수하게 바라만 보지만, 영혼은 생각에 따라 행동도 한다. 영혼은 행동을 통해 순수한 형상을 구현한다. 다시 말해 순수한 형상을 수동적인 물질의 영역으로 실현하여 특정한 물질적 존재들로 분화시키고, 이 존재들을 연결한다. 그러므로 창조는 빛의 흐름처럼 영혼이 멈추지 않고 흔들림 없이 '발산'하는 자발적 활동이다. 물질성은 이 같은 활동의 부재, 다시 말해 형상의 결핍일 뿐이다.

기독교 사상가들이 이 복잡한 철학에서 어떤 지적 도구들을 찾았을지 짐작할 수 있다. 플로티노스의 '일자' 개념은 완전히 추상적인 신이라는 어려운 개념을 설명할 방법을 선사했다. 아우구스티누스는 하나의 개념을 통해 신이 전지전능하면서도 물질적 존재가 없는 이유를 설명할 수 있었다. 플로티노스가 신의 창조 속에서 인간의 영혼이 차지하는 자리와, 신과 인간 영혼의 관계에 대해 제시한 설명 역시 중요했다. 영혼은 일자가 위에 있고 물질이 아래에 있는 존재의 대★사슬에서 중간에 자리한다(그림 1.13 참고). 영혼은 조물주를 향해야 하지만 종종 갈 길을 잃고 물질이 허상일 뿐이라는 사실을 잊은 채 물질 영역으로 추락한다. 이교도 플로티노스는 이를 통해 기독교도 아우구스티누스에게 악을 이해할 방법을 제공했다. 악은 인간의 불완전함이 일으키는 오류일 뿐이다.

아우구스티누스는 이 어렵고 '이교적'이며 난해한 철학에서 지식에 대한 기독교적 접근법의 원천을 발견했다. 물질이 이루는 영역과 영혼과 순수한 형상이 이루는 영역 사이에는 엄격한 이분법과 위계가 존재했다. 영혼은 신성함, 아름다움, 우아함을 상징하고 물질은 복수성plurality과 일시성을 상징했다. 또한 아우구스티누스는 플로티노스의 철학을 통해 진정한 지식은 세속적 물질에 머무는 육신의 영역이 아니라 형상의 단일성과 영속성을 추구하는 영혼에서만 발견할 수 있다고 확신할 수 있었다. 하지만 플로티노스의 철학에서 한 가지 중요한 요소만큼은 받아들이지 못했다. 창조는 신으로부터 빛처럼 자발적으로 '흘러나와' 발산한다는 생각이었다. 이 지점에서 기독교가 이교의 믿음과 철학에서 갈라졌다. 기독교도들은 신이 스스로의 '의지'로 세상을 창조했다고 믿었다. 다시 말해 신은 세상을 창조하겠다고 스스로 '결정'했고 반대의 결정도 내릴 수 있었다. 그래서 아우구스티누스는 빛의 은유를 수정하여 일자가 만물에 존재를 부여하는 방식이 아니라 신이 인간에게 지식을 부여하는 방식으

| 그림 1.13 | 플로티노스의 존재의 대사슬을 기독교식으로 재해석한 그림. 맨 위에 있는 순수하게 신성한 형상이 물질과 형상의 복합을 통해 인간, 동물, 식물, 광물로 분화되고 아래에는 순수하게 세속적인 물질이 자리한다. 교훈적인 기독교적 메시지를 전달하는 위 이미지의 맨 아래에는 지옥이 있고 오른쪽에는 타락 천사들이 보인다. 디에고 발라데스Didacus Diego Valadés가 멕시코에서 글과 그림을 그린 뒤 1579년에 이탈리아 페루자에서 펴낸 프란치스코회 교재 《레토리카 크리스티아나Rhetorica Christiana》에 실린 그림이다(오른쪽 아래 지옥 바로 위에 '발라데스 작'이라고 적혀 있다). 프란치스코회의 첫 메스티소Mestizo(중남미 원주민과 유럽 백인 사이의 혼혈 인종-옮긴이) 수도사인 발라데스의 책은 아메리카인이 저술한 첫 인쇄 서적이다.

로 바꾸었다. 기독교 창조론은 신의 선함이 빛처럼 변함없이 경이롭게 흐른다는 생각은 받아들였지만 발산이라는 이교도적 개념은 거부했다.

지식의 역사에 관한 성찰

역사를 거슬러 올라간 이유를 이제 이야기해보자. 그 이유는 앞에서 이야기한 절충 방식, 지식을 도구로 삼고 과거의 사상을 원천으로 삼은 사상가들의 태도, '어떻게에 대한 앎'과 '무엇인지에 대한 앎' 사이의 긴밀한 관계에 주목하기 위해서였다. 성당의 은유는 이를 잘 보여준다. 아우구스티누스가 기독교 신학 이론을 세운 방식은 석공이 공중 버팀벽이나 뾰족아치를 만든 방식과 다르지 않았다.

석공은 석조 구조를 만들고 아우구스티누스는 종교적·철학적 구조를 만들었지만 둘 다 기존 도구와 재료로 새로운 체계를 만들었다. 석공의 도구는 물질적 도구이고 아우구스티누스의 도구는 지적 도구였지만 어쨌든 모두 도구였다. 석공과 학자 모두 도전을 마주해야 했다. 석공은 너비가 다른 아치를 연결하여 십자 모양의 건물을 만드는 물질적·구조적 문제를 풀어야 했고, 아우구스티누스는 지적·신학적 문제인 악의 문제를 풀어야 했다. 눈앞의 문제가 주변에 있는 도구로 해결하기에는 너무 복잡했기 때문에 둘 다 다른 도구들로 손을 뻗었다. 원래는 다른 문제들을 풀기 위해 과거에 만들어진 도구이기도 했다. 예컨대 중세 석공은 과거 이슬람 석공들이 안정성이라는 다른 문제를 해결하기 위해 발명한 뾰족아치를 응용했다(당연히 이슬람 석공들은 십자 형태에 관심이 없었다). 마찬가지로 아우구스티누스는 존재 문제에 대한 플로티노스의 해답으로 악의 미스터리를 풀 수 있다는 사실을 발견했다. 하지만 다른 곳에서 찾은 도구가 눈앞의 문제들을 해결하는 데 완벽하지는 않았으므로 새로운 용도에 맞게 수정하고 개조해야 했다. 석공은 뾰족아치가 건물을 높게 올리도록 해준다는 사실을 발견했지만 안정성 문제 때문에 공중 버팀벽으로 받쳐주어야 했다. 아우구스티누스는 플로티노스 철학에 이교도로부터 기원한 잔재가 있다는 사실을 발견하곤 빛의 은유를 창조가 아닌 지식에 초점을 맞추는 방식으로 바꾸어야 했다. 하지만 수정한 도구들에서 기존 용도의 흔적을 완전히 지우지는 못했다. 고딕 성당의 뾰족아치에는 이슬람의 구조가 영원히 남고, 아우구스티누스의 신학은 플로티노스 철학과 더불어 영원히 신플라톤주의로 분류될 것이다(신플라톤주의의 의미는 6장에서 논의할 것이다).

01 성당이 과학에 대한 은유로 적합할까? 이 비유가 더 이상 통하지 않는 지점은 어디일까? 이 비유를 더욱 확장할 수 있을까?

02 '어떻게에 대한 앎'과 '무엇인지에 대한 앎'의 구분은 얼마나 설득력 있는가? 이 구분은 어디에 유용할까? 어떤 상황에서 이 구분이 무너질까?

03 과학의 역사를 '출처'와 '영향'의 관점이 아닌 '자원'의 관점에서 생각한다면 중요한 차이가 생길까?

04 이 장에서 지식과 종교는 어떤 관계를 맺는가? 지식이 과학이라면 관계가 달라질까? 종교는 어떻게 이교나 일신교가 될까?

05 그림 1.4는 솔로몬 사원을 묘사했지만 실제로는 성당 건설을 그리고 있다(파리의 노트르담으로 보인다). 이 그림을 통해 하나의 문화가 실제 과거와 상상의 과거를 인식하는 방식에 관해 무엇을 알 수 있을까? 이는 그 문화의 미래와 어떤 관계가 있을까? 과학의 역사 서술에 대한 구체적 교훈도 얻을 수 있을까?

고대 그리스
사상

'어떻게에 대한 앎'이자 '무엇인지에 대한 앎'

성당에 관한 은유는 건설자들의 '어떻게에 대한 앎'과 성당의 형태에 영향을 준 세상에 대한 그들의 '무엇인지에 대한 앎'을 구분하게 해준다. 또한 앞에서는 성당 건설자들이 어떤 원천에 의존했는지 알아보기 위해 시간을 거슬러 올라가면서 이 구분의 '한계'도 발견했다. 세상에 대한 지식 자체가 어떻게에 대한 앎이기도 하다. 두 지식 모두 기술, 도구, 재료가 필요하고, 문제를 인식하고 해결책을 찾으며, 자원을 구한 다음 새로운 용도에 맞게 수정한다.

사상가들이 생각을 다루는 방식이 석공이 돌과 끌을 다루는 방식과 같다는 통찰은, 생각에는 그 자체의 생명이나 역사가 없다는 과학의 역사 서술에 중요한 통찰로 이어질 수 있다. 생각은 진화하거나 서로 '영향'을 미치지 않는다. 생각을 만들고, 사용하고, 받아들이고, 피하고, 변화하는 필요에 따라 바꾸고, 때로는 무시하거나 잊고, 때로는 탐색하고 재발견하는 것은 사람이다. 생각에는 작인作因이 없다. 과학의 역사와 지식의 역사는 다른 역사처럼 사람에 관한 이야기다.

5세기 히포 레기우스의 기독교도 아우구스티누스는 '지식'에 대한 문제를 풀어야 했다. 세상과 완전히 분리된 신을 우리는 어떻게 아는가? 신에 대한 지식과 신의 창조에 대한 지식을 어떻게 조화시킬 수 있을까? 아우구스티누스가 해결책을 위해 탐색하고, 수용하고, 수정하고, 응용한 생각은 3세기 로마의 이교도인 플로티노스가 '어떻게 하나에서 많은 것이 파생할 수 있는가?', '어떻게 다양성이 일치성을 유지할 수 있을까?'라는 존재와 질서의 미스터리를 풀기 위해 떠올린 생각이었다. 플로티노스는 약 7백 년 전인 기원전 4세기 아테네에서 플라톤이 처음 정립한 생각들을 해석하고 발전시켰다. 플라톤만큼 영향력이 대단한 사상을 내놓은 철학자는 드물지만, 이 사실을 조금 다르게 이해할 수도 있다. 플라톤 사상의 영향력이 곧 그의 생각 자체에 어떤 힘이 있다는 뜻은 아니다. 플라톤이 자신의 시대와 장소에서 마주한 도전을 해결하기 위해 마련한 지적 도구들을 몇 세기 후뿐 아니라 수천 년이 지난 후 나타난 사람들이 자신의 시대와 장소에서 다른 도전들을 해결하기 위해 재구성하여 응용한 것이다.

플라톤과 이론의 문화

플라톤 - 진실과 에피스테메

아우구스티누스와 플로티노스의 사상과 비교하여 플라톤의 사상은 과학의 역사와 직접적인 연관성이 크다. 플라톤은 '이 세상에 대한 지식이 어떻게 가능한지'를 고민했다. 그가 빛과 시각으로 은유한 답에 따르면 "영혼은 눈과 같아서 진실과 존재가 빛나는 곳에 놓이면 이를 인지하고 이해한다"(《국가론Republic》 6권, http://classics.mit.edu/Plato/republic.7.vi.html).

무언가를 알기 위해서는 진실을 포착해야 한다는 플라톤의 추론은 지식이란 무엇인가를 설명한다. 진실은 본질적으로 변하지 '않으며' 언제 어디서나 같은 것이다. "생성"은 "진실과 존재"의 반대다(《국가론》 7권, http://classics.mit.edu/Plato/republic.8.vii.html). 하지만 우리가 인식하는 모든 대상은 항상 '달라진다'. 관점 혹은 빛이나 배경의 변화에 따라 달리 보이며, 시간과 장소가 달라져도 다르게 느껴진다. 같은 방이라도 어떤 각도에서는 넓어 보이지만 다른 각도에서는 좁아 보이고, 추운 곳에 있다가 들어오면 따뜻하지만 한동안 앉아 있으면 한기가 느껴진다. 이처럼 변덕스러운 감각 이외의 원인도 우리가 주위로부터 지식을 얻을 수 없게 만든다. 물질세계는 끊임없이 변하고 그와 함께 우리도 변한다. 1년 전 우리의 몸은 지금 우리의 몸이 아니다. 눈앞에 있는 나무에 대한 어제의 이야기가 오늘은 더 이상 진실이 아니다. 우리가 손가락으로 가리키는 산도 손가락을 올리기 전의 산과 다르다.

플라톤은 변하는 것 사이의 관계, 다시 말해 변화하는 우리 몸과 변화하는 세상 사이의 관계가 지식일 수는 없다고 결론 내렸다. 지식은 변하지 않는 부분인 우리 영혼과 언제나 변함없이 하나인 실재 사이에 대한 직접적인 인식이어야 한다. 우리가 특정한 말馬이 말이라는 것을 알고 다른 편에 있는 말 역시 말이라는 것을 알며 사실은 그 말이 방금 들판의 다른 곳에서 본 말과 같다는 것을 안다면, 이는 우리의 영혼이 인식하는 하나의 실질적이고, 이상적이며, 확실하고, 구체적인 말이 있어야 한다는 뜻이다. 우리는 눈앞에 있는 이 말뿐 아니라 다른 곳에서 마주하는 다른 말에서도 세상을 인식할 수 있다. 그러려면 순수하고 영속적이며 변함없는 실재의 영역이 존재해야 한다. 영혼은 그것을 직접적으로 인식할 수 있고, 그 영역에서는 "순수한 지성으로 순수한 진실을 얻을 수 있다"《국가론》7권). 물질세계는 진정한 실재의 영역에 대한 불완전한 이미지나 표상일 뿐이다. 이 영역의 순수한 형상들인 '에이도스eidos'만이 순수한 지식의 대상인 '에피스테메Epistêmê'가 될 수 있다. 형상 중에서도 가장 순수하고 보편적이며 확실한 것은 수학적 형상이고, 수학적 지식이 에피스테메의 틀이다. 우리는 물질세계를 가늠하는 방식, 다시 말해 변화하고 신뢰할 수 없는 대상에 대한 변화하고 신뢰할 수 없는 익숙함을 일반적으로 지식으로 여긴다. 그러나 사실은 계속 변하는 그림자를 움켜쥐려는 근거 없는 의견과 모호한 근사치인 '독사doxa'일 뿐이다.

　플라톤은 그림자와 빛의 은유로 지식의 인식론을 탐구했다. 그는 스승 소크라테스가 주요 화자로 등장하는 대화 편들에서 그 내용을 제시했다. 《국가론》에서 소크라테스는 독자에게 길고 어두운 동굴에 갇힌 죄수들을 상상하도록 한다. 죄수들은 태어날 때부터 좁은 입구를 등진 채 사슬에 묶여 있다. 그들 뒤로는 커다란 불 앞에 여러 물체가 매달려 인형극을 펼친다. 죄수들이 바라보는 동굴 벽에 물체들의 그림자가 나타난다. 죄수들은 벽에 아른거리는 그림자만 볼 수 있다. 죄수 한 명이 풀려나 뒤돌아볼 수 있게 되면 처음에는 눈이 부셔서 아무것도 볼 수 없다. 눈이 점차 빛에 적응하고 마침내 동굴에서 나와 '실제' 물체들을 보게 된 죄수는 동굴로 돌아가기가 힘들어졌다는 사실을 깨닫는다. 동굴로 돌아가면 어두워서 눈이 보이지 않을 테고, 자신이 바깥에서 본 것을 동료 죄수들에게 제대로 설명할 수 없기 때문이다. 더군다나 그가 새로 얻은 지식은 그림자 속에 있는 다른 죄수들에게 소용이 없을뿐더러 그들을 심란하게만 할 뿐이다. 플라톤의 《국가론》에서 소크라테스는 "이상한 죄수들"이 "우리와 다르지 않다"라고 말한다.

자신을 과신하는 사람들은 '이상한'이라는 말이 플라톤의 죄수들에게나 어울린다고 주장할지 모른다. 왜 우리가 스스로를 어둠 속에 앉아 그림자만 바라보는 사람으로 생각해야 하는가? 우리가 잘 아는 세상이 사실은 손에 닿지 않는 먼 곳의 실재가 반사된 모습일 뿐이라는 생각은 그리 달갑지 않을 것이다. 우리는 주변 물질을 통해 (은유적으로뿐 아니라 말 그대로) 엄연한 사실들을 배운다. 말, 탁자, 산은 마음대로 움직이지 않는다. 우리의 손길에 저항하고 우리의 바람을 의식하지 않는다. 이것이 우리가 실재적이고 진실하다고 여기는 대상들의 근본처럼 보인다. 그렇다면 왜 우리가 이상적인 '에피스테메'와 결점투성이인 '독사'를 엄격하게 구분해야 하는가? 세상에 대한 우리의 인식이 근삿값일 뿐이고 우리의 마음이 그 인식에서 벗어나야 진실을 얻을 수 있다는 생각에서 무엇을 얻을 수 있는지 불분명하다. 애당초 왜 우리가 지금의 문화와 다른 약 2천 5백 년 전 시대에 살았던 자의 이상한 생각에 주목해야 하는가?

낯설게 하기

앞의 질문에 답하면, 플라톤의 생각이 여전히 우리의 생각이기도 하기 때문이다. 우리의 탁자는 '우리에게만' 딱딱할지 모른다. '진실의' 실재에서는 크기가 없고 상상도 할 수 없는 속도로 움직이는 입자들로 이루어진 진공상태에 가까운 물체일지 모른다. 우리는 이러한 실재가 일상적인 경험을 초월하고 소수만이 이해할 수 있다고 생각한다. 실재는 사실

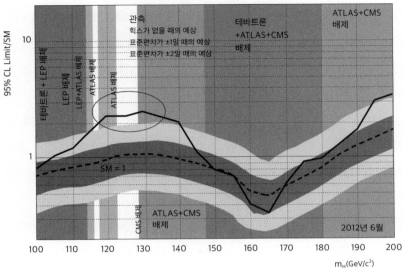

테바트론 입자 가속기 2차 예비 가동, L = 10.0fb⁻¹

| 그림 2.1 | 유럽입자물리연구소 입자 가속기의 '힉스 보손' 발견에 관한 도표. 입자들의 속성과 입자 사이의 관계는 진동수, 붕괴율 같은 수학적 개념으로만 이해하고 설명할 수 있다. 경험주의의 이정표적 성취인 힉스 보손 발견도 근본적으로는 수학적 발견이다. 입자 가속기의 방대한 데이터를 분석한 과학자들이 이론상으로 힉스 보손이 있을 때 예측되는 상황과 없을 때 예측되는 상황 사이에서 통계적으로 유의한 차이를 발견했기 때문이다.

상 순수한 수학적 실재이므로 수학으로만 이해할 수 있기 때문이다. 그림 2.1은 이러한 접근법을 탁월하게 보여준다. 이 도표는 지난 수십 년 동안 경험주의가 이룬 가장 중요한 업적 중 하나로 꼽히는 '힉스 보손Higgs boson' 입자 발견에 관한 내용이다. '힉스'는 힉스 보손의 존재를 예측한 수리물리학자의 이름이다. 그 예측이 추상적인 수학 이론의 수학적 분석에 바탕했다는 사실은 놀랍지 않다. 흥미로운 사실은 유럽입자물리연구소CERN가 대형 입자 가속기로 이룬 '경험적' 발견 역시 수학적 발견이라는 것이다. 과학자들이 컴퓨터가 그린 그래프에서 통계적 차이를 발견하

여 힉스의 존재를 알았기 때문이다. 플라톤과 마찬가지로 우리는 기본 '입자'가 모래알처럼 위치가 분명하고 표면이 딱딱해 다른 물질이 통과할 수 없으며 감각으로 느낄 수 있는 물질적 존재일 것이라는 생각을 순진하다고 여긴다. 플라톤과 마찬가지로 우리는 이 세상의 기반인 기본 입자가 수학의 영역에 자리한다고 믿는다.

지식 문제에 대한 플라톤의 답은 '낯설다'. 그리고 무척 '특수'하다. 그의 고민과 해결책 모두 그리스의 특수한 문화, 특수한 역사적 시기, 특수한 계급의 맥락에서만 이해할 수 있다. 하지만 그 답은 우리의 답이기도 하다. 우리가 지금도 고대 그리스인들의 딜레마를 고민하고 그들의 답에 진정으로 공감하기 때문이 아니다. 고대 그리스인들의 질문이나 답에 그 기원을 초월하는 보편적인 힘이 있기 때문은 더더욱 아니다. 사상가들의 질문과 답은 성당과 마찬가지로 스스로 움직이는 것이 아니라 적극적으로 전파되고 받아들여지는 것이다. 플라톤의 비전이 우리의 비전이기도 한 까닭은 우리가 플라톤 사상의 '산물'—오랜 시간 동안 수많은 수정을 거친 간접적 산물이지만—이기 때문이다. 우리가 플라톤의 비전을 여전히 믿는 까닭은 그와 전혀 다른 시대와 장소에 살았던 사람들이 여러 이유에서 목적에 맞게 그의 생각들을 바꾸는 과정에서 의도치 않게 우리를 탄생시켰기 때문이다.

우리는 플라톤의 생각이 '우리의' 생각이라고 해서 덜 이상해지지는 않는다는 사실을 인식해야 한다. 역사를 배움으로써 얻을 수 있는 중요한 혜택 중 하나는 위대한 극작가 베르톨트 브레히트Berthold Brecht가 말한 '소격 효과estrangement', 다시 말해 자신을 낯선 이를 보듯 외부에서 바라보는 능력이다. 소격의 관점에서 보면 우리가 당연시하는 믿음이 전혀 당연하지 않다는 사실을 알 수 있다. 우리의 믿음들은 뜻밖의 기원에서 비롯되었으며 우리가 알게 모르게 품고 있는 뜻밖의 가정들에 좌우된다. '우리' 역시 매우 특수한 존재라는 사실을 깨닫게 된다. 전혀 다르게 전개되었을지도 모르는 그 과정의 우연한 산물인 우리는 그 과정의 원인이나 목적이 아닌 결과다. 우리가 '진실'로 여기는 과학도 그렇다는 사실을 이해하면 큰 깨달음을 얻게 된다.

추상성은 물질성보다 우월하고 '더 실재적'이며, 진실은 세계 바깥에 있는 독립적인 추상적 영역에 자리하고, 진실한 지식은 빛처럼 어떤 방해도 받지 않고 날아오며 우리는 거부하지 못하고 받아들일 수밖에 없다는 이교 사상과 기독교 사상의 기원이 바로 플라톤이다. 플라톤은 자신이 활용한 원천에 대한 실마리도 드러냈다. 그는 가장 추상적이고 보편적이며 영속적이고 불변하는 존재 피라미드의 정상에는 가장 순수한 수학적 형상들이 자리하므로 수학적 지식이 확정적 지식, 즉 진정한 에피스테메의 정수라고 주장했다. 수학에 대한 이 같은 경외는 플라톤이 속했던—그가 스스로 공언한 적은 없지만—철학 학파이자 종교 교파인 피타고라스 학파의 가르침에서 비롯되었다.

피타고라스 학파와 수학적 실재

피타고라스는 기원전 6세기 사모스섬에서 태어난 후 여러 곳을 전전하다가 사모스섬으로 돌아와 삶을 마쳤다고 추측되지만 사실 실존 인물인지도 확실하지 않다. 피타고라스 학파가 종교를 만든 계기에 관한 이야기는 그들의 근본적인 믿음을 잘 설명한다. 순수한 수학적 지식의 위대함을 찬양한 그들의 이야기는 흥미롭게도 철저하게 경험적인 질문에서 시작했다. 어느 날 피타고라스는 대장간 앞을 지나다가 금속과 망치가 부딪치는 소리의 아름다움과 조화에 놀랐다. 그래서 금속과 다른 물질들을 집으로 가져와 어떻게 소리가 조화를 이루는지 실험했다. 소리는 그 자체로 아름다운 것이 아니라 다른 소리와 어우러질 때 아름다웠다. 다시 말해 두세 가지 소리가 조화나 '화음'을 이룰 때 아름다웠다. 그의 위대한 발견은 수천 년 후 성당을 지은 이들을 매료시켰다. 피타고라스에 따르면 물체들의 길이가 1에서 4 사이의 숫자로 비율을 이룰 때 소리가 조화로웠다. 예를 들어 1:2는 우리가 8도로 일컫는 소리(도와 도 또는 레와 레)를 만들고 2:3은 5도(도와 솔이나 솔과 레)를 만들며 3:4는 4도(도와 파 나 파와 시 플랫)를 만든다. 중요한 사실은 이 화음들이 물질의 종류나 소 리가 생성된 방식과 무관하게 나타난다는 것이다. 금속이나 목재, 머리카 락 등의 물질을 두드리든, 불든, 뜯든 어떤 방식으로든 소리를 내도 수학 적 비율이 같으면 같은 화음이 만들어졌다(그림 2.2는 이 이야기와 이야기 에 담긴 생각들을 아름답게 그린다).

피타고라스 학파에게 이 현상은 수학이 물질에 앞서 존재하고 물질에 독립적임을 뜻했다. 피타고라스 화음의 아름다움은 물질이 수학적 비율 을 띤다는 사실을 보여주었다. 수학은 그저 물질세계의 한 부분을 측정 하거나 계산하는 수단이 아니라 모든 존재의 진정한 본질이었다. 구체적 으로는 세상이 정수(1, 2, 3 등)와 정수 사이의 비율(1:2, 1:3, 2:4 등)로 이루 어졌다는 뜻이었다. 단순함은 우연이 아니라 완벽함의 표현이었다. 화음 과 그 아름다움에는 형이상학적, 종교적으로 중요한 이 심오한 진실이 담 겨 있었다. 피타고라스 학파의 숭배법이나 의식은 알려지지 않았지만— 비밀에 부쳐졌다—그 자체로 종교적 의미가 컸던 수학적 탐구로 정립된 사상들은 많이 알려져 있다.

피타고라스 학파는 정수들이 이루는 질서정연한 구조와 놀라운 대칭 에 특히 매료되었다. 플라톤의 대화 편《티마이오스Timaeus》에 등장하 는 구조가 대표적이다. 성당 시대의 학자 사이에서 인기가 높았던《티마 이오스》는 데미우르고스demiurge라는 신이 건물을 짓는 일꾼처럼 숫자 와 도형으로 세상을 지었다는 피타고라스 학파의 수학적이면서도 마법 같은 창조설을 설명한다. 책에서 플라톤은 일련의 숫자를 삼각형으로 배 열했는데 이는 삼각형을 연상시키는 그리스 문자인 '람다λ'로 불렸다(그

| 그림 2.2 | 피타고라스가 화음의 수학적 법칙을 발견한 이야기. 피타고라스는 대장간 앞을 지나다가 아름다운 소리를 듣고는(왼쪽 위) 실험을 했다. 그는 소리를 내는 물체가 금속 재질의 종이든, 컵에 든 물이든, 끈이든, 목관이든 상관없이 수학적 비율로 화음이 결정된다는 사실을 밝혔다. 위 그림은 프란키누스 가푸리우스Franchino Gafori의 《음악 이론Theorica Musice》에 실린 삽화다(밀라노: 드 로마치오 de Lomatio, 1492).

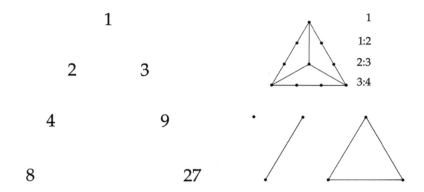

| 그림 2.3 | 수학적 규칙성이 띠는 우주론적 의미. 왼쪽 람다에서 왼쪽 변에는 2의 거듭제곱값이 배열되어 있고 오른쪽 변에는 3의 거듭제곱값이 배열되어 있는데 이것을 조합하면 음악의 음정이 된다. 오른쪽에서 점을 삼각형으로 배열한 테트락티스tetractys에서는 10개의 점이 1차원(점)부터 3차원(피라미드)에 이르는 차원들을 보여주고 이들 사이의 관계 역시 음정의 비율을 이룬다. 우주의 음악적 조화를 뒷받침하는 또 다른 증거다.

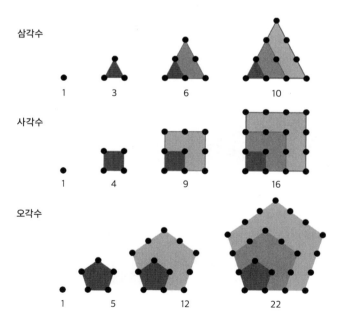

| 그림 2.4 | 피타고라스의 도형수. 도형수는 육각수, 칠각수, 팔각수처럼 무한히 계속될 수 있으며 도형수 사이에서도 놀라운 관계가 발견된다(그림 2.5 참조).

림 2.3). 람다의 왼쪽 변에 2의 거듭제곱값들을 배열하고 오른쪽 변에 3의 거듭제곱값들을 배열하면 음악의 화음(1:2, 2:3, 3:4)이 하나씩 나타나고, 오른쪽 숫자들은 흥미롭게도 배열에서 앞에 있는 값들의 합이 된다. 다시 말해 3=2+1이고 9=4+2+3이며 27은 앞에 있는 모든 수의 합이다. 숫자를 단순히 기하학적으로 배열하면 이 같은 규칙성이 나타난다는 사실에 매료된 피타고라스 학파는 삼각수, 사각수, 오각수도 분류하기 시작했다(그림 2.4). 그리고 무한히 계속될 수 있는 이 분류에서도 놀랍고 흥미로운 관계를 발견했다. 예를 들어 '모든 사각수는 그 수보다 작은 연속된 두 삼각수를 합한 값(피타고라스의 1정리)'이고, '모든 사각수는 그 앞에 연속되는 모든 홀수의 합'이다(3정리). 이 관계들에서 무엇보다 흥미진진한 점은 관계가 존재한다는 것이 아니라 관계를 '증명'할 수 있다는 사실이다.

증명의 개념

피타고라스 학파는 우리가 과학이라고 여기는 지식의 개념과 관련 절차가 형성되는 데 크게 공헌했다. 가장 위대하면서 독특한 공헌은 '증명'이다. 특정한 증명이 아니라 (그림 2.5처럼 도식으로 쉽게 설명할 수 있는 증명 같은) 증명이라는 개념 자체다. 현대인은 고등학교에서 다양한 증명을 배운다. 어떤 사람들은 증명을 해석하는 데 뛰어나지만, 대부분은 증명 자체가 무엇인지 궁금해하지 않는다. 논증 방식 중 하나인 증명은 가정이나 추론 법칙에 따라 제시된 일련의 명제로 이루어진다. 증명이 여느 논증과 다른 점은 가정들이 옳다면 결론이 '언제 어디서나' 옳을 것이라는 사실이다. 그림 2.5의 점들이 사과를 나타내든, 사람을 나타내든, 은하를 나타내든, 점들의 관계에 관한 정리가 증명되면 정리가 제시하는 관계는 보편적이고 영속적이다. 모든 삼각형은 각도의 합이 직각 두 개의 합과

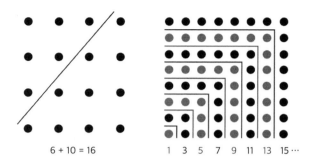

6 + 10 = 16
1 3 5 7 9 11 13 15 …

| 그림 2.5 | 왼쪽은 '모든 사각수가 그보다 작은 연속된 두 개의 삼각수를 합한 값'이라는 피타고라스 1정리의 증명이다. 오른쪽은 '모든 사각수는 그보다 작은 모든 홀수를 합한 값'이라는 3정리의 증명이다. 증명의 힘은 부정할 수 없는 보편성에서 비롯된다. 도형수는 어떤 방식이나 형식으로든 그릴 수 있고 무한히 늘릴 수도 있지만 그 안의 관계는 항상 같다.

같다고 증명된다면, 우리가 이 진실을 구현할 삼각형을 정확하게 그리지 못하더라도 문제가 되지 않는다(물리학적으로 정확한 삼각형을 그리기란 불가능하다). 틀린 것은 우리가 그린 그림이지 증명된 명제가 아니다.

여기서 완벽하면서 확실하고 보편적이면서 영속적인 지식이라는 이상하고 극단적인 개념이 또다시 등장한다. '언제 어디서나'란 말은 애당초 무슨 뜻인가? 어떤 주장이 '언제나' 옳을지는 당연히 알 수 없으므로 고민하는 것도 불합리해 보인다. 절대 그릴 수 없는 삼각형을 신경 쓰는 것 역시 터무니없어 보인다. 이를테면 우리가 직각삼각형의 빗변에 놓인 정사각형의 면적이 다른 두 변 위에 있는 정사각형들의 면적을 합한 값과 같다는 사실—피타고라스의 이름을 딴 유명한 정리—을 안다면, 이 사실이 '언제나' 옳다는 것을 앎으로써 어떤 다른 지식을 얻을 수 있을까? 이같은 관계의 '증명'은 피타고라스의 가장 큰 성취지만 우리의 지식을 넓히는 데는 아무런 역할을 하지 않는 듯하다. 게다가 세상의 삼각형들이 '실제로는' 직각을 이루지 않더라도 피타고라스의 정리는 옳다는 말은 무슨 의미인가? 예컨대 고대 이집트인들은 피타고라스의 정리를 잘 알고 있었다. 그들은 피타고라스 정리를 여러 위대한 기술적 위업에 활용했고 파피루스에도 기록했지만 그것을 '증명'할 생각은 하지 않았다.

실용성의 관점에서 보면 증명은 부질없다. 피타고라스와 플라톤이 살던 시대(기원전 6~기원전 4세기)뿐 아니라 그 전과 후에도 의학, 야금, 그리고 현재 화학이라고 부를 수 있는 영역에서 '어떻게에 대한 앎'과 '무엇인지에 대한 앎'은 이집트인들과 바빌로니아인들이 그리스인들보다 훨씬 많이 성취했다. 관개 수로를 설계하고 피라미드를 지은 그들이 측량, 천문학, 점성술에서 이룩한 기술적 업적은 증명에 관한 논의에서 특히나 흥미롭다. 어떤 증명 없이도 '수학적' 역량을 보여주어 수 세기 동안 그리스인들의 부러움을 사고 모범이 되었기 때문이다. 예를 들어 피타고라스가 활동하기 1천 년 전인 기원전 16세기에 작성된 이집트 린드 파피루스Rhind Papyrus에는 온갖 산술·기하학 문제와 답이 기록되어 있지만 증명은 전혀 없다(그림 2.6).

증명이 절대적인 힘을 지녔다는 강한 믿음은 피타고라스 정리와 관련해서는 여러 곤경에 부딪혔다. 우선 모든 수는 자연수나 유리수라는 근본적인 가정이 잘못되었다고 밝혀졌다. 이 증명을 간략하게 살펴보자. 수학을 싫어하는 독자라면 넘어가도 좋지만 조금 어렵더라도 읽어볼 가치가 있다. 무언가의 예상치 못한 결론이 오히려 그것을 뒷받침한 마법 같은 방식을 이해하면 피타고라스 신봉자들이 증명에서 어떤 매력을 발견했는지, 그리고 왜 사람들이 여전히 증명에 매료되는지 알 수 있다.

각 변의 길이가 1인 정사각형이 있다고 생각해보자. (1) 이 도형은 사각형이므로 ABC는 직각을 이루고 사각형을 가로지르는 사선인 AC를 빗변으로 하는 정사각형의 면적은 AB를 빗변으로 하는 정사각형과 BC를 빗변으로 하는 정사각의 합과 같다. $AC^2=1^2+1^2$이라면 $AC^2=2$가 되고 $AC=\sqrt{2}$가 된다. (2) 2의 제곱근인 이 숫자가 m과 n이라는 두 수 사이의 유리수라고 가정한다면 $\sqrt{2}$=m/n이 된다. (3) 이를 공통인수가 없을 때까지 약분하여 m≠an이 되도록 한다. (4) 이를 제곱하면 2=m²/n²이 된다. 그러면 (5) m²=2n²이므로 분자를 제곱한 값은 분모를 제곱한 값의 2배다. m²은 지수가 2이므로 짝수기 때문에 (6) m 역시 짝수다. 짝수는 제곱근도 짝수여야 하기 때문이다. 이런 이유에서 홀수를 제곱하면 2를 곱하는 일

| 그림 2.6 | 기원전 1550년경 작성된 것으로 추정되는 이집트의 수학 교재 린드 파피루스. 이 교재는 여러 구체적인 문제와 일반적인 해답만 제시할 뿐 증명은 설명하지 않는다. 예를 들어 첫 번째 장에는 특정한 수의 빵을 10명에게 나누는 법 같은 산술 문제들과 함께 2/101=1/101+1/202+1/303+1/606 처럼 번분수를 단위분수로 바꾸는 표가 나온다. 두 번째 장은 그림처럼 원통의 부피나 피라미드의 경사를 계산하는 법 같은 기하학 문제들을 다룬다. 마지막 장은 분수의 곱을 포함한 다양한 연습 문제로 이루어져 있다. 린드 파피루스에 서명한 필경사 아메스Ahmose에게 수학은 현실적이고 실용적인 학문이었다.

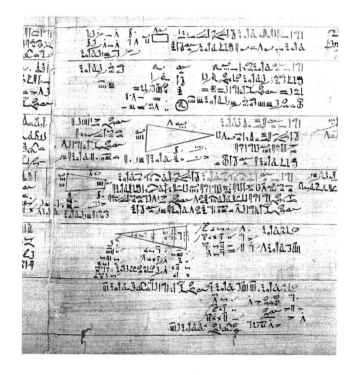

은 일어나지 않으므로 절대 짝수가 나오지 않는다. m이 짝수라면 이는 어떤 수의 2배라는 의미다. 이 수를 q라고 부르자(m=2q). 그렇다면 (7) m의 제곱은 n의 제곱의 2배가 되고($m^2=2n^2$) 이는 (8) n 제곱의 2배는 q 제곱의 4배가 됨을 뜻한다($2n^2=4q^2$). 또는 (9) n의 제곱이 q 제곱의 2배가 된다는 의미이기도 하다($n^2=2q^2$). 그러므로 n의 제곱은 짝수이고 따라서 (10) n 역시 짝수다. 하지만 앞에서 언급했듯이 m은 짝수여야 하므로 '만약' m과 n이 분수를 이루는 유리수가 있다면, m과 n은 2를 공통인수로 가져야 한다. 조금 다르게 말하면 $\sqrt{2}$가 유리수일 경우 m과 n은 q를 공

ABCD는 각 변이 1인 정사각형이다.

(1) (피타고라스 정리에 따라) 대각선 AC=$\sqrt{2}$이다.

(2) AC가 두 개의 정수인 m과 n의 비율이라고 가정하면 $\sqrt{2}$=m/n이 된다.

(3) m/n을 공통인수가 없을 때까지 약분하여 m≠an이 되도록 한다.

(4) $\sqrt{2}$=m/n이므로 $2=m^2/n^2$이 된다.

(5) 따라서 $m^2=2n^2$이다.

(6) m^2이 짝수이므로 m 역시 짝수다(짝수는 제곱근도 짝수여야 하기 때문이다). 따라서 m=2q다.

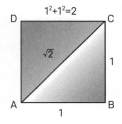

$1^2+1^2=2$

(7) 그렇다면 $m^2=4n^2$이다.

(8) (5)의 가정에서처럼 $m^2=2n^2$이면 $2n^2=4q^2$이다.

(9) 그러면 $n^2=2q^2$이다.

(10) 그렇다면 n 역시 짝수이고 m과 n은 2를 공통인수로 가져야 한다.

하지만 이는 (2)의 가정이 옳을 수 없어 $\sqrt{2}$=≠m/n가 되는 (3)의 가정과 모순된다. $\sqrt{2}$=는 두 정수가 이루는 비율이 될 수 없으므로 이는 '불합리'하다.

통인수로 한다. 하지만 두 관점 모두 m과 n에 공통인수가 없다는 처음의 가정과 배치된다. 그러므로 $\sqrt{2}$≠m/n이므로 2의 제곱근은 정수 사이의 비율인 m/n이 될 수 없다. 두 정수가 이루는 비율이 2의 제곱근이 되는 것은 불합리한 상황이다.

이것이 부정否定에 의한 증명이다. 다시 말해 두 가지 가정—하나는 피타고라스 정리에 의한 가정이고 다른 하나는 $\sqrt{2}$가 유리수라는 가정—이 서로 모순되므로 둘 다 진실일 수는 없다는 결론에 이르렀다. 피타고라스 정리는 이미 증명되었으므로 $\sqrt{2}$=m/n은 옳을 수 없었다. 피타고라스 정

리의 증명으로 이는 당연한 결론이었고 모든 수가 유리수라는 가정은 틀릴 수밖에 없었다. 이 결론을 받아들인 피타고라스 학파는 숫자에 대한 연구를 포기하고 기하학에 집중했다. 3세기에 활동한 신플라톤학파 이암블리코스Iamblichus에 따르면 피타고라스 학파는 앞의 증명을 세운 자를 재빠르게 죽였다. 이 섬뜩한 우스갯소리에는 큰 통찰이 담겨 있다. 한계가 없는 확정적 지식이라는 개념은 신비하고 매력적이지만 대가가 크다는 사실이다. 여기에는 종교적 명령 같은 어려운 요구가 뒤따른다. 피타고라스 학파인 플라톤이 우리에게 전한 '실제' 지식의 개념, 다시 말해 변화하는 세계에 독립적인 추상적이고 영속적인 '에피스테메' 개념은 세상과 인간들에 대한 특별한 깨달음 없이는 이해할 수 없다. 그 깨달음의 뿌리는 플라톤이 속했던 그리스 폴리스의 특수한 문화와 정치에서 찾을 수 있다.

아테네의 플라톤

플라톤 시대의 아테네는 그리스반도와 주변 섬뿐 아니라 소아시아, 시칠리아, 북아프리카 해안 지역의 그리스 도시들처럼 독립적인 도시국가였다. 자칭 '민주 국가'였지만 '시민' 자격을 갖춘 사람은 전체 인구의 5~10퍼센트에 불과했다. 아버지로부터 재산을 물려받을 만큼 나이가 많고 노예를 부릴 만큼 부유한 남성 가장만 시민이 되었다. 단순노동이든 기술이 필요한 노동이든 모든 육체노동은 노예가 했다. 그리스 노예들은 아메리카 대륙의 목화밭이나 코코아 농장에서 끔찍한 수모를 겪은 아프리카 노예와는 처지가 달랐다. 법과 관습의 보호를 받았고 재산을 소유할 수 있었으며 삶의 영역 대부분에 제한이 없었다. 하지만 '구속'받았기 때문에 특정 가문에 속했고 그 안에 머물러야 했다. 목수, 구두장이, 건설 현장 감독뿐 아니라 교사와 의사이기도 했던 노예들은 지식을 보유했지만, 주인이 보기에 그 지식은 몸으로 하는 조직적이고 전통적이며 실용주의적인 '어떻게에 대한 앎'인 '테크네techne'에 지나지 않았다. 그러한 지식은 사람을 특정한 장소와 도구, 몸에 속박했다. 한편 여성과 아이는 계급이 아무리 높아도 스스로 통제할 수 없는 신체 조건 때문에 구속받았다.

이런 이유에서 그리스 시민들은 폴리스의 공적 영역인 '정치'를 자신들만을 위한 영역으로 삼았다. 그들만이 '자유'로웠고 육체적·물질적 속박이 없었기 때문이다. 자유 덕분에 이성으로 열정을 다스리고 현명하게 가문을 이끌며 모든 것을 훌륭하게 판단할 수 있었다. 보편적 원리들을 고민하고, 과거를 바탕으로 미래를 예측하고, 추상적 논증에 따라 결론에 이르는 것처럼 폴리스를 통치하는 데 필요한 지식은 자유로운 인간만이 추구할 수 있으므로, 자유로운 자들이 공개적 논쟁을 통해 공적인 문제들을 결정했다. 지금이라는 시간과 여기라는 장소를 초월할 수 있는 그들만이 에피스테메를 좇을 수 있었다.

모든 그리스인이 그렇게 세상을 설명하지는 않았을지도 모른다. 우리는 그저 자유로운 계급에 속한 그리스인들이 남긴 글을 통해 그들을 알게 되었을 뿐이다. 중세 석공에 관한 사실을 알 수 없는 것처럼, 그리스 노예와 여성이 어떤 생각을 했는지는 알기 힘들다(완전히 불가능한 것은 아니다. 예를 들어 위대한 시인 레스보스의 사포Sappho of Lesbos처럼 교육받은 그리스 여성이 쓴 시를 참조할 수 있다). 또한 그들이 인간의 조건을 고민했는지, 그랬다면 주인이나 남편과 다르게 생각했는지도 알기 어렵다. 그리스 남성들이 보기에 자유로운 시민이 공적인 일들을 결정하는 것은 '증명'이 강력한 힘을 지닌 문화·정치적 맥락의 문제였다. 그들의 추상적이고 순수한 논증은 그 구조에서 힘이 비롯되므로 '여기'와 '지금'의 경계에서 자유로웠다. 이 맥락에서 진실은 세상 바깥의 독자적인 영역에 자리한다는 지식에 관한 플라톤의 개념이 정당성을 얻었다. 플라톤 철학 같은 추상적

인 생각들이 이처럼 현실적 뿌리에서 나왔다는 사실을 믿기 힘든 독자
는 플라톤의 삶을 통해 그 까닭을 이해할 수 있을 것이다.

플라톤은 기원전 427년경 아테네 귀족 가문에서 태어났다. 그의 아
버지는 아테네 초기 왕조 출신이고 어머니는 전설적인 법률가 솔론Solon
의 친척이었다. 플라톤이 어린 시절 아버지가 세상을 떠나자 어머니는 아
테네 지도자 페리클레스Pericles의 친구와 재혼했다. 기원전 409~기원전
404년 동안 군대에서 복무한 플라톤은 아테네와 동맹국들이 스파르타
와 다른 펠로폰네소스 폴리스들과 싸운 펠로폰네소스전쟁(기원전 431~기
원전 404년) 막바지에 참전했다. 전쟁이 끝난 후에는 비슷한 출신들이 대
개 그러듯이 정치인이 되어 과두제 집권 체제인 30인 참주에도 합류했으
나 그들의 무자비함에 환멸을 느끼고 그만두었다. 기원전 403년에 아테
네가 민주주의를 회복하자 플라톤은 정치계로 돌아오려고 했으나 뜻대
로 되지 않았다. 이후 소크라테스의 제자가 되었고, 이 관계는 철학 역사
에서 가장 중요한 만남이 되었다. 플라톤은, 끊임없이 질문하며 무엇이든
당연히 여기지 않는 소크라테스의 논리 전개 방식을 초기 대화 편들에
기록했다. 그 글들에서 주요 화자로 등장하는 소크라테스는 플라톤의 뿌
리 깊은 믿음을 떠받치는 미흡하고 모순된 가정들을 꿰뚫어 보았다.

아테네인들의 도덕적 확신에 끊임없이 의문을 제기한 소크라테스는
결국 죽음을 맞았다. 기원전 399년 소크라테스가 반역죄로 사형 선고를
받고 독배를 마실 때 함께 있었던 플라톤은 이후 아테네를 떠나 이탈리
아, 시칠리아, 이집트를 여행했다. 그리고 기원전 387년에 돌아와 그 유명
한 아카데메이아를 세웠다. 20년 뒤 플라톤은 명성이 가장 드높았을 때
시라쿠사의 통치자 디오니시오스Dionysius의 초청을 받아 또다시 아테네
를 떠나 시칠리아로 갔다. 플라톤은 디오니시오스에게 자신의 철학 원칙
에 따른 통치법을 가르쳐주었다. 하지만 정치·철학 실험은 실패했고 그는
목숨만 겨우 부지한 채 탈출했다. 이후에도 그는 포기하지 않고 시칠리아

의 다음 두 통치자인 디오니시오스 2세Dionysius II와 디온Dion(각각 디오니시오스의 아들과 형제)에게도 같은 실험을 했으나 결과는 같았다. 결국 아카데메이아로 돌아온 그는 교육과 저술에 전념했고 기원전 348년 또는 347년에 눈을 감았다고 한다.

　플라톤의 삶을 보면 그의 철학이 물질과의 추상적 분리를 요구했더라도 그의 철학 자체가 현실적인 물질적·정치적 문제들과 분리되지는 않았다는 사실을 알 수 있다. 플라톤은 스승 소크라테스와 숙적 아리스토텔레스를 비롯해 영향력 있는 대부분의 사상가처럼 자신의 지위와 특권을 설명하고 정당화하는 방식으로 세상을 규명한 문화·정치적 엘리트 계급이었다. 그렇다고 해서 그들의 철학뿐 아니라 다른 시대의 철학을 진정성 없는 '정치' 행위로 치부할 수는 없다. 그들의 철학은 그들이 속한 세계에 대한 진정한 이해였다. 앞에서 우리는 그들의 이해가 훗날 다른 목적을 위해 수용되고 변형되어 현재에 대한 '우리의' 이해에 바탕이 된 사실을 살펴보았다. 우리의 지식이 그들의 지식과 매우 다르더라도 이 사실에는 변함이 없다. 그러므로 그리스 철학을 이해하려면 당시의 사회적·정치적 문화를 바깥에서 바라봐야 할 뿐 아니라 '그들의' 관점에서 고민을 이해하고 해결책을 살펴봐야 한다. 우리에게 추상적인 수학적 지식에 대한 개념을 물려준 그리스 문화에서 가장 큰 미스터리는 그리스 문화 후기를 대표하는 플로티노스가 마주한 존재와 생성의 미스터리였다. 어떻게 다양성 안에 질서가 자리할 수 있을까? 어떻게 단일성이 다양함을 허용할 수 있을까? 어떻게 하나가 여럿이 될 수 있을까?

파르메니데스의 문제와 그 의미

파르메니데스의 도전

앞에서 이야기한 미스터리를 다른 관점에서 바라보자. 세상에는 말이 매우 많은데 무엇이 그 모든 말을 '말'이라는 하나의 대상으로 만들까? 또한 '말'이라는 하나의 대상이 있다면 왜 수많은 말은 제각각 다를까? 마찬가지로 모든 것은 서로 다른 방향으로 움직이는데 이 모든 것이 속하는 하나의 장소가 있을까? 그런 장소가 있다면 애당초 왜 모든 것은 움직일까? 이 질문에 대한 답들은 형이상학적이고 인식론적일 뿐 아니라 윤리적, 정치적이며 플로티노스의 경우에서 보았듯이 종교적 함의도 띤다. 하나와 많음, 단일성과 다양성의 문제는 어떻게 받아들이느냐에 따라 그리스 철학 학파를 구분할 수 있을 정도로 그리스 사상에서 근본적인 문제였다.

이 난제에 가장 영향력 있는 답을 제시한 인물은 플라톤보다 한 세기 앞서서 이탈리아 남서 지방의 그리스 식민지 엘레아에 살았던 파르메니데스Parmenides다(플라톤은 대화 편에서 파르메니데스를 주요 대화자로 등장시키며 그를 기렸다). 플라톤 이전의 많은 그리스 사상가가 그러했듯이 파르메니데스는 철학적 서사시로 이야기했는데 현재는 그중 일부만 남아 있다. 그가 여신의 말을 받아 적었다고 설정된 시의 도입부에서 여신은 다음과 같이 선언한다.

나에게 오면 사유를 위한 탐구의 길들을 알려주겠다. 그중 하나는 '있다'와 '있지 않을 수 없다'의 길이다. 이것은 진실에 이르는 확신의 길이다. 다른 하나는 '있지 않다'와 '있지 않을 수밖에 없다'의 길이다. 이 길은 그대가 '있지 않은 것'을 알 수 없고 이를 가리킬 수도 없으니 결코 생각할 수 없는 길이다.

- 파르메니데스, 《단편들Fragments》, 데이비드 갤럽David Gallup(편집 및 번역)

(토론토대학교출판부University of Toronto Press, 1984), 55쪽(작은따옴표 부분은 저자가 표시함)

　　여신의 말을 처음 보면 어리둥절하게 느껴진다. 하지만 다시 읽어보면 존재와 비존재 사이에 중간 지대는 있을 수 없다는 견고한 철학적 통찰을 얻을 수 있다. 있는 것, 다시 말해 존재하는 것은 그저 존재하고, 존재하지 않는 것은 그저 '무無'다. '존재하지 않는 것'이라는 말조차도 그 어느 것도 지칭하지 않으므로 "결코 생각할 수 없는" 공허한 단어의 나열이다. 우리는 존재하는 것만 알고, 인식하고, 이야기할 수 있다. 어떤 것도 '거의 존재하거나' '존재하려고 하거나' '존재에서 빠져나오려는 중'일 수 없으므로, '있는 것'은 존재하게 된 것이 아니다. '있는 것'이 '무'였을 때는 그것이 그저 없었다는 뜻이므로 무언가가 '무'였다가 어떤 무언가가 되기란 불가능하기 때문이다. 그러므로 '있는 것'은 있어야만 하고 '있지 않는 것이 불가능'하다. 그것은 항상 있었고 앞으로도 '있음'을 멈추지 않을 것이다. 또한 있는 것은 절대 변하지 않는다. 변화에는 존재하지 않았던 무언가가 존재하게 되거나 존재하던 것이 존재하지 않게 되는 상황이 항상 뒤따르므로 역시 "결코 생각할 수 없는" 일이다. 존재하는 것은 '하나고 그 자체로 동일한 대상'이다. 존재하는 것이 하나 이상이어서 두세 개의 분리된 개체가 있다면 그 사이에 존재하는 것은 무엇일까? 공허? 비존재? 하지만 비존재는 "있지 않은 것"이고 '있지 않을 수밖에 없는 것'이다. 비슷한 이유에서 '있는 것'은 움직일 수 없다. 움직이기 위해서는 움직일 수 있는 빈 공간이 있어야 하기 때문이다. 하지만 빈 공간은 그저 '무'이므로 역시 '있지 않을 수밖에 없는 것'이다. 우리가 "진실에 이르는 길"을 걷는다면, 존재는 영속적이고 불변하는 하나이고 다양함, 탄생과 죽음, 변화에는 실재가 없음을 깨닫게 된다.

누군가는 변화나 운동의 존재에 대한 의심이 과연 합리적인지 물을 것이다. 변화와 운동이 존재한다는 사실이야말로 가장 당연하고 일반적인 사실 아닌가? 변화와 운동이 없다면 생각조차 못 하지 않을까? 파르메니데스의 제자들은 사람들이 이런 사고방식에 익숙하다는 사실에는 동의했지만 이 기본적 가정들은 착각일 뿐이라고 주장했다. 그중 가장 잘 알려진 철학자 제논Zeno은 유명한 '제논의 역설' 논증을 제시했다. 그는 두 개의 물체가 같은 방향을 향해 다른 속도로 움직이는 평범한 상황을 상정했다. 이 상황을 아킬레우스Achilles와 거북이의 경주로 설명해보자. 거북이보다 10배 빠른 아킬레우스가 10미터 뒤에서 출발한다. 그렇다면 아킬레우스가 훨씬 빠르므로 순식간에 거북이를 따라잡을 것이다. 실제로도 아킬레우스가 몇 걸음만 뛰어도 10미터를 지나므로 그가 10미터 지점을 지날 때 거북이가 나아간 거리는 1미터에 불과할 것이다. 당연히 아킬레우스는 거북이가 앞으로 나아간 1미터 지점에 금세 도달하겠지만 그때가 되면 거북이는 10센티미터 앞서 나가 있을 것이고, 그가 110센티미터 지점에 도달했을 때도 거북이는 미세하게나마 앞에 있을 것이다. 그렇다면 둘 사이의 거리는 계속 줄더라도 절대 없어지지 않으므로 아킬레우스는 결코 거북이를 앞지를 수 없다. 제논은 화살이 활에서 떠나 과녁을 향하는 운동에 관해서도 이야기했다. 화살이 과녁에 닿으려면 과녁까지의 거리 중 반을 지난 다음 그 반의 반을 지나고 반의 반의 반을 지나야 한다. 반의 반은 무한히 계속되므로 화살은 과녁까지의 거리를 지날 시간이 부족해 결코 과녁에 닿지 못한다. 실제로 화살이 거리의 절반 지점을 지나려면 우선 반의 반의 지점을 지나야 하고 그전에는 반의 반의 반의 지점을 지나야 한다. 그렇다면 화살은 애초에 활을 떠나지 못한다. 따라서 운동은 착각이다.

원자론자

제논의 역설을 어떻게 이해해야 할까? 어쨌든 우리는 빠른 주자가 느린 주자를 따라잡고 화살이 과녁에 꽂히는 모습을 두 눈으로 똑똑히 보지 않는가? 우리가 경험하는 것과 이성이 우리에게 말해주는 것 사이의 이 모순은 어떤 의미일까? 파르메니데스 학파에 따르면 세상에 대한 우리의 경험인 감각은 착각이다. 우리는 희망과 열정은 물론이고 모든 고통과 괴로움이 착각이라는 주장에서 위안을 얻을 수 있다. 그러므로 지식에 관해서는 철저하게 이성을 따라야 한다. 앞에서 이야기했듯이 플라톤도 이에 동의했다. 플라톤의 철학은 파르메니데스의 통찰을 정교하게 발전시켰다. 플라톤에 따르면 다양성, 운동, 변화로 이루어진 속세는 동굴일 뿐이고 우리의 경험은 그림자일 뿐이다. 그는 '진정으로 존재'하는 것은 순수한 형상일 뿐이라고 생각했다. 이 주장은 '있는 것과 있지 않는 것이 불가능한 것'에 대한 파르메니데스의 법칙, 즉 형상은 영속적이고 불변하며 정신으로만 알 수 있다는 법칙에 부합한다.

모든 그리스 사상가가 파르메니데스의 예리한 논리에 감탄한 것은 아니다. 플라톤보다 약 한 세대 전의 인물인 레우키포스Leucippus(기원전 480[?]~기원전 460)와 데모크리토스Democritus(기원전 460[?]~기원전 370), 그리고 플라톤이 사망하기 몇 년 전에 태어난 에피쿠로스Epicurus(기원전 341[?]~기원전 271)는 다른 답을 제시했다. 원자론 학파의 창시자인 이들은 우리의 경험대로 세상을 설명하는 것이 순수한 이성의 명령을 따르는 것보다 중요하다고 주장했다. 이들은 그리스 사상가들에게 크나큰 영향을 미친 파르메니데스의 통찰과 제논의 논증을 부정하거나 반박하지는 못했지만 타협은 할 수 있었다. 이들에게 운동과 다양성은 부인할 수 없는 세상의 진실이었다. 그러므로 운동에 물체가 움직일 빈 공간이 필요하다면, 이성이 승인하지 않더라도 빈 공간은 존재해야만 한다. 게다가 존재하는 것들의 다양성이 어떻게 하나의 존재에서 비롯되었는지 모른다면, 그저 많은 것이 빈 공간 사이에 존재한다고 가정해야 한다. 하지만 '원자론'이라는 명칭에서도 알 수 있듯이 원자론자들은 파르메니데스의 가르침을 최대한 따르려고 했다. 원자론자들에 따르면 존재하는 많은 것은 일관적이고, 영속적이며, 불변하므로 파르메니데스의 여신이 '있는 것'에 대해 정한 모든 조건을 만족한다. 그것을 계속 나누면 각각 '나눌 수 없는 것'인 원자atom가 된다.

원자론자들이 등장한 지 약 4백 년 후 로마공화국이 쇠락하던 시기에 루크레티우스Lucretius(기원전 99~기원전 55)는 고대 원자론을 다른 맥락으로 정교하게 발전시켜 《사물의 본성에 대하여De rerum natura》라는 철학 서사시로 설명했다. 아래는 윌리엄 엘러리 레너드William Ellery Leonard의 번역본 2권에서 인용한 것이다.

자, 이제 어떤 운동에 의해 생성을 일으키는 질료의 몸체들이 여러 가지 사물들을 낳으며, 생겨난 것들을 다시 분해하는지, 그리고 어떤 힘이 이것을 행하도록 강제하는지, 또 이들이 광대한 허공을 움직여가도록 어떤 빠르기가 주어져 있는지 설명하리라.

...

왜냐하면 그것들은 허공을 통하여 떠돌아다니므로, 사물들의 모든 기원은 그것이 무게를 지님으로 해서, 아니면 때때로 다른 것의 충격에 의해 이동해야 하기 때문이다. 움직여진 것들은 흔히
서로 마주쳐 부딪혔을 때 즉시 이리저리 서로에게서 튕겨 나가기 때문이다.
그리 놀랄 일도 아닌 것이, 이들은 무게를 지닌 견고한 것으로 되어 있어서
매우 단단하고, 아무것도 이들을 뒤쪽에서 막아서지 않기 때문이다.
또한 질료의 모든 알갱이가 튕겨지고 있다는 것을
당신이 꿰뚫어 볼수록, 모든 것의 총체에는 가장 깊은 곳이란

존재하지 않는다는 점을, 그리고 기본적인 몸체들이

정지해 머물 곳이 없다는 점을 기억하라.

공간에는 경계도, 한도도 없기 때문이다.

나는 그것이 사방의 모든 부분으로 펼쳐져 있다는 것을

여러 말로 보여주었으며, 확실한 논증으로 입증했다.

…

내가 늘 말하듯, 이 사실의 형상은

항상 우리 눈앞에 있어 떠돈다.

주목해보라. 태양의 빛이,

빛살이 틈으로 들어와 집의 어두운 곳을 가로질러 쏟아질 때를.

수많은 작은 입자가 수많은 방식으로 허공을 가로질러

바로 빛살의 밝음 속에서 뒤섞이는 모습을 그대는 볼 것이다.

마치 영원한 싸움 속에 기병 부대별로

전투와 전쟁을 치르는 듯, 휴식도 없이

끝없는 모임과 흩어짐으로 격동하듯 하는 것을.

이것으로부터 그대는 추론할 수 있으리라. 기원들이

광대한 허공 속을 항상 튀어 돌아다니는 것이 어떤 의미인지.

대단치 않으나 어쨌든 사소한 것은 큰 것들에 관한 예시와

개념의 흔적을 제공할 수 있다.

태양의 빛살 속에서 요동치는 모습이 관찰되는 이 알갱이들에

주목하는 것은 이런 이유 때문에 더욱더 타당하다.

즉, 그 요동은 그 밑에 숨겨져 보이지 않는

질료의 운동이 또한 존재함을 의미한다는 점이다.

왜냐하면 거기서 당신은, 많은 입자가 보이지 않는 타격에 흔들려

궤도를 바꾸고 뒤로 튕겨나 때로는 이쪽, 때로는 저쪽,

사방 온 부분을 돌아다니는 모습을 볼 터이니 말이다.

물론 이 떠돌이 운동은 시초적인 것으로부터 와서 모든 것들에 있게 된 것
이다.

왜냐하면 처음에 사물들의 기원들은 그 자체로 움직이기 때문이다.

그다음에 작은 집합으로 이루어져서,

말하자면 기원들의 힘에 가장 가까운 물체들이

이 기초들의 보이지 않는 타격에 밀려 동요되고,

또 다음 차례로 이것들 자신이 조금 큰 것들을 요동시킨다.

이런 식으로 시초들로부터 운동이 상승하고,

조금씩 우리의 감각을 향해 나아간다. 그래서 저것들,

태양의 빛 속에서 우리가 구별할 수 있는 것들도 움직인다,

어떤 타격 때문에 그러는지는 분명하게 드러나지 않지만.

(http://classics.mit.edu/Carus/nature_things.html)

누군가는 '과학적 관점을 시로 주장하다니 얼마나 이상한가!'라고 생
각하며 루크레티우스를 구시대적이라고 여길 테지만, 누군가는 '입자에
관해 현대 과학과 비슷하게 이야기했다!'라고 감탄하며 그가 시대를 앞서
나갔다고 생각할 것이다. 중세 성당 이야기의 교훈을 떠올리면, 루크레티
우스가 고민한 문제가 무엇이고 딜레마를 어떻게 해결하려고 했는지, 다
른 사람들이 무엇을 이해하지 못할 것이라고 생각했는지, 그들을 어떻게
이해시키려고 했는지를 '그가' 속한 시대와 장소의 맥락에서 바라볼 수
있다.

루크레티우스는 질서를 혼란에서 빠져나오게 하고 일치성을 단일성에
서 분리하여 파르메니데스의 문제와 마주했다. 세상에는 하나의 존재만
있는 것이 아니라 '생성되는 물질'인 아주 많은 입자가 있다. 이 입자들은
동일—따라서 존재의 일치성이 가능하다—하지만 혼란스럽게 움직이며,
입자들이 우연히 충돌함에 따라 우리가 경험하는 다양하지만 질서정연

한 세계가 존재하게 된다.

루크레티우스의 문제는 양면적이었다. 우선 자신의 참신하면서도 낯선 이야기를 접한 사람들에게, 혼란스럽게 움직이는 미세한 입자가 어떻게 우리가 아는 거대하고 질서정연한 세상을 만드는지 이해시켜야 했다. 두 번째로는 사람들이 익숙해하는 모든 것은 사실 거의 이해할 수 없는 무언가의 결과라는 사실을 받아들이게 해야 했다. 특히 보고 느끼고 맛볼 수 있는 것은 볼 수 없는 것들이 표현된 것임을 깨닫게 해야 했다. 루크레티우스는 자신의 생각들이 환상이 아님을 설명하기 위해 빛줄기가 어두운 방을 통과하면 작은 먼지 입자가 떠다니는 광경이 나타나는 현상을 비유로 들었다. 눈에 거의 보이지 않는 것(먼지 입자)을 눈에 보이지 않는 것(원자)에 비유한 이야기 덕분에 사람들은 그가 설명한 운동을 머릿속에 그릴 수 있었다. 루크레티우스는 이 비유를 바탕으로 눈에 보이는 운동은 보이지 않는 운동의 '표상'일 뿐 아니라 '결과'라는 더 과감한 주장을 제시했다. 작은 먼지 입자의 혼란스러운 운동은 더 작은 원자의 운동을 뒷받침하는 논증이 된다. 후자의 운동이 아니라면 전자의 운동을 어떻게 설명할 수 있겠는가? 눈에 얼마나 잘 보이는지를 기준으로 한 루크레티우스의 사다리 맨 위에는 작은 먼지가 있고 그 아래에는 그 먼지를 이루는 원자 덩어리가, 그 아래에는 그 덩어리를 이루는 더 작은 덩어리가 있다. 맨 아래에는 몹시 작은 원자가 있다.[1]

1 _ 이 분석의 첫 부분은 고인이 된 내 스승 아모스 펑켄스타인Amos Funkenstein의 도움을 받았다. 그가 편안히 잠들어 있길 바란다. 뒷부분은 내게 많은 가르침을 주었으며 지금은 박사 과정을 밟고 있는 키런 크리시나Kiran Krishna가 도와주었다.

그리스 철학과 파르메니데스의 문제

파르메니데스의 문제가 중요한 이유는 아원자 입자의 운동이든, 무기질 결정의 생성이든, 새로운 종의 진화이든, 금융시장 동향이든 모든 과학적 탐구의 핵심을 관통하기 때문이다. 어떻게 다양성을 단일성의 맥락에서 이해할 수 있을까? 안정성과 계속성의 맥락에서 변화를 어떻게 이해해야 할까? 눈에 보이는 무질서를 어떻게 근본적인 질서의 맥락에서 이해해야 할까? 플라톤의 답은 세상 밖의 영역에 있는 이상적인 형상에서 단일성을 찾는 것이었다. 그가 보기에 다양성과 변화는 추상적 이상에 대한 물질적 모방의 '실패'였다. 한편 원자론자들의 답은 물질의 일치성에서 단일성을 찾는 것이었다. 그들에 따르면 질서는 혼란에서 자발적으로 창발創發한다.

루크레티우스의 우아한 지적 전략이 현대인의 생각과 비슷한 까닭에 역사학자들은 원자론자들의 답이 동시대의 다른 학파들의 답보다 더 '근대적'이고 '경험적'이며 '과학적'이라고 평가하곤 한다. 옳지 않은 판단이다. 원자론자들은 고대의 여느 철학 학파만큼이나 당대의 문화에 깊이 뿌리 내리고 있었다. 그들의 목적은 우리가 과학적이라고 여기는 지식이 아니라 자유로운 인간이 누려야 마땅한 '훌륭한 삶'에 대한 형이상학적 근본을 제시하는 것이었다. 파르메니데스의 문제에 대한 원자론자의 답이 특히 흥미로운 이유는 신중하게 '타협'하여 질서와 변화의 미스터리를 다루었기 때문이다. 과거의 역사 주체들이 무엇을 중요하게 여겼는지, 무엇을 무시하려고 했는지, 무엇을 지키려고 했는지 보여주는 타협은 과학사 연구자에게 무척 흥미로운 주제다. 루크레티우스의 시에서 알 수 있듯이 원자론자들은 파르메니데스의 논증에 감탄했다. 하지만 경험을 부정하지 않고 설명해야 한다고 굳게 믿었기 때문에 파르메니데스와 플라톤 학파의 결론을 모두 받아들이지는 못했다. 대신 존재에 관한 파르메니데스의 통찰을 수용하는 동시에 다양성과 운동을 부정하는 논증은 무시하여 이 모순에 다가갔다. 원자론자들은 아무것도 없는 빈 공간인 '비非사물'이 어떻게 존재할 수 있는지, 그것이 어떻게 '사물'이 될 수 있는지 설명할 수 없었지만, 운동에는 빈 공간이 필요하므로 빈 공간의 존재를 그저 받아들였다. 어떻게 '많음'이 '하나'에서 비롯될 수 있는지도 설명하지 못했으므로 그저 많음의 존재를 받아들이고 이를 물질을 이루는 수많은 기본 입자의 존재로 해석했다. 또한 존재가 어떻게 변하는지 설명하지 못했으므로 그저 입자가 끊임없이 운동한다고 추측했다. 하지만 원자에 대해서만큼은 존재의 일치성, 영속성, 불변성 원칙을 지키려고 했다.

원자론 철학은 17세기에 일어난 이른바 '과학혁명'의 중요한 원천이 되었고, 플라톤주의는 다양한 형태로 여러 세대 동안 굳건히 이어졌다. 하지만 파르메니데스의 딜레마에 가장 영향력 있는 답을 제시한 인물은 플라톤의 애제자였던 아리스토텔레스다. 원자론 학파나 플라톤 학파와 전혀 다른 답을 내놓은 아리스토텔레스는 모든 철학적 입장은 철저한 관찰과 상식적인 논리 분석의 시험을 통과해야 한다고 주장했다.

아리스토텔레스와 상식의 과학

아리스토텔레스의 삶과 그의 시대

아리스토텔레스는 자연철학 외에도 전반적인 철학 분야에 큰 영향을 미쳤다. 예를 들어 대표적인 철학 검색 엔진인 스탠퍼드 철학 백과사전 Stanford Encyclopedia of Philosophy을 검색하면 2020년 중반 현재 아리스토텔레스와 직접 관련 있는 결과는 15개고, 아리스토텔레스가 언급된 결과는 8백 개(!)가 넘는다(아이러니하게도 이 검색 엔진은 '플라톤'으로 불린다.

https://plato.stanford.edu). 앞으로도 살펴보겠지만 아리스토텔레스 철학은 그 태동기부터 18세기까지 대학 교육의 바탕을 이루었다. 또한 이슬람 지식인과 천문학자들에 의해 인도와 중국에도 유입되어 그곳에서 토착 사상과 융합했다. 소크라테스 이전의 그리스 철학에 관해 우리가 아는 내용 대부분은 아리스토텔레스의 글에서 비롯되었다. 그의 글은 지금도 수사학, 시학 같은 분야의 수업에서 출발점으로 쓰이고 있고, 논리학 같은 다른 분야들에서도 중요시된다. 주요 종교 창시자들을 제외하면, 아리스토텔레스처럼 장대한 시공간을 초월하는 사유와 논증의 개념과 방식을 제시한 사상가는 없었다. 그렇다고 해서 아리스토텔레스 사상이 그것이 탄생한 특수한 문화에 뿌리내리지 않았다는 의미로 해석해서는 안 된다.

아리스토텔레스의 삶은 스승 플라톤처럼 기원전 4세기 에게반도의 격동적인 정치 상황에 따라 부침을 겪었다. 기원전 384년 그리스 북부의 스타게이라에서 태어난 아리스토텔레스는 의사였던 아버지의 뒤를 이어 의학을 공부했을 것이다. 전통적으로 의학 기술은 비밀에 부쳐져 아버지가 아들에게 물려주었다. 아리스토텔레스의 글에서도 생물학과 실용주의에 대한 관심이 분명하게 드러난다. 부모가 세상을 떠난 뒤에는 친척의 후원을 받으며 마케도니아의 궁전에서 자랐고 이때부터 의학 대신 귀족에게 걸맞은 그리스 문학, 수사학, 시 같은 교양 학문을 연구했다. 기원전 367년 열일곱이 되던 해에는 아테네에서 약 20년 동안 운영되어온 아카데메이아에 입학했다. 당시 플라톤은 정치적 목적 때문에 시라쿠사에 머물고 있었다. 플라톤이 돌아온 후 몇십 년 동안 자주 만났을 것으로 추측되지만 두 철학자의 만남에 대한 기록은 없다.

아카데메이아, 아테네, 헬레니즘 문화권의 정치는 아리스토텔레스의 삶에 중요한 역할을 했다. 그는 아카데메이아에 발을 들이고 얼마 지나지 않아 직접 가르치기 시작했고, 약 20년 뒤 정치적 입지가 약해질 때까지 아카데메이아를 떠나지 않았다. 그러나 마케도니아의 후원자 필리포스 2세Philip II가 그리스를 정복하기 위해 움직이고, 고향 스타게이라가 플라톤이 사망한 무렵인 기원전 347년에 무너지자 아카데메이아 원장으로서 플라톤의 후계자가 되겠다는 야망을 포기하고 아테네를 떠나야 했다. 이후 20년 동안 처음에는 아소스(지금의 터키 베흐람)에서, 그 후에는 마케도니아에서 궁정 철학자로 활동하며 해부학, 동물학, 생물학 같은 실용적 학문을 본격적으로 연구하는 철학자들을 이끌었다. 1세기의 저명한 연대기 작가 플루타르크Plutarch에 따르면 필리포스 2세는 아리스토텔레스를 후에 '대왕'이 된 알렉산드로스Alexander의 가정교사로 고용했다. 필리포스 2세는 아리스토텔레스를 통해 아카데메이아에 정치적 영향력을 행사할 수 있을 것으로 기대했을 것이다. 기원전 340년 필리포스 2세가 아테네를 무력으로 장악할 준비를 시작하면서 아리스토텔레스는 자신이 이끄는 지적 모임과 함께 고향 스타게이라로 돌아가야 했다. 기원전 336년 알렉산드로스가 결국 아테네를 점령했지만 아카데메이아는 연구를 계속할 수 있었다. 알렉산드로스는 1년 뒤 아리스토텔레스를 아테네로 보내 아카데메이아보다 연구의 폭이 넓고 경험주의적인 리케이온Lyceum을 세우게 했다. 지금까지 전해진 아리스토텔레스에 관한 글 대부분은 그가 리케이온에서 가르친 제자들의 기록으로 추정된다. 아리스토텔레스는 리케이온의 이곳저곳을 거닐며 제자들을 가르친 것으로 유명했고 이런 이유에서 아리스토텔레스 학파는 '소요학파peripatetics'라는 별칭을 얻었다 (그리스어 'περιπατεῖν'에서 유래한 '소요'는 자유롭게 다닌다는 뜻이다). 기원전 323년 알렉산드로스가 사망한 후 아리스토텔레스는 또다시 아테네를 떠나 칼키스에 있는 가족 소유의 저택에 머물렀고 이듬해 예순둘의 나이로 세상을 떠났다.

아리스토텔레스 대 이전 철학자들

아리스토텔레스의 철학은 그의 삶처럼 세속적이고 능동적이었다. 파르메니데스의 문제에 대한 접근법도 마찬가지였다. 원자론자와 마찬가지로 그는 일상적 경험을 부인하는 철학이 마뜩잖았다. 그에게 철학자의 임무란 실재를 거부하는 것이 아니라 분명하게 밝히는 것이고, 실재가 그저 착각이라고 말하는 것이 아니라 실재가 어떻게 작동하는지 설명하는 것이었다. 하지만 아리스토텔레스는 근본적인 실재에 관한 원자론자들의 이야기, 특히 빈 공간에서 일어나는 운동에 대한 그들의 집착은 수긍하지 않았다. 많은 그리스 철학 학파에게 '운동'은 모든 종류의 변화와 동의어였다. 가령 불 위에 올려놓은 물은 차가움에서 뜨거움으로 이동하는 운동이었다. 하지만 아리스토텔레스는 한 장소에서 다른 장소로의 운동인 '장소 이동'은 자연의 모든 복잡성을 설명하기에는 너무나 제한적인 변화의 개념이라고 꼬집었다. 더 넓게는, 질서가 무질서에서 창발하거나 다양성에서 단일성이 창발할 수 있다는 주장을 받아들이지 않았다. 식물과 동물, 집과 도시가 균일한 입자들의 혼란스러운 운동으로 탄생할 수 있다는 원자론자들의 생각은 불합리하다고 반박했다.

아리스토텔레스는 위대한 스승 플라톤의 답에도 동의하지 않았다. 그가 보기에 순수한 형상이라는 개념은 문제를 해결하기는커녕 더 많은 수수께끼를 낳았다. 무엇보다도 이상적인 형상이 어떻게 모든 물질적 구현과 관련되는지 전혀 알 수 없었다. 다른 영역에서는 영속적으로 존재하며 불변한다고 여겨지는 말馬이 세상의 모든 말과 어떻게 관련될까? 아리스토텔레스는 형상이 서로 어떻게 관련을 맺는지도 플라톤이 제대로 설명하지 못한다고 주장했다. 말과 양의 형상과 독립적으로 존재하는 다리가 넷 달린 동물의 초형상super-form이 존재하는가? 그렇다면 이러한 형상과 관련한 동물의 초형상 역시 뛰어넘는 초-초-형상super-super-form은 물고기와 가금류의 형상들과 어떤 관계인가? 이 문제는 끝이 없어 보였다. 플라톤은 실재하는 세속적 사물 사이의 유사성을 사물 자체처럼 다루었다.[2]

파르메니데스와 제논의 논증이 제시한 이성과 경험의 틈에 대한 아리스토텔레스의 근본적인 접근법은 철학적 논증을 상식에 따르도록 하는 것이었다. 진실은 이상적인 영역이 아니라 실재하는 사물이나 세계에서 찾아야 하며, 지식은 모든 사람은 아니더라도 최소한 대다수나 현명한 사람들의 관점과 경험적 증거에 부합해야 했다. 그러므로 아리스토텔레스가 보기에 수학에 대한 플라톤의 열의는 추상적 이상화에 대한 미흡하고 무용한 환상에 불과했다. 아리스토텔레스에게 '논리'는 지식을 획득하는 도구였다. 실재하는 사물 사이에 실재하는 관계를 포착할 수 있기 때문이다. 또한 실재하는 사물에서 형상과 물질을 '구별'할 수는 있어도 '분리'할 수는 없다. 우리는 '말의 살과 피를 생각하지 않고도' 예컨대 쥐와는 다른 말의 형상을 떠올릴 수 있다. 그렇다고 해서 이 같은 '말다움'이 말과 분리된 다른 어딘가에 존재하는 것은 아니다.

플라톤과 아리스토텔레스는 지식에 관해 근본적으로 대립하는 개념을 제시했고, 두 개념의 차이는 한마디로 '진실'에 대한 관점에서 드러난다. 플라톤에게 진실은 영원하고 초월적이었다. 그는 《국가론》에서 이렇게 설명했다. "영혼은 눈과 같아서 진실과 존재가 빛나는 곳에 놓이면 그것들을 인식하고 이해하며 지성으로 빛을 반짝인다. 하지만 생성과 소멸의 황혼을 향하면 그저 눈을 껌뻑이며 의견만 가질 뿐 지성은 전혀 없어 이 의견을 취했다가 저 의견을 취하는 행태를 보인다"(http://classics.mit.edu/Plato/republic.7.vi.html). 이 말에 동의하지 않은 아리스토텔레

---

2 _ 철학에서는 '물화reification'라고 한다.

스는 《형이상학Metaphysics》에서 다음과 같이 단호하게 맞받아쳤다. "있는 것을 없다고 하거나 없는 것을 있다고 하는 것은 그르지만, 있는 것을 있다고 하고 없는 것을 없다고 하는 것은 옳다"(www.perseus.tufts.edu/hopper/text?doc=Perseus%3Atex-t%3A1999.01.0052%3Abook%3D4%3Asection%3D1011b).

아리스토텔레스의 대안

파르메니데스 문제에 대한 아리스토텔레스의 답은 지나친 추정을 삼가고 '있는 것을 있다고 하라'는 강력한 요구를 따랐다. 자연은 '변화'이고 우리 주변에서 '존재하다가 사라진다'. 그러므로 우리가 아는 자연을 제대로 이해하려면 '있음'과 '없음', 존재하는 것과 존재하지 않는 것을 극단적으로 분리해서는 안 된다. 둘 사이에는 무언가가 있어야만 한다. 아리스토텔레스는 존재에 가까운 것, 다시 말해 잠재적으로 존재하는 것이라는 기발한 개념을 발명했다. 참나무는 도토리가 싹을 틔워 몸통이 자라고 가지에 잎이 무성해지기 전까지는 완전히 존재하지 않는다. 하지만 어떻게 보면 참나무는 이미 도토리 속에 존재한다. '잠재적으로' 존재하는 것이다. 주변 조건이 잘 갖춰진다면 도토리는 참나무가 '될' 것이다. 도토리가 '반드시' 참나무로 자라는 것은 아니다. 소가 먹을 수도 있고 불에 탈 수도 있다. 하지만 원숭이나 단풍나무가 되는 일은 '결코' 없다. (주변 조건이 적절하다면) 도토리는 '자신의 힘으로' 참나무로 자라고 참나무 외에 다른 것이 되지 않는다. 다시 말해 '실재하는' 도토리는 '잠재적인' 참나무다.

아리스토텔레스는 질서와 변화를 이분법으로 가르지 않았다. 잠재력은 변화를 통해서만 실현될 수 있고, 도토리가 참나무로 변하는 것처럼 잠재력을 실현하는 현상은 자연이 질서정연하게 변화하는 틀이다. 자연은 '질서정연한 변화'이고 자연철학의 임무는 그 질서를 해독하는 것이다.

그렇다면 질서와 변화는 어떻게 균형을 이룰까? 무엇이 질서와 일치성을 변화시키거나 유지하는가? '물질'은 변한다. 참나무의 물질은 분명 도토리의 물질이 아니다. 양이 크게 다를 뿐 아니라 단단함, 색을 비롯한 많은 속성이 다르다. 무엇이 이 변화의 질서를 보장할까? 바로 '형상'이다. 참나무의 잠재성은 도토리의 형상에 자리한다. 물질은 수동적이고 단일하며 변화할 수 있다. 모든 잠재력을 내포하지만 그 자체에는 특징적인 속성들이 없다. 형상은 능동적이고 질서정연하다. 개별적인 실체의 속성들을 담고 있으며 그 변화를 이끈다.

이 이야기가 구시대적이고 난해해 보인다면 우리 자신에 관해서도 비슷한 방식으로 생각할 수 있다는 사실을 떠올려보자. 우리 몸을 구성하는 세포 대부분은 우리보다 수명이 훨씬 짧다(뉴런과 심장 근육 세포는 수명이 길지만 대부분은 며칠에서 몇 년 사이에 소멸한다). 7~10년마다 우리 몸의 거의 모든 물질이 바뀐다고 해도 무방하다. 하지만 우리는 자신을 몇 년 전에 존재한 다른 사람이나 다른 사물로 여기지 않는다. 우리는 '내가' 변하고 있다고 생각한다. 이러한 변화의 질서, 발전, 계속성의 주체는 바로 '나'다.

이처럼 근본적인 단일성을 '자아'나 '영혼'으로 생각할 수 있다. 앞에서 언급했듯이 플라톤은 변화하는 몸과 단일하고 일관적인 영혼 사이의 엄격한 구분은 영혼이 몸에 대해 독립적이라는 의미라고 주장했다. 영혼은 그저 몸 안에 머무는 것이다. 몸이 탄생하면 몸과 합쳐지고, 소멸하면 분리된다. 기독교는 영혼이 불멸한다는 생각을 기꺼이 받아들였다. 지구 상의 삶이 불공정한 미스터리를 풀 열쇠가 되었기 때문이다. 육신이 죽으면 영혼은 속세의 삶 동안 어떤 길을 걸었는지에 따라 응당한 보상이나 처벌을 받는다. 아리스토텔레스가 보기에 이 생각은 중대한 오류였다. 물질과 형상 또는 몸과 영혼을 구별할 수 있다고 해서 그것들을 분리할 수 있는 것은 아니다. 도토리의 물질과 형상이 아무리 뚜렷하게 구별되더라도 소의 먹이가 되거나 불에 타면 둘 다 소멸한다. 마찬가지로 우리가 죽으면 몸과 영혼 모두 더 이상 존재하지 않게 된다. 형상은 물질로부터 독립적으로 존재할 수 없으며, 물질은 형상에 의해 형태가 갖추어지거나 결정되지 않으면 존재하지 않는다.

아리스토텔레스의 세계

아리스토텔레스는 플라톤과 달리 세상은 오로지 우리가 사는 곳 하나뿐이라고 주장했다. 현대인들이 많은 부분을 인정하는 원자론자의 세계와 달리 아리스토텔레스의 세계는 운동하는 단일한 물질들로 이루어지지 않았다. 아리스토텔레스 세계의 구성 요소는 사람, 말, 도토리처럼 분명한 개체인 '실체'다. 이 개체들은 물질과 형상으로 이루어지고 분리할 수 없는 복합체지만 사람이든, 말이든, 도토리든 '본질'은 형상으로 결정된다. 물질이 없는 실체는 없다. 형상이 없는 '무정형' 물질도 구체적인 사물이 아니므로 실체가 아니다. 사람, 말, 도토리, 돌 같은 자연적 실체에는 각자의 '본질적 본성'이 있다. 세상에는 컵이나 책상처럼 자연적이지 않은 인공적 사물도 있다. 기술로 만든 인공적 사물의 형상은 만든 이의 영혼을 투영한다.

실체의 본성은 그 속성의 합이며, 일차적으로는 형상으로 결정되고 이차적으로는 그것을 구성하는 물질로 결정된다. 본질적 본성 때문에 모든 사물은 각기 특정한 행동, 다시 말해 '자연적' 행동을 한다. 따라서 불은 자연적으로 열을 전달하고, 돌은 자연적으로 낙하하며, 도토리는 자연적으로 참나무가 되고, 아이는 자연적으로 성인이 된다. '우리(현대)의' 세계에서는 사물이 외부적 규칙, 즉 어디서나 모든 사물에 통용되는 법칙을 따른다면, 아리스토텔레스의 세계에서는 사물이 내부의 규칙, 즉 사물 자체의 본성을 따른다. 아리스토텔레스의 세계에 대한 이해는 추상적 논리학에서 다루는 보편적인 규칙성을 이해하는 데 그치지 않는다. 그의 세계를 탐구하는 일은 실체의 특수성, 본질적 본성, 그리고 그 본성을 따르는 행동, 다른 실체들과의 차이를 이해하는 것에 가깝다.

그러므로 아리스토텔레스의 세계는 '사물'이 아닌 실체로 이루어져 있다. 실체의 근본적

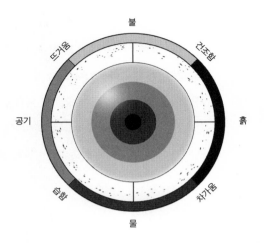

| 그림 2.7 | 아리스토텔레스의 원소 및 원소의 속성과 대비. 위 분석의 출발점은 보편적인 상식이었겠지만 결론은 그렇지 않다. 가령 아리스토텔레스는 물의 온도를 높이면 공기가 생성되므로 공기에 습함과 뜨거움의 성질(증기 등)을 부여했는데 이 습함과 뜨거움은 우리가 일반적으로 바람과 그 영향에서 경험하는 속성들은 아니다.

인 요소는 단순한 물질이 아니라 근본적인 성질의 조합이다(그림 2.7). 근본적인 성질들은 따뜻함 대 차가움, 습함 대 건조함처럼 기본적인 대비를 이룬다. 따뜻함과 차가움은 능동적이다. 열은 사물들을 퍼뜨리고 서로 멀어지게 하며, 차가움은 사물을 서로 가깝게 한다. 습함과 건조함은 수동적이다. 습함은 자국을 남기고 건조함은 이를 보존한다. 모든 물질적 사물을 구성하며 세상을 이루는 물질적 원소는 이러한 성질의 조합이다. 차가움과 건조함은 흙이고, 차가움과 습함은 물이며, 따뜻함과 습함은 공기이고, 따뜻함과 건조함은 불이다. 원소의 성질을 변화시키면 다른 원소가 된다. 예컨대 물에 열을 가하면 공기가 되고(수증기), 물의 온도를 낮추면 흙(얼음)이 되며, 흙에 열을 가하면 불이 된다. 아리스토텔레스는 널리 알려진 그리스 설화에서 원소들을 고른 듯한데, 원소들은 단단함과

유동성, 열과 이동처럼 우리의 일상 경험을 이루는 근본적 측면들을 상징한다. 우리는 경험을 통해 흙과 물은 자신의 힘, 즉 본성에 따라 아래로 흐르고 공기와 불은 위로 솟는다는 사실을 알 수 있다. 흙은 물에서 가라앉고 불은 공기를 가르며 오르므로 원소들의 자연적 위치를 유추할 수 있다. 세상의 가운데에는 흙이 있고 그 주위를 물이 감싸며, 물 주위로는 공기가 있고 가운데에서 가장 먼 가장자리에는 불이 있다.

우주와 운동

주목해야 할 사실은 원소가 에피쿠로스와 루크레티우스의 원자처럼 단일한 무생물이 아니라는 것이다. 원소들은 근본적인 원리들의 표상이며 뚜렷한 속성과 능동적인 형상을 지닌다. 그러므로 아리스토텔레스의 세계는 균일한 물질이 가득 차 움직이는 균일하고 비어 있는 공간이 아니다. 그의 세계는 모든 실체에 각자의 위치가 있는 질서정연한 전체인 '우주'다(그림 1.12).

아리스토텔레스의 우주에는 분명한 중심과 분명한 주변이 있으므로 크기가 제한적이어야 한다. 무한한 공간에는 위치가 없기 때문이다. 사실 아리스토텔레스는 우주가 조밀하다고 여겼다. 하지만 시간에는 제한이 없어 시작과 끝이 없다. 아리스토텔레스는 존재에 관한 파르메니데스의 통찰을 전체로서의 우주에 적용하여 그 어떤 것도 비존재로부터 존재할 수 없으며 그 반대도 성립하지 않는다고 주장했다. '우주의 이전은 무엇인가(우주의 이후는 무엇일까)?' 또는 '우주 밖은 무엇일까?'는 불합리한 질문이다. 우주는 전체 그 자체다.

아리스토텔레스의 우주 안에서는 사물들이 변화, 즉 운동한다. 운동은 그저 발생하는 현상을 지칭하는 데 그치지 않고 그러한 발생을 정의한다. 시간은 운동을 측정하는 기준일 뿐이고 공간은 사물이 드나들며

운동하는 위치들로 이루어진다. 운동은 '변화'이므로 원인이 있어야 한다. 모든 변화에는 원인이 있어야 한다는 것은 아리스토텔레스 철학의 근본적인 형이상학 원칙일 뿐 아니라 역사 내내 이어져온 원칙이다. 이러한 원인은 두 종류로 나눌 수 있다. 실체는 본질적 본성에 따라 변하거나—실체의 형상에 따른 변화—외부 원인으로 변할 수 있다. 운동의 경우 실체가 자연적 위치를 향한다면 이 운동의 원인은 실체의 본성이므로 이 운동은 자연적 운동이다. 예컨대 흙으로 이루어진 돌은 우주의 중심이 자연적 위치이므로 아래로 떨어지는 현상은 '자연적인 운동'이다(아리스토텔레스는 돌이 지구의 반대편에서도 지구 중심을 향해 떨어진다고 생각했다). 한편 손으로 돌을 위로 던지는 것처럼 무언가가 실체를 자연적 위치에서 벗어나게 한다면 인위적 또는 '강제적 운동'이다.

변화의 강도는 원인의 힘에 따라 달라진다. 운동의 경우를 보면 움직이는 물체의 속도가 (돌을 아래로 향하게 하는 무게 같은) 자연적 힘이든 손의 힘 같은 강제적 힘이든 그것을 움직이는 힘의 크기에 비례함을 뜻한다. 물체가 무거울수록 빨리 떨어지고 팔의 힘이 셀수록 빨리 날아간다. 변화는 반대의 원인에도 영향을 받으므로 움직이는 물체의 속도는 매질이 물체의 운동에 전달하는 저항에 반비례한다. 밀도가 낮은 공기에서는 빠르게 떨어지던 돌이 밀도가 높은 물에 빠지면 느리게 떨어지는 광경은 누구나 봤을 것이다.

아리스토텔레스가 정립한 자연철학은 상식의 형이상학과 기본적인 경험적 지식을 조합했다. 다시 말해 인간의 이성과 감각을 근본적으로 신뢰했다. 아리스토텔레스주의는 오랫동안 수많은 사상가를 매료시킨 지성의 틀이 되었다. 아리스토텔레스는 자연철학에 현실주의적으로 접근했지만 그의 결론은 사소한 사실들에 국한하지 않았다. 그 반대였다. 예를 들어 저항을 성찰하여 모든 운동에는 빈 공간이 필요하다는 원자론자들의 가정이 틀렸다고 주장했다. 아리스토텔레스에 따르면, 빈 공간에서는 저항이 없고 속도는 저항에 반비례—지금의 수학식으로 표현하면 $V \propto F/R$이 된다—하므로 무저항은 무한한 속도를 뜻한다($V \propto F/0 \propto \infty$). 하지만 무한한 속도는 불가능하다. 물체가 무한히 빠르게 움직이면 같은 시점에 여러 위치에 자리하는 불합리한 상황이 벌어진다. 이 상황은 원자론자들의 생각과 달리 운동에는 빈 공간이 '필요하지 않다'는 사실을 의미할 뿐 아니라 운동에는 매질이 '필요하다'는 사실을 뜻했다. 물체는 빈 공간이 아닌 '무언가'를 통과하며 이동해야 한다.

이처럼 탁월한 논증 뒤에 숨은 운동에 관한 근본적 가정은 2천 년 동안 자연철학에 중대한 영향을 미쳤다. 운동은 그 자체로 이해할 수 없고 물체의 '위치'가 바뀔 때 일어나는 현상으로 이해해야 한다는 가정이다. 물체가 등장하는 위치와 사라지는 위치가 없다면 운동은 성립하지 않는다. 빈 공간에는 위치가 없으므로 빈 공간에서 운동이 이루어진다는 주장은 어불성설이다. 우주는 가득 차 있다.

우주에서 인간이 있는 곳은 네 개의 원소로 가득하고, 앞에서 설명했듯이 각 원소는 차례대로 원의 형태로 자리한다. 가운데에는 흙이 있고, 흙 주위로 물이 있으며, 물 주위로는 공기가 있고, 맨 바깥에 불이 있다. 이는 흙과 물이 다른 원소들보다 무거울 뿐 아니라 그 자체로도 무척 '무거우며' 물과 불이 다른 원소들과 비교해서만 가벼운 것이 아니라 그 자체로 무척 '가벼움'을 뜻한다. 흙과 물은 가운데에 속하고 둘의 자연적 운동은 아래를 향한다. 한편 공기와 불은 주변에 속하고 둘의 자연적 운동은 위를 향한다. 하지만 원소들이 각각의 자연적 위치에서 발견되는 경우는 드물다. 천구들이 끊임없이 원운동하며 원소들을 섞기 때문이다. 그러므로 석탄 조각은 무겁기 때문에 주로 흙으로 이루어져 있다고 유추할 수 있지만 열을 가하면 불꽃을 피우므로 불로도 이루어졌고, 불이 붙은 석탄의 불꽃은 위를 향한다. 원소들의 영역은 달까지 이어지지만 달 위는 천구들이 다른 법칙들을 따르는 완전히 다른 영역이다.

인간은 천구들을 가까이에서 관찰할 수 없지만, 아리스토텔레스는 경험적·철학적 상식을 조합한 생각을 천구에도 적용했다. 신성한 천상의 물체라면 변하지 않고 정지해 있어야 할 것 같지만, 우리는 하늘 위 물체들이 움직인다는 사실을 안다. 천체의 움직임이 무척 느리므로 우리는 천체가 움직이는 광경을 직접 보진 못하지만 천체 위치가 시간에 따라 달라진다는 사실을 안다. 천체가 항상 같은 경로로 이동하다가 같은 위치로 돌아온다는 사실도 안다. 인류의 기억과 기록에 따르면 천체 이동의 경로와 위치는 언제나 같았다. 형이상학적 사유와 경험적 사유도 같은 결론에 도달했다. 천체의 운동은 다른 어떤 운동보다 정지 상태에 가까워 한 위치에서 다른 위치로의 운동이 아닌 하나의 위치 '안에서' 이루어지는 운동과 같다. 물체는 원으로 움직일 때만 위치가 변하지 않고 운동할 수 있고, 모든 차원에서 그 모습이 같으며 완벽한 원이야말로 천체 운동에 적합하다. 이 원운동에서는 지구가 그 중심에 있어야 한다. 그렇지 않으면 천체가 우리와 가까워지거나 멀어지며 '제자리'에서 벗어나기 때문이다. 속도 역시 일정해야 한다. 속도가 느려지면 어느 순간 정지할 것이고, 빨라지면 무한한 속도에 이를 것이다. 시간에는 제한이 없다는 사실을 기억하라.

천체의 자연적 운동은 지상에 있는 실체의 선형 운동과 달리 원운동이고, 천체의 자연적 위치 역시 지상의 실체와 다르다. 그러므로 지상의 네 가지 원소와 다른 무언가로 구성되어야 한다. 천체를 이루는 제5원소인 에테르aether는 중세 학자들이 플라톤의 문헌에서 차용한 것이다(아리스토텔레스는 이 용어를 쓰지 않았다). 에테르는 지상의 원소들과 달리 대비되는 성질이 없다. 그러므로 변형되지 않는다. 에테르는 불변할 뿐 아니라 매우 미세한 원소이므로 천체 운동을 느리게 하는 저항을 일으키지 않는다. 천체 운동은 아리스토텔레스 사상이 큰 힘을 발휘하지 못한 주제 중 하나였다. 운동과 매질에 관한 통찰을 천체 운동의 영속성에 적용하기가 힘들었기 때문이다. 유럽과 중동의 사상가들은 중세와 근대 초기에 이르는 수 세기 동안 이 문제들에 지적 에너지를 쏟아부었다.

자연철학과 변화의 원인

아리스토텔레스 우주의 천체 영역은 지상 영역과 무척 다르다. 달의 궤도가 그리는 경계 밑의 모든 물체가 네 개의 원소로 이루어진 반면 경계 위의 물체는 제5원소로 이루어져 있다. 그리고 지구의 물체들은 직선으로 운동하지만 천구의 물체들은 원운동을 한다. 네 개의 원소로 구성된 지상 영역에서는 모든 것이 존재했다가 사라지지만 하늘의 영역에서는 모든 것이 영원하고 불변한다. 이 견해는 물질의 세계와 순수한 형상의 세계를 구분한 플라톤의 주장과 비슷해 '보인다'. 실제로 성당 시대의 기독교 사상가들은 두 이교도의 철학과 자신들의 일신론을 결합하여 조물주와 피조물의 관계를 영속과 변화의 관계로 해석했다. 하지만 우리의 관심사인 과학의 기원에 관해서는 아리스토텔레스와 플라톤 사이에 어떤 심오한 차이가 있는지가 중요하다. 아리스토텔레스는 달 위에 작용하는 규칙과 달 아래 작용하는 규칙이 다르더라도 두 영역 모두 같은 우주에 속하므로 같은 방식으로 탐구해야 한다고 생각했다. 천상 영역과 지상 영역으로 나뉘는 아리스토텔레스의 우주는 인과관계로 연결된 실체와 본질로 구성된다. 철학자의 임무는 이 관계를 해독하여 '있는 것을 있다고 하는 것'이었다.

그러므로 고대부터 중세에 이르기까지 아리스토텔레스 학과 자연철학자들에게 원인은 무척 중요한 문제였다. 자연은 변화이며, 변화에는 '원인'이 있어야 하기 때문이다. 철학자의 임무는 변화에서 질서, 다시 말해 운동의 규칙적인 원인을 찾는 것이었다. '왜' 태양은 지구 주위를 돌까? '왜' 호랑이는 먹이를 향해 움직일까? '왜' 도토리는 참나무가 될까? 규칙성을 깨는 듯한 기이한 현상의 원인을 밝히는 것 역시 철학자의 역할이었다. 예컨대 대부분 흙으로 이루어진 나무가 어떻게 물에 뜰까?

우리는 어떤 사건의 원인을 찾을 때 사건 직전에 일어난 일을 생각한다. 유리창이 깨진 이유는 돌에 맞았기 '때문'이다. 우리가 이 사실을 아는 이유는 돌이 유리창과 충돌하면 평면이었던 창이 유리 조각 더미로 변하기 때문이다. 아리스토텔레스에 따르면 창을 깨트린 돌은 "변화나 정지의 근원"인 작용인作用因이다. 하지만 원인에 대한 그의 개념은 훨씬 광범위하다. 창이 왜 깨졌는지 제대로 이해하려면 당연히 창이 유리로 이루어졌다는 사실을 알아야 한다. 이 같은 "사물의 구성"은 질료인質料因이 된다(위 인용과 아래 인용은 조너선 반스Jonathan Banes가 편찬한 《아리스토텔레스의 완성작Complete Works of Aristotle》[프린스턴대학교출판부Princeton University Press, 1991]에 나온 아리스토텔레스의 《자연학Physics》을 재인용한 것이다).

앞에서 얘기했듯이 아리스토텔레스 철학에서 물질은 변화하며, '형상'이 변화의 질서, 방향, 종착지를 결정한다. 그러므로 돌과 유리창의 만남이 왜 유리 조각 더미에 이르렀는지 알려면 창이 유리로 이루어져 있다는 사실을 아는 것만으로는 부족하다. 창의 형상 또는 본질도 알아야 한다. 이것이 "사물이 무엇이 될지"를 일컫는 형상인形相因이다. 이를테면 유리의 형상이 섬유였다면 창은 깨지지 않았을 것이다. 마지막으로, 아리스토텔레스는 어떤 일이 일어났다면 "무엇을 위해서 일어났는지", 다시 말해 변화의 이유가 무엇인지 알아야 한다고 말했다. 왜 돌이 창과 충돌했는가? 어떤 목적에서였을까? 이것이 아리스토텔레스의 자연철학에서 가장 근본적인 가정인 목적인目的因이다. 세상에 일어나는 일들에는 이유가 있다. 사건이 발생하는 이유는 그전에 무언가가 발생했기 '때문'만이 아니라 후에 다른 무언가가 발생하기 '위해서'이기도 하다. 따라서 목적인이 네 가지 원인 중 가장 흥미롭다.

아리스토텔레스가 유리창이나 유리섬유를 몰랐는데도 그의 추론을 두 사물에 훌륭하게 적용할 수 있다는 사실은 수많은 학자가 오랫동안 그의 철학에 매료된 이유를 잘 보여준다. 후세대 철학자들은 특히 네 개의 원인, 즉 인과관계의 네 가지 측면에 매료되었다. 아리스토텔레스가 보기에 과거 철학자들은 네 개의 원인 중 하나만 고려하는 오류를 저질렀다. 가령 원자론자는 질료인만 생각했고 플라톤은 형상인만 생각했다. 아리스토텔레스가 지금도 살아 있다면 우리가 작용인에 지나치게 집착한다고 꼬집을 것이다.

이러한 이유에서 아리스토텔레스는 유리창의 예를 흥미로워하지 않을 것이다. 원자론자나 우리는 자연을 이해하려면 자연의 가장 단순한 사건들에 초점을 맞추어야 한다고 생각한다. 하지만 아리스토텔레스는 우주를 그 방대한 복잡성 안에서 이해해야 한다고 주장했다. 그의 자연철학이 수학의 역할을 인정하지 않은 것도 같은 이유에서다. 수학은 추상성과 이상화를 요구하고 제시한다. 하지만 단순한 계산이 아니라 인과관계를 설명하는 데 초점을 맞춘 아리스토텔레스의 자연철학은 정성적이다. 그는 자연현상을 완벽하게 설명하는 네 개의 층을 이야기하기 위해 돌과 유리창의 단순한 충돌을 예로 들지도 않았을 것이다. 대신 우리가 참나무로 변화하는 도토리에 눈을 돌리도록 했을 것이다. 변화의 질료인은 당연히 도토리의 물질이고 작용인은 물과 따뜻한 흙일 것이다. 형상인은 도토리 안에 있던 참나무의 형상이고 목적인은 참나무다. 도토리는 참나무 탄생을 '위해' 변한다. 지구 중심이 돌의 자연적 운동의 목적인이듯이 참나무는 도토리의 목적인이다. 아리스토텔레스의 자연철학은 '목적론적'이다.

아리스토텔레스의 인과적·정성적·목적론적 분석은 강력한 도구다. 다른 예로 인간의 출생을 이야기해보자. 질료는 어머니의 자궁이고 작용인은 성교다. 여기서 형상인과 목적인은 출생 과정의 기원이자 목적인 성인 인간으로 수렴된다. 아리스토텔레스는 이 분석법을 사람이 만들어 존재하게 된 인공적 사물에도 적용했다. 그가 즐겨 든 예인 청동 조각상의 질료인은 청동이고, 작용인은 조각가의 손기술과 도구이며, 형상인은 아르테미스Artemis나 아폴론Apollo의 모습이고, 목적인은 완성된 조각상이다. 여기서도 목적인을 가장 흥미로운 원인으로 꼽을 수 있다. 다른 세 가지 원인은 이들의 목적인 완성된 조각상을 생각하지 않고서는 이해할 수 없다.

질서와 우연

중세 대학들이 가르치던 아리스토텔레스주의의 목적인 개념은 17세기에 신과학이 대항마로 떠오르면서 조롱거리가 되었다. 현대인도 "자연은 무언가를 위해 작용하는 원인들에 지배받는다"라는 아리스토텔레스주의자들의 주장이 터무니없다고 생각할 것이다. 하지만 왜 "앞니는 음식을 자르기 좋게 날카롭고 어금니는 음식을 으깨기 좋게 단면이 넓은지" 묻는 아리스토텔레스의 질문에 '음식을 잘 소화하기 '위해서"라는 답 말고 적절한 답을 할 수 있을까? 누군가는 치아가 어떤 목적을 위해 만들어졌다고 가정하지 않고도 치아의 유용성을 설명할 수 있다고 말할 것이다. 인류가 여러 사건을 겪을 때마다 더 나은 치아를 가진 자들이 살아남았고 그들이 자손에게 치아를 물려주었기 때문에 지금의 치아를 갖게 되었다는 것이다. 목적인의 가정에 문제가 있다고 인지한 아리스토텔레스도 그러한 논리를 이해했다. 하지만 설득력 있다고 여기지는 않았다.

어려움이 어려움을 낳는다. 왜 자연은, 하늘이 곡식을 자라게 하려고 해서가 아니라 필연에 의해 비를 뿌리듯이 무언가를 위해서도 아니고 그렇게 하는 것이 낫기 때문이어서도 아니라 필연에 의해 작용해서는 안 될까? … 그렇다면 왜 자연은 자연을 이루는 부분들과 같아서는 안 될까? 예컨대 우리의 치아는 분명 필연에 의해 지금의 모습이 되었다. 앞니는 음식을 자르기 좋게 날카롭고 어금니는 음식을 으깨기 좋게 단면이 넓다. 이 치아의 모습은 그런 목적을 위해서가 아니라 단순히 여러 사건이 겹친 결과다. 그렇다면 우리가 목적이 있다고 추정하는 다른 모든 부분은 어떠할까? … [그리고] 그들은 올바른 방식에 따라 자발적으로 조직화하면서 살아남았다. 한편 그렇지 않은 방식으로 성장한 것들은 엠페도클레스Empedocles가 말한 '인간의 얼굴을 한 소의 자손'처럼 계속 소멸했다.

― 아리스토텔레스,《자연학》 2권 8장

아리스토텔레스보다 한 세기 전 시칠리아에서 활동한 엠페도클레스의 연구는 그에게 중요한 원천이었다. 아리스토텔레스는 엠페도클레스 덕분에 네 가지 원소 이론을 세울 수 있었다고 말했다. 지금은 단편들로만 남아 있는 아리스토텔레스의 자연철학은 엠페도클레스의 시 〈자연에 관하여On Nature〉에서 그 뿌리를 분명하게 찾을 수 있다. 아리스토텔레스는 반은 소고 반은 인간인 전설 속 생명체나 그리스 신화에 등장하는 여러 경이로운 존재와 괴물은 생존할 수 없으므로 존재하지 않는다는 엠페도클레스의 논증에 신중하게 다가갔다. 엠페도클레스는 세상의 사물들이 그 용도에 부합한 형태를 갖추는 이유를 목적인 없이도 이해할 방식을 제시했다. 모든 창조물에 질서가 있는 이유는 질서가 있는 창조물만 살아남았기 때문이다. 음식을 제대로 씹을 수 있는 치아를 갖춘 생명체만 살아남은 것뿐이므로 치아가 지금처럼 된 원인이 '그래야만 하기 때문'이라고 가정할 필요는 없다. 우리 현대인은 진화론의 바탕이 된 이러한 논증이 탁월하다고 생각한다. 아리스토텔레스는 그렇지 않았다. 그는 "그러한… 논증(및 다른 논증들)이… 문제를 어렵게 한다"는 사실에는 동의했지만, "옳은 관점일 수는 없다"라고 주장했다. 하지만 그 이유를 합리적으로 논증하지 못한 듯하다. 아리스토텔레스는 우연에 의해 혼란으로부터 질서가 발생할 수 있다는 주장을 받아들이지 않았다. "치아와 다른 모든 자연적 사물은… 보통 특정한 방식으로 탄생한다. 하지만 그 무엇도 우연이나 자발성의 결과일 수는 없다." 그는 사물이 계속 같은 방식으로 탄생하는 것은 우연이 아니라고 주장했다. 생존에 대한 논증이 무질서한 개체가 소멸하는 현상을 설명할 순 있지만, 질서 있는 개체가 계속해서 재탄생하는 이유는 설명하지 못하기 때문이다.[3]

우리는 겨울에 비가 자주 내리면 그저 우연으로 치부하지 않지만 여름에 자주 내리는 것은 우연으로 여긴다. 한여름의 삼복더위는 우연으로 여기지 않지만 겨울의 더위는 우연이라고 생각한다. 그렇다면 사물들은 우연의 결과이거나 어떤 목적을 위한 것이라는 합의에 이르게 된다. 우연이나 자발성의 결과일 수 없다면 목적에 의한 것일 수밖에 없다.

– 아리스토텔레스, 《자연학》 2권 8장

오랜 세월 동안 막강한 영향력을 발휘한 아리스토텔레스의 논리의 폭, 철저함, 설득력을 이해하려면 그의 글을 주의 깊게 읽어야 한다. 그의 논증들이 지탱하는 주장들은 현대 과학의 가르침에 더 이상 부합하지 않는데도 강력한 힘이 느껴진다. 앞에서 언급했듯이 17세기의 신과학은 아리스토텔레스 자연철학의 대항마가 되기를 자청했다. 10장에서 이야기하겠지만 그럼에도 불구하고 아리스토텔레스의 철학에 강력한 힘을 부여하고 돋보이게 만든 상식과 경험주의의 굳건한 토대는 신과학의 가장 위대한 영웅 아이작 뉴턴조차도 흔들지 못했다.

---

3 _ 적자생존 개념을 제시한 찰스 다윈Charles Darwin 역시 같은 종에서 세대가 거듭되어도 치아 구조가 변하지 않는 현상을 설명하지 못했다.

01 지식에 대한 현대의 개념에서도 발견할 수 있는 고대 그리스인들의 가정은 무엇일까? 우리의 지식 개념과 고대 그리스인들의 사상에서 크게 다른 점은 무엇일까? 이처럼 하나의 문화가 남긴 '고고학적 유산'이 다른 문화에서 어떤 의미를 띨까?

02 우주의 수학적 구조 개념이 합리적인가? 합리적이라면 우리 주변의 물질세계에서 어떤 의미가 있는가? 합리적이지 않다면 이 세상에 대한 우리의 지식에서 수학이 불가피할 뿐 아니라 큰 성공을 거둔 이유를 어떻게 설명할 수 있을까?

03 파르메니데스의 딜레마와 제논의 역설이 설득력 있다고 생각하는가? 그렇지 않다면 우리의 생각이 어떻게 변했기에 이 딜레마와 역설이 과거의 위력을 잃었을까?

04 증명이 없는 수학을 생각할 수 있을까? 수학에 증명이 없다면 무엇을 잃게 될까? 증명을 통해 무언가를 얻을 수는 있을까?

05 플라톤과 아리스토텔레스의 삶에 관한 이야기가 그들의 철학을 다르게 이해하게 하는가?

03

천문학의
탄생

하늘 바라보기

지금까지 배운 모든 것을 잠시 잊고 눈에 보이는 광경에만 의존해 다음 질문에 답해보자. '하늘을 올려다보면 무엇이 보이는가?' 답은 생각만큼 간단하지 않다.

누군가는 '때에 따라 다르다'라고 말할지 모른다. 낮에는 태양이 보이고 밤에는 별이 보인다. 대부분 도시에 사는 현대인은 많은 별을 볼 수 없지만, 달 없는 맑은 밤에 외곽으로 조금만 벗어나면 고대인들이 바라봤던 하늘처럼 별이 셀 수 없이 가득하다. 달은 조금 미스터리하다. 주로 밤에 나타나지만 때로는 낮에도 보인다. 낮의 하늘과 밤의 하늘이 돔처럼 우리 위를 덮고 있다고 말하더라도 지나치게 감상적인 표현은 아닐 것이다(그림 3.1은 로마의 티투스Titus가 예루살렘의 사원을 불태운 날 하늘의 돔이 어떤 모습이었을지 보여준다). 실제로도 거대한 원의 한 부분처럼 둥근 지평선과 만나는 하늘은 돔처럼 보인다.

그 밖에 어떤 말을 할 수 있을까? 대부분은 할 말이 그리 많지 않을 것이다. 한편 취미로 배를 몰거나 선원, 항해사처럼 직업적으로 배를 타는 사람들은 별의 이름과 별자리를 알 것이다(그림 3.9). 태양, 달, 별 같은 하늘 위 물체들은 무엇을 할까? 태양이 움직인다는 사실은 우리 모두 안다. 동쪽에서 떠서 서쪽을 향하다가 지평선 아래로 사라지면서 진다. 뒤에 이어질 이야기의 영웅들처럼 북반구에 사는 독자가 보기에는 태양의 경로가 남쪽으로 기울어져 있다.[1] 달도 움직이긴 하지만 천문학 전문가가 아닌 이상 대부분의 사람은 달이 어디에서 뜨는지 잘 모른다. 밤하늘을 유심히 관찰하면 별들도 태양과 같은 방향으로 움직인다는 사실을 알 수 있다. 어떤 별들은 태양이나 달처럼 뜨고 진다. 중요한 사실은 우리가 천체들의 '움직임'을 직접 볼 수 없다는 것이다. 시간의 흐름에 따라 천체의 위치가 달라지므로 움직이고 있다고 유추할 뿐이다.

일출과 일몰이 낮과 밤을 결정하는 현상은 당연해 보인다(뒤에서 이야기하겠지만 이는 사실이 아니다). 깊이 생각하면 낮에 나타나는 태양의 운동이 완벽하게 규칙적이지는 않다는 사실을 알 수 있다. 움직이는 방향은 항상 같지만 이동 시간이 항상 같지는 않다. 계절에 따라 낮은 길기도

---

1 _ 남반구에서는 태양의 이동 경로가 북쪽으로 기울어져 있다. 한쪽 반구에서 어린 시절을 보내다가 반대편 반구에 살게 된 사람들은 우리가 태양의 방향을 얼마나 당연하게 받아들이는지 체감한다. 이들은 여러 해를 다른 반구에서 살더라도 태양이 자신이 생각하는 곳 반대편에 있다는 사실에 자주 놀란다.

| 그림 3.1 | 70년 8월 3일 로마 군대가 유대교도들의 반란을 진압하기 위해 유대교 사원을 불태운 밤에 관찰되었을 예루살렘의 하늘 돔. 유대교 전통에서는 이날이 히브리력의 다섯 번째 달 아브Av—태음력으로는 아홉 번째 달—의 9일이다. 통일된 달력이 중요한 여러 이유는 이 장과 7장에서 설명할 것이다.

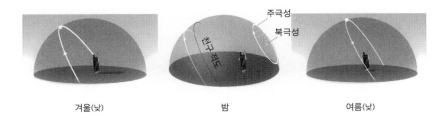

| 그림 3.2 | 태양의 겉보기 운동(북반구). 태양은 동쪽에서 뜬 뒤 남쪽으로 기울어진 상태로 서쪽을 향하다가 진다. 겨울에는 남쪽으로 더욱 기울어져 높이가 낮아지고 하늘에 떠 있는 시간이 짧아진다. 여름에는 그 반대다. 별은 항상 같은 곳에서 뜨고 진다. 하지만 북극성 주위를 도는 주극성들은 지평선 아래로 지지 않는다.

하고 짧기도 하며 태양의 궤도 역시 변한다. 여름에는 태양이 높게 뜨고 낮이 길며 겨울에는 그 반대다. 관찰력이 뛰어난 독자라면 두 가지 변화 모두 일출과 일몰의 위치가 변화하여 나타난다는 사실을 눈치챌 것이다. 북반구에서는 새벽에 태양이 북쪽으로 뜰수록 태양의 궤도가 길어지고 하늘 높이 뜨며 낮이 길어진다(그림 3.2). 남반구에서는 반대로 태양이 남쪽으로 뜰수록 하늘 높이 뜨고 낮이 길어진다.

앞의 이야기를 종합하면 두 가지 교훈을 얻을 수 있다. 첫째는 우리 '각자'의 지식이 보잘것없다는 점이다. 현대 과학 자체는 과거인들이 상상도 못 했을 깊고 폭넓은 지식을 창출한다. 하지만 그렇다고 해서 우리 각자가 고대의 선원이나 중세 농부보다 더 많이 아는 것은 아니다. 그 반대일 공산이 크다. 과거인들에게는 하늘을 관찰하여 시간과 방향을 가늠하는 것이 생존의 문제였으므로 반드시 배워야 하는 기술이었다. 과학이 눈부시게 성공한 덕분에 우리는 이러한 필요에서 벗어났지만 개개인의 앎이 '줄어드는' 대가를 치러야 했다. 우리는 스스로 앎을 얻는 대신 다른 사람이나 사물에 기댄다.

또 다른 교훈은 자연에 대한 구체적인 사실 대부분은 쉽게 드러나지 않는다는 점이다. 우리가 천체 운동을 열심히 관찰하더라도 직접적인 경험에 관한 매우 기초적인 질서만 발견할 수 있다. 자연은 우리에게 스스로에 대해 말해주지 않는다. 현상 뒤에 자리한 역학은 숨어 있고, 현상 자체도 우리의 경험 뒤에 숨어 있다. 게다가 우리의 경험 역시 일관성이 없고 그 자체는 흥미롭거나 특별하지도 않다. 그러므로 경험을 체계적이고 이해할 수 있는 현상이라고 해석하기에 충분한 질서를 찾으려면 집중적이고 조직적인 관찰이 필요하다. 그리고 수많은 구체적 사실의 연결에 관한 이미지를 그리거나 이야기를 짜는 방식으로 기본적인 가정들을 세워야 우리가 질문을 던질 수 있는 패턴이 발견된다.

천문 현상 만들기

두 개의 구체 모형

천문학은 순수하게 별을 관찰하는 것이 아니라 관찰 방식에 관한 기본 모형을 만드는 데서 시작한다. 고대 메소포타미아와 에게 지역의 천문학자들이 선택한 모형은 구체인 지구가 다른 천체들로 이루어진 더 큰 구체 안에 자리한 두 개의 구체 모형이다. 천체들과 지구는 중심이 같고, 태양과 별들이 자리한 천구는 지구와 같은 중심을 축으로 하여 동쪽에서 서쪽으로 돈다(그림 3.3). 태양이 지평선 위에 있으면 낮이고 아래에 있으면 밤이다(그림 3.4).

이 모형은 이해하기가 쉽지 않다. 우리는 하늘이 돔처럼 보이고 지평선이 둥글다는 사실만 알 뿐이다. 자연은 우리에게 하늘의 운동은 물론이고 그 형태에 관한 사실들을 많이 알려주지 않는다. 고대 이집트의 우주론에서는 세상이 동그랗지 않았고, 창세기 저자는 신이 물을 갈라 만든 궁창穹蒼의 형태를 신경 쓰지 않은 듯하다. 기원전 8~기원전 7세기에 나온 호메로스Homer의 서사시와 헤시오도스Hesiod의 신화에서는 확실하지는 않지만 하늘이 구체로 보인다. 죽은 자들의 나라 하데스는 천체들과 땅의 거리만큼이나 깊은 아래에 있지만 지구는 원반 형태다. 이후 소크라테스가 등장하기 이전의 3백 년 동안 몇몇 철학자도 하늘이 둥글다고 주장했지만, 대부분은 지구가 평평하다고 믿었다. 실제로 아리스토텔레스는 공(또는 반구)처럼 생긴 하늘과 평평한 지구의 조합이 그럴듯하지만 틀린 이유를 설명했다. 천구 지평선은 그저 지구 지평선의 연장으로 보이고, 천구 지평선은 매우 멀리 있으므로 지구 곡률은 무시할 수 있을 만큼 작아진다. 그러므로 우리는 평평한 표면에 있고 머리 위로는 완벽한 반구가 있는 것처럼 보이지만 사실 지구 지평선과 천구 지평선은 매우 다르다고 아리스토텔레

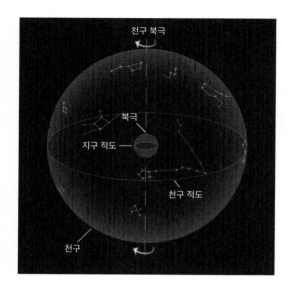

│ 그림 3.3 │ 두 개의 구체 모형. 큰 구체는 작은 구체인 지구 주위에서 회전한다. 큰 구체에는 태양과 다른 행성, 별이 있다. 남북으로 뻗은 축을 중심으로 동에서 서로 돌고 축의 북단은 항상 북극성을 가리킨다.

스는 주장했다. 그는 지구 곡률과 우리가 얼마나 높이 있는지로 결정되는 지구 지평선은 생각보다 가까이 있다고 설명했다(지금의 단위로 이야기하면 해수면 위로는 약 5킬로미터고 1백미터 높이의 언덕에서는 약 20킬로미터다). 지구가 구 형태라고 믿은 사람들도 태양이 지구 주위를 원으로 돈다고 생각하지 않았다. 사람들은 태양이 밤에는 지구 아래에 있을 거라고는 전혀 짐작하지 못했고, 짐작했더라도 그런 생각은 일상의 경험에 모순되었다. 예를 들어 싹은 땅에서 솟아나는데 이른 아침에는 표면이 차갑다. 태양이 밤새 땅 밑에 있어 온기를 불어넣었다면 일어날 수 없는 일이다.

기하학의 힘에 매료된 피타고라스 학파가 떠오르고 하나의 필연성과 존재의 완벽함에 대한 파르메니데스 논증이 지지를 얻으면서 경험주의적 논증들은 설 곳을 점차 잃었다. 기원전 5세기 내내 그리스 자연철학자들은 두 개의 구체 모형을 가장 선호했고, 플라톤과 아리스토텔레스 모두 이 모형을 정교하게 발전시켰다. 쉽게 예상할 수 있듯이 플라톤은 추상적인 형이상학 논증으로 지구가 구체라는 주장을 뒷받침했다. 아리스토텔레스도 '성향'에 걸맞게 지구가 원형이어야 하는 이유를, 관찰로 얻은 두 가지 논증에 기반하여 분석했다.

첫 번째 논증은 "지평선은 우리의 위치 변화에 따라 항상 변하고 이

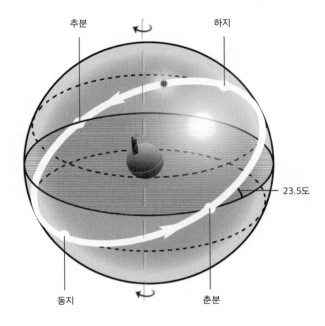

춘분 하지 추분 동지 23.5도

| 그림 3.4 | 두 개의 구체 모형에 따른 천체 운동. 바깥에 있는 천구는 위와 아래의 시계 방향 화살표가 가리키는 대로 축을 중심으로 동에서 서로 돈다. 회전을 한 번 마치는 시간이 하루의 길이다. 그 안에 있는 지구에서 보았을 때 천구에 있는 태양이 하얀 가는 선으로 표시된 '지구' 지평선 위로 나타나면 낮이 된다. 다른 별들도 천구와 함께 회전하지만 태양만큼 극적이고 뚜렷하게 움직이지는 않는다. 또한 태양은 천구에서 두꺼운 하얀 띠로 표시된 황도를 따라 반시계 방향의 화살표가 가리키는 대로 서에서 동으로 공전한다. 태양이 황도의 한 지점에서 출발하여 다시 돌아오기까지 걸리는 시간은 천구가 지구 주위를 365번보다 조금 많이 도는 시간과 같다. 이처럼 태양이 한 바퀴 공전하는 데 걸린 시간이 1년이다. 낮의 길이는 지구 지평선을 결정하는 관찰자의 위치와 황도 위 태양의 위치에 따라 달라진다. 예를 들어 태양이 하지점에 있으면 하루 내내 위의 점선을 따라 움직이므로 지평선 아래보다 지평선 위에 있는 시간이 길다. 한편 동지점에 있으면 아래 점선을 따라 움직이므로 지평선 아래에 있는 시간이 더 길다. 지구 적도에서 수직으로 선을 그렸을 때 천구에 닿는 지점인 분점에 태양이 있으면 천구 적도와 함께 움직이므로 지평선 위에 있는 시간과 아래에 있는 시간이 같다. 그림에는 없지만 다른 행성들도 각도는 조금 달라도 황도를 따라 움직이기 때문에 황도를 선이 아닌 띠로 나타냈다. 행성마다 속도와 1년의 길이가 다르다.

는 지구가 볼록한 구 형태임을 증명한다"이다(아리스토텔레스, 《기상학 Meteorology》 2권 7장, http://classics.mit.edu/Aristotle/meteorology.2.ii.html). 같은 별이라도 관찰하는 위치에 따라 뜨고 지는 시간과 뜨는 높이가 다르다. 이 현상은 태양에서 가장 뚜렷하게 나타난다. 낮은 우리가 북쪽 또는 남쪽으로 얼마나 이동했는지에 따라 길어지거나 짧아진다. 우리가 평면에 살고 있다면 어디에 있든 지평선은 같으므로 별들은 같은 시간에 뜨고 지며 지평선에서 같은 각도로 뜰 것이다. 그렇다면 돔은 우리 머리 위뿐 아니라 발아래에도 있어야 한다. 아리스토텔레스의 두 번째 논증은 다음과 같다. "월식 동안 [달에 나타나는 그림자의] 윤곽은 항상 곡선이다. 또한 월식이 일어나는 이유는 지구와 교차하기 때문이므로 이 곡선 형상은 지구 표면의 형상이다. 따라서 지구는 구형이다"(아리스토텔레스, 《천체에 관하여On the Heavens》 2권 14장, http://classics.mit.edu/Aristotle/heavens.2.ii.html). 아리스토텔레스는 머릿속으로 두 개의 구 이미지를 뚜렷하게 그렸다. 세상은 둥글고 빛의 원천인 태양은 달도 밝힌다. 월식은 달에 드리워진 지구의 그림자고 그 그림자가 둥근 이유는 지구가 둥글기 때문이다.

아리스토텔레스의 논증은 이처럼 기초적인 두 개의 구체 모형으로도 우주에 관한 두 가지 주요 가정을 세울 수 있음을 보여준다. 첫째는 태양과 별들이 하나의 회전하는 구체 안에서 함께 움직인다는 것이고, 둘째는 태양이 낮을 만들고 낮의 빛은 태양빛이라는 것이다. 이러한 통찰은 당연하게 얻을 수 있는 것이 결코 아니다. 일신교 전통과 비교해보자. 창세기에 따르면 신은 창조의 첫날에 빛을 만든 뒤 빛을 '낮'으로 불렀다. 사흘째가 되어서야 하늘인 '궁창'[2]을 만들고 나흘째가 되어서야

---

2 _ 궁창을 뜻하는 히브리어 단어 רָקִיעַ('라키아'로 발음)는 금속을 두드려서 얇게 편 판이라는 의미도 함축한다.

천체들을 만들어 태양이 낮을 다스리고 달과 별이 밤을 다스리게 했다. 모든 천체는 "땅에 빛을 비추기 위해" 만들어졌고 태양빛도 예외가 아니다. 성경에서 태양은 하루를 만드는 원인이 아니다. 창세기 저자에게 낮과 밤은 천문학적 현상이 아니라 서로 다른 개체이자 창조주의 피조물이었다.

하늘에서 관찰되는 천체의 혼란스러운 위치 변화는 두 개의 구체 모형이 등장하면서 '천체 운동'이 일으키는 현상으로 밝혀졌고 천문학자들은 여기에 주목했다. 두 개의 구체 모형 자체는 천체 운동의 '원인'에 대해 아무것도 알려주지 않는다. 가령 고대 바빌로니아인들은 이 모형에 대한 상형 기록이나 구전 기록을 남기지 않았다. 그들이 천체 운동의 원인에 관심이 있었는지 또는 자신들의 천문학—천체 운동에 관한 수학 이론—이 우주에 대한 전반적인 이해인 우주론에 부합한다고 생각했는지에 대해서는 아무 증거가 없다. 그들이 행성들의 위치를 정리한 표는 이론으로 만들어진 것이 아니다. 그렇지만 이처럼 경험에 의거하여 만들어진 표에서도 두 개의 구체 모형을 찾을 수 있다. 황도, 분점, 지점至點, solstice, 충衝처럼 두 개의 구체 모형에 등장하는 여러 개념 없이는 바빌로니아인들의 표를 거의 이해할 수 없다.

구체 모형의 작용 방식

두 개의 구체 모형에서는 겉보기 운동이 천문학적 현상이 된다. 이 부분을 살펴보자(그림 3.4).

천체들을 아우르는 천구는 일정한 속도로 동에서 서로 돈다. 회전축은 북극에서 남극으로 지구를 관통하고, 이 축과 수직을 이루는 가장 큰 판은 지구의 적도에서 지구를 가르고 천구의 적도에서 적도를 가른다. 축은 항상 같은 방향을 가리킨다.[3] 북반구에서는 축이 북극성을 가리킨다. 북극성은 그리 밝진 않지만 거의 언제나 보여서 항해에 무척 유용하다. 남반구에서는 (거의 항상) 팔분의자리 시그마를 가리키지만 잘 보이지 않으므로 그다지 유용하지 않다. 천체들이 지구 주변을 한 바퀴 도는 데 걸린 시간이 하루다.[4]

태양과 별들은 천구와 함께 지구 주위를 돈다. (극지방에 살지 않는 한) 이 회전의 축이 우리 머리 위에 있지 않으므로 태양의 궤도 일부는 지평선 아래를 지나고(밤) 일부는 지평선 위를 지난다(낮). 낮의 길이는 지평선과 회전축의 각도에 따라 달라진다. 다시 말해 적도와 두 개의 극에 대한 우리의 상대적 위치인 위도로 결정된다. 별도 마찬가지다. 천구를 따라 움직이는 별들은 동쪽 지평선에서 떴다가 태양과 같은 방향으로 이동—북반구에서는 남쪽으로 기울어져 이동하고, 남반구에서는 북쪽으로 기울어져 이동한다—한 뒤 서쪽 지평선 아래로 사라진다. 북극성 주변의 별들, 그리고 남반구에서는 팔분의자리 시그마에 가까운 별들은, 천극에서의 각거리가 극과 적도가 이루는 각거리보다 작기 때문에 다른 별들과 같은 방향으로 회전하지만 항상 지평선 위에 머문다. 이 별들을 주극성이라고 한다(그림 3.2 오른쪽). 그렇다면 반대로 항상 지평선 아래에 있으므로 우리가 볼 수 없는 별도 있을 것이라고 추측할 수 있다.

하루 동안 일어나는 이 모든 현상을 통칭하여 일주운동日周運動이라고 한다. 그렇다면 계절은 무엇일까? 낮이 길어지기도 하고 짧아지기도 하는 이유는 무엇일까? 두 개의 구체 모형은 더 흥미로운 사실도 알려

---

3 _ 사실 축은 움직이지만 정지해 있다고 여겨도 무방할 만큼 느리게 움직인다.

4 _ 영어에서는 해가 떠 있는 동안인 '낮'과 해가 뜨고 졌다가 다시 뜨는 '하루' 모두 'day'다. 혼란을 막기 위해 문맥에 따라 천체가 회전한 시간의 길이를 '천문일astronomical day'로 부르겠다.

준다.

낮의 길이가 변하는 이유는 태양이 뜨고 지는 위치가 변해서다. 이 현상은 그림 3.2에서처럼 태양이 지평선에서 앞뒤로 조금씩 위치—북반구에서는 여름에 북쪽으로 움직이고 겨울에는 남쪽으로 움직이며, 남반구에서는 반대로 움직인다—가 바뀌면서 경로가 길어지기도 하고 짧아지기도 하는 변화로 볼 수 있다. 하지만 천구가 우리 주위에서 동쪽에서 서쪽으로 회전하고 천구에 있는 태양도 같은 방향으로 회전한다고 생각하면, 태양이 앞에서 이야기한 것처럼 앞뒤를 오가는 것이 아니라 회전하는 '천구에서' 한 방향으로 일정하게 움직인다고 생각할 수 있다. 다시 말해 두 개의 구체 모형에서 태양은 두 가지 운동을 한다. 하나는 천구와 함께 (동에서 서로) 움직이는 것이고 다른 하나는 천구에서 (서에서 동으로) 움직이는 것이다.

더 구체적으로 설명하면, 두 개의 구체 모형에서 낮의 길이가 달라지는 이유는 태양이 천구 적도와 비스듬히 각(23.5도)을 이루는 큰 원을 따라 동쪽으로 이동하기 때문이다(그림 3.4). 천구 '안에서' 태양은 천구를 '따라' 움직이는 속도보다 훨씬 느리게 움직인다. 따라서 천구가 하루 동안 돌면서 태양을 지평선 위로 올릴 때마다 천구에서 태양의 위치가 달라진다. 그러므로 태양이 지평선에서 뜨는 위치와 이동하는 경로가 매일 조금씩 다르다. 태양이 천구를 한 바퀴 돌기까지 걸리는 시간은 천체들이 지구 주위를 365번 회전하는 시간인 365천문일보다 조금 길다. 이를 '1년'이라고 부르고 천문학적 용어로는 '태양년'이라고 부른다.

천구에서 태양이 1년 동안 지나는 경로—태양이 천구에 그리는 원—가 '황도'다. 황도와 천구 적도가 교차하는 두 곳 중 한 곳에 태양이 있으면, 그림 3.4에서 알 수 있듯이 지평선 위에 있는 시간과 밑에 있는 시간이 같아 낮과 밤의 길이가 같아진다. 이를 추분과 춘분인 '분점'이라고 한다. 태양의 이동 경로가 분점에서 가장 먼 북쪽에 있으면 북반구에서는 태양이 지평선 위에 있는 시간이 가장 길기 때문에 낮이 가장 길어진다. 이를 여름의 지점인 '하지'라고 부른다. 가장 남쪽에 있을 때는 낮이 가장 짧은 겨울의 지점인 '동지'다. 북반구에서 태양이 지평선 아래에 있으면 남반구에서는 위에 있으므로 동지와 하지가 정반대다. 두 개의 구체 모형은 앞에서 언급했듯이 우리가 적도로부터 북쪽이나 남쪽으로 얼마나 멀리 떨어져 있는지를 나타내는 위도에 따라 지평선이 달라지는 이유를 설명한다. 그러므로 태양이 지평선에서 얼마나 멀리 떨어져 지점에서 지점으로 이동하는지, 매일 얼마나 높이 뜨는지, 낮이 얼마나 긴지 모두 위도에 따라 달라진다. 적도에서는 해가 지점에서 뜰 때 지평선에서의 위치와 분점에서 뜰 때의 위치가 이루는 각도가 천구 적도와 황도가 이루는 각도인 23.5도다. 적도에서는 태양이 하루 동안 움직이는 경로가 항상 지평선과 직각을 이룬다. 두 개의 구체 모형에 따르면 그 이유는 적도가 천구의 회전축과 수직을 이루기 때문이다. 따라서 낮과 밤의 길이가 항상 같다. 북극과 남극에서는 태양이 1년에 한 번 춘분에 뜬다. 극지방에서는 태양이 지평선 위로 최대 23.5도까지 올라갔다가 추분에 다시 내려가 지평선으로 사라진 뒤 이듬해 춘분에야 다시 나타난다.

이론적 개념이 등장하기 전에 나타난 기본적인 두 개의 구체 모형은 여러 중요한 통찰과 발견을 낳았다. 거의 모든 별이 고정되어 있다는 생각이 특히 중요하다. 천구에서 별들의 상대적인 위치는 항상 그대로여서 지평선의 같은 지점에서 뜨고 진다. 하지만 태양만이 거대한 천구에서 운동하는 것은 아니다. 다른 천체도 태양처럼 지평선에서 뜨고 지는 곳이 달라지면서 위치가 변한다. 이 천체들은 방랑자를 뜻하는 그리스어 단어 πλανήτης('플라네테스'로 발음)에서 유래한 '행성planet'으로 불렸다. 아리스토텔레스의 주장처럼 반짝이는 현상은 가까이 있다는 의미인데 방랑하는 행성들은 고정된 별과 달리 반짝이지 않는다. 더 중요한 것은 행

| 그림 3.5 | 황도대. 6세기(비잔틴 시대)에 이스라엘 베이트 알파 근처에 세워진 회당의 기도실에는 위 사진의 모자이크 타일이 장식되어 있고 각각의 별자리에 히브리어 이름이 표기되어 있다. 모자이크 장식에 새겨진 두 개의 헌정사는 앞의 장들에서 이야기한 지식의 측면들을 잘 보여준다. 그중 유스티 니아누스Justinianus 황제가 재임할 때 지역 공동체 구성원들이 기부금을 모아 모자이크 장식을 만들 었다고 설명하는 아람어 헌정사는 지식이 정치, 문화, 경제와 맺는 관계를 보여준다. 한편 그리스어로 "이 작품을 탄생시킨 마리아노스Marianos와 그의 아들 하니나Hanina를 기리다"라고 새겨진 헌정사는 '어떻게에 대한 앎'에 중요성을 부여한다.

성은 이동속도가 제각각 다르므로 공전 시간과 1년의 길이가 다르지만 경로와 방향은 모두 태양과 같아 황도의 가는 띠를 따라 움직인다는 것 이다. 황도를 점성학적 의미에 따라 나눈 것이 마법을 다룬 6장에서 이야 기할 황도대Zodiac다(그림 3.5).

시간 만들기

천문학자의 역할

앞의 내용에서 알 수 있듯이 천문학 개념들은 이해하기가 쉽지 않다. 천체 운동에 관한 기초적인 지식도 예리하고 세밀한 관찰을 통해서만 얻을 수 있다. 다시 말해 천체 모형을 만드는 데는 많은 기술과 시간이 필요하다. 왜 그렇게 노력과 수고를 들여야 할까? 하늘을 연구해서 얻을 수 있는 것은 무엇일까? 천문학이 왜 필요할까?

누군가는 천문학이 시간을 다루기 때문에 중요하다고 말할지 모른다. 천문학자들은 달력을 만든다. 천문학의 관점에서 달력은 규칙적으로 일어나는 사건들에 관한 예측이다. 달력은 주요 천체들이 발견될 시간과 위치를 예측한다. 일출과 일몰이 대표적이지만 다른 모든 천체 운동도 달력의 역할을 할 수 있다. 하지만 모든 천체 운동은 때때로 규칙성에서 벗어나는데, 특히 달의 행동은 무척 변덕스럽게 보인다. 폭넓은 문화적 관점에서 보면 달력은 성일聖日처럼 중요한 날이나 기도해야 하는 방향, 의식을 치러야 하는 시간처럼 종교에 관한 사안의 절차를 결정해준다. 비교적 규칙적이지만 빈도가 낮게 일어나는 사건들은 특별한 의미를 띤다. 태양이 지평선 위에서 가장 오래 머물거나 적게 머무는 때(하지와 동지)나 낮과 밤의 길이가 같은 때(추분과 춘분)를 예로 들 수 있다. 아주 드물게 일어나서 매우 특별하게 여겨지는 사건들도 있다. 가령 하늘에 미지의 물체(혜성)가 나타나거나 태양이나 달이 가려지는(일식과 월식) 사건이다. 아리스토텔레스는 화성의 월식도 규명했다. 드문 현상을 예측한 천문학자일수록 높이 평가받았다. 드물게 일어나는 사건 중에서도 극적인 사건일수록 중요했다. 중요한 일, 좋은 사건과 나쁜 사건, 천체 배열이 개인이나 집단에 미치는 영향에 관한 인식은 시대, 지역, 문화마다 달랐다. 그리스인들은 천체에 의미를 부여하고 천체 배열을 해석하는 학문을 '점성술'로 일컬었다. 이러한 맥락에서는 천문학이 점성술의 시녀였다는 주장이 터무니없는 말은 아니다.

'천문학이 누구에게 필요한가'라는 질문에 대한 답도 중요하다. 하루 중 소의 젖을 짜야 하는 시간이나 말에게 여물을 먹여야 할 때 또는 1년 중 씨를 뿌리거나 곡식을 거둬야 하는 때에 관한 시간 개념은 누구에게나 유용하다고 생각하기 쉽다. 하지만 실용적 의미의 시간은 천문학자가 제시하는 시간과 다르다. 농부는 시계와 달력을 보는 대신 소의 울음을 듣거나 땅의 상태를 확인하거나 곡식이 얼마나 익었는지 살핀다. 농부의 시간은 지역적이고 임의적이며 해마다 바뀌는 자연적 시간이다. 추상적이고 이상적인 천문학적 시간을 제시하는 천체 운동은 농부에게 쓸모가 없다.[5]

많은 사람이 천문학을 패러다임의 과학으로 여기는 이유 중 하나는 천문학을 포함한 전반적인 과학이 실용적이지 않다는 생각 때문이다. 천문학 연구에는 많은 자원이 필요하다. 앞에서 언급했듯이 천문학은 호기심 가득한 눈으로 하늘을 바라본다고 해서 저절로 발전하지 않는다. 천문학을 발전시키려면 '전문적인 지식'이 필요하고, 그 지식을 갖추려면 많은 비용이 든다. 다시 말해 자신과 가족을 건사할 먹을거리와 지낼 곳을 마련하는 데 시간을 쓰는 대신 하늘을 연구하는 데 삶을 바칠 사람들을 지원할 비용이 필요하다. 모든 사람이 먹고사는 데만 몰두해야 하는 사회는 천문학자를 키울 수 없다. 게다가 그런 사회에는 천문학이 아무런 쓸모가 없다. 천문학은 천문학자들이 창출하는 지식을 활용할 여력이 있는 조직적인 문화에서만 유용하다. 그런 문화에서는 사제들이 달력을 참

---

5 _ 유럽인들이 교역과 정복을 위해 바다를 건너면서 상황이 바뀌었다. 하지만 최소한 16세기 말까지는 비슷한 추세가 이어졌다.

고하여 종교의식의 시기와 장소를 정하고 왕은 전쟁에 관해 점성술사의 의견을 구한다. 한마디로 천문학뿐 아니라 전반적인 과학은 점성술을 활용할 만큼 잘 조직화한 문화에서만 유용하다.

유용성을 떠나 천문학자들이 달력에 나타낸 '시간'은 일정하고 규칙적인 천체의 운동에 관한 기록이다.[6] 하지만 천체는 그다지 규칙적으로 움직이는 것처럼 보이지 않는다. 물론 천구 전체는 규칙적으로 회전한다. 해가 뜬 뒤 다음 날 다시 뜰 때까지의 시간—유대교 전통에서는 해가 진 뒤 다음 날 다시 질 때까지의 시간—인 천문일의 길이는 언제나 변함이 없어 보인다. 하지만 태양이 지평선 위와 아래에 머무는 시간인 낮과 밤의 길이는 매일 변한다. 아직 설명하지 않은 한 가지 사실은 변화의 속도가 일정하지 않다는 것이다. 이 사실은 쉽게 알 수 있다. 1년 중 낮은 무척 빠르게 짧아지다가 어느 순간 일정한 길이를 한동안 유지한 뒤 순식간에 길어진다. 천문학적 관점에서 보면 황도에서 태양의 운동이 때로는 빨라지고 때로는 느려진다는 의미다. 황도를 따라 움직이는 다른 행성들의 운동은 더 불규칙적이어서 속도가 달라질 뿐 아니라 때로는 방향도 달라지는 것처럼 보인다. 천문학 역사에서 매우 중요한 이 '역행 운동' 현상(그림 3.6)은 뒤에서 다시 이야기하자.

위치와 규칙성

천문학자는 행성 운동을 관찰하여 규칙적인 시간을 설정하므로 고대와 중세의 천문학자에게 '관찰'과 '운동'이 어떤 의미였는지는 중요한 문제다. 이 장 처음에 이야기했듯이 우리는 천체의 움직임을 볼 수 없다. 태

---

6 _ 천체 운동이 시간 측정의 기준인지 아니면 시간 '자체가' 천체 운동인지는 무척 흥미로운 철학적 질문이지만 이 책의 주제에서는 벗어난다.

| 그림 3.6 | 역행운동. 2015년 1월 31일부터 2016년 9월 11일까지 찍은 화성의 위치를 합성한 위 사진에서 화성은 오른쪽 위에서 왼쪽 아래로 S 자형 궤도를 그리며 움직였다. 화성 뒤에는 토성이 천칭자리와 전갈자리를 배경으로 평평하고 조밀한 고리를 그리고 있다. 왼쪽에는 은하수가 있고 마지막 네 번째의 화성 위치 바로 아래에서 밝게 빛나는 별이 안타레스다. 위 이미지는 1년 가까이 최신 카메라와 렌즈로 수많은 사진을 찍어 만든 것이다. 과거에는 천문학자들이 맨눈으로 관측해야 했다. 고정된 별에 대비한 위치에 따라 행성을 구분하고 긴 기간 동안 위치 변화를 추적하는 작업에는 엄청난 열정과 고도의 기술이 필요하다.

양이나 별의 위치 변화는 방금 관찰한 자리에서 조금 이동했다는 사실을 알 수 있을 정도로 뚜렷하지만, 천구 전체의 일주운동은 너무 느려서 움직이고 있는지 알 수 없다. 황도의 행성들은 훨씬 느리게 움직인다(가장 빠른 행성인 수성도 마찬가지다). 우리가 직접 관찰할 수 있는 것은 고정된 별들에 대비한 행성의 위치다. 시간에 따라 나타나는 이 상대적 위치 변화를 '운동'이라고 부르는데, 과거 천문학자들은 '변칙'으로 일컬었다.

'변칙'이라는 용어는 천체가 움직인다는 생각 자체가 파격적인 이론적 가정이었다는 중요한 사실을 암시한다. 또한 천체가 사물이라는 생각 역

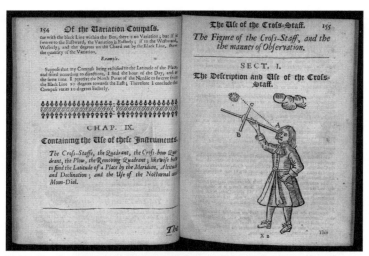

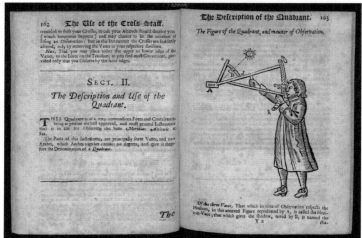

| 그림 3.7 | 천문학자들이 맨눈으로 천체를 관찰하면서 사용한 도구들. 위 도구들은 항성 사이의 각도, 행성과 항성의 각도, 행성이나 항성이 지평선과 이루는 각도를 재는 데 사용되었다. 위 그림은 1669년에 초판이 발표된 이래 여러 판본이 나온 존 셀러John Seller의 《실용적 항해Practical Navigation》에 실린 목판화다. 위에 있는 남자가 들고 있는 도구는 기본적인 각도 측정기를 개량한 것이다. 측정기 본체 한쪽에 눈을 댄 뒤 본체와 직각을 이루는 막대를 움직이면서 본체의 끝과 막대의 끝이 이를테면 고정된 항성과 행성처럼 두 개의 천체와 각각 '맞닿게' 한다. 그리고 본체의 끝과 막대의 끝이 이루는 각도를 기록한다. 아래쪽 남자가 들고 있는 도구는 가장 정교한 각도 측정기인 육분의 六分儀다. 육분의는 렌즈와 거울로 이루어져 있으므로 어떻게 보면 맨눈 측정기가 아니지만 전통적인 거리 측정기와 비슷한 방식으로 각도를 측정한다.

시 파격적이었다. 17세기에 망원경이 발명되기 전까지 사람들은 태양과 달만 사물로 여겼다. 별들은 물론이고 행성들은 맨눈으로 보면 빛의 점에 불과하다.

근대 이전의 천문학에서 가장 중요한 문제는 빛의 점들이 이루는 상대적 위치였다. 상대적 위치란 두 별의 각도, 이미 알려진 고정된 별이 행성과 이루는 각도, 별과 천구 적도의 각도(편각), 별이나 행성이 이미 계산된 분점과 이루는 각도(적경) 등의 각도를 뜻한다. 모든 관측 도구는 각도를 재기 위한 도구였고, 그림 3.7의 17세기 설명서 삽화에서 알 수 있듯이 각도 측정기들은 최근까지도 크게 달라지지 않았다. 모든 '운동'과 '속도'는 '각'운동과 '각'속도를 의미한다. 다시 말해 천체가 특정 시간 동안 얼마만큼의

| 그림 3.8 | 기원전 7세기 바빌로니아인들이 달의 경도를 기록한 토판. 니네베(지금의 이라크 북부 모술 근처)의 아슈르바니팔 도서관에 보관되어 있었다. 토판에는 동짓달 동안 달이 보이는 시간이 매일 어떻게 변하는지 기록되어 있다.

각도를 지났는지를 뜻한다. 천문학자의 임무는 계속 변하는 이 속도와 방향에서 규칙성을 찾는 것이었다.

그 일을 어떻게 해낼 수 있을까? 고대의 가장 뛰어난 천체 관측자였던 바빌로니아인들은 실용적으로 접근했다. 관측 결과를 숫자로 기록하여 표를 만들고(그림 3.8) 행성이 규칙적으로 움직인다면 앞으로 어느 위치에 있을지 예측하는 알고리듬을 개발했다. 우리는 그중 '시스템 A'와 '시스템 B'로 알려진 두 가지 알고리듬을 안다(여기서 말하는 '우리'란 역사학자들이다. 다른 사람들은 대부분 들어보지 못했을 것이다). 두 알고리듬은 조금은 다른 방식으로 각속도의 일정한 변화를 기준으로 행성 운동을 여러

단위로 쪼갠다. 예를 들어보자. 일종의 계단 함수인 시스템 A에서는 태양이 평균적인 태음월lunar month 동안 30도로 이동하고 그다음 태음월에는 27도 7분 30초로 이동한다. 시스템 B(지그재그 함수)에서는 속도 변화가 연속적이다. 이러한 방식은 황도에서의 태양과 달의 상대적 위치와 태양년의 길이를 훌륭하게 예측한다. 하지만 왜 그런지는 설명하지 않는다. 이 방식은 천체 운동이나 시간에 관한 이론은 물론이고 어떤 물리학적 그림이 없이도 상대적인 위치 변화만 알면 되었다.

그리스인들은 이 같은 근사치 산출 방식에 만족하지 않았다.

현상 구제

그리스인들은 바빌로니아인들의 관측과 계산이 얼마나 훌륭한지 잘 알았다. 아리스토텔레스는 "이집트인과 바빌로니아인의 관측 기록은 아주 오랫동안 보존되었고, 특정 별들에 대한 우리의 증거는 그들의 관측에서 비롯되었다"라고 말했다(아리스토텔레스, 《천체에 관하여》 2권 12장, http://classics.mit.edu/Aristotle/heavens.2.ii.html). 4백여 년 후 프톨레마이오스Ptolemy가 참조한 바빌로니아인들의 기록은 당시 8백 년이나 되었지만 정확도와 정교함이 어느 기록에도 뒤지지 않았다. 하지만 2장에서 보았듯이, 그리스의 고전 철학과 엘리트 지배 계급의 문화는 기술적·실용적 해결책에 큰 감명을 받지 않았다. 그리스인들에게 진짜 지식, 다시 말해 자유로운 인간의 지식인 에피스테메는 세속과 변화의 뒤에 숨은 보편적이고 추상적이며 단순하고 이상적인 지식이었다. 그리스 천문학자들은 태양, 달, 행성의 위치를 예측하는 효율적인 수학적 방법론만으로는 자신들의 의무를 다할 수 없었다. 그들은 천체 위치를 '실재적'이면서도 '규칙적'인 운동의 결과로 제시하는 기하학 모형인 천문학적 '테오리아theoria'

| 그림 3.9 | 그림 3.1과 같은 장소와 시간에 관찰되었을 별자리. 고대 천문학자들은 그림 3.1과 3.6에서처럼 뛰어난 기술과 상상력을 동원하여 현대 기술이 포착한 위 패턴을 발견했다.

를 제시해야 했다. 그러려면 천체 운동을 지성으로 설명할 수 있어야 했다. 이 필요성은 6세기에 마지막 위대한 이교도 철학자이자 연대기 작가 심플리치오Simplicius가 플라톤의 사상에 바탕하여 선포한 '현상 구제'로 이어졌다.

무척 독특한 헬레니즘 개념인 '현상 구제'는 지금도 통용되는 철학 용어다. 천문학적 현상을 '구제'해야 하는 까닭은 비록 불규칙해 보이더라도 실제로는 불규칙할 리가 없기 때문이었다. 실재하는 어떤 것도 무질

03 천문학의 탄생

129

서할 수 없었다. '실재'에는 '질서'가 있어야 하고, 우주의 가장 고귀한 존재인 천체라면 더욱 질서정연해야 했다. 바빌로니아인들의 표는 규칙적이었지만 그 질서가 실재의 질서인지는 보여주지 않았다. 그리스인들에게 인간의 질서는 그저 '테크네'일 뿐 철학자들의 관심 대상이 아니었다. 철학자들이 천문학자들에게 부여한 임무는 천체에서 관찰되는 불규칙성이 보기에만 그럴 뿐 실제로는 천체가 규칙적으로 움직인다는 사실을 증명하는 것이었다. 천체 운동 '현상'은 '우리에게만' 불규칙하게 보일 뿐이었다. 바빌로니아인들이 만든 표는 이 임무를 다하지 않았다. 기하학만이 천체 운동의 실제적인 규칙성을 포착할 고귀한 질서를 설명할 것이므로 기하학 '테오리아'만이 현상을 구제할 수 있었다. 수학을 미심쩍어하던 아리스토텔레스조차도 기하학만이 천문학에 합당한 도구라고 인정했다. 우주에는 빛과 화음처럼 그 자체로 수학적 본질을 지니는 대상들이 있으니 수학적으로 연구해야 했다. 천체들도 그러했다.

현상 구제가 철학적 개념으로 살아남았다면 테오리아는 우리의 '이론 theory' 개념에 내포되어 살아남았으므로, 잠시 그 뜻을 살펴보고 지금의 이론 개념에 어떤 의미가 있는지 이야기해보자. 왜 테오리아가 현상 구제에 적합한 도구일까? 테오리아는 현상 뒤의 질서를 포착하는 수학적 도구다. 하지만 바빌로니아인들의 표 역시 수학적 표—기하학보다는 대수학에 가까웠지만—였지만 그리스인들을 만족시키지 못했으므로 이는 충분한 이유가 되지 않는다. 차이점은 테오리아가 바빌로니아인들의 표와 달리 그저 실용적인 예측 도구가 아니었다는 사실이다. 테오리아는 이야기를 들려준다. 어떤 현상이 '왜' 그러한 방식으로 나타나는지 설명한다. 이 설명은 (아리스토텔레스가 원했을) 인과관계를 따르지는 않더라도 분명 '이야기' 형태를 띤다. 이 이야기는 운동하는 천체를 추적하고 세상에서 일어나는 실질적인 변화들을 알려준다. 그리고 천체가 과거에 어디 있었고 지금은 어디를 향하는지 살펴보며 왜 그러한 방식으로 운동해야 하는

지 말해준다.

사물이 왜 지금의 상태가 되었는지 설명하는 이야기는 대부분의 문화에서 신화의 영역이므로 이론을 일종의 신화, 다시 말해 신비하고 때로는 위협적인 자연현상을 이해하려는 서술로 생각하기 쉽다. 하지만 테오리아와 신화는 근본적으로 다르다. 신화는 낯선 대상을 익숙한 대상의 맥락에서 이야기하여 현상을 이해하기 쉽게 설명한다. 자연의 거대한 사건은 인간과 닮은 신과 영웅의 이성과 감정이 초래한 결과다. 고통스럽고 무시무시한 천둥과 번개, 폭풍이나 지진은 신의 분노와 복수의 징표고, 햇빛이나 단비 같은 풍요는 신의 사랑과 보살핌의 징표다. 이론적 설명 방식인 테오리아는 정반대다. 신화가 미지의 대상을 익숙한 대상과 연계해 이해하기 쉽게 만든다면, 이론은 익숙한 대상을 관찰한 뒤 미지의 대상을 통해 설명한다. 다시 말해 일상적이고 평범한 자연적 현상을 형상, 본질, 미립자처럼 힘과 운동에 관한 난해한 개념으로 설명한다. 그리스 천문학에 등장하는 완전한 구체 역시 그중 하나다.

구체

천문학에서 구체는 플라톤과 아리스토텔레스의 철학이 만나는 중요한 지점이다. 천체 운동은 엄격한 구체 모형을 따라야 한다고 플라톤이 주장한 이유는 파르메니데스 학파와 피타고라스 학파의 기하학적 완벽함을 추종했기 때문이었다. 아리스토텔레스는 모형의 구체적인 조건들을 제시했다. 그에 따르면 실제 천체 운동은 '등속의 동심원' 운동이어야 하며, 테오리아는 천체의 모든 겉보기 운동을 실제 운동의 맥락에서 설명해야 한다. 이러한 조건들은 모든 무거운 물질은 지구 가운데로 향하고 모든 가벼운 물질은 가운데에서 멀어지는 아리스토텔레스 우주론에서도 발견된다(그림 3.10). 이는 지구 가운데가 우주의 가운데이기도 하며 지

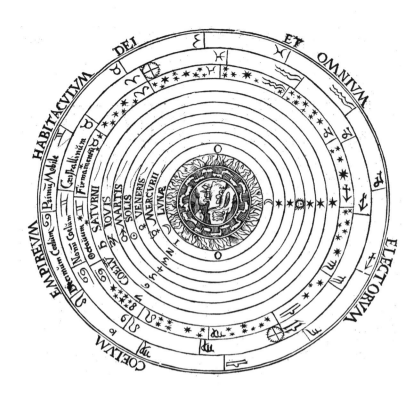

| 그림 3.10 | 천문학의 토대가 된 아리스토텔레스 우주론. 기독교 시대에 그려진 위 그림에서 원소들의 영역인 지구가 가운데에 있고 그 주위에 달, 수성, 금성, 태양, 화성, 목성, 토성이 순서대로 자리한다. 그 바깥을 둘러싼 항성의 영역이 기독교에서 말하는 '궁창'이다(그림 1.12). 그 주위에는 제9천인 '항성천Crystalline Sphere'이 있고 제9천 바깥으로는 제10천인 원동천이 있으며 나머지 부분은 그림 1.12처럼 기독교 교리를 따른다. 위 그림은 16세기 동안 14개 언어로 30쇄 이상 찍은 천문학, 지리학, 지도 제작, 항해, 도구 제작의 입문서인 페트루스 아피아누스Petrus Apianus의 《코스모그라피아 Cosmographia》(안트베르펜: 아르놀트 베르크만Arnold Berckmann, 1539[1524])에 실린 목판화다.

구는 구형임을 뜻한다. 행성들은 지구의 가운데이자 우주의 가운데를 중심으로 돈다. 행성들의 궤도는 원형이고, 원운동은 항상 (각)속도가 일정하다.

　이 우주론 가정들이 어떤 지적 동기에서 비롯되었는지 이해하려면 아리스토텔레스(그리고 다른 고대 철학자)의 운동 개념을 다시 떠올려봐야 한다. 2장에서 설명했듯이 고대 그리스인들이 보기에 운동은 변화—정확히는 변화의 틀—였고 원인, 시작과 끝, 매질이 있어야 했다. 천체는 우리 주위를 돌지만 천체가 진정으로 변한다는 생각은 옳지 않아 보인다. 아리스토텔레스의 천체 운동 개념은 여러 통찰과 마찬가지로 형이상학적인 동시에 경험적이다. 우선 고귀한 천상의 물체는 변해서는 안 되었다. 변한다는 것은 우리 주변의 세속적 사물들처럼 나타났다가 사라진다는 뜻이었다. 아리스토텔레스는 인류가 조상들로부터 천체 '운동'은 일반적으로 '변하지 않는다'는 사실을 배웠다고 지적했다. 태양은 항상 동쪽에서 떠서 서쪽으로 지고, 별자리는 언제나 우리가 아는 그 모양이며(그림 3.9), 천체는 새로 나타나거나 사라지지 않는다(혜성이나 유성이 불규칙적으로 나타나거나 사라지는 이유는 지상의 영역인 달 아래에 속하기 때문이다).

이 모든 것을 고려하면 천체는 변하지 않아야 한다. 운동은 변화이므로 움직이지 않고 정지해 있어야 한다. 그렇다면 천체의 위치가 '변하는' 현상은 어떻게 설명할 수 있을까? 아리스토텔레스는 이 모순을 해결하기 위해 천문학 규칙을 제시했다. 그의 규칙에서 구체는 완벽함의 추상적 상징일 뿐 아니라 유용한 실용적 개념이었다. 그는 구체를 통해 정지에 가장 가까운 운동을 설명했다.

아리스토텔레스 우주론에 따라 일정한 속도로 동심원을 그리는 천체 운동은 정지 상태에 가까우므로, 지상 운동을 변화의 패러다임에 속하게 하는 어떤 제한에도 구속받지 않는다. 원으로 움직이는 별과 행성은 한 곳에서 다른 곳으로 이동하지 않고 한 위치 '안에서' 움직인다. 점차 느려져 멈추거나 점차 빨라져 무한 속도에 이르지 않고 일정한 속도로 움직이며 영속적으로 운동한다. 동심원 궤도를 그리는 천체는 움직임이 불가능한 우주의 중심에 다가가지도 않고 아무것도 없는 주변으로 후퇴하지도 않는다.

그러므로 그리스 천문학자의 임무는 천체가 등속으로 동심원을 그리며 질서정연하게 운동한다는 사실을 증명하고, 행성이 불규칙하게 움직이는 듯한 혼란스러운 현상이 왜 일어나는지 설명하는 것이었다. 17세기에 요하네스 케플러가 천문학의 도전 과제를 바꿀 때까지 '현상 구제'는 이러한 임무를 뜻했다.

에우독소스의 동심천구

아리스토텔레스가 스스로 우주론 규칙들을 발명했는지 아니면 당시 천문학자들이 발전시키고 있었던 개념들을 철학적으로 구체화했는지는 분명하지 않다. 역사학자들에 따르면 현상 구제를 본격적으로 시도한 첫 번째 인물은 소아시아 크니도스에서 아리스토텔레스와 동시대를 산 에우독소스Eudoxus(기원전 390[?]~기원전 340[?])다. 그의 업적은 아리스토텔레스의 증언과 후대의 해석을 통해 간접적으로 알 수 있다. 그의 천문학에서 천체는 아리스토텔레스 천문학에서처럼 동심원을 그린다(그림 3.11 왼쪽). 모든 구체의 중심은 지구고, 가장자리에 있는 항성의 천구는 동쪽에서 서쪽으로 회전하며 우리에게 익숙한 규칙적인 일주운동을 한다. 아리스토텔레스에 따르면 에우독소스는 그 사이에 무려 55개의 천구를 배치했다. 각각의 천구는 '규칙적으로' 움직이지만 방향과 각속도가 다르고, 모든 행성은 서너 개의 천구에 의해 움직이므로 독자적으로 운동하면서도 다른 행성들의 운동을 상쇄한다. 에우독소스는 이 운동들을 조합하여 각 행성이 1년 동안 궤도를 움직일 때 관찰되는 각속도 변화뿐 아니라 기이한 역행운동도 재구성했다(그림 3.11 오른쪽). 특히 역행운동에 관한 설명이 흥미로웠다. 에우독소스 모형에 따르면 역행운동은 운동 축이 서로 비스듬한 각도를 이루는 두 개의 구체가 만드는 8자 모양의 궤도인 '히포페데hippopede' 때문에 일어난다(히포페데는 말을 뜻하는 그리스어 단어 ἵππος['히포스'로 발음]에서 유래했다. 족쇄를 채운 말이

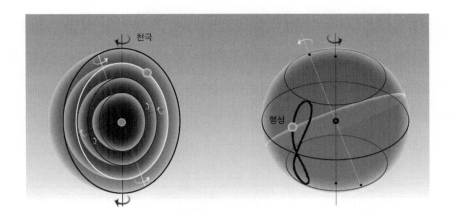

| 그림 3.11 | 에우독소스의 체계(왼쪽)와 역행운동에 대한 설명(오른쪽). 각 행성은 회전하는 여러 천구에 의해 움직인다. 모든 천구는 동심원 운동을 하고 일정한 각속도로 회전하지만, 회전의 축과 속도가 다르다. 히포페데 형태가 가장 뚜렷하게 나타나는 역행운동을 비롯해 행성의 겉보기 속도와 방향이 변하는 현상은 이처럼 여러 운동이 어우러져 일어난다.

천천히 걸으면 족쇄 끈이 8 자 형태를 띠기 때문이다). 에우독소스는 두 개의 구체 모형을 수많은 구체의 모형으로 바꾸었지만 등속의 동심원 운동이 행성의 불규칙한 겉보기 운동으로 나타나는 이유를 설명하며 현상을 구제하는 데 성공했다.

에우독소스 모형이 진짜였을까, 아니면 그저 하나의 생각이었을까? 실제로 그의 모형에 따라 천체 운동이 일어났을까, 아니면 그럴 수 있다는 단순한 가정이었을까? 연필과 종이만으로는 서로 다른 방향과 속도로 동시에 움직이는 50여 개의 운동을 계산할 수 없지만 최신 컴퓨터로는 할 수 있다. 사실 기계식 계산기로도 가능하다. 컴퓨터는 연속적인 운동을 불연속적인 숫자들로 표현하는 기계식 계산기의 작업을 전자화한 기계다. 실제로 이는 생각만큼 불가사의한 문제가 아니다. 에우독소스가 과일처럼 무른 구체를 여러 링으로 감싸고 링들이 움직이면서 가운데에 있

| 그림 3.12 | 안티키테라 기계. 기원전 1세기나 기원전 2세기에 만들어진 이 기계는 행성의 상대적 위치뿐 아니라 과거와 미래의 일식과 월식을 계산하는 장치다. 기원전 70~기원전 60년에 로도스에서 출발하여 로마로 향하다가 난파한 배에 실린 이 장치는 1901년에 해면을 채취하던 잠수부들이 발견했는데 그 정교함은 21세기에 들어서야 엑스선 단층촬영과 컴퓨터 이미지 기술로 온전하게 드러났다. 높이가 약 20센티미터인 청동 장치의 앞뒤로 눈금판이 장착되어 있다. 앞면의 눈금판은 황도를 나타내는데 바깥 링이 365일로 나뉘어 있고 안쪽 링은 360도로 나뉘어 있으며 별자리가 그려져 있다. 뒷면에는 다섯 개의 눈금판이 있는데 가장 중요한 눈금판은 태양력과 태음력이 19년마다 일치하는 메톤 주기Metonic cycle를 나타낸다. 손잡이로 이 눈금판들을 움직이면 크기가 서로 다른 37개의 톱니바퀴가 맞물려 돌아간다. 톱니바퀴 크기의 비율에 따라 눈금판들의 운동 주기 비율이 정해지므로 여러 행성 운동의 주기를 재현할 수 있었다. 최근에 이것을 재현한 장치들이 실제로 당시 기계와 비슷하다면, 이는 유럽이 중세 말에야 도달한 역학·정밀 기술 수준을 말해준다(재현된 장치들은 인터넷에서도 많이 볼 수 있다). 안티키테라 기계는 대리석이나 청동으로 만든 조각상, 보석, 유리 공예품, 주화처럼 수집품이었다. 이 사실은 이러한 유물들과 그것들이 구현하는 이론의 문화적 의미에 대한 논의에서 핵심을 관통한다. 실용적 가치가 아니라 심미적 가치를 충족하기 위해 제작된 수집품들의 정교함은 놀라움을 자아낸다.

는 구체 표면에 궤도를 새기게 하는 혼천의를 만들었을 가능성도 있다.[7] 유명한 '안티키테라 기계Antikythera mechanism'(그림 3.12)에서도 알 수 있듯이 고대 그리스인들의 기술 수준을 보면 충분히 가능한 일이었다. 1901년에 이 장치를 실은 로마 난파선이 인양된 섬의 이름을 딴 안티키테라 기계는 기원전 1세기나 기원전 2세기에 최소 30개에서 최대 37개의 부품으로 만들어진 시계다. 에우독소스의 혼천의는 부품이 훨씬 적게 들었을 것이다.

이 생각은 역사학자가 원하는 객관적 사실이 아닌 추측에 가깝다. 주목해야 할 부분은 과학의 역사 초기의 중요한 시기에 에우독소스가 자청한 임무와 연구 방식이다. 그는 눈앞의 현상들이 불규칙해 보이더라도 실제로는 불규칙할 수 없다고 믿었다. 현상들은 규칙을 따르고 '우리 눈에만' 불규칙해 '보일 뿐'이었다. 완벽한 질서는 정지를 의미했지만 눈에 보이는 현상은 운동이었고, 정지를 통해서는 운동을 설명할 수 없으므로 타협해야 했다. 그는 정지에 최대한 가까운 운동인 일정한 (각)속도의 동심원 운동에 착안한 모형을 세웠다. 이 모형은 운동의 원인을 제시하지 못했으므로 원운동이 천체의 본성이라고 가정해야 했다. 이 가정은 물리적으로 합리적이었다. 지구가 마땅히 있어야 할 곳에 있고 별과 행성이 그 주위를 감쌌다. 에우독소스 모형은 겉으로 나타나는 무질서를 실재적 질서의 결과로 제시하며 '현상을 구제'했다.

테오리아의 경험적 측면

앞에서 살펴보았듯이 천문학자들은 천체의 위치를 예측하는 달력을

---

7 _ 이도 야베츠Ido Yavetz의 생각이다.

만들었고, 특히 경험주의적이었던 바빌로니아인들은 대수학적·근사치 접근법을 통해 그 일을 훌륭하게 해냈다. 그리스 천문학이 과학의 역사에서 시초가 될 수 있었던 독특한 이유는 이러한 예측에 만족하지 않고 이론적 설명을 요구했기 때문이다. 그렇다고 해서 그리스 천문학이 경험주의와 아무 관련이 없다고 생각해서는 안 된다. 그리스인들은 천체들의 전체적인 위치를 머릿속으로 그리면서 천체 운동에 근본적인 속성들이 있다고 확신하며 관측했으므로 천체들과 지구의 크기, 서로의 거리 같은 속성에 대한 경험주의적 주장을 과감하게 제시했다. 이들의 계산이 흥미로운 이유 중 하나는 천문학자의 주요 임무인 달력 제작과 전혀 상관이 없다는 것이다. 이들은 오로지 호기심을 충족하기 위해 계산을 했다.

사모스의 아리스타르코스Aristarchus of Samos(기원전 310~기원전 230)의 현존하는 유일한 저서 《크기와 거리에 대하여On the Sizes and Distances》가 좋은 사례다(그림 3.13). 아리스타르코스는 구체 안에 구체가 있는 그림과 지구와 달이 태양에서 빛을 얻는다는 가정—창세기 저자에게는 미안하지만 달은 스스로 빛을 내지 못한다—을 바탕으로 지구와 달의 상대적 크기를 가늠했다. 그는 관측을 통해 식蝕, eclipse은 달이 완전히 찰 때만 일어난다는 사실을 깨달았다. 그에게 이 상관관계는 완벽하게 합리적이었다. 달빛이 태양에서 왔다면 달과 태양이 우리가 있는 지구의 양 반대편에서 일렬로 있어야 완전히 둥글게 빛나는 것처럼 보인다. 또한 이 구도에서 지구는 태양과 달 사이에 있으면서 달에 그림자를 드리울 수 있다. 식은 나타날 때마다 지속 시간이 다른데, 달이 지구 그림자의 전체 반경을 통과할 때 가장 길어진다. 식이 시작할 때 달의 위치(달이 지구 그림자에 진입할 때)와 끝날 때 위치(달이 지구 그림자에서 빠져나갈 때)가 이루는 각은 달에서 관찰되는 지구의 각 크기다. 달의 각 크기는 쉽게 잴 수 있다. 달에서 지구까지의 거리는 당연히 지구에서 달까지의 거리와 같다. 그러므로 두 각 크기의 비율(3.7)은 지구의 지름과 달의 지름이 이루는

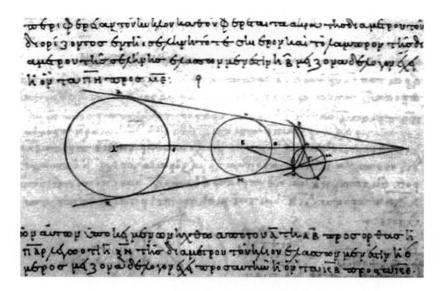

| 그림 3.13 | 달과 지구의 상대적 크기에 대한 아리스타르코스의 계산. 현재 바티칸 도서관Vatican Library에 소장된 《크기와 거리에 대하여》의 10세기 그리스 필사본에 실린 것이다. 달(오른쪽 가장 작은 원)은 지구(가운데) 그림자 안으로 들어왔다가 나간다. 식이 시작할 때 달의 위치와 끝날 때 위치가 이루는 각도가 달에서 관찰되는 지구의 각 크기다. 이 각도와 지구에서 관찰한 달의 각 크기가 이루는 비율이 달과 지구의 실제 크기의 비율이다.

비율이다. 이 방식으로 다른 모든 상대적 크기(면적, 부피)를 쉽게 계산할 수 있다. 달이 반만 찼을 때는 지구, 달, 태양이 직각을 이룬다는 사실을 깨달은 아리스타르코스는 태양에 대한 관측 각도(87도)를 바탕으로 세 천체의 상대적 거리도 계산했다. 이 놀라운 경험적 성취의 유일한 목적은 호기심 충족이었다.

아리스타르코스보다 몇 년 뒤에 태어난 알렉산드리아의 에라토스테네스Eratosthenes of Alexandria(기원전 276~기원전 194)는 더 단순한 관찰과 계산으로 더욱 흥미로우면서도 실용성과 거리가 먼 경험적 지식을 제시하여 아리스타르코스를 한 수 앞섰다. 그는 단순한 해시계인 그노몬gnomon으로 해가 하늘에서 가장 높은 점인 천정天頂에 있을 때의 각도를 측정했다. 그노몬 그림자의 길이로 각도를 알 수 있었는데, 태양이 언제 천정에 있는지도 쉽게 판단할 수 있었다. 그림자가 가장 짧을 때였다. 바로 이 시간에 측정하는 것이 중요했다. 그래야 같은 시간에 알렉산드리아와 시에네(지금의 이집트 아스완)에서 잰 각도를 비교할 수 있었다. 측정 결과 두 지역의 각도는 7도가 달랐다. 이 결과는 지구의 원주가 알렉산드리아부터 시에네까지의 거리에 360/7을 곱한 값인 25만 스타디온stadion이라는 의미였다. 스타디온이라는 단위에 대해서는 여러 추측이 제기되었다. 에라토스테네스가 살던 시대에 아테네에 있었던 경기장의 둘레인 185미터가 1스타디온이었다는 추측에 따르면 25만 스타디온은 4만 6천 킬로미터다. 이 수치는 현대에 측정된 약 4만 킬로미터에 놀라우리만큼 가깝다(비록 지구가 완벽한 구체가 아니라는 사실이 밝혀졌지만). 하지만 이 계산 방식은 중요한 사실을 간과했다. 스타디온의 기준은 말의 걸음이다. 다시 말해 표준화된 단위가 아니다. 에라토스테네스가 두 도시의 거리를 측정한 값은 말이 약 5천 걸음 걸은 거리여서 무척 대략적이다. 에라토스테네스도 이 값이 정확하다고 자신하지 않았다. 그는 오로지 호기심 때문에 지구의 크기를 측정했고, 측정의 정확성은 실용적인 의미 없이 심미적인 재미를 추구한 결과였다(그림 1.10과 그림 3.12를 비교해보라). 근대 과학의 놀라운 정확성에도 비슷한 면이 있다.

프톨레마이오스가 가장 위대한 그리스 천문 관측자로 평가한 로도스의 히파르코스Hipparchus of Rhodes(기원전 190[?]~기원전 120)의 업적도 마찬가지다. 약 850개의 별을 분류한 그는 현絃 이론을 개발하여 삼각법의 기초를 세우는 등 기하학에 여러 위대한 업적을 남기고 적도 고리 같은 새로운 관측 장치를 발명했으며, 태양력과 태음력의 계산 방식을 크게 향상한 위대한 천문학자로 추앙받았다. 그의 가장 큰 업적은 분점의 세차운동歲差運動 이론이다.

히파르코스는 자신의 정교한 관측 결과와 몇 세기 전 바빌로니아인들의 관측 결과를 비교한 후 분점이 변한다는 사실을 발견했다. 황도가 천구 적도와 교차하는 위치를 항성에 대비해 측정하면 한 세기에 1도씩 서쪽으로 이동했다. 히파르코스는 이론을 중요시한 그리스 방식에 따라 천축이 약 2만 6천 년을 주기로 작은 원을 돈다고 가정하여 세차운동을 설명했다. 여기서도 체계적이고 정밀한 경험적 계산이 실용적 목적과 동떨어졌었다는 사실을 알 수 있다. 2만 6천 년은 어느 사회도 내다볼 수 없고 농사를 위해 예측할 필요도 없는 긴 시간이다. 지구의 크기와 달까지의 거리처럼 분점의 세차운동은 자유로운 그리스 시민에게 걸맞은 세련되고 고상한 호기심의 대상이었고, 정밀함은 추상적이고 심미적인 이상이었다.

지동설

이론을 추구한다는 면에서 특별했던 그리스 천문학은 이론에 대한 열망으로 경험적 탐구를 이끌었다. 그러므로 경험적 사유, 다시 말해 관측으로 알게 된 사실에 대한 사유가 이론적 사유에서 어떤 역할을 했는지를 살펴보면 더 흥미로울 것이다.

그리스 천문학의 관점에서 태양이 지구 주변을 도는지 아니면 그 반대인지는 특히 흥미로운 질문이다. 그 까닭은 지구에서 관측하면 수수께끼를 풀기 힘들고, 우리 대부분은 고대인들이 지구가 멈춰 있다고 믿었을 것이라고 여기기 때문이다. 사실은 그렇지 않았다. 아리스토텔레스는 두 가지 경우 모두 가능하다고 판단했다.

[지구의] 위치에 관해 서로 다른 의견이 있다. 하늘이 유한하다고 여기는 대부분의 사람들은 지구가 가운데에 있다고 말한다. 한편 피타고라스 학파로 알

려진 이탈리아 철학자들의 견해는 반대다. 그들은 가운데에는 불이 있고 지구는 그 가운데를 중심으로 원운동을 하며 낮과 밤을 만드는 별 중 하나라고 말한다.

- 아리스토텔레스, 《천체에 관하여》 2권 13장

(http://classics.mit.edu/Aristotle/heavens.2.ii.html)

앞에서 이야기했듯이 아리스토텔레스는 지구가 우주 한가운데에 정지해 있을 거라고 말했다. 하지만 이 의견은 지구가 구체라는 의견과 달리 관측으로 뒷받침할 수 있는 것이 아니라 우주의 형태에 대한 일반적인 생각일 뿐이라는 사실을 인정했다.

권위적이었던 아리스토텔레스도 이 문제에서만큼은 말을 아꼈고 한 세기 뒤에 아리스타르코스가 지구가 다른 행성들과 함께 태양 주위를 돈다는 반대 의견을 제시했다는 사실에 비추어 보면 두 가지 가능성 모두 지지를 받은 듯하다.

아리스타르코스는 태양 중심의 우주를 믿은 가장 유명한 고대인이었지만 우리는 그의 주장을 간접적으로만 안다. 그의 가설을 제시한 글의 원본이 사라졌기 때문이다. 우리는 그의 가설을 시라쿠사의 위대한 수학자이자 발명가 아르키메데스Archimedes(기원전 287~기원전 212[?])의 문헌을 통해 간접적으로만 접할 수 있다. 하지만 아리스토텔레스가 언급한 피타고라스 학파와 비슷하게 아리스타르코스도 지구가 움직인다는 태양중심설을 논증으로 뒷받침했을 것이라고 합리적으로 추측할 수 있다. 물론 보편적인 형이상학적 논증이 아니라 구체적인 천문학적 논증이었을 것이다. 아리스타르코스는 태양의 빛에 특히 관심이 많았고, 식에 관한 분석에서는 그림자를 일으키는 원인인 지구를 조연으로 취급했다.

아리스타르코스의 가설과 관련해서 가장 중요한 사실은 그가 치열한 고민 끝에 가설을 철회했다는 것이다. 아르키메데스의 이론이 결정적인 원인이었다. (아리스타르코스의 추론대로) 지구가 태양 주위를 돈다면 매우 긴 거리를 움직여야 한다. 가령 춘분점에 있었을 때와 추분점에 있을 때의 거리가 몹시 길어야 한다. 그렇다면 하늘을 바라볼 때의 시선 방향이 시간에 따라 크게 달라지므로 두 개의 고정된 항성 사이에서 관찰할 때 각도가 달라지는 현상인 시차視差가 생겨야 한다. 하지만 항성 시차는 1년 내내 관찰되지 않았다. 별들은 한 해 동안 같은 위치에 있고 별자리는 계절에 따라 바뀌지 않는다. 이 상황은 아리스토텔레스의 추측처럼 우리가 우주의 중심에 있다고 가정할 때 일어난다. 아리스타르코스가 옳았다면, 항성 시차가 관찰되지 않는 유일한 이유는 별들이 너무 멀리 있어서 태양 주위를 도는 지구의 궤도가 별들과의 거리보다 훨씬 짧기 때문이어야 한다. 고대 그리스인들의 표현을 빌리자면, 지구의 전체 궤도를 별과의 거리와 비교하면 점 하나에 불과해야 했다. 이 엄청난 차이의 비율을 계산해보자. 인간의 눈이 식별할 수 있는 최소한의 각도 차는 기껏해야 0.5도다. 궤도 한쪽에서 반대쪽까지의 각도는 180도이므로, 아리스타르코스가 옳았다면 지구에서 별까지의 거리가 궤도 지름의 360배 이상은 되어야 시차 현상이 발생하지 않는다. 그리스인들이 보기에 터무니없이 먼 거리였다. 더군다나 아리스타르코스뿐 아니라 에라토스테네스를 비롯한 학자들은 자신들이 계산한 지구와 태양 사이의 거리, 즉 지구 궤도의 반지름이 무척 정확하다고 믿었다. 그러한 거리의 360배는 너무 커서 그리스인들의 숫자 체계로는 표현하기 힘들었다. 실제로 아르키메데스는 이처럼 터무니없이 큰 숫자도 기록할 새로운 방식을 어떻게 만들지 물었다. 그리스인들은 지구가 움직인다는 생각에 분명 매력을 느꼈지만—그렇지 않았다면 지구가 움직인다는 주장을 반복해서 논의하지 않았을 것이다—360배는 말도 안 되는 숫자였으므로 거부할 수밖에 없었다.

그리스 천문학의 유산 - 프톨레마이오스의 구체

그리스 천문학의 유산 중 대표적인 것은 이론이다. 알렉산드리아의 클라우디오스 프톨레마이오스Claudius Ptolemy(85[?]~165)의 대표작《알마게스트Almagest》는 그리스 천문학 이론의 절정이었고, 헬레니즘 문화권이 무너지고 한참 뒤인 16세기 후반까지도 가장 중요한 천문학 자료였다(그리스어로 '가장 위대한'을 뜻하는 'magiste'의 아랍어 발음에서 유래했다. 그림 3.14). 아리스토텔레스의 철학과 클라우디오스 갈레노스Claudius Galenus(130[?]~200[?]/216[?])의 의학처럼 프톨레마이오스 천문학이 중요한 이유는 그의 주장들이 구체적이기 때문만이 아니다.《알마게스트》는 유럽부터 이슬람 세계, 중국에 이르기까지 천체 운동 연구의 기본적인 관행, 기준, 방법을 형성했다. 1천5백 년 동안 천문학자의 임무는 프톨레마이오스가 제시한 이론적 도구들을 미세하게 수정해 과거 세대들이 근본적으로 같은 체계 안에서 수행해온 계산을 개선하는 일이었다.

《알마게스트》는 아리스토텔레스 우주론을 조심스럽게 설명하며 시작한다. 행성의 위치 변화를 각속도가 일정한 동심원 운동으로 환원하여 아리스토텔레스의 규칙들에 따라 '현상을 구제'하는 프톨레마이오스의 우주론은 그 자신뿐 아니라 이후 1천5백 년 동안 그를 따른 추종자들에게도 무척 과감한 시도였을 것이다. 전반적으로 이 시도는 훌륭하게 성공하여 프톨레마이오스를 따른 천문학자들은 천체 운동에 대한 정밀한 원형 모형을 세울 수 있었다. 하지만 그러려면 원에 관한 규칙을 제외한 아리스토텔레스의 규칙 대부분을 변형해야 했다. 그런 의미에서 프톨레마이오스 천문학은 과감한 타협의 결과였다.

우선 프톨레마이오스는 구체 안에서 구체가 움직이는 에우독소스의 3차원 모형을 포기했다. 여러 운동을 복잡하게 계산하는 대신 그림 3.15의 아래 왼쪽처럼 각 행성에 대해 독립적인 2차원 원형 모형을 만들

Undecimus

confideratione patuit:erit z locus augis facilime cognitus. Ptolemeus eni
diftantiam tertie babitudinis ab auge numerauit.51.gradus:z.14.minuta.
Erat aut locus buius tertie babitudinis verus in.14.gra.z.14.minu.cap:i/
co:ni.quare cotra figno:um confequentiam a.14.mi.14.gra.cap:ico:ni fi nu
merauerimus.51.gradus z.14.minuta:ad finem.25.gradus.46.minu.fco:
pionis perueniemus:In quo etiam Ptolemeus augi locum in p:incipio re/
gni Antonij deputauit.

P:opofitio   xv.

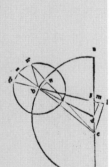

IN qua vo parte zodiaci faturni locus medius fit
in aliqua trium babitudinu:quantucq3 ab auge epi/
cycli media diftet inueftigare.

Locus augis iam notus eft ex p:ecedenti. Media vo vniuf
cuiufq3 trium babitudinu ab auge diftantia fuperius inuenta
eft:quare medius locus erit notus. Q3 fi fuper puncto.g.tertie babitudinis
epicyclum.b.t.k.defcripferimus:erit arcus.b.t.k.diftantie planete ab auge
epicycli media in tertia babitudine no ignotus. Eft eni angulus.g.z.l.cogni
tus ex.12.buius. Sed z angulus.g.e.l.vere diftatie tertie babitudinis ab au
ge per.13.notus.quare refiduus intrinfecus.e.g.z.centrum:z arcus.t.k.nu
meratus. Quem fi a femicirculo.b.t.vemfferis : relinquetur arcus.b.k.qui
querebatur notus.

P:opofitio   xvj.

Centrici z epicycli duab9 femidiametris liga p:o/
portionibus elabo:are.

Certiffima quadam ad boc p:opofitum opus eft confidera
tione. Ptolemeus nofter in anno fecundo Antonij : fexto die
menfis Mefir : fexti feq transfacto:ante medietatem noctis.4.
bo:is equalibus Saturni locu inftrumeto fuo ad Aldebaran
rectificato z ad lunam relatione:dep:ebendit in.9.gra.z.4.m.aquarij : du feq
medium celi inftrumeto indice effet in Alexandria vltimus gradus arictis.
et fol curfu fuo medio in.28.partibus z.41.minutis fagittarij.Eftimauit aut
inter co:nu feptentrionale z faturnum tunc fm vifum quidem cadere.30.m.
ad fucceffionem figno:um. Sed locus vifus lune tunc fm numeratione Pto
lemci fuit in.8.gradu z.34.minu.aquarij.vnde certus fuit locus faturni. Et
quia tempus:quod intercedit buic p:fiderationi z babitudini tertie fuperius
memo:ate notum erat : notus fuit medius motus longitudinis faturni in boc
tempo:e. Qui tametfi nondum rectificatus babeatur:tamen non poterit fen
fibilem in boc opere erro:em ingerere. Erat etiam medius locus faturni in
bac babitudine tertia notus:quare z in bac cofideratione motus medius fa
turni non igno:abitur. Simili pacto diftantia lune ab auge epicycli media
in bac confideratione innotuit. Poft bec itaq3 recitata pingamus circu
lum eccentricum epicycli delato:em.a.b.g.fuper centro.d. In cuius diame/
tro.a.g.punctus.a.fit aux.g.oppofitio augis.z.centrum equantis.z.e.cen
trum mundi. Sitq3 in eius circuferentia punctus.b.centrum epicycli.b.t.k.
et locus planete in eodem punctus.k.productis lineis.e.b.t.et.d.b.et.z.b.b.
erit.b.aux media epicycli.et.t.aux vera. Iteq3 due linee.e.k.et.b.k.p:oduca
tur:dueq3 perpendiculares.d.m.et.e.l.fuper lineam.b.l.aliaq3 perpendicu/

n

| 그림 3.14 | 《알마게스트》의 1496년도 라틴어 번역본에 실린 토성의 주전원에 관한 설명. 게오르크
폰 포이어바흐Georg von Peuerbach(1423~1461)가 첫 네 권을 번역, 편집했고 그의 제자 요하네스 레
기오몬타누스Johannes Regiomontanus(1436~1476)가 그의 사후에 위 판본을 완성했다. 그림 3.15의
설명처럼 이심원의 중심은 d이지만, 프톨레마이오스의 이론에서 기준점은 지구인 t(지구를 뜻하는 라틴
어 단어 'terra'의 머리글자)와 동시심인 e(동시심을 뜻하는 'equant'의 머리글자)다.

었다. 서로 층을 이루며 움직이는 구체들이 행성들을 움직이게 하는 에우독소스의 3차원 동심구체 모형은 물리학적으로는 합리적이었다. 하지만 프톨레마이오스는 단순성과 효용성을 위해 물리학적 합리성을 포기했다.

프톨레마이오스가 적용한 모든 계산 방식은 당연하고 기본적인 우주론 법칙인 등속 동심원 규칙을 교묘하게 피해 갔다.

우선 프톨레마이오스 모형에서는 지구가 각 행성 궤도의 기하학적 중심에서 '벗어났다'(그림 3.15 왼쪽 위). 그는 행성들의 각속도 변화가 그저 관점의 차이 때문에 발생한다는 가정하에 이처럼 지구가 가운데에 있지 않은 상태—원의 가운데에서 벗어난 정도를 '이심률eccentricity'이라고 한다—에서 나타나는 행성들의 각속도 변화를 계산했다. 그림 3.15의 오른쪽 위 모형을 예로 들어보자. 어떤 행성이 등속도로 가운데 지점인 C 주변을 돌고 a에서 b까지 이동하는 시간이 g에서 f까지 이동하는 시간과 같다면, 그 시간 동안 이동한 각도는 같아야 한다(∠aCb=∠gCf). 하지만 지구가 가운데에 있지 않고 E에 있다면, 행성이 더 큰 각인 ∠aEb로 이동했다가 작은 각인 ∠gEf로 움직이는 것처럼 '보일' 것이다. 천문학자들은 프톨레마이오스 이론에 따라 E와 C의 거리인 이심률을 조정하여 등속 원 궤도를 그리는 행성이 왜 지구에서는 불규칙한 각속도로 움직이는 것처럼 보이는지 설명할 수 있었다.

두 번째로 프톨레마이오스는 (히파르코스와 아폴로니오스Appollonius의 연구를 바탕으로) 역행운동이 등속 원운동의 겉보기 결과라는 독창적인 설명을 제시했다. 그의 모형에서 행성은 작은 원인 이심원deferent을 그리는데 이심원은 더 큰 원인 주전원epicycle을 따라 움직인다(그림 3.15 오른쪽 아래).[8]

8 _ 특히 이슬람 천문학자들을 비롯해 프톨레마이오스를 추종한 천문학자들은 작은 이심원과 큰 주전원으로 이루어진 모형과 여러 변형을 수 세기에 걸쳐 고안했다.

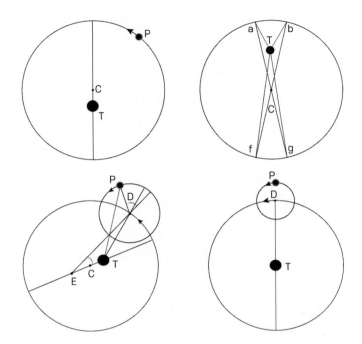

| 그림 3.15 | 프톨레마이오스의 체계와 기하학 도구들. 프톨레마이오스는 행성이 일정한 각속도로 움직인다고 가정했다. 행성 운동의 중심과 그에 대비한 지구의 상대적 위치를 조정하면 비규칙적 운동이 관찰된다. 왼쪽 위는 지구인 T가 이심원의 기하학적 중심에서 벗어난 이심률을 나타낸다. 오른쪽 위는 이심률이 어떻게 겉보기 각속도의 변화를 일으키는지 보여준다. 행성이 C를 중심으로 일정한 각속도로 움직이면, ∠cab와 ∠cfg를 지나는 시간이 같지만 T에서는 두 각도가 다르게 보인다. 오른쪽 아래는 주전원이 무엇이고 어떻게 주전원이 겉보기 역행운동을 일으키는지 설명한다. 행성 P는 항상 시계 반대 방향으로 움직이지만 주전원 안에 있으면 T에 있는 관찰자에게는 그 반대 방향으로 움직이는 것처럼 보인다. 왼쪽 아래는 완성된 모형의 구성을 보여준다. 이심원에서 일정한 각속도 운동의 중심은 T나 C가 아닌 동시심인 E다. C는 T에서부터의 거리와 E에서부터의 거리가 같은 곳이다. T와 P를 연결한 선은 관측과 일치해야 하고 나머지는 행성의 등속 원운동을 설명한다.

행성 P는 A를 중심으로 주전원을 따라 돌고, 주전원은 비어 있는 중심인 E―지구는 이심률에 따라 중심에서 벗어나 있음을 기억하라―를 가운데로 하여 ABD를 따라 이심원을 그린다. 주전원과 이심원은 같은 방향으로 움직이므로 겉보기 각속도는 주전원에서 행성의 위치에 따라 달

라지기 때문에 역시 각속도의 불규칙성을 설명해준다. 더욱 중요한 것은 행성이 이심원 안에서 주전원을 그리면 방향을 틀어 뒤로 가는 역행운동처럼 보인다는 사실이다. 천문학자들은 주전원과 이심원의 상대적 크기와 속도를 달리하고 이심원에 또 다른 이심원을 더해 등속 원운동의 규칙을 보존하며 여러 복잡한 겉보기 궤도들을 계산할 수 있었다. 13세기 페르시아에서 천문학을 비롯해 수많은 학문을 섭렵한 지식인 무함마드 이븐 무함마드 이븐 알하산 알투시Muhammad ibn Muhammad ibn al-Hassan al-Tūsī(나시르 알딘 알투시Nasir al-Din al-Tusi, 1201~1274)가 두 개의 등속 원운동을 조합('투시 커플Tusi Couple')하면 직선의 겉보기 운동이 가능하다고 증명할 만큼 프톨레마이오스의 방법론은 막강한 영향력을 발휘했다(그림 4.12).

하지만 때로는 이심률과 주전원만으로는 행성의 방향과 속도 변화를 설명할 수 없었다. 또한 이심률과 주전원이 너무 커서 이심원에 포함할 수 없을 때도 있었다. 프톨레마이오스는 이 문제들을 해결하기 위해 모형에서 가장 파격적인 부분인 '동시심equant'을 만들었다(그림 3.15 왼쪽 아래의 E). 기하학적 중심도 아니고 가운데에서 벗어난 지구의 위치도 아닌 동시심은 이심원 안에 있는 점으로 그 주변을 도는 행성은 각속도가 일정하다.

지금까지의 과정을 다음과 같이 설명할 수 있다. 천문학자는 행성이 궤도(이심원)의 기하학적 중심을 가운데로 하여 돌면 운동의 각속도가 일정하다는 가정을 설명할 모형을 만들려고 했다. 그렇지만 지구에서 보면 속도가 일정하지 않았다. 그래서 지구의 관측자에게만 이처럼 불규칙하게 보인다는 가정하에 지구가 궤도의 중심이자 등속운동의 중심에서 얼마나 멀리 떨어져 있는지 계산했다(그림 3.15 위 참조). 이 거리가 지나치게 길거나 주전원이 방해가 되면 지구를 다른 임의적인 곳에 자리하게 하고 계산된 거리에 따라 등속운동하는 행성의 중심을 설정했다. 그러므로 지구는 더 이상 궤도의 기하학적 중심이 아니었다. 이 새로운 지점이 그림 3.15 아래 왼쪽에 E로 표시된 동시심이다.

동시심을 설정하는 방법은 일반적으로 두 가지였다. 단순하게 이심률을 반으로 줄이고, 그림 3.15의 왼쪽 아래처럼 이심원의 기하학적 중심에서 서로 반대편으로 같은 거리에 지구와 동시심을 각각 자리하게 하는 것이다. 하지만 동시심은 프톨레마이오스의 다른 모든 도구와 달랐다. 이심률은 분명한 이유 때문에 행성이 지구가 자리한 곳은 아니지만 행성 궤도의 기하학적 중심인 특정 지점을 중심으로 등속운동을 하도록 한 도구였지만, 동시심은 분명한 이유 없이 그저 모형을 합리화하기 위해 만든 점이었다. 동시심의 위치를 고르는 데에는 물리학적·기하학적 제약이 없었다. 그저 현상에 가장 잘 들어맞고 계산이 가장 편한 곳을 고르면 되었다.

정상 과학과 패러다임

많은 독자가 과학혁명을 다룬 토머스 쿤Thomas Kuhn의 걸작을 읽어보았을 것이다. 이 장의 내용에 비추어보면, 프톨레마이오스 천문학이 쿤의 '정상 과학normal science' 개념에 영감을 주고 본보기가 되었다는 사실은 놀랍지 않다. 쿤은 과학이라면 모름지기 분명하게 규정된 문제를 분명한 규칙과 기준에 따라 유연하면서도 체계적으로 해결해야 한다고 주장했다. 쿤의 표현을 빌리면, 프톨레마이오스를 따른 천문학자들에게 《알마게스트》는 그들이 모방할 수 있는 분명한 '패러다임'이었다. 그들의 분명한 '문제'는 행성 위치를 그림 3.15 왼쪽 아래처럼 모형으로 환원하는 일이었다. 모형을 만들 여러 도구와 더불어 모형의 성공 여부를 판단할 분명한 기준도 있었다. 또한 그들은 세심하게 모형을 만드는 과정에서 무시할 수 있는 미제들, 다시 말해 수많은 '변칙'에 대해서도 알았다.

뒤에서 설명하겠지만 이후 수 세기 동안 프톨레마이오스를 추종한 코페르니쿠스 등의 천문학자들은 자신의 도구들의 놀라운 힘이 양날의 검이라는 사실을 잘 알았다. 그 도구는 무척 유연해서 훌륭한 달력을 만들 수 있었지만, 이 유연성 때문에 자신들이 지켜야 할 개념과 타협해야 했다. 특히 동시심이 문제였다. 행성이 가운데가 '아닌' 점을 중심으로 등속운동을 한다면 가운데를 중심으로 했을 때는 등속운동을 '할 수 없다'. 동시심을 적용한 천문학자들은 자신들이 지켜야 할 천체의 질서에 관한 규칙을 어길 수밖에 없었다. 행성들이 지구를 중심으로 궤도를 돌지도 않고 행성들을 움직이게 하는 구체도 없는 프톨레마이오스 천문학은 물리학적으로 불합리했다. 그렇다면 현상 구제라는 이상을 포기하고 이론이 없는 바빌로니아인들의 행성 위치 알고리듬으로 회귀하는 것과 마찬가지다(물론 바빌로니아인들의 대수학적 표와 달리 기하학적인 알고리듬이었다).

프톨레마이오스의 체계는 이후 1천5백 년 동안 천문학자들의 '정상과학'으로 군림했다. 뒤에서 이야기하겠지만, 이 긴 세월이 지난 후 등속 동심원 운동이라는 과거의 이상을 구제하려 한 시도가 오히려 천문학에 대변혁을 일으켰고 우주와 인류의 위치에 대한 믿음을 뒤흔들었다.

01 우리 대부분이 가장 기본적인 천문학 현상인 행성의 일주운동을 잘 모른다는 현실이 시사하는 흥미로운 사실들은 무엇일까?

02 과거에는 고도의 정밀함이 주로 심미적 가치를 만족시켰다는 주장을 근대 과학에도 적용할 수 있을까? 이 주장을 뒷받침하거나 반박할 예로는 무엇이 있을까?

03 헬레니즘 천문학자와 철학자들이 지구가 움직일 가능성을 고민했지만 경험적 이유 때문에 오류라고 판단한 사실에서 어떤 교훈을 얻을 수 있을까?

04 지구의 크기, 달력의 주기적 편차, 지구와 달의 상대적 크기 같은 헬레니즘 천문학의 경험적 발견 중 무엇이 가장 인상적이거나 흥미로운가?

05 헬레니즘 천문학이 스스로의 근본적인 가정들을 어겼기 때문에 눈부신 업적을 남겼다고 말할 수 있을까? 그렇다면 그 의미는 무엇일까?

04

중세의
배움

그리스 지식의 쇠락

그리스 지식은 이후 어떻게 되었을까? 에우독소스, 에라토스테네스, 히파르코스의 천문학뿐 아니라 지금의 식물학과 동물학을 탐구한 아리스토텔레스와 그 제자들의 자연철학, 히포크라테스Hippocrates와 갈레노스의 의학, 프톨레마이오스의 지리학, 유클리드Euclid와 아르키메데스의 수학에 어떤 일이 일어났을까? 16세기 초에 라파엘로Raffaello가 놀라운 걸작에서 묘사한(그림 4.1) 그들의 지식은 단편과 회상으로만 남아 있다.

불탄 도서관

구전 역사의 흥미로운 이야기에 따르면 앞에서 언급한 지식들은 알렉산드리아에 있던 도서관이 불타면서 모두 사라졌다고 한다. 실제로 알렉산드리아 도서관은 웅장한 문화 유물이었다. 아리스토텔레스가 세운 리케이온(2장 참조)의 학생이자 추방당한 아테네 독재자인 팔레론의 데메트리오스Demetrios Phaleron가 기원전 283년에 지었다. 이 도서관은 이집트를 다스린 그리스 왕 프톨레마이오스[1]가 후원하고 보호한 여신들의 사원 무세이온mouseion의 일부였다. 프톨레마이오스는 돈으로 사든, 힘으로 빼앗든, (돌려줄 의도가 없더라도) 빌리든 수단과 방법을 가리지 않고 모든 글을 닥치는 대로 모으라고 명령했다. 당시 문헌에 따르면 도서관에 소장된 파피루스는 한때 50만 점에 달했다. 지금의 유수 대학에는 수백만 권의 책—하버드 도서관에는 1천7백만 권이 있다—이 있지만 같은 책이 여러 권 있다는 사실을 떠올리면 고대 지식의 성전이던 알렉산드리아 도서관이 얼마나 방대한 자료를 소장했는지 짐작할 수 있다. 도서관은 그 수많은 자료와 함께 불에 탔다. 나일강에는 며칠 내내 검은 잉크가 흘렀다고 한다.

하지만 기원전 48년에 가이우스 율리우스 카이사르Gaius Julius Caesar가 클레오파트라Cleopatra 왕국을 정복했을 때와 391년에 폭동을 일으킨 기독교도들이 이교도 사원들을 공격했을 때, 642년에 칼리프(이슬람 세계의 최고 종교 지도자이자 군주-옮긴이) 우마르Umar의 전사들이 침략했을 때를 포함해 도서관에 최소 세 번의 화재가 일어났다는 사실을 감안하면 사실관계가 불분명하다. 알렉산드리아 도서관 화재 이야기가 무척 생생

---

1 _ 프톨레마이오스왕과 천문학자 프톨레마이오스는 아무 관련이 없지만, 중세 학자들은 둘을 자주 혼동해 천문학자 프톨레마이오스를 왕관을 쓴 모습으로 그렸다.

1. 플라톤 2. 아리스토텔레스 3. 소크라테스(알렉산드로스대왕과 대화 중)
4. 크세노폰 5. 아이스키네스 6. 알키비아데스 7. 키프로스의 제논
8. 에피쿠로스 9. 아베로에스 10. 피타고라스 11. 파르메니데스
12. 헤라클레이토스 13. 디오게네스 17 아르키메데스(또는 유클리드)
15. 조로아스터 16. 프톨레마이오스 17. 아펠레스(라파엘로의 자화상)
18. 플로티노스 19. 아폴론(자연철학) 20. 미네르바(도덕철학)

| 그림 4.1 | 1510년 라파엘로가 바티칸 사도궁전에 그린 프레스코 벽화 〈아테네 학당The School of
Athens〉.

하지만 구체적이지 않다는 사실은 이 이야기가 하나의 특정 사건이 아니
라 잃어버린 위대한 보물에 대한 문화적 트라우마를 그리고 있음을 암시
한다. 그리스 지식은 도서관 화재라는 하나의 극적인 사건 때문에 사라
진 것이 아니다. 앞의 두 장에서 설명한 고유한 지식 개념이 문화적 기반
을 잃으면서 오랜 시간에 걸쳐 서서히 쇠락했다.

아테네의 학당들

그리스 지식의 고유성이 무엇이고, 그 부흥과 쇠락이 과학의 성전 건
설에 어떤 교훈을 주는지 생각해보자.

기원전 약 387년에 플라톤은 아테네 외곽에 있는 올리브밭에서 다
른 학자와 제자들을 정기적으로 만났고, 이 모임은 그리스 신화에 나오
는 아카데무스Academus의 이름을 딴 아카데메이아 학당으로 발전했다.
약 50년 뒤인 기원전 335년에는 아리스토텔레스가 마케도니아 정복자들
과 함께 아테네로 돌아와 아폴로 뤼케우스Apollo Lyceus 사원의 이름을 딴

체육관에 리케이온 학당을 세웠다. 기원전 312년에 키프로스의 제논Zeno of Citium은 아테네에 있는 스토아 포이킬레Stoa poikilê('채색된 전당') 광장에서 제자들을 가르치면서 스토아 학당을 시작했다(유명한 파르메니데스 역설을 세운 엘레아의 제논과 혼동하지 않도록 주의하라). 몇 년 뒤인 기원전 306년에는 에피쿠로스가 집과 정원을 사서 에피쿠로스 학당을 설립했다.

그리스 철학의 유명한 학당들은 흥미롭게도 장소에 따라 이름을 지었다. 가장 수준 높은 보편성과 추상성을 추구하는 지식도 실재하는 물리적 장소가 있어야 전파할 수 있다. 장소는 기억을 가능하게 한다. 학당마다 있었을 도서관의 전형은 알렉산드리아 도서관이었다(우리는 기억이 한 장소에 머물지 않고 '구름 속' 어딘가를 떠도는 무언가라고 생각하는 경향이 있다. 하지만 구름 역시 거대한 서버팜server-farm[서버와 그 운영 시설이 모여 있는 곳-옮긴이]이 네바다 사막 같은 곳에 존재하듯이 물리적인 장소에 존재한다). 학당에는 권위적인 아버지이자 스승 역할을 하는 인물이 있었는데 그들의 가르침이 도서관의 핵심이었다. 그들에 대한 기억은 학당의 장소와 신화처럼 얽히곤 했다. 그들의 가르침은 플라톤주의나 아리스토텔레스주의, 스토아 회의주의나 에피쿠로스 원자론처럼 학당을 규정하는 교리의 핵심이었다. 후세대 학자들은 창시자의 사상을 어떻게 해석할지 논의하면서 발전시키는 동시에 경쟁 학파들과 겨루었다.

학당의 네트워크는 그리 견고하지 않았다. 2장에서 이야기했듯이 비실용적이고 자유로운 토론에 높은 가치를 두고, 논증의 힘을 중요하게 여기며, 훌륭한 연설을 최고의 정치 행위로 생각한 특유의 그리스 문화가 학당들을 간신히 결집했다. 하지만 알렉산드리아 도서관에 처음 불이 났을 무렵 이 문화는 이미 활력을 잃고 있었다.

그리스 폴리스에서 로마제국으로

아테네 학당들이 등장하고 카이사르가 이집트를 침략하기까지 4백 년 동안 동지중해 사람들의 삶에서 그리스 문화와 언어가 차지하는 역할이 극적으로 변했다. 아리스토텔레스의 가르침을 받았다는 알렉산드로스대왕(기원전 356~기원전 323)이 기원전 336년에 의기양양하게 그리스반도를 떠나 메소포타미아와 페르시아 그리고 인도까지 정복했다(그림 4.2). 이집트부터 아프가니스탄에 이르기까지 최소 여섯 곳의 폴리스(그리스식 도시국가)가 그의 이름으로 불리게 되었다. 극장부터 공중목욕탕에 이르는 그리스 물질문화의 상징적 건축물이 곳곳에 탄생하면서 헬레니즘 군사력의 위상을 증명했다. 기원전 323년 32세의 알렉산드로스대왕이 바빌로니아제국의 네브카드네자르 2세Nebuchadnezzar II의 궁에서 사망하자 그의 부하들은 이집트와 메소포타미아 고대 왕국들이 자리한 거대한 영토를 (그다지 평화롭지 않은 방식으로) 나눠 가졌다. 그 결과 촘촘히 엮여 있던 그리스 폴리스의 군도는 그리스어가 상업과 행정, 궁중 문화와 종교의 언어로 쓰이지만 토착 언어와 문화 역시 보존된 거대하고 성긴 은하로 변했다. 유대인은 히브리어로 말하고 유대교를 믿었으며, 시리아인은 아람어로 말하고 가나안 신들을 믿었고, 카이사르에게 알렉산드리아와 이집트를 빼앗긴 클레오파트라는 헬레니즘 왕국의 헬레니즘 여왕으로서 처음으로 토착 언어를 배운 통치자가 되었다.

헬레니즘의 대정복은 모순적인 결과를 낳았다. 추상적 지식의 주인인 지배 계급의 '고급' 헬레니즘 문화, 특히 앞에서 살펴본 그리스의 문화가 일상의 '하급' 문화와 분리되었다. 기독교 시대가 도래하기 전 두 세기 동안 로마가 헬레니즘 영역을 정복하면서 이러한 구분은 더욱 뚜렷해졌다. 세속적 제약에 구속받지 않는 자유를 이상향으로 삼은 그리스 귀족과 달리 로마인들은 단순함과 근면함을 지향했다. 로마 귀족들은 과거 그리스

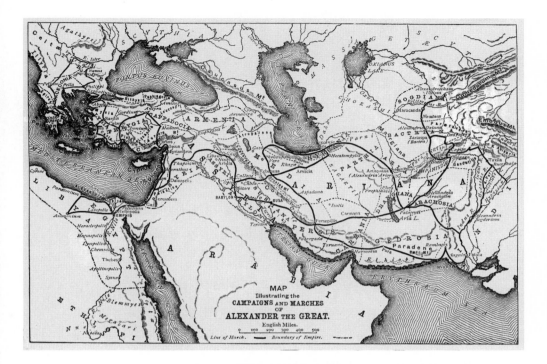

| 그림 4.2 | 헬레니즘 영역의 경계를 그린 알렉산드로스대왕의 정복(기원전 336~기원전 323). 에드먼드 올리에Edmund Ollier가 1890년 발표한 《그림으로 설명하는 세계사Cassell's Illustrated Universal History》의 1권 《초기 역사와 그리스 역사Early and Greek History》에 실린 지도로 작성자는 미상이다.

귀족과 달리 세상의 곤경에 시달리지 않는 추상적 자유가 아닌 실용적 능력에 자부심을 느꼈다. 학자나 예술가가 아닌 어미 늑대의 젖을 먹고 자란 전사들의 나라를 이끄는 지도자들은 그리스 고급 문화를 기꺼이 받아들이고 자신들의 문화보다 우수하다는 사실을 인정했다. 그들은 그리스 신화와 시적 구조, 철학, 수사법을 받아들이면서 자연스럽게 그리스어를 보존하는 한편 로마제국의 제2의 언어로 삼았다. 하지만 상인과 정치인은 그리스어가 아니라 정복자의 언어인 라틴어를 사용했다.

약하게 유지되던 그리스 지식의 네트워크는 대규모 재앙이 없었더라도 삶의 측면 대부분에서 사라질 수밖에 없었다.

백과사전 전통

최초의 로마 백과사전 저술가들

저명한 고대 로마 철학자 마르쿠스 테렌티우스 바로Marcus Terentius Varro (기원전 116~기원전 27)와 마르쿠스 툴리우스 키케로Marcus Tullius Cicero(기원전 106~기원전 43)도 그리스 학문이 처한 상황을 인식하고 있었다. 바로와 키케로는 로마의 하층 귀족으로 직업적인 정치가였다. 둘 다 공화정 시대의 최후와 독재 통치의 초기 수십 년의 혼란을 목격하고 체험했다. 정치적 태도가 유연했던 바로와 달리 키케로는 강성 공화주의자였고 결국 '국가의 적'으로 처형당했다. 지적 열망이 컸던 이들은 그리스의 고급 문화에 심취했고 한동안 아테네에 머물며 아카데메이아에서 공부하기도 했다. 미래 세대를 위해 그리스 지식을 보존하여 문명이 망각되지 않게 해야 한다고 생각한 키케로와 바로는 손에 넣을 수 있는 모든 그리스 지식을 모아 라틴어로 번역하여 후에 백과사전으로 불린 책으로 응축하려 했다. 그렇게 해서 키케로는 여러 편의 대화 편을 엮었고, 바로는 지금은 사라진 《학문에 대한 아홉 권의 책Disciplinarum libri IX》을 펴냈다. 그들의 노력은 복합적인 영향을 미쳤다. 분명 수많은 그리스 사상이 잊히는 것을 막았고, 이후 수 세기 동안 유럽인들은 그들이 시작한 백과사전 전통 덕분에 방대한 그리스 지식을 접할 수 있었다. 하지만 백과사전 전통 때문에 수많은 그리스 문헌의 원본이 사라지기도 했다. 백과사전의 목표는 지식을 집약하는 일이었으므로 백과사전에 요약되지 않거나 언급되지 않은 문헌들은 학자들의 시야에서 벗어나 점차 기억에서 사라졌다. 백과사전에 포함되어 보존된 문헌도 비슷한 일을 겪었다. 학자들은 축약된 번역본이 있으므로 원본을 재현하는 엄청난 수고를 하려 하지 않았고, 그 과정에서 온전한 원본들이 사라졌다(당시에는 어떤 문헌이든 복사본을 얻으려

면 손으로 직접 필사해야 했다. 이 상황은 5장에서 이야기할 활자 인쇄술이 나타
난 15세기에야 바뀌었다).

게다가 바로와 키케로는 라틴어 독자들을 위해 지식을 응축하는 과정
에서 자신들이 애써 지키려 했던 그리스 사상들을 훼손하고, 그리스 사
상들의 뜻깊은 지적 기반을 알게 모르게 무너트렸다. 앞에서 살펴봤듯이
그리스에서는 다양한 학당이 치열하게 경쟁했다. 하지만 바로와 키케로
는 그리스인들의 날카로운 비판과 섬세한 논증의 장을 제대로 재현하지
못했다. 백과사전은 무미건조한 개념들을 수사에 활용할 수 있도록 '분
야discipline'에 따라 분류한 일종의 창고와 같았다. 다시 논의하겠지만 이
분야들은 후대의 지식 형성에 중요한 역할을 했다.

플리니우스의 《박물지》

라틴어 백과사전의 전통은 고대 그리스뿐 아니라 다른 지역이나 시대
의 사상도 재구성했다. 바로와 키케로보다 약 1세기 후에 태어나 대大플
리니우스Pliny the Elder로 잘 알려진 로마 하급 귀족 가이우스 플리니우스
세쿤두스Gaius Plinius Secundus(23~79)가 집필한 《박물지Historia Naturalis》는
이후 수 세기 동안 새로운 현실적 지식의 보고寶庫로 꼽혔다. 이탈리아 북
부에서 태어난 플리니우스는 초기 로마 학자들이 활약한 공화정이 기억
뒤편으로 사라지고 칼리굴라Caligula와 네로Nero가 폭정을 일삼는 동안
군인으로서 경력을 쌓았다. 군대가 마침내 제국을 장악하고 오랜 동료
베스파시아누스Vespasian가 황제가 되자 플리니우스는 히스파니아, 아프
리카, 갈리아, 벨기카에 행정관으로 파견되었다. 이후 폼페이와 헤르쿨라
네움을 잿더미로 만든 베수비오 화산 폭발의 잔해에서 친구를 구하다가
죽음을 맞았다.

플리니우스는 모험이 가득한 역동적인 삶을 살면서 역사서, 전기, 문

법과 수사법에 관한 논문을 썼다. 군인과 행정관의 임무를 다하면서도 업무 시간 전후에 틈틈이 글을 썼다. 그의 저술 활동의 정수이자 유일하게 지금까지 남아 있는 작품인 《박물지》에서는 열정과 사명감을 엿볼 수 있다. 《박물지》는 빠르게 확장하는 신생 제국에 걸맞은 책이었다. 그 방대함에서 알 수 있듯이 지식을 분류하고 범주화하는 대신 온갖 다양한 세계를 되도록 온전히 담으려고 했다. 플리니우스는 《박물지》 3권의 서문에서 다음과 같이 밝혔다.

> 지금까지 나는 흙, 물, 별의 위치와 경이, 그리고 우주의 구성과 차원을 다루었다. 이제부터는 이 모든 것의 각 부분을 설명하려 한다. 이 임무는 결코 끝낼 수 없다는 주장은 합리적이고, 함부로 시작했다가는 비난을 면치 못할 것이다. 하지만 죽음이 불가피한 미물인 우리가 모든 것을 알 수는 없다는 당연한 사실을 떠올리면 사과해야 할 이유는 없다. 그러므로 나는 저자 한 사람의 이야기 대신 각 주제에 관해 가장 명망 있는 자들의 이야기를 모두 담을 것이다. 이들은 자신들이 각각 활동한 국가를 무척 신중하고 정확하게 묘사했다. 그러므로 나는 그들 누구도 비난하거나 반박할 자격이 없다.
>
> – 플리니우스, 《박물지》 3권, 서문, V.1:151
> (http://resource.nlm.nih.gov/57011150RX1)

《박물지》는 '결코 끝낼 수 없는 임무'라는 표현에 어울리게 총 37권 117장으로 이루어져 있다. 플리니우스는 이 과업의 계기가 된 근본적인 철학 원칙을 제시하지 않았지만 저술 방식에는 순서가 있었다. 우선 세상 전체에 대해 이야기한 다음 항성과 행성을 설명하고, 바람, 비, 천둥, 번개 같은 기상 현상의 신비를 묘사한 후 "우유, 피, 살, 철, 털, 구운 타일"을 이야기했다. 그다음에는 지구와 "지역, 국가, 바다, 마을, 피난처, 산, 강, 거리, 현존하는 사람이나 전에 살던 사람"을 이야기한 뒤 "자연이 다

Heb. Reem, Unicornis. *Eenhoorn.*

| 그림 4.3 | 1664년 암스테르담에서 출간된《박물지》의 네덜란드어 판에 실린 유니콘 그림. 플리니우스는 자신이 직접 유니콘을 본 것 같은 인상을 남기지 않도록 조심스럽게 설명했다. "인도에는 굽이 단단하고 뿔이 하나인 소가 있다. 피부가 새끼 사슴 같지만 더 하얗고 점이 수없이 박힌 이 야생 짐승은 '액시스axis'로 불리는데 바쿠스에게 바치는 신성한 제물로 여겨진다"(《박물지》 8권 31장, V.2 2:280-1, http://resource.nlm.nih.gov/57011150RX2).

른 모든 만물을 만든 목적처럼 보이는 인간"을 설명했다(플리니우스,《박물지》 7권 1장). 플리니우스는 새, 물고기, 나무, 치료법, 금속, 보석을 비롯한 모든 것에 대해 "가장 명망 있는 저자들"이 언급한 정보를 설명했다. 그는 수백 명의 글을 인용했고 모두를 존중했지만 증거나 논증을 충분히 담지 않았다. 그의 이야기에는 "눈으로 적을 죽이는 괴수"나 그림 4.3의 유니콘, 바다 먼 곳에 있는 용처럼 신비한 대상도 자주 등장했다.

에티오피아에는 인도의 용만큼 크지는 않지만 길이가 20큐빗cubit에 이르는 용이 있다. 내가 놀란 한 가지 사실은 주바Juba왕이 용에 문장紋章이 새겨져 있다고 믿는다는 것이다. [에티오피아 용은] '아사채이Asachæi'로 불린다. … 우리가 들은 바에 따르면 해안에 네다섯 마리가 고리버들 더미처럼 뒤엉켜 있다가 아라비아에서 영양가 있는 먹이를 찾기 위해 바다로 나가 머리를 내밀고 파도를 타며 헤엄친다.

— 플리니우스, 《박물지》 8권 13장, V.2:231
(http://resource.nlm.nih.gov/57011150RX2)

저자들의 이야기를 대부분 믿은 플리니우스는 이름과 크기, 행동, 역사적 일화, 전설, 관습, 용도를 포함한 모든 내용을 중요하게 여겼다.

중세의 백과사전 저술가들

로마 문화가 《박물지》 이상의 정교한 지식을 낳지 못한 것은 아니다. 오히려 그 반대다. 로마의 지식 대부분은 로마 문화의 밑바탕을 닦은 '어떻게에 대한 앎'이었다. 예컨대 1장에서 이야기한 석공의 아치, 아치로 지어진 송수로, 도로, 극장 그리고 용수 공급, 병력 파견, 공연 연출 같은 기술은 '어떻게에 대한 앎'이다. 1장에서 언급한 비트루비우스의 분석처럼 이 지식에도 이론적이고 추상적인 요소가 있었다. 키케로도 수사학적 용도와 편의만을 위해 그리스 사상을 집대성한 것이 아니었다. 그의 스토아 철학은 약 두 세대 후 역시 정치가에서 학자로 변신한 루키우스 안나우스 세네카Lucius Annaeus Seneca(기원전 4~기원후 65)의 철학처럼 독창적이었고 막강한 영향을 미쳤다. 기독교 시대 초기에는 위대한 그리스 영웅들의 사상이 로마 문화에 깊이 스며 있었기 때문에 그리스어 문헌이 로마의 지식으로 분류되기도 했다. 8장에서 이야기할 갈레노스의 의학 저술이 좋은 예다. 그의 글은 1천5백 년 동안 가장 큰 영향력을 발휘했다. 그리스 귀족 가문 출신인 그는 소아시아의 헬레니즘 문화권, 그리스, 알렉산드리아에서 공부하다가 검투사들을 치료하면서 유명해졌고 전성기를 로마에서 보냈다.

갈레노스의 노년기에는 과거 헬레니즘 학자들의 글 대부분이 사라졌고 위대한 그리스 지식은 단편과 아쉬운 기억들로만 남아 있었다. 이 기억이 알렉산드리아 도서관 화재에 대한 설화에서 구현되었고, 바로와 키케로, 플리니우스의 저술을 백과사전 전통으로 발전시켰다. 5세기에 로마 치하의 북아프리카에서 활동한 마르티아누스 카펠라Martianus Capella는 백과사전 전통을 마지막으로 지킨 가장 영향력 있는 이교도였다. 당시 엄청난 인기를 누린 그의 《문헌학과 메르쿠리우스의 결합De Nuptiis Philologiæ et Mercurii》은 지금도 약 250권의 필사본이 남아 있고, 특히 6세기 필사본들은 수많은 손을 거쳤다. 책의 제목만 봐도 카펠라가 구상한 지식의 개념을 짐작할 수 있다. 그는 문헌학으로 대표되는 철학과 신의 사자 메르쿠리우스로 대표되는 수사학을 융합했다. 그의 책에서는 순수한 에피스테메와 실용적인 독사에 대한 그리스의 엄격한 구분, 수사법이 철학의 진실 추구를 방해한다는 플라톤식 반감, 지식에 대한 수사적 허영을 찾아볼 수 없다. 철학과 수사학은 서로 결합했고, 지식은 각각 여신으로 대표되는 일곱 개의 '자유로운' 분야가 선사하는 선물이었다(카펠라는 바로의 목록에서 의학과 건축학을 빼고 뒤에서 이야기할 일곱 개의 교양 학문만 남겼다. 그림 4.4 왼쪽). 그림 4.4의 오른쪽에서 볼 수 있듯이, 그리스 지식의 생명줄이던 토론은 금기시되었고, 변증법으로 불리는 논리는 논쟁과 판단을 억누르는 수단이 되었다.

그림 4.4 오른쪽은 기독교 시대에 작성된 카펠라의 백과사전 필사본에 실린 그림이다. 잃어버린 그리스 지식을 되찾으려는 로마인들의 열망을 받아들이고 미래 세대를 위해 고대 지식을 모으는 과업을 물려받은 기독교 시대 학자들은 토론과 논쟁에 대한 반감이 컸다. 세비야의 주교 이시도로스Isidore(560[?]~636)가 삶의 마지막까지 집대성한 백과사전

| 그림 4.4 | 마르티아누스 카펠라의 《문헌학과 메르쿠리우스의 결합》에 실린 중세 삽화. 문헌학은 철학을 상징하고, 상업과 언어의 신 메르쿠리우스는 수사학을 상징한다. 왼쪽은 각각 여신으로 대표되는 "일곱 개의 교양 학문으로 둘러싸인 철학"을 묘사한 란츠베르크의 헤라트Herrad of Landsberg(1125/1130~1195)의 동판화 〈기쁨의 정원Hortus Deliciarum〉이다. 오른쪽은 그보다 앞선 10세기 필사본에 실린 삽화로 "토론의 뱀을 짓누르는 변증법"을 묘사한다.

《어원론Etymologiae》은 제목에서 유추할 수 있듯이 주로 단어의 유래를 다룬다. 한편 한 세기 후에 당대 가장 위대한 박식가로 명성을 떨친 영국의 수도사 베다 베네라빌리스Beda Venerabilis(672~735)는 역사학적 접근법으로 광범위한 지식을 응축했다. 하지만 고대인들에 대한 그의 지식 대부분은 이시도로스의 지식이었다. 마찬가지로 이시도로스도 카펠라로부터 지식을 얻었고, 다음 세기에 가장 위대한 백과사전 저술가로 평가받은 마인츠의 주교 라바누스 마우루스Rabanus Maurus(780[?]~856)

는 베다로부터 지식을 얻었다. 원본을 거의 접할 수 없었던 백과사전 저술가들은 이전 저술가들의 내용과 구성을 참고할 수밖에 없었다. 이시도로스가 자신의 천문학 지식을 요약한 《사물의 본성에 관하여De Natura Rerum》는 제목이 같고 내용이 비슷한 베다의 글의 본보기가 되었다. 그리고 베다의 글은 라바누스의 《사물의 본질에 관하여De Rerum Naturis》에서 재현되었고, 라바누스의 《우주론De Universo... sive etymologiarum opus》역시 이시도로스의 《어원론》을 참고한 것이었다.

기독교와 지식

논쟁의 요소가 사라진 그리스 지식은 중세 초기 기독교인들에게 그리 큰 위협이 되지 않았다. 물질과 형상의 관계에 대한 플라톤과 아리스토텔레스의 상반된 이론처럼 대립하는 주장들을 표현의 차이로 받아들인 기독교도들은 그리 큰 반감을 품지 않았다. 애초에 기독교인들이 그리스 지식에 주목해야 할 이유도 분명하지 않았다. 1장에서 이야기했듯이 초기 기독교 사상가들은 그리스 지식을 이교도의 지식으로 여기는 경향이 강했다. 또한 중요한 사실은 베다나 이시도로스 등은 그저 단순하게 기독교를 믿는 학자가 아니었다는 것이다. 그들에게 기독교는 지적·인격적·제도적 존재의 근본이었다. 이시도로스는 주교였고, 베다는 살면서 수도원을 떠난 적이 거의 없다고 주장했다. 하지만 베다와 이시도로스 같은 이들의 사회적·문화적 역할은 몇 세기 전 "아테네와 예루살렘이 무슨 상관인가?"라고 물으며 그리스 문화를 경멸한 테르툴리아누스(1장 참조) 등의 역할과 전혀 달랐다.

변화한 기독교의 문화적 역할

테르툴리아누스가 세상을 떠나고 약 반세기 뒤 아우구스티누스가 태어나기 바로 전인 4세기 초 로마는 오랜 쇠락 끝에 새로운 번영의 시기를 맞았다. 콘스탄티누스대제Constantine the Great로 더 잘 알려진 플라비우스 콘스탄티누스Flavius Constantinus(272~337)가 집권하면서다. 치열한 싸움 끝에 왕위에 오른 그는 철권 통치를 했으나(306~337) 유능한 행정가이자 대담한 개혁가였다. 특히 그가 추진한 두 가지 개혁은 유럽에서 지식이 형성되는 방식에 수 세기 동안 간접적이지만 큰 영향을 미쳤다.

첫 번째는 330년에 수도를 로마에서 고대 도시 비잔티움(지금의 터키 이스탄불)으로 옮긴 것이다. 콘스탄티누스는 새로운 수도의 이름을 자신의 이름을 따 콘스탄티노플로 바꾸었다. 보스포루스해협에 자리하며 소아시아의 관문 역할을 한 비잔티움으로 수도를 옮긴 이유는 수십 년의 분권 시대를 끝내고 황제 통치를 강화하려는 전략적·상업적 비전 때문이었다. 하지만 수도 이전이 장기적으로 미친 문화적 영향은 그의 구상과 정반대의 결과를 낳았다. 라틴어가 정치와 상업의 언어였던 서로마제국 지역과 그리스어가 여전히 널리 통용되던 동로마제국 지역의 사이가 급격하게 벌어진 것이다. 로마가 410년에 서고트족에게, 450년에는 아틸라Attila왕이 이끄는 훈족에게, 455년에는 반달족에게 침략당하면서 동부와 서부 학자들의 관계는 더욱 틀어졌다. 라틴어가 우세한 서부의 학자들은 동부의 헬레니즘 문화유산이 점차 사라져 기억으로만 남을 거라고 믿었다.

콘스탄티누스의 또 다른 개혁은 331년에 기독교의 지위를 격상시킨 것이다. 그는 기독교도들이 걷잡을 수 없이 늘어나자 기독교 탄압 정책들을 중단했다(순교자의 지위도 인정해주었는데, 수많은 기독교인이 이 기회를 잡으려고 하면서 당국을 놀라게 했다). 그리고 오로지 현실적인 목표들을 위해 기독교에 여러 특권을 제공하여 일종의 국교 지위를 부여했다. 콘스탄티누스 스스로 개종했는지, 그렇다면 진정한 신앙심에서 개종—역사학자들이 골몰하는 문제들이다—한 것인지 여부와 그의 결정들을 이후 황제들이 번복했다는 사실은 여기서 큰 의미가 없다. 중요한 것은 라틴어를 공용어로 하고 성문법을 갖춘 제국의 조직적이고 중앙집권적이며 위계적인 구조를 기독교가 받아들였다는 사실이다. 로마가 무너지고 단일 제국보다는 게르만 부족들의 연방에 가까워진 서유럽이 몰락하자 가톨릭교회는 로마의 성문법과 여기에 필요한 지식을 지킬 후견인을 자청했다.

1장에서 이야기했듯이 가톨릭교회는 이러한 도전을 마주할 준비가 되어 있었다. 말 그대로 천지개벽의 역경이 소용돌이치는 로마 식민지에 살았던 아우구스티누스는 테르툴리아누스의 멸시에 이렇게 반박했다. "이교도의 미신이라는 이유로 음악을 포기할 수 없다. … 메르쿠리우스가 문자를 발견했다는 이교도의 주장 때문에 우리가 문자를 안 배울 수는 없다"(《기독교 교양》 2권 18장). 아우구스티누스는 믿음이 흔들리지 않는 한 모든 배움은 영혼을 고양한다고 주장했다.

교회는 과거에 여러 역경과 마주했을 때처럼 제도적으로 도전에 맞섰지만 스스로의 약점을 잘 알고 있었다. 투르의 주교이자 저명한 학자였던 그레고리우스Grēgorios(538~594)는 '프랑크족의 역사'로 더 잘 알려져 있는 대작《열 권의 역사책Decem Libri Historiarum》에서 "우리 사이에서 학문이 죽었으니 우리 세대에 화가 있을지니"라고 탄식했다. 두 세대 전에도 안시우스 만리우스 세베리노 보이티우스Anicius Manlius Severinus Boëthius(480~525[?])는 자신이 동로마제국에서 수학하면서 깊이 공부한 그리스어가 점차 사라지고 있다는 사실을 잘 알았다. 기독교를 공인한 로마가 고트족의 통치 아래 있던 시절에 고위 행정관이었던 그의 정치적 삶은 로마와 콘스탄티노플의 관계에 따라 부침을 겪었다. 그는 자신의 입지를 지키기 위해 논리학과 수학을 비롯한 그리스의 지식을 끊임없이 모으고, 번역하고, 주석을 달았다. 순수한 의도는 아니었더라도 보이티우스의 노력은 분명 가치가 있었다. 예를 들어 아리스토텔레스의 논리학 연구에 관한 그의 글은 12세기까지 유럽에서 접할 수 있는 아리스토텔레스 논리학에 대한 거의 유일한 자료였다. 또한 지금까지 전해진 그리스 대수학에 관한 많은 자료도 보이티우스가 번역하고 수정한 문헌이다. 보이티우스의 후계자가 되어 로마의 동고트족 궁정에서 관리로 활동한 플라비우스 마그누스 아우렐리우스 카시오도루스Flavius Magnus Aurelius Cassiodorus(485[?]~585[?]) 역시 그리스 문화에 열정을 품었다(무병장수한 카시오도루스와 달리 보이티우스는 처형으로 삶을 마감했는데, 처형 방식에 관한 자세한 내용은 문헌마다 다르지만 하나같이 참혹하다). 카시오도루스는 로마에 기독교 학당을 세우려 했지만 테르툴리아누스의 강한 반대에 부딪혔다. 그래서 이탈리아 남부 비바리움에 있는 가문 소유의 땅에 수도원과 함께 부속 학교를 세웠다. 비바리움 수도원은 방대한 종교적·세속적 자료를 도서관에 수집하고 연구했다. 소장 자료는 카시오도루스의 전유물이 아니었다. 학자였던 비바리움 수도사들이 수많은 필사본을 수집, 필사, 번역한 혼신의 프로젝트가 이룬 결실이었다.

수도원과 필사실

비바리움을 본보기로 한 수도원들은 기독교의 핵심 지식 기관이 되었다. 수도원의 심장부에는 도서관이 있었고, 도서관의 심장부에는 필사실이 있었다(그림 4.5). 필사실에서 수도사들은 주로 송아지 가죽으로 만든 고급 피지 위에 글을 옮기고, 주석과 주해를 달고, 삽화를 그려 필사본을 만들었다. 이 책들은 대부분 검열받지 않았고 내용에도 큰 제약이 없었다. 고대 지식에 대한 숭배는 테르툴리아누스가 경고한 '철학이 선동하는 이단'에 대한 두려움(1장 참조)을 압도했다. 지식에 대한 갈망은 끝이

| 그림 4.5 | 필사실. 일반적으로 수도사는 필사실에서 홀로 작업하지 않았다. 수도원 생활이 대부분 그랬듯이 지식에 관한 작업 역시 여러 사람이 함께했다. 15세기 필사본에 실린 위 그림은 번역가이자 필경사 장 미엘로Jean Miélot(1472년 사망)가 홀로 작업하는 모습인데, 당시 사람들이 이 작업을 얼마나 신성하게 여겼는지를 잘 보여준다. 필경사들은 교회법에 따라 필사하는 동안 아무 소리도 내어서는 안 되었다.

없었고, 신성하든, 세속적이든, 이단이든, 불경하든 모든 문헌이 갈망을 채우는 데 동원되었다. 필사실에서는 침묵해야 했다. 필사는 신성한 작업이었다. 글은 물질적으로만 재현되는 것이 아니라 필경사들에게 흡수되고 기억되어 영혼을 고양했다. 교회는 이 영적 배움을 제도적으로 승인했다. 수도사는 성문화된 '수도회 규칙Rule of the Order'을 철저히 지키며 기도와 노동에 헌신해야 했지만, 글을 읽을 줄 알면 필사실에 머물며 노동의 의무에서 벗어날 수 있었다. 베다는 "내가 항상 원한 것은 공부하거나 가르치거나 쓰는 일"이라고 밝히며 "그러면서도 항상 수도원 규칙을 지켰고 매일 교회에서 몇 시간을 내리 기도했다"라고 말했다(크리스티에른 페데르센Christiern Pedersen이 출간한 베다의《교회사Historia Ecclesia》중 인용, 48쪽).

베네딕트회 수도사였던 베다가 따른 규칙은 그가 태어나기 약 150년 전에 성 베네딕트St. Benedict(누르시아의 베네딕트Benedict of Nursia, 480[?]~550)가 세웠다. 수도원 밖의 세상에는 질서가 거의 없었다. 북쪽에 자리했던 게르만족들이 로마제국의 영토를 점령했고, 제국이 마침내 무너지자 유럽은 수많은 왕국, 봉토, 공국으로 쪼개졌다. 각 영역 내 세력은 엄격한 위계질서를 지켰지만 그들의 통치 방식은 법이 아닌 충성을 바탕으로 했다. 위계 구조의 밑바닥에는 농지를 소유하지 않고 농사만 짓는 농노가 있었다. 농노는 자급자족이 가능했던 영지의 영주에게 소작의 대가로 농작물과 노동을 제공했다. 영주는 다양한 편의(주로 병력)를 제공한 대가로 영지를 하사한 왕에게 충성을 맹세했다. 이 같은 충성 관계는 수 세대 전 조상들로부터 시작한 경우가 많았지만, 영주는 가까이 있는 농노들에 신경 쓰기보다는 멀리 있는 왕에 대한 충성을 더 중요시했다. 프랑크왕국, 다시 말해 신성로마제국에 속한 왕과 군주는 황제에게 충성을 맹세했고, 황제가 세상을 떠나면 가장 세력이 강한 왕과 군주들이 다음 황제를 뽑았다.

교회는 이처럼 갖가지 지역 관습과 충성으로 유지되는 비조직적 집단인 '봉건주의' 유럽 사회에 체계를 구축하고 안정시켜야 했다. 공식적 체계와 단일 언어(라틴어), 보편적 법령(로마법)을 갖춘 가톨릭교회만이 유럽 전체를 제도적으로 통일할 수 있었다. 더욱 중요한 것은 1장에서 설명했듯이 정치 체계에 전반적인 정당성을 부여하는 교회의 역할이었다. 교회는 세속적 물질에서 추상적 신성함에 이르는 형이상학적·종교적 위계인 '존재의 대사슬'(그림 1.13)과 정치적 위계 구조를 결합하여 정치 집단에 정당성을 부여했다. 통치 세력에게는 교회가 인정하는 정당성이 꼭 필요했다. 교황의 칙령을 거스르려 한 황제들은 기독교도 자격을 박탈하겠다는 상징적인 파문破門 선언 앞에서는 군사력이 아무런 위력을 발휘하지 못한다는 사실을 뼈저리게 깨달았다. 예를 들어 하인리히 4세Henry IV는 교황의 화를 달래기 위해 굴욕을 무릅쓰고 카노사성에 찾아가야 했고, 이후 '카노사에 가다'는 굴복을 뜻하는 관용어가 되었다.

어떻게에 대한 중세의 앎

유럽의 지식은 교회의 후원 덕분에 체계적으로 생성될 수 있었다. 로마가 몰락한 후 수 세기 동안 유럽은 지중해 대도시와의 교역이 줄고 독자적인 도시 문화를 거의 형성하지 못했고, 헬레니즘 지식 같은 지식을 마련할 문화적 기반도 갖출 수 없었다. 영지나 새로운 중세 도시의 사람들이 주목할 만한 지식을 전혀 쌓지 못했다는 뜻은 아니다. 다만 그 지식 대부분은 위대한 유물을 남기더라도 지식이 형성된 방식에 관한 기록은 거의 남기지 않는 '어떻게에 대한 지식'이라는 뜻이다.

당시의 '어떻게에 대한 앎'의 흔적은 유물들에서 발견할 수 있고 때로는 더 직접적으로 접할 수도 있다. 예를 들어 당시 유럽인들은 여러 비법서에 토착 동식물과 그 영양학적·의학적 가치를 자세히 담았다. 비법서는 주로 마녀, 마을 치료사, 약재상이 작성했는데 그중에서도 약재상의 비법서는 무척 폭넓은 지식을 아울렀다(마을 '주술사'나 약사와 달리 약재상은 항상 남성이었다). 글을 읽을 수 있는 약재상은 자신의 조제법에 약물학을 접목했다. 중세 유럽의 여러 그림과 유물을 보면 사람들이 영지의 자연 에너지를 점차 효율적으로 활용했음을 알 수 있다. 그중 하나는 1장에서 설명한 가축 부리는 방식의 향상이었다. 더 고차원적인 예로는 크랭크와 톱니바퀴 같은 정교한 기계장치와 부품으로 만든 방아를 들 수 있다. 방아를 만든 사람들은 물과 바람을 활용해 돌로 곡물을 빻고, 커다란 톱으로 나무를 자르고, 큰 풀무로 가마 안에 불을 지펴 철을 제련했다. 방아는 서로마제국이 몰락하자 한순간에 사라진 위대한 발명품 중 하나지만, 8세기에 다시 나타났다. 1086년에 정복왕 윌리엄William the Conqueror이 명령하여 작성된 잉글랜드와 웨일스의 토지대장《둠즈데이 북Domesday Book》에 따르면 잉글랜드에만 5,624(!)개의 물방아가 있었고, 세기가 거듭될 때마다 그 수는 두 배씩 늘었다. 주변 땅을 점점 차지하여 장원으로 만든 많은 수도원은 지역 기술 발전의 중심이 되었다. 농노들이 십일조 명목으로 소작료 대신 제공한 원자재의 부가가치가 양조, 증류, 염색, 주조 같은 기술 덕분에 높아졌다. 그러므로 수도원은 약재학과 야금학, 연금술, 방아 기술 같은 실용적 분야를 발전시킬 수단과 동기가 충분했다.

수도원에서 '실용성'은 '물질'만을 의미하지 않았다. 베다의 말처럼 "매일 몇 시간을 내리 기도"하거나 해마다 여러 축일을 챙기려면 시간을 지켜야 했다. 방아를 낳은 역학 기술인 톱니바퀴는 일정을 관리하는 데도 큰 도움이 되었다. 톱니바퀴는 중세의 위대한 발명품인 기계식 시계의 핵심 부품이다. 톱니바퀴는 바퀴만으로 이루어지지 않았다. 시간을 측정하려면 우선 작은 단위로 쪼개야 하므로 굴대verge와 폴리옷foliot으로 이루어진 기계장치로 톱니바퀴의 속도를 일정하게 해주는 탈진기脫進機, escapement도 필요했다(그림 4.6). 11세기 중국에서 소송蘇頌이 천문학 시

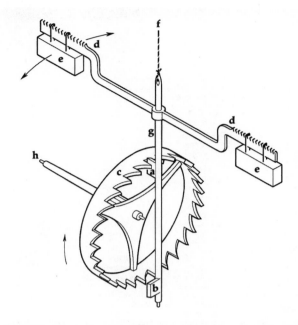

| 그림 4.6 | 굴대와 폴리옷으로 이루어진 탈진기는 중세 기계식 시계의 핵심 부품이다. 시계의 엔진이라고 할 수 있는 추가 크라운 톱니바퀴 c를 시계 방향으로 움직이고 그 축인 h는 다이얼에 직접 연결되거나 다른 장치들을 통해 연결된다. 서로 직각을 이루는 날 a와 b를 바퀴가 밀면 줄 f에 매달린 굴대 g가 좌우로 진동한다. 평형대인 d가 흔들리면—바보'fool'처럼 비틀대는 모습에서 '폴리옷'의 어원이 비롯되었다고 추정된다—두 날이 교차로 톱니에 걸렸다가 빠지면서 크라운 톱니바퀴가 '탈진'하고 그때마다 톱니가 한 개씩 이동한다. 진동 속도는 추 e를 안팎으로 움직여 조절한다. 추가 바깥에 있을수록 '위치 무게'(9장 참조)가 늘어나 진동 주기가 길어지고 시계가 느려진다. ©데이비드 페니David Penny 그림.

계를 제작할 때 사용한 탈진기와는 다른 유럽 탈진기는 기원이 불분명하다. 또한 3장에서 이야기한 안티키테라 기계의 기술이 중세의 톱니바퀴 기술과 관련이 있는지, 그렇다면 어떤 기술이었는지도 결코 알 수 없을 것이다. 그 기술적 지식이 고대 자료에서 유래했다면 아마도 수도원이 소장하고 있었을 것이다.

수도사들은 기계식 시계의 폴리옷이 째깍대고 (프랑스 동요 〈프레르 자

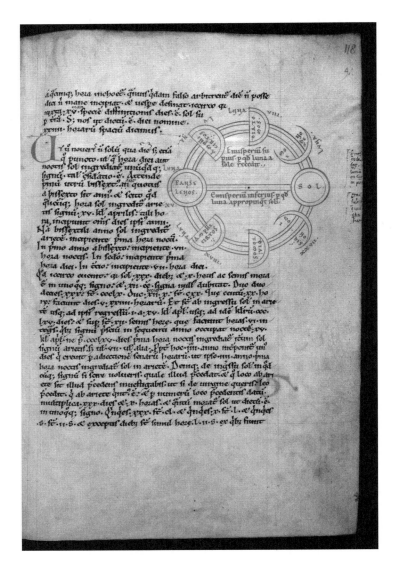

| 그림 4.7 | 헬레니즘 천문학에 대한 중세 지식. 플뢰리의 아보Abbo of Fleury(945/950~1004)가 쓴 《천구계에 관한 의견Opinion Concerning the System of the Spheres》에는 달의 위상과 태양에 대한 위치의 관계를 나타낸 도표가 실려 있다(오른쪽 위). 도표 옆의 글은 수많은 필경사가 수집하고 지금은 글래스고대학교University of Glasgow 도서관이 된 더럼 성당에서 12세기 중반에 정리한 천문학 자료 중 하나다(MS Hunter 85). 그중 베다의 '19년 주기19 Year Cycle'(그림 3.12의 메톤 주기)는 그가 서기 1년부터 1253년까지의 부활절 날짜를 계산한 시세 계산법으로 천문학의 실용적 측면을 생생하게 보여주는 가장 중요한 자료다.

크Frère Jacques〉의 가사처럼) 종소리가 기도할 때를 알리는 인공적 시간에 따라 생활했다. 연간 일정은 기독교와 관련한 날들을 정하기 위해 변형한 헬레니즘 천체력인 시세時歲 계산법으로 관리했다(그림 4.7). 시세 계산법은 기계 도구가 아닌 '종이 도구'였지만 어쨌든 실용적이고 기술적인 '어떻게에 대한 지식'이었다. 시세 계산법에 의한 시간은 시계에 의한 시간처럼 인공적이었다. 당시 사람들은 (부활절이 언제인지 아는 데 중요한 춘분과 보름 같은) 천체들의 배열을 정확하게 파악하지는 못했지만, 천문학적 사건들이 일어나는 대략적인 시기를 기준으로 날짜를 정했다.

수도원은 책에만 의존하는 '무엇인지에 대한 앎'만 추구하지 않았고, '어떻게에 대한 앎'이 언제나 물질적 대상에 대한 앎이었던 것은 아니다. 두 가지 앎 모두 사회적, 제도적으로 중요한 역할을 했다. 한편 중세 마을에서는 직업별 연합인 길드guild라는 독특한 지식 제도가 탄생했다. 어떤 마을이든 석공, 목수, 재단사, 이발사-수술 기술자, 비단 상인, 포목상과 같은 특정 직업을 위한 길드가 수십 개씩 있었고, 파리나 런던에서는 수백 개에 달했다. 경제가 발전하고 노동이 분류되면서 길드는 더 세분되었다. 예컨대 목수는 못을 사용하고 소목장이는 풀만 사용하므로, 소목장이와 목공을 위한 '소목장이·목공 협회Worshipful Company of Joiners and Ceilers'에서 목수를 위한 길드 '목수 협회Worshipful Company of Carpenters'가 분리되었다(각각 1271년과 1375년에 설립된 이래 런던에서 강한 영향력을 행사했다). 길드는 회원들에게 도구와 재료를 통제하는 권한을 부여하고 경쟁으로부터 보호해주며, 경제적, 정치적으로 지원하고 종교적 단합도 도모했는데, 무엇보다 중요한 역할은 회원들의 지식을 승인하고 통제하는 것이었다.

아버지가 어린 아들을 장인의 작업장이나 가게에 보내면 소년은 도제가 되었다. 그러면 숙식을 제공받은 대가로 허드렛일을 시작한다. 그러다가 점차 일이 손에 익고 장인의 신뢰를 얻으면 좀 더 어려운 일을 하면서 비법을 배운다. 길드는 장인이 도제에게 기술은 가르치지 않고 일만 시키지는 않는지 감시한다. 또한 세월이 흘러 청년이 된 도제가 본격적으로 일을 시작할 만큼 충분한 기술을 익혔는지 시험한다. 길드 시험에 통과하여 직인職人으로 인정받은 도제는 원래의 장인을 떠나 다른 장인들 밑에서 일하며 기술을 연마하는데 이때부터는 봉급을 받는다. 그리고 길드에서 정한 햇수가 지나면 마지막 시험을 치른다. 시험에 통과하면 길드로부터 '자유를 허락받아' 상점이나 작업장을 열고 도제를 받을 수 있는 장인이 된다.

길드는 중세 사회의 정치적·경제적 발전에 무척 중요했지만 본질적으로 위계 구조가 강하고 보수적이어서 발전을 방해했다는 주장도 있다. 길드를 살펴보면 중세의 앎에 대한 구체적 사실들 외에도 두 가지 교훈을 배울 수 있다. 첫째는 길드가 제도와 그것이 생성하는 지식의 관계를 보여준다는 것이다. 가령 그리스 철학 학파는 논증과 변증법적 논쟁을 통해 사상을 전파한 반면 길드는 물질적 도구와 신체적 기술을 엄격하게 관리하고 점진적으로 발전시켰다. 둘째는 순수한 '어떻게에 대한 앎'도 글로 기록되지 않더라도 조직적이고 체계적으로 재현될 수 있다는 사실이다(이 사실은 1장의 논의에 대한 답이 될 수 있을 것이다).

교육과 교회

길드가 만들고 유지하며 체계화한 '어떻게에 대한 지식'은 영업 정보라는 특성상 지역적이고 특수한 기밀 정보였다. 이러한 특성은 로마제국 몰락 후 약 1천 년 동안 나타난 유럽 문화를 잘 보여준다. 프랑크족들을 통합하여 신성로마제국을 세운 샤를마뉴대제Charels the Great(742~814)는 가톨릭교회가 '무엇인지에 대한 앎'을 개발하고 보존하며 확산할 제도적·언어적·지적 수단과 의지를 갖추고 있다는 사실에 주목했다. 프랑크족들은 학자가 아닌 전사였지만, 샤를마뉴대제는 교육의 가치를 잘 알았다. 그는 학자이자 신학자이며 시인인 요크의 알퀸Alcuin of York(730~804)이라는 수도사를 궁으로 불러들여 일곱 개 분야의 교양 학문을 가르치게 했고, 787년에는 다음과 같이 선포했다.

> [짐이] 판단컨대, 그리스도의 명을 따르는 은총을 입은 모든 주교관과 수도 원이 규칙적인 삶의 방식뿐 아니라 스스로의 역량과 신의 도움에 따라 문자를 배우고 가르칠 규칙적인 방식 역시 마련한다면 좋을 것이다.
> – F. V. N. 페인터F. V. N. Painter,《위대한 교육학 에세이Great Pedagogical Essays》에서 재 인용(하와이: 퍼시픽대학교출판부University Press of the Pacific, 2003[1905]), 156쪽

이미 성당 부속학교에서 미래의 성직자를 가르치고 수도원에서 수도사를 양성하고 있던 가톨릭교회는 그 임무를 수행할 준비가 되어 있었다. 그런데 이제는 유럽 엘리트 계급을 교육할 뿐 아니라 에피스테메를 창출해야 한다는 과제도 공식적으로 도맡게 되었다.

대학의 탄생

배움은 글을 읽을 수 있는 수도사들의 특혜이자 의무였다. 지식을 쌓으려면 다른 학자들과 직접 얼굴을 마주하거나 그들의 글을 읽으며 대화해야 했다. 그러므로 학식이 뛰어난 수도사가 여러 수도원을 다니며 도서관과 필사실을 탐방하고 동료 학자들과 대화하는 비공식적인 교육제도가 발전했다. 수도사는 혼자 다니거나 조교 역할을 하는 한두 명의 젊은 수사와 동행했고, 유명한 수도사 주위에는 제자들이 작은 무리를 이루기도 했다. 이 학자들의 모임('콜레기움collegium')이 수도원을 전전하기에 규

모가 너무 커지면 한곳에 정착했고 주로 마을 성당에서 지냈다. 한 마을에 콜레기움이 여럿 모이면 수도사들은 왕에게 유니베르시타스universitas를 설립하기 위한 인가를 요청했다.

자주권과 그 경계

12세기 무렵 찾아온 평화와 번영 덕분에 여러 마을—그중에는 새로이 형성된 곳이 많았다—이 앞서 언급한 교육기관을 후원할 수 있었다. 유니베르시타스는 길드와 더불어 중세 사회의 독특한 도시 교육제도로 자리 잡았다. 왕이나 교황, 때로는 황제가 부분적으로 자주권을 부여했기 때문에 마을 원로원이나 영주 같은 지역 권력에 독립적이었다. 유니베르시타스는 유대인 공동체 같은 종교적 집단이면서, 길드처럼 근본적으로는 경제적 집단이기도 하고, 우리가 '대학university'이라고 부르는 학자들의 집단이기도 했다. 1088년에 볼로냐에서 처음으로 대학이 인가를 받았고, 11세기 중반부터 콜레기움을 통해 학생들을 가르친 파리의 대학은 1150년에 인가받았다. 1096년부터 학생들을 가르친 옥스퍼드는 1167년에, 1209년부터 교육기관 역할을 한 케임브리지는 1231년에 대학 인가를 받았다. 이후 두 세기에 걸쳐 포르투갈에서 보헤미아, 시칠리아에서 폴란드와 스칸디나비아, 스코틀랜드에서 독일에 이르는 기독교 지역 전역에 수많은 대학이 설립되었다.

유니베르시타스는 독립적이었으므로 독자적 규칙에 따라 운영하고 구성원들을 재판하는 큰 특권을 누렸다. 이를테면 교회법은 사형을 허용하지 않으므로 교회 제도에 속하는 학생과 교수는 교수대나 화형대에 서지 않았다(교회가 누군가를 처형하길 원한다면 세속적 당국에 넘겼다). 하지만 대학의 독립성은 미묘하게 제한되었다. 스스로를 지킬 칼과 말이 없이 관습만으로 존재를 유지하는 대학은 실제 권력을 쥔 자들에게 위협이 되어서는 안 되었다. 우리는 이러한 권력의 춤에 익숙하다. 학생과 교수의 시위가 캠퍼스 잔디밭을 넘어 바깥 거리를 점령하지 않는 한 군인이나 경찰은 교정에 발을 들이지 않는다. 유니베르시타스는 정치인들에게 어떤 불미스러운 일이든 통제할 수 있으며 그들을 방해하는 일도 없을 것이라고 설득했다.

학자들은 자신들의 생각이 대학의 경계 안에만 머물기 때문에 대학이 지닌 자주권의 보호를 받는다고 공식적으로 선언했다. 이러한 선언은 '권위에 의해'를 뜻하는 '엑스 카테드라ex cathedra'나 '가정에 의해'를 뜻하는 '엑스 히포테시ex hypothesi'로 불렸다. 대학은 어떤 주장이 진실인지를 보장하지 않고 그 주장들을 믿지도 않으며 전파하려 하지도 않는다는 뜻이었다. 이 조건을 받아들이면 이교적 주제는 물론이고 '신이 선하지 않을 수 있을까?', '신이 할 수 없는 일도 있을까?' 같은 불경한 주제도 논의할 수 있었다. 심지어 '신이 존재하지 않을 수도 있을까?'도 물을 수 있었다. 이 논의들은 대학 밖 세상을 전혀 위협하지 않는 순수한 지적 행위였다. 지금은 이런 관행이 중세처럼 공식적이진 않지만 여전히 우리에게 익숙하다. 특정 견해를 이야기하는 대학 교수가 자신은 그것을 지지하는 것이 아니라 그저 논의할 뿐이라는 점을 분명히 하면 인종차별, 성차별을 포함한 어떤 논쟁적인 주제든 이야기할 수 있다.

막간의 이야기 - 학문적 자유의 기반과 쇠퇴

잠시 숨을 고르고 앞의 내용을 생각해보자. 우리가 대학의 학문과 교육에 필수적이라고 생각하는 자유와 책임은 근대의 성취라기보다는 과거 교육제도의 유산에 가깝다. 특히 정치적 간섭을 받지 않는 학문적 자유, 다시 말해 가치 있다고 여겨지는 것은 대중과 정치계의 변화에 상관없이 무엇이든 탐구하고 가르칠 수 있는 권리는 중세에 형성된 독특한 특권이었다. 이 특권은 시민적 자유라는 개념이 아니라 이를 관행과 관습으로 받아들인 분위기 덕분에 형성되고 보호받았다. 특권에는 인권에 대한 세속적 믿음이 아니라 소명에 대한 종교적 신념이 반영되어 있었다. '종신 임용'은 피고용자의 노동권을 보호하겠다는 약속이 아니라 소명을 따르는 학자 공동체의 일원으로 받아들인다는 선언의 일환이었다. 그러므로 종신 임용은 지역 공동체의 행동 윤리를 심각하게 위반하지 않는한 경제적·조직적 이유 때문에 철회할 수 없었다. 대학은 엘리트 계급을 교육하고 전문가를 훈련하는 임무를 발 빠르게 수행했지만, 본질적으로는 사회 전반에 봉사하는 기관이 아니라 순수한 학문에 대한 추구가 유일한 존재 이유인 학자들의 공동체다. 대학은 이러한 모습을 오랫동안 안정적으로 유지했다. 대학의 핵심 구조와 관행, 교수법은 약 8백 년 동안거의 변하지 않았다. 대학은 인문학이든 과학이든, 추상적 분야든 실용적 분야든, 의학이든 기술이든 모든 종류의 지식을 훌륭하게 창출하고전파했다. 어떤 지식 제도도 이루지 못한 이 성취는 근본적인 목표의 부수적인 결과일 뿐이었다. 앞에서 설명했듯이 대학의 제일 큰 목적은 학문이 소명인 학자 공동체에 거처와 독립성, 자주성을 제공하는 것이었다.

대학은 적대적인 외부의 정치 압력을 잘 방어하고 때로는 유연하고 영리하게 대처했지만, 그 성공이 불러일으킨 근대적 압박에 대해서는 그렇지 못했다. 20세기 후반 대학은 대중을 교육하는 한편 규모가 크고 많은 비용이 필요한 연구에 동원되었다. 이 과정에서 많은 자원이 필요해졌고, 공적 자금을 받으면서 공공 규제를 피할 수 없게 되었다. 그러면서 대학이라는 단어의 어원이 함축하는 독립성을 알게 모르게 잃어갔다. 21세기에 접어들면서는 중세 방식을 개혁하고 시대에 걸맞은 서비스 제공자가 되라는 요구에 굴복하기 시작했다. 지금의 대학은 비용과 고객 만족도에 따라 스스로의 가치를 평가해야 한다. 이런 모습을 대학의 표준으로 정한 자들은 대대적인 변화라고 생각하며 긍정적으로 여긴다. 새로운 임무를 부여받은 대학들이 앞으로도 유니베르시타스의 독립성을 누릴 수 있을지는 지켜봐야 할 것이다.

교수, 학생, 교수법

중세 대학의 구성원은 어떤 사람들이었을까? 모두 남성이었다. 대학 구성원은 진작부터 다양해져 스승과 제자 모두 더 이상 수도원 소속이 아니었지만 성직자로 여겨졌기 때문에 교회법의 규율을 따르고 보호받았다. 광대한 기독교 지역의 곳곳에서 온 대학 구성원들에게는 이 보호가 특권이 아니라 생존에 꼭 필요했다. 학생들은 10대 초반에서 중반으로 무척 어렸고, 대학 교육이 처음 받는 공식 교육인 경우가 많았다. 부모들이 둘째 아들을 궁이나 교회의 관리로 키우기 위해 대학에 보내기도 했다. 교회는 대학 졸업생들 중에서 교회 관리를 모집했으므로 학생들은 입학하고 한두 해 동안 기본적인 라틴어와 수학을 필수 과목으로 공부했다. 당시 교육이 사회적 계급을 높이는 데 훌륭한 수단이 되자 기독교를 믿는 농부 집안에서 아들을 대학에 보내기도 했다. 얼마 지나지 않아 의사나 변호사를 꿈꾸는 청년도 대학의 문을 두드렸다. 대학의 학생 수는 항상 1천~1천5백 명 정도였다. 예를 들어 파리대학교는 1년에 5백 명의 신입생을 받았고, 대부분 약 2년 동안 교육했다. 14세기 중반부터 16세기 말까지 유럽 전체의 대학에서 약 75만 명이 공부했다고 추정되는데 당시 인구가 약 7천5백만 명이었음을 감안하면 적은 수가 아니다.

당시 학생들은 여전히 대학에 남아 있는 두 가지 방식과 지금은 안타깝게도 사라진 한 가지 방식으로 공부했다. 첫 번째는 연단에 선 교수가 대부분 수동적인 (하지만 귀를 기울이고 있었을) 청중에게 자료를 읽어주고, 해석하고, 설명해주는 '강의lectura'다(그림 4.8 왼쪽). 설명은 점차 질문하고 답변하는 형식으로 바뀌었고, 이 내용을 엮은 문답집이 공식, 비공식

| 그림 4.8 | 중세 대학의 세 가지 교수법 중 두 가지의 광경(다른 하나는 복습이다). 왼쪽은 15세기의 위대한 법학자 피에트로 다 운졸라Pietro da Unzola가 볼로냐대학교에서 강의하는 모습이다. 활자가 발명되고 얼마 지나지 않아 그려진 이 그림에서 운졸라가 자료를 읽으며 해석하고 있는데, 몇 명의 학생 앞에도 책이 놓여 있다. 이 삽화가 실린 《볼로냐의 자유와 특권의 법학 교육Liber iurium et privilegiorum notariorum Bononiae》의 원본은 그 이전에 작성되었고 위 그림은 이후 필사본에 실린 것이다. 오른쪽의 토론 광경은 1555년에 하이델베르크에 세워진 신학교 콜레기움 사피엔티애Collegium Sapientiae에서 발행한 《규정집Statuenbuch》에 실린 그림이다. 학생들 뒤에 있는 모래시계에서 토론 규칙이 엄격했고 논쟁이 치열했음을 유추할 수 있다.

적으로 복제, 배포되면서 중세 문헌의 전형적인 장르가 되었다. 문답집의 구성과 정교한 언어로 짐작건대 학생이 아닌 교수가 작성했을 것이다. 두 번째는 젊은 교수나 고학년 학생이 수업 내용을 되짚으며 설명하는 '복습repetitio'이다. 마지막으로 '토론disputatio'은 두 명의 고학년 학생이 강의실 앞에서 논쟁하는 수업이었다(그림 4.8 오른쪽).

토론은 중세 성기의 학문적 정신이 무엇이었고, 정교한 제도적 규제가 보호하는 지적 자유가 어떤 복합적 속성을 띠었는지 잘 보여준다. 토론의 형식은 엄격했다. 교수가 정한 질문에 대해 토론자가 논지를 제시하면 상대 토론자가 반박 논지를 펼쳤다. 그러면 처음 토론자가 자신의 논지를 뒷받침하는 논증을 제시하고 상대방은 반증으로 맞받아쳤다. 처음 토론자가 사례를 제시하면 상대방은 반대 사례로 응수했다. 이 과정은 교수가 승자를 판가름할 때까지 계속되었다. 이처럼 고도로 구조화되고 교육적 의미가 분명한 토론에서 자극적인 논지를 제시할수록 논쟁이 치열해졌고, 논지가 아무리 논쟁적이더라도 논증을 제대로 하면 승자가 될 수 있었다(물론 교수는 논지와 관련하여 모든 이가 믿어야 하는 교회의 공식 입장을 분명히 밝혔다). 토론은 교과과정의 핵심이었다. 인문학 학사 학위를 따려는 학생은 토론을 참관하고 누가 옳고 그른지 '결정'해야 했다. 석사 학위를 따려면 한 번 이상 토론자로 참여하고 두 번 이상 의장이 되어야 했다.

중세 대학의 교과과정

앞에서 언급한 일곱 가지 교양 학문이 전통적인 모든 배움의 밑바탕이 된 까닭은 대학에 입학한 학생들이 학문적 언어와 사고방식의 기본적 도구들을 갖추는 데 필요했기 때문이다. 학생들은 언어학에 속하는 문법(라틴어), 수사학, 논리학의 3과Trivium부터 공부했다(그림 4.9 왼쪽). 변증법으로도 불린 논리학은 논리학과 방법론에 관한 아리스토텔레스의 글들을 쉽게 구할 수 있게 되면서 그의 사상에 따라 교육되었다. 학생들은 대부분 2년 안에 3과를 이수했고, 이후 시험에 통과하여 학교에 남으면 수학의 영역인 대수학, 기하학, 천문학, 음악으로 이루어진 4과Quadrivium를 공부했다(그림 4.9 오른쪽). 수학이 네 분야로 나뉜 것 역시 전통의 산물이었다. 플라톤 학파 수학자이자 아카데메이아 원장이었던 아테네의 프로클로스Proclus of Athens(412~485)가 유클리드에 관해 쓴 글에서도 수학의 구분에 관한 탁월한 설명을 찾을 수 있다. 프로클로스에 따르면 대수학은 숫자를 통해 정지해 있는 개별 물체를 다루고, 기하학은 정지한 물체(선과 형상)를 확장하며, 천문학은 움직이는 개별 물체(행성)를 다루고,

| 그림 4.9 | 그림 4.4 〈기쁨의 정원〉에 묘사된 일곱 가지 교양 학문으로 이루어진 대학 교과과정을 그린 풍자화. 왼쪽의 3과 그림에서는 프리스키아누스가 문법을, 키케로가 수사학을, 아리스토텔레스가 변증법을 가르친다. 오른쪽 4과에서는 피타고라스가 대수학을, 유클리드가 기하학을, 밀레시안 Milesius(전설적인 아일랜드 왕)이 음악을, 프톨레마이오스가 천문학을 가르친다. 위 그림은 젊은 귀족들에게 독일어로 기사도를 가르친 이탈리아인 토마신 폰 제르카에레Thomasin von Zerclaere(1186~1235)의 교훈시 〈웨일스 손님Wälsche Gast〉에 실린 미니어처 필사 삽화다(제목의 웨일스는 라틴어를 모국어로 사용하는 로망스 문화권을 일컫는다).

음악은 현絃을 통해 움직이는 물체를 확장한다. 이 분야들은 실용성과 거리가 멀지만 학생들이 세상에 나가거나 연구를 계속할 수 있도록 정신을 단련시켰다.

학사 학위를 딴 학생이 대학에 남고자 한다면 법학이나 의학, 신학 같은 고등 학문을 연구할지 아니면 계속 교양 학문을 연구할지 선택해야 했다. 법학과 의학은 각각 법조인 자격증과 의사 면허증을 발급하는 전문가 양성 교육에 가까웠다. 교과과정은 대부분 이론 수업이었지만 일정 기간 실습도 해야 했다. 신학은 좀 더 복잡했다. 몹시 추상적이고 난해한 신학은 학문의 여왕이었다. 박사 학위를 받기까지 10~15년이 걸렸지만 받기만 하면 교회에서 높은 자리를 보장받았다.

교양 학문을 더 연구해 교수가 되려면 형이상학, 윤리학, 그리고 무엇보다도 자연철학을 공부해야 했다. 주요 교재는《정신에 관하여De Anima》, 《하늘에 관하여De Caelo》,《동물의 번식과 부패에 관하여De Generatione et Corruptione Animalium》같은 아리스토텔레스의 책과 그에 대한 해설서였다. 학부생이 교양 학문으로 박사 학위를 받기까지는 꽤 오랜 시간이 걸렸지만 학위를 따더라도 지금과 마찬가지로 대학 밖에서 구할 수 있는 일자리는 많지 않았다.

문법 교재는 생애가 잘 알려지지 않은 6세기 북아프리카 문법가 프리스키아누스Priscian가 펴낸 책이었고, 천문학 교재는 프톨레마이오스의《알마게스트》를 쉽게 설명한 파리대학교 교수 요하네스 데 사크로보스코Johannes de Sacrobosco(1195[?]~1256[?])의《천구에 관하여Tractatus de Sphaera》였다(그림 4.10). 대수학과 음악은 보에티우스의 글이 교재였고, 신학 입문서는 페트루스 롬바르두스Petrus Lombardus(1096~1160)의《네 권의 명제집Quatuor Libri Sententiarum》이었다. 성경과 교부들의 사상을 집대성한《네 권의 명제집》은 아리스토텔레스 논법을 따르는 동시에 아우구스티누스가 이교와 기독교의 지식을 구분한 내용을 강조했다.

Dluisio sphæræ secundum substantiam.

phera aũt dupliciter diuidit: secũdũ substãtiã & ẽcũdũ accidẽs. Secũdũ substã-tiã. A. in sphæras decẽ Sphærã decimã: quæ primus motus siue primũ mobile dicitur: & in sphærã nonã quæ secũdum mobile nominatur: cõtraria tamẽ his uerba docent auctoris ista: in sphæras noue scilicet sphæram nonã quæ primus motus: siue primum mo bile dicitur. & in sphærã stellæ fixæ q̃ firmamẽtũ nuncupaf: & in septẽ sphæ ras septẽ plane tæ. Qua rũ quædam sunt maiores quædam mi nores secun dum q̃ plus uel minus ac cedunt uel re cedunt a fir mamẽto. Vn se inter illas sphæra Sa turni maxi ma est. Sphæ ra uero lunæ minima p̃ ut in sequen ti figuratione continetur.

Dluisio secundum accidens sphæræ.

ecundum accidens autem diuiditur in sphæram re ctam & obliquam. Illi enim dicitur habere sphæram rectam: qui manent sub æquinoctiali: si aliquis ibi manere possit. Et dicitur recta quoniam neuter polo rum magis altero illis eleuatur. Vel quoniam illorum horizon intersecat æquinoctialem. & intersecatur ab eodem ad angulos rectos sphærales.

| 그림 4.10 | 중세 대학의 천문학 교재였던 요하네스 데 사크로보스코의 《천구에 관하여》. 1230년경에 제작된 위 필사본은 두 명 이상의 학자가 서로 다른 시대에 자세한 주해를 달아서 교재로 안성맞춤이었다(역사학자 스틸먼 드레이크Stillman Drake가 소장했다가 이후 토론토대학교University of Toronto에 기증했다).

아리스토텔레스는 세상에는 물질과 종種의 원리가 있고 세 번째 원리로는 "작동(인)"이 있으며, 세계는 항상 있고 과거에도 있었다고 주장했다. 그러므로 성령은 이 같은 부류(의 사람들)의 오류를 반박하고, 진실의 학문을 전수하며, 신이 시간의 시작에 세상을 창조했고 시간이 있기 전에 영속적으로 존재했음을 알림으로써 신의 영속성과 전지전능함을 찬양한다.

- 롬바르두스, 《네 권의 명제집》 2권 1부 3장

초기 대학의 교수들은 백과사전 전통에서 방대한 강의 자료를 얻었다. 당시 교수들은 교수이기 이전에 학자였다. 갈수록 지적 갈망이 커진 이들은 교재로 쓰던 글들의 출처를 있는 그대로 연구하고 싶어 했다. 하지만 플라톤, 아리스토텔레스, 유클리드, 프톨레마이오스, 키케로, 갈레노스가 쓴 글들의 원본을 구할 수가 없었다.

대규모 번역 프로젝트

원본은 처음 작성된 곳인 헬레니즘 도시들에 가야 찾을 수 있었다. 헬레니즘 문화권의 북서부인 그리스와 소아시아는 쇠락하는 비잔틴제국이 통치하고 있었다. 나머지 영역인 메소포타미아와 북아프리카는 7~8세기에 아랍인들에게 정복당해 페르시아부터 이베리아반도에 이르는 거대한 이슬람 왕국의 일부가 되었다. 수요는 공급을 낳기 마련이다. 고대 그리스 학자들의 글이 콘스탄티노플, 시칠리아, 그리고 특히 스페인처럼 기독교와 이슬람이 어깨를 맞댄 지역에서 새어 나오기 시작했다. 학자이기도 했던 이 지역 대사들이 자신이 사용하거나 다른 이들에게 전하기 위해 문헌들을 외부로 가지고 나왔다. 돈 벌 기회를 포착한 상인들은 고대 그리스의 글들을 사치품으로 팔기 시작했다. 아프리카의 콘스탄티누스 Constantinus Africanus(1020[?]~1087)는 이동, 교역, 학문이 결합한 당시 시대상을 대표하는 흥미로운 인물이다. 북아프리카 이슬람교도이자 상인이던 그는 이탈리아 남부 살레르노에서 갈레노스 의학 문헌의 아랍어 필사본을 팔았고, 기독교로 개종한 후에는 몬테카시노에서 베네딕트회 수도사가 되어 번역을 소명으로 삼았다. 콘스탄티누스와 다른 수도사들이 살레르노와 몬테카시노 등지에서 모으고 번역한 자료들은 수 세기 동안 유럽의 의학을 형성했다. 이 일은 8장에서 자세히 이야기하겠다.

몬테카시노는 이후 본격적으로 시작된 번역 프로젝트의 초기 모델이었다. 기독교 학자들이 고대 문헌들을 직접 손에 넣으면서 흥미진진한 문화 교류가 시작되었다. 그 중심은 이베리아반도 심장에 자리한 톨레도였다. 레온의 알폰소 6세Alfonso VI of Leon는 1085년에 이슬람 세력으로부터 톨레도를 빼앗은 뒤 카스티야의 수도로 삼았다. 6~7세기에 고트족이 통치했던 톨레도는 기독교의 중심지였지만, 8세기 초에 이 지역을 장악한 우마이야Umayyad왕조에게는 수도 다마스쿠스에서 멀리 떨어진 외딴 도시에 불과했다. 톨레도는 아랍인과 베르베르족이 싸우고 지역 군인, 제국 군인, 통치자가 충돌하는 분쟁지가 되었고, 기독교인들이 정복할 무렵에는 작은 도시국가로 전락해 있었다. 하지만 여전히 이슬람교와 기독교 모두에 중요한 지식 중심지였다. 라이문도 대주교Raymond de Sauvetât(1126~1151년 재위)는 톨레도에 있는 성당 도서관에 번역 학교를 세우고 교회 프로젝트를 공식화하여 교회가 오랫동안 원했던 글들을 확보하기 시작했다.

번역 학교는 유럽 전역에서 온 학자들의 형제애로 맺어진 집단이었다. 가장 유명한 번역자는 20대에 고향인 이탈리아 북부를 떠나 톨레도에서 삶을 보낸 크레모나의 제라드Gerard of Cremona(1114~1187)일 것이다. 그는 약 50년 동안 아리스토텔레스, 유클리드, 아르키메데스, 프톨레마이오스뿐 아니라 이븐 시나Ibn Sina, 알킨디al-Kindi, 알라지, 타비트 이븐 쿠라Thabit ibn Qurra 같은 이슬람 대학자들의 글을 포함해 모든 과학 분야를

| 그림 4.11 | 14세기에 두 장의 양피지에 작성된 이 번역문은 번역 프로젝트의 다문화성을 잘 보여준다. 둘 다 이슬람권 서부의 유대인들이 구사하던 아랍어 방언을 히브리어로 음독하여 기록한 것이지만 같은 필경사가 쓴 것은 아니다. 왼쪽 필사본은 '딸꾹질의 원인'과 '딸꾹질의 치료'에 관한 글이다. 원래는 히브리어의 글이 기록되었던 복기지複記紙에 쓰인 이 글은 마그레브나 안달루시아에서 작성되었다고 추측되며 이후 라틴어와 카스티야어 주석이 달렸다(중요하게 여겨진 듯한 부분들 옆에는 손으로 그린 작은 그림들이 있다). 오른쪽 필사본은 10세기에 알라지가 테헤란이나 바그다드 주변에서 집필한 《알만수리를 위한 교본Kitab al-Mansuri》을 음역한 것이다. 부제는 "피클과 신맛이 나는 식자재들의 효능에 관하여"이며, 이베리아 북부(아마도 마요르카)에서 처음 작성된 이후 라틴어로 주석이 달렸다. 두 글은 정치적·언어적·종교적 벽을 초월한 중세 지식의 아름다운 여정을 잘 보여준다. 유대인 필경사의 손을 거친 두 기록은 각각 이베리아 북부와 남부에서 출발해 카스티야와 카탈루냐에 도달한 듯하다. 그곳의 의사와 학자들은 이 기록들을 읽고 주석을 달거나 다른 사람들의 도움을 받았겠지만, 대학 교재로 사용하기 위해서는 기독교 지역 언어로 주석을 달아야 했을 것이다. 자료를 제공하고 분석해준 로완 도린Rowan Dorin과 헤이거 갤Hagar Gal에게 감사의 말을 전한다.

아우르는 약 70권의 책을 번역했다. 사실 원본이 그리스어였더라도 작업은 대부분 아랍어를 번역하는 일이었다. 이슬람 학자들은 오래전부터 그리스 지식을 자신들의 지식으로 바꾸었고, 처음으로 그리스 지식을 번역했다. 제라드가 아무리 아랍어에 능통했더라도 아랍어를 카스티야어로 바꾼 다음 다시 라틴어로 바꾸는 작업은 무척 고된 일이었다. 비록 몇 세기 후 르네상스 이탈리아의 인문주의자들로부터 비웃음을 샀지만, 이 영웅적 노력은 그리스 지식에 대한 진정한 갈망을 생생하게 보여준다. 또한 이처럼 문화와 종교를 초월한 노력 덕분에, 유대교에서 기독교로 개종한 스페인인 세비야의 후안John of Seville 같은 이들이 문화와 언어의 중재자라는 중요한 역할을 맡을 수 있었다.

이슬람 과학

최초의 번역 프로젝트

톨레도의 기독교 학자들은 그동안 단편적으로 접했던 그리스 문헌의 완전한 원본을 원했지만, 사라진 그리스 문화유산을 모두 되살리려 하지는 않았다. 첫 번째 이유는 원본들을 탄생시킨 헬레니즘 문화가 나중에야 유럽인이 생각하는 '유럽의' 문화가 되었기 때문이다. 고대 그리스인들은 북쪽 지방 사람들을 '야만인'으로 불렀고 관심도 없었다. 그들에게 북방인들의 말은 이해할 수 없는 횡설수설이었다. 그리스인들이 주목하고 감탄하고 때로는 두려워하고 혐오한 문화는 동쪽과 남쪽에 자리한 페르시아, 바빌로니아, 이집트의 위대한 문화였다. 그리스인들은 이슬람 문화가 탄생한 지역들 쪽으로 자신의 문화를 확장했다. 두 번째 이유는 그리스의 글들을 얻은 이슬람 학자들이 그저 손에 쥐고만 있지 않았다는 것이다. 그들은 그리스 지식을 바탕으로 앞으로 수 세기 동안 유지될 지적 체계를 구축했다.

무함마드Muhammad가 아랍 지역을 통일하고 아랍인들을 이슬람교로 개종시킨 뒤 비옥한 초승달 지대와 동지중해를 정복하게 했을 때만 해도 아랍인 대부분은 유목민이었다. 하지만 정복자들은 이내 말과 낙타에서 내려와 자신들이 정복한 제국의 통치 수단과 방식을 받아들였다. 그러기 위해서는 이전까지 헬레니즘 영역을 차지했던 비잔틴 통치자들의 문서를 번역해야 했다. 번역 프로젝트에 필요한 역량은 그리스어에 능통한 비잔티움 출신의 행정관들이 보유하고 있었다. 이러한 번역 프로젝트는 메소포타미아의 오랜 전통이었다. 이미 기원전 약 2000년에 아카드인들이 수메르의 문헌들을 번역했다. 하지만 그리스정교의 비잔틴 지식인층은 테르툴리아누스가 그랬듯이 이교의 지식을 무시했다. 이슬람 제국의 첫 왕조인 우마이야왕조가 수도 다마스쿠스부터 페르시아와 이베리아에 이르는 거대한 영토를 통치한 661년부터 750년까지 아랍어로 번역된 그리스 과학 문헌은 그리 많지 않았다.

이 상황은 아바스Abbasid왕조가 우마이야왕조를 무너트리면서 급변했다. 지금의 이란과 이라크인 동쪽 지역을 권력 기반으로 삼은 아바스왕조는 헬레니즘 문화에 대해 훨씬 중립적이었고 여러 정치적 이유에서 헬레니즘 유산에 주목했다. 아바스왕조의 많은 학자가 고대 지식에 정통했고, 자신들의 역사도 고대로 거슬러 올라간다는 사실을 자랑스러워했다. 유대인들이 모세, 아브라함, 솔로몬을 기억하듯이 시리아인들은 자신들의 뿌리가 바빌로니아라고 확신했다. 정치적으로 중요한 사실은 새롭게 이슬람 세력에 포함된 페르시아인들이 고대 신화를 선사했다는 것이다. 페르시아인들은 모든 그리스 지식이 페르시아에서 기원했지만 나중에 알렉산드로스대왕이 훔친 후 번역하고 출처를 파괴했다고 믿었다. 현명한 칼리프였던 알만수르al-Mansur(아부 자파르 압달라 이븐 무함마드Abu Ja'far

Abdallah ibn Muhammad, 714~775)가 통치하는 동안 아랍인들은 페르시아의 신화를 적절히 각색했고, 두 세기에 걸쳐 인도와 페르시아 그리고 그리스의 고대 지식을 아랍어로 번역하는 장대한 프로젝트에 정당성과 동기를 부여했다.

정치적 동기와 왕조의 후원으로 처음 수집, 번역된 문헌은 대부분 실용적 지식이었고 그중에서도 의학 지식이 많았다. 점성술도 가치가 높았다. 점성술은 의학에 중요할 뿐 아니라 군사적·정치적 상황을 예측하는 수단이었다. 점성술을 사상적 도구로 삼은 아바스왕조는 왕조의 권력이 운명에 따른 결과라고 공언했다. 점성술 다음으로 중요한 지식은 점성술을 보완하는 천문학이었다. 천문학은 특히 종교의식의 절차와 기도하는 방향을 정하는 데 중요했다(프톨레마이오스의 저술은 두 가지 모두에 필요했다). 천문학 지식을 이해하려면 수학이 필요했다. 몹시 난해한《변증론 Topics》을 포함한 아리스토텔레스의 논리학 문헌은 교파 간 논쟁에서 무척 중요했기 때문에 수없이 번역되었다. 그리고 여러 민족을 정치 기반으로 삼은 아바스왕조가 스스로를 단순한 아랍 통치 세력이 아니라 이슬람 전체를 통치하는 세력으로 규정하면서 번역은 더욱 중요해졌다. 정치·문화적 변화는 종교적 변화로 이어졌고 이슬람은 불신자의 개종을 우선 과제로 하는 호전적인 종교가 되었다. 아바스왕조는 정교한 신학적 기반을 마련하기 위해 아리스토텔레스의 형이상학 문헌뿐 아니라 원자론자들의 문헌도 번역했다. 심지어 유클리드의《원론Elements》도 번역했는데 아마 실용적 목적을 위해서였을 것이다. 일례로 알만수르가 우마이야왕조의 수도 다마스쿠스에서 멀리 떨어진 티그리스 유역 바그다드에 웅장하게 건설한 수도에서《원론》에 등장하는 기하학 구조가 발견된다.

번역 프로젝트는 한 세대가 지나기도 전에 자생력을 얻었다. 이슬람 세계의 번역 프로젝트는 3백 년 후 등장한 기독교 세계의 번역 프로젝트처럼 조직적이고 협력적이었다. 가장 유명한 번역가 중 한 명인 후나인 이브 이스하크Hunayn ibn Ishaq(809~873)는 아들 이스하크 이븐 후나인Ishaq ibn Hunayn(830~910) 등의 박식한 가족과 친지를 고용해 본격적인 작업실을 꾸렸다. 아랍인이지만 모국어는 시리아어인 후나인은 문화 중재자였다. 네스토리우스파 교도인 후나인은 자신의 종교적 언어인 그리스어를 시리아어처럼 잘 구사했으므로 그가 그리스어를 시리아어로 번역하면 동료들이 아랍어로 번역했다.

번역은 비용이 많이 들 수밖에 없었지만 자부심과 긍지의 원천이었다. 정치인, 지식인, 경제인을 비롯한 아바스왕조의 엘리트들은 번역 프로젝트가 비잔틴제국보다 자신들의 왕조가 우월하다는 증거라고 여기며 번역가들을 후원했다. 그들에 따르면 그리스어를 구사한 과거 지식인들은 기독교로 인해 너무나도 부패한 나머지 고대인들과의 결속을 잃어 위대한 고대 유산에 대한 권리를 주장할 수 없게 되었다. 그러므로 고대 그리스 유산의 진정한 수호자는 이제 이슬람교여야 했다. 칼리프들은 자신들을 위대한 전사뿐 아니라 위대한 학자로도 칭했다. 알만수르의 손자 하룬 알라시드Harun al-Rashid(766~809, '정의로운 자'로 불렸다)는 뛰어난 학식과 지혜로 유명했고 여러 설화에 주인공으로 등장했다. 그의 가장 큰 업적 중 하나로 평가되는 '바이트 알 히크마Bayt al Hikmah(지혜의 집)'는 '아랍의 아카데메이아'였다고 주장하는 사람이 많지만 실제로는 페르시아인들이 전수한 기록 보관소이자 도서관에 가까웠다. 하지만 하룬의 설화를 통해서도 칼리프의 인격에 대한 대중의 인식에 고대 지식—그리스뿐 아니라 페르시아와 인도의 지식—에 관한 학식이 얼마나 중요했는지 짐작할 수 있다. 하룬의 아들 알마문al-Ma'mun(아부 자파르 압달라Abu Ja'far Abdallah, 786~833)은 논리학과 변증법에 관한 지혜가 칼리프의 권리를 증명한다고 주장하며 자신의 절대적인 종교적 권위를 정당화했다. 이처럼 이슬람 권력자들은 이교에서 기원한 논리학과 변증법의 지식을 인정하고 이슬람교의 맥락에서 활용했다.

독창성과 전통성

이슬람 세력이 헬레니즘 영역을 다시 통일하고 중앙아시아, 소아시아, 북아프리카의 국경을 열자 사람, 사상, 물자, 농작물, 기술이 이동하여 문화와 언어가 풍성해졌다. 정교한 지식이 발전하는 데 필요한 부와 도시 문화가 창출되었고, 수많은 그리스 문헌이 아랍어로 번역된 10세기 말에는 이슬람 학자들의 관심이 그리스 지식의 잠재력에 집중되었다.

당시 이슬람 학자들의 견해는 중세 내내 종교적·문화적 경계를 초월한 학문의 틀이 되었다. 실제로 중세 스콜라철학자들은 아리스토텔레스의 논리학·우주론 틀을 겸허히 수용하고 그 틀이 정한 이성과 증거의 기준에 어긋나는 세부 내용들을 조심스럽게 비평했다.

이 같은 태도는 천문학에 오랫동안 막강한 영향을 미쳤다. 이슬람 천문학자들은《알마게스트》를 비롯해 프톨레마이오스의 모든 책을 열정적으로 번역하고 받아들였지만,《알마게스트》의 내용이 그 기반이 된 아리스토텔레스의 우주론 규칙들에 어긋난다는 사실(3장 참조)에 눈감지 않았다. 그리스어-아랍어 프로젝트가 진행되고 있던 11세기 초에 이미 아부 알리 이븐 알하이삼Abu ʻAlı ibn al-Haytham(965~1040)이 그 내용을 비판했다.

> 주전원 지름은 상상의 선이고, 상상의 선은 이 세상에 존재 개체를 탄생시키는 어떤 인지 가능한 방식으로도 스스로 움직이지 못한다. … 이 세상에 [실제로] 존재하는 물체를 제외한 그 어떤 것도 이 세상에 존재 개체를 탄생시키는 인식 가능한 운동을 통해 움직이지 않는다. … [실재하는] 물체들의 운동을 제외한 그 어떤 운동도 인식 가능한 방식으로 존재하지 않는다.
> ─ 조지 살리바George Saliba,《이슬람 과학Islamic Science》에서 재인용, 332쪽

이븐 알하이삼은 "프톨레마이오스가 다섯 가지 행성 운동에 관해 주장한 형상은 거짓"이라고 단언했다. "다섯 가지 행성 운동은 일정하고 영속적이며 지속적으로 운동하는 물체들의 형상이어야 하며 어떤 모순도 없어야 한다"(살리바, 《이슬람 과학》에서 재인용, 343쪽).

여기서 이븐 알하이삼은 프톨레마이오스의 두 가지 근본적인 문제를 지적한다. 첫 번째는 프톨레마이오스가 등속 동심원 운동에 대한 이론적 약속을 저버리고 일관성을 잃었다는 것이다. 이 문제는 그가 내세운 모형이 물리학적으로 불가능하다는 두 번째 문제로 이어진다. 이븐 알하이삼에게 이 문제는 주전원이 동시심만큼 허술하다는 뜻이었지만, 중세 천문학자들—처음에는 이슬람 천문학자와 나중에는 기독교 천문학자—은 그와 다른 방식으로 문제에 다가갔다. 그들은 프톨레마이오스 모형을 물리학적으로 가능한 모형으로 대체하려 하지 않았다. 대신 프톨레마이오스 모형의 방법론과 절차를 따르면서 동시심보다는 그나마 합리적으로 보이는 주전원으로 모순을 해결하려 했다. 가장 성공적으로 해낸 사람은 3장에서 이야기한 페르시아 천문학자이자 지식인 알투시다. 알투시는 큰 원 안에서 작은 원이 돌면 작은 원의 원주에 있는 한 점이 두 원이 공유하는 가운데를 통과하는 직선을 따라 움직인다는 사실을 증명했다(그림 4.12). 천문학자들은 두 원의 운동 방향을 반대로 하고 크기와 속도를 달리하여 원하는 상대적 (각)속도를 만들면 행성과 지구의 거리가 계속 달라지는 모형을 만들 수 있었다. 따라서 행성 운동의 중심이 등속운동의 중심이 되면 동시심, 그리고 행성 운동의 질서를 억지로 설명하는 데 동원된 다른 임의적 요소들이 필요 없었다.

투시 쌍원 모형은 이슬람이 형성하고 기독교가 받아들인 중세 과학의 상징적 성과였다. 중세인들은 헬레니즘 전통의 원칙들을 거의 그대로 받아들였지만 세부적인 부분들을 독창적으로 수정했다. 그렇다고 해서 모든 중세 학자가 고대 그리스로부터 물려받은 과학을 이론적으로 미세하

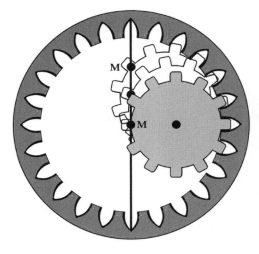
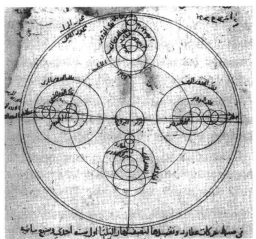

| 그림 4.12 | 투시 쌍원. 왼쪽은 현대 과학자들이 알투시 이론을 톱니바퀴로 나타낸 그림이다. 작은 바퀴가 반지름이 두 배인 큰 바퀴 안에서 시계 반대 방향으로 돌면 점 M이 두 원의 가운데를 통과하는 직선의 위아래로 움직인다. 오른쪽 그림은 알투시가 《천문학 개요Compendium of Astronomy》(1289년도 필사본)에 실은 그림을 재현한 것이다. 두 개의 이심원 사이에서 회전하는 작은 주전원이 움직이는 행성—작은 원을 세 번 그린 이유는 위치 변화를 나타내기 위해서다—은 두 원의 중심을 통과하는 직선에서 위아래로 움직인다. 그러면 지구는 모든 운동의 기하학적 중심에 있을 수 있으므로 동시심은 물론이고 이심률도 필요 없어진다. 오른쪽의 다른 버전은 알투시의 제자 이븐 알샤티르Ibn al-Shatir(아부 알하산 알안사리Abu al-Hasan al-Ansari)가 쓴 《최종 탐구La Nihaya al-sul》의 1304년도 필사본에 실린 수성 모형이다. 여기서 두 개의 작은 주전원이 움직이는 수성을 포함한 큰 주전원의 중심은 가운데와의 거리가 계속 변한다.

게 수정하는 데 만족한 것은 아니다. 특히 실용성을 중시한 이슬람 천문학자들은 고대 그리스 지식의 경험주의적 결함을 잘 알았고 이를 바로잡기 위해 노력했다. 이슬람 세계에서는 이미 알마문 시대부터 천문학자들이 체계적으로 천체를 관측했다는 기록이 있다. 후원자가 사망하거나 후원을 끊으면 관측 프로젝트가 종종 중단되었지만, 천문학자들은 관측에 관한 전통을 이룩했고 이 전통은 특히 이슬람 영역의 동부에서 절정에 달했다. 알투시도 훌륭한 장비와 인력을 갖춘 천문대를 이끌 기회가 있

었다. 당시 공포의 대상이던 몽골의 쿠빌라이 칸Kublia Khan의 동생 훌라구Hūlāgū가 마라게(지금의 이란 타브리즈의 남쪽)에 그를 위해 천문대를 지어주었다. 1420년대에는 가공할 정복자 티무르Tamerlane의 손자로 전사이자 학자였던 울루그 베그Ulugh Beg(1394~1449)가 사마르칸트에 더 웅장한 천문대를 지었다. 당시의 천문대들은 프톨레마이오스가 참고할 수 있었던 관측 자료보다 훨씬 많은 자료를 제공했을 뿐 아니라 정확성을 다른 차원으로 끌어올렸다(참고로 《알마게스트》는 약 7백 년에 걸친 1백여 개의 관측 자료를 바탕으로 저술되었다). 여러 놀라운 관측 장치 중 특히 눈에 띄는 것은 사마르칸트 천문대에 설치된 50미터(!) 높이의 벽걸이 사분의mural quadrant다.

하지만 마라게, 사마르칸트, 그리고 이후 이스탄불에 세워진 천문대의 장치들은 이미 프톨레마이오스가 접했던 그노몬과 해시계, 사분의와 육분의, 별자리판과 혼천의 등이었다(그림 4.13). 이런 맥락에서 헬레니즘 과학을 근본적으로 개혁하자고 주장한 이븐 알하이삼은 무척 독특한 인물이었다. 이븐 알하이삼이 이슬람 영역뿐 아니라 그를 알하젠Alhazen(알하이삼의 유럽 발음)으로 부른 기독교 유럽에서도 강한 영향력을 발휘한 두 중세 학자 중 한 명이었다는 사실을 떠올리면 흥미로운 일이다(다른 한 명은 의학에 큰 업적을 남긴 이븐 시나다). 그의 가장 큰 유산은 자신이 천문학에 대해 내세운 진테제synthesis(서로 모순되는 두 명제의 통일-옮긴이)를 광학에도 적용한 《광학의 서Kitāb al-Manāzir》다. 시선視線과 시선의 반사와 굴절을 철저히 수학적으로 분석한 《광학의 서》는 빛, 색을 비롯한 시각 현상들을 경험적으로 탐구하고 눈의 생리학을 면밀하게 파헤친다. 13세기 초에 라틴어로 번역되자 책의 이름을 따 '광학perspectiva'이라는 학문이 생겨날 만큼 《광학의 서》가 미친 영향력은 대단했다. 당시 기독교 유럽에서는 낯설었던 광학에 대해 로저 베이컨Roger Bacon(1214~1292), 요하네스 페캄John Peckam(1230~1292), 에라스뮈스 치올렉 비텔로Erasmus Ciołek

| 그림 4.13 | 콘스탄티노플 갈라타에 있었던 천문대는 프톨레마이오스식 관측 천문학의 전형이자 마지막 흔적이다. 1570년에 타키 앗딘 무함마드 이븐 마루프Taqi ad-Din Muhammad ibn Ma'ruf(터키어로는 '타끼 앗딘Takiyüddin', 1526~1585)가 지은 이 천문대에는 같은 시대에 지어진 튀코 브라헤Tycho Brahe의 천문대(7장 참조)에서도 발견되는 최신 장비들이 즐비했다. 위 그림에서 분명하게 볼 수 있듯이 이곳의 장치들은 전통적인 각도 측정기들이었다(튀코가 사용한 장치들과 같지만 크기가 다르다). 그림 속 천문대는 후에 문을 닫고 1580년에 철거되었다. 위 그림은 1581년에 제작된 채색 필사본에 실렸다.

Witelo(1230[?]~1300[?], 그림 6.5) 같은 권위자들이 쓴 책들은 근본적으로 알하이삼 이론에 대한 해설이었다. 하지만 알하이삼의 혁명적인 천문학 프로젝트에 주목한 인물은 없었다. 그의 연구는 약 4백 년 뒤에야 요하네스 케플러의 연구에서 빛을 발했다.

01 지식에 장소가 필요하다면 장소를 잃은 지식으로는 무엇이 있을까? 어떤 이유로 장소를 잃었을까?

02 백과사전 전통을 지금의 인터넷과 비교하는 사람이 많다. 이 비교가 적절할까? 적절하다면 얼마나 적절할까? 백과사전과 인터넷이 지식과 문화에 미친 영향은 비슷할까? 다르다면 어떻게 다를까?

03 대학이 지식 제도로서 계속 유지되고 있다는 사실이 왜 중요할까? 주요 교수법이 수 세기 동안 근본적으로 변하지 않았다는 사실은 장점으로 작용할까 단점으로 작용할까?

04 당신은 어떤 대학에 속하고 싶은가? 당신이 원하는 대학에서는 교수진(학자들)이 어떤 관계를 맺을까? 교수와 학생의 관계는? 대학과 주변 세상의 관계는? 당신의 대학은 당신의 이상에 충분히 가까운가?

05 번역 프로젝트는 지식 전반, 구체적으로 과학적 지식의 측면에서 어떤 교훈을 제시하는가? 번역 프로젝트의 기간에 대해서는 어떤 교훈을 얻을 수 있을까? 번역에 참여한 사람과 관련 기관에 대해서는? 문화적·정치적 의의에 관해서는?

05

혁명의
씨앗

일신론과 이교도 과학

역사적 시대의 이름은 대부분 후대인들이 특정 의제에 따라 정한다. 로마제국 몰락 이후의 시대를 일컫는 '중세' 역시 그러하다. 중세라는 용어가 지칭하는 1천 년은 그저 두 시대의 '중간'이 아니었으며 당시 사람들은 여느 시대의 사람들과 마찬가지로 여러 변화와 격동을 경험했다. 최소한 과학의 탄생이라는 측면에서는, 당시 압도적이었던 일신교 문화(처음에는 이슬람교, 나중에는 기독교)가 '이교' 문화인 헬레니즘을 받아들인 중세를 새로운 시대의 예고편으로 볼 수 있다.

1장에서 살펴봤듯이 기독교는 원래 "철학은… 자연의 무분별한 해석"이므로 "이단"이라는 테르툴리아누스의 말처럼 헬레니즘을 철저히 배척했지만 "이교도의 지식에는… 훌륭한 가르침도 있다"라고 말한 아우구스티누스 시대에 들어서는 헬레니즘과 타협했다. "훌륭한 가르침"에 완전히 사로잡힌 중세 후기 철학자들은 이교도적 개념과 사고방식을 일신교 신앙의 요구와 접목하는 구체적인 방안을 내놓아야 했다. 이 도전을 해결하려는 노력이 이 새로운 시대와 이후 수 세기 동안 지식의 틀을 형성했다.

근본적인 모순

2장에서 살펴봤듯이 아리스토텔레스가 분명하고 단호하게 논증한 자연철학을 비롯한 헬레니즘의 자연 연구가 이교도적인 이유는 신이 '여럿'이라고 주장해서가 아니라 신이 '존재하지 않는다'고 암시하기 때문이다. 무엇보다도 헬레니즘은 철저하게 자연적 사실들에만 기대고 인간의 정신을 중요하게 여기므로 1장에서 언급했듯이 일신론 종교의 핵심인 계시가 설 자리가 없었다. 특히 이스라엘 민족이 시나이산에서 여호와의 음성을 들은 사건을 바탕으로 스스로를 종교와 국가로 규정하는 유대교는 더더욱 헬레니즘을 받아들이기 어려웠다. 두 번째로 아리스토텔레스의 자연철학은 모든 현상에 분명한 자연적 원인이 있다는 엄격한 인과적 결정론을 상정하므로 기적은 일어날 수 없다. 동정녀의 잉태, 부활, 빵과 포도주가 예수의 살과 피가 되는 성찬식 같은 사건을 기독교 탄생 신화로 삼은 기독교인들은 기적이 불가능한 헬레니즘 자연철학을 받아들일 수 없었다. 세 번째로 아리스토텔레스는 우주의 영속성을 구체적으로 주장했으므로 모든 일신교에서 발견되는 창조론은 불가능하다. 마지막으로 아리스토텔레스 철학에서는 영원한 영혼이란 있을 수 없다. 영혼은 육신과 구분되지만 분리될 수는 없으므로 육신이 소멸하면 함께 사라진다. 사후 세계의 처벌과 보상을 믿는 기독교와 이슬람교로서는 받아들이기 힘든 생각이다.

현대의 독자들은 중세 철학자들에게 선택안이 있었다고 생각할 것이다. 수 세기 후 과학적으로 사고한 많은 사상가처럼 종교를 포기하면 되었다. 하지만 중세인들에게는 있을 수 없는 일이었다. 1장과 4장에서 이야기한 것처럼 종교는 삶과 생각의 모든 측면을 규정하는 틀이었다. 또 다른 선택안은 초기 교회의 교부들과 이후 나타난 수많은 일신교 광신자처럼 과학을 배척하는 것이었다. 하지만 중세인들은 아리스토텔레스를 비롯한 헬레니즘 사상가들이 연 지적 지평선에 깊이 매료되어 있었으므로 그러기도 불가능했다. 이슬람교·기독교·유대교 학자들은 일신론 신앙과 이교 과학의 딜레마를 어떻게든 해결하려고 했고 결국 모순을 극복할 두 가지 방법을 찾았다. 이 일을 주도한 두 인물은 한 번도 만나지 못했을 것으로 추측되는데, 나이는 아홉 살 차이였고 둘 다 이슬람이 지배한 스페인 남부 알안달루스의 코르도바 출신이며 둘의 집은 걸어서 불과 10분 거리였다.

이븐 루시드

그중 연장자인 아불 왈리드 무함마드 이븐 아흐마드 이븐 루시드 Abūl-Walīd Muḥammad Ibn ʾAḥmad Ibn Rushd(1126~1198)는 그를 '아베로에스Averroes'로 부른 기독교 유럽에서 아리스토텔레스 해석자로 유명했다. '철학자'로만 불린 아리스토텔레스와 달리 '주석가commentator'로도 불렸다는 사실에서 그의 명성이 얼마나 드높았는지 짐작할 수 있다. 법학자 집안에서 태어나 역시 법학자가 되어 왕실 법관으로 일하던 이븐 루시드는 북쪽으로는 기독교의 압박이 거세지고 남쪽으로는 북아프리카 베르베르족이 침략하면서 종교적 근본주의가 밀려들어 오자 북아프리카로 망명한 후 마라케시에서 삶을 마쳤다.

이븐 루시드가 주창한 진테제의 근본적 원칙에서는 아우구스티누스의 접근법과 정반대로 믿음보다 이성이 중요했다. 그에 따르면 쿠란도 이슬람교도에게 철학을 연구하라고 명령한다. 그는 신이 존재한다는 확신 역시 거부할 수 없는 깨달음이 아니라 철학적 사유에서 나온다고 분석했다. 철학적 사유는 자연의 질서를 따르며 인류 번영을 위한 최선이다. 이처럼 철학적 사유에서의 신은 종교에서 말하는 신과 다르다. 철학의 신은 절대적이고 필연적인 개체이므로 신의 존재, 신의 의지, 신의 지식은 하나다. 그러므로 창조는 특정 순간에 일어난 행위일 수 없고 신의 의지는 바뀔 수 없다. 또한 신은 우주가 창조될 것임을 필연적으로 항상 알았으므로 우주가 창조될 거라는 사실도 필연적으로 항상 진실이었다(이런 면에서 이븐 루시드는 8장에서 이야기할 이븐 시나의 주장을 따랐다. 하지만 그는 이븐 시나가 지나친 플라톤주의자이며 아리스토텔레스에 관한 해석도 틀렸다고 비난했다). 다시 말해 우주는 신의 행위 때문이 아니라 신 그 자체 때문에 존재하므로 필연적이고 영속적이다.

이븐 루시드는 신을 완전히 추상적인 개념인 순수한 지성으로 변화시켰다. 이를 통해 필연적 인과관계와 우주의 영속성에 관한 아리스토텔레스의 기본 원칙들을 신성한 속성으로 묘사할 수 있었고, 따라서 이교 과학을 연구하더라도 일신교 교리의 승인을 받을 수 있다고 주장할 수 있었다. 물론 성서에서는 신이 의지와 마음을 바꾸어 세상을 창조하기도 하고 나중에 파괴하기도 한다. 이븐 루시드는 성서의 언어는 철학자가 치열하게 사유하여 깨달은 진실을 속세인들에게 전달하기 쉽게 단순하고 때로는 우화와 의인화를 활용한다고 추론했다. 기독교 학자들은 이 논리를 '이중진리론'으로 부르며 냉소했다.

이븐 루시드의 철학이 이교 과학 연구의 정당성을 찾던 일신론 철학자

들에게 큰 위안이 된 반면 보수적인 일신론 추종자들에게는 큰 걱정을
자아냈을 것임을 쉽게 예상할 수 있다. 이븐 루시드의 철학이 라틴어로
번역되고 얼마 지나지 않아 기독교 유럽에서 그를 따르는 무리가 생겼다.
특히 파리대학교에서 브라반트의 시게루스Siger of Brabant(1240[?]~1280)
를 중심으로 지지자들이 결집했다. 시게루스는 지적 논쟁이 아닌 몸싸
움 때문에 처형될 뻔한 적도 있는 과격분자였다. 그가 이끈 집단의 교리
와 논증 대부분은 그들을 '아베로에스주의자Averroist'로 부른 강력한 반
대자들의 기록을 통해 알 수 있다. 이 집단의 가르침을 무력화하려던 당
시의 노력을 보면 그들의 인기가 얼마나 높았는지 가늠할 수 있다. 13세
기 대학들이 이교 과학에 점차 심취하는 상황을 대학 안팎의 종교 지도
자들이 얼마나 우려했을지는 당시 공표된 일련의 규제로 알 수 있다. 또
한 규제가 점차 엄격해지고 내용이 늘어났다는 사실은 그다지 효과가 없
었음을 암시한다. 대표적인 예는 에티엔 탕피에Etienne Tempier 파리 주교
가 1277년에 발표한 금지령이다. 이 금지령에는 아리스토텔레스의 "끔찍
한 오류"에 대한 2백여 개의 조항이 담겨 있었고, 이를 "옹호하거나 지지
하는" 자는 누구라도 파문을 면치 못한다고 명시되어 있었다. 이 조항들
의 목적은 이교 교리의 확산을 막는 것이었지만 오히려 교리를 자세히
설명해주는 결과로 이어졌다. 예를 들어 6조에 따르면 "모든 천체가 3만
6천 년마다 같은 지점으로 돌아오면 지금 일어나는 현상이 반복된다"라
고 믿어서는 안 되었다. 98조에 따르면 "본질적으로 미래 전체에 존재할
수 있는 세상은 본질적으로 과거 전체에 존재했으므로 영속적"이라고 믿
어서는 안 되었다(에드워드 그랜트Edward Grant,《중세 과학 자료집A Source Book in
Medieval Science》에서 재인용, 47~49쪽).

모세 벤 마이몬

기독교 학자들은 이교 지식을 포기하지도 못했고 이븐 루시드의 급진적 해석을 받아들이지도 못했다. 결국 그들이 받아들인 타협안은 이븐 루시드처럼 코르도바 출신이고 히브리어권에서는 '람밤Rambam'으로 불렸으며 라틴어권 유럽에서는 '모세스 마이모니데스Moses Maimonides'로 불린 랍비 모세 벤 마이몬Moshe ben Maimon(1135~1204)이 제창한 이론이었다. 마이모니데스 가문은 이븐 루시드처럼 세력다툼 때문에 추방당한 후 북아프리카를 횡단하여 이집트에 이르렀다. 마이모니데스는 이슬람 알안달루스에서 꽃핀 유대교 황금기와 국경을 초월한 장대한 문화적 유산의 산물이었다. 2천 년의 유대교 랍비 전통에서 가장 존경받는 인물인 그는 카이로에서 왕실 의사이자 유대인 공동체의 수장이 되었다. 그리고 1190년경에 유대인이 구사하는 아랍어 방언을 히브리어 문자로 표기한 위대한 철학서 《의혹자의 입문서More Nevokhim》를 발표하여 "의혹"을 품은 유대교도들에게 아리스토텔레스의 사상을 설명하고 이슬람의 해석을 제시했다.

마이모니데스는 아우구스티누스처럼 신앙을 우선시하지 않았고 이븐 루시드처럼 이성을 우선시하지도 않았다. 그의 주장에 따르면 신은 세상과 성서 모두 창조했고 둘 다 인간의 이해를 위한 것으로 하나의 같은 진실을 담는다. 하지만 신은 인간을 세상에 보낸 후 율법(토라Torah)을 선사했으므로 자연에 대한 이해가 성서의 해석보다 앞서고 성서 해석의 방향을 제시해야 한다. 이 두 가지 지식을 이끄는 이성은 오류에 빠지기 쉽고 제한적이지만 신은 그러한 한계를 넘어선다. 그러므로 우리가 말할 수 있는 것은 무엇이 신이 아닌지뿐이다. 예컨대 신은 형상도 아니고 시간에 존재하지도 않는다. 성서는 그것이 기록된 이유를 인간이 모르더라도 신앙과 법의 문제들에 대해 절대적인 권위를 지니지만, 세상의 구성에 대한 단서는 담고 있지 않다. 세상의 구성에 관한 연구는 이성과 관찰의 영역, 다시 말해 아리스토텔레스를 비롯한 철학자들의 영역이다. 그렇다면 아리스토텔레스의 가르침이 내포하는 이교도적 사상들에 어떻게 다가가야 할까? 우주의 영속성과 필연성 같은 이교 사상은 스스로 무너지게 해야 한다. 다시 말해 아리스토텔레스 과학으로 아리스토텔레스 논증을 무너트려야 한다. 우주의 질서는 누군가가 우주를 설계했다는 사실을 뜻하며 설계자의 존재, 즉 전지한 신의 존재를 암시한다.

어떤 투명한 액이 생성되고 그 바깥으로 비슷한 또 다른 액이 생성되고 또 그 바깥으로 어떤 막이 생기고 그 막에 구멍이 뚫리고 그 구멍 앞으로 투명하고 단단한 막이 생긴 일이 모두 우연일 수 있다고 믿는가? … 지성을 갖춘 자라면 눈을 이루는 액, 막, 신경, … 다시 말해 그렇게 훌륭하게 배치되어 있고 보는 행위를 궁극적인 목적으로 하는 모든 것이 우연히 발생했다고 생각할 수 있겠는가? 분명 아니다. … 자연의 목적을 통해 필연으로 일어난 것이다. [그리고] 자연은 지성과 지배 능력이 없으므로 [이처럼] 정교한 지배는… 지적 존재의 행위다.

　　　－ 모세스 마이모니데스, 《의혹자의 입문서》 3권 19장, 슐로모 파인즈Shlomo Pines
　　　　　(번역 및 주석)(시카고대학교출판부University of Chicago Press, 1963), 479쪽

한편 우주의 여러 임의적 요소는 "모든 것은 필연이 아닌 목적에 따라 존재하며, 만물에 목적을 부여한 신은 존재들을 바꾸고 다른 목적을 구상하기도 한다"는 사실을 보여준다(마이모니데스, 《의혹자의 입문서》 2권 19장, 303쪽). 우주는 신이 의도하여 창조했지만 신의 의도는 인간이 알 수 없는 이유로 바뀌었을 수 있다.

천구가 덜도 아니고 더도 아닌 아홉 개가 되도록 하고 별의 수가 덜도 아니

고 더도 아닌 지금의 수가 되게 하며 그 크기들도 더 작지도 않고 더 크지도 않게 한 신의 지혜에 대해 우리가 아무것도 모르듯이, 존재하지 않던 우주를 존재하게 한 신의 지혜 역시 우리는 알 수 없다. 우주는 신의 영속적이고 불변하는 지혜의 결과다. 하지만 우리는 신의 지혜가 이루는 규칙과 그 지혜가 이룬 결정에 대해 전혀 모른다.

– 마이모니데스,《의혹자의 입문서》2권 18장, 301~302쪽

토마스 아퀴나스와 토마스주의

이교의 가르침과 일신교 신앙의 타협은 몇십 년 만에 라틴 유럽에 뿌리를 내렸다. 특히 학식이 뛰어나 '알베르투스 마그누스Albertus Magnus'로 불린('Magnus'는 '위대한'이라는 뜻이다-옮긴이) 도미니크회 수도사 쾰른의 알베르토Albert of Cologne(1200~1280)가 마이모니데스의 타협을 강력하게 옹호했다. 백작 가문의 장남인 그는 여느 중세 귀족 출신처럼 파도바, 볼로냐, 파리 등지에서 학문을 닦은 뒤 힐데스하임, 프라이부르크, 라티스본, 스트라스부르, 쾰른에서 신학을 가르쳤고 이후 교황의 고문이 되어 교회 교리를 수호했다. 아우구스티누스의 신플라톤주의보다 아리스토텔레스주의를 선호한 그의 성향은 당시 라틴어로 번역된 아리스토텔레스 전집에 대한 그의 해석과 주석에 힘입어 큰 영향을 미쳤다. 그의 해석은 마이모니데스의 글을 세심하게 분석한 결과였다. 가령 그는 1256년에 발표한《아베로에스주의자들에게 반박하는 지성의 단일성De Unitate Intellectus Contra Averroem》이라는 글에서 신성한 지성은 단 하나이므로 진실도 단 하나라고 주장했다. 따라서 자연에 관한 연구는 성경 해석과 마찬가지로 신이 제정한 법칙에 대한 연구고 그 자체로 종교적 가치가 있다. 이 말은 기독교도의 자연철학도 기적이 아닌 질서와 규칙에 초점을 맞추어야 한다는 의미이기도 했다. 자연철학은 신이 자연에 새긴 원인들을 연

구하는 것이지 신이 그렇게 한 이유를 연구하는 것이 아니므로 종교와 충돌할 까닭이 전혀 없다.

유대교 랍비가 이슬람교의 맥락에서 정립한 일신론 교리와 이교도 과학의 이 진테제는 알베르투스의 제자이자 동료인 토마스 아퀴나스Thomas Aquinas(1225~1274)를 통해 기독교 학문의 틀이 되었다.

토마스 아퀴나스는 출신과 출세 과정이 스승과 비슷하지만 더 흥미로운 유년기를 보냈다. 이탈리아 귀족 가문에서 태어나 몬테카시노의 고대 수도원 학교와 당시 신설된 나폴리의 대학에서 공부한 그는 어린 나이에 도미니크 수도회에 입문하기로 마음먹으면서 아버지와 사이가 틀어졌다. 아버지는 형제들을 시켜 그를 납치한 뒤 가문의 영토에 1년 동안 감금했다. 아버지가 수없이 설득하고 매춘부를 보내 시험에 들게도 했지만 그는 결국 창문으로 도망쳐 파리대학교에 입학했고, 몇 년 동안 학생과 강사로서 주로 알베르투스의 지도를 받았다. 엄청나게 많은 글을 남긴 그의 관점은 주류 기독교 안팎을 오갔다(그의 글을 50권의 전집으로 집대성하는 프로젝트가 1879년에 시작되었지만 2014년까지 39권까지만 나왔다).

토마스 아퀴나스는 교사보다는 교황이 자문하는 학자로 생활한 기간이 훨씬 길었기 때문에 과학과 종교의 진테제에 관한 구체적인 내용을 규정할 권한과 책임이 있었다. 그는 신앙에 관한 문제에 대해서는 계시를 최우선시하는 아우구스티누스의 원칙을 재천명했지만, 세속의 문제에 관해서는 경험과 경험적 지식을 중요시한 아리스토텔레스 원칙을 강조했다. 심지어 그는 우주가 창조된 것인지 영속적인 것인지는 확정적으로 증명할 수 없지만 철학적으로 우주의 영속성은 가능성이 가장 큰 가설이라고 주장하기까지 했다. 하지만 신앙은 세상의 영속성을 거짓과 이단적 주장으로 규정하므로 기독교도는 모름지기 창조를 믿어야 한다고 말했다.

토마스 아퀴나스는 마이모니데스와 알베르투스처럼 지식을 얻는 위의 두 가지 경로에 모순이 없다고 주장했다. 두 경로 모두 신이 만들었으므로 진실로 이어지기 때문이다. 신은 스스로 만든 법칙들에 따라 세상을 운용하므로 이성과 경험을 통해 이 법칙들을 연구하는 것은 종교적 미덕이다. 물론 이 경로가 선사하는 지식은 제한적이다. 철학은 신이 창조한 사물들이 맺는 인과관계인 '2차 원인'만을 밝힌다. 신이 자신의 방식으로 사물을 창조한 '이유'인 '1차 원인'은 신이 계시를 통해 알려주지 않는 한 알 도리가 없다. 신의 말인 성경에 대한 해석은 신학의 임무다. "철학이… 이성의 빛으로 다루는 것들을… 신성한 계시의 빛으로" 다루는 신학은 가장 고귀한 학문이다(《신학 대전Summa theologiae》 질문 I 제1조, www3.nd.edu/~afreddos/courses/439/st1-ques1.htm).

토마스 아퀴나스는 자신의 원칙들을 구체화하기 위해 플라톤 철학을 아리스토텔레스와 기독교를 잇는 다리로 삼았다. 주로 아리스토텔레스 사상이 규정한 형상과 물질의 구분과 관계를 받아들이고 발전시킨 그는 물질은 모든 잠재성을 담는 단일하고 수동적인 대상이고, 발전과 변화의 원리인 형상은 특수하고 능동적인 대상이라고 주장했다. 그에 따르면 인간에게 영혼은 아리스토텔레스의 철학에서처럼 '육신의 형상'이지만, 플라톤의 철학에서처럼 육신과 분리될 수 있고 실제로도 몸과 떨어져 있다. 우주론의 측면에서 그는 아리스토텔레스의 천구를 성경의 '궁창'과 동일시하고 '부동의 동자'를 신과 동일시하여 이교의 천문학을 받아들였다. 인식론이나 표현론처럼 기독교와 관련이 없는 문제에 관해서는 과거 이슬람인들처럼 열정적인 아리스토텔레스주의자였다.

다른 의견을 주장하는 지식인들도 있었다. 예컨대 프란치스코회를 포함한 다른 수도회들은 도미니크회의 철학적 견해에 동의하는 대신 독자적인 입장을 내놓았다. 하지만 논쟁의 열기가 가라앉으면서 토마스 아퀴나스의 진테제가 4백 년 넘게 라틴 유럽의 학문을 규정하고 구조를 형성했다. 그의 이론은 학자들 사이에서 인기를 얻는 정도를 넘어 대학 교과과정과 학문 구조에 영향을 미쳤다. '토마스주의Thomacism'는 성당의 시대부터 근대 초기까지 중세 성기 유럽인들이 세상과 신 그리고 스스로를 이해하고 탐구한 방식인 스콜라철학과 동의어가 되었다.

르네상스

유럽인들이 물리적인 성당뿐 아니라 지적 성전을 쌓도록 해준 안정과 번영은 오래가지 못했다. 1337년 당시 잉글랜드를 통치하던 플랜태저넷 Plantagenet가와 프랑스를 통치하던 발루아Valois 왕가가 프랑스 왕위 계승 문제를 두고 전쟁을 벌였다. 이름과 달리 1백 년 넘게 이어져 1453년에야 끝난 '백년전쟁'에 서유럽 지역 대부분이 휩쓸렸다. 13세기 중반부터 북동쪽의 몽골 세력과 싸우고 있던 신성로마제국은 뒤늦게 남동쪽으로 여러 차례 십자군 원정을 감행하여 어마어마한 인적·물적 손실을 겪었을 뿐 아니라 성전기사단Templars과 구호기사단Hospitallers 같은 무장 집단의 위협에도 시달렸다. 토마스주의가 표방하고 강화한 종교적·지적 안정은 추악한 종교·정치 분쟁들로 깨졌고 14세기 내내 교황은 로마가 아닌 아비뇽에 은신해야 했다. 하지만 최악의 재난은 정치적·종교적 분쟁이 아니라 자연이 일으켰다(발단은 자연적 원인이지만 군대와 상인들이 상황을 악화했다). 1338~1339년 키르기스스탄에서 전파되기 시작했다고 추정되는 선페스트, 즉 흑사병의 유행이다. 인도와 중국에서 약 2천5백만 명의 사망자를 냈고, 1347년에 콘스탄티노플에 유입된 뒤에는 중동과 유럽까지 퍼졌는데 이 두 지역에서 가장 많은 사망자가 나왔다. 페르시아와 이집트의 인구 중 약 3분의 1이 사라졌고 유럽의 인구는 절반 이상 줄었다. 파리에서는 10만 명 중 5만 명이 사망했고, 피렌체에서는 12만 명 중 7만 명이 목숨을 잃었다.

새로운 도시국가와 군주

놀랍게도 이 폐허 속에서 유럽인들이 로마제국의 전성기 이후 경험하지 못한 번영이 시작되었다. 한 가지 이유는 자원을 사용할 사람이 훨씬 적어졌다는 잔인한 사실이었고, 또 다른 이유는 재건 작업이 불어넣은 활기였다. 무엇보다도 중요한 이유는 몽골제국이 아시아를 통일하면서 동방으로 가는 무역의 길—역병이 퍼진 길이기도 했다—이 열렸기 때문이었다. 한 세기 전 이 길을 닦은 선구자들은 마르코 폴로Marco Polo의 생생한 이야기를 통해 영원히 이름을 남기게 되었다. 대륙과 문화를 초월한 교역이 제노바와 베네치아 같은 이탈리아 무역도시에 가져다준 엄청난 부는 은행이라는 새로운 경제 제도에 힘입어 더욱 불어났다. 돈을 통화가 아닌 상품으로 취급하고, 당장의 필요가 아닌 투자를 위해 돈을 빌리고, 위험에 돈의 가치를 매기고, 보유한 '경화'보다 더 많은 액수를 채권과 어음을 통해 빌려주는 등의 새롭고 과감한 일들이 은행을 통해 가능해졌다. 그러자 부가 기하급수적으로 늘어났고, 먼 거리를 이동하는 상인과 탐험가에게 경비를 빌려주고 그들보다 더 큰 돈을 버는 피렌체의 메디치Medici가 같은 가문이 생겨났다.

이탈리아는 알프스산맥이 방패가 되어 새로운 제국들과의 지상 전쟁을 피할 수 있었으므로 새로운 기회를 활용하는 데 특히 유리했다. 교황이 자리를 비우고 신성로마제국이 북방 세력과 맞서기 위해 후퇴하면서 권력 공백이 생기자 제노바, 베네치아, 피렌체, 밀라노, 피사, 루카, 시에나처럼 새롭게 부유해진 도시들이 독립을 주장하고 이익을 챙길 수 있었다. 그러면서 고대 도시국가를 떠올리게 하는 도시국가가 다시 출현했고 새로운 유형의 지식과 지식인이 탄생했다.

원래 이 도시들 대부분의 정치체제는 영향력이 큰 가문의 대표들이 모인 원로원이 이끄는 공화정이나 과두제 연합이었다. 하지만 막강한 가문이 암투를 통해 단독으로 통제권을 쥐고 그 일원이 군주가 되기도 했다. 페라라의 에스테Este 가문, 밀라노의 스포르차Sporza 가문과 비스콘티Visconti 가문, 우르비노의 델라 로베레della Rovere 가문, 그리고 앞에서 언급한 피렌체의 메디치 가문이 대표적이다. 스스로 보위에 오른 군주들은 자신의 왕권이 운명임을 천명한 과거 통치자들과 달리(1장 참조) 웅장한 종교적·우주론적 서사에서 어떤 역할도 맡지 않았다. 그들은 고대 왕족 혈통인 기사들에게 용맹과 충성을 요구할 수도 없고, 교회가 황제에게 내리는 축복을 청할 수도 없었다. 그들은 음모, 돈, 단도 덕분에 가문과 도시를 지배할 수 있었고 피지배계급도 이 사실을 잘 알았다. 자신들의 권력에 정당성을 부여해야 했던 그들은 궁정을 짓고 화가와 조각가, 시인, 수사학자, 철학자를 불러들였다. 예술가, 작가, 학자의 임무는 군주를 통치 권력에 걸맞은 위대한 인격으로 미화하는 것이었다. 어떤 르네상스 군주보다 자신을 미화하는 데 적극적이었던 메디치 가문의 로렌초Lorenzo(1449~1492)는 '위대한 자il Magnifico'로 불렸고 안드레아 델 베로키오Andrea del Verrocchio, 산드로 보티첼리Sandro Botticelli, 레오나르도 다빈치Leonardo da Vinci, 미켈란젤로 부오나로티Michelangelo Buonarroti 같은 화가들과 마르실리오 피치노Marsilio Ficino, 조반니 피코 델라 미란돌라Giovanni Pico della Mirandola 같은 학자들을 후원했다. 니콜로 마키아벨리Niccolò Machiavelli가 군주가 지녀야 할 품성과 구사해야 할 정치 전략을 분석하여 1513년에 발표한 《군주론The Prince》은 로렌초의 손자 로렌초 피에로Lorenzo Piero(1492~1519)를 위해 쓴 책이었다. 레오나르도 다빈치를 두고 메디치 가문과 경쟁한 밀라노의 스포르차 가문은 음악에도 조예가 깊었고 조스캥 데 프레Josquin des Prez, 알렉산더르 아흐리콜라Alexander Agricola, 가스파르 반 베르베케Gaspar van Weerbeke 같은 작곡가들에게 로렌초와 동시대인인 갈레아초 마리아 스포르차Galeazzo Maria Sforza(1444~1476)를 찬양하는 노래를 만들게 했다. 이 같은 미화가 항상 효과적인 것은 아니었다. 밀라노인들은 스포르차 가문을 찬양하는 노래를 많이 들었지만 갈레아초의 잔인함을 잊지는 않았으며 숙적 가문들도 스포르차의 악행을 두고만 보지 않았다. 결국 갈레아초는 크리스마스에 교회 입구에서 단도에 찔려 눈을 감았다.

인문주의자

르네상스 궁정 주변에 모인 예술가와 학자들은 새로운 지식인 유형을 대표했다. 이들은 그리스 철학자처럼 '자유'롭지도 않고 대학교수처럼 누군가를 가르치지도 않았다. 새로운 궁정 지식인들은 특히 수도원의 지식인들이 표방하는 '성찰하는 삶vita contemplativa'은 허울뿐인 말의 방종이라고 비난했다. 예술가, 작가, 철학자에게 걸맞은 삶은 정치와 상업에 적극적으로 관여하는 '실천적 삶vita activa'이었다. 이들은 사후를 생각하는 대신 속세를 연구하고 인간의 삶에 능동적으로 참여하는 자신들을 '인문주의자humanist'로 불렀다. 그리고 자신들과 후원자인 군주들의 위상을 높일 문화 프로젝트를 고대 헬레니즘 로마의 부활을 뜻하는 '르네상스'로 부르고, 로마 시대 이후의 1천 년을 과거의 영광과 새로운 영광 사이에 자리한 '중세'로 일컬었다. 최초의 인문주의자는 프란체스코 페트라르카 Francesco Petrarca(1304~1374)일 것이다. 그리스·로마 고전에 관한 인문주의자들의 관심과 '암흑시대'—페트라르카가 처음 만든 용어다—에 대한 경멸, 토착 언어들에 대한 획기적인 인식 전환—페트라르카 자신도 토스카나 출신이었다—을 이끈 그는 가장 높은 군주인 교황을 위해 일했다.

인문주의자들은 신학, 우주론, 자연철학보다는 역사와 수사학처럼 세속적이고 정치적 영향력이 있는 학문에 집중했다. 특히 번역 프로젝트가 진행되면서 문헌학이 새롭고 흥미로운 역할을 맡았다. 인문주의자들은 자신들이 받아들인 고전 유산의 걸작들에 매료되었지만 2백 년 전 많은 이가 노력하여 나온 (4장에서 이야기한) 번역물은 업신여겼다. 아리스토텔레스는 찬란한 과거의 영웅이지만 스콜라학파의 아리스토텔레스주의는 왜곡되고 시시했다. 그러므로 멋진 신세계가 선사한 어마어마한 부로 무장한 인문주의자들은 동방으로 이어지는 새로운 길을 걸으며 고대 문헌을 복원하기 시작했다. 동방 교회 수도사들이 이슬람 세력으로부터 도망치면서 가져온 가볍고 휴대하기 편한 필사본은, 궁정을 온갖 희귀품과 보물로 채우고 싶어 한 부유한 군주라면 누구나 원했다. 이 프로젝트와 관련하여 여러 영웅담도 탄생했다. 1406년에 자코포 안젤로Jacopo Angelo는 배가 가라앉고 있는데도 프톨레마이오스의 《지리학》 필사본을 챙겼다. 1417년에 포지오 브라치올리니Poggio Bracciolini는 유일하게 남은 루크레티우스의 필사본을 "외딴 수도원"에서 찾아냈다. 계속 붕괴하던 비잔틴제국은 1453년에 이슬람 오스만제국에 의해 마침내 함락되기 전까지 필사본뿐 아니라 중요한 언어적 기술도 제공했다. 1396년에 비잔틴제국 황제 마누엘 팔라이올로고스Manuel Palaiologos는 도움을 청하기 위해 이탈리아를 찾았다. 하지만 기독교 지역들의 결속력을 과대평가한 그는 자신을 수행한 지식인 한 명을 남겨두고 빈손으로 돌아가야 했다. 그렇게 해서 피렌체에 남은 마누엘 크리솔로라스Manuel Chrysoloras(1355[?]~1415)는 궁정 관리와 인문주의자들에게 그리스 언어와 문학을 가르치게 되었다.

학자와 장인의 만남

새로운 부가 쌓이고 소비되는 곳은 궁정뿐이 아니었다. 시장도 마찬가지였다. 경제적 풍요, 사회적·정치적 장벽 감소, 세속적 물건에 대한 문화적 재평가, 전통 기독교의 금욕적 가치가 도전받는 현상이 도시의 시장에 활기를 불어넣으면서 장인과 학자 모두에게 신분 상승의 기회를 선사했다. 사람들은 시나 과학 문헌 같은 귀한 자료, 실용성이나 심미성을 위한 새로운 기술 발명품, 새로운 물리적·지적 도구처럼 부나 명예를 보장하는 것이라면 무엇이든 돈을 주고 사려고 했다. 시장은 학자와 장인이 만날 기회와 대화할 동기를 부여했다. 학자의 추상적 이론은 장인이 자신의 전통 기술과 관습을 검토하고 향상하는 데 도움이 되었고, 장인의 실용적이고 경험적인 기술은 학자들이 구시대적 이론을 의심하고 전복하는 데 도움이 되었다. 시장은 실용성과 혁신을 이룬 이들을 보상했다. 가장 추상적인 학문이던 수학도 상인들이 이자율과 투자 수익을 계산하고 화가가 시각적 조화를 구상하면서 유용해졌다. '무엇인지에 대한 앎'과 '어떻게에 대한 앎' 사이를 오랫동안 가르던 이분법은 점차 허물어졌고 에피스테메와 테크네가 교류하면서 새로운 지식이 탄생했다.

필리포 브루넬레스키Filippo Brunelleschi(1377~1466)는 이처럼 과학의 성전이 올라가기 시작한 시대의 대표적 인물이다. 피렌체에서 공증인 아버지와 엄청난 재력을 자랑하는 스피니Spini 가문과 알도브란디니Aldobrandini 가문의 피를 물려받은 어머니 사이에서 태어난 브루넬레스키는 금 세공사의 도제가 되었다. 손기술이 뛰어났을 뿐 아니라 시대가 바뀌어 부유하고 명망 있는 가문 출신도 세공사가 되는 것을 부끄럽게 여기지 않았으므로 자연스러운 선택이었다. 그가 받은 이론적 교육은 아버지의 가르침이 다였지만 이후 수학자이자 상인이며 의사인 파올로 달 포초 토스카넬리Paolo dal Pozzo Toscanelli(1397~1482)와 친구가 되면서 수학에 흥미를 느끼게 되었다.

1413년에 브루넬레스키는 실용과 이론을 모두 존중하는 문화에 힘입어 유럽 예술을 재구성할 발명품을 세상에 내놓으면서 실용적 기술과 이론적 지식 그리고 재능의 조합이 얼마나 강력한 힘을 발휘하는지 증명했다. 바로 수학적 원근법이다. 그는 자신의 발명품이 어떻게 탄생했는지 이야기하지 않았지만 그 비밀에 대해서는 약간의 자료가 있다. 그의 친구이자 학자인 안토니오 마네티Antonio Manetti(1423~1497)가 한 이야기에

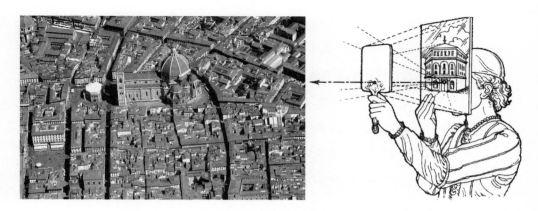

| 그림 5.1 | 왼쪽: 두오모 광장 왼쪽으로 세례당이 있고 오른쪽으로는 브루넬레스키의 팔각형 돔이 덮인 산타 마리아 델 피오레 대성당이 있다. 오른쪽: 짐 앤더슨Jim Anderson이 그린 브루넬레스키의 투시경. 관찰자가 그림자가 짙게 드리운 성당 입구에서 세례당을 마주하고 선다(왼쪽 사진에서 그림자를 확인할 수 있다). 그리고 브루넬레스키의 세례당 그림을 세례당을 향해 얼굴과 조금 떨어진 곳으로 들고 캔버스의 구멍을 통해 세례당을 본다. 다른 손으로는 거울을 얼굴과 마주하도록 든다. 거울을 내리면 세례당이 보이고, 거울을 올리면 그림의 상이 보이는데 은색 가장자리에 비치는 하늘과 구름의 상도 나타난다. 마네티에 따르면 실제 세례당과 거울상을 거의 구분할 수 없었다.

서 피렌체 두오모 광장에 활용한 방식에 관한 실마리를 얻을 수 있다. 관찰자가 산타 마리아 델 피오레 대성당의 어두운 입구에 서서 광장 건너편에 있는 세례당을 바라보는 광경을 상상해보자. 한 손으로는 브루넬레스키의 세례당 그림을 바깥으로 향하도록 얼굴 앞으로 들고 다른 한 손으로는 거울을 그림 뒤로 든 다음 그림의 구멍으로 거울에 비친 그림을 본다(그림 5.1). 그러곤 거울을 내린 다음 다시 올리면 놀랍게도 진짜 세례당 건물과 거울에 비친 그림을 구분할 수 없다. 거울 가장자리를 은색으로 칠해 하늘과 떠다니는 구름도 비치게 했기 때문에 더더욱 구분하기가 어렵다. 중세 화가들은 평평한 캔버스에 원근감을 표현하려면 실제로는 평행을 이루는 선들을 한 점으로 모아 그려야 한다는 사실을 알았지만 정확한 기하학적 구조는 이해하지 못했다(그림 5.2에서 공중에 떠 있

는 듯한 사람들과 밑으로 미끄러질 것 같은 접시들에 주목하라). 브루넬레스키가 이처럼 극적으로 발명품을 선보인 사실에서 그가 선들이 만나는 각도를 어떻게 발견했는지 짐작할 수 있다. 바로 거울에 나타나는 각도를 계산해서다. 그는 광학에 관한 고대 수학 지식과 (허영의 시대에 걸맞은) 새로운 거울 제조 기술로 강력한 착시 효과를 일으켜 건물과 광장의 웅장함을 생생하게 재현했다(그림 5.3).

두오모는 실용적 지식과 이론적 지식, 또는 '어떻게에 대한 앎'과 '무엇

| 그림 5.2 | 중세 화가들의 원근법 시도. 장 프로이사르Jean Froissart(1337[?]~1405[?])의 (백년전쟁에 대한)《연대기The Chronicles》필사본에 실린 이 14세기 삽화는 랭커스터 공작Duke of Lancaster과 포르투갈 왕이 참석한 연회를 그렸다(영국 도서관British Library Ms. Royal 14EIV, f.244 v.). 바닥 타일의 선이 위로 모이고 멀리 있는 사람들이 더 위에 있는 것으로 보아 삽화가가 원근감을 어떻게 표현해야 하는지는 알았음을 짐작할 수 있다. 하지만 원근법의 기하학 규칙은 이해하지 못해 3차원을 보는 듯한 효과는 만들지 못했다. 예를 들어 식탁이 기울어져 있어 접시와 음식이 곧 떨어질 것만 같다.

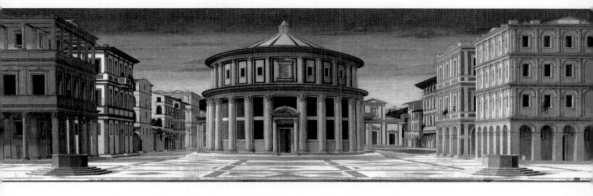

| 그림 5.3 | 피에로 델라 프란체스카Piero della Francesca의 〈이상적 도시Ideal City〉(1470년경)는 완벽한 선원근법으로 원근감을 얼마나 생생하게 표현할 수 있는지 잘 보여준다. 양쪽 도로, 보도, 건물 층처럼 실제로는 평행을 이루는 모든 선이 가운데 원형 건물 뒤에 있을 상상의 지평선 위의 한 점으로 모인다. 이 효과 때문에 2차원 캔버스가 3차원으로 보인다.

인지에 대한 앎'을 조합하는 브루넬레스키의 놀라운 능력을 보여주는 또다른 물리적·은유적 증거다. 브루넬레스키는 선원근법을 발명하고 5년 뒤에 성당 돔 설계 입찰에 응모했다. 애초에 두오모 설계자가 구상한 돔 크기는 로마의 판테온보다 컸기 때문에 1백여 년 전 공사가 시작된 이후 내내 돔이 없었다. 당시 대형 돔을 건설하는 방법은 돔 아래 공간을 무거운 비계로 채워 하중을 견디게 한 후 쐐기돌을 박아 돔 구조가 스스로 하중을 지탱하도록 한 다음 비계를 제거하는 '센터링centering' 기법이었다(1장 참조). 하지만 돔이 크면 위험하고 비용도 몹시 많이 들었다. 브루넬레스키는 센터링 기법이 아닌 다른 방법을 적용해 훨씬 적은 비용으로 만들겠다고 약속해 낙찰에 성공했다.

브루넬레스키는 두 개의 돔을 지었다. 우리에게 익숙한 아름다운 팔각형(그림 5.1 왼쪽)은 실제로는 가벼운 지붕이고, 브루넬레스키의 독창성이 구현된 구조물은 이를 받치는 더 무거운 궁륭이다. 장인 정신의 측면에서 주목할 점은 벽돌을 '생선 가시'처럼 돌려서 쌓아 위로 갈수록 좁아

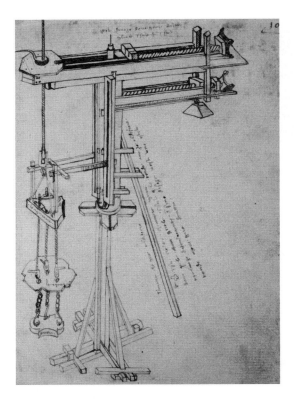

| 그림 5.4 | 두오모 돔 공사를 위해 설계된 회전 기중기는 브루넬레스키가 '어떻게에 대한 앎'과 '무엇인지에 대한 앎'을 탁월하게 조합한 예다. 위 기중기는 9장에서 논의할 아르키메데스의 '단순 기계'들이자 갈릴레오의 중요한 도구였던 윈치, 도르래, 나사를 조합한 장치다. 전통적인 석공들로부터 배운 지식을 적용한 부분과 이론적 원리에 따라 독자적으로 개발한 부분을 구분하기는 힘들지만, 그의 경쟁자이자 조력자였던 로렌초의 사촌 보나코르소 기베르티Bonaccorso Ghiberti가 위 그림을 그렸을 만큼 당시로서는 무척 독창적이고 흥미로운 장치였다.

지게 하여 전체 구조가 완성되기 전에 안정성을 이루었다는 사실이다. 장인 정신과 이론적 지식의 만남은 기술적 독창성도 가능하게 했다. 브루넬레스키는 비트루비우스 문헌(1장 참조)의 번역에서 영감을 받아 전례 없이 효율적인 기중기와 승강기를 설계하여 제작했다(그림 5.4). 그는 집에서 직접 제작한 돔 축소 모형에 새롭게 익힌 수학적 지식을 적용하여 독

창적인 발명품들을 실험해보았을 것이다. 브루네렐스키의 돔에서 가장 중요하면서도 미스터리한 특징은 반구가 아닌 포물선의 궁륭 형태다. 아마도 그는 여러 수치를 계산하다가 또는 축소 모형으로 실험하다가 단순하고 완벽한 원보다는 더 복잡한 곡선이 아치를 더 안정적으로 만든다는 사실을 깨달았을 것이다(수학적 계산보다는 실험을 통해 깨달았을 가능성이 크다).

브루넬레스키는 원근법을 길드의 장인처럼 숨겼다. 수도원이나 대학에 속한 학자와는 달리 자신의 지식을 비밀에 부쳤기 때문에 우리는 많은 내용을 추측할 수밖에 없다. 영업 정보는 이론적 지식이든, 추상적 지식이든, 실용적 지식이든 돈을 내고 사야 하는 상품이었다. 브루넬레스키는 야망이 크고 용의주도했다. 그가 입찰서에서 약속한 조건들이 비현실적으로 훌륭하다는 사실을 걱정한 피렌체 원로원 의원이 그가 두오모 돔 입찰뿐 아니라 이전의 입찰들에서도 치열하게 경쟁한 로렌초 기베르티 Lorenzo Ghiberti(1378~1455)와 함께 작업하라고 요청하자 낙찰이 취소되지 않도록 우선 요청을 받아들였다. 하지만 이후 건강 악화를 핑계로 작업을 차일피일 미루었다. 그러다가 돔 설계를 단독으로 진행하는 대신 돈을 90퍼센트만 받는 조건을 제시받은 후에야 건설을 시작했다. 공사가 시작된 후 피렌체 석공들이 임금 인상을 요구하자 이들을 피사 석공들로 대체했고, 훨씬 낮은 임금을 받아들이는 현지 석공들만 다시 일하게 했다. 이 사례는 그저 개인적 일화가 아니라 새로운 시대와 새로운 지식의 특징을 보여주는 단면이다. 브루넬레스키의 능력은 그의 생계 수단이었고, 그는 부와 명예를 위해 자신의 능력을 거래했다.

활자와 그 문화적 영향

지식이 정신을 고양하는 수단에서 유형의 재산으로 바뀌면서 기술 혁신의 가치가 높아지고, 글은 많은 사람이 원하는 상품이 되었다. 그러므로 사람들이 이를 돈벌이 수단으로 삼기 시작한 사실은 그리 놀랍지 않다. 필사본은 가격이 매우 높았다. 가죽을 가공하여 만든 피지는 몹시 비쌌기 때문에 필경사는 원래 있던 글을 지우고 다시 쓰곤 했다. 이러한 이유에서 가치를 따질 수 없는 고전이 그리 중요하지 않은 글 아래에서 발견되곤 한다. 무엇보다도 필사본을 제작하는 데는 엄청난 수고와 지식이 필요했다. 많은 글을 신속하고 저렴하게 생산하는 능력이 있다면 큰 돈을 벌 수 있었다. 브루넬레스키가 돔을 완성하고 약 15년 뒤인 1450년경 독일 마인츠에서 또 다른 금 세공사인 요하네스 구텐베르크Johannes Gutenberg(1400[?]~1468)가 활자를 발명하며 그 일을 해냈다.

인쇄술의 발명

피렌체의 브루넬레스키처럼 구텐베르크도 사업가였고 위험을 두려워하지 않았으며 여러 부침을 겪었다. 심지어 브루넬레스키처럼 거울에 흥미를 느꼈다. 그가 인쇄업에 뛰어든 이유 중 하나도 유물에서 나오는 신성한 빛을 담는 거울을 만드는 사업을 하다가 떠안은 빚을 갚기 위해서였다. 그는 브루넬레스키가 그랬던 것처럼 자신의 지식을 비밀에 부쳤기 때문에 10년 동안 활자 기술을 개발한 과정은 거의 알려지지 않았다. 그가 발명한 활자 기술의 주요 단계는 이후 수 세기 동안 거의 변하지 않았다.

첫 단계는 글자나 문장부호 같은 문양을 펀치punch에 새기고 펀치로 자모matrix에 문양의 자국을 찍는다. 그다음 자모를 주형에 넣고 그 주형을 나무 블록에 넣은 뒤 쇳물을 부어 활자를 만든다(그림 5.5). 필요한 문

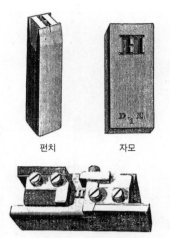

펀치   자모

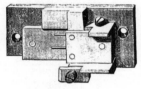

자모는 없고 주형 안에 활자가 있는 구조의 활자와 주형

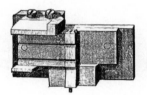

주형의 반쪽

주형의 또 다른 반쪽

| 그림 5.5 | 활자 인쇄기의 펀치, 자모, 주형. 펀치와 자모는 수 세기 동안 거의 변하지 않았다. 위 그림
의 19세기 주형은 사용하기는 더 편하지만 기본적으로 최초의 주형과 같다. 활자 기술이 19세기에 석
판인쇄에, 나중에는 디지털 인쇄에 자리를 내준 후에도 다양한 문헌을 표준적 방식으로 생산하는 핵
심 원리는 그대로 유지되었다. 시어도어 디 빈Theodore de Vinne은 1876년에 발표한 《인쇄의 발명
The Invention of Printing》(뉴욕: 프랜시스 앤드 하트Francis and Hart)에서 다음과 같이 유려하게 설명했다.
"찍힌 글자의 깊이와 옆면과의 간격이 모든 글자를 모아놓은 폰트를 정렬하는 자모에서 완벽하게 균
일해야 모든 활자의 높이가 같고 주형에서 자모를 쉽게 바꿀 수 있다. … 활자 주조공은 폰트에 필요한
모든 부호와 글자를 펀치에 각각 새기고 각각의 자모에 맞추지만, 이렇게 만든 모든 부호와 글자를 위
한 주형은 오로지 한 개다. 활자를 손쉽게 배열하거나 다루지 못하고 줄이 완전히 평행을 이루도록 인
쇄하지 않으면… 아무 소용이 없다. … 사람들의 몸이 서로 같다는 사실은 얼굴이 각자 다르다는 사실
만큼 중요하다"(55~56쪽).

| 그림 5.6 | 구텐베르크 인쇄기의 기본 단계들은 19세기 중반 윤전인쇄 기술과 오프셋인쇄 기술이 도입될 때까지 거의 변하지 않았다. 위 그림은 하르트만 쇼퍼Hartmann Schopper가 1568에 발표한 《파노필리아Panopilia》('직업의 책')(프랑크푸르트: 지그문트 파이어아벤트Sigmund Feierabend)에 실린 요스트 암만Jost Amman의 〈인쇄공의 작업실The Printer's Workshop〉이다. 뒤쪽에서는 두 명의 식자공이 활자함 앞에 앉아 조판 막대로 페이지를 구성하고 있다. 그 앞의 오른쪽에서는 도제나 신출내기로 보이는 젊은 남자가 식자판에 잉크를 바른 다음 앞에 쌓인 백지를 집어 그 위에 덮고 있다. 그러곤 잉크를 바르고 종이를 덮은 프레임을 인쇄기 안으로 넣고 손잡이를 움직여 누른다. 왼쪽에서 장인으로 보이는 나이 많은 남자가 막 인쇄된 페이지를 검토한 후 앞에 쌓고 있다.

자의 활자들을 모두 모은 것을 폰트font라고 하는데, 이것을 여러 칸으로 나뉜 직사각형 상자에 정렬한다. 식자공typesetter이 활자를 줄로 배열—필사본과 거울상을 이루도록 배열한다—하고 활자 줄을 나무틀로 고정한 갤리galley에 맞춘다. 갤리 위로 잉크를 바른 후 종이를 덮어 누르면 한 페이지가 인쇄된다(그림 5.6).

모든 복잡한 발명품과 마찬가지로 구텐베르크의 활자는 이미 알려진 기술을 조합한 결과물이었다. 인쇄기는 올리브유를 짜는 압착기를 변형한 것이고, 잉크와 종이는 당시에도 널리 쓰였다(하지만 구텐베르크는 품질이 더 나은 잉크를 독자적으로 개발했다). 중국의 비단 장식 기술에서 유래한 거울상 인쇄 기술은 중세 이후 이슬람 세계와 유럽에서 널리 쓰이고 있었다. 구텐베르크의 혁신 중 하나는 금 세공사라는 직업에 어울리게 합금을 활용한 것이었다. 녹인 합금을 틀에 넣어 식히면 반영구적으로 사용할 수 있는 문양이 만들어졌다. 이와 같은 소재의 발명이 활자 인쇄의 중요한 혁신인 '표준화'를 가능하게 했다. 구텐베르크는 표준화 덕분에 인쇄기로 돈을 벌 수 있었다. 활자 크기를 모두 같게 해 자모, 주형, 금속활자를 기존에 쓰던 것 그대로 계속 쓸 수 있도록 했다. 페이지 크기를 표준화하면 프레임 역시 그대로 다시 쓸 수 있었다. 표준화라는 구텐베르크의 혁신은 개념적 혁신이었고, 물리적인 독창적 기술이 없었다면 결코 이룰 수 없었다. 사실 많은 동시대인이 비슷한 방식으로 인쇄 작업을 표준화하려고 했는데 그가 성공한 이유는 그의 합금과 잉크가 더 나았기 때문이다.

표준화한 인쇄술 덕분에 책의 가격이 크게 떨어지면서 책이 빠르게 보급되었다. 당시의 문화적 경험은 우리가 인터넷을 처음 접했을 때와 비슷했겠지만 훨씬 극적이었을 것이다. 현대인은 인터넷이 출현하기 전에도 책을 쉽게 읽을 수 있었다. 하지만 활자가 발명되기 전까지는 학자가 아닌 이상 필사본은 구경도 하기 힘들었다. 책은 주로 가정이 아니라 마을 공동의 재산으로 여겨졌고 사제가 관리하기도 했다. 활자가 불러일으킨 변화는 학자들에게도 극적이었다. 이제는 교수만이 글을 독점하며 내용과 해석에 대해 최종적인 권한을 휘두르는 것이 아니라 모든 학생이 글을 소유할 수 있었다(그림 4.8 왼쪽은 이러한 변화를 생생하게 보여준다). 이는 검열이 훨씬 어려워졌다는 의미이기도 했다. 예를 들어 갈릴레오가 피렌체에서 가택연금을 당하고 종교재판을 받으면서 그의《두 우주 체계에 대한 대화》가 금서가 되었지만 스트라스부르에서는 출간할 수 있었다. 얼마 지나지 않아 유럽 전역뿐 아니라 전 세계의 학자가 서로 소통할 수 있게 되면서 상상으로만 가능했던 '문자 공화국'이라는 놀라운 공동체가 현실화했다. 학자들은 과거 수도사들처럼 도서관에 있는 필사본을 연구하기 위해 먼 길을 떠나지 않아도 되었다. 스스로 책을 사 모아 도서관을 지었고 자신의 도서관과 비슷한 도서관에 같은 책들을 소장한 다른 학자들과 편지를 주고받았다.

모방과 영감

책의 복제가 표준화하면서 여러 사람이 '같은' 책을 갖게 되었다. 필사본은 각각이 고유한 작품이었다. 필경사는 이전 필경사가 쓴 필사본의 특유한 표현법을 이해하고 새롭게 해석하는 동시에 실수나 잘못된 내용을 고쳤으므로 필경사마다 다른 필사본이 나왔다. 모든 필사본은 각자의 개성이 담긴 최종본인 동시에 새로운 필경사의 재해석과 수정에 언제든 열려 있었다. 하지만 식자공이 필경사를 대신하면서 복제는 학자가 문헌을 재창조하는 행위가 아니라 내용과 상관없는 기술적 작업이 되었다. 한마디로 "모방은 영감과 분리되고 복제는 창작과 분리되었다"(엘리자베스 아인슈타인Elizabeth Einstein, 《변화의 동인인 인쇄기The Printing Press as an Agent of Change》, 126쪽). '저자'는 복제하는 사람과 완전히 구분되었고 저작권과 표절 개념이 탄생했다.

표준화는 책의 정확성과 권위를 보장했다. 식자판을 검토하고 교정한 다음 모두 인쇄하여 쇄가 같은 책들은 내용이 똑같았으므로 책은 일관적이고 대중적인 매체가 되었다. 표준화 덕분에 중립적인 색인과 참조 목록 작성도 가능해졌다. 그 결과 중앙 권력이 토지법이나 성경의 권위적 해석을 통일하여 적용할 수 있었다. 예를 들어 수도나 성도聖都 같은 한 장소의 법령이나 성서 해석을 다른 지역에서도 인쇄하면 왕국 전체의 모든 신자와 국민에게 똑같은 내용을 전달할 수 있었다. 이처럼 공신력을 갖춘 법령과 해석은 지역의 관습과 전통보다 앞섰다.

쪽 매김이 표준화되면서 색인과 상호 참조가 가능해졌다. 또한 작은 오류라도 있으면 의미가 없으므로 필사본에는 거의 싣지 못했던 표, 연대, 도식도 교정 덕분에 인쇄본에 실을 수 있었다. 목판과 판화 같은 기존의 인쇄 기술이 접목되면서 삽화도 실을 수 있었고, 인쇄물의 그림은 장식 이상의 영향을 미쳤다. 특히 논리학은 아리스토텔레스 이래 사고와 논증 방식을 말로 분석하는 언어적 기술이었지만 그림 인쇄가 가능해지면서 이성을 훈련하는 시각적 수단으로 재인식되기 시작했다. 이러한 시각적 효과를 추구한 새로운 인문주의자 세대를 이끈 사람은 1515년에 태어나 1572년 8월 26일 성 바르톨로메오 축일의 학살에 칼에 찔려 숨진 페트뤼 라무스Petrus Ramus(피에르 드 라뮈Pierre de la Ramée)다. 그는 "아리스토텔레스가 말한 모든 것은 체계가 허술하고 임의적인 기억술로만 마음에 그릴 수 있으므로 일관성이 없다"라고 비난했다(월터 옹Walter Ong, 《라무스와 대화의 붕괴Ramus and the Decay of Dialogue》에서 재인용, 46~47쪽). 인쇄술이 배움의 삶에서 무척 중요했던 라무스와 다른 학자들은 논리학이 체계적이고, 실용적이며, 창의적이어야 한다고 주장했다. 또한 사물과 개념 모두 그림 5.7처럼 시각적으로 표현할 수 있으므로 둘의 새로운 관계를 머리로 그릴 수 있게 해주어야 한다고 지적했다. 논리학은 개념 사이의 관계

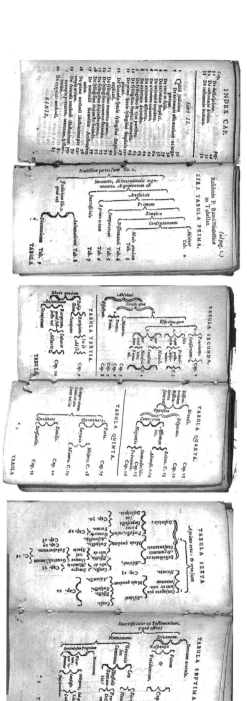

| 그림 5.7 | 페트루 라무스는 1594년에 발표한 《변증법에 관한 두 권의 책(Dialecticae libri duo)》의 목차에서 논리의 위계 구조를 위와 같이 나타냈다. 논리학(Logica)은 논증 구성(inventio)과 판단(iudicio)으로 나뉘는데 전자는 다시 '인공'의 구성과 '중형'의 구성 등으로 나뉜다. 이 용어와 그 관계들이 특별히 참신한 것은 아니었지만, 위의 도표로 나타내 그 구성한 방식은 당시로서는 무척 새로웠다. 활자 인쇄가 낳은 표준적인 인쇄 방식 덕분에 가능한 일이었다. 이처럼 복잡한 도표를 일일이 필사해야 했다면 그다지 신뢰할 수 없었을 것이다.

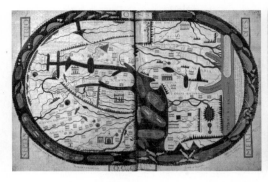

| 그림 5.8 | 두 장의 세계지도mappae mundi는 인쇄술이 발명된 후 세상을 시각적으로 나타내는 방식이 어떻게 변했는지 잘 보여준다. 왼쪽의 지도는 세비야의 이시도로스가 623년에 발표한 《어원론》(4장 참조)에 실렸다. 이 지도는 《어원론》의 첫 인쇄본(1472)에 실렸지만, 《어원론》 원본은 표준적 복제를 상상도 하지 못한 시대에 발표되었으므로 지리학적 세부 내용은 담고 있지 않다. 인쇄술이 발명되기 전 손으로 일일이 지도를 그리던 필경사들에게 세부적인 묘사란 불가능했다. 이시도로스는 세상이 '실제로' 위 지도 같을 거라고는 생각하지 않았을 것이다. 예루살렘이 가운데에 있고 천국이 극동('에덴의 동쪽')과 맨 위─맨 위에 '동쪽Oriens'이라는 표시가 있고 아래에는 '서쪽Occdens'이라는 표시가 있다─에 있는 이 지도는 세상의 종교적 구조를 나타낸다. 오른쪽은 네덜란드의 판화가이자 지도 제작자 니콜라스 비셔르 1세Nicolaes Visscher I(1618~1679)가 1657년에 제작한 〈천국의 역사와 가나안의 땅Of the history of Paradise and the Lands of Kanaan〉이다. 비셔르의 지도는 그 이름에서 알 수 있듯이 가공의 지도지만 산, 강, 바다, 섬과 같은 실제 지리적 특징을 시각적으로 생생하게 나타내려고 했다(키프로스는 축척이 정확하진 않아도 형태는 무척 비슷하다). 이것이 가능했던 이유는 표준적 크기의 동판에 새긴 이미지를 교정하면 계속 같은 형태로 인쇄할 수 있었기 때문이다.

를 알려주는 정확한 지도가 될 수 있고 그래야만 했으며, 지리학적 지도는 세상을 정확하게 나타낼 수 있고 그래야만 했다. 필사본에서는 어쩔 수 없는 부정확성 때문에 지도가 상징적인 역할에 머물렀지만 표준화되고 교정이 가능한 인쇄 기술은 부정확성을 없앴다(그림 5.8).

다른 세계에 대한 지식

지도는 태동하는 새 시대에 걸맞은 지식의 상징이 되었다. 표준적이고 객관적인 시각적 지도를 볼 줄 아는 사람은 그전까지는 미지의 대상이었던 곳을 탐험할 수 있었다.

미지의 바다로 나아간 유럽인들

예전에는 미지로의 항해가 유럽인들에게 중요한 지식이 아니었다. 배는 항상 다니던 길로만 다녔고, 사람들은 각각 지역에 관한 지식을 바탕으로 항해했다. 지상의 여행안내자가 눈에 보이는 장소나 사물을 기준으로 길을 오가듯 선장과 항해사는 시야에 들어오는 해류, 바람, 해안 형태에 따라 바닷길을 오갔다. 이 지식은 도제 제도를 통해 익히고 실전을 통해 통달해야 했다. 하지만 활자 인쇄가 발명되고 두 세대 후인 15세기 후반부터 유럽인들은 익숙한 육지 주변의 근해를 벗어나 대양으로 나가기 시작했다.

유럽인들은 광활한 대양을 처음부터 쉽게 오갈 수 있을 것이라고 기대하지는 않았다. 바다의 위대한 유목민인 남태평양의 섬 주민들도 구름 형태와 새의 이동 경로를 읽으며 항해했지만 섬 사이를 오갈 뿐이었다. 중국인들은 1405년부터 1433년까지 거대한 함선을 띄워 동남아시아, 인도, 아랍반도, 동아프리카를 탐험했다. 하지만 거세된 해군 제독 정화鄭和가 이끈 함대 역시 계속 다니던 무역 항로로만 다녔다. 폴리네시아인들의 와카울루아(선체가 이중인 카누)나 중국의 커다란 배 모두 무엇이 있을지 모르고, 얼마나 멀지 모르며, 가는 길에 무엇을 만날지 모르는 지구 반대편으로 가려고 시도하지 않았다.

유럽인들이 왜 그처럼 대담한 일을 하려고 했는지는 설명하기 어렵다.

무사히 돌아올 가능성이 무척 낮았기 때문에, 아무리 호기심이 강하고 명예나 부에 대한 욕심이 크더라도 두려움을 이기기는 몹시 힘들었을 것이다. 하지만 어쨌든 유럽인들은 바다로 나갔다. 가장 큰 이유는 부와 명예였을 것이다.

앞에서 언급했듯이 몽골이 다스리는 아시아와 교역이 활발해지면서 유럽인 사이에서 중국의 비단과 도자기, 인도의 향신료, 말레이반도의 이국적인 과일, 수마트라의 약재 같은 동방의 상품이 큰 인기를 끌기 시작했다. 유럽이 새로운 부흥의 시기를 맞으면서 처음에는 이탈리아가, 나중에는 알프스의 북쪽과 서쪽에 자리한 나라들이 이 사치품들을 모직과 가죽을 주고 사들였다. 새로운 국제 교역은 수익이 컸지만 유럽 상인들은 만족하지 않았다. 교역으로 가장 큰 이익을 본 이들은 이슬람 상인 중에서도 아시아와 인도양을 관통하는 무역로를 장악한 아랍인이었다. 그들이 인기 상품들을 알렉산드리아, 트리폴리, 콘스탄티노플 같은 동지중해 항구도시로 가져와야 제노바와 베네치아의 배들이 유럽 전역의 시장으로 나를 수 있었다. 이슬람인과 이탈리아인들의 중개무역을 거치지 않으면 큰 이익을 남길 수 있지만 엄청난 위험이 따랐다. 이 위험을 피하려면 선원들의 목숨이 위태롭지 않을 것이라고 확신할 수 있고 미지의 경로가 더 이상 미지가 아니어야 했다.

발견

15세기 말 유럽인들은 새로운 지식을 손에 넣기 시작했다. 처음 손에 쥔 나라는 포르투갈이었고 얼마 지나지 않아 스페인이 뒤따랐다. 1456년에 디오고 고메스Diogo Gomes가 아프리카 서부 해안 근처인 카보베르데 군도에 발을 들였고 1460년에는 페드루 드 신트라Pedro de Sintra가 시에라리온에 도달했다. 이후 10년도 안 되어 조앙 데 산타렘João de Santarém을 비롯한 탐험가들이 적도를 지나 기니만 섬들과 지금의 가나 지역 해안에 도달해 현지 아랍인들, 베르베르인들과 직접 금을 거래하여 소기의 상업적 목적을 달성했다. 이처럼 아프리카 해안이 조금씩 개척되다가 1488년에 바르톨로메우 디아스Bartolomeu Dias가 남아프리카 최남단을 지나 인도양까지 나가면서 향신료 무역을 위한 바닷길이 열렸다. 1498년에는 바스쿠 다 가마Vasco da Gama가 인도 캘리컷에 도달해 향신료 무역로를 완성했다. 한편 크리스토퍼 콜럼버스Christopher Columbus는 스페인 왕궁의 후원을 받아 포르투갈이 장악한 아시아 무역 요새를 우회하여 서쪽으로 항해했다. 결국 그는 1492년에 중국으로 가는 항로가 아닌 신대륙을 발견했다. 이후 신대륙에 붙은 이름은 콜럼버스가 누려야 마땅할 영예를 앗아갔지만 위와 같은 발견들이 어떤 의미를 띠는지 알려준다. '아메리카'라는 지명의 기원은 피렌체의 아메리고 베스푸치Amerigo Vespucci다. 베스푸치가 고용주에게 보낸 편지가 1502년에 처음 발표된 후 곧 여러 언어로 번역되어 유럽 전역에서 큰 인기를 끌었는데, 그는 편지에서 콜럼버스가 도착한 곳이 아시아 동부 해안이 아니라 신대륙Mundus Nouvus—출간된 책 제목과 같다—이라고 말했다. 베스푸치의 고용주는 다름 아닌 메디치 가문의 로렌초였다. 로렌초는 베스푸치가 지휘하거나 직접 참여한 많은 탐험에 자금을 조달했다. 지식도 자금과 마찬가지로 국경을 초월했다. 이탈리아인인 콜럼버스는 포르투갈 왕 밑에서 일하다가 이후 스페인 왕궁을 위해 일했고, 역시 이탈리아인인 조반니 다 베라차노Giovanni da Verrazzano는 프랑스의 지원을 받아 사우스캐롤라이나에서 뉴펀들랜드에 이르는 북아메리카의 대서양 해안을 탐험했으며, 영국인 헨리 허드슨Henry Hudson은 네덜란드의 도움으로 허드슨강까지 항해했다.

콜럼버스는 중국에 가지 못했지만 그의 사촌 라파엘 페레스트렐로Rafael Perestrello가 1516년에 광저우에 상륙하면서 중국 본토와의 교역이 시작되었다. 1543년에 일본도 유럽과 교역을 시작해 주로 무기를 수입하

고 이를 역설계하여 조선에 팔았다. 일본은 얼마 지나지 않아 신세계와
도 연결되었다. 1565년에 안드레스 데 우르다네타Andrés de Urdaneta가 태
평양 무역풍의 방향을 알아내는 데 성공했다. 적도의 북쪽으로는 바람이
동쪽을 향했고 남쪽으로는 서쪽을 향했다(대서양도 비슷하지만 규모가 훨
씬 크다). 그렇게 해서 스페인의 펠리페 2세Philip II가 무력으로 장악한 필
리핀과 일본을 직접 연결하는 경로가 열렸다. 남태평양을 장악한 이베리
아인들 때문에 동방 무역에 어려움이 많았던 네덜란드, 프랑스, 영국은
북쪽으로 향했다. 그들은 중국과 인도로 이어지는 북쪽 항로를 찾아 (지
금의) 캘리포니아, 버지니아, 캐나다 해안가를 탐험했다. 북쪽 항로는 물
론이고 남아메리카와 중앙아메리카에서 발견된 것처럼 풍부한 물자는
발견하지 못했지만 이 과정에서 알게 모르게 미래의 대大이주를 준비했
을 뿐 아니라 항해, 항법, 해적 행위 같은 바다 탐험 기술을 연마했다. 이
세 가지 기술에 통달한 프랜시스 드레이크Francis Drake는 1580년에 포르
투갈 배인 산타마리아Santa Maria호를 나포해 메리Mary호로 이름을 바꾸
고 나중에는 골든하인드Golden Hind호로 바꾸어 지구를 일주했다.

그전까지 세계를 일주하는 모험은 그리 성공적이지 않았다. 1513년에
바스코 누녜스 데 발보아Vasco Núñez de Balboa는 온갖 무력으로 파나마 지
협을 통과한 뒤에야 겨우 태평양 해안에 도달했다. 1519년 페르디난드 마
젤란Ferdinand Magellan이 선단을 이끌고 대서양에서 출발해 이제 그의 이
름으로 불리는 해협을 건너 태평양에 도달한 후 돌아왔다. 하지만 처음
에는 다섯 척이었던 배 중 한 척만 스페인으로 돌아왔고, 240명의 선원
중 35명만 살았으며, 선장 중에서는 후안 세바스티안 엘카노Juan Sebastián
Elcano가 유일한 생존자였다. 마젤란은 항해 도중 필리핀에서 목숨을 잃
었다. 그가 이동한 항로는 무역로가 아니었다. 반세기 뒤 드레이크가 같
은 항로를 일주하여 얻은 부는 스페인인들로부터 갈취한 것이지 교역으
로 번 것이 아니었다. 하지만 이를 계기로 동과 서가 이어졌다.

세계 교역

당시 세계를 연결하는 데 결정적인 역할을 한 것은 용맹한(또는 무모한) 항해가 아니라 드레이크가 스페인의 파나마 식민지를 침략해 갈취한 전리품인 은이었다. 중국과 일본 상인들은 자신들의 상품에 감탄한 유럽 상인들과 달리 유럽의 물건에 별다른 감흥을 느끼지 못했으므로 유럽인들의 구매력은 제한적일 수밖에 없었다. 동아시아에서 은은 수 세기 동안 공식적·비공식적 통화로 쓰였다. 은은 금처럼 상징적·심미적 가치 외에는 별 쓸모가 없는 반면 금만큼 희소하고 값비싸지는 않아 통화로 사용해도 그리 위험하지 않았다. 은에 친숙한 문화권들은 서로 존재도 몰랐을 만큼 멀리 떨어져 있어도 하나같이 은을 탐냈다. 은은 지중해 주변에서 일어난 전쟁의 계기이자 돈줄이 되었다. 기원전 5세기 아테네인들은 라우리움 광산에서 채굴한 은으로 페르시아전쟁의 자금을 마련했고, 기원전 3~기원전 2세기 로마와 카르타고는 이베리아반도의 은 광산을 두고 전쟁을 벌였다.

신세계의 스페인 정복자들도 은이나 금을 찾아다녔다. 때마침 에르난 코르테스Hernán Cortés가 멕시코를 무자비하게 정복하고 10년 뒤인 1531년에 세 명의 광부가 스페인 식민지 영역의 외곽인 탁스코 주변에서 은을 발견했다. 이후 은 탐색과 강탈이 50년 동안 이어졌고 포토시(지금의 볼리비아)에 '은의 산'이 있다는 전설이 현실이 되면서 강탈은 정점에 이르렀다. 유럽인들은 아메리카 원주민과 아프리카 노예의 강제 노동에 힘입어 중국의 도자기와 일본의 비단, 인도의 향신료를 구매할 자원을 얻었다.

이러한 상황은 상품과 은의 물물교환에 그치지 않고 상품, 화폐뿐 아니라 기술로 대표되는 지식이 서로 경쟁하고 주인이 바뀌는 전 세계적 네트워크로 이어졌다. 앞에서 이야기했듯이 일본은 포르투갈에서 들여온 무기를 연구한 후 제작해 조선에 팔았다. 포르투갈은 뛰어난 해군력과 극단적 폭력도 불사하는 의지로 인도양과 유럽 사이의 무역을 독점했다. 남중국해와 벵골만의 선원들은 해상무역로를 폭력으로 강탈하는 고대 지중해 관습에 익숙하지 않았으므로 포르투갈은 이내 아시아 내 무역도 독점해 인도의 섬유를 인도네시아에 팔고, 인도네시아의 향신료를 중국에 팔며, 중국과 일본 사이에서 비단과 도자기를 거래할 수 있었다. 포르투갈은 상품이 아닌 해상 기술도 팔았다(네덜란드와 영국도 그 뒤를 이었다). 이를테면 로테르담에서 건조되어 인도양에 도달한 배는 그곳에서 네덜란드 선장의 지휘 아래 현지 선원에 의해 항해하다가 그곳에서 삶을 마감했다.

다른 방향으로 이동하는 지식도 있었다. 중국과 유럽의 도자기 무역이 성행하자, 도자기가 선적되는 홍콩항에서 8백여 킬로미터 떨어진 중국 징더전의 도예가들은 자신들이 들었거나 추측한 유럽인들의 취향에 맞춰 화병 모양을 달리했다. 도예 비법 역시 이동했다. 그전까지 일본 도예가들은 중국의 고급 도자기를 따라 할 수 없었다. 하지만 16세기 중엽 유럽인들이 가져다주는 부를 최대한 누리고 싶었던 일본은 조선 도예가들의 가마와 비법을 들여왔다(얼마 후 조선인들은 중국에 들어선 청나라와의 전쟁에서 스페인 무기로 싸웠다). 유럽인들은 1338년에 중국 대사가 교황을 만나러 가는 길에 헝가리의 러요시 1세Lajos I에게 처음 청백자를 선물한 이래 도예 기술을 모방하려 했다. 하지만 거의 성공하지 못했다. 우선 중국의 고령토가 있어야 했고 더 중요한 '노하우'가 필요했다.

새로운 글로벌 네트워크의 도전과 기회는 이론적 지식에 큰 영향을 미쳤다. 변화하는 주변 세상을 예의 주시한 인문주의자들을 비롯한 유럽 학자들은 세상에 대한 자신들의 지식 대부분이 틀렸다는 사실을 깨달았다. 지구 저편에 인간이 있을 수 없다는 아우구스티누스의 주장이 설득력 있었던 이유는 지구 반대편에 육지가 있을 것이라는 근거가 없고,

성경에는 아담의 자손이 남쪽으로 갔다는 내용이 없기 때문이었다. 설득력은 있을지 몰라도 틀린 주장이었다. 남반구에는 사람이 있었다. 성경의 이야기에 따라 계산하면 노아의 홍수는 기원전 약 2350년에 일어났지만, 중국인들에게는 그보다 훨씬 오래된 왕국과 숭배에 관한 기록이 있을 뿐 아니라 그들의 기록이 더 믿을 만했다. 중국뿐 아니라 아시아와 아메리카의 위대한 문명들은 인간의 존엄과 도덕이 신의 지식 없이도 번영할 수 있다는 사실을 보여주었다. 세상 저편에는 인간이 없을 것이라는 유럽인들의 지식은 틀렸다고 판명되었다. 프톨레마이오스의 설명과 달리 인도양은 육지로 둘러싸여 있지 않았다. 아리스토텔레스는 지구 상 동물은 약 5백 종이라고 말했고, 페다니우스 디오스코리데스Pedanius Dioscorides는 1세기에 편찬한 백과사전《약재에 관하여De Materia Medica》에서 자연에 존재하는 식물은 약 6백 종이라고 설명했다(8장 참조). 하지만 라이덴대학교Leiden University 의학부가 운영한 식물원은 1594년까지 1,060종 이상의 식물을 목록화했고 이후 멕시코와 인도, 인도네시아와 서인도제도, 일본과 말라바르, 열대 아프리카와 중국에서 새로운 식물들이 발견되면서 목록은 더욱 늘어났다.

새 시대를 위한 지식

물자와 기술이 오가는 글로벌 네트워크의 모든 참여자와 관찰자에게는 새로운 지식이 필요했다. 특히 가장 적극적이고 공격적인 참여자인 유럽인들은 새 지식을 몹시 갈망했다. 그들은 지식의 빈틈을 메우는 일보다 중요한 것은 '무엇인지에 대한 지식'과 '어떻게에 대한 지식' 모두의 형태를 바꾸는 것이란 사실을 깨달았다. 지식은 탐험 덕분에 생성되고 교환될 뿐 아니라 탐험을 위해서도 생성, 교환되므로 이동 가능한 형태가 되어야 했다.

우선 이 새로운 형태의 지식은 '진실하고 정확'해야 했다. 새 시대의 지식은 대부분 먼 곳에서 왔으므로 곧바로 진위를 확인할 수 없었다. 그러므로 신뢰를 바탕으로 중요한 결정들을 해야 했다. 예컨대 비단 상인은 약속한 대로 품질 좋은 비단을 팔아야 그 비단이 항구에 도착하기 전에 다른 배에 실릴 또 다른 비단을 팔 수 있었다. 반대로 약속과 달리 품질이 떨어지는 상품을 들여와 '신용'을 잃은 탐험가는 메디치 은행으로부터 '신용'을 받을 수 없었다.

새로운 지식은 '표준화와 번역'이 가능해야 했다. 광저우에서 거래하는 스페인과 중국 상인들이나 말라카에서 거래하는 포르투갈과 인도 상인들은 도자기, 은, 강황의 품질과 순도에 관해 대화해야 했고, 벵골만의 인도네시아 선원과 네덜란드 선장은 지구 반대편에서 전해진 지식과 경험에 대해 소통하고 바람, 항해, 해류에 대한 정보를 공유해야 했다.

지식이 얼마나 '정확'한지에 따라 삶과 죽음이 결정되었다. 배에 물과 식량을 실을 때 다음 상륙 때까지 버틸 만큼 충분하되 배의 속도가 위험하리만큼 느려지게 과적하지 않도록 정확히 계산해야 했다. 해양 지도가 정확해야 항해사가 익숙하지 않은 바다에서도 눈에 보이지 않는 위험을 피하고 낯설지만 안전하다고 확신할 수 있는 해안으로 배를 댈 수 있었다. 바다 한가운데에서는 천체의 위치가 유일한 단서였으므로 역사상 처음으로 정확한 별자리표와 천체력ephemeris이 필요했다. 1도의 오차는 천문학자에게는 대수롭지 않은 문제였지만 적도 주변을 항해하는 선원들에게는 계획한 경로에서 1백 킬로미터 넘게 이탈할 수 있는 큰 문제였다. 바다 위를 정처 없이 떠다니는 유령선에 관한 전설인 '방황하는 네덜란드인Flying Dutchman'은 물자를 실을 섬을 찾지 못하는 배의 끔찍한 운명을 생생하게 묘사한다.

가장 추상적인 학문이었던 수학은 육지에서는 은행가들에게, 바다에서는 선원들에게 가장 실용적인 도구가 되었다. 고대인들은 수학의 정확성에 심미적으로 매료되었는데, 이 정확성 때문에 수학은 철저하게 이상의 영역이었다(2장과 3장 참조). 하지만 이제 정확성은 현실적이고 세속적인 가치를 띠었다. 선원들이 말 그대로 생존을 위해 천체 위치를 정확히 계산해야 하듯이, 기업가들은 복잡하고 위험하지만 어마어마한 이익을 안겨주는 새로운 해상무역의 세계에서 살아남으려면 이자율, 리스크, 상대적 가치를 정확히 계산해야 했다.

수학이 실용적 가치를 띠면서 수학자는 선망의 직업이 되었다. 이탈리아에서는 이미 14세기부터 상인과 장인이 아들을 마을의 '수학 학교 Abacus School'에 보내기 시작했다(당시 거의 모든 여성은 교육받을 기회가 없었다). 그곳에서 학생들은 비율 환산, 복리 이자 산정, 알고 있는 질량을 바탕으로 다른 질량을 계산하는 방법 같은 복잡한 대수학을 배웠다. 이들이 주로 공부한 교재는 인도, 아라비아의 십진법 숫자 체계를 소개하고 이를 토대로 일종의 대수algebra 전략을 설명한 레오나르도 피사노 Leonardo Pisanus('피보나치Fibonacci')의 《주판서Liber Abaci》(1227)였다.

새롭게 등장한 수학 교재와 카리스마 넘치는 수학 교사들은 어디서나 환영받았다. 당대 최고의 수학 교사 중 한 명이던 니콜로 폰타나 타르탈리아Niccolò Fontana Tartaglia(1499~1557)의 삶은 브루넬레스키의 삶이 이전 세기를 대표한 것처럼 그의 시대를 대표했다. 니콜로는 베네치아공화국의 브레시아에서 태어났는데, 그가 여섯 살 되던 해에 집배원이었던 아버지가 강도에게 살해당했다. 그리고 열두 살에는 프랑스 침략군이 그의 턱과 입천장을 베어 말을 더듬게 되었다('타르탈리아'는 말더듬이라는 뜻이다). 어려운 가정 형편 때문에 더 이상 학교에 다닐 수 없었지만 그리스어, 라틴어, 수학을 독학으로 터득했다. 놀라운 재능에 감탄한 부유한 귀족이 그를 후원했고, 10대 후반에는 베로나에서 주판 교사로 유명해지면서 베네치아까지 진출했다. 그는 수업료로 많은 돈을 벌었고, 당시 유행하던 수학 대결로 유명해지면서 더 많은 학생과 후원자를 얻었다. 수학 대결이란 참가자들이 마을 광장에 설치한 무대에서 관중이 지켜보는 가운데 수학 문제를 푸는 대회였다. 참가자들은 당시까지 답이 나오지 않은 수수께끼들도 풀어야 했는데 니콜로는 3차 방정식을 풀며 더욱 유명해졌다(하지만 부유한 귀족 출신인 지롤라모 카르다노Girolamo Cardano와 치열한 표절 논쟁을 벌이게 되었고 니콜로는 부와 권력을 갖춘 카르다노를 이길 수 없었다). 수학 대결만큼 극적인 장치는 아니었지만 책도 니콜로의 수학적 능력을 입증하는 데 한몫했다. 그는 유클리드의 《원소론》을 이탈리아어로 훌륭하게 번역하고 대담하게도 제목을 《신과학Nova Scientia》으로 붙였다. 그는 이 책을 우르비노 공작에게 헌정하면서 공작의 포수들이 수학적 분석으로 대포를 정확히 조준하는 데 도움이 될 거라고 장담했다. 이후 대포 조준 기술은 학자와 장인이 만나는 또 다른 장이 되었다.

글로벌 지식 기관

교역 기관

이탈리아의 수학 학교만이 새로운 지식 기관이었던 것은 아니다. 새 시대의 대표적 지식 기관들이 국제 교역의 이익을 극대화하기 위해 설립되었다. 원하는 목적을 위해서라면 폭력도 불사한 이 기관들의 주요 도구는 지식의 생산, 수집, 표준화, 독점이었다. 이베리아반도 제국들은 이 임무를 왕립 기관에 맡겼다. 예를 들어 포르투갈은 1501년 리스본에 인도의 집Case de India을 설립했고, 1503년 스페인도 뒤따라 교역의 집Casa de Contratación을 세비야에 설립했다. 두 기관 모두 관세, 세금, 해상 계약, 일정에 대한 통제권을 가졌지만 가장 중요한 것은 '왕의 문양Padrón Real(포르투갈어로는 'Padrão Real')'을 관리했다는 사실이다(그림 5.9). 왕의 문양이란 커다란 비밀 세계지도였다. 1등 항해사—1508년에 아메리고 베스푸치를 위해 새로 만들어진 지위다—의 지휘 아래 지도 제작자, 항해사, 기록 관리자가 이 지도에 자세히 주석을 달거나 새로운 내용을 추가했다. 베스푸치가 받은 왕의 임명장에는 "어떤 항해사도 왕의 문양의 해도가 아닌 다른 해도를 사용해서는 안 되며, 이를 어길 시 50도블리doble의 벌금을 물어야 한다"라고 명시되어 있었다. "이미 발견되었거나 새로 발견된 인도인들의 땅"에서 돌아온 항해사는 "왕의 문양에 기록한 새로운 땅, 섬, 만, 항구를 비롯해 모든 사항을 보고"해야 했고, 기록이 정확하며 그 내용을 누설하지 않겠다고 맹세해야 했다(클레멘츠 마컴Clements Markham, 《아메리고 베스푸치의 편지The Letters of Amerigo Vespucci》, 65쪽).

인식론과 정치의 중심지로 물밀듯이 흘러들어 온 다른 세계의 지식은 검증받고 표준화되어 공식 지식으로 인증받은 뒤 다시 변방으로 전파되었다. 또 다른 교역 강대국인 영국과 네덜란드에서는 동인도회사(영국과 네덜란드), 머스코비회사Muscovy Company, 버지니아회사Virginia Company 같은 민간 주식회사가 이러한 지식의 중심지가 되었다. 왕실 소속이 아닌 이 회사들은 부유한 여러 주주가 출자한 자금으로 투자 수익을 극대화하고 리스크를 최소화했다. 민간 기업이었음에도 왕실의 인정을 받았고, 강력하고 광범위한 독점을 통해 엄청난 이익을 챙기면서 독자적인 통치 권력처럼 행동했다(엘리자베스 여왕Queen Elizabeth이 1600년의 마지막 날 영국 동인도회사를 처음 왕실 공인 기구로 인정한 이래 다른 회사들도 왕실의 인정을 받았다). 예를 들어 영국 동인도회사는 한때 전 세계 교역의 절반(!)을 차지했다. 이 회사들은 스스로 차지한 영토에서 법을 만든 후 무력을 통해 집행했는데, 스페인과 포르투갈의 왕실 기관처럼 지식 기관 역할도 했다. 그들은 선장들에게 목적지에 대한 지식을 제공했고, 목적지에 다다른 선장들은 그 지식을 개선하고 확장했다. 회사들이 모으고 전파한 것은 지리학적 지식과 항해 노하우뿐 아니라 광물, 식량과 같은 새로운 원자재,

| 그림 5.9 | 스페인 교역의 집에 소속된 포르투갈 수석 지도 제작자 디오고 리베이로Diogo Ribeiro가 제작한 왕의 문양. 위 그림은 1529년에 교황에게 전달된 증정본으로 바티칸 사도 도서관Vatican Apostolic Library에서 소장하고 있다(실제 항해에 쓰인 지도는 남아 있지 않다). 바다 위로 거미줄처럼 연결된 선은 주로 항구에서 다른 항구로 이어지는 선들이다.

향신료와 약재로 쓸 수 있는 새로운 작물, 비단에서 도자기에 이르는 새로운 예술품까지 이익을 얻을 수 있는 것에 관한 모든 지식이었다. 특히 선장들이 접한 민족과 문화에 관한 새로운 지식이 중요했다. 그들을 지배할 수 있을까? 그들과 교역할 수 있을까? 할 수 있다면 어떻게? 그들의 언어, 습관, 관습은 어떠하며 교역이나 지배에 이용할 수 있을까?

교역을 위한 왕립 기관과 회사를 중세의 상징적 지식 기관인 길드와 비교해보자. 이들은 길드처럼 지식을 통제하고 독점하여 이익을 최대화하기 위해 세워졌다. 하지만 추구하는 지식이 달랐다. 길드가 장악하려 한 지식은 장인이 보유한 지역적·물질적 지식이었다. 이 지식을 통제하는 유일한 방법은 장인이 다른 장인이나 도제, 고객과 맺는 관계를 규제하여 행동을 제한하는 것이었다. 한편 교역 기관과 회사들의 지식은 국경을 초월하고 추상적이었다. 그들의 지식은 지도와 장부에 기록되어 멀리 전파되었다. 지식의 가치는 이 같은 유동성에 있었고, 교역 기관과 회사들이 통제하려던 것은 바로 이 흐름이었다.

예수회

예수회 선교사들에게 국제 교역은 금전이 아니라 신자들을 모을 기회였다. 도전과 위험을 딛고 원대한 소명을 실현하려면 지식의 세계적 흐름을 정교하게 통제해야 했다. 예수회는 교회의 대분열(6장 참조)이 한창일 때 스페인 바스크 출신의 군인이었다가 신부가 된 로욜라의 이냐시오Ignatius of Loyola(1491~1556)가 1540년에 창설했다. 창시자의 출신과 경험을 반영하듯 예수회는 교황의 명령에 따라 발 빠르게 움직이는 설교자 '부대'를 표방했으나 얼마 지나지 않아 가장 강력한 무기는 새로운 지식이고 최고의 전략은 교육이라는 사실을 깨달았다. 1548년에 시칠리아 메시나에 처음 문을 연 예수회 학교는 예수회 수도사가 되고 싶은 이들

뿐 아니라 어린 소년이라면 누구나 입학할 수 있었다. 여학생도 받아야 한다는 목소리도 있었지만 이 주장은 현실화하지 못했다. 이냐시오가 세상을 떠날 무렵에는 예수회 학교 수가 33개였으나 1600년에는 236개로 늘었고 1615년에는 유럽 전역에 372개에 달했다. 1627년에 예수회 학교에 다니는 학생은 프랑스에서만 4만 명에 이르렀다. 예수회 학교가 큰 인기를 끈 이유는 후원자나 마을의 지원 덕분에 학비가 무료였기 때문만이 아니라 수사학, 고전학, 극문학, 그리고 무엇보다도 수학을 포함한 혁신적인 최신 교과과정 때문이기도 했다.

예수회 수도사가 되어 선교에 적합한 '학자'로 분류된 학생들은 더 많은 교육을 받았는데 우선 2년 동안 수련 수사로 훈련받은 뒤 포르투갈 코임브라나 에보라 같은 도시로 나가 그리스 철학, 기독교 신학, 최신 과학을 공부했다. 예수회가 로마 중심부에 설립한 종합대학인 콜레기움 로마눔Collegium Romanum에 입학하면 당대 최고의 학자들 밑에서 배울 수 있었다. 예비 선교사들은 석사 과정을 마친 뒤 선교 지역과 가까운 식민지 학교로 파견되었다. 예를 들어 브라질로 갈 수도사는 리우데자네이루에서, 인도로 갈 수도사는 고아에서, 중국과 일본으로 갈 수도사는 마카오에서 각 지역의 언어와 관습을 익히는 표준화된 프로그램에 참여했다.

예수회 선교사들이 학식을 쌓은 첫 번째 이유는 인문주의자들의 고대 로마 영웅 키케로와 세네카가 말했듯이 더 나은 사람이 되기 위해서였다. 신학의 목적은 신앙심을 더 깊게 하는 것이고 예수회 학교는 "천국에서 온 군인들을 매년 영혼의 정복자로 변모시키는 트로이의 목마"였다(17세기 중반부터 전해온 '발타자르 이야기Baltazar Tales' 중. 리엄 브로키Liam Brockey,《동방으로의 여행Journey to the East》에서 재인용, 211쪽). 그리고 현지의 지식은 이교도들을 정복하는 데 꼭 필요했다. 선교지에 도착한 "영혼의 정복자"는 학생에서 적극적인 지식 추구자로 변신했다. '교화 보고서'를 정기적으로 꼼꼼하게 작성하는 일은 선교 활동에서 빼놓을 수 없는 중요한 부분이었다.

이 보고서는 선교사들의 이동 경로와 반대 방향으로 이동해 선교지에서 출발해 지역 사제에게 전달된 다음 로마에 있는 학장에게 도달했다. 이후 그곳에서 편집되고 요약되어 예수회 학교들로 배포되었다. 보고서가 전달한 실용적 정보는 수련 수사들이 선교 활동을 준비하는 데 활용되었고, 흥미진진한 새로운 지식은 수도사들을 모집하고 수도회가 신뢰받는 지식 기관으로 자리 잡는 데 활용되었다.

이러한 보고서 제도는 의심할 여지 없는 성공을 거두었다. 페루에 있는 스페인 예수회 선교사들은 기나나무 껍질이 말라리아 치료제가 될 수 있다는 사실을 알렸고 이후 기나나무 껍질은 '예수회의 나무껍질'로 불렸다. 동백나무를 지칭하는 카멜리아camellia는 '자연 지식 향상을 위한 런던 왕립학회Royal Society of London for Improving Natural Knowledge'를 통해 필리핀의 동식물에 대해 알린 체코 예수회 수도사 게오르크 요제프 카멜Georg Joseph Kamel(1661~1706)의 이름을 딴 것이다. 중국에서 활동한 선교사들은 좀 더 추상적인 지식을 생산했다. 17세기 초 천문학자 요하네스 케플러는 독일 예수회 선교사 요한 슈렉Johan Schreck과 편지를 주고받았다. 슈렉은 케플러에게 중국인들의 일식 계산법을 알려줬고, 케플러는 또 다른 예수회 선교사인 폴란드 출신의 미하우 보임Michał Boym을 통해 자신이 만든 루돌프 표Rudolphine Tables(항성과 행성의 운행에 관한 표-옮긴이)의 사본을 전달했다. 17세기 후반 저명한 철학자 고트프리트 빌헬름 라이프니츠Gottfried Wilhelm Leibniz는 이탈리아 출신의 예수회 수도사 클라우디오 필리포 그리말디Claudio Filippo Grimaldi로부터 중국어를 배웠다.

인구가 매우 많고 눈부신 문화를 이룩한 중국은 예수회가 가장 탐내는 선교지였고, 지식은 중국 선교에 필수적이고 효과적인 도구였다. 정치권력을 통해 영혼을 정복하는 방식은 예수회에 불명예—예수회는 교황 클레멘스 14세의 명령으로 1773년에 해산되었다—를 안겼지만 중국과 중국의 강력한 중앙집권적 정부에 대해서만큼은 적절해 보였다. 그러므로 선교사들은 엄격한 시험을 통과해 관료가 된 정치·행정 엘리트들의 신뢰와 환심을 사려고 했다.

1582년에 이제 막 시작된 중국 선교 활동을 돕기 위해 마카오 학교에 파견된 마테오 리치Matteo Ricci(1552~1610)의 눈에 중국 관료는 고국 이탈리아의 인문주의자들과 무척 비슷했다. 1595년에 그는 우정에 관한 금언집《교우론交友論》을 중국어로 펴낼 만큼 중국어 실력이 뛰어나 관료들의 마음을 사로잡았다. 이 작은 책 한 권으로 많은 인맥을 쌓은 그는 선교사들이 중국 남부에 있는 거처에서 입었던 불교 승려복을 벗고 현지인들의 복장으로 황실이 있는 북쪽으로 이동했다. 이러한 복장은 이교도를 교화하기 위해서라면 기독교 관점에서 의심적은 외국의 관습도 받아들일 수 있다는 예수회의 '적응주의' 교리를 상징했다. 유럽과 중국의 예수회 반대자들은 이런 접근법이 수도회의 이중성, 종교적 천박함, 권력욕을 드러낸다고 격렬하게 비난했다. 하지만 예수회의 중국 선교는 새로운 글로벌 시대와 관련하여 중요한 의미를 시사한다. 예수회는 지식인들을 문화를 초월한 계급으로 바라봤고, 그들의 지식은 모든 경계를 뛰어넘는다고 믿었다.

고전적인 지식은 가치가 제한적이었다. 리치는 관료들에게 그림과 이국적인 물건들을 선물하여 무사히 베이징에 도착했지만 베이징 관료들의 눈을 가장 사로잡은 것은 그러한 물건이나 고대 지식이 아니었다. 진귀품과 고대 지식이라면 중국에도 얼마든지 있었다. 중국 관료들은 세상에 대한 새로운 지식과 그 지식을 모으고 기록하는 시계, 프리즘, 지도, 지구의 같은 도구들에 매료되었다. 콜레기움 로마눔에서 당대 최고의 천문학자 크리스토퍼 클라비우스Christopher Clavius(1538~1612)로부터 배운 리치는 그들의 호기심을 채워줄 수 있었다. 1602년에 그는 천주교로 개종한 이지조李之藻(1565~1630)와 함께 황제의 요청에 따라 당시 국제 교역을 상징하던 세계지도 〈곤여만국전도坤輿萬國全圖〉를 제작했다(그림 5.8 오른쪽과 그림 5.9와 비슷하다. 원본은 안타깝게도 사라졌다). 폭이 3.6미터에 높이가 1.5미터에 달하는 여섯 폭 병풍의 〈곤여만국전도〉는 말 그대로 지식의 문물이었다. 문화를 초월한 산물답게 이후 조선, 일본, 심지어 만주에서도 번역되고 주석이 달렸다. 1607년 리치는 이지조와 또 다른 천주교도 관료 서광계徐光啓(1562~1633)와 함께 유클리드의 《원소론》을 '기하원본幾何原本'이란 제목으로 번역하는 등 여러 수학 문헌을 펴내 〈곤여만국전도〉로 얻은 명성을 공고히 했다. 그가 선보인 지식 덕분에 예수회 선교사들은 거의 한 세기 동안 베이징에 머물 수 있었고 '외국' 전문가들은 큰 환대를 받았다. 리치가 세상을 떠난 후 몇십 년 동안 선교사들은 천문과 역법을 관장하는 왕실 기관인 흠천감欽天監에 초청되었고, 이들의 천문학적 지식은 황실 달력의 오류를 바로잡는 데 활용되었다.

새로운 지식의 세계화

앞의 이야기에서는 3장에서 설명한 천문학의 두 가지 문화적 요소가 등장했다. 하나는 달력을 만드는 전문가고, 다른 하나는 점성술 의식과 정치적 의식을 위해 그들을 고용한 중앙집권적 통치 세력이다. 전문가와 관료가 바다를 건너 만날 수 있었던 이유는 천문학이 어떤 보편성을 내재하기 때문이 아니었다. 성당이 스스로 전 세계로 퍼져나가지 않았듯이—예수회는 남아메리카를 비롯해 세계 곳곳에 성당도 전파했다—천문학은 스스로 이동하지 않았다. 예수회 선교사들이 천문학 기술로 중국 황실의 마음을 사로잡을 수 있었던 이유는 유럽에서도 관료주의적이고 중앙집권적인 교회가 달력 때문에 골머리를 앓은 적이 있었기 때문이다. 실제로 클라비우스는 달력 개혁을 이끈 덕에 달력의 신뢰성과 보편성을 높인 수학을 예수회 교육의 핵심으로 만들 수 있었다. 이러한 배경에서 리치처럼 선교사이자 걸출한 수학자들이 배출되었고, 독일인 요한 아담 샬Johann Adam Schall(1592~1666)과 네덜란드인 페르디난트 페르비스트Ferdinand Verbiest(1623~1688)처럼 리치보다 뛰어난 후계자들이 중국 흠천감에 초청받았다. 그들의 천문학적 지식은 중국 황실에 무척 유용했다. 그전까지 흠천감에서 연구하고 응용한 천문학은 13~14세기 몽골제국과 교류하여 얻은 지식이었다. 칭기즈 칸의 손자 쿠빌라이 칸은 1271년에 스스로 원나라 초대 황제에 오른 후 이슬람 학자들을 관료와 전문가로 고용했고, 이들은 4장에서 이야기한 헬레니즘에 기반한 과학을 들여왔다. 그중 가장 유명한 학자인 자말 알딘 알부카리Jamal al-Din al-Bukhārī는 프톨레마이오스 천문학에 대한 이론적 지식뿐 아니라 천문 장치들을 중국에 소개했다. 이 장치들은 쿠빌라이의 동생 훌라구, 그리고 마라게 천문대(4장 참조)의 황실 천문학자 나시르 알투시가 사용한 장치들의 본보기가 되었다. 그러므로 흠천감에서 프톨레마이오스 이론에 바탕한 장치들을 접한 예수회 천문학자들은 그것이 몹시 낡았더라도 쉽게 알아보았을 것이다. 과학이 본질적으로 보편적인 것은 아니지만, 헬레니즘 천문학은 처음에는 유럽으로, 그다음에는 중국으로 유입되면서 두 번의 세계화 과정을 거쳤다. 두 번 모두 이슬람교도들이 중개자 역할을 했다.

근대 초기에 나타난 상업, 종교, 전쟁의 세계화는 과학의 역사에서 새로운 수학의 시대를 연 중요한 사건이다. 수학은 이동성이 높고 문화적 장벽을 뛰어넘는 데 유용한 도구였다. 수학적 기술은 그 자체로도 유용했지만 이미 밝혀진 많은 정보를 단순한 숫자와 도표로 환원하는 중요한 기능을 했다. 가령 예수회 선교사들에게 중요한 것은 개종한 사람의 수였다(예수회는 중국에 무척 많은 공을 들이고 중국 관리들 사이에서 명망도 높았지만 개종한 사람의 수는 실망스러웠다). 은행가들은 교역품을 금전적 가치로 환원했다. 교역품이 얼마나 유용하거나 아름답든 다음 투자를 위해선 금전적 가치가 높아야 했다. 사실 돈도 상품 사이의 상대적 가치를 나타내는 수단일 뿐이었다. 예컨대 비단은 그 가치를 은으로 판단할 수 있었고 은의 가치는 도자기로 판단할 수 있었다. 바다 한가운데에 있는 선원에게 머리 위 하늘은 더 이상 천체들의 공간이 아니라 수학적 항로를 짤 수학의 격자가 되었다. 이제 광활한 바다에서 중요한 것은 공간이 아니라 거리였다.

01 일신론과 헬레니즘 과학의 만남을 특징짓는 분쟁, 타협, 진테제에 대한 논의를 살펴보면서 과학과 종교의 전반적인 관계를 새롭게 생각하게 되었는가?

02 학자와 장인의 만남, 그리고 만남의 원인이 된 사회적·문화적 상황에 관한 이야기가 설득력 있는가? 이러한 이야기에서 어떤 인식론적 교훈을 얻을 수 있을까?

03 활자 인쇄술 발명과 그 문화적 영향을 21세기 통신 기술의 출현에 비교하는 것이 유용할까? 그렇다면 어떤 통찰을 얻을 수 있을까? 어떤 역사적·철학적 통찰을 할 수 있을까?

04 '글로벌 지식'이라는 개념이 1장에서 이야기한 전반적 지식과 과학적 지식의 지역적 특수성에 대한 논증에 부합할까? 부합하지 않는다면 글로벌 지식 개념과 지식의 지역적 특수성 중 무엇이 더 설득력 있게 여겨지는가? 그 이유는 무엇인가? 두 개념 사이에 중간 지대가 있다면 어떻게 설명할 수 있을까?

05 근대 초기 '글로벌 기업들'의 주요 교역품이 지식이었다고 말할 수 있을까? 그렇다면 이를 통해 지금의 과학과 세계화의 관계를 다른 시각으로 이해할 수 있을까?

마법

구경꾼의 지식 대 참여자의 지식

성당을 지은 석공과 성당 안에서 연구한 학자 모두 성당 건설에 사용된 돌이 무거우며 이 사실을 바꿀 수는 없다는 데 동의했을 것이다. 물론 우리는 돌이 무겁다는 사실을 받아들인다. 학자는 돌이 무거운 이유와 무거움이란 무엇인지 이해하려 하고 석공은 "윈치와 도르래로" 무거움을 극복하려 했을 것이다. 하지만 그들 모두 세상에는 가벼운 물체도 있고 무거운 물체도 있으며 어떤 지식도 그 사실을 바꾸지 못한다는 데 동의했을 것이다.

이런 지식이 있다면 어떨까? 돌을 가볍게 만들 수 있다면? "중력을 거슬러" "다듬은 돌"을 스스로 하늘에 오르도록 할 수 있다면(1장에서 이야기한 오먼드의 시를 기억해보자)? 아니면 인간보다 훨씬 강한 무언가의 도움으로 돌을 올릴 수 있다면? 자연의 규칙성에 제한받지 않는 이 유용한 지식을 얻으려는 노력을 우리는 '마법'이라고 부른다.

앞에서는 과학을 찬양의 의미로 받아들여서는 안 되는 이유와 과학을 시간과 장소의 영향을 받는 임의적인 역사적 현상으로 인식해야 하는 이유를 이야기했다. 마찬가지로 마법을 '미신'과 동의어로 여기거나 괴팍하고 불가사의한 자들의 전유물로 생각하는 것도 옳지 않다. 마법은 그 자체로 이해해야 한다. 묘약 조제법이나 주문을 연구해야 한다는 뜻이 아니라 마법에 관여한 사람들이 누구이고 '그들(그리고 그들의 동시대인들)'이 마법을 어떻게 생각했는지 이해해야 한다는 뜻이다. 우리는 그들이 서로 어떤 관계를 맺고 이웃과는 어떤 관계를 맺었는지 알 필요가 있다. 과학의 역사라는 맥락에서 중요한 것은 마법에 관련된 사람들이 세상에 대해 무엇을 알았고 어떻게 세상에 영향을 미치려고 했느냐다. 많은 역사학자와 인류학자가 마법을 모든 문화에 존재한 보편적 범주로 정의하고 과학과 종교와는 근본적으로 구분된다고 말한다. 하지만 과학의 역사를 살펴보는 이 책에서는 마법을 고대 지중해 지방에서 기원해 근대 초기까지 이어진 지식의 '특수한 전통'으로 다룰 것이다. 이 전통이 다른 시대와 장소의 다른 지식 전통들과 닮았는지, 그리고 다른 전통과의 비교가 유용한지는 이 책의 주제를 벗어나는 어려운 문제다. 주목해야 할 점은 과학의 기원인 주류 자연철학과 마법을 비교하는 것이다. 믿음, 관습, 제도로 이루어진 이 두 가지 전통은 복잡하고 긴밀한 관계를 맺었다(비록 마법의 전통에서 제도는 찾기 힘들지만). 둘은 때로는 서로를 배척하고 때로는 연합했다. 때로는 서로의 지식을 빌려 오고 때로는 신랄하게 비판했다. 마법은 그 자체로도 연구 가치가 높지만, 과학과 마법의 비슷한 점과 다른 점을 살펴보면서 과학의 역사를 이해하는 것 역시 무척 중요하다.

마법의 전통(들)

앞에서는 마법의 범주를 제시하고, 과학의 성전에 투입된 유형의 지식과는 다른 특징을 이야기했다. 범주화와 특징화는 불가피하다. 역사는 과거를 되살리려는 시도가 아니며, 시도해도 성공할 수 없다. 역사란 '우리가' 지금 '우리의' 문화인 과학의 문화가 어떤 특징을 지니는지 '스스로에게' 설명하기 위해 과거에 관해 하는 이야기다. 중요한 사실은 이 범주들을 '우리가' 정했다는 것이다. 이 범주들은 자명하지도 필연적이지도 않으며, 각 범주의 지식을 창출한 이들이 이 범주들을 따르는 것도 아니다. 과학에 대해서도 그렇고 마법에서는 더욱 그렇다. 마법이라는 단어 자체에는 고유한 역사가 있다. 이 마법의 역사에 관한 의미가 앞에서 한 특징화에 항상 부합하는 것은 아니다. 마법이라는 단어는 페르시아 조로아스터교 사제들을 일컫는 '마구스magus'의 복수형 '매지magi'에서 비롯되었다. 그리스인들은 최소한 기원전 6세기부터 마구스의 존재를 알았다. 이후 그리스인들이 마구스에 관해 아는 것 또는 안다고 생각한 것들이 관습적으로 마법의 범주에 속하게 되었다. 마구스가 행하는 신비한 기적뿐 아니라 점술, 죽은 자를 부르는 주술, 연금술, 점성술 모두 마법으로 일컬을 수 있다.

'마법'은 애초부터 미스터리한 종교와 관련된 난해한 외국 지식이라는 뜻을 함축했다. 그러다가 이집트 사제의 능력들까지 의미하게 되었고, 결국 그리스인들이 자신들의 마법사를 일컫는 단어 'γόης('고이스'로 발음)'를 대체했다. 그리스와 로마 사상가들은 마법사들에 관한 놀라운 이야기들을 믿어야 할지에 대해 상반된 태도를 보였다. 예를 들어 위대한 박물학자 대플리니우스(4장 참조)는 식물의 마법적 속성을 거의 언급하지 않았지만 동물의 마법적 속성에는 관심이 많았다. 그는 마법에 반감을 나타내거나 조롱하면서도 마법의 힘을 확신하는 듯했다. 이를테면 '매지'를 사기꾼으로 부르며 경멸했지만 "주문과 저주를 두려워하지 않는 사람은 없다"라고 인정했다(대플리니우스,《박물지》10권 37부 15장, 리처드 키케퍼 Richard Kieckhefer,《중세의 마법Magic in the Middle Ages》에서 재인용, 24쪽). 갈레노스 역시 마법사들을 경멸했지만 약초는 동이 트기 전에 왼손으로 채취해야 한다고 믿었다. 정치인들도 마법사에 대한 태도가 이중적이었다. 예컨대 아우구스투스Augustus 황제(기원전 63~기원후 14)는 약 2천 권의 마법서를 불태웠다. 마법사들로부터 어떤 요행수도 바라지 않겠다는 의지의 표시였을 것이다.

기독교 사상가들에게 마법은 단순히 신비한 기교가 아닌 위험한 이단적 행위를 의미했다. 마법사들이 하는 일은 오로지 그들이 따르는 신이 도운 결과였다. 마법사들의 신은 진짜 신일 수 없으므로 악마임이 분명했다. 하지만 일신론 사상가들도 마법이 불가능하다고 말하는 대신 이단 행위로 규정하며 양가적인 태도를 보였다. 물론 유대교 성서에는 그리스어 '매지'가 등장하지는 않지만 마술, 마법, 주술에 관한 내용이 무척 많다. 가령 아론은 이집트 사제들과 막대를 악어로 바꾸는 경쟁을 벌였고, 선지자 엘리야는 바알의 사제들과 제단에 불을 일으키는 대결을 벌였다. 엔돌의 마녀는 죽은 사무엘의 몸에서 그의 영혼을 불러내 사울에게 말을 걸도록 했다. 모세 5경은 마법을 부리는 자를 사형으로 벌하라고 할 만큼 마법을 결코 용인하지 않았지만 마법의 효험을 의심하지는 않았다. 사울은 자신의 왕국에서 모든 마법사를 추방했지만 이후 간절하게 마녀를 찾아 죽은 사무엘을 불러일으켰다가 그 대가로 시종들과 죽음을 맞았다. 이처럼 마법에 대한 금기는 그 효험에 대한 믿음과 공존했다. 기독교의 양면성이 특히 흥미로운 이유는 기적의 형태를 띠는 신성한 마법이 기독교 신화의 핵심이기 때문이다. 복음의 대부분은 그리스도가 일으킨 기적 이야기이고, (순교와 더불어) 그러한 기적은 성인들을 구분 짓는 특징이다. 게다가 중요한 기독교 의식인 성체 성사는 사제가 고대의 주문으로 자연의 법칙을 거슬러 빵과 포도주를 살과 피로 바꾸는 마법 행위다. 일신론 관점에서는 신이 세상과 자연의 법칙을 만들었으므로 신에게는 자연법칙을 거스를 힘이 있다. 신은 자신이 원한 자가 원하는 방식대로 나타나면 기베온에서 태양을 멈추고 아얄론 골짜기에서 달을 멈출 수 있다.

그렇다면 고대인과 중세인이 구분해야 하는 것은 마법의 지식과 (실용적이거나 이론적인) 세속적 지식이 아니라 악한 마법과 신성한 마법이었다. 두 마법을 구분 짓는 힘의 출처는 마법이 일으키는 영향을 보고 판단할 수 있었다. 다시 말해 사악한 마법은 악령의 주술이고 선한 마법은 기적이었다. 그렇다 할지라도 둘 다 '초자연적' 속성이라는 사실에는 변함이 없었다. 마녀와 성인 모두 무언가가 자연의 힘을 거스르도록 만들었다. 하지만 신비한 행위들은 자연의 영역에서도 가능했다. 자연에는 비밀이 가득했고 자연의 비밀을 조작하면 예상하지 못한 비정상적인 일이 일어나므로 이 또한 마법이었다. 이런 효과는 자연의 영역이었으므로 '자연 마법natural magic'으로 불렸다. 그렇다면 13세기에 오베르뉴의 윌리엄 William of Auvergne이 설명한 대로 마법은 자연 마법과 악의 마법으로도 나눌 수 있다. 이 구분은 16~17세기 철학자와 의사들이 이단으로 몰릴 위험을 피하면서 마법의 전통에서 비롯된 지식과 지적 도구들을 활용하는 데 큰 도움이 되었다. 이들에 대해서는 이 장 마지막 부분에서 다시 이야기할 것이다.

종교재판관과 마녀의 긴장 관계

우리가 살펴볼 마지막 구분은 실용적 마법과 학문적 마법이다. 이 구분은 경계가 중요하지만 계속 변하고 복잡하며 역동적이다. 마법을 행하는 자의 전형인 여성 주술사는 지역 동식물의 치료 효능과 유해성을 잘 알았고 출산을 돕거나 골절을 치료했다. 여성 주술사(그림 6.1)는 고대와 중세부터 존재했고 이후에도 농어촌에서 활동했다. 예를 들어 마토이키아 프란치스치Matteuccia Francisci는 15세기 초 이탈리아 페루자와 가까운 토디에서 마을 주민들을 치료했고(키케퍼, 《중세의 마법》, 59~60쪽), 16세기 말 프랑스 로렌의 샤흐프에서는 '장 말레바르브Jean Mallebarbe의 아내 바르브Barbe'가 병을 고치는 (독성이 있는) 가루를 처방했으며(로빈 브릭스 Robin Briggs, 《마녀와 이웃Witches & Neighbors》, 57쪽), 비슷한 시기에 독일 남부 딜링겐에서는 발푸르가 하우스메닌Walpurga Hausmännin이라는 산파가 아이를 받았다(월터 스티븐스Walter Stephens, 《악마를 사랑한 자들Demon Lovers》, 1쪽). 대부분 여성이었던 주술사들은 석공처럼 주변을 직접 탐구하거나 도제 제도를 통해 '어떻게에 대한 앎'을 얻었다. 또한 석공처럼 대부분 문맹이었으므로 자신들의 지식에 대한 기록을 거의 남기지 않았고, 학문적 마법사들의 고차원 사상도 거의 접하지 못했다. 이들이 스스로를 '마녀'로 여겼는지도 알 수 없다. 마을에 예상치 못한 사망 사건이 일어나거나 다른 주민이 별 이유 없이 소송을 제기하여 학문적 마법사인 종교재판관 앞에 서기 전까지는 자신이 '마녀'인지 몰랐을 가능성이 크다. 하인리히 크레머Heinrich Krämer(1430~1505)의 여러 증언에 따르면 그는 삶의 마지막 30년 동안 48명에서 2백 명에 이르는 마녀를 처형했다.

스스로도 마법사인 남성 종교재판관의 임무가 마법을 근절하는 것이었다는 사실이 이상하게 여겨질 수 있지만, 이들은 일평생 마법을 주의 깊게 정의하고 마법에 대한 지식을 모으며 마법 전통에 크게 이바지했다. 받아들일 수 있는 '영웅담의 주인공'과 불경하고 '악행을 저지르는 마녀'의 미묘한 차이를 판단하는 일도 종교재판관의 몫이었다. 12세기에 교회법과 통합된 10세기 '주교 법령Canon Episcopi'은 마녀의 행동을 모두 열거

| 그림 6.1 | 이 여성 치료사 그림은 아던의 존John of Arderne의 15세기 논문 필사본에 실렸다. 1694년에 한스 슬론Hans Sloane 경이 5실링을 주고 이 필사본을 샀고 이후 대영도서관에 기증했다. 왼쪽 여성이 달군 컵과 스프링이 달린 듯한 뾰족한 장치로 상처 부위를 열고 있다. 당시 사람들은 이러한 행위와 장치, 치료사들을 경외하는 동시에 미심쩍게 여겼을 것이다.

했는데 그중 가장 중요한 것은 가축을 타고 하늘을 나는 것이었다.[1]

바르브, 마토이키아, 발푸르가 등의 마녀에 관한 기록 대부분은 종교 재판관이 남겼다. 마녀들은 크레머 같은 재판관들이 중요시한 악마와의 만남에 관해 잘 몰랐으므로 이 남자들이 어떤 말을 들어야 더 이상 자신들을 고문하지 않고 눈을 감게 해줄지 추측해야 했다. 하지만 마녀로 지목된 여자들과 목격자들의 증언에서 알 수 있듯이 마녀의 많은 행동은 재판관의 (그리고 우리의) 예상과 일치했다. 그들은 비밀스러웠고, 고대 지식을 이야기했으며, 주문을 외우고, 별, 행성, 동물, 신체 부위의 상징적

1 _ 빗자루는 나중에 추가되었다. 마녀가 빗자루를 탄다는 상상은 당시 마약 중독자들이 환각제를 빗자루에 묻힌 후 피부에 문지르는 관행에서 비롯되었을 것이다. 당시 사람들은 마녀가 빗자루 솔 부분을 앞으로 해서 막대에 올라탄다고 생각했다. 솔 부분이 로켓 불꽃처럼 추진력을 지녔을 것이라는 생각은 현대인들의 편견이다.

관계를 해석했다. 학문적 마법사들은 이런 행위에 주목하고 의미를 부여했다. 1장에서 이야기한 실용적인 '어떻게에 대한 앎'과 학습을 통해 얻는 '무엇인지에 대한 앎'의 얽히고설킨 관계는 마법의 비밀스러운 속성을 더욱 미묘하게 만들었다.

교육 수준이 가장 높은 학문적 마법사들은 종교재판관보다도 실용 마법사들과 거리가 멀었다. 마법에 관한 글을 읽고 쓰는 철학자와 신학자였던 이들 대부분은 마법을 불경하게 여겼다. 그중 한 명인 야콥 스프렝거 Jacob Sprenger(1437~1495)는 크레머처럼 도미니크회 수도사이자 신학자였지만 직접 마녀들을 처형하지 않고 쾰른대학교 교수로 일하며 마녀를 연구했다. 13세기 도미니크회 수도사인 폴란드의 니콜라스Nicholas of Poland 같은 예외도 있었다. 공식 교육기관에서 교육받고 주류 의학에도 통달한 그는 히포크라테스와 갈레노스를 신랄하게 비판하는 글을 발표했을 뿐 아니라 개구리와 뱀으로 만든 부적으로 빈민부터 소폴란드의 시에라츠 공작에 이르는 수많은 사람을 고친 치료사이자 영향력 있는 설교자이며 멘토였다. 또 다른 예외로 카발라Kabbalah의 대가 이삭 루리아Isaac Luria를 들 수 있다. 그도 사람들을 치료하고, 죽은 자와 대화하며, 신비한 현상을 일으키는 실용적 마법사였다.

마법의 역사를 행위자와 학자의 관계라는 틀로 살펴볼 수도 있다. 정치·교육·종교 제도는 모두 학자 편이었다. 고대 후기에는 아우구스티누스처럼 신중한 사상가도 마법에 양면적이었지만 중세가 되자 기독교인들의 태도는 훨씬 엄격해졌다. 한편에서는 토마스 아퀴나스 같은 학자들이 악마의 정체와 이들이 인간과 맺는 관계를 자연법칙들로 설명하면서 악마가 존재한다는 믿음을 증명하기 위해 애썼다. 한편 주교 법령은 과거 법령과 달리 마법 '행위'를 막지는 않았지만 마법에 대한 '믿음'을 금지했다. 주교 법령의 저자(들)는 마녀들이 악마와 교우한다고 믿었지만, 이 만남에 관한 마녀들의 이야기는 악마가 그들에게 일으킨 망상이어야 했다. 마녀들의 이야기를 그대로 믿는 것은 이단 행위였다.

　마법에 대한 태도는 15세기에 또 한 번 바뀌었다. 아마도 아리스토텔레스주의가 떠오른 결과였을 것이다. 인과관계와 자연법칙으로 세상을 바라보는 아리스토텔레스주의에 따라 기독교 신화의 핵심인 기적을 자연법칙으로 설명할 수 있다면 사람들의 믿음은 흔들리게 된다. 기독교 신학자 대부분은 기적을 더 이상 기대할 수 없다고 체념했지만, 일부 신학자들은 악마의 마법에서 기적의 가능성을 입증할 증거를 찾으려고 했다. 악마는 타락한 천사이므로 그들이 마녀들과 함께 일으킨 마법은 기적을 악용한 행위였다. 이러한 논리를 주장하고 설명한 가장 유명한 글은 1486년에 발표된 《마녀의 망치Malleus Maleficarum》다. 앞에서 이야기한 크레머와 스프렝거가 쓴 이 책은 마녀와 악마의 만남을 자세하고 때로는 외설적으로 서술했다. 월터 스티븐스는 《악마를 사랑한 자들》(더 읽을거리 참조)에서 이 이야기들이 과학의 역사라는 맥락에서 흥미로운 까닭은 그 이면에 강한 인식론적 추정이 있기 때문이라고 설명한다. 다시 말해 마녀들이 악마가 초자연적으로 일으킨 불가사의한 사건의 증인이라는 경험론적 추정이다. 마녀와 악마의 만남에 관한 이야기들은 무척 기이하므로 살로 느끼는 촉감처럼 크게 신뢰할 수 있는 감각에 호소해야 했다. 《마녀의 망치》에 서술된 여성의 섹슈얼리티에 대한 혐오적인 묘사는 마녀와 악마가 무척 역겨운 형태로 성교했을 가능성을 주장하고, 마녀들이 악마와 마법의 목격자일 가능성에 신빙성을 더했다.

　《마녀의 망치》 같은 글을 보면 유럽 마법의 역사에서 가장 끔찍한 사건인 마녀사냥의 신학적 근거를 찾을 수 있다. 마녀재판은 15세기 중반에 본격적으로 시작해 16세기 동안 유럽 전역에서 성행하다가 갈릴레오 시대에서 뉴턴 시대에 이르는 17세기 중반에 점차 사라졌다. 최소한 (여성이 80퍼센트인) 9만 명 이상이 재판을 받았고 그중 약 절반이 처형당했다. 무척 중요한 이야기지만 내용 대부분은 이 책의 주제를 벗어난다. 그렇더라도 과학의 역사와 관련하여 한 가지 주목할 점이 있다. 앞에서 언급했듯이 고대 후기와 중세의 기독교도들은 악마를 통해 마법의 힘을 설명했다. 하지만 르네상스 신학자들은 반대였다. 그들은 마법의 힘이 악마의 존재를 입증한다고 믿었다.

마법 전통에 따른 우주생성론

모든 학자가 마법에 적대적이지는 않았다. 이 장 후반에 살펴보겠지만 마녀사냥이 기승을 부리는 동안에도 실용적 마법사와 학문적 마법사의 관계는 또다시 변하기 시작했고 마법에 관한 생각과 관습은 17세기 신과학에 중요한 역할을 했다.

마법을 수용하는 학자들은 한 가지 문제가 마음에 걸렸다. 마법에 대한 믿음은 인간이 세상의 구조에 직접 관여할 수 있고 만물의 규칙을 거스를 수 있다고 믿는 것이다. 학자들이 쉽게 받아들일 수 없는 생각이었다. 이교도든 일신교도든 대부분의 지식인은 세상에 대한 인간의 지식이 구경꾼으로서의 지식이라는 근본적인 가정에 동의했다. 우리는 세상 안에 있으므로 세상 안에서 세상의 작동 방식을 배우고 세상을 통제하는 방법을 익힐 수 있지만, 세상을 구성하는 원소들과 그 원소들을 관장하는 규칙은 절대 바꿀 수 없다. 성경의 우주생성론(창조론)은 이 점을 강조한다. 신은 인간이 따라 하기는커녕 이해할 수도 없는 방식으로 말씀을 통해 무無에서 세상을 창조했다. 신은 창조의 마지막 날인 엿샛날에 인간을 만든 뒤 이미 완성한 세상에 내려놓았다. 창세기 2장 20절에 따르면 인간은 "모든 가축과 공중의 새와 들의 모든 짐승에게 이름을 주는" 것처럼 (제한된 영역 안에서) 이 세상을 연구할 수는 있지만 바꾸지는 못한다. 또한 창세기 11장 4절에 따르면 인간이 바벨(바빌론)에서 "탑의 꼭대기를 하늘에 닿게 하여" 인간과 신의 위계 구조에 도전하자 신은 인간이 지닌 힘의 주요 원천이자 자만심을 일으킨 원인인 인류 공동의 언어를 앗아 갔다. 성서를 가장 보수적으로 해석한 유대교 학자들은 고대부터 중세 그리고 근대 초기에 이르기까지 이렇게 생각했다. 우리는 창조를 우리 앞에 펼쳐진 그대로 이해할 수밖에 없고, 신이 세상을 만든 이유와 방법을 알 수 없으며, 신의 피조물이 신의 의도와 달리 행동하도록 할 수도 없다. 신성한 지식은 인간의 이해를 넘어설 뿐 아니라 그것을 넘보는 것조차 죄다. 우주가 창조된 적이 없다고 주장한 아리스토텔레스는 당연히 우주생성론을 제시하지 않았으므로 앎의 행위가 죄가 될 수 있다는 걱정을 하지 않았다. 하지만 그는 초자연적 영역을 인정하지 않았으므로 우주의 질서가 어떻게 왜곡될 수 있는지 설명하기가 어려웠다. 아리스토텔레스의 우주는 존재하는 모든 것이고 우주 '자체가' 질서이고 규칙이므로 우주 밖에 무엇이 있는지, 우주 전에는 무엇이 있었는지 묻는 것은 어리석은 짓이며, 우주 질서에 도전하거나 질서를 우회하려는 것도 불합리했다.

한편으로는 인간이 자연법칙에 개입할 수 있다는 우주생성론도 제시되었다. 이 글들은 무척 난해했는데도 큰 인기를 끌었다. 저자들은 인간이 창조에 적극적인 역할을 했다고 주장하며 창조를 인간의 성취로 제시하여 인간이 마법의 힘을 지녔다는 생각을 뒷받침했다. 그중 일부에는 특히 플라톤의 《티마이오스》가 큰 영향력을 미쳤다. 플라톤은 이 대화 편에서 인간이 성경에서보다 많은 재량권을 가진 우주생성론을 제시했다. 세상을 설계한 신 데미우르고스는 무에서 만물을 만든 것이 아니라 (고대 그리스의 네 가지 원소와 같은) 원소들을 인간 장인처럼 일정한 구조로 배열하여 물질적 실체를 만들었다. 신은 이처럼 실체와 구조를 설계했는데, 플라톤은 인간이 피타고라스 학파를 매료시킨 숫자와 형상의 규칙적인 배열(2장 참조)로 이루어진 데미우르고스의 청사진을 얼마든지 볼 수 있다고 주장했다. 또 다른 중요한 점은《티마이오스》에서는 인간이 구경꾼이 아니라는 사실이다. 인간의 인격은 세상의 구조를 투영하고 정신은 세상의 질서와 조화를 반영한다. 세상에 영혼이 있고 인간의 영혼은 세상의 영혼과 직접 관계를 맺는다는 생각은 신플라톤주의의 입문서인 플로티노스의《엔네아데스Enneads》에도 나온다.[2] 인간이 자연의 질서에 복종하는 아리스토텔레스주의나, 창조주와 피조물을 엄격하게 구분하는 창세기와 달리 '존재의 대사슬'에서는 인간이 특별한 역할을 한다. 우주의 지성인 누스Nous에서는 물질의 형태가 없는 이상적인 형상들이 인간의 영혼을 통해 구현된다. 인간이 없으면 온갖 피조물과 종種으로 이루어진 우주는 존재할 수 없으므로 인간이 마법처럼 세상의 구조를 바꾼다는 주장은 합리적이다.

카발라

마법 사상의 근거와 정당성을 이교 문헌에서만 찾을 수 있는 것은 아니다. 히브리어로 쓰인 짧은 유대교 문헌《창조의 서Sefer Yetzirah》는 일신론 전통이 마법 사상을 어떻게 지지하는지 보여준다. 이 책의 저자와 정확한 출처는 알려지지 않았지만 오히려 그래서 책의 위상이 높아졌다. 《창조의 서》는 기독교 시대 초기 또는 수 세기 뒤에 작성되었다고 추측되는데, 성격이 비슷한 글들이 으레 그러듯이 많은 사람이 아주 먼 옛날부터 내려왔다고 믿었으며, 아브라함이 직접 썼다고 주장하는 사람도 있

---

2 _ 플로티노스와 그의 제자들은 '신플라톤주의'라는 용어를 사용하지 않았다. 그들은 플라톤의 위대한 전통을 이어나갔을 뿐이다. 이 책에 등장하는 위대한 인물들이 스스로 정한 범주들을 지키는 것이 여러 이유에서 마땅하겠지만, 신플라톤주의는 특히 마법 사상에 관한 문헌에서 널리 쓰이므로 이 책에서는 이 용어를 사용한다.

었다. 《창조의 서》에서 창조는 언어적 행위다. 신은 자신이 특별한 힘을 부여한 22개의 히브리어 글자를 물질로 '조각하고' '깎고' '다듬어' 세상의 토대들을 만들었다(그림 6.2). 그다음 아브라함과 계약을 맺고 그에게 히브리어를 선사하여 세상의 비밀을 알려주었다.

《창조의 서》에 따르면 세상은 인간의 언어인 히브리어로 새겨져 있고 그 암호는 고대에 인류에게 전달되었다. 이 주장에는 고대에 대한 경외, 언어의 힘에 대한 믿음, 지식의 비밀이라는 마법적 개념들이 어우러져 있다. 또한 글자들에 부여된 수치(א=1, ב=2, י=10, ק=100 등)를 계산하고 분석하여 모세 5경에서 예언과 신성한 통찰을 찾는 마법 행위인 게마트리아Gematria를 정당화한다. 고대 후기의 유대교 학자들은 《창조의 서》에 나오는 여러 마법 개념뿐 아니라 그노시스와 신플라톤주의의 마법 개념에도 익숙했다(그노시스와 신플라톤주의의 마법 개념에 주로 비판적이었다). 이 개념들이 본격적으로 유대교 학자들의 상상력을 사로잡은 것은 13세기에 《세페르 하조하르Sefer Ha-Zohar》('빛나는 책'이라는 뜻이다)가 나오면서다. 이 책은 랍비 모셰 디레온Moshe di-León(1240[?]~1305)이 스페인에서 '발견'한 무렵 작성되었다고 추정되며, 디레온이나 그의 주변 인물이 썼다고 여겨진다. 아람어로 쓰인 《세페르 하조하르》에는 이 책이 70년에 로마인들이 예루살렘의 유대교 사원을 무너트린 후 쓰인 고대의 작품이라는 내용이 나온다. 16세기에 팔레스타인(이른바 '이스라엘의 땅Land of Israel')에서 제파트('사페드'로도 불린다)의 현자들이 《세페르 하조하르》를 받아들였고 특히 이들의 지도자 랍비 이삭 루리아('하아리 하카도시Ha'Ari Hakadosh'로도 불렸다)가 강력하게 옹호했다. 이들이 번역한 《세페르 하조하르》는 유대교의 마법 전통인 카발라의 초석이 되었고, 초자연적 성향을 지닌 유대교 사상가뿐 아니라 기독교 사상가들이 근대 초기부터 카발라에 열광하기 시작했다.

《세페르 하조하르》에서 가장 중요한 부분은 모세 5경의 행간에서 상

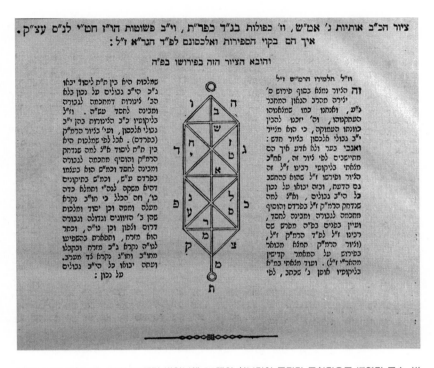

| 그림 6.2 | 《창조의 서》의 18세기 번역본에 22개의 히브리어 글자가 독창적으로 배열된 모습. 빌나의 가온Gaon of Vilna(가온은 '천재'라는 뜻이다)으로 불린 번역자 엘리야 벤 솔로몬 잘만Elijah ben Solomon Zalman은 《창조의 서》를 다음과 같이 시의 운율처럼 번역하려고 했다. "22개의 기본 글자:/ 신은 글자들을 원에 놓았다./ 231개의 문이 달린 벽처럼/ 원은 앞뒤로 진동한다./ 이는 다음에 대한 표시다./ 기쁨ענג보다 좋은 건 없다./ 역경נגע보다 악한 건 없다." 위 표의 제목은 '22개 글자의 그림… 그리고 글자들이 세피로트의 줄과 그 사선으로 배열된 방식'이다.

징적 의미를 찾는 방식이다. 단어의 문자적 의미 뒤에 숨은 또 다른 메시지를 해독하는 것이다. 루리아는 세상에서 인간이 차지하는 위치를 알려주는 이 신비한 메시지가 인간이 진정한 중심이 되는 창조론의 형태라고 주장했다. 마니교의 우주생성론과 비슷한 카발라 우주생성론에서 인간은 마지막에 창조되지 않고 맨 처음에 창조되었다. 신의 첫 작업은 앞으로 창조될 세상의 모든 생물과 무생물 형상을 아우르는 원초 인간 아담

카드몬Adam Kadmon을 만드는 것이었다. 신성한 빛이 원초 인간의 눈, 귀, 입에서 나와 인체의 조화로운 형상으로 세상을 창조했다. 하지만 이 이야기에서 창조는 충격적이고 처참하다. 루리아에 따르면 신은 세상을 창조하기 위해 자신의 무한함을 포기하고 세상이 '창조될 수 있는' 공간을 내주어야 했다. 그러므로 인간이 놓인 세상은 창조되기 전부터 이미 신이 버린 곳이다. 더군다나 창조 자체가 끔찍한 실패였다. 창조에서는 신성한 빛이 분출하므로 신은 빛이 흘러들어 갈 그릇인 세피로트Sefirot(그림 6.3)[3]를 만들었다. 하지만 발산된 빛이 너무 강해 그릇들이 깨지면서 파편과 불똥이 태고의 심연으로 흩어졌다. 그렇게 해서 그릇 파편들이 우리가 사는 물질세계가 되었고, 파편 사이에 흩어진 신성한 불똥을 찾고 모으는 것이 인간의 임무가 되었다.

헤르메티카

마법 전통에 따른 우주생성론 중 기독교 유럽에서 가장 인기가 높았던 이야기는 아직도 기원이 베일에 싸인 그리스어 문헌들인 《헤르메틱 코르푸스Hermetic Corpus》에서 찾을 수 있다.

생명이자 빛인 만물의 아버지인 마음이 자신과 모습이 같은 인간을 만들고 그를 자식으로서 사랑했다. 아버지와 닮은 인간은 완벽했다. 자신의 형상을 진정으로 사랑한 신은 그에게 자신의 모든 피조물을 선사했다. 인간은 세상의 장인이 아버지의 도움으로 만든 모든 것을 관찰한 후 스스로도 피조물을 만들고

---

3 _ 히브리어 단어 세피로트가 헬레니즘 우주론에 등장하는 구체를 뜻하는 그리스어 단어 σφ αίρα('스파이라'로 발음)에서 유래했는지 사파이어와 빛을 의미하는 히브리어 단어 ספיר('사피르'로 발음)에서 유래했는지는 분명하지 않다.

| 그림 6.3 | 모셰 코르도베로Moshe Cordovero의 《석류밭Pardes Rimonim》에 실린 위 도표는 각 세피로트의 첫 글자로 10개의 세피로트를 나타낸 것이다. 이 책의 제목은 성경에 나오는 에로틱한 시가서 아가雅歌('솔로몬의 노래') 중 "네게서 나는 것은 석류나무와… 귀한 향품"(4장 13절)이라는 구절에서 유래했다. 카발라 전통은 이를 신과 인간의 관계에 관한 우화로 해석한다. 가장 바깥에 '왕관'을 뜻하는 단어 כתר('케테르'로 발음)의 첫 글자 כ('크흐크'로 발음)가 있는 이유는 "가장 고귀한 계급은 모든 것을 아우르는 장대함"이기 때문이다. 가장 안쪽은 '왕국'을 뜻하는 מלכות('마르구트'로 발음)의 첫 글자 מ('m'의 발음)이 있다. 코르도베로는 질서의 해석에 대해 다음과 같이 요약했다. "우리가 아는 계급은 양파 껍질처럼 구체 안에 또 다른 구체가 있는 것과 같고 이러한 이유에서 천구[또는 궁창]라고 부른다"(6부 4장). 원본은 1548년에 사페드에서 작성되었지만 위 그림은 유럽에서 출간된 1592년도 인쇄본에 실린 것이다. 5장에서 이야기한 활자 인쇄술의 영향을 보여주는 또 다른 예다. 그림 위의 문장은 "왕관כתר은 만물의 집이자 만물의 기원이다"로 해석된다.

싶어 했고 아버지는 허락했다. 장인의 영역으로 들어간 그는 모든 권한을 부여받았고 자신의 형제가 만든 피조물을 관찰했다. 그곳의 지배자들은 그를 사랑했고 각자 자신이 이룬 질서 일부를 떼어주었다.

– 《코르푸스 헤르메티쿰Corpus Hermeticum》 1장 12~13절,
브라이언 코펜하버Brian Copenhaver, 《헤르메티카Hermetica》, 3쪽에서 재인용

《헤르메틱 코르푸스》에는 자신이 저자라고 주장하는 헤르메스 트리스메기스투스Hermes Trismegistus('세 번 위대한 헤르메스'라는 뜻이다)가 신성한 "주권의 마음"인 포이만드레스Poimandres로부터 위 이야기를 들었다는 내용이 나온다(포이만드레스가 '포에만데르Poemander'나 '피만데르Pimander'로 쓰인 부분도 있다). 《헤르메틱 코르푸스》는 헤르메스 트리스메기스투스의 가르침을 엮은 《헤르메티카Hermetica》 중에서 그가 제자들과 나눈 17개의 대화로 이루어진 글이다. 이 글에 종종 부록으로 첨부되는 또 다른 중요한 문헌인 《완벽한 대화Perfect Dialogue》의 라틴어 제목은 글에서 대화를 이끄는 그리스 의술의 신 '아스클레피오스Asclepius'다. 영향력이 가장 큰 《헤르메티카》 문헌은 《녹옥 판Tabula Smargadina》일 것이다(헤르메스 무덤에 있는 에메랄드 판에서 발견되었다고 전해진다). 《녹옥 판》에 담긴 은유적 언어는 이후 수 세기 동안 연금술사들이 사용한 언어의 기초가 되었다. 《헤르메티카》 문헌은 아니지만 비슷한 시기에 유럽인들의 손에 들어와 많은 지식인을 매료시킨 아랍권의 책 역시 이야기하지 않을 수 없다. 라틴어로 '피카트릭스Picatrix'로 불린 《가야트 알하킴Ghayat Al-Hakim》('현자의 목적'이라는 뜻이다)은 속세의 점성술 비법을 고도의 마법 원리들과 독특하게 조합했다(그림 6.4). 고대에도 이와 같은 글이 많았지만 단편들로만 남아 있고 5세기의 《앤솔러지Anthology》가 현존하는 가장 방대한 고대 문헌집이다.

《헤르메티카》의 첫 대화 편에 나온 앞의 인용문은 마법 전통을 따르는

| 그림 6.4 | 《피카트릭스》의 라틴어 번역본 중 한 쪽. 라틴어 번역본은 카스티야 국왕 알폰소 10세 Alphonso X의 명령으로 13세기에 아랍어에서 스페인어로 번역된 것을 다시 라틴어로 번역한 것이다. 네 개의 그림은 토성의 위치가 무엇을 뜻하는지를 다양한 상징으로 설명하는데 그중 오른쪽 아래에서처럼 토성은 죽음(낫)과 부활(뱀)과 관련이 깊다. 이 필사본은 현재 크라쿠프 야기에우워대학교 Jagiellonian University 야겔론스카 도서관Biblioteka Jagiellonska에 소장되어 있다.

모든 창조론의 주제, 그리고 창조론들이 마법에 대한 열망을 합리화하고 정당화한 방식을 잘 보여준다. 마법에 바탕한 우주생성론에서 창조는 불가사의하고 불변하는 신성한 일회성 사건이 아니다. 창조는 모든 인간을 대표하며 원초적이고 성별 구분이 없는 '인간'이 주도적인 역할을 하는 지속인인 '작업'이다. 그러므로 마법사는 망상에 사로잡혀 불변의 자연 보편 법칙을 우회하는 불가능한 일을 하려는 이교도가 아니라 그러한 법칙들을 형성하는 과정에 관여하는 '사랑받는' 참여자다.

마법의 인식론

고대와 비밀

헤르메스 트리스메기스투스는 마법 사상의 또 다른 중요한 면을 보여준다. 《헤르메틱 코르푸스》는 2세기에 작성된 것으로 추정되며 이 추정이 맞다면 현존하는 필사본 중 가장 오래되었다. 이 필사본은 1945년에야 (상上이집트의 나그함마디에서) 발견되었으므로 《헤르메티카》의 근대 초기 독자들은 그 존재를 몰랐을 수 있다. 《헤르메티카》에서 저자로 지칭되는 헤르메스는 모세와 동시대를 산 이집트 사제로 알려져 있다. 그렇다면 헤르메스가 구약 성서보다 앞서 그리스도 출현을 예언한 것이므로 헤르메스의 기독교도 추종자들은 정당하게 그리스도와 헤르메스를 모두 믿을 수 있었다. 하지만 기독교 마법사들만이 고대의 기원을 강조한 것은 아니다. 카발라 사례에서도 보았듯이 마법 문헌은 고대에 기원했다는 (종종 날조된) 주장을 바탕으로 권위를 내세운다. 그렇다고 해서 《헤르메티카》나 《세페르 하조하르》의 개념들이 고대의 개념이 아니라는 뜻은 아니다. 현대 학자들은 대부분의 개념이 실제로 두 문헌(및 앞서 언급한 다른 글들)이 작성되기 수 세기 전에 이집트와 메소포타미아에서 기원했음을 밝혔다. 중요한 사실은 마법사들이 이 글들에 나온 개념들이 자신의 독창적인 생각이라고 주장하지 않았다는 것이다. 오래된 지식일수록 신뢰받고 영향력이 강했다.

　르네상스 유럽에서 《헤르메틱 코르푸스》가 다시 출현했다가 이후 소멸한 이야기는 위 사실을 잘 보여준다. 1462년 코시모 데 메디치Cosimo de' Medici가 《헤르메틱 코르푸스》 중 첫 14개 대화 편의 14세기 필사본을 손에 넣었다. 당시 비잔티움이 오스만제국의 압력으로 무너지자, 온갖 진귀품을 모으던 부유한 이탈리아 군주들과 인문주의자들은 비잔티움의 문화유산을 저렴하게 살 수 있었다. 코시모가 보기에 자신이 입수한 필사본은 그저 그런 수집품이 아니었다. 그의 밑에서 일한 최고의 학자일 뿐 아니라 아마도 당대 가장 뛰어난 학자였을 마르실리오 피치노(1433~1499)는 당시 플라톤의 글들을 번역하느라 몹시 바빴다. 하지만 코시모는 피치노에게 플라톤 번역을 중단하고 새로 발견한 마법 문헌들의 라틴어 판을 편찬하는 데 집중하라고 지시했다. 그렇게 해서 피치노가 1471년에 펴낸 《코르푸스 헤르메티쿰》은 한 세기도 안 되어 24쇄까지 나왔고 프랑스어, 네덜란드어, 스페인어, 이탈리아어로 번역되어 당대 최고의 베스트셀러가 되었다. 그러다가 1614년 헤르메스 열풍은 느닷없이 사그라졌다. 아이삭 카조봉Isaac Casaubon(1559~1614)이라는 프랑스 학자가 새로운 문헌학 기술을 통해 《헤르메틱 코르푸스》가 고대에 작성되지 않았다는 사실을 증명했기 때문이다. 카조봉은 헤르메스가 살았다고 추정되는 시대보다 훨씬 뒤에 나온 개념과 사건들을 지칭하는 여러 표현, 구절, 말장난을 발견했다. 그래도 마법 사상은 계속 번성했지만, 헤르메스의 글들은 골동품상과 내막을 잘 모르는 교회 관리의 수집품으로 전락했다.

　어떻게 이런 일이 일어날 수 있었을까? 글에 담긴 생각들이 중요하고 설득력 있다면, 1천 년 뒤 작성된 것이 큰 문제일까? 피치노가 서문 첫머리에 쓴 글에서 그 이유를 알 수 있다.

> 모세가 태어났을 때 아틀라스가 자연철학자 프로메테우스와 형제인 점성술사를 낳았다. 그는 메르쿠리우스의 외조부이고 메르쿠리우스의 손자가 트리스메기스투스다. … 그들이 그를 '세 번의 위대함'인 트리스메기스투스로 부른 까닭은 가장 위대한 철학자이고 가장 위대한 사제이며 가장 위대한 왕이기 때문이었다. … 그는 철학자 중 처음으로 물리학과 수학적 주제를 신성하게 여겼고, 신의 왕권, 악마들의 질서, 영혼의 변형을 위대한 지혜를 통해 처음 논의했다. 그러므로 그는 신학의 첫 저자로 불렸고 오르페우스가 뒤를 이어 고대 신학의 이인자가 되었다.
>
> — 코펜하버, 《헤르메티카》에서 재인용, 서문, 58쪽

피치노가 헤르메스를 플라톤보다도 중요한 인물로 여긴 이유는 그가 '더 먼 고대'에 태어났기 때문이었다. 카조봉은 자신이 새 문헌학 기술로 새로운 지식을 밝힌 사실을 자랑스러워했다. 이 자부심은 자연철학 전통의 핵심이다. 아리스토텔레스 같은 고대 지식인의 권위를 존중하더라도 기존에 알려지지 않은 무언가를 '발견'하거나 '발명'하는 것이야말로 자연철학의 자랑이자 가장 큰 목적이었다. 폴란드 지식인 에라스뮈스 치올렉 비텔로가 13세기에 쓴 광학 문헌의 16세기 판 첫 페이지(그림 6.5)는 그 사실을 잘 보여준다. 그는 위대한 이슬람 광학자 이븐 알하이삼(알하젠)의 연구를 면밀하게 추적했는데, 자신의 독창성도 높이 평가받아야 한다고 주장하며 책 표지를 "현명한 독자여. 당신은 유클리드에서 찾을 수 없는 수많은 기하학적 내용을 이 글에서 발견할 것이다"라는 문장으로 시작했다. 하지만 마법사에게는 새로운 지식이란 없고 비밀에 싸인 진실이 드러날 뿐이었다. 진실은 시간이 흐르고 기억이 퇴색하며 점차 훼손

VITELLIONIS MA
THEMATICI DOCTISSIMI ΠΕΡΙ ΌΠΤΙΚΗΣ,
id est de natura, ratione, & proiectione radiorum uisus, lu‐
minum, colorum atqꝫ formarum, quam uul‐
go Perspectiuam uocant,
LIBRI   X.

Habes in hoc opere, Candide Lector, quum magnum numerum Geometricorum
elementorum, quæ in Euclide nusquã extant, tum uero de proiectione, infractione, &
refractione radioꝫ uisus, luminum, colorum, & formarum, in corporibus transparenti‐
bus atqꝫ speculis, planis, sphæricis, columnaribus, pyramidalibus, cõcauis & conuexis,
scilicet cur quædam imagines rerum uisarũ æquales, quædã maiores, quædam minores,
quædam rectas, quædã inuersas, quædam intra, quædã uero extra se in aëre magno mi‐
raculo pendentes: quædam motum rei uerum, quædã eundem in contrariũ ostendant:
quædã Soli opposita, uehementissime adurant, ignemꝙ admota materia excitent: deꝙ
umbris, ac uarijs circa uisum deceptionibus, à quibus magna pars Magiæ naturalis de‐
pendet, Omnia ab hoc Autore (qui eruditorum omniũ consensu, primas in hoc scripti
genere tenet) diligentissime tradita, ad solidam abstrusarum rerum cognitionem, non
minus utilia ꝙ iucunda.   Nunc primum opera Mathematicoꝫ præstantiss. dd. Ge‐
orgij Tanstetter & Petri Apiani in lucem ædita.

Norimbergæ apud Io. Petreium, Anno M̄D̄X̄X̄X̄V̄.

| 그림 6.5 | 비텔로가 1270년대에 발표한《광학의 책Optica libri decem》의 1535년도 인쇄판 표지. 그림 위의 글은 다음과 같이 설명, 실용성, 혁신을 약속한다. "현명한 독자여. 당신은 유클리드에서 찾을 수 없는 수많은 기하학적 내용을 이 글에서 발견할 것이다. … 평면, 구체, 기둥, 피라미드 형태의 투명한 물체와 거울에서 일어나는 빛의… 투영, 굴곡, 굴절에 관한 것이다. … 이는 자연 마법 대부분이 시각적 속임수를 위해 기대는 것들이다"(그림 6.8 참조).

되므로 고대 문헌에 숨은 비밀에 직접 다가가는 것이 중요했다.

마법의 지식이 고대부터 내려왔다는 생각—이 개념은 '고대 과학 Scientia Prisca'으로도 불렸다—은 마법사의 능력과 관계가 깊다. 자연을 있는 그대로 관찰하면 '보편적'이고 '규칙적'인 행동들이 발견된다. 예컨대 우리 눈에 돌은 아래로 떨어지므로 우리는 돌이 무겁다고 유추한다. 하지만 마법사는 돌이 위로 올라가는 것처럼 자연이 '비규칙적'이고 '비보편적'으로 행동하게 할 수 있다고 믿는다. 그러므로 마법 지식은 숨어 있는 무언가, 다시 말해 자연이 품은 비밀인 초자연적 지식이다. 인간은 스스로 이 같은 지식을 발견할 수 없다. 마법은 비밀의 지식이다. 창조에 관한 직접적인 이 지식은 신화적 과거에 신성한 존재가 누설한 것이 분명하다. 마법 지식은 인간에게 양도된 순간부터 시간의 흐름, 수많은 세대의 손길, 기억의 손실로 인해 점차 퇴색할 수밖에 없다.

자연이 우리에게 비밀을 숨기고 있다는 생각은 낯설지만, 자연철학과 의학의 경험주의적 선지자인 아리스토텔레스와 갈레노스의 사상에서도 그 뿌리를 찾을 수 있다. 아리스토텔레스는 자연적 실체의 어떤 속성들은 물질의 근본적 성질, 즉 네 가지 원소의 속성들이 복합되어 만들어진다고 설명했다. 우리는 이 속성들을 감지할 수 있다. 하지만 다른 속성들은 그렇지 않다. 실체의 본질은 물질과 형상의 특수한 조합이며 이러한 조합에 따라 실체가 도토리, 말, 사람이 되는데 어떤 본질적 속성은 그 자체가 실체에 속한다. 그러한 속성들은 더 단순한 다른 속성으로 환원되지 않는다. 말이 말을 낳는 이유는 그것이 말이기 때문이고, 자석이 철을 끌어당기는 이유는 자성을 지니기 때문이다. 이 속성들에 대해서는 더 많은 정보를 얻을 수 없다. 이 속성들은 물질 안에서 일어나는 변화의 원인이지만 그 자체의 원인은 없다. 17세기의 저명한 아리스토텔레스주의 철학자 케넬름 딕비Kenelm Digby(1603~1665)가 이 속성들을 "초자연적이거나 특수하거나 불가해한 성질들"로 일컬은 것 역시 같은 맥락이다.

자철석과 전기를 띠는 물체들은 기적처럼 불가해한 것들을 위해 만들어졌다. 그런 물체들이 우리가 다가갈 수 없는 숨은 성질들로 작동한다는 사실을 인정해야 한다.

– 케넬름 딕비,《두 편의 논문Two Treatises》(파리: 질 블레조Gilles Blaizot, 1644), 서문

마법사의 비밀주의는 추상적인 철학적 개념일 뿐 아니라 존재와 자기 이해와 관련한 중요한 관습이었다. 마법은 전복적일 뿐 아니라 창조론의 대안까지 제시하며 이교적이므로 비밀주의는 마법을 행하는 자의 신변을 보호하는 데 무척 중요했다. 비밀주의는 자기 절제를 위한 원칙이기도 했다. 마법 지식은 워낙 강력하고 특수하여 위험하므로 함부로 누설해서는 안 되었다. 또한 앞에서 살펴봤듯이 마법은 자연에서 관찰할 수 있는 규칙성을 거스르므로 마법사는 고대 지식의 발견자나 발명자가 아니라 수호자였다. 신성에 가까운 이 지식이 인간의 능력을 벗어나고 마법사가 통제할 수 없는 것도 같은 이유에서다. 마법사는 지식을 전수하고 적용하는 매개자일 뿐이다. 매개자인 마법사는 카발라의 원초적 그릇과 달리 완벽하게 준비되어 있어야 한다. 자신을 통해 전달될 위대한 비밀을 담을 수 있는 고양된 정신 상태에 이르러야 한다. 따라서 마법 지식은 누구나 알 수 있는 것이 아니라 입문 의식initiation을 통해 그런 상태에 도달할 수 있는 선택된 소수만 알 수 있는 지식이라는 점에서도 초자연적이다.

이성의 회피 - 언어의 기이한 역할

마법에 입문 의식이 필요한 이유는 자연철학처럼 관찰로 연구할 수 없기 때문이다. 자연철학처럼 책으로 연구할 수 있는 것도 아니다. 언어는 규칙과 공통점을 포착하기 위해 만들어졌지만, 마법 지식은 불규칙적이고 개별적이다.

이는 모순으로 보일 수밖에 없다. 마법은 언어에 관한 것이 아닌가? 발푸르가 같은 마녀는 주문으로 힘을 발휘하지 않았던가? 니콜라스 같은 마법사는 시를 써서 부적을 만들지 않았는가? 《창조의 서》의 핵심 내용은 세상이 언어의 암호로 이루어져 있다는 것 아닌가? 원자론자들이 파르메니데스의 주장을 반박하고 프톨레마이오스가 아리스토텔레스주의를 전복한 사례는 어떤 분야에서든 모순, 긴장, 타협이 기존 사상가들에게 도움이 되며 역사학자에게는 흥미로운 연구 주제를 제공한다는 사실을 보여준다. 마법 사상도 예외가 아니다. 마법사는 매우 강력하면서도 완전히 무력하다. 가장 위대한 마법사는 이교도 사제인 동시에 그리스도의 예언자다. 마법 행위는 신이 전능하다는 징표이자 악한 악마가 존재한다는 징표다. 흥미로운 점은 마법사가 구사하는 언어의 모순성이다. 15세기의 어느 가문에서 전해 내려온 책의 아래 구문은 마법의 언어가 어떻게 무의미한 동시에 강력할 수 있는지 잘 보여준다.

> Amara Tonta Tyra post hos firabis ficaliri Elypolis starras poly polyque lique linarras buccabor uel barton vel Titram celi massis Metumbor o priczoni Jordan Ciriacus Valentinus. (아마라 톤타 티라 포스트 호스 피라비스 피칼리리 엘리폴리스 스타라스 폴리 폴리퀘 리퀘 리나라스 부카보르 우엘 바르톤 벨 티트람 켈리 마시스 메툼보르 오 프리크조니 조르단 키리아쿠스 발렌티누스)
>
> – 키케퍼, 《중세의 마법》, 4쪽

악령을 쫓기 위한 이 주문은 의미를 알 수 없는 라틴어, 그리스어, 무의미한 단어의 조합이다. 같은 글에 있는 "Rex, pax, nax in Cristo filio suo"는 그나마 나아서 'nax'만 의미가 없는 단어다. 이 단어들은 일반적인 단어들과 달리 세상의 사물을 지칭하는 주요 기능을 수행하지 않는다. 마법 지식은 자연철학과 달리 세상을 설명하거나 묘사하는 대신 세상에 영향을 미치는 것이 목적이다. '아브락사스abraxas'나 '아브라카다브라abracadabra'처럼 잘 알려진 마법 주문은 한때 그리스어, 아람어, 히브리어에서 어떤 의미를 지녔을 수도 있지만 더 이상은 아무런 의미도 없다. 이 주문은 음절의 규칙과 리듬, 그리고 고대부터 이어졌다는 추정에서 힘을 발휘한다. 기원전 1세기 이집트 파피루스에서 발견된 다음 주문은 마법사들이 마력을 일으키기 위해 두운법을 어떻게 활용했는지를 보여준다.

ablanathanablanamacharamaracharamarach
(아블라나타나블라나마차라마라차라마라차)

ablanathanablanamacharamaracharamara
(아블라나타나블라나마차라마라차라마라)

ablanathanablanamacharamaracharamara
(아블라나타나블라나마차라마라차라마라)

ablanathanablanamacharamaracharamara
(아블라나타나블라나마차라마라차라마라)

- 키케퍼, 《중세의 마법》, 20쪽

언어 자체의 힘에 대한 믿음은 마법의 고유한 특징은 아니다. 《창조의 서》의 우주생성론과 창세기의 우주생성론 모두 언어와 관련 있다. 창세기에서는 신이 의미가 분명한 단어와 문장을 말하지만, 《창조의 서》에서는 글자만을 다룬다. 마법사가 원한 것은 단어들의 뜻이 아니라 단어가 배열된 패턴에 '숨은' 의미다.

그렇다면 언어에서 강력한 힘을 찾는 마법이 의미 전달이라는 언어의 주된 기능을 없애는 모순이 일어난다. 이것을 모순으로 보기보다는 우리의 일반적인 지식 획득 방식으로는 초자연성을 목표로 하는 마법의 지식을 얻을 수 없다는 사실의 다른 면으로 봐야 할 것이다. 앞에서 지적했듯이 관찰과 책은 도움이 되지 않는다. 이성은 더더욱 도움이 안 된다. 이성은 마법의 깨달음을 적극적으로 방해한다. 언어로 모든 것을 일반적 개념과 범주로 나누는 이성은, 개별적인 대상에 담긴 심오한 진실을 깨닫고 고유한 초자연적 속성들을 통해 신비한 현상을 일으키는 능력을 방해한다. 근대 초기의 의사이자 마법사 얀 밥티스타 판 헬몬트Jan Baptista van Helmont(1579~1644)는 이성에 특히 회의적이었다.

이성은⋯ 기만과 아첨을 위한 거짓의 설득일 뿐 아니라⋯ 그 자체로 기생충과 같다. 희망의 노예인⋯ 이성은 고문자가 재앙과 추락을 떠올리게 하려고 찍은 낙인처럼 우리에게 남아 있다. 선악과를 먹으면서 얻은 선악의 지식이 바로 이성이었으므로 죽음이 숙명인 인간은 이를 몹시 흠모한다.
– 얀 밥티스타 판 헬몬트, 《판 헬몬트의 가장 위대한 철학을 담은 작품들Van Helmont's Works Containing His Most Excellent Philosophy》 중 〈과학 밖에서의 사냥 또는 탐색The Hunting, or Searching Out of Sciences〉, 존 챈들러John Chandler(번역)
(런던: 로도윅 호이드Lodowick Hoyd, 1664), 16~17쪽

판 헬몬트는 이성의 판단에 인식이 흐려지지 않는 정신 상태에 이르려면 마녀들이 수 세기 동안 그랬던 것처럼 이성을 피해야 한다고 주장했다(그는 마녀들의 의식을 모방하고 옹호했다). 그 상태는 단식, 춤, 불면 또는 마녀들이 두꺼비에서 추출하여 피부에 바른 연고 같은 약물이나 술로 도달할 수 있다. 어떤 단어나 문장을 계속 외는 것도 도움이 되었다. 무언가를 끊임없이 '읊조리면chanting' 일종의 '환각enchantment' 효과가 나타나므로 특정 음절을 반복하는 것은 기본적인 마법 관행이었다.

마법에 따른 우주생성론

상징적 세계

마법의 전통에서 언어는 이성의 보조 장치나 도구가 아니라 이성을 피하기 위한 수단이다. 마법의 힘은 단어가 전달하는 의미가 아닌 직접적인 음성 효과에서 비롯된다. 하지만 마법이 언어에서 의미를 앗아 가더라도 세상의 다른 모든 것에는 의미를 부여한다. 앞에서 설명했듯이 자연철학자들은 세상의 실체들이 인과관계와 결정론에 따라 서로 연결되어 있다고 주장했다. 한편 마법사들은 세상의 실체들이 고유한 의미를 지니는 상징적 관계를 맺는다고 믿었다.

마법의 우주에서 사물들은 서로를 닮고 투영하고 표현하는데 이 유사성은 강한 효과를 발휘한다. 예컨대 화성은 화난 얼굴처럼 붉으므로 전쟁을 일으킨다. '머큐리mercury'는 수성과 수은을 지칭하는 단어이므로 둘은 서로 관련 있어야만 하고 실제로 둘 다 속도가 빠르다(수은의 다른 이름은 '빠른 은'이라는 뜻의 '퀵실버quicksilver'다). 또한 머큐리는 발이 빠른 전령의 신 메르쿠리우스를 뜻하고, 같은 이름의 사제(그리스어로는 '헤르메스')는 위대한 마법서의 전달자였다. 물과 섞은 포도주—성체 성사를 행하는 사제도 포도주를 사용한다—는 피와 비슷하므로 주술사가 죽은 자를 불러들일 때 사용할 수 있고, 개구리의 혀를 잠든 여자의 심장 위에 놓으면 여자의 혀를 움직이게 할 수 있다. 어떤 상징적 관계는 친밀성에 바탕한다. 가령 호두는 뇌처럼 주름이 많으므로 두통을 치료할 수 있다. 잎이 용처럼 생긴 식물은 벌에 물린 상처에 쓸 수 있다. 시력이 좋은 독수리의 눈을 늑대 가죽으로 감싸 목에 걸면 눈병을 고칠 수 있다. 어떤 관계들은 적대성에 바탕한다. 예컨대 양과 늑대는 서로 앙숙이므로 늑대 가죽으로 만든 북은 양가죽으로 만든 북의 소리를 없앤다. 뾰족뒤

쥐는 바퀴 자국을 무서워하므로 바퀴 자국이 난 흙으로 뾰족뒤쥐가 문 상처를 치료할 수 있다.

마법사에게 가장 중요하고 포괄적인 관계는 '소우주microcosmos'인 인간의 몸과 '대우주macrocosmos'인 전체 세상이 맺는 상징적 관계다. 이 용어들은 실용적 마법과 학문적 마법에 모두 매료된 학자 베르나르두스 실베스트리스Bernardus Silvestris가 편찬하여 큰 반향을 불러일으킨 12세기의 필사 서적 《코스모그라피아Cosmographia》에 처음 소개되었는데, 카발라의 아담 카드몬(원초 인간) 개념에서도 인간과 세상의 관계를 발견할 수 있다. 엘리자베스 여왕의 총애를 받은 수학자로서 토지·항해 측량 전문가이자 뛰어난 점성술사이며 천사와도 대화한 마법사 존 디John Dee(1527~1608/9)는 인간과 세상 사이의 장엄한 비유를 다음과 같이 시적으로 표현했다.

우주 전체는 뛰어난 조율사가 조율한 고대 현악기 리라lyre와 같고 우주 전체를 이루는 각각의 종種은 리라의 줄이다. 이 줄들을 어떻게 매만지고 진동하게 하는지 아는 자는 놀라운 조화를 이룰 수 있다. 인간은 그 자체로 우주의 리라와 매우 비슷하다.

- 존 디, 《아포리즘Aphorism》 11장, 부터 하네흐라프Wouter Hanegraaff, 《그노시스와 서양 밀교의 사전Dictionary of Gnosis & Western Esotericism》에서 쇠니 죄르지 엔드레Szőnyi György Endre의 인용, 304쪽

우주의 수학적 조화에 매료된 디는 플라톤의 전통과 당시 등장한 수학적 자연철학을 동시에 연구했다(두 가지의 교차점에 대해서는 다시 이야기할 것이다). 가장 오래된 소우주-대우주 유추는 플라톤의 《티마이오스》에서 찾아볼 수 있다. 플라톤은 "창조주는 세상을 어떤 동물과 비슷하게 만들었는가?"라는 질문에 "이 세상을 가장 타당하고 완벽한 지적 존재처

럼 만들려던 신이 틀로 삼은 것은 본질이 비슷한 다른 모든 동물을 스스로 이해할 수 있는 가시적인 동물이었다"라고 답했다. 그러곤 "본질적으로 가장 타당하고 완벽한" "지적 피조물"이 어떻게 만들어지는지를 다음과 같이 설명했다.

> 신들은 우주의 모양이 둥근 것을 모방하여 혼의 신성한 두 궤도를 구체 안에 묶었는데 이것이 우리가 머리라고 부르는 것입니다. 머리는 우리에게 가장 신성한 부분으로, 우리 안의 다른 모든 것의 주인입니다. 그러고 나서 신들은 몸을 한데 모아 통째로 머리에게 넘겨주며 머리의 머슴 노릇을 하게 했습니다. 몸이 장차 존재할 모든 운동에 참여하리라는 것을 알았기 때문이지요. 그래서 머리가 온갖 높은 곳을 넘지 못하거나 낮은 곳에서 빠져나오지 못해 땅 위를 굴러다니는 것을 예방하기 위해 신들은 돌아다니기 쉬우라고 몸을 운반 수단으로 주었지요. 그래서 몸은 길어지고, 뻗을 수 있고 구부릴 수 있는 사지가 생겼습니다. 잘 돌아다니라고 신들이 고안해낸 사지를 이용해 몸은 물건을 붙잡을 수도, 자신을 지탱할 수도, 어떤 곳이든 통과할 수도 있게 되었지요. … 이런 이유에서 우리 모두에게 팔다리가 자라게 된 것입니다. 신들은 또한 뒤쪽보다는 앞쪽이 더 명예롭고 인도하기 적절하다고 보고 우리가 대체로 앞쪽으로 움직이게 했어요. 따라서 인간의 몸 앞쪽은 뒤쪽과 다르고 구별되어야 했지요.
>
> — 플라톤, 《티마이오스》 16장

유기적 세상

《티마이오스》를 보면 소우주-대우주 유추가 세상이 유기체, 즉 '동물'이라는 마법 사상의 또 다른 기본적 가정과 관련 있음을 알 수 있다. 플라톤은 "세상이 신의 섭리에 따라 영혼과 지성을 갖춘 살아 있는 피조물"일 뿐 아니라 살아 있는 생물처럼 "원소가 각기 자라고, 나타나고, 사라지며" 성장하고 변한다고 설명했다.

> 우리는 방금 '물'이라고 불렀던 것이 굳으면 돌이나 흙이 되고, 같은 것이 다시 용해되고 분해되면 바람이나 공기가 되는 것을 봅니다. 공기가 점화되면 불이 되고, 반대로 불이 압축되고 꺼지면 도로 공기로 변합니다. 또한 공기가 모여 응축되면 구름과 안개가 되고, 구름과 안개가 더 압축되면 흐르는 물이 되고, 흐르는 물은 다시 흙과 돌로 변하는 것을 볼 수 있습니다. 다시 말해 그것들은 일련의 순환 과정을 거치면서 서로가 서로를 낳는 것 같아요.
>
> – 플라톤, 《티마이오스》 18장

마법의 세상은 아리스토텔레스의 자연철학이 과학에 전한 인과관계의 체계가 아니다. 따라서 불투명하고 이성과 감각을 모두 거부한다. 마법이 사용하고 조정하려는 힘이 초자연적이라고 해서 마법의 자연이 완전히 불가사의하고 변덕스러운 것은 아니다. 표상과 상징이 유기적인 망을 이루는 마법의 자연은 그 심장이 인간의 몸이므로 구조를 해독할 수 있다. 이러한 가정은 학문적 마법사와 실용적 마법사의 공통 관심사였다. 실용적 마법사들은 부적과 주문에 이러한 가정을 표현했고, 학문적 마법사들은 이를 분석하고 정교화했다. 또한 이 가정은 가장 학문적인 마법 활동인 연금술과 점성술의 핵심 믿음이었다.

과학적 마법

연금술과 점성술이 이 장에 적합한 주제인지는 불분명하다. 마법과 연관된 근본적 속성이 거의 없기 때문이다. 점성술과 연금술 모두 비밀주의와 거리가 멀었다. 예를 들어 17세기까지 대학에서는 (주로 의학과 관련하여) 점성술을 가르쳤다. 연금술은 교과과정에 포함된 적이 없고 재료나 제조법도 어느 정도 베일에 감춰져 있었지만 중세 내내 수많은 글과 백과사전에 등장했다. 연금술사와 점성술사는 중세 학자들처럼 고대 지식인들을 존경했지만, 마법사들보다 혁신에 대한 반감이 훨씬 적었다. 연금술은 연구자들이 새로운 수단과 효과에서 자부심을 느끼는 경험주의적인 분야였고, 점성술은 여러 개혁을 통해 경험적 정확성과 철학적 기반을 향상하려고 했다. 연금술과 점성술 모두 악마나 난해한 우주생성론과는 무관했고 오히려 아리스토텔레스의 틀에 잘 들어맞았다. 점성술의 중요한 기원인 《테트라비블로스Tetrabiblos》('네 권의 책'이라는 뜻이다)는 중세 천문학의 창시자 중 한 명인 클라우디오스 프톨레마이오스가 썼다. 하지만 점성술과 연금술을 이야기해야 마법에 대해 논의할 수 있다. 마법과 제도화된 주류 자연철학을 구분짓는 두 가지 믿음이 점성술과 연금술 안에서 이론적, 실용적으로 견고해졌기 때문이다. 그중 하나는 우주의 상징적 구성에 관한 믿음이고 다른 하나는 생동적인 우주 원소의 위계질서에 대한 믿음이다. 세상의 사물은 서로를 반영하고 투영하며 서로에 의미를 부여한다. 또한 미천함에서 고귀함으로 진화하면서 성장하고 다른 사물로 변형된다. 서로 적극적이고 열정적으로 관계를 맺으며 인간의 언어를 떠올리게 하는 방식으로 서로에 영향을 미친다. 세상은 연금술사와 점성술사가 뛰어난 기술과 학식으로 해석하고 조정할 수 있는 의미와 의도로 가득하다.

연금술

연금술을 뜻하는 영어 단어 'alchemy'는 아랍어 단어 '알키미야al-kimiya'에서 유래했고, 알키미야는 '부어 섞는다'라는 뜻의 콥틱어 단어나 '검은 흙'을 뜻하는 고대 이집트어 단어에서 비롯되었다고 추정된다. 모두 연금술의 목표를 잘 드러낸다. 연금술사의 임무는 물질 영역에서 의미들의 타래를 풀고 물질의 변형 능력을 분출시키고 실체들이 고귀해지는 과정을 도와 앞당기는 것이다. 어떤 물질이든 변형할 수 있는 현자의 돌과 모든 병을 치료하는 만병통치약을 발견하겠다는 연금술의 목표는 그 자체로 고귀하고 담대했다. 연금술의 논리는 아리스토텔레스주의에 훌륭하게 들어맞았다. 도토리가 참나무가 되고 아이가 어른이 되듯이 세상의 모든 사물은 잠재력을 실현하려고 하는데 이는 물질도 마찬가지다. 땅속에서 마른 흙과 습한 물이 기화하여 생성되는 비금속卑金屬, base metal은 가장 완벽한 금속인 금으로 진화한다. 아리스토텔레스의 설명에 따르면 이러한 진화는 형상―물질 자체는 수동적이다―이 주도하고 이끌므로, 연금술사들은 견고한 이론적 바탕 위에서 비금속을 제1물질materia prima로 만든 다음 여기에 새로운 형상을 부여하려고 했다. '위대한 작업Opus Magnum'으로 불린 이 과정은 우선 비금속에 서서히 열을 가하는 하소煆燒, calcination로 시작된다. 그다음 수은 '용액'으로 처리한 후 따뜻한 비료에 넣어 '부패'시킨다. 그리고 (농축한 라임 용액인 듯한) '현자의 우유'를 바른다. 이렇게 만든 제1물질을 영적 물질 안에서 '승화'시킨 다음 '응고'하게 하고 금의 효모로 '발효'하면 '궁극의 물질materia ultima'인 현자의 돌이 된다. 현존하는 가장 오래된 연금술 문헌인 파노폴리스의 조시모스Zosimos of Panopolis의 4세기 자료는 현자의 돌을 "이 돌은 돌이 아니고, 귀하지만 가치가 없고, 형태가 여럿이지만 형상이 없고, 미지의 것이지만 모두가 안다"라고 묘사한다(하네흐라프의 《사전》에서 재인용, 25쪽). 현자의 돌은 여러 개로 증식할 수 있고, 비금속에 뿌리면 금이 만들어진다.

　'위대한 작업(그리고 은을 만드는 '덜 위대한 작업')'에 쓰인 재료를 포함한 여러 물질과 절차는 불분명하다. 연금술사의 언어는 암호로 이루어져 있었다. 예컨대 묘약은 '빨간 장미'로, 기화는 '독수리'로, 검은색은 '큰 까마

| 그림 6.6 | 로런스 프린시프Lawrence Principe가 실험실에서 만든 '현자의 나무'. 프린시프는 조지 스타키가 암호로 작성한 설명서에 따라 금과 특수 처리한 수은을 섞은 흰색 반죽('현자의 달걀')을 목이 긴 플라스크에 넣고 열을 가했다. 며칠 후 처음에는 플라스크의 5분의 1도 차지하지 않았던 반죽이 플라스크를 가득 채운 나무 형태로 '자랐다'. 스타키와 그의 동료 연금술사들은 이 놀라운 현상으로 '금의 씨앗'을 자라게 할 수 있음을 증명했다고 생각하고 이 발견을 현자의 돌을 향한 큰 발걸음으로 여겼다.

귀'로 불렀다. 그러나 몇 가지 실마리는 얻을 수 있다. 연금술의 각 단계인 'nigerdo(검은색)', 'albedo(흰색)', 'rubedo(빨간색)'는 각 단계의 물질이 띠는 색을 일컬은 것이다. 페르시아의 의학자 라제스Rhazes(아부 바크르 알라지Abu Bakr al-Razi, 865~925)나 버뮤다에서 태어나 하버드에서 공부한 조지 스타키George Starkey(1628~1665) 같은 연금술사들의 자료는 일목요연하여 해석하기가 쉽다. 최근에는 화학과 문헌학에 뛰어난 역사학자들이 수은과 '금의 씨앗'으로 이루어진 '현자의 나무'(그림 6.6) 같은 몇 가지 단계와 효과를 재현했다(안타깝게도 금의 생성은 재현하지 못했다). 이 사례 때문에 연금술 지식이 이상한 용어들로 가면을 썼을 뿐 사실은 실용적인 화학이었을 것이라고 가정할 수도 있지만 잘못된 생각이다. 예를 들어 '하소'는 '금속 산화'로 번역할 수 있고 이 번역은 연금술 과정을 이해하고 재현하는 데 어느 정도 도움이 되지만 실제 연금술사가 연금술을 이해한 방식과 수행한 과정에 대한 몇 가지 사실을 놓치게 된다. 가령 연금술에서 '부패'는 물질이 그저 사라지는 것이 아니라 서로 유기적 관계를 맺는다는 함

축적 의미를 띤다. 다시 말해 연금술사는 금속, 나무, 인간의 살을 포함한 모든 물질이 비슷한 방식으로 분해되고 부식한다고 생각했다. '승화' 역시 연금술사에게 중요한 도덕적 의미가 있었다. 연금술사는 자신이 다루는 물질을 고차원으로 끌어올리면서 자신의 정신 상태도 고양될 것이라고 믿었다. 물질 변형의 성공 여부는 연금술사의 영적 변형 능력에 달려 있었다. 냉철하면서도 진취적이었던 사상가 프랜시스 베이컨Francis Bacon(1561~1626)은 연금술사와 물질의 관계가 얼마나 밀접한지를 다음과 같이 설명했다.

> 믿든 안 믿든 분명한 것은 최고의 금속인 금이 가장 순종적이며 인내심이 강하고, 살아 숨 쉬는 모든 실체 중에서 가장 완벽한 실체(인간)는 도움, 발전, 영향, 변형에 가장 민감하다는 사실이다. 몸뿐 아니라 마음과 정신에서도 그러하다. 또한 욕구와 열정뿐 아니라 기지와 이성의 힘에서도 그러하다.
>
> – 프랜시스 베이컨, 〈지적 능력을 위한 도움에 관한 논고A Discourse Touching Helps for the Intellectual Powers〉, 《베이컨 경의 작품들The Works of Lord Bacon》 (런던: 헨리 본Henry Bohn, 1854) 2권, 46쪽

위와 같은 생각은 과거에서 얻은 깨달음에 그치지 않고 연금술의 과정과 경험적 탐구를 이끌었다. 연금술사가 뱀독, 사자 오줌, 늑대의 뼈, 피, 정자 같은 강력한 유기물로 물질을 변형하려 한 이유는 스스로 완벽해지는 것이 비금속의 자연스러운 현상인데 (납이 계속 납으로 남아 있는 것처럼) 이 현상이 일어나지 않고 금으로 진화하지 않는다면 금속이 병들어 있으므로 치료가 필요하다는 뜻이기 때문이었다. 연금술사는 비록 금이나 만병통치약처럼 가장 원하던 결과물을 얻지 못했어도 놀라운 여러 효과를 일으키는 데는 성공했으므로 자신의 지식을 믿었다.

점성술

연금술사가 미천한 비금속을 고귀한 물질로 바꾸는 법을 (주로 수도원에서) 연구하고 실험했다면, 점성술사는 고귀한 존재인 천체가 미천한 물질세계에 미치는 영향을 (주로 궁정에서) 연구하고 분석했다. 그 영향의 정체는 불분명했지만, 누군가는 플라톤에서, 누군가는 아리스토텔레스에서, 또 누군가는 기독교에서 답을 찾으려 했다. 13세기부터는 많은 사람이 별의 영향을 빛에 비유했다. 점성술사에게 이런 질문들은 큰 의미가 없었다. 그들이 생각하는 천체의 영향은 상징적 토대에 바탕하고 물리적 원인으로 환원되지 않았다. 천체 현상을 일으키는 원인이 있더라도 점성술사에게는 그리 중요하지 않았다. 필요한 것은 항성과 행성의 위치와 기하학적 배열이었다. 실제로 천문학자는 점성술사에게 천체 현상의 규칙을 나열한 표를 제공했지만 둘은 천체 현상을 전혀 다르게 인식했다(실은 같은 사람이 점성술사이면서 천문학자였을 수도 있다). 천문학자는 천체들을 특징 없는 빛의 점으로 여기며 이러한 점들의 변화하는 위치를 수동적이고 단순한 운동으로 환원했고, 점성술사는 밤하늘을 웅장한 극장처럼 바라보며 그 복잡성을 전체적으로 이해하려고 했다. 극장의 주인공은 천체였다. 점성술사에게 천체는 별 특징 없는 빛의 점이 아니라 다양하고 독특한 속성을 지닌 고유한 개체였다. 현명하고 듬직한 태양은 지배자이고, 사치스럽고 방랑기 있는 달은 태양의 정부였다. 전사인 화성은 성마르고 폭력적이며 용감하고 고집이 세고, 금성은 아름답고 고혹적이었다. 천체들은 각자의 성격에 걸맞은 방식으로 인간의 삶을 통제했다. 태양은 머리를 지배하고 용기와 지도력을 북돋고, 달은 결혼과 여행을 관장했다. 화성은 전쟁, 살인, 약탈을 일으켰고 생식기를 관장했으며, 금성은 에로틱한 사랑과 달콤한 음악을 만들었다. 이러한 점성심리학은 일관적이었고, 천체들의 성격에 관한 설명은 천문학적 관점에서도 어느 정도 설득력이 있었다. 이를테면 태양은 하늘에서 가운데에 있으므로 태양빛이 생명의 주기를 지배한다. 태양 주변을 도는 주기가 가장 짧고 가장 빨리 움직이는 행성인 수성은 전령에 제격이므로 서신과 논리의 수호자가 된다. 점성심리학에서 제시하는 특징 대부분에는 합당한 이유가 없다. 천체들의 특징이 그러한 이유는 원래 그러하기 때문이었다. 점성술사는 하늘이 인간의 삶과 시간처럼 본질적으로 복잡하다고 여겼다.

인간의 삶처럼 하늘도 각자의 성격과 성별뿐 아니라 서로의 관계 때문에 복잡해진다. 낮의 섹트sect에 속하는 태양, 토성, 목성은 밤의 섹트인 달, 금성, 화성과 긴장 관계에 있다(수성은 자웅동체이므로 낮의 천체이자 밤의 천체다). 섹트가 같은 천체들이라고 해서 반드시 사이가 좋은 것은 아니다. (목성처럼) 자애로운 금성은 (토성처럼) 악한 화성과 숙적이다. 점성술은 연금술 및 의학과 연결되어 있었으므로 천체마다 짝을 이루는 금속이 있었다. 완벽하고 빛나는 태양은 금이고, 달은 은이었다. 속도가 빠른 수성은 수은이고, 악한 토성은 비금속인 납이었다. 성마르고 폭력적인 붉은 화성은 칼의 재료인 붉은 철과 자연스럽게 짝을 이루었다.

천체들의 성격과 태도는 대부분 신화와 상상에서 비롯된 것처럼 보이지만, 사실 점성술사는 천체가 미치는 영향의 복잡성을 완벽하게 이해하기 위해 천문학자의 표인 천체력을 연구해야 했다. 천체들의 힘과 관계는 그 위치, 즉 하늘에서 자리한 곳과 천체 사이의 상대적 위치에 따라 달라지기 때문이었다. 점성술사들은 태양이 지구 주위를 도는 궤도인 황도와 행성들이 그 주변으로 10도 각도로 기울어 움직이는 띠(3장 참조)를 황도대로 설정하고 이 원을 별자리에 따라 30도 각도씩 12개의 '궁sign'으로 나누었다. 각 천체는 하나(또는 둘)의 궁을 지배하는데, 천체가 '고양'되어 힘이 강해지는 궁은 다른 곳이다. 예를 들어 태양은 양자리에서, 금성은 물고기자리에서 힘이 강해진다. 천체가 '좌절'하여 힘이 약해지는 궁도 다르다. 이를테면 화성은 염소자리에서, 달은 전갈자리에서 힘이 빠진다.

처녀자리처럼 빛에 속하는 궁과 천칭자리처럼 어둠에 속한 궁이 있으며, 양자리처럼 남성인 궁과 황소자리처럼 여성인 궁이 있다(이 복잡성은 모순을 일으킬 수밖에 없다). 천체가 미치는 영향은 천체의 속성에 부합하는 궁에 의해 커지기도 하고 속성에 부합하지 않는 궁에 의해 작아지기도 한다. 천체 사이의 각도인 애스펙트aspect 역시 중요하다. 두 개의 행성이나 행성과 항성이 우리를 중심으로 같은 각도에 있다면 합合, conjunction을 이루고 각도가 180도라면 충衝, opposition이 된다. 트라인trine(120도)이나 섹스타일sextile(60도)처럼 별의 영향을 강화하는 바람직한 각도들이 있다. 스퀘어square(90도) 같은 각도는 바람직하지 않다. 마지막으로 천구 전체의 운동과 황도 12궁의 움직임인 일주운동 역시 중요하다. 12궁이 하루 동안 움직이는 큰 원 역시 12개 부분으로 나뉜다. '장소place'나 '집house'으로 불리는 각 부분은 삶의 각 단계와 관련된다. 예를 들어 동쪽 지평선 바로 아래에 있는 첫 번째 부분은 생명이고, 서쪽 지평선 바로 위인 일곱 번째 부분은 결혼이다. 이 원과 지평선이 이루는 각도는 당연히 지구에서의 위치마다 다르므로—적도에서는 수직을 이룬다—점성술 분석은 지구에서의 시간과 장소에 따라 한층 더 복잡해진다.

그러므로 특정 시간과 장소에서 황도대에서 나타나는 행성의 위치와 하늘 위 황도대의 위치를 나타내는 지도는 점성술사에게 중요한 도구다. 특정 시간이란 누군가가 태어났을 때의 하늘의 모습인 천궁도天宮圖 같은 과거일 수도 있고, 전쟁이나 조약 체결 등에 관한 조언을 요청받는 경우 미래일 수도 있다. 천문학자의 천체력에 바탕한 이 지도의 내용은 무한할 수 없으며 경험적 자료와 점성술사의 역량이 정확도를 결정한다. 특정 시간에 태어난 사람이 어떤 성격이고 어떤 미래를 맞을지 또는 전쟁에서 공격이나 후퇴에 적합한 시기가 언제인지 등을 해석하는 데는 끝이 없다. 천체의 속성, 위치, 분류가 서로 관련되고 영향을 미치는 방식이 수없이 많으므로 어마어마하게 복잡한 태피스트리가 짜인다. 지도를 깊게 파고들

수록 모순된 답들이 발견되기도 하고, 예상과 다른 일이 벌어진 뒤에 다시 지도를 살펴보면 예상이 실패한 원인이 밝혀지기도 한다. 요하네스 케플러처럼 정직한 점성술사들은 이 같은 상황에 신물이 나 구체적인 사건들은 되도록 예측하지 않으려 했지만 소용없었다. 유력한 후원자와 부유한 고객이 돈을 주는 이유는 앞으로의 일을 알고 싶기 때문이었다.

마법과 새로운 과학

오늘날 마법에 무슨 일이 일어난 걸까? 마법은 어디로 갔는가? 타로점, 부적, 오늘의 운세는 여전히 존재하지만, 마법의 문화적 역할은 과거와 다르다. 마법은 이제 공신력 있는 지식이나 믿을 만한 정보가 아니며 주류 자연철학의 대안도 아니다.

마법이 쌓은 미신의 요새를 과학의 이성이 함락했다는 단순한 답은 적절하지 않을 것이다. '과학혁명'의 많은 영웅이 마법에 관심을 보인 이유는 그저 단순한 흥미 때문이었다는 답도 옳지 않다. 요하네스 케플러(1571~1630)와 갈릴레오 갈릴레이(1564~1642)는 점성술로 생계의 많은 부분을 해결했고, 로버트 보일Robert Boyle(1627~1691)과 아이작 뉴턴(1643~1727)은 연금술사로도 활발하게 활동했다.

역사적 관점에서 주목해야 할 점은 근대 초기 사상가들이 어떤 시대적 배경과 이유, 동기에서 마법적 대안에 대한 신뢰를 잃었는지, 그리고 마법 전통에서 어떤 부분을 보존했느냐다. 조금 다른 관점에서는 마법에 대한 어떤 믿음과 관행이 신과학에 통합되었는지를 주목해야 한다. 다시 말해 마법이 과학의 성전을 이루는 벽돌 중에서 어떤 것을 다듬었는지, 그리고 어떤 믿음과 관행이 거부되었는지 살펴보아야 할 것이다. 이 질문에 대한 답들은 질문만큼이나 복잡하다.

자연 마법

호기심 많은 지식인들이 종교적인 이유나 학문적 이유 때문에 마법의 복잡한 믿음 체계에 대한 흥미를 노골적으로 드러내지는 못하더라도 마법의 풍성한 경험적·실용적 지식에 매료되었을 것임은 쉽게 짐작할 수 있다. 마법에 대한 믿음과 관행이 금지되고 처벌 대상이 되었을 때에도 많은 주류 학자가 마법을 기웃거렸다. 4장에서 이야기한 대규모 번역 프로젝트와 함께 학문적 마법에 관한 많은 글이 유럽으로 유입되었다. 많은 학자에게 마법은 불가사의하리만큼 일관적인 고대의 지혜에서 빼놓을 수 없는 부분이었다. 마법을 수용하고 싶어 한 기독교 자연철학자들은 아리스토텔레스주의를 비롯한 이교도 과학을 받아들일 때와 비슷한 도전을 마주했다. 마법 지식은 무척 흥미로웠지만 이단적 가정들에 바탕하여 나타났다. 이러한 가정들을 어떻게 용인하거나 우회할 수 있을까? 앞에서도 설명했듯이 일반적인 해결법은 '자연 마법'의 개념으로 되돌아가는 것이었다. 대학에서 교육받거나 대학에 고용되어 어느 정도 면책권을 누린 학자들은 마법의 악한 영향을 교묘하게 피하면서 자연 마법을 연구했다.

프란치스코회 학자 로저 베이컨Roger Bacon(1220[?]~1292[?])이 좋은 예다. 옥스퍼드와 파리에서 공부한 뒤 교수가 된 그는 교황의 지시에 따라 점성술과 연금술을 중심으로 한 대대적인 교육 개혁을 계획했다. 그는 《비밀 중의 비밀Secretum Secretorum》이라는 책을 읽고 큰 감명을 받았는데, 중요한 아리스토텔레스 문헌들을 접해왔던 그는 이 책도 아리스토텔레스의 글이라고 믿었다. 그는 이 책을 바탕으로 행위를 일으키는 언어의 힘에 대해 장대한 글을 썼다. 실제로 베이컨은 미신에 관한 구시대적 믿음에 빠진 것뿐이었다. 그는 실용 마법의 경험적 측면과 학문적 마법이 탐구하는 유사성과 상호 표상의 개념을 조합했다. 그 덕에 특히 광학에서 여러 독창적인 발명을 했다. 예를 들어 이론적 측면에서는 이슬람 광학을 시각 이론으로 발전시켰고, 실용적 측면에서는 안경을 발명했다. 베이컨은 사물을 '있는 그대로 보는' 능력, 즉 본질을 꿰뚫는 마법적 능력은 광범위한 신학적 의미를 내포한다고 여겼다. 그가 만든 안경은 동료 학자 사이에서 인기가 매우 높았지만(그림 6.7) 마법과 신학을 접목한 '참신함'은 큰 관심을 끌지 못했다. 베이컨은 그리스도 탄생을 점성술로 분석한 죄목으로 1277년에 교회로부터 단죄되었고, 한동안 옥살이도 했다고 추정된다.

마법의 르네상스

자연 마법은 마법을 주류 아리스토텔레스 자연철학에 녹여 '고대 과학'을 재현하는 분야였다. 약 2백 년 후 르네상스인의 상징이자 이탈리아의 학자, 수사학자, 자유사상가, 귀족이었던 조반니 피코 델라 미란돌라(1463~1494) 역시 같은 방식으로 자연 마법에 다가갔다. 베이컨과 마찬가지로 고대 지식에 심취한 피코는 아리스토텔레스뿐 아니라 유대교의 지식, 특히 카발라에 정통했고 이 모든 것을 통합하고 싶어 했다. 그도 베이컨처럼 마법의 악마적 요소를 강하게 비판했지만 마법을 연구한다는 비난을 피할 수 없었다. 초자연에 대한 관심은 (베이컨의 이론처럼) 논쟁적인 신학 이론뿐 아니라 급진적인 정치사상과도 관련 있었기에 그는 가택연금 신세를 면치 못했다. 중세 수도원과 대학에 소속된 베이컨과 달리 피코의 무대는 르네상스 궁정—그는 피치노가 이끄는 학자 중 한 명이었다—이었고 인문주의자답게 자연철학보다는 언어에 관심이 많았다. 유대교의 학문적 마법과 기독교를 접목하고 예지적 점성술을 비판하여 근대 초기의 마법 사상에 중요한 이정표를 세운 그가 마법의 가치들과 주류 지식을 통합한 데는 더 중요한 이유가 있었다. 피코의 스승 피치노 역

| 그림 6.7 | 실용 마법의 위대한 성취인 베이컨의 안경. 위 그림은 이탈리아 북부 트레비소에 있는 산 니콜로 대성당의 회의장에 장식된 1342년도 프레스코화 〈도미니크회 수도사 마흔 명의 그림Forty Illustrious Members of the Dominican Order〉 중 성 체르의 휴고Hugh of Saint-Cher의 모습이다. 벽화의 주인공인 다른 도미니크회 수도사들은 시력이 나쁘지 않았거나 자연 마법을 받아들이지 못한 듯하다. 그중 한 명은 안경을 쓰는 대신 돋보기를 들고 있다.

시 고대 마법에 흥미를 느끼고 플라톤 철학의 기원을 고대 바빌론과 이집트의 문헌, 특히 《헤르메틱 코르푸스》에서 찾으려 했다. 피코는 한 걸음 더 나아가 기독교 신학의 바탕을 카발라에서 찾으려 했다. 피코는 이처럼 대담한 추측을 뒷받침하기 위해 '정통' 고대 라틴어와 그리스어뿐 아니라 히브리어와 아람어를 독학하며 경험주의 문헌학의 토대를 마련했다. 아이러니하게도 반세기 뒤 아이삭 카조봉은 피코가 정립한 문헌학 기술로 《헤르메틱 코르푸스》의 고대 기원설을 반박했다.

마법에 대한 피코의 연구와 삶에서 중요한 주제는 마법이 고대, 특히 고대 이슬람에서 기원했다는 가정과 고대 기원설의 진위와 가치, 그리고 악마의 마법과 선한 자연 마법에 대한 구분이었다(이 구분도 피코를 당국의 처벌로부터 보호해주지는 못했다). 한 세대 뒤 독일의 방랑 학자이자 스파이이며 페미니스트였던 코르넬리우스 아그리파Cornelius Agrippa (1486~1535/6) 역시 마법의 고대 기원설, 악마의 마법과 자연 마법에 대한 구분에 주목했다(그의 미완성작 《여성의 고귀함과 우수함에 대한 논고 Declamation on the Nobility and Pre-eminence of the Female Sex》는 1529년에 출간되었다). 아그리파의 《초자연적 철학에 관하여De occulta philosophia》는 마법에 흥미를 느낀 르네상스와 근대 초기 사상가들에게 중요한 자료가 되었다. 아그리파의 마법은 학문적 마법이었다. 그는 주문이나 묘약 제조법을 제시하는 대신 이교, 유대교, 기독교의 개념과 서사를 통합한 고도의 체계를 만들려고 했다. 다시 말해 인간이 중심인 우주생성론, 물질과 정신이 위계 구조를 이루는 형이상학, 상징과 비밀로 이루어진 인식론을 모두 아우르려고 했다. 이 통합은 르네상스와 근대 초기 사상가들에게 합리주의를 철저하게 고수하면서 한편으로는 인간 지식의 한계를 인정하도록 기독교화한 중세 아리스토텔레스주의 담론에 대한 대안을 제시했다.

아는 게 힘

아그리파의 대안을 받아들인 가장 영향력 있는 인물은 영국 왕실 대신이자 변호사이며 정치가, 철학자였던 프랜시스 베이컨이다. 엄격한 실용주의자였던 베이컨은 마법이 고대에 유래했다는 주장에 별다른 감흥을 느끼지 않았고 아그리파의 학문적 통합 시도에 그다지 동의하지 않았다. 하지만 마법 사상을 주류 자연철학과 구분 짓는 주요 원칙인 지식의 개념은 온전히 받아들였다. 바로 "아는 게 힘scientia potestas est"이라는 생각이다(여기서 힘은 무언가를 할 수 있는 능력을 뜻한다). 베이컨은 미완성 공상과학 소설《새로운 아틀란티스New Atlantis》에서 자신의 생각을 생생하게 그렸다. 이 소설은 바다를 건너던 여행객들이 배가 난파하면서 미지의 섬에 도달하며 시작된다. 이 섬은 '솔로몬 학술원Salomon's House'이라는 흥미로운 이름의 학술원 철학자들이 지배했고, 섬 주민들은 승객들에게 자신들의 놀라운 성취를 둘러보도록 한다.

우리에게는 모든 종류의 빛과 색채를 실험하고 설명할 수 있는 연구실이 있습니다. 색깔이 없는 투명한 물체에서 여러 가지 색깔을 만들어낼 수 있습니다. 보석이나 프리즘에서 나오는 무지개가 아닌 개별적인 색상들을 여기에서 알아낼 수 있습니다. …

우리에게는 온갖 소리와 소리의 발생 과정을 보여주는 음향 연구실도 있습니다. 유럽 사람들이 상상하지 못하는 화음이나 4분의 1음, 정교한 포르타멘토 등도 우리는 알고 있습니다. …

향기를 연구하는 향기 연구실도 있습니다. 전혀 맡아본 적이 없는 냄새를 만들기도 합니다. 자연의 향기를 모방해서 인공적인 향기를 만드는 셈이지요. 맛을 교묘하게 조작해서 맛보는 사람의 미각을 혼란스럽게 만들 수도 있습니다. …

우리는 엔진 시설도 갖추고 있는데 …

수학 연구실도 있습니다. 기하와 천문학 연구에 필요한 정교한 기구들이 있습니다. …

– 프랜시스 베이컨,《새로운 아틀란티스》

(런던: 토머스 뉴컴Thomas Newcomb, 1659), 33~35쪽

이 섬의 모든 위대한 업적은 자연의 업적이었다. 솔로몬 학술원의 구성원들은 도움을 구하거나 자연의 질서를 우회하려고 악마나 천사를 부르지 않았다. 그러나 이 장 앞부분에서 논의한 맥락에서 그들의 업적은 모두 '마법'이었다. 그 업적은 그저 장엄한 것이 아니라 근본적으로 자연을 조종하려는 열망을 뜻했다.

인간의 지식에는 신을 모방하고 심지어 신과 겨룰 힘이 있다는 마법의 믿음을 받아들인 신과학의 영향력 있는 주창자는 베이컨만이 아니었다. 갈릴레오는 이 믿음을 노골적으로 드러내며 다음과 같이 말했다. "인간의 지성이 이해하는 몇 가지에 대해 난 그 지식이 객관적인 확실성의 측면에서 신과 동등하다고 믿는다"(갈릴레오 갈릴레이,《두 우주 체계에 대한 대화》, 스틸먼 드레이크Stillman Drake[번역][캘리포니아 버클리: 캘리포니아대학교출판부University of California Press, 1967], 103쪽). 성경은 이 인식론적 자신감을 바벨탑 이야기로 짓밟으려고 했다. 이는 갈릴레오가 교회와 잘 지내지 못한 가장 큰 이유였을 것이다. 신앙을 의심받지 않은 케플러 역시 "기하학은 신과 함께 영속할 것"이라고 강하게 주장했다(요하네스 케플러,《세계의 조화The Harmony of the World》, A. J 에이튼A. J. Aiton 외[번역 및 주해][펜실베이니아 필라델피아: 미국철학학회American Philosophical Society, 1997(1619)], 146쪽).

베이컨의 과학은 마법 전통을 따랐고, 그의 세상도 그러했다. 그 세계는 서로 분명하게 연결되어 있지 않은 고유한 사실로 가득했다. 그는《숲의 숲Sylva Sylvarum》에서 되도록 예시를 많이 소개하려 했다(각 '세기'에 따

라 10개의 장으로 나뉘어 있다. 책의 제목은 그가 마법 전통에 기댔음을 분명하게 보여준다). 책에는 "모든 약초는 향과 맛이 점차 달아지고 어느 정도 자란 후 베면 싹이 새로 난다"처럼 별 의미 없는 내용도 있다(프랜시스 베이컨, 《숲의 숲》[런던: 윌리엄 리William Lee, 1670], 5세기, 99쪽). 좀 더 실용적이면서도 난해한 내용도 있다.

> '몸통'이 불룩하고 목이 긴 '잔'에 '물'을 (일부만) 채운다. 또 다른 '잔'에 '적포도주'와 '물'을 부어 섞은 다음 첫 번째 '잔'의 입구를 손가락으로 막고 뒤집어 '몸통'이 위로 가게 한다. 그리고 첫 번째 '잔' 입구를 두 번째 '잔' 안에 넣으면서 손가락을 뺀다. 이 상태를 한동안 유지한다. 그러면 '포도주'가 '물'에서 분리된다. '포도주'가 위로 올라가 위에 있는 '잔'에 머무르고 '물'은 아래로 내려가 밑에 있는 '잔'에 머문다. '포도주'가 작은 혈관 속 피처럼 '물'을 거슬러 올라가는 광경을 두 눈으로 똑똑히 볼 수 있다. 못으로 위의 '잔'을 매달면… 더 우아한 광경이 연출될 것이다.
>
> - 베이컨, 《숲의 숲》, 1세기, 3~4쪽
> (작은따옴표 표시한 부분은 원문의 이탤릭체를 따른 것이다.)

이처럼 유용한 정보와 집에서도 만들 수 있는 볼거리의 조합은 베이컨이 아그리파가 주창한 학문적 마법뿐 아니라 실용적 자연 마법을 신과학과 융합했음을 보여준다. 나폴리의 지식인 지암바티스타 델라 포르타 Giambattista della Porta(1535~1615)가 쓴 《자연 마법Magia Naturalis》은 당시뿐 아니라 이후로도 가장 유명한 자연 마법 저서였다(이 장에 등장하는 많은 영웅과 마찬가지로 델라 포르타의 독창성이 종교재판을 막아주진 못했다). 《자연 마법》에서 "놀라운 것들의 원인에 관하여", "동물의 번식에 관하여", "자철광에 관하여", "미녀에 관하여" 같은 재기 발랄한 목차(그림 6.8)는 자연 마법의 전통을 생동감 있게 보여준다. 자연 마법은 신과학의 선구자들이 열광적으로 파헤친 경험적 사실의 보고였을 뿐 아니라 재연 가능한 '실험'을 통해 많은 정보를 제시했다. 그러나 실험에 대한 태도에서 신과학과 자연 마법의 중요한 차이가 발견된다. 델라 포르타에게 실험은 볼거리와 재미를 위한 것이었다.

> 특정 실험들로 기발한 상상력을 실현하고 수학적 증명의 진실을 시각적 실험으로 설명하는 것보다 기발한 발명에는 무엇이 있을까? 일련의 투영을 통해 허공에 그림이 떠 있는 듯이 보이게 하면서 가시적인 물체나 유리는 보이지 않게 하는 것보다 더 놀라운 것은 무엇일까? 허공의 그림이 유리의 잔상이 아니라 환영幻影으로 보인다면?
> — 지암바티스타 델라 포르타,《자연 마법》(런던: 존 라이트John Wright, 1669), 355쪽

델라 포르타는 실험을 가볍게 여기지 않았다. 단지 그는 실험이 자연의 새로운 무언가를 알려주리라고 기대하지 않았다. 실험은 이미 알려진 '진실'과 마법사로서 그의 능력을 '보여주는' 공연이었다. 한편 마법 전통을 따르면서도 많은 부분을 의심한 베이컨에게 실험은 마법의 주장이 유효한지 판단하고 마법이 일으키는 현상에서 질서를 찾는 수단이었다.

> 뛰어난 비밀 정보원이지만 허풍이 심한 한 남자에게 한 가지 음모를 들었다. 메리 여왕이 세인트 제임스 공원을 거닐 때 볼록렌즈로… 암살하는 계획이었다 (그가 직접 이 계획을 방해했다고 한다). … 음모의 내용 대부분은 사실을 바탕으로 했다. 볼록렌즈로 해군 함대도 불태울 수 있다는 말도 있는데, 엄청난 빛을 모으더라도 볼록렌즈가 공기에 일으키는 진동은 어떤 소리도 내지 않을 것이다. 섬광과 빛이 보일 뿐 천둥 같은 소리는 나지 않을 것이다.
> — 베이컨,《숲의 숲》, 1세기, 34쪽

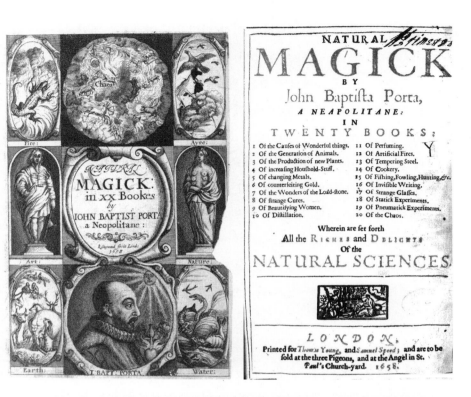

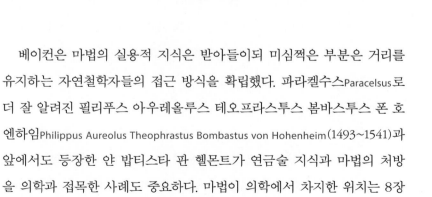

| 그림 6.8 | 베스트셀러가 된 델라 포르타의《자연 마법》의 1658년도 영어 번역본 목차. 왼쪽에는 가슴이 여럿 달린 자연의 여신과 불 속에 있는 도롱뇽 같은 연금술의 상징들이 그려져 있다. 오른쪽 목차에는 "놀라운 것들의 원인에 관하여"부터 "새로운 식물의 생성", "요리법", "눈에 보이지 않는 글자", "기압 실험", "카오스" 등의 일상적 주제와 초자연적 주제가 섞여 있다.

베이컨은 마법의 실용적 지식은 받아들이되 미심쩍은 부분은 거리를 유지하는 자연철학자들의 접근 방식을 확립했다. 파라켈수스Paracelsus로 더 잘 알려진 필리푸스 아우레올루스 테오프라스투스 봄바스투스 폰 호엔하임Philippus Aureolus Theophrastus Bombastus von Hohenheim(1493~1541)과 앞에서도 등장한 얀 밥티스타 판 헬몬트가 연금술 지식과 마법의 처방을 의학과 접목한 사례도 중요하다. 마법이 의학에서 차지한 위치는 8장에서 자세히 이야기할 것이다. 이 장의 논의에서 주목할 점은 마법의 도

구와 관행을 자연법칙들로 설명하고 악한 마법과의 연관성을 차단하는 것이 파라켈수스와 판 헬몬트에게 얼마나 중요했느냐. 마찬가지로 케플러는 점성술의 놀라운 수학적 조화를 새로운 천문학에 접목했고, 뉴턴은 새로운 천체역학에서 천체들의 힘을 개념화할 방법을 점성술의 '영향'에서 찾았지만, 둘 다 미심쩍은 초자연적 연관성은 신중하게 배제했다.

특히 연금술은 16세기 중반부터 새로운 자연철학 연구 방식들에 마법이 접목되는 과정을 흥미롭게 보여준다. 연금술사들은 스스로를 '화학자'로 부르기 시작한 후에도 하소, 승화, 부패 같은 연금술의 절차와 방식을 따르고 모르타르, 도가니, 저울, 증류병, 증류기, 레토르트 같은 연금술 도구들을 계속 사용했다. 금을 만들 수 있다는 희망도 포기하지 않았다. 새로운 화학자들이 배척한 것은 연금술사들이 스스로의 일을 설명하는 방식이었다.

세상은 금을 만든다는 주장을 너무나도 남용해왔다. 나는 그 작업 자체는 가능하다고 판단하지만 (이제까지 제기된) 그 방법들은 사실 오류와 기만투성이고 이론적으로는 근거 없는 상상이 가득하다. 그러므로 자연이 모든 금속을 금으로 만들려는 의도를 지녔다는 말, 자연은 방해받지 않으면 자신의 임무를 수행할 거라는 말, 금속의 조악함과 불순물, 병폐가 모두 치유되면 금이 된다는 말, 앞으로의 작업으로 탄생할 약을 소량만 사용해도 수많은 비금속을 금으로 만들 수 있다는 말, 이 모든 말은 연금술의 다른 많은 주장처럼 꿈일 뿐이다.

— 베이컨, 《숲의 숲》, 4세기, 71쪽

베이컨은 연금술사가 쌓은 모든 실용적 지식을 받아들였을 뿐 아니라 발전시키려 했고 "부패를 유도하고 촉진하는 방법"(베이컨, 《숲의 숲》, 4세기, 73쪽)을 포함한 연금술 절차들을 여러 페이지에 걸쳐 설명했다. 하지만 마법이 고대의 지식이라는 주장, 우주의 바탕이 상징으로 이루어져 있다는 주장, 마법사의 정신이 고양된다는 주장은 받아들이지 않았다.

자연철학과 마법의 틈

이 장에서는 자연철학이 우리가 과학이라고 인식하는 대상으로 변모하면서 마법에 어떤 일이 일어났는지 살펴보았다. 신과학은 마법의 관행과 사고방식을 받아들였지만 마법이 번영할 수 있었던 이론적 틀은 받아들이지 않았다. 자연철학과 학문적 마법 사이에 틈이 생긴 데에는 분명한 이유가 있었다. 우선 아리스토텔레스와 갈레노스에 대한 사람들의 신뢰가 약해지면서 '초자연적 속성'이라는 개념이 철학적 정당성을 잃었다. 실체의 불가사의하고 환원할 수 없는 속성을 이야기하는 것은 미사여구로 무지함을 감추려는 속셈으로 여겨졌다. 예를 들어 몰리에르Molière로 더 잘 알려진 저명한 프랑스 극작가 장밥티스트 포클랭Jean-Baptiste Poquelin(1622~1673)의 《상상병 환자Le Malade Imaginaire》 중 '수면 유도virtus dormitiva' 이야기에서는 돌팔이 의사가 순진한 환자에게 도통 알 수 없는 라틴어를 섞어가며 '잠의 힘'이 있는 양귀비로 수면을 유도할 수 있다는 얼토당토않은 이야기를 늘어놓는다. 한편 자연철학과 학문적 마법 사이의 균열에는 다른 근본적인 이유도 있었다.

그중 가장 중요한 이유는 세상이 숨은 의미로 가득한 유기적이고 상징적인 세계라는 모든 마법 전통의 핵심적인 믿음에 자연철학이 더 이상 매달리지 않았기 때문이다. 그러면서 지식이 그 의미들을 해독하기 위한 비밀 암호이고 고대의 신성한 존재에서 유래하여 전해져왔다는 믿음도 사그라졌다. 고대 기원에 대한 열망은 혁신에 대한 믿음으로 대체되었고, 선택받은 소수만 사물에 새겨진 위대한 비밀을 알 수 있다는 주장은 설자리를 잃었다. 베이컨은 "우리는 아직 발견하지 못한… 많은 훌륭하고 유용한 물질을 여전히 자연이 품에 간직하고 있을 것이라고 희망할 수도 있다"라고 말했다. 하지만 "발견하지 못한… 물질"은 사실 비밀[4]이 아니라고 지적하면서 "분명 다른 물질들이 과거에 그랬던 것처럼 몇 년 안에 밝혀질 것"이라고 약속했다(《신기관Novum Organum》[런던: 피커링Pickering, 1844], 109장, 91~92쪽). 비밀이 없다면 마구스의 은밀하고 수수께끼 같은 의식들은 의미가 없었다. 열려 있고 공적인 공동의 지식이 새로운 이상이 되었다(물론 이상이 항상 현실로 이어지지는 않았다).

16~17세기에 부상한 신과학은 마법의 근본적인 이론적·철학적 가정은 배제하면서도 자연을 조물주처럼 근본적 차원에서 이해하고 조정하려는 열망은 보존했다.

---

4 _ 일부 번역문에 '비밀secrets'이란 단어가 쓰였지만 라틴어 원문에는 없다.

01 우리 삶에서 마법의 자리가 줄면서 지식의 중요한 원천이 사라졌을까? 고대에서 유래한 지식 중 과학적이 아닌 다른 접근법을 요구하는 지식이 있을까?

02 국가 기밀부터 영업 기밀, 그리고 과학자들의 자료에 이르기까지 비밀 유지는 현대 지식 문화에서 중요한 역할을 한다. 이는 마법 전통의 비밀주의와 같을까? 어떤 점이 비슷할까? 다른 점은 무엇일까?

03 출생한 날짜와 시간의 천궁도를 그리고 해석하는 전문가들 같은 점성술사는 여전히 존재한다. 그렇다면 점성술 전통이 살아남았다고 말할 수 있을까? 그렇지 않다면 사라진 것은 무엇일까?

04 연금술 실험 재연이 흥미로운 작업일까? 연금술을 재연하여 무엇을 배울 수 있을까? 연금술을 재연하더라도 되돌릴 수 없는 것은 무엇일까?

05 유전자공학, 나노 기술, 유전자 복제 기술 같은 최신 과학의 연구와 성취를 마법에 비유한다면 어떤 장점이 있을까? 새로운 깨달음을 얻을 수 있다면 무엇일까? 이 비유가 불분명하게 만드는 사실은 무엇일까?

움직이는
지구

확장되는 지식의 지평선

활자 인쇄술은 새로운 지식 시대의 산물이자 견인차였다. 유럽은 어느 때보다도 상업적이고 도시적이며 온갖 모험이 가득하고 영향력이 커졌다. 세상의 지평선은 수십 년 전에는 상상도 할 수 없었을 만큼 넓어졌고 지평선 너머는 더 이상 도달할 수 없거나 소통할 수 없는 곳이 아니었다. 활자 인쇄술은 이처럼 과거보다 훨씬 커진 동시에 훨씬 작아진 새로운 세상과 잘 어울리는 발명품이었다. 활자 인쇄술이 가장 큰 영향을 미친 곳은 그 탄생지였다. 활자 인쇄는 유럽의 지식 기관인 가톨릭교회의 근간을 뒤흔들었다.

인쇄 기술과 종교개혁

활자 인쇄가 일으킨 변화를 가늠해보자. 16세기 초 유럽에는 약 240곳의 인쇄소가 있었다. 인쇄한 책은 손으로 필사한 책보다 약 3백 분의 1로 저렴했다. 활자 인쇄기 발명 후 반세기 동안 수많은 책이 쏟아져나왔고, 현재 유럽의 도서관들이 소장한 이 시기의 자료는 중세와 고대 전체에 작성된 필사본의 두 배가 넘는다(이 시기의 책을 '인큐내뷸러'라고 부른다. 그림 3.14와 그림 5.8이 좋은 예다).

1455년에 구텐베르크가 가장 먼저 인쇄한 이래 그의 경쟁자들이 앞다투어 찍어낸 성경은 가장 많이 팔리고 가장 중요한 책이었다. 활자 인쇄기가 보급되면서 거의 모든 사람이 성경을 소유하게 되었다. 이 사실의 문화적 중요성은 아무리 강조해도 지나치지 않다. 15세기에는 마르틴 루터Martin Luther의 선언처럼 누구라도 성경을 '가질 수 있다면' 모든 이가 한 권은 '가지고 있어야 한다는 것'이 종교적 금언이 되었다. 구약과 신약, 외경은 1534년에 루터의 모국어인 독일어로 출간되었다. 루터는 모든 사람이 자신의 언어로 성경을 읽을 수 있어야 하고 내용을 이해할 책임이 있으며 성경을 해석할 권한이 있다고 주장했다.

독일 출신의 아우구스티누스회 수도사로서 새로 설립된 비텐베르크대학교University of Wittenberg에서 신학을 가르치던 루터(1483~1546)는 부패한 교회가 신성한 과거를 제대로 구현하는 데 실패했다고 신랄하게 비판했다. 새삼스러운 불만은 아니었다. 많은 사람이 수 세기 동안 같은 비난을 했고 그중 몇몇은 과격분자가 되어 폭동을 일으켰다. 폭동 대부분은 무력으로 진압되거나 폭도들이 가난한 자와 그리스도의 진정한 가르침에 전념하는 또 다른 교파를 형성하면서 사그라졌지만, 활자 인쇄술이 발명되자 전혀 다른 선택이 가능해졌다.

루터를 비롯한 많은 사람이 특히 문제 삼은 관행은 교황이 헌금을 대가로 죄인에게 사후의 벌을 면해주는 면죄부 제도였다. 교회가 로마에 성베드로 대성당을 짓는 비용을 충당하기 위해 면죄부 판매를 대대적으로 확대하자 루터는 더 이상 참을 수 없었다. 그는 1517년 10월 31일에 분노와 신랄한 비판으로 가득한 '면죄부의 힘에 관한 반박Disputation on the Power of Indulgences'이란 글을 대주교에게 보냈는데 이후 같은 글을 '95개 논제Ninety-Five Theses'라는 제목으로 인쇄하여 비텐베르크에 있는 교회들 정문에 붙이면서 큰 반향을 일으켰다. 인쇄된 '논제'는 독일에서 산불처럼 번져나갔고 이후 번역, 편집되어 유럽 전역에 배포되었다. 결국 가톨릭교회가 한 번도 겪지 못했고 아직도 완전히 회복하지 못한 대규모 분열인 '종교개혁'이 일어났다.

종교개혁은 신학적·정치적·문화적·윤리적 측면에서 모두 중요하지만 이 책에서 주목할 측면은 인식론적 의의다. 또다시 강조하자면 루터의 혁명은 활자 인쇄술 덕분에 가능했다. 그가 쓴 첫 '논제'와 이후 발표한 수많은 글의 확산을 막으려는 교회와 행정 당국의 노력은 인쇄술의 새로운 힘 앞에서 무력했다. 루터가 '논제'를 발표하고 3년 동안 쓴 32편의 글은 5백 쇄 이상 인쇄되었고, 그가 1546년에 눈을 감을 무렵까지 약 3백만 부가 배포되었다. 이 수치에는 프로테스탄트 가정마다 한 권씩 있던 루터의 성경 번역본은 포함되지 않는다. 루터의 성경이 얼마나 중요한지 더 이야기해보자. 개인이 성경을 직접 읽고 신학적으로 해석할 수 있게 된 상황은 가톨릭교회가 신의 말씀을 해석하는 능력에 근거하여 확립한 권위에 직접적인 타격을 가했다.

1장과 4장에서 설명했듯이 이 권위는 숭배나 추상적인 신학의 문제들에 국한하지 않았다. 아우구스티누스가 주장했듯이 "기독교인은 믿음을 생각하고 생각을 믿는 자"였다. 교회의 야망과 책임은 세속적이었다. 아우구스티누스의 시대 이래 교회는 교육 체계와 대학을 세우면서 신에 대한 지식의 소유권을 주장했는데, 이 주장은 세속적 지식을 탐구하고 증명하는 능력과 밀접한 관련이 있었다. 예상치 않게 새로운 이단을 진압하는 데 실패한 교회는 고위 사제와 신학 전문가를 모아 회의를 열었고, 1545년부터 1563년까지 이어진 트리엔트 공의회에서 교회 정통성을 재천명하는 수많은 선언과 교리를 발표했다. 이 선언과 교리들은 '반개혁'으로 불리는 운동의 신학적 핵심이 되었지만, 과학 발전이라는 측면에서 보면 교회가 세속적 지식을 바탕으로 권위를 다시 세우려 한 실용적 조치였다.

반개혁과 달력 개혁

교회의 조치 중 하나는 앞서 이야기한 예수회 설립과 교육 개혁이었다. 예수회는 원래 전통적인 교회 교육의 엄격한 논리주의에 초점을 맞추었지만 이후 개종과 설득을 목표로 한 수사, 연극, 춤으로 관심을 돌렸다. 심지어 수학도 설득 능력을 키우기 위해 (예비 선교사들에게) 가르쳤다. 예수회는 인문주의자가 주창한 '실천적 삶'과 세속적 학문들을 받아들였을 뿐 아니라 종교개혁의 도전에도 흥미롭게 반응했다. 루터와 그의 제자들은 마음의 순수함과 계시에 대한 개인의 이해를 믿어야 한다고 주장했다(1장에서 이야기한 테르툴리아누스 같은 초기 교부의 가르침을 떠올리게 한다). 그러므로 프로테스탄트교회는 이성을 설득하기보다는 열정을 일으키는 데 집중했다. 예수회의 개혁은 그저 인문주의의 유행을 따른 것이 아니라 새로운 기독교의 힘을 암묵적으로 인정하고 그 수단들을 받아들인 결과였다. 트리엔트 공의회 후 가톨릭교회가 의뢰하고 후원한 화려한 시각예술('바로크 양식')도 논증이 아닌 감동으로 신자들의 믿음을 이끌어야 한다는 통찰에서 비롯되었다. 가톨릭교회는 아우구스티누스가 밑그림을 그리고 아퀴나스가 공식화한 후 수 세기 동안 이어진 지식과 신앙의 진테제에 대한 자신감을 잃어갔다.

　루터가 '논제'를 발표하고 한 세기가 조금 지난 뒤 이 진테제는 스스로 지닌 모순을 더 이상 감당하지 못하며 무너지기 시작했고, 빠르게 변화하는 과학의 압력으로 상황은 더욱 악화했다. 가장 중요한 변화는 교회가 종교개혁의 도전을 극복하기 위해 단행한 조치인 달력 개혁과 밀접하게 관련되어 있었다.

　교회가 지식을 기반으로 한 중앙집권적인 역할—루터가 저항했던 역할—을 되찾기 위해서는 사제가 신자에게 신앙 의식의 수단을 제공할 수 있음을 증명해야 했다. 그러기 위해 가장 중요한 일은 '시간'에 대한 통제권을 되찾는 것이었다. 시간을 표준적인 방식으로 정확하게 측정해 성일聖日을 치밀하게 준비하여 성대하게 치러야 세속에서 신을 대리하는 교회의 권위를 널리 알릴 수 있었다. 한마디로 정확한 달력이 필요했다.

　당시 교회의 달력은 정확하지 않았다. 교회가 다른 제도와 더불어 로마의 행정법으로부터 물려받은 율리우스력은 이 달력을 공표한 율리우스 카이사르의 이름을 딴 헬레니즘 달력이다. 기독교 시대가 시작되기 한 세기 전에 만들어진 이 달력은 1년마다 약 25분의 오차가 나타났는데, 한 세기마다 나타나는 히파르코스의 1도의 '세차운동'(3장 참조) 때문이었다. 이는 여러 항성 사이에 있던 태양이 공전해 그 위치로 돌아오기까지 걸리는 시간을 기준으로 측정한 1년과, 태양이 분점에서 출발해 다시 분점으로 되돌아오기까지 걸리는 시간을 기준으로 측정한 1년의 차이다. 히파르코스가 매우 느린 주기적 변화로 설명한 세차운동은 아주 미세한 변화였다. 하지만 교회는 천문학의 실용성과 연속성에 관심을 두었다. 지구의 극 위로 천구의 극이 2만 6천 년마다 같은 위치로 되돌아온다는 지식으로는 만족할 수 없었다. 교회는 그리스도 탄생이라는 특별한 사건 이후 정확히 얼마나 많은 햇수가 지났는지 알아야 했다. 1년 중 나타나는 25분의 오차가 한 세기 동안 쌓이면 하루가 되었고, 1천5백 년이 되면 보름이 되었다. 그러므로 교회가 종교개혁과 씨름하던 무렵에는 중요한 의식들을 정확한 날짜는커녕 정확한 달에 치르고 있는지도 확신할 수 없는 지경에 이르렀다.

특히 부활절이 가장 중요한 날이었지만 날짜를 계산하기가 가장 어려웠다. 복음에 따르면 예수는 십자가에 못 박힌 후 사흘째 되는 날 깨어났다. 예수가 십자가에서 눈을 감은 때는 봄의 달이 시작하고 보름이 지난 유월절이었는데 이때가 금요일이었다. 그렇다면 부활절 의식은 춘분이 지나고 첫 보름달 다음의 일요일에 치러야 했는데 이처럼 햇수, 달, 주를 계산하기란 몹시 복잡했다.

중요한 점은 교회가 이 문제를 반드시 과학, 즉 천문학과 이론적 계산에 맡겨야 했던 것은 아니라는 사실이다. 유대교 전통에서 유월절과 다른 성일이 정해진 방식처럼, 각 지역마다 분점과 보름을 직접 관찰하여 다르게 정할 수 있었다. 하지만 지역의 세력과 권력이야말로 교회가 진압하려 한 종교개혁의 발단이었다. 이는 3장에서 논의한 과학의 문화적 의미를 잘 보여준다. 천문학은 복잡한 중앙집권적 정치체제를 유지하기 위한 수단일 뿐이었다. 천문학은 하늘의 후원을 받는 권력의 도구로서 발전했다. 이 권력은 자신들이 신의 보호를 받는다는 사실을 강조하기 위해 장대한 의식을 치렀다. 이 의식들은 아무리 먼 지역이라도 중앙의 지휘 아래 치러져야 했다. 교회만이 그랬던 것은 아니다. 5장에서 언급한 명나라 후기와 청나라 초기의 중국 황실도 마찬가지였다. 앞에서도 설명했듯이 가톨릭교회와 중국 황실은 헬레니즘 천문학에 의존했고, 고대 천문학으로 만든 달력은 어느 순간부터 문제를 일으켰다.

그렇게 해서 트리엔트 공의회는 회의가 시작된 첫해인 1545년에 교황이 달력을 개혁할 수 있도록 권한을 부여했다. 그 결과 1582년에 그레고리우스Gregorious 교황의 이름을 딴 새로운 달력이 나왔고 이 달력은 지금도 사용되고 있다. 사실 율리우스력의 문제는 수 세기 동안 분명히 드러나 있었다. 이미 9세기에 베다는 부활절이 325년에 열린 첫 기독교 회의인 니케아 공의회가 정한 날짜보다 사흘이 늦어졌다고 지적했다. 세월이 흐르면서 오차가 2주로 늘어나자 교회뿐 아니라 천문학자들도 부활절 의식을 엉뚱한 달에 치르는지도 모른다는 사실에 위기감을 느꼈다. 15세기에 프톨레마이오스의 《알마게스트》 그리스어 원본이 유럽에서 라틴어로 번역, 인쇄될 무렵에는 천문학자들이 달력뿐 아니라 프톨레마이오스 천문학을 개혁하자는 과감한 주장을 펼쳤다. 가장 대담한 제안은 폴란드 수도사 니콜라우스 코페르니쿠스Nicolaus Copernicus(1473~1543)가 1514년에 천문학자들과 여러 지식인에게 배포한 《짧은 해설서Commentariolus》에 쓰여 있었다. 코페르니쿠스는 기존 천문학의 여러 관측상의 모순과 프톨레마이오스 이론의 기반이 된 여러 불합리한 타협은 지구와 태양의 위치를 바꾸면 모두 사라진다고 주장했다. 코페르니쿠스의 논리는 지구가 우주 가운데에 있어 항성들이 속한 천구와 모든 행성이 지구 주위를 도는 것이 아니라 지구가 다른 행성들과 함께 태양 주위를 돈다는 것이었다.

코페르니쿠스 혁명

루터와 거의 동시대를 산 코페르니쿠스는 시대적 변화의 산물이었다 (루터는 코페르니쿠스 이론에 경악했다). 그는 과거로 저무는 시대와 이제 막 떠오르는 새로운 시대에 걸쳐 교육받고 생계를 꾸렸다. 그는 프로이센 통치하의 폴란드 북부에서 상업으로 부를 쌓고 교회와의 오랜 연줄을 지켜온 가문에서 태어났다. 크라쿠프대학교University of Krakow에서 전통적인 아리스토텔레스주의를 배우고 볼로냐에서 교회법을 공부했지만, 이후 파도바에서 의학을 공부한 뒤 페라라에서 법학 박사 학위를 따면서(1501) 당시의 인문주의 조류에 합류했다. 하지만 코페르니쿠스는 '실천적 삶'에는 관심이 없었다. 르네상스 시대에 성행한 족벌주의에 따라 삼촌인 바르미아 주교로부터 중세에서 유래한 특권적 지위인 수도 사제로 임명받고 프라우엔보르크(지금의 프롬보르크)에서 생계 걱정 없이 평생을 보낼 수 있었다. 그는 최신 이론과 기술에 정통한 뛰어난 천문학자였지만 학문으로 돈을 버는 직업적 천문학자는 아니었다. 그는 바르미아에 있는 삼촌의 집에 설치한 천문대에서 삼촌의 후원으로 천문학을 연구했다.

보수성과 독창성

코페르니쿠스의 유명한 '가설'은 독창성과 보수성이 만나 탄생했다. 순수하게 천문학적 관점에서 보면 그의 가설로 바뀌는 것은 거의 없었다. 태양이 지구의 자리를 대신해 모든 행성 운동의 기준점이 되고, 지구는 태양의 자리로 옮겨 가 달과 함께 움직일 뿐이었다. 프톨레마이오스 천문학에서 지구가 그랬던 것처럼 태양의 위치는 각 행성 궤도의 중심에서 미세하게 벗어났다. 코페르니쿠스는 태양이 우주 전체의 중심에 있을 것으로 가정했는데, 처음에는 이 가정이 별다른 문제를 일으키지 않았다. 그는 다른 모든 행성은 기존의 질서를 따른다고 생각하고 등속의 동심원 운동이라는 헬레니즘 천문학의 기본 원칙을 수용했다. 그는 독립적인 구체, 이심률, 이심원, 주전원처럼 프톨레마이오스가 등속 동심원 운동을 설명하기 위해 만든 후 중세에 정교해진 이론적 도구 대부분을 유지했다(전부 받아들인 것은 아니다. 이 사실이 중요한 이유는 뒤에서 이야기하자).

그림 7.1에서도 알 수 있듯이 코페르니쿠스의 천문학은 프톨레마이오스 전통에 부합하는 듯했다. 또한 일반적으로 전해지는 이야기와 달리 코페르니쿠스를 비롯한 당시 사람들은 지구가 움직인다는 가설이 종교

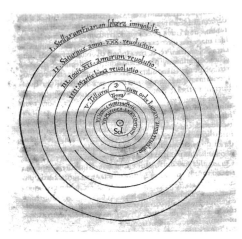 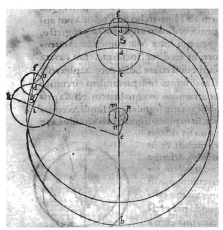

| 그림 7.1 | 코페르니쿠스가 1543년에 발표한 《천구의 회전에 관하여》 중 두 페이지. 왼쪽 페이지에서 태양은 가운데에 있고 지구는 세 번째 행성 자리에 있으며 그 곁에 달이 있다. 그림 3.10과 비교하면 코페르니쿠스의 천문학이 태양과 지구의 위치를 바꾼 것뿐이라는 사실을 알 수 있다. 오른쪽은 《천구의 회전에 관하여》에 실린 도식 중 하나다. 그림 3.14와 비슷한 이 그림 역시 과거 천문학과 크게 다르지 않다.

적 문제를 일으킬 것이라고 생각하지 않았다. 지동설이 문제가 된 시기는 한 세기 후였다. 코페르니쿠스는 자신의 가설이 인쇄되어 책으로 나오자 교황에게 헌정하기까지 했다. 더욱 중요한 사실은 그가 《짧은 해설서》의 첫 문단에서 자신의 체계를 위대한 혁신으로 언급하지 않았다는 것이다. 오히려 그 반대였다. 코페르니쿠스에 따르면 자신의 가설은 "고대인들"의 "규칙성 원칙"으로 회귀했다. 그는 "프톨레마이오스를 비롯한 천문학자들의 행성 이론들은 산술 자료에는 부합할지 몰라도" 규칙성 원칙을 무너트렸다고 지적했다. 그는 경험적 일관성을 위한 타협들 때문에 "충분히 절대적이지도 않고 충분히 만족스럽지도 않은" 체계가 만들어졌다고 주장했다(코페르니쿠스, 《짧은 해설서》, 57쪽).

천체의 회전에 관한 문제들

천문학적 관점에서 보면 코페르니쿠스의 가설은 그저 태양과 지구의 위치가 바뀌는 작은 변화일 뿐이었다. 하지만 물리학적·우주론적 관점에서는 지구가 세 가지 다른 운동을 하게 되는 대대적인 혁명이었다. 코페르니쿠스는 자신의 책에서 다음과 같이 시적으로 설명했다.

> 우리 눈앞에서 반복적으로 펼쳐지는 하늘의 발레를… 우리는 지구에서 관람한다. 그러므로 지구에 어떤 운동이 일어난다면, 지구 밖에 있는 모든 천체에서도 그 운동이 관찰되겠지만 운동의 방향이 반대로 보일 것이다.
> — 코페르니쿠스,《천구의 회전에 관하여De revolutionibus orbium coelestium》2권, 에드워드 로젠Edward Rosen(번역)(메릴랜드 볼티모어: 존스홉킨스대학교출판부Johns Hopkins University Press, 1992[1543]), 12쪽

천체들은 뜨고 지며 계절에 따라 움직이는 듯 보이지만 사실 이 모든 "하늘의 발레"는 겉보기 운동이다.

가장 대표적인 것이 지구와 그 주변을 제외하고 우주 전체에서 일어나는 것처럼 보이는 일주운동이다. 하지만 천체들이 이러한 운동을 하는 것이 아니라 지구가 서쪽에서 동쪽으로 도는 것이라고 생각하면, 태양, 달, 별, 행성이 뜨고 지는 듯 보이는 현상은 사실 지구가 움직이는 상황 때문이라는 사실을 깨닫게 된다.

> — 코페르니쿠스,《천구의 회전에 관하여》2권, 12쪽

태양과 별들이 하루 동안 동에서 서로 움직이는 것이 아니라 지구가 서에서 동으로 회전하는 것이다. 마찬가지로 태양이 해마다 황도에서 서에

서 동으로 움직이는 것이 아니라 지구가 다른 행성들처럼 동에서 서로 공전하는 것이다. 마지막으로 자전의 극들은 항상 방향이 같으므로—북극은 북극성을 향한다—축 자체가 공전운동과 속도는 같지만 반대 방향으로 회전해야 한다. 지구 자전의 축은 황도와 사선을 이루기 때문이다(황도와 천구 적도의 각도 차인 23.5도). 코페르니쿠스 시대의 물리학에 따르면 지구는 공전 궤도를 벗어날 수 없었다. 그렇다면 황도와 사선을 이루는 극이 원래의 기울기를 유지하기 위해 계속 역회전하지 않는 한 극이 가리키는 방향은 계속 변할 수밖에 없다. 빨대를 꽂은 음료수 캔을 한 손에 비스듬히 들고 돈다고 생각해보자.[1] 도는 동안 손을 회전 방향과 반대 방향으로 계속 비틀지 않으면 빨대가 천장에서 가리키는 곳은 계속 바뀔 것이다. 현대 물리학은 회전축이 방향을 유지하는 각운동량 보존 법칙에 따라 이 문제를 간단하게 해결할 수 있지만, 코페르니쿠스는 역회전 가정에서 또 다른 장점을 발견했다. 그는 세차운동을 독립적이고 아주 느린 운동으로 설명하는 대신(3장 참조) 태양 주위를 도는 지구의 각속도와 회전축이 극을 중심으로 (반대 방향으로) 도는 각속도 사이의 미세한 차이로 설명했다.

이 기술적인 내용을 흥미진진하게 받아들이는 독자도 있을 테고 어렵게 느끼는 독자도 있을 테지만, 중요한 점은 코페르니쿠스가 지구의 여러 가지 운동을 발표하면서 학자로서 큰 대가를 치러야 했다는 사실이다. 과학과 상식의 관점 모두에서 이 운동들은 믿기 힘들었다. 3장에서 살펴봤듯이 지구의 운동을 주장한 인물은 코페르니쿠스가 처음이 아니다. 사모스의 아리스타르코스는 이미 기원전 3세기에 지구가 움직인다는 가설을 옹호했다. 하지만 시간이 흐르면서 지동설을 반박하는 고대의 논증들이 힘을 얻었다.

---

1 _ 키스 허치슨Keith Hutchison의 설명이다.

우선 지구가 우주의 중심이어야 하는 물리적 이유가 있었다. 지구는 무거운 물체들은 자연스럽게 가까워지고 가벼운 물체들은 멀어지는 원소 영역의 중심이었다. 지구가 계속 움직인다면 물체들이 어디로 가야 할지 어떻게 알 수 있는가? 게다가 지구가 우주의 중심이 아니라면 왜 물체들이 우주의 진짜 중심으로부터 가까워지거나 멀어지지 않는가?

위 과학적 질문들에 대해 코페르니쿠스는 아리스토텔레스 우주론에 기반하여 훌륭하게 답했다. 지구는 우리 발아래 있는 땅만이 아니라는 것이다. 지구는 원소의 영역 전체이고 이들은 모두 함께 움직인다. 원소들은 원소 영역의 중심과 가까워지거나 멀어지지만, 그렇다고 해서 지구가 우주 전체의 중심일 필요는 없다. 앞에서도 지적했듯이 사실 지구는 프톨레마이오스 우주의 어떤 궤도에서도 중심에 있지 않다(태양도 코페르니쿠스 우주의 어떤 궤도에서도 중심이 아니다). 프톨레마이오스는 지구가 모든 궤도의 공통된 중심이라고 말했고 코페르니쿠스는 태양이 중심이라고 말했지만, 천체들의 공통 중심이라는 개념 자체는 천문학적으로 큰 의미가 없다. 코페르니쿠스는 《짧은 해설서》의 첫 번째 가정에서 다음과 같이 설명했다. "1. 모든 천체 궤도나 천구에 공통되는 하나의 중심은 없다." 공통된 중심이 없다면 다음 두 번째 가정이 가능했다. "2. 지구의 중심은 우주의 중심은 아니지만 중력과 달의 천구의 중심이다." 이 가정은 지구가 프톨레마이오스 우주에서 모든 궤도의 "가운뎃점"으로서 중심이 되었듯이 태양이 "세상의 중심"이 된다는 세 번째 가정으로 이어진다.

지동설이 마주한 어려운 도전은 아리스타르코스의 가설이 부정당한 이유와 같았다(3장). 별의 시차가 관찰되지 않는다는 사실은, 지구가 움직인다면 우주가 합리적인 수준을 넘어설 만큼 무척 넓어야 한다는 의미였다. 우주의 광활함에 대한 코페르니쿠스의 답은 더 간단했고 더욱 놀라웠다. 우주가 무척 넓다는 것이었다. 이것이 그의 네 번째 가정이었다. 우주는 무척 광활하므로 태양 주위를 도는 지구의 운동으로는 별들의 각도가 눈으로 식별할 수 있을 만큼 달라지지 않는다는 것이었다. 코페르니쿠스는 이 네 번째 가정을 통해 과학이 요구한다면 합리성의 기준이 달라져야 함을 암시했다.

코페르니쿠스 이론은 무척 직관적인 반박을 당했다. 지구가 움직인다면 왜 우리는 그것을 느끼지 못할까? 지구가 서쪽에서 동쪽으로 돈다면 땅에 붙어 있지 않은 사물들은 동에서 서로 표류해야 하는 것 아닌가? 왜 우리는 일정한 속도로 빠르게 부는 동풍을 느끼지 못하는가? 구름과 새는 왜 서쪽으로 사라지지 않는가? 지구 회전과 반대 방향인 서쪽으로 대포를 쏘면 지구 회전 방향인 동쪽으로 쏠 때보다 훨씬 멀리 나가야 하는 것 아닌가? 탑에서 돌을 떨어트리면 바로 아래가 아닌 서쪽으로 빗겨 떨어져야 하는 것 아닌가? 이 질문들을 이해하는 데 심오한 자연철학이나 우주론이 필요한 것은 아니지만, '자연은 변화이고 변화는 운동'이라는 기술적 명제에서 바라볼 수 있었다. 지구의 운동이 전혀 감지되지 않고 우리 세상에 '아무 변화도' 일어나지 않는다면 어떻게 그것을 운동이라고 할 수 있을까? 더군다나 코페르니쿠스 가설이 주장하는 운동은 몹시 빨라야 했다. 얼마나 빨라야 하는지는 계산하기 어렵지 않았다. 앞에서 설명했듯이 고대 천문학자들은 이미 지구 둘레를 계산했고, 유럽 대륙이 그 거리를 24시간 안에 이동하려면 시속 약 1천5백 킬로미터로 움직여야 했다. 사람들이 경험할 수 있는 가장 빠른 속도가 말이 시속 약 30킬로미터로 달리는 속도인 세상에서는 지구가 그처럼 몹시 빠르게 움직이고 있는데도 우리가 아무 변화도 느끼지 않는다는 주장이 터무니없을 수밖에 없었다.

코페르니쿠스는 앞에서 이야기한 두 번째 가정으로 이 문제에 답했다. 아리스토텔레스가 주장했듯이 지구는 우리 발아래 땅뿐 아니라 달 아래 모든 원소 영역을 아우르고, 이 모든 것은 함께 움직인다. 바람이 불지 않고 구름이 떠내려가지 않는 이유는 공기 역시 지구의 축을 따라 돌기 때문이다.

17세기에 발전한 물리학을 배운 우리에게 이 답은 무척 합리적이다. 우리는 여러 물리계가 등속으로 함께 움직이면 계 안에서는 운동을 느낄 수 없다는 개념에 익숙하다. 하지만 코페르니쿠스 시대에는 이 물리학적 개념이 '없었다'는 사실을 기억해야 한다. 실제로 이 같은 개념은 지구가 운동한다는 그의 가설에 대한 반박에 응수하기 위해 만들어졌다. 더군다나 원소들이 함께 움직인다는 주장에는 한 가지 문제가 뒤따랐다. 왜 원소들이 애초에 움직이는가? 다시 한 번 말하지만 코페르니쿠스 시대의 물리학은 이러한 운동을 허용하지 않았다. 아리스토텔레스는 지구의 영역 안에서 네 개의 원소가 가운데에서 멀어지거나 가까워지는 이유와 제5원소로 이루어진 천구들이 이 중심을 기준으로 도는 이유를 설명했다. 하지만 어떻게 이 모든 원소가 가운데를 중심으로 함께 돌 수 있을까? 운동의 원인은 무엇인가? 자연적 원인일까 아니면 강제적 원인일까?

코페르니쿠스는 별 사이에서 시차가 일어나지 않는 문제에 답할 때처럼 독자들에게 상식 대신 과학의 한 분야인 천문학의 논리와 논증을 따르라고 요청했다. 논리와 논증은 다른 과학에 영향을 미쳤지만 그 과학은 자연철학이나 우주론과 동떨어졌다. 아리스토텔레스의 자연철학이 이성과 감각을 강조했다는 사실을 떠올리면 당시 사람들이 지구가 움직인다는 생각을 받아들이기가 얼마나 힘들었을지 짐작할 수 있다.

혁명의 동기

코페르니쿠스도 자신의 가정에 내포된 불합리성을 잘 알았다. 그가 《짧은 해설서》를 《천구의 회전에 관하여》라는 책으로 엮기까지는 거의 30년이 걸렸다. 그는 죽기 전 병상에서 마지막 교정본을 검토했고 결국 책이 인쇄되는 것을 보지 못했다. 교황에게 바치는 헌정사의 첫 단락은 다음과 같다.

> 물론 권위자들은 지구가 우주 한가운데에 멈춰 있다는 합의를 신봉합니다. 그들은 반대되는 견해를 생각도 할 수 없거나 터무니없다고 치부합니다.
>
> - 코페르니쿠스, 《천구의 회전에 관하여》 2권, 11쪽

그렇다면 코페르니쿠스는 왜 "터무니없는" 가설에 매달리고 그 가설의 "생각도 할 수 없는" 의미들을 받아들였을까? 코페르니쿠스가 경험적이유 때문에 지동설에 매료되지는 않았을 것이다. 그는 동심원 운동 가정과 프톨레마이오스의 중요한 도구인 이심률과 주전원을 굳게 믿었고, 이 믿음에서는 태양이 정지한 계와 지구가 정지한 계가 철저하게 동등하다. 여기서 '중심'이라는 말 대신 '정지'라는 용어를 쓴 까닭은 코페르니쿠스의 우주와 프톨레마이오스의 우주가 동등하다는 사실을 강조하기위해서다. 다시 말해 두 우주 모두 이심률을 따르므로 지구가 프톨레마이오스 우주에서 행성 궤도들의 중심에 있지 않듯이 태양은 코페르니쿠스 우주에서 행성 궤도들의 중심에 있지 않다. 코페르니쿠스는 '레기오몬타누스Regiomontanus'로 알려진 한 세대 전의 천문학자 요하네스 뮐러 폰 쾨니스베르크Johannes Müller von Königsberg(1436~1476)가 밝힌 두 우주계의 기하학적 차이에 정통했다. 코페르니쿠스의 우주계가 프톨레마이오스의 우주계보다 단순하다는 통념은 사실이 아니다. 코페르니쿠스는 이심률을 그대로 두었을 뿐 아니라 이븐 알하이삼이 비난한 주전원(4장)에 프톨레마이오스 못지않게 기댔다. 태양이 정지해 있는 우주계에서는 달에관해 더 단순한 이론을 세울 수 있다. 부활절의 정확한 시기를 파악하는것이 목적이라면 결코 작은 성과가 아니었다. 하지만 지구 극의 방향이일정한 이유에 대한 복잡한 설명처럼 다른 면에서는 태양이 정지해 있는

우주계가 지구가 정지해 있는 우주계보다 오히려 복잡했다.

코페르니쿠스는 《짧은 해설서》의 첫 페이지에서 전통적인 천문학이 "충분히 절대적이지도 않고 충분히 만족스럽지도 않은" 원인이 동시심이라고 지목했다. 동시심이 프톨레마이오스 천문학의 모든 타협 중에서도 가장 수치스러운 타협이라는 사실에는 의심의 여지가 없다. 행성이 다른 점을 중심으로 일정한 각속도에 따라 움직인다면, 지구를 가운데로 하여 또는 그 궤도의 기하학적 중심을 가운데로 하여 등속 동심원 운동을 하지 '않는다'는 의미다. 코페르니쿠스는 자신이 한 말을 지켜 동심원이 없는 모형을 제시했지만, 그의 모형은 지구 운동 문제와 큰 관련이 없었다. 기본적으로 4장에서 이야기한 투시 쌍원의 또 다른 버전인 그의 2중 주전원 모형은 태양이 정지한 우주뿐 아니라 지구가 정지한 우주에도 잘 들어맞았다. 그가 이슬람 천문학을 잘 알았는지 아니면 독자적으로 2중 주전원 원리를 개발했는지는 역사학자 사이에서 여전히 의견이 분분하지만, 지구 운동과는 관련이 없으므로 여기에서는 그다지 중요하지 않다.

코페르니쿠스가 전혀 다른 천문학 가설을 발표한 동기는 동시심이라는 특정한 이론적 문제 때문은 아니었다. 하지만 동시심에 대한 그의 관심에서 한 가지 사실을 알 수 있다. 코페르니쿠스에게는 반드시 필요한 경우를 제외하고 최소한으로만 타협하면서 등속 동심원 운동이라는 고대의 기본 원칙을 지키는 것이 중요했다. 그는 자신을 전통 천문학의 파괴자가 아닌 과거 영광의 구원자로 여겼다. 지동설에서 얻은 이론적 장점들은 고대의 원칙에 극적인 변화를 일으켜도 될 만큼 중요하지 않았다. 하지만 지동설의 장점들이 모이면 프톨레마이오스 우주계의 골치 아픈 임의성을 대체하는 일관성이 나타났고 코페르니쿠스는 이 일관성을 '대칭'으로 불렀다. 이 일관성은 수리·기하학적 이론들로 탁월하게 '현상을 구제'할 수 있을 뿐 아니라 자연의 실제 질서를 반영할 수 있음을 의미했다. 앞에서 이야기했듯이 물리학과 우주론의 질서에 반하는 모순적 질

서였다. 수학자인 코페르니쿠스는 이 모순에 주눅이 들기는커녕 오히려
희열했다(천문학은 수학의 한 분야임을 기억하라). 앞에서 인용한 코페르니
쿠스의 말에서도 그가 물리학을 그다지 신경 쓰지 않았음을 알 수 있다.
"태양, 달, 별, 행성이 뜨고 지는" 것을 "지구와 그 주변"의 훨씬 작은 회전
으로 설명할 수 있다면 굳이 왜 장대한 "우주 전체"가 움직인다고 생각해
야 할까?

행성	코페르니쿠스 값(AU)	지금의 값(AU)
수성	0.38	0.387
금성	0.72	0.723
지구	1.00	1.000
화성	1.52	1.52
목성	5.22	5.20
토성	9.17	9.54

　무엇보다도 행성들이 태양 주위를 돈다면 행성의 순서를 합리적으
로 설명할 수 있었다. 전통적인 천문학은 공전 주기가 긴 행성은 멀리 있
고 짧으면 가까이 있다고 단순하게 가정했다. 지동설에서는 태양 주위를
도는 행성이 두 부류로 나뉘어서 지구와 태양 사이에 있는 수성과 금성
은 '내행성'으로, 지구보다 태양에서 멀리 떨어져 있는 화성, 목성, 토성은
'외행성'으로 분류되었다. 전에는 잠정적이었던 행성의 주기와 거리에 대
한 몇 가지 사실을 이 새로운 행성의 순서를 통해 명쾌하게 설명할 수 있
었다. 예를 들어 수성은 태양과 이루는 각도가 모든 행성 중에서 가장 작
고 공전 주기도 가장 짧다. 두 가지 사실의 원인은 지구가 아닌 수성이 태
양과 가장 가까운 행성이기 때문이다. 더욱 흥미로운 것은 수성과 금성

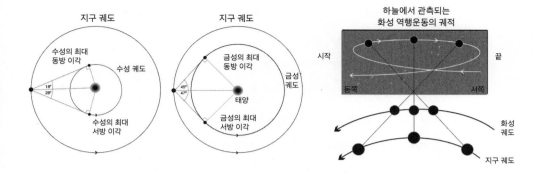

수성의 최대
동방 이각

수성 궤도

18°
28°

수성의 최대
서방 이각

금성의 최대
동방 이각

금성
궤도

46°
47°

태양

금성의 최대
서방 이각

시작

동쪽

끝

서쪽

화성
궤도

지구 궤도

| 그림 7.2 | 코페르니쿠스 가설의 독창적 설명. 오른쪽은 역행운동에 관한 코페르니쿠스의 설명이다. 지구가 다른 행성(오른쪽 그림에서는 화성)을 지나면 행성이 뒤로 가는 것처럼 보인다. 왼쪽과 가운데 는 지구에서 관찰하는 수성과 태양의 각(최대 28도)과 금성과 태양의 각(최대 47도)이 제한적인 이유 에 대한 코페르니쿠스의 설명이다. 지구가 가운데에 있다면 두 행성이 서로 '반대편'에 있을 수 있다. 다시 말해 태양과 180도 각도를 이룰 수 있다. 프톨레마이오스는 두 행성과 태양의 운동을 인위적으 로 동조시켜야 했지만 지구가 태양 주위를 돈다면 더 이상 그럴 필요가 없다. 지구 궤도는 금성과 수성 의 궤도보다 태양으로부터 멀리 있으므로, 우리는 두 행성의 궤도를 항상 '바깥'에서 본다. 그러므로 우리의 관점에서 두 행성이 태양과 이루는 각도는 우리가 두 행성 궤도의 반지름을 파악할 때의 각도 보다 클 수 없다. 그렇다면 코페르니쿠스 가설에 따라 천문 단위인 AU('astronomical unit'의 약자로 지 구 궤도의 반지름인 태양과 지구의 평균 거리)로 내행성들의 궤도 반지름을 계산할 수 있다. 예컨대 지구에 서 관찰하는 금성이 태양과 이루는 이각이 최대(47도)일 때 금성에서 관찰하는 태양과 지구의 각도는 90도가 되어야 한다. 그렇다면 금성과 태양의 최대 거리는 AUcos47°=0.72AU가 된다. 외행성들의 반지름 계산은 조금 복잡하다. 코페르니쿠스 가설에 따라 계산한 행성들의 궤도 반지름과 현대 과학 이 측정한 값을 비교한 표를 참조하라.

모두 태양 반대편에 있지 않다는 사실도 행성 순서를 반영한다는 것이다 (수성의 가장 큰 '이각離角[행성이 태양과 이루는 각]'은 28도고 금성은 47도다). 우리는 수성과 금성을 두 행성의 궤도 바깥에서 관찰하므로 최대 이각 을 통해 행성 궤도의 반지름을 알 수 있다(그림 7.2 왼쪽과 가운데). 그렇다 고 해서 프톨레마이오스의 우주계가 앞의 사실들을 설명하지 못한 것은 아니다. 수성과 금성의 이심원과 주전원의 속도와 크기를 계산한 다음 태 양의 이심원과 주전원에 동조synchronization시키면 된다. 중요한 것은 코페

르니쿠스의 우주계에서는 이 모든 사실의 원인이 행성들의 실제 순서로 귀결된다는 점이다.

지구의 운동이 헬레니즘 천문학의 가장 큰 관심이었던 역행운동 현상을 설명하는 방식은 더욱 흥미롭다. 전통적인 천문학이 이 현상을 설명하지 못한 것은 아니다. 주전원은 역행운동 현상을 꽤 훌륭하게 설명했다. 그러나 코페르니쿠스 가설은 이처럼 질서에 반하는 것처럼 보이는 현상을 가장 우아한 방식으로 '구제'했다. 코페르니쿠스에 따르면 역행운동은 단순한 겉보기 운동이었다. 행성들은 항상 같은 방향으로 움직인다. 행성들이 느려지거나 방향을 바꾸는 것처럼 '보이는' 이유는 지구가 움직이면서 행성들을 지나기 때문이다. 배를 타고 바다에 나가면 해안가가 뒤로 물러나는 것처럼 보이는 현상과 같은 이치다(그림 7.2 오른쪽). 게다가 이 설명에 따르면 지구와 가까운 행성일수록 (태양과 행성의 거리와 상관없이) 역행운동이 더 길게 자주 일어나므로 과거에는 그저 우연으로 여겨졌던 현상에 또 다른 '대칭'을 제공한다. 그러므로 수성보다는 금성의 역행운동이 자주 길게 일어나고, 목성보다는 화성이 자주 길게 일어나며, 토성보다는 목성이 자주 길게 일어났던 것이다. 프톨레마이오스의 우주계는 행성들의 역행운동 주기를 각각의 주전원들로 설명했다. 그런데 지구가 움직인다면, 지구와 가까운 행성일수록 두 행성—이제 지구도 행성이다—은 더 자주 지나친다는 단순한 원리로 모든 역행운동 주기를 설명할 수 있다.

코페르니쿠스 이후

안드레아스 오지안더와 소극적 해석

코페르니쿠스는 동료 천문학자들이 자신의 가설을 '터무니없다'고 여길까 봐 걱정하긴 했어도 종교적 논란이 일어날 것이라고는 상상도 못했다. 몇십 년 동안 종교계와 천문학계가 보인 반응은 그의 예상을 빗나갔다. 천문학자들은 그의 가설에 우호적이었다. 《짧은 해설서》는 필사본이었기 때문에 배포된 부수가 많지 않았는데도 널리 유명해졌고, 루터교 청년 게오르크 요하임 레티쿠스Georg Joachim Rheticus(1514~1574)는 1538년에 비텐베르크에서 수학 교수직을 그만두고 코페르니쿠스를 찾아와 함께 연구했다. 레티쿠스가 1540년에 발표한 《코페르니쿠스 가설 제1화De libris revolutionum Copernici narratio prima》는 1543년에 출간된 《천구의 회전에 관하여》의 밑거름이 되었다. 《천구의 회전에 관하여》는 제목부터 흥미롭다. 코페르니쿠스와 그의 동시대인들에게 '회전'은 행성의 연속적이고 주기적인 동심원 운동을 뜻했다. 한편으로 라틴어에서 회전을 뜻하는 단어 'revolūtiō'는 사회, 정치 또는 학계의 극적인 변화인 '혁명'을 뜻하기도 했다. 코페르니쿠스 가설이 불러일으킨 변화는 혁명으로 불리기에 충분했다. 이러한 변화의 드라마가 전개되기까지는 어느 정도 시간이 걸렸다. 한 가지 이유는 코페르니쿠스가 눈을 감고 레티쿠스도 떠난 뒤 또 다른 루터교 학자 안드레아스 오지안더Andreas Osiander(1498~1552)가 《천구의 회전에 관하여》를 인쇄하면서 추가한 서문 때문이었다. 오지안더의 서문은 서명이 없었기 때문에 코페르니쿠스가 쓴 것으로 오해될 수 있었다.

지구가 움직이고 태양이 우주 가운데에 정지해 있다는 이 연구의 여러 참신한 가설에 대해 이미 많은 보고가 널리 발표되었다. 그러므로 오래전 탄탄한 토대 위에 세워진 교양 학문이 혼란의 수렁으로 빠질까 봐 깊이 우려하는 학자들이 있을 것이다. 하지만 문제를 자세히 들여다본다면 이 책의 저자가 비난받을 일은 전혀 하지 않았음을 깨달을 것이다. 천문학자의 임무는 면밀하고 전문적인 연구를 통해 천체 운동의 역사를 구성하는 것이다. 그러려면 천체 운동의 원인을 구상하고 고안해야 한다. … 진짜 원인에는 어떤 방법으로도 다가갈 수 없으므로 과거뿐 아니라 미래의 천체 운동을 기하학적 원칙들에 따라 계산할 수 있다면 어떤 가정이라도 받아들일 것이다. 이 책의 저자는 이 임무들을 훌륭히 해냈다. 이 가설들은 진실이어야 할 필요도 없고 심지어 가능성이 있어야 할 필요도 없다. … 계산이 관찰과 일치한다면 그것만으로 충분하다.

— 오지안더, 《천구의 회전에 관하여》, 서문, 16쪽

오지안더의 서문은 코페르니쿠스가 교황에게 바친 헌정사에서 드러낸 원대한 포부와 자신감과 동떨어졌지만, 여러 이유에서 자세히 다룰 가치가 있다. 첫 번째 이유는 서문에서 발견되는 인식론적 겸손이 과학자에게 걸맞거나 합당한 태도인지의 문제가 여전히 철학자들의 관심사라는 것이다. 두 번째 이유는 철학 담론에서 용인되는 대상과 '실제로' 믿을 수 있는 대상 사이의 복잡한 구분이 가톨릭교회가 자연철학과 일신론 신앙 사이의 모순에 눈감고 유럽에서 주도적인 지식 기관의 지위를 유지한 과거의 전략을 떠올리게 한다는 것이다. 오지안더는 《천구의 회전에 관하여》를 출간했을 때는 프로테스탄트였다가 가톨릭으로 전향했으므로 '교양 학문의 탄탄한 토대'를 흔들 수 있는 문제를 복잡한 전략으로 대하는 것이 자연스러운 일이었다. 마지막 이유는 다양한 인물의 기이한 조합이 당시의 시대적 격동을 짐작하게 해준다는 것이다. 프로테스탄트 사제는 가톨릭 수도사가 반혁명 맥락에서 정립한 천문학 교리를 지키기 위해 중세 가톨릭교회의 전략을 구사했고, 프로테스탄트의 창시자인 마르틴 루터는 그러한 교리에 경악했다.

조르다노 브루노와 급진적 해석

오지안더가 두려워했을 종교적 논쟁은 결국 약 40년 후에 일어나고

말았다. 코페르니쿠스의 가설처럼 우주론적 의미가 짙은 주장은 종교적 의미도 띨 수밖에 없다. 논쟁의 주인공은 이미 여러 기행으로 유명했던 조르다노 브루노Giordano Bruno(1548~1600)였다. 그는 코페르니쿠스 이론에 따라 아주 넓어야 하는 우주를 무한한 공간으로 여길 수 있다고 주장했다. 무한한 공간에는 가운데나 주변, 특정한 위치가 있을 수 없다. 그렇다면 (신은 전능하므로) 무한한 수의 태양이 있을 수 있고 있어야만 하며, 무한한 수의 태양 주위로는 무한한 수의 행성이 있어야 한다. 그리고 가장 중요하게는 무한한 수의 지구가 있고 지구에 사는 인종도 무한해야 한다. 이러한 우주의 이미지와 우주 속 인간의 위치가 그림 1.12의 전통적인 우주 이미지와 어떻게 다른지는 쉽게 알 수 있다. 수 세기 동안 깊게 뿌리 내린 아리스토텔레스 우주론과 기독교 우주생성론을 설득력 있고 합리적으로 결합하려면 인간이 우주의 중심에 있고 신은 사랑의 눈으로 인류를 내려다보아야 했다. 브루노는 무한한 우주에 무한한 수의 인간이 흩어져 있다면 하나뿐인 신이 이들을 다 어떻게 돌볼 수 있는지 물었다. 신은 어떻게 무한한 사람에게 자신을 드러낼 수 있을까? 어떻게 인간의 형상으로 무한한 사람 앞에 나타날 수 있을까?

1593년에 브루노는 종교재판을 받고 1600년에 로마 캄포 데 피오리 광장에서 화형당했다. 정확한 혐의는 재판 기록이 사라져 불분명하지만, 당시 권력자들이 그를 악질적인 이단으로 판단할 이유는 충분했다 (재판 기록 분실은 종교재판에서 흔치 않은 일이었다). 이탈리아 남부 놀라에서 태어난 브루노는 1575년에 나폴리에서 도미니크회 수도사가 되었다 (그는 많은 저술에서 '놀란Nolan'이라는 필명을 썼다). 이미 1576년에 아리우스주의(예수를 신으로 여기지 않는 교리)를 추종했다는 혐의를 받았는데 이단에 좀 더 관대한 북부 지방으로 도망치면서 본격적으로 방랑 생활을 시작했다. 1579년에는 제네바에서 칼뱅주의로 개종했지만 모욕죄로 파문당했다. 이후 프랑스로 이주해 기억의 본질과 신플라톤주의 철학에 관한 논문과 교회를 풍자하는 글들을 발표했다. 그리고 영국으로 건너가 수많은 걸작을 발표하면서 영국 왕족과 옥스퍼드 학자 사이에서 큰 인기를 끌었지만 1583년에 자신의 새로운 후원자들을 조롱하는 글들을 발표하면서 다시 유럽 대륙으로 도망쳐 가톨릭으로 돌아왔다. 1591년에 이탈리아를 다시 찾은 일은 큰 실수였다. 브루노를 가정교사로 고용한 베네치아 후견인은 그의 가르침에 실망하고는 종교재판 법정에 세웠다. 그러므로 그가 화형당한 명목적인 이유가 코페르니쿠스 가설을 지지했기 때문은 아니었을 것이다. 그가 어떤 배경에서 죽음을 맞게 되었는지는 쉽게 짐작할 수 있다. 급진적 천문학자와 자연철학자들이 등장하고 그들의 새로운 과학 개념들을 받아들인 자들이 이단적 교리를 지지하면서 교회와 과학의 후원자-피후원자 관계를 아슬아슬하게 떠받치던 균형이 빠르게 무너지고 있었다.

튀코 브라헤와 새로운 경험주의 천문학

16세기 후반 천문학자들은 막 세상을 떠난 코페르니쿠스의 가설에서 이전에는 경험하지 못한 희열을 느꼈다. 지구가 다른 모든 궤도의 평균의 중심에 멈춰 있다고 가정하면, 항성들을 배경으로 한 행성들의 위치가 변하는 현상은 그저 행성들의 각위치가 그만큼 변한다는 뜻이었다. 우리가 관찰할 수 있는 현상은 행성이 다음 날 다른 곳에 있다는 것뿐이므로 행성들이 움직인다는 사실 자체도 알고 있는 정보를 바탕으로 내린 추측에 불과했다. 그렇지만 지구가 우주의 중심이라는 관점에서 벗어나면, 앞에서 이야기한 코페르니쿠스 추론에 따라 행성들의 각 변화를 이론적으로뿐 아니라 경험적으로도 일정 거리를 이동한 실질적인 운동으로 해석할 수 있다. 그림 7.2의 가운데와 왼쪽은 코페르니쿠스가 간단한 삼각법 계산만으로 태양과 행성들 사이의 거리, 다시 말해 AU로 나타낸 행성 궤도들의 반지름을 어떻게 계산했는지 보여준다(그림 설명에서 계산 과정을 알 수 있다).

1천 년 동안 테오리아만 연구하며 기하학적 모형을 만들었던 유럽 천문학자들이 마침내 관찰에 열광하기 시작했다. 요하네스 케플러(1571~1630)는 이 새로운 국면을 몇십 년 뒤 시적으로 묘사했다.

우리의 터전인 지구가 다른 천구들과 더불어 자리와 위치를 바꿔가며 매년 공전한다는 사실이 드러나지 않았다면, 인류는 행성들의 진짜 거리와 관련 사실들을 알아내려 하지 않았을 것이며 천문학을 정립하지도 않았을 것이다.

- 요하네스 케플러, 《세계의 조화》, A. J. 에이튼 외(번역 및 주해)
(펜실베이니아 필라델피아: 미국철학학회, 1997[1619]), 496쪽

천문학의 경험주의에 대한 폭발적인 열광을 이끈 사람은 잠시나마 케플러의 상사였던 튀코 브라헤Tycho Brahe(1546~1601)다. 덴마크 귀족인 튀코는 여러 프로테스탄트 대학에서 독일어로 교육받았다(대학 재학 시절 결투를 벌이다 코를 베어 금속 코를 얼굴에 박았다). 1567년에 덴마크로 돌아온 그에게 프레데리크 2세Frederick II가 덴마크와 스웨덴 사이의 해협에 있는 벤섬에 거대한 천문대를 지어주었다. 이전까지 유럽에서는 없었던 프로젝트였다.

'우라니아Urania의 성(우라니아는 천문학 여신이다)'을 뜻하는 튀코의 우라니보르크Uranienborg 천문대는 대규모 인력과 설비가 동원되는 이른바 '거대 과학Big Science'으로 묘사할 수 있다. 왕실이 재정을 지원한 우라니보르크 천문대에서 시종, 장치 설계자, 도제, 계산을 도맡아 하는 계산원, 전문 천문학자 그리고 튀코에 이르는 약 1백 명이 일했다. 무엇보다도 중요한 것은 값비싼 대형 특수 장비들이었다(그림 7.3 가운데를 보면 장비들이 천문학자들보다 얼마나 큰지 알 수 있다). 가장 큰 장비는 건물 한 채

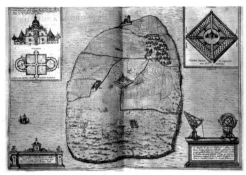

| 그림 7.3 | 튀코의 천문대와 장비 및 관측. 왼쪽은 우라니보르크 천문대가 가운데에 자리한 벤섬의 지도다. 천문대가 많은 땅을 차지했다는 사실에서 왕실이 튀코를 얼마나 지지했는지 가늠할 수 있다. 지역 주민들은 땅을 몰수당하고 천문대 건설과 유지에 강제 동원되었다. 가운데는 튀코가 펴낸 《천문학 부흥을 위한 장치들Astronomiae Instauratae Mechanica》(1598)이다. 지붕에 있는 관측자들이 거대한 장비에 비해 몹시 작다. 1층에서는 계산원들이 각종 수치를 계산하고 있고 지하에는 연금술 작업장이 있다. 관리자이자 총감독관이던 튀코는 거대한 벽걸이 사분의 곁에 앉아 있다. 오른쪽은 튀코가 1587~1596년에 관측 결과를 기록한 자료다.

크기의 벽걸이 사분의인데, 마라게 천문대(4장과 5장 참조)의 사분의와 무척 비슷하여 두 천문대 사이에 직접적 관련이 있을지 모른다고 추측하는 역사학자도 있다. 우라니보르크의 장비들은 3장에서 설명한 육안을 이용하는 각도 측정 장비들보다 정교하고 정확도가 높았지만 기본적 원리는 같았다. 우라니보르크의 장비들이 특별한 이유는 거대한 크기 때문이었다. 크면 클수록 미세한 차이까지 식별할 수 있으므로 손으로 들 수 있는 기존 장비들(그림 3.7)보다 해상도가 훨씬 높아 과거 천문학자들보다 몇 배 정확하게 천체들을 관찰할 수 있었다(그림 7.3 오른쪽).

천체들을 정확히 측정할 수 있게 된 튀코는 파격적인 경험주의 주장을 내놓기 시작했다. 그는 우라니보르크 천문대에 오기 전인 1572년에 낮에도 보일 만큼 매우 밝은 천체가 갑자기 나타나는 광경을 관측했다. 우라니보르크 천문대에서 새로운 측정 장비들의 정확성을 보고 자신감을 얻은 그는 이 새로운 천체의 시차가 달의 시차보다 작으므로 지구의 영역을 벗어나 달보다 멀리 있다고 결론 내렸다. 그는 이 천체를 '신성 Stella Nova'으로 불렀고 이 이름은 그의 책 제목이 되었다. 1577년에는 수명이 짧은 천체인 혜성도 달보다 멀리 있으므로 원소의 영역을 벗어나 있다고 주장했다.

흥미롭게도 튀코는 엄밀히 말해서 코페르니쿠스 지지자가 아니었다. 그는 지구가 아닌 태양을 행성 궤도들의 기준점으로 삼으면 여러 경험주의적 장점이 있다는 사실은 인정했지만, 지구가 움직인다는 가설은 터무니없다고 생각했다. 대신 행성들이 태양 주위를 돌지만—천체들의 운동과 거리에 대한 새로운 계산 결과들을 위한 필요조건—태양은 지구 주위를 돈다는 타협안을 제시했다. 지금 우리가 보기에는 불합리하게 복잡한 가정이지만, 이후 거의 한 세기 동안 유럽 학자들은 튀코의 이론을 최선으로 받아들였다. 예수회 수도사인 이탈리아의 조반니 바티스타 리치올리Giovanni Battista Riccioli(1598~1671)가 1651년에 발표한 《새로운 알마게스트Almagestum Novum》의 아름다운 표지 그림을 장식한 것도 튀코의 가설이었다(그림 7.4). 그리고 튀코의 우주 모형은 예수회의 선교 활동을 통해 17세기 내내 중국에서 유럽 천문학을 대표했다.

튀코가 지구가 정지해 있다는 가정을 지키기 위해 이론을 정교하게 다듬었더라도 그의 경험적 발견이 우주론과 상식에 어긋난다는 사실에는 변함이 없었다. 하늘과 지구가 다른 영역이라는 것은 상식, 과학, 종교에서 가장 당연한 문제였다. 이교도 사상가와 일신론 사상가 모두 동의했다. 그렇기 때문에 기독교인들이 헬레니즘 과학을 받아들일 수 있었고, 이슬람 학자들과 중국 학자들 모두에게 하늘과 지구 사이의 경계는 합리적 이론이었다. 모든 변화는 달 아래에서 일어나고, 달 위로는 모든 것이 영속적이고 불변해야 했다. 이 이론은 천체들이 균일한 각속도로 동심원 궤도를 그리는 단순하고 완벽한 운동도 설명했다. 앞에서도 지적했듯이

| 그림 7.4 | 조반니 바티스타 리치올리의 《새로운 알마게스트》(볼로냐, 1651)의 표지 그림. 천문학 여신 우라니아의 저울을 보면 튀코 모형에 착안한 리치올리의 우주 모형이 코페르니쿠스 모형보다 무겁다. 리치올리의 모형은 혜성 궤도가 지구 대기 바깥에 있지만 이심률이 무척 크기 때문에 태양 반대편을 지난다는 점에서 튀코의 모형과 조금 다르다. 당시 정교한 관측 장치로 인정받기 시작한 망원경을 손에 든 눈이 1백 개 달린 아르고스는 관측 증거를 상징한다. 지구가 정지해 있는 프톨레마이오스의 과거 모형은 바닥에 내팽개쳐져 있지만, 우라니아는 시편 104편 5절 "땅에 기초를 놓으사 영원히 흔들리지 아니하게 하셨다"를 읊으며 (튀코 이론이 보존한) 지구의 부동성을 재천명한다.

코페르니쿠스도 이 구분을 엄격히 지켰다. 그는 지구의 운동이 느껴지지 않는 이유는 네 개 원소가 이루는 영역인 달 아래 지구의 영역이 전체적으로 움직이기 때문이라고 설명하면서 지구와 하늘의 영역은 분명히 다르다고 말했다. 반면 신성과 혜성의 위치에 관한 튀코의 관측은 하늘에서도 '변화가 일어남'을 암시했다.

케플러와 천체물리학

코페르니쿠스 가설이 세운 천체의 놀라운 질서

코페르니쿠스와 튀코가 인정하지 않았더라도 그들의 모형이 말 그대로 세상을 바꿀 수 있다는 사실은 브루노 같은 종교적 급진주의자가 아니어도 알 수 있었다. 지구가 행성이라면 다른 행성들은 지구와 같아야 한다. 그러므로 천체가 지구의 물체들처럼 변한다면 변화하는 지구의 물체들을 연구하는 방식으로 천체들을 연구하여 실제 운동을 이해하고 운동의 실제 원인을 밝혀야 한다. 앞에서 인용한 케플러의 말은 그러한 생각에서 비롯되었고, 이 신념은 그가 긴 생애 내내 수많은 업적을 남기도록 해주었다. 그는 자신이 굳게 믿은 신의 피조물들은 완벽한 질서를 이루어야 하므로 모든 원인은 수학을 따라야 하고 수학자인 자신이 원인들을 밝힐 수 있다고 믿었다. 그런데 원인들은 물리학도 따라야 했다. 케플러는 코페르니쿠스의 이론적 가정과 튀코의 경험적 연구에서 가장 중요한 교훈을 얻었다. 천문학은 이른바 '천체들의 물리학physica coelestis'이 되어야 했다.

케플러는 1597년에 튀코를 처음 만나기 전에 천문학 관측으로 얻은 수학 자료에서 천체의 실제 물리학적 속성들을 유추하는 방법을 발표했다.

한 해 전인 겨우 스물다섯의 나이에 《우주의 신비Mysterium Cosmographicum》에서 행성 간의 거리(수성과 토성 사이에 있는 행성들의 거리)가 다섯 개의 완벽한 입체가 이루는 비율과 관련된다고 밝힌 것이다(그림 7.5 왼쪽). 가령 토성과 목성 궤도 사이에는 정육면체가, 목성과 화성 사이에는 삼각형 피라미드가 자리할 수 있다.

케플러는 이 발견을 평생 자랑스러워했다. 다섯 개의 완벽한 입체는 플라톤이 《티마이오스》에서 이미 증명한 수학적 진실이었다. 다섯 개의 3차원 입체, 다시 말해 사면체(삼각형이 네 면을 이루는 피라미드), 육면체, 팔면체, 12면체, 20면체는 모든 각, 변, 면이 같다. 케플러의 주장은 오로지 수학적 비율에 관한 내용이었다. 한편 혜성이 달 위에 있다는 튀코의 주장은 하늘이 비어 있음을 뜻했다. 달 위가 천구들로 둘러싸여 있다면 혜성과 충돌할 것이기 때문이다. 하지만 튀코의 주장은 케플러의 주장에 모순되지 않았다. 수학적 비율에 관한 케플러의 이론이 흥미로운 두 가지 사실을 암시했기 때문이다. 첫 번째는 수학적 자료에서 물리학적 사실인 실제 거리를 유추할 수 있다는 사실이었다. 두 번째는 그가 코페르니쿠스 가설을 수학적으로 증명했다는 사실이었다. 플라톤의 완벽한 입체는 다섯 개뿐이므로 궤도 사이 공간 역시 다섯 개라면 행성은 여섯 개여야 했다. 기존의 천문학에서는 행성이 일곱 개―지구는 행성이 아니지만 태양과 달이 행성이었다―였지만, 코페르니쿠스 천문학에서는 지구와 달을 하나로 계산하므로 행성은 여섯 개―태양은 더 이상 행성이 아니었다―였다.

우주가 수학적으로 조화를 이룬다는 케플러의 환상에서 6장에서 언급한 수학과 마법을 조합한 사상의 흔적들을 발견할 수 있다. 마법 사상은 플라톤주의나 신플라톤주의와 더불어 르네상스 시대에 큰 인기를 끌었다. 자신의 이론들이 마법 전통을 따랐다고 오해받을 수 있다는 사실을 잘 알았던 케플러는 이를 강하게 부인했다. 그가 튀코에게 보낸 편

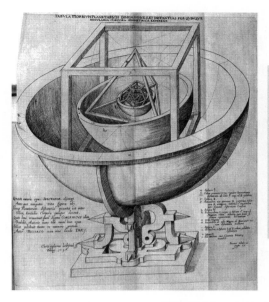
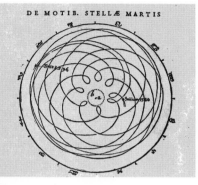

| 그림 7.5 | 케플러가 발전시킨 천체에 대한 수리물리학 개념. 1596년에 발표한 《우주의 신비》에 실린 (케플러가 직접 그렸다고 추측되는) 왼쪽 삽화는 완벽한 입체들이 행성 궤도 사이에 어떻게 자리할 수 있는지 보여준다. 행성 간 물리적 거리는 다섯 개의 플라톤 입체들의 비율과 맞아떨어져 토성과 목성 사이에는 정육면체가, 금성과 수성 사이에는 정팔면체가 들어갈 수 있다. 오른쪽은 1609년에 발표된 《신천문학》에 따른 '화성 운동에 관한 정확한 설명'이다. 프톨레마이오스 이론이나 튀코 이론이 '올바르다면' 화성이 1580~1596년 동안 그렸을 이 궤도는 이 책의 독자들에게는 '물리학적으로' 완전히 불합리해 보일 것이다. 케플러가 젊은 시절 그린 왼쪽 도식은 마법 전통의 도식처럼 보이고, 장년에 그린 오른쪽 도식은 기존 천문학 문헌에 등장하지 않았던 새로운 양식이다.

지는 그의 이론이 마법과 어떻게 다른지 분명하게 보여준다. 수학을 도구로 삼은 마법사들은 추측에 기반한 주장만 내놓았지만 케플러의 가설은 분명한 경험적 증거가 뒷받침했다. 그는 튀코에게 보낸 편지에서 행성 이심률에 관한 구체적인 최신 경험적 수치를 요청했다. 그가 이러한 자료를 원한 까닭은 수학적 이상을 물질세계에 적용하기 위한 정보가 필요했기 때문이다. 《우주의 신비》에서 설명한 가설을 증명하려면 실제 행성 궤도 영역의 두께를 밝혀(그림 7.5 오른쪽) 가장 안쪽과 가장 바깥

쪽 사이에 얼마나 많은 이심 궤도가 들어갈 수 있는지 알아야 했다. 케플러는 10년도 안 되어 동심원 궤도를 더 이상 믿지 않게 되었지만《우주의 신비》가 자신의 모든 연구의 바탕이었다고 평생 주장했다. 그렇다면 그가 말한 모든 연구의 바탕은 대담한 수학적 추정과 정교한 경험적 조사의 조합을 뜻했을 것이다. 이 조합은 과학의 성전이 탄생하는 데 결정적인 역할을 했다.

케플러의 삶과 그의 시대

케플러가 당대 최고의 천문학자였던 튀코에게 편지를 보낸 것은 무척 대담한 행동이었다. 지금의 오스트리아인 그라츠에서 고등학생들에게 수학을 가르치던 그는 어려운 환경에서 성장했다. 용병인 아버지는 어렸을 때 세상을 떠났고, 술집 딸이던 어머니 카타리나Katharina는 6장에 등장한 마을 주술사였는데 그녀는 아들 때문에 마녀재판을 받아야 했다. 케플러는 학생들에게 코페르니쿠스 천문학을 가르치기 위해 태양에서 바라볼 때의 천체 운동을 쉽게 상상할 수 있도록 달로 여행을 떠나는 이야기를 만들었고, 이야기 속 화자는 주술사인 어머니가 불러온 악마의 힘으로 달에 도달했다. 후에《꿈Somnium》이라는 제목의 공상과학 소설로 출간된 이 이야기의 원고가 카타리나가 마녀라는 증거가 되었고, 케플러는 이 사실에 충격을 받았다. 카타리나는 아들 교육에 열정적이고 자상한 엄마였다. 1577년에 케플러를 데리고 혜성을 관찰했고 1580년에는 같이 월식을 보았다. 프로테스탄트 학교, 신학교, 튀빙겐대학교University of Tübingen에도 보냈다. 튀빙겐대학교에서 케플러는 코페르니쿠스 모형을 천문학의 핵심으로 가르친 최초의 천문학자 중 한 명인 미하엘 매스틀린 Michael Maestlin(1550~1631)의 애제자가 되었다.

튀코는 케플러가 편지에 쓴 주장에 동의하진 않았지만 그의 수학적 능력에 감탄하여 '계산원'으로 고용했다. 케플러가 튀코와 일한 곳은 벤섬이 아니었다. 튀코는 덴마크 왕실에 밉보인 탓에 섬을 떠나야 했다. 이후 그는 신성로마제국의 왕실 천문학자 자리를 제안받았고, 황제 루돌프 2세Rudolph II는 프라하에서 북쪽으로 약 40킬로미터 떨어진 베나트키성에 새로운 천문대를 지어주겠다고 약속했다. 케플러는 1600년 초 베나트키에 도착했는데 튀코가 반년도 안 되어 황제와 맥주판을 벌이다 신장에 이상이 생겨 갑작스럽게 세상을 떠나면서 하급 계산원 신분에서 벗어나 튀코의 자리를 대신하게 되었다.

왕실 천문학자는 이름과 달리 그리 높은 지위가 아니었다. 루돌프 2세는 케플러가 항상 멀리하려고 했던 연금술사, 주술사, 마법사를 가까이 두었다. 케플러의 주된 역할은 왕실 점성술사였다. 그는 점성술에 거부감이 없었고 누군가가 태어난 날짜와 시간의 천체도인 천궁도를 즐겨 그렸지만, 예언이나 그로 인한 정치적 문제에는 염증을 느꼈다. 1611년에 루돌프 2세가 동생 마티아스Mathias에 의해 왕좌에서 쫓겨나면서 케플러는 프라하를 떠나야 했다. 그의 마지막 20년은 비참했다. 재산과 명예를 모두 잃은 채 독일어권인 린츠, 울름, 레겐스부르크를 떠돌면서 대학들의 문을 두드렸지만 어느 곳도 그를 교수로 받아주지 않아 지방 관청에서 수학 공무원으로 일해야 했다. 1613년에는 아내 바르바라Barbara와 아들 프리드리히Friedrich가 천연두로 세상을 떠났고, 1615년부터 1621년까지는 마녀재판으로 감옥에 갇힌 어머니를 구하기 위해 그나마 남아 있던 재산과 기력을 모두 소진했다(어머니는 결국 감옥에서 나왔다). 1618년에는 가장 아끼던 딸 수잔나Susanna도 세상을 떠났다. 이처럼 힘든 방랑의 시기에도 케플러는 연구를 멈추지 않았다. 수잔나가 사망하자 케플러는《세계의 조화》집필에 집중할 수 없어서, 1627년에 발표된 루돌프 표를 연구했다고 한다. 가난에 허덕이던 그는 1630년 레겐스부르크에서 눈을 감았다. 그의 묘지는 사라졌지만 그가 직접 쓴 묘비 글은 말년의 소회를 생생하게 전한다. "한때 난 하늘을 가늠했지만 지금은 지구의 그림자를 가늠한다. 내 마음은 하늘에 있었지만 내 몸의 그림자는 이곳에 드리워져 있다."

새로운 광학물리학

케플러는 프라하에서 비교적 행복하게 10년간 지내는 동안 수리과학을 재구성했다. 수학을 미심쩍어하던 아리스토텔레스조차도(2장 참조) 행성, 화음, 빛 같은 대상들은 수학적 본질을 지녔다고 여겼다. 그러므로 광학, 역학과 더불어 수학의 학문인 4과는 이 대상들을 탐구하는 데 적절한 도구로 여겨졌다. 중세에는 4과가 물질세계에서 사물을 수학적으로 연구한다는 뜻에서 '중간 과학middle sciences'이나 '복합 과학mixed sciences'으로 불리기도 했다. 물질세계는 복잡하고 변화하는 반면 수학은 단순하고 완벽했으므로 중세 수학자들은 자신들이 다룰 수 있는 것은 이상적 대상뿐이고 자연철학자들과 달리 원인을 제시하지 못한다는 사실을 분명하게 알았다. 광학의 연구 대상은 시선과 굴절, 반사의 각이었고, 역학은 무차원 물체들을 나타내는 도식이었으며, 음악은 추상적인 일현금 악기가 내는 소리의 음정이었다.

케플러는 이런 한계에 굴복하지 않았다. 자신의 전문 분야인 광학과 천문학이 수학의 힘을 포기하지 않고도 실재하는 물리적 대상들의 실질적인 원인을 제시할 수 있다고 믿었다. 《우주의 신비》에서 제시한 가설은 이러한 프로젝트의 첫 시도였다. 1600년에 프라하 천문대에서 튀코의 뒤를 이어 화성에 대한 이론을 개발하는 임무를 맡은 그는 자신만의 물리학적 방식을 적용하기로 계획했다(케플러는 이와 관련하여 튀코의 가족과 싸워야 했다). 그리고 1603년에 천문학 프로젝트를 잠시 접고 광학을 재구성하기 시작했다.

전통적인 광학은 시각에 대한 수학 이론이었다. 광학의 연구 대상인 광선은 직선이고, 매질이 달라져 굴절하거나 광이 나는 표면에서 반사할 때만 방향이 바뀌었다. 광선이 물리적 실체인지 아니면 그저 시각 작용에 대한 수학적 표현인지의 문제와 시각이 어떻게 작용하는지의 문제는 오랫동안 치열하게 논의되었다. 아리스토텔레스는 사물의 형상이 물질에서 분리되어 마음에 도달한다고 주장했다. 한편 플라톤주의자들은 사물이 매질(주로 공기)을 통해 '종種'으로 증식한다고 주장했다. 원자론자들은 사물이 자신의 질서가 담긴 원자의 막인 '시뮬라크르simularcre'를 매질을 통해 퍼트린다고 주장했다(원자의 막은 매질의 원자들로 인해 계속 바뀐다). 시각이 눈을 통해 이루어지는 사물과 마음의 직접적인 인지 관계라는 사실에는 논란의 여지가 없었다. 시각에 관한 모든 이론에서 빛의 역할은 중요하지만 부차적이었다. 빛은 매질의 상태이자 속성이었다. 다시 말해 광선이 통과하는 물이나 공기 같은 실체의 투명도였다. 광학의 연구 대상은 사물과 마음의 관계를 나타내는 이 광선이었다.

케플러는 이 가정을 배제했다. 그는 '사물'의 어떤 부분도 분리되어 눈을 통과하지 않는다고 주장했다. 케플러 광학의 주제는 시각이 아니라 '빛'이었다. 빛은 태양(또는 다른 광원)에서 나와 물체에 반사되어 막에 상을 생성했다. 이 막이 망막이라면 망막에 생기는 상이 '시각'이다. 케플러는 마음이 상을 어떻게 해독할 수 있는지는 전혀 알 수 없다고 인정했다. 눈은 살과 피로 이루어진 광학 장치였다. 그가 태양을 관찰할 때 사용한 카메라 옵스큐라camera obscura처럼 망막 앞에는 조리개(동공)와 렌즈(수정체)가 있었다. 그러므로 망막 위에 나타난 상들은 사물들이 보낸 메시지가 아니라 빛의 파편들이 동공을 통과해 남긴 흐릿하고 좌우가 뒤바뀐 2차원 흔적이었다. 이러한 사실이 시각을 불가사의한 현상으로 만든다고 해도 케플러는 개의치 않았다. 그에게 중요한 것은 눈이 그저 장치라면 장치가 눈보다 못할 이유는 없다는 사실이었다. 그렇다면 튀코의 대규모 장비 관측 프로젝트의 결과를 의심할 이유가 없었다.

이 사실은 케플러에게 몹시 중요했다. 혜성과 신성이 지구 영역 밖에 있다는 튀코의 주장이 내포하는 광범위한 우주론적 의미에 많은 동시대인이 주목했고 그 의미가 과연 유효한지에 대해 치열하게 논쟁하고 있었다. 튀코의 반대자들은 지구 밖 영역은 몹시 멀고 지구와 매우 다르므로 인간이 그 작용을 관찰할 수 없다고 주장했다. 게다가 튀코의 관측 장비는 그들의 의심을 더욱 강하게 했다. 시각이 눈을 통해 이루어지는 사물과 마음의 직접적인 관계라면 그 사이에 있는 모든 매개체가 시각을 왜곡할 수 있기 때문이다. 그런데 케플러의 추론대로 눈이 살과 피로 이루어진 장치일 뿐이라면 관측 장치로 관찰한 상은 눈으로 관찰한 상과 마찬가지로 신뢰할 수 있다. 시각이 물체와 이성 사이의 인지적 연결이 아니라 빛의 물리학적 운동이라면 먼 행성들을 관찰한다고 해서 다른 근본적인 어려움이 있는 것은 아니다. 케플러의 새로운 광학에 따르면, 천체에 관한 주장도 우리 주변의 사물에 관한 주장처럼 인과관계와 물리학에 바탕할 수 있었다.

새로운 천체물리학

광학을 '물리학으로' 다루려면 물리학적으로 움직이고 물리학적으로 망막에 상을 만드는 물리학적 대상인 빛을 동원해야 했다. 하지만 케플러에게 빛은 여전히 특수한 대상이었다. 빛은 물리학적 대상일 뿐 아니라 수학적 대상이며, 지구의 영역에 속하는 동시에 지구 밖 영역에도 속했다. 케플러는 빛을 매질의 속성—아리스토텔레스 학파는 빛을 잠재적 투명도가 발현한 것으로 여겼다—이 아닌 독립적인 물리학적 대상으로 다루면서 거리가 멀수록 빛이 약해지는 현상에 대한 수리물리학 법칙을 세웠다. 그는 자신의 책《광학Optics》에서 빛은 구체의 표면 형태로 확장하고, 구체의 중심인 광원에 있는 빛의 '양'은 구체 표면에 퍼진 빛의 양과 같다고 주장했다. 구체 표면은 반지름을 제곱한 값에 비례—현대 수학 기호로 표현하면 $A=4\pi r^2$가 된다—하므로 빛의 강도는 이 비율에 따라 감소한다. 따라서 '빛의 세기는 광원과의 거리를 제곱한 값에 반비례'한다.

'천문학'을 물리학으로 만들려면 실제 물체, 실제 거리, 실제 운동 같은 물리적 대상들만 다루어 빛의 역제곱 법칙과 비슷한 수리물리학 법칙을 만들어야 했다. 1609년에 케플러는 이 프로젝트의 결과를 《신천문학 Astronomia Nova》이라는 대담한 제목의 책으로 엮어 발표했고, 그림 7.5 오른쪽의 극적인 도식으로 그 개념을 소개했다. 그의 도식은 천문학 역사상 유례가 없었다. 앞의 장들에서 보았듯이 천문학 도식들은 하나같이 행성들의 위치 변화를 완벽한 원으로 나타냈다. 과거의 천문학자들은 케플러처럼 행성이 실제로 이동했을 물리적 궤도를 그리지 않았다. 케플러의 도식이 실제 궤도는 아니었다. 그는 튀코나 프톨레마이오스의 주장대로 지구가 멈춰 있다면 화성이 어떤 경로를 '지났을지를' 계산하여 그림으로 그렸다. 그러곤 독자들에게 물었다. 당신은 이 그림을 수긍할 수 있는가? 그 도식은 선, 각, 이심원, 주전원이 이루는 지나치게 질서정연한 배열이 아니라 도저히 믿기 힘든 복잡한 운동이었고 케플러는 이를 '프레첼' 빵에 비유했다. 이처럼 몹시 복잡한 운동은 어떤 메커니즘으로도 설명할 수 없었다(튀코가 지구 밖 영역에는 천구들이 있을 수 없음을 보여준 사실을 기억하자). 행성들이 지능이 있어 스스로 항해할 수 있다고 하더라도 기준점이라고는 찾아볼 수 없었다(실제 우주의 중심은 비어 있다는 사실을 기억하자). 더군다나 케플러 도식에서는 궁들로 이루어진 가장 바깥의 원인 항성의 영역 아래로는 다른 어떤 행성도 들어설 자리가 없다.

천문학자의 관점에서 천문학이 물리학적으로 합당하려면 실제 태양이 모든 계산의 기준점이어야 했다. 과거의 천문학은 그렇지 않았다. 프톨레마이오스부터 코페르니쿠스 그리고 튀코에 이르기까지 천문학자들은 지구(나중에는 태양)가 우주에 정지해 있다면 그 위치가 '어디일지' 계산한 다음 이 가공의 지점인 '평균 지구mean earth(코페르니쿠스 학파의 경우 '평균 태양')'에 대한 행성들의 상대적 위치를 파악했다. 케플러는 이러한 방식을 거부했다. 태양이 어떻게 행성들을 주위에 돌게 하는지 알 수 없더라도 행성들의 공전을 일으키는 것은 계산된 가공의 태양이 아니라 '진짜 태양'이어야 했다. 그러므로 관측으로 확인한 태양의 진짜 위치를 참조한 각과 운동을 계산에 적용해야 했다. 어려운 요구였다. 어떤 천문학자도 시도한 적이 없었고, (튀코의 타협을 배제하고) 튀코 모형을 진짜 태양을 기준으로 코페르니쿠스 모형으로 변환하면 자료와 어긋났다. 케플러는 이 계산 방식에서 예상치 못한 작은 장점을 발견하면서 자신이 올바른 방향으로 나아가고 있다고 확신했다. 화성은 황도 주위에서 약 2도 각도로 진동한다고 알려져 있었다. 그런데 실제 태양으로 궤도를 다시 계산하니 진동이 사라졌다. 화성의 진동은 화성 궤도가 지구 궤도와 사선을 이룬다는 사실을 억지로나마 설명하기 위한 장치였다.

그다음 케플러는 열렬한 코페르니쿠스 지지자가 보기에는 이해할 수 없는 일을 했다. 화성 궤도의 동시심을 계산한 것이다. 앞에서도 이야기했듯이 코페르니쿠스는 동시심을 오로지 편의를 위한 무의미한 점으로 여기며 결코 인정하지 않았다. 케플러의 목적은 완벽한 원형의 질서가 아닌 물리학적으로 합당한 수학적 질서를 정립하는 것이었다. 그렇다면 동시심은 실질적인 물리학적 과정의 중심인 중요한 요소가 된다. 케플러는 이 논리에 따라 태양을 동시심에 자리하게 했다. 그는 정확히 무엇때문에 행성들이 움직이는지는 알 수 없다고 인정했지만, 행성들이 태양 주위를 회전하므로 태양이 행성 운동의 주요 원인임은 확실하다고 여겼다. 태양이 행성들을 움직이게 한다면 태양 주위를 도는 행성들의 운동이 일정할 것이라고 합리적으로 추측할 수 있다. 하지만 추측은 자료

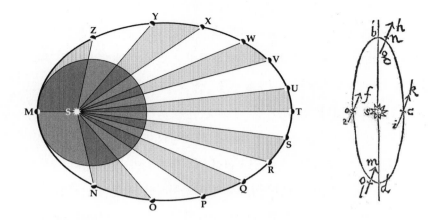

| 그림 7.6 | 케플러가 1609년에 발표한 《신천문학》에서 소개한 두 가지 '법칙'. 제2법칙으로 불리지만 제일 먼저 발견한 법칙은 '동경 벡터가 지나는 면적이 시간에 비례'하는 면적 법칙이다. 다시 말해 행성이 N에서 O, O에서 P, P에서 Q로 움직인 시간이 같다면, SNO, SOP, SPQ가 이루는 둥근 삼각형의 면적은 같다. 케플러가 면적 법칙을 발견했을 때만 해도 그는 행성 궤도가 원이고 그 중심은 태양에서 미세하게 벗어나 있을 것이라고 추측했다. 그러다가 자료가 면적 법칙에 잘 들어맞지 않는다는 사실에 따라 궤도가 '찌그러진' 원인 타원일 것이라고 확신했다. 그렇게 해서 '행성이 타원 궤도를 돌고 태양은 타원의 두 초점 중 하나에 자리한다'라는 케플러의 제1법칙이 탄생했다. 하나의 점이 두 초점과 이루는 거리의 합을 같게 유지하면서 그리는 곡선 궤도가 바로 타원이다. 그렇다면 원은 두 초점의 거리가 0인 특수한 타원으로 생각할 수 있다. 1619년에 케플러는 《세계의 조화》에서 행성의 주기를 제곱한 값은 반지름의 세제곱에 비례한다는 '조화 법칙'을 추가했다. 오른쪽은 행성들의 운동에 관한 케플러의 물리학적 가정과 행성들이 태양에서 가까워졌다가 멀어지는 타원 궤도를 그리는 이유를 설명한 그림이다(다소 과장한 그림이다). 화살표들은 행성들을 태양과 가까워지게 했다가 멀어지게 하는 행성들의 자기 극성을 나타낸다.

와 어긋났다.

이때 케플러는 또 한 번 예상치 못한 사실을 발견했다. 화성이 태양과 가장 가까울 때—다시 말해 근일점에 있을 때다. 행성들의 궤도가 이심원을 그린다는 사실을 기억하라—속도가 가장 높고 태양과 가장 멀 때(원일점) 속도가 가장 느렸다. 케플러는 행성 속도가 태양과의 거리에 반비례하는 현상을 '대리 가설vicarious hypothesis'로 불렀다. 태양이 행성들을 움직인다면 가까이 있을 때 태양의 영향이 가장 강하고 멀리 있을 때 가장 약하다고 생각할 수 있다. 하지만 대리 가설 역시 자료와 맞지 않았는데 케플러는 예상치 못한 발견을 했다. 단순한 반비례 관계가 아닌 좀 더 복잡한 관계였다. '태양과 행성을 잇는 선('동경 벡터')은 같은 시간 동안 같은 면적을 지났다'(그림 7.6).

면적에 관한 이 법칙은 그가 세운 첫 법칙이었지만 '케플러의 제2법칙'으로 불렸다. 우리 대부분은 전통적인 역사학자들이 '법칙'이라고 분류한 이론이라면 당연히 자연법칙으로 받아들이지만, 케플러는 자신의 법칙을 자연법칙이 아니라 과거 천문학자들이 구사한 근사법을 통해 규칙적인 행성 운동을 추론하는 방식으로 여겼다. 하지만 근사법을 제외하고 과거 천문학자들의 모든 규칙을 거부했다. 그가 원한 것은 행성 각속도의 단순한 균일성이 아니라 태양과의 물리학적 관계에서 나타나는 균일성이었다. 게다가 그의 면적 법칙을 적용하면 과거 규칙들이 완전히 깨졌다. 원일점과 근일점 주변에서는 면적 법칙이 잘 들어맞았지만 두 점에서 멀어지면 궤도가 '찌그러져야만' 들어맞았다. 후에 케플러는 수년 동안 계산 결과를 들여다본 뒤에야 답을 얻었다고 회상했다. 궤도가 원이 '아니었다!' 길게 늘어진 원형이었다! 그렇다면 타원? 17세기의 노련한 수학자에게 타원은 단순함과 질서의 측면에서 원의 '차선'이었다. 그는 원뿔 단면의 기하학을 잘 알았다. 원뿔을 바닥과 평행하게 자르면 원이 나타나고, 바닥과 기울여서 자르면 타원이 나타난다(바닥과 직각으로 자르면 쌍곡선이 되고, 비스듬하게 자르면 포물선이 된다).

그러므로 케플러는 태양이 가운데에 있는 타원 궤도 모형을 만들려고 했지만 역시 자료와 맞지 않았다. 그는 태양을 타원의 초점으로 옮겼다. 그렇게 해서 '태양이 타원의 두 초점 중 하나에 놓여 있고 행성이 이 타원 궤도를 도는' 케플러의 제1법칙이 만들어졌다(그림 7.6). 케플러는 《신천문학》을 출간하고 약 10년 뒤인 1619년에 《세계의 조화》에서도 수학 법칙을 물리학적 운동과 거리에 적용하여 '행성의 주기를 제곱한 값은 반지름의 세제곱에 비례'한다는 제3법칙을 발표했다.

케플러의 타원 법칙이 얼마나 혁신적이었는지는 아무리 강조해도 지나치지 않다. 3장에서 살펴본 것처럼 과거에도 많은 사람이 지구가 움직인다고 추측—최종적으로는 움직이지 않는다고 결론 내렸어도—했지만 천체가 원(구체)이 아닌 다른 형태로 움직인다고 생각한 천문학자는 없었다. 하늘의 영속성과 불변성을 상징하는 원은 지구와 천체들의 영역을 구분하는 중요한 기준이었고 이교도와 기독교도 모두 이러한 구분을 전혀 의심하지 않았다. 우주론적·자연철학적·신학적 믿음에 깊이 뿌리내린 이 기준은 모든 천문학 연구의 기본이었다. 케플러가 자신의 모형에 타원이 필요하다는 사실을 몹시 어렵게 깨달았다는 이야기 역시 이러한 배경을 잘 보여준다. 스스로 새로운 천문학을 찾고 있었던 그조차도 가장 근본적인 과거의 가정을 의심하기란 거의 불가능했다.

케플러는 타원 법칙을 비롯한 새로운 법칙들로 천문학을 재구성했다. 천체들은 더 이상 물리학 법칙에 자유롭지 않았고 수학은 더 이상 실재하는 물리적 물체들을 회피하지 않았다. 케플러는 하늘의 물리학이 어떻게 작동하는지는 모른다고 주저 없이 인정했다. 태양은 어떤 힘으로 행성들을 움직이게 할까? 그저 빛의 작용일까? 케플러는 수학적으로는 그러기가 불가능하다고 주장했다. 빛은 3차원으로 퍼지고 그 강도가 반지름을 제곱한 값에 반비례한다. 하지만 모든 행성은 하나의 평면에 있으므로 행성들을 움직이게 하는 힘은 2차원으로만 확장하고 다른 미지의 법칙에 따라 강도가 약해져야 한다고 설명했다. 1600년에 발표된 책《자성에 관하여De Magnete》에는 또 다른 가설이 등장한다. 책의 저자인 영국인 의사 윌리엄 길버트William Gilbert(1544~1603)는 지구는 자철광으로 이루어져 있어 거대한 자석과 같다고 주장했고, 여러 실험과 신비한 현상에 대한 설명으로 뒷받침했다. 태양이 자석이라면 회전하면서 행성들을 움직이게 할 것이다. 이를테면 두 개의 거대한 자석(행성과 태양)이 반대 극끼리 마주 본다면(S극과 N극) 행성과 태양은 가까워지고, 같은 극끼리 마주 본다면(N극과 N극) 서로 멀어진다(그림 7.6 오른쪽). 길버트의 가정은 결국 막다른 골목에 가로막혔지만 천체물리학을 위한 길을 다졌다.

갈릴레오와 망원경

망원경

케플러가 《신천문학》을 완성하던 무렵인 1609년 5월 베네치아공화국의 파도바대학교University of Padua에서 수학을 가르치던 갈릴레오 갈릴레이Galileo Galilei(1564~1642)는 한스 리퍼세이Hans Lippershey라는 네덜란드인이 '스파이글래스spyglass'라는 장치의 특허를 신청했다는 소식을 들었다. 스파이글래스는 판지로 만든 원통 한쪽에 볼록렌즈를 장착하고 반대쪽에는 오목렌즈를 장착하여 물체를 세 배 크게 볼 수 있는 장치였다. 그 전해 10월에 리퍼세이가 네덜란드에 제출한 특허 신청은 거부되었다. 6월에 갈릴레오는 리퍼세이의 발명품을 따라 만드는 데 성공했다. 그리고 10월에는 8배율 장치를 개발했고, 겨울에는 달을 관찰할 수 있는 20배율을 개발했다. 갈릴레오는 영국에서 토머스 해리엇Thomas Harriot(1560~1621)이라는 사람도 그와 똑같은 작업을 하고 있다는 사실을 몰랐다. 하지만 분명 다른 누군가도 자신과 같은 일을 하고 있을 것이라는 생각에 연구에 몰두했고 1610년 6월에 《별 세계의 보고Sidereus Nuncius》를 발표했다('메시지'와 '메신저'를 동시에 뜻하는 단어 'nuncius'를 책 제목으로 선택했다).

코페르니쿠스는 지구가 움직인다고 추측했다. 튀코는 천체 영역이 변

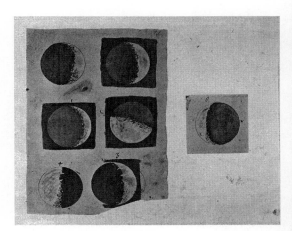
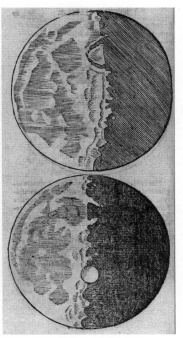

| 그림 7.7 | 1609년 겨울에 갈릴레오가 망원경으로 관찰하여 그린 달. 왼쪽은 그의 그림을 새긴 동판화고 오른쪽은 《별 세계의 보고》에 실린 그림이다. 3차원 효과를 위해 흰색과 검은색으로 정교하게 명암을 표현했다.

한다고 주장했다. 케플러는 광학을 빛의 물리학으로, 천문학을 행성의 물리학으로 재구성했다. 이들 모두 학자와 전문가만을 위한 난해한 글로 자신의 이론을 설명했다. 갈릴레오의 책은 달랐다. 자연철학이나 수학을 전혀 몰라도 그저 글을 읽고 그림을 보면 이해할 수 있었다(그림 7.7). 달은 그저 또 다른 지구 같았다. 지구처럼 둥글고 산과 바다가 있었다. 그리고 갈릴레오와 케플러의 추측처럼 무언가가 존재하고 있었다. 갈릴레오에 따르면 하늘에는 훨씬 많은 별이 있고 은하수는 별의 집합체였다. 그는 세상을 바꿀 또 다른 발견도 소개했다.

신분 상승

《별 세계의 보고》로 갈릴레오는 오랫동안 꿈꿔온 성공을 하루아침에 이루었다. 마흔다섯의 교수가 낮에는 렌즈를 갈고 밤에는 별을 관찰하며 명예와 부를 갈망한 사실은 르네상스의 지식 문화에서는 실력과 재능, 야망과 용기를 갖추면 누구라도 극적인 사회적·경제적 신분 상승을 이룰 수 있었음을 잘 보여준다. 특히 '어떻게에 대한 앎'과 '무엇인지에 대한 앎'의 사회적·인식론적 틈을 메우면 눈부시게 성공할 수 있었다. 5장에서 이야기한 브루넬레스키와 타르탈리아가 그랬고, 갈릴레오의 아버지 빈첸초 갈릴레이Vicenzo Galilei(1520[?]~1591)도 대표적인 예였다. 현악기인 류트lute 연주자였던 빈첸초는 음악 이론을 독학으로 익힌 후 기존 음악 이론이 현실과 동떨어졌다고 신랄하게 비판한 이론서를 발표해 돈과 명예를 얻었고, 신분이 높지 않고 재산도 많지 않았지만 어쨌든 귀족 가문 출신인 여성과 결혼할 수 있었다.

갈릴레오는 아버지에게서 야망, 추진력, 능력(그리고 음악적 재능)을 물려받았을 뿐 아니라 아버지보다 유리한 출발선에서 삶을 시작할 수 있었다. 그는 피사와 가까운 곳에서 태어났는데 아버지 빈첸초가 피렌체에서 일하게 되면서 가족 모두 피렌체로 거처를 옮겼다. 이후 피사로 돌아온 그는 피사대학교에서 의학을 공부해 강사가 되었지만 그리 높은 자리에는 오르지 못했고 1589년부터는 수학을 가르쳤다. 2년 뒤 파도바대학교로 이직하면서 연봉이 160스쿠도scudo(은화 단위)에서 160두카트ducat(금화 단위)로 조금 올랐다. 1599년에는 군용 나침반을 발명하여 베네치아 원로원에 기증하면서 급여가 두 배로 오르고 계약도 6년 연장되었다. 1609년에 갈릴레오는 친구이자 후원자인 하급 귀족 파올로 사르피Paolo Sarpi(1552~1623)의 주선으로 원로원 앞에서 망원경을 선보이고 기증하여 다시 두 배로 오른 봉급을 받고 종신 고용을 보장받았다.

갈릴레오의 신분 상승은 여기서 끝나지 않았다. 자신의 기술적 능력, 학문적 지식, 그리고 당시 문화적 구조를 발판 삼아 대학 밖으로 진출했다. 그는 파도바에서 승진을 거듭했지만 피사에서 계약직 강사로 천문학과 수학을 가르치던 때처럼 대학 바깥에서 우주의 구조에 대해 목소리를 낼 수는 없었다. 토마스 아퀴나스의 타협을 바탕으로 한 제도 때문이었다(5장 참조). 교회는 우주론과 신학을 천문학과 자연철학의 논의와 분리한다는 조건으로 자연철학과 대학을 지원했다. 하지만 야망이 큰 갈릴레오는 구속을 받아들일 수 없었다. 그는 케플러처럼 자신의 수학적 능력과 재능으로 설명할 수 있는 세상에 대한 새로운 이해를 구상했다. 그 비전을 실현할 '철학자'가 되려면 경제적·정치적 후원자가 필요했다. 대학이 '유니베르시타스'의 지위, 토론, 엑스 히포테시 제도를 통해 보장하는 지적 자유를 제공하면서도 대학이 학자들을 보호하기 위해 세운 장벽(4장 참조)을 제거해줄 조력자여야 했다. 르네상스 시대가 저물 무렵 갈릴레오는 강력한 후원자를 찾아 나섰다.

후원자인 군주와 피후원자인 인문주의자나 예술가 또는 자연철학자 사이의 거래는 단순했다. 전자가 후자를 보호하고 지원하면 후자는 전자를 미화해주었다. 이 상호 이익 관계는 절차와 형식이 복잡했다. 우선 피후원자는 후원자에게 충성을 맹세하고 선물을 주어야 했다. 그런데 모든 것을 다 가진 군주에게 무엇을 바쳐야 할까? 갈릴레오는 달이 뜨지 않은 밤하늘을 관찰하다가 답을 얻었다. 그는 맑은 밤하늘을 헛되이 보내지 않기 위해 환한 모습으로 역행 중인 목성을 관찰했다(전통적인 천문학에서 목성의 운동은 중요한 문제였다). 그는 자신의 망원경으로만 관찰할 수 있는 세 개의 별이 목성의 동쪽으로 훌륭하게 정렬된 광경을 발견하고는 자세히 기록했다(그림 7.8 두 번째 선 아래 왼쪽 위에 있는 그림). 다음 날에는 별이 전날처럼 많이 보이지 않았는데 목성이 동쪽으로 이동하고 네 개의 별이 보였다. 이상한 일이었다. 역행하는 목성은 서쪽으로 가야 했다. 그

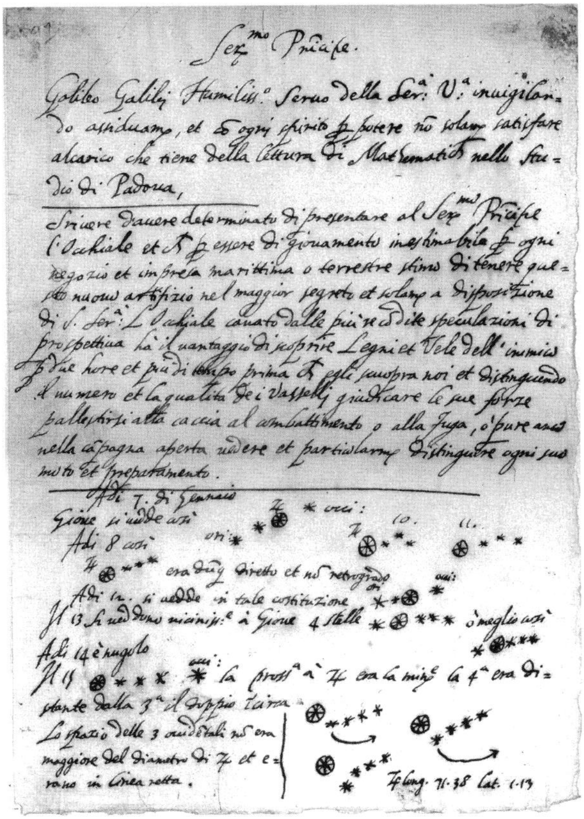

| 그림 7.8 | 페이지 중간의 선 아랫부분은 갈릴레오가 1609년 초에 발견한 목성의 위성들에 관해 기록한 내용이다. 처음에 갈릴레오가 주목했을 때는 무척 단순한 선 형태를 이루었다가(왼쪽 셋째 줄) 다음 날 형태가 복잡해지기 시작했고 다시 질서를 회복했다. 갈릴레오는 이 천체들이 목성을 기준으로 움직이는 것이지 그 반대가 아니라는 사실을 깨달았다. 선 위의 글은 그가 베네치아 총독에게 자신의 망원경을 소개하는 1609년 8월 24일 자 편지의 초안으로, 일지의 여느 내용과 달리 즉흥적으로 쓴 것이다. 그는 편지에서 관측에 관해서는 이야기하지 않았다.

"한없이 자애로우신 군주께 갈릴레오 갈릴레이가 무례함을 무릅쓰고 파도바 수학계의 걱정을 잠재워 줄 뿐 아니라 항해와 육상의 교전에 크나큰 도움이 될 망원경에 대해 아뢰옵나이다. 이 새로운 발명품을 결코 누구에게 누설하지 않고 군주께만 보여드리겠다고 약속드리겠습니다. 멀리 있는 물체를 가장 정확히 관측하기 위해 망원경을 만들었습니다. 망원경이 있으면 맨눈으로 볼 때보다 두 시간 앞서 적의 함선을 발견하여 함선의 수와 규모를 파악하고 적의 병력을 알아내어 그들을 쫓을지 아니면 대적할지 또는 후퇴할지 미리 결정할 수 있습니다. 또한 육상의 전투지에서 모든 움직임과 준비 상황을 세세하게 관찰할 수 있습니다."

는 관측과 천체력이 틀리지 않았음을 확인하고 계속 관찰한 끝에 목성이 멀리 있는 별들을 배경으로 움직인 것이 아니라 작은 천체들이 목성 주위를 돌고 있다는 사실을 깨달았다. 바로 목성의 위성이었다!

획기적 선물

위성은 군주에게 탁월한 선물이었다. 특히 목성을 가문의 설화에 등장시킨 코시모 데 메디치에게는 더할 나위 없는 선물이었다. 자신의 이름이 우주를 의미한다는 사실을 좋아했던 코시모는 네 명의 형제들이 자신의 주위를 위성처럼 돈다고 생각했다. 사르피의 도움으로 갈릴레오는《별 세계의 보고》를 코시모에게 헌정했고, 목성 위성들은 '메디치 별'로 불리게 되었다. 그 대가로 갈릴레오는 메디치 왕실에서 천문학과 수학뿐 아니라 철학을 연구하는 종신 '철학자'로 고용되었고 높은 급여도 보장받았다. 새로운 직책으로 자신감과 권력을 얻은 갈릴레오는 성공 가도를 질주하기 시작했다. 당시 왕실 천문학자였고 망원경을 실물로 접하지 못한 케플러는《별 세계 보고와의 대화Conversations with the Sidereus Nuncius》라는 짧은 책을 발표하여 관측 장비들을 바탕으로 천체물리학의 기반을 다지는 프로젝트에 망원경이 크게 이바지할 것이라며 반겼다.

갈릴레오를 케플러의 편에 서게 하자. 전자는 얼굴을 하늘로 들고 달을 관찰하게 하고 후자는 [카메라 옵스큐라로] 아래에 있는 막으로 얼굴을 내려 (렌즈에 눈을 다치지 않고) 태양을 연구하게 하자. 각자가 각자의 장치를 사용하도록 하면 그들의 파트너십이 언젠가는 거리에 대한 완벽한 이론을 탄생시킬 것이다.
- 케플러,《별 세계 보고와의 대화》, 에드워드 로젠(번역 및 주해)
(뉴욕: 존슨리프린트코퍼레이션Johnson Reprint Corporation, 1965[1610]), 22쪽

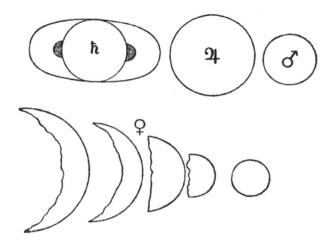

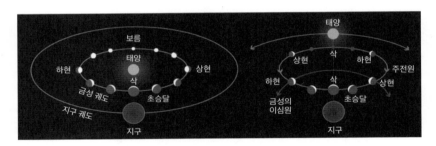

| 그림 7.9 | 금성의 위상. 위의 그림은 갈릴레오가 망원경으로 관찰하여 그린 행성들이다(토성에는 고리가 있다). 그는 이 그림을 실은 1623년의 《분석자Il Saggiatore》에서 망원경이 사물과 관찰자의 중개자라고 하더라도 맨눈 관찰보다 훨씬 우수하다고 주장하여 논란을 일으켰다. 가운데의 그림은 달처럼 위상이 분명하게 변하는 금성의 모습이다. 아래의 그림은 금성의 위상 변화가 코페르니쿠스 가설의 중요한 증거가 되는 이유를 설명한다. 그림에서처럼 태양과 금성이 지구 주위를 공전하고 두 궤도가 동기화되어 있다면, 태양은 항상 뒤에서 금성을 비추므로 금성은 언제나 초승달 형태여야 한다. 하지만 그림 7.2에서처럼 지구와 금성이 태양 주위를 돌고 지구 궤도가 태양에서 훨씬 멀리 있어 금성이 항상 태양과 가까이에 있는 것처럼 보인다면, 금성의 위상은 분명히 변한다. 금성이 우리와 태양 사이에 있으면 상현달처럼 보이고, 우리가 볼 때 태양과 90도를 이루면 반달로 보이며, 태양의 반대편에 있을 때는 보름달로 보인다.

갈릴레오의 성공은 1610년 여름에 로마의 기숙학교 콜레기움 로마눔을 방문해 그곳에서 저명한 천문학자 크리스토퍼 클라비우스(5장 참조)의 전적인 지지를 얻으면서 계속되었다. 이후 페데리코 체시Federico Cesi 대공(1585~1630)과 만났고 린체이 아카데미Accademia dei Lincei의 회원으로 선출되었다. 이때부터 린체이 아카데미는 갈릴레오의 연구를 지원하는 데 역량을 집중했다.

《별 세계의 보고》는 지구도 행성이라는 사실을 두 눈으로 확인할 수 있는 강력한 경험적 증거를 제시했다. 달은 지구와 비슷했고, 달과 같은 위성을 가진 곳은 지구뿐이 아니었다. 그러므로 우주에서 운동의 중심이 될 수 있는 곳은 분명 지구만이 아니었다. 망원경은 곧이어 더 많은 증거를 제시했다. 1610년 말 갈릴레오는 토성의 위성들—1616년에 위성이 아니라 고리였다고 정정했다—도 관찰했고, 12월에는 금성이 코페르니쿠스의 예측대로 달처럼 위상이 변하는 모습을 관찰했다(그 이유에 대해서는 그림 7.9의 설명을 참조하라). 1612년에는 우주의 중심으로 여겨져온 태양도 완벽하지 않으며 정지해 있지도 않다는 사실이 드러났다. 갈릴레오가 "아래에 있는 막으로 얼굴을 내려 (렌즈에 눈을 다치지 않고)" 막에 비친 태양의 상을 관찰했더니 흑점이 움직이고 있었다. 이미 흑점을 발견했던 예수회 수도사 크리스토프 샤이너Christoph Scheiner(1573~1650)는 흑점들이 태양과 가까이에서 공전하는 작은 행성이라는 파격적인 주장을 내놓았다. 하지만 흑점은 '태양 표면에 붙어 있고' 그 형태가 변하며 가장자리와 가까울수록 속도가 느리다는 갈릴레오의 주장이 더 설득력 있었다. 태양은 둥글므로 중심과 가까이 있는 점들은 거의 직선으로 움직이고 가장자리와 가까운 점들은 우리와 가까워지거나 멀어졌다. 태양조차도 순수하게 물리학적인 물체였다. 흑점이 여기저기 박혀 있고 두 극을 축으로 하여 자전하는 3차원 물체는 장인의 눈으로 관찰해야 가장 잘 이해할 수 있었다.

갈릴레오에 대한 논란-교회와 과학의 결별

갈릴레오와 그의 새로운 과학의 명성이 학계의 장벽을 넘으면서 문제가 일어나기 시작했다. 1611년에 갈릴레오가 성경과 달리 지구가 움직인다고 가르친다는 소문과 의심이 돌기 시작했고, 1614년에는 피렌체의 성직자가 강론에서 그를 맹렬하게 비난했다. 그리고 1615년에 종교재판이 개시되었다.

코페르니쿠스 가설은 한 세기 동안 공적 지식이었다. 신앙심 깊은 사제가 만들어 교황에게 바쳤고, 교회가 후원하는 대학 안에서 이루어지는 품격 있는 토론의 주제였다. 그사이 어떤 변화가 있었길래 교회가 걱정하기 시작한 걸까?

답은 복잡하다. 오래전 아리스토텔레스 같은 이교도가 지구는 우주 가운데에 멈춰 있다고 주장했는데도 일신교도들은 별 문제 없이 받아들였다. 성경은 천문학을 다루지는 않지만 지구를 우주의 중심으로 해석할 수 있는 부분이 많다(창세기 1:14~18, 시편 104:5, 욥기 26:7, 이사야 40:22 등. 특히 여호수아가 태양을 멈추게 한 여호수아 10장은 강론의 단골 주제였다). 코페르니쿠스 옹호자들은 이 성경 구절들이 지동설을 뒷받침할 수도 있다는 식으로 해석하며 성경은 인간의 관점에 맞추어 작성되었다고 설명했다. 과거에는 가톨릭 학자들이 성경에 대한 독창적 해석을 자랑스러워했으므로 가능한 일이었다. 하지만 종교개혁에 타격을 입은 교회가 정통성을 지키려 하면서 상황이 달라졌다. 50년 전에 종료되었던 트리엔트 공의회는 "자신의 생각에 따라 성경을 왜곡하고… 성모 교회가 따르는 의미에 어긋나게 해석하는" 행위를 금지했다. 게다가 브루노 같은 과격분자들에 놀란 교회는 코페르니쿠스주의가 새로운 이단으로 발전할 수 있다고 걱정했다. 또한 교회 권력자들은 안 그래도 반골 기질이 있는 갈릴레오가 새로운 신분을 얻으면서 학자에 걸맞은 겸손함이 부족해졌다고 생각했을 것이다. 왕실 대신인 갈릴레오는 얼마든지 논쟁과 자극적인 주장으로 관심을 끌 수 있었다. 더군다나 그는 일반 대중이 읽을 수 있도록 라틴어가 아닌 이탈리아어로 글을 발표했다. 사람들이 그의 글을 읽고 우주론, 성경 해석, 종교적 권위를 의심하게 되는 상황을 교회는 받아들일 수 없었다. 갈릴레오가 제시한 코페르니쿠스주의를 교회가 받아들이지 않은 결정적인 이유는 엄청난 시각적 효과 때문이었다. 망원경이 등장하자, 지구가 움직이며 다른 행성들의 모습이 지구와 비슷하다는 주장은 천문학자들과 브루노 같은 과격분자들만의 문제가 아니라 모두가 눈으로 확인할 수 있는 문제가 되었다.

첫 번째 재판 - 이성 대 혁명

갈릴레오 재판을 맡은 성직자는 저명한 신학자이자 15년 전 브루노에게 화형 판결을 내린 예수회 소속의 로베르토 벨라르미네Roberto Bellarmine 추기경(1542~1621)이었다. 성직자 처형을 극도로 꺼렸던 교회가 브루노의 죽음으로 인한 충격에서 아직 헤어나오지 못했기 때문에 벨라르미네는 갈릴레오 사건에 신중하게 접근해야 했다. 약 18개월 후 재판이 무혐의로 종결되고 갈릴레오의 요청에 따라 그에게 아무 잘못이 없다는 공식 선언이 발표되었지만, 갈릴레오와 벨라르미네가 (간접적으로) 주고받은 서신을 보면 새로운 과학이 전통적인 학문에서 얼마나 멀어졌는지를 알 수 있다. 벨라르미네는 갈릴레오의 측근인 파올로 포스카리니Paolo Foscarini에게 다음과 같은 편지를 보냈다.

당신과 갈릴레오는 코페르니쿠스가 그랬듯이 확신이 아닌 가정을 통해 [스스로] 자제하며 신중하게 나아가고 있습니다. 그러한 언사에는 위험이 없으므로 지구가 움직이고 태양이 정지해 있다고 가정하여 현상을 구제할 수 있다면… 이는 수학자에게는 응당한 태도입니다.

– 모리스 피노치아로Maurice Finocchiaro, 《갈릴레오 추문The Galileo Affair》, 67쪽

벨라르미네의 편지는 모든 학문적 논의를 '가정'으로 여기는 제도와 오지안더가 《천구의 회전에 관하여》에 쓴 서문과 맥락이 같다는 사실을 알 수 있다. 그가 진심으로 갈릴레오와 포스카리니를 칭찬했든 아니면 완곡하게 위협했든 그의 생각은 틀렸다. 케플러와 갈릴레오 세대의 코페르니쿠스 옹호자들은 더 이상 스스로를 전통적인 수학자 역할에 가두지 않았다. 갈릴레오는 벨라르미네에게 물리학자로서 답장을 보냈다.

우리는 지구 또는 태양의 운동이나 정지를 다루는 까닭에 (하나만 진실이어야 하는) 가정들이 모순되는 딜레마에 놓여 있고 이것도 아니고 저것도 아니라고는 말할 수 없습니다. 지구가 멈춰 있고 태양이 움직인다는 주장이 물리학적으로 옳고 그 반대가 그르다면, 그릇된 관점이 진실한 관점보다 현상에 더 부합하는 사실을 어떻게 합리적으로 설명할 수 있겠습니까?

– 피노치아로, 《갈릴레오 추문》, 75쪽

갈릴레오는 지구가 움직이거나 움직이지 않거나 둘 중 하나이므로 움직인다는 증거가 나오면 움직이지 않을 가능성을 고수해야 할 이유가 없다고 생각했다.

벨라르미네와 갈릴레오는 성경을 의심해서는 안 되고 "지구가 움직이는 현상을 구제할 수 있음을 보여주는 것과… 그 가설들이 실제로 진실하다고 증명하는 것은 다르다"라는 점에는 동의했다(인용문은 갈릴레오의 말이다! 피노치아로, 《갈릴레오 추문》, 85쪽). 그러나 두 사람의 결론은 달랐고, 종교재판관의 선의에도 불구하고 갈릴레오는 큰 위험을 맞았다.

벨라르미네는 갈릴레오에게 코페르니쿠스주의를 포기하거나 성경 구

절을 문자 그대로 해석하라고 강요하지 않았다. 심지어 인간이 느끼지 못하지만 지구가 움직이고 있을 가능성에 대한 코페르니쿠스의 논증을 꼼꼼히 살펴보기도 했다(물론 불합리하다고 판단했다). 벨라르미네가 갈릴레오에게 요구한 것은 코페르니쿠스 논증이 성경 해석에 일으킬 수 있는 "위험"과 "성경에 그리스어와 라틴어로 주해를 단 학자들과 교부들이 부여한 의미와 상반된 의미를 부여하는 행동을 교회가 받아들일지" 생각하라는 것이었다. 교부와 학자 모두 "천구에 있는 태양은 빠르게 지구 주위를 돌고 천구와 아주 멀리 있는 지구는 우주 가운데에 정지해 있다는 문자 그대로의 해석에 동의"했다(피노치아로, 《갈릴레오 추문》, 67쪽). 벨라르미네는 훌륭한 학자라면 신학적·정치적 파장과 학자로서 치러야 할 대가를 고려할 것이라고 믿었다. 1천5백 년 동안 이어진 논증들을 뒤집으려면 강력한 반대 논증이 필요했다. 그러면서 다음과 같이 덧붙였다.

지구가 태양 주위를 돈다는 것이 진실이라는 증명이 있다면, 그와는 반대로 보이는 성경을 매우 세심하게 설명해야 합니다. 그리고 증명이 틀렸다고 말하는 대신 우리가 이해하지 못한 부분이 있다고 말해야 할 것입니다.

— 피노치아로, 《갈릴레오 추문》, 67쪽

벨라르미네는 코페르니쿠스 논증을 강력하게 뒷받침하는 증거가 나온다면 교회는 결국 성경을 재해석해야 한다는 사실을 강조했다.

벨라르미네의 편지에서 이 부분을 가장 주목해야 한다. 종교재판관인 그는 갈릴레오나 다른 코페르니쿠스 옹호자들의 눈치를 볼 이유가 없었다. 그가 코페르니쿠스주의자들을 신경 쓴 까닭은 많은 사람의 생각과 달리 갈릴레오 재판이 교회의 교리 수호나 권력 행사와는 상관없다고 여겼기 때문이다. 벨라르미네가 지키려 한 것은 '이성'이었다. 그가 보기에 갈릴레오는 또 다른 브루노였다. 여러 이단이 난무하는 시대에 이성에 따른 논증을 세울 의지나 능력도 없이 자신만이 '진실'로 향하는 통로라고 여기는 과격분자였다. 벨라르미네는 성경은 신성하지만 그 해석은 인간의 몫이므로 이성이 새로운 길로 인도한다면 교회는 논쟁이 되는 성경 구절을 새로운 과학적 주장에 맞게 재해석할 것이라고 강조했다. 그는 아우구스티누스의 말을 인용하며 "우리는 [이성에 따라] 신의 형상으로 만들어졌으므로" 교회는 "증명된 것을 틀렸다고" 말하지는 않을 것임을 천명했다.

그렇다고 해서 벨라르미네가 인문주의자의 가치들을 있는 그대로 받아들인 것은 아니다. 고압적인 교회 제도의 강력한 사절이었던 그는 인간의 이성뿐 아니라 이성을 대리하는 교회의 특권도 지켜야 했다. 그는 교회가 "옳은 증명"을 따를 것이라고 강조했을 뿐 아니라 증명의 기준을 정하고 증명의 진위를 판가름할 권리가 교회에 있다는 사실도 강조했다. 갈릴레오가 또 다른 브루노라는 벨라르미네의 판단 역시 완전히 틀린 것은 아니었다. 갈릴레오는 진실에 대한 벨라르미네의 의견을 다음과 같이 한마디로 반박했다.

모든 구체적인 현상에 부합하는 것보다 더 위대한 진실은 찾을 수도 없고 찾아서도 안 됩니다.

– 피노치아로, 《갈릴레오 추문》, 85쪽

갈릴레오에게 "현상"이란 그저 자신의 망원경으로 관찰할 수 있는 것을 뜻했고, 진실이란 '자신이' 본 것이었다. 그렇다면 성경 구절들은 어떨까? 갈릴레오는 "지구가 움직이고 태양이 멈춰 있다는 가정이 물리학적으로 진실임을 철학자, 천문학자, 수학자가 증명한다 해도 신앙이나 성서에 결코 어긋날 수 없다"라고 말했다. 이 말의 의미는 분명하면서도 파격적이었다. 코페르니쿠스 논증이 진실한지 판단하는 일은 자신과 자신의 동료인 "철학자, 천문학자, 수학자"만의 몫이라는 뜻이었다.

> 성경에 상반된 내용이 있다면, 성경의 진실한 의미를 이해하지 못하는 우리 마음의 미약함 때문이라고 말해야 할 것입니다.
>
> — 피노치아로, 《갈릴레오 추문》, 81쪽

벨라르미네의 걱정은 괜한 일이 아니었다. 갈릴레오는 이성적이지 않았다. 그는 혁명가였다.

갈릴레오 재판

갈릴레오는 혐의를 벗었지만 교회와 코페르니쿠스주의의 관계, 더 폭넓게는 신과학과의 관계는 1615~1616년 재판의 상처에서 회복되지 못했다. 성직자들의 압력이 거세지자 종교재판관들은 1616년 2월 신학자들을 소집해 회의를 열었다. 일주일도 안 되어 회의 참석자들은 지동설은 "철학적으로 터무니없고 말도 안 되며 많은 부분이 성경의 의미와 분명히 어긋나므로 공식적인 이단적 주장"이라고 만장일치로 결론 내렸다. 상황이 심상치 않다고 판단한 교황은 벨라르미네에게 갈릴레오를 불러 "태양이 우주 가운데에 정지해 있고 지구가 돈다는 의견을… 완전히 포기하고, 말로든 글로든 어떤 방식으로도 설파하거나 가르치거나 옹호하지 않도록" 이르라고 지시했다(피노치아로, 《갈릴레오 추문》, 146쪽). 그렇게 해서 코페르니쿠스 가설을 다룬 모든 책은 금지되었고, 극단적 조처를 내리기에는 가치가 너무나 큰 《천구의 회전에 관하여》에는 '수정' 명령이 내려졌으며 수정되지 않은 판본은 1758년까지 금서 목록에 올라 있었다.

교회의 분명한 메시지에도 불구하고 15년 뒤 유럽에서 가장 유명한 과학자가 된 60대 후반의 갈릴레오는 자신의 명예와 권위를 코페르니쿠스 가설을 지지하는 데 걸기로 마음먹었다. 1630년 그는 《프톨레마이오스와 코페르니쿠스, 두 가지 주요 우주 체계에 대한 대화The Dialogue concerning the Two Chief World Systems, Ptolemaic and Copernican》(이하 《두 우주 체계에 대한 대화》)를 이탈리아어로 발표했다. 책에서 그는 현자 살비아티Salviati의 입을 빌려 자신의 코페르니쿠스적 관점을 제시하고, 영리하고 배려심 깊은 사그레도Sagredo를 통해 학문적 문제들과 증거를 소개했다(두 인물 모두 갈릴레오의 실제 친구들을 모티프로 삼았다). 그리고 교황이 옹호하는 논리를 비롯해 아리스토텔레스주의에 반대하는 논증을 심플리치오Simplicio의 입을 빌려 소개했다(갈릴레오는 의도적으로 이름이 '단순함'이란 의미를 내포하도록 정했을 것이다).

왜 갈릴레오는 주교들의 단호한 판결에 노골적으로 반기를 들었을까? 자신의 믿음과 주장, 가르침을 금지한 선언의 미묘한 법적 경계를 넘나들거나 이용할 수 있다고 자신한 듯하다. 그는 1616년의 선포가 교회 교리에 어긋나는 이론을 믿는 행위만 금지할 뿐 주장하거나 가르치는 행위는 금지하지 않은 것으로 이해했다고 주장했다. 또한 선포의 원래 내용을 잊었으며, 자신은 모든 입장을 공평하게 다루려 했을 뿐이라고 주장했다. 이 주장들은 설득력이 없었고, 재판관들 역시 불합리하다고 판단했다. 갈릴레오는 자신이 메디치 가문의 후원을 받을 뿐 아니라 우르바노 8세Urban VIII 교황이 피렌체에서 마페오 바르베리니Mafeo Barberini 추기경으로 있을 때부터 그와 친분을 쌓았으므로 인맥이 자신을 지켜줄 것이라고 생각했을 수도 있다. 그렇다면 갈릴레오는 정치에 무지했던 것이다. 메디치 가문은 피후견인이 아무리 큰 존경을 받더라도 교회에 밉보이면서까지 구하려 하지 않았고, 교황 역시 최고 정치권력자로서 교회에 대한 모욕 행위를 용납할 수 없었다. 갈릴레오가 '조류 이론'이야말로 벨라르미네가 요구한 "옳은 증명"이라고 생각했던 것도 문제였다. 바다가 위로 솟았다가 아래로 내려가는 현상은 지구의 자전이 일으키는 원심력 때문이라는 조류 이론은 중력 이론이 출현하기 전까지 약 한 세대 동안 코페르니쿠스주의자들 사이에서 큰 인기를 끌었지만 코페르니쿠스 반대자들은 탐탁지 않아 했다.

갈릴레오의 자신감이 어디에서 나왔든 근거 없는 자신감이었다. 벨라르미네, 사르피, 체시, 코시모를 비롯한 오랜 후원자나 조언자들도 더 이상 세상에 없었다. 《두 우주 체계에 대한 대화》 출간도 순탄치 않았다. 린체이 아카데미의 입김으로 로마에서는 출간되지 않았고, 피렌체에서는 책의 내용이 확증된 진실은 아니라는 다짐을 거듭한 뒤에야 종교재판소의 검열을 통과할 수 있었다. 1632년 2월에 책이 '마침내' 세상에 나왔을 때는 동료 철학자들과 제자들로부터 열렬한 환영을 받았지만 반발도 거셌다. 결국 몇 달도 안 되어 판매가 금지되었다. 처음에는 특별 전문가 회의가 다시 소집되면서 책 판매가 잠정적으로 중단되었는데 이후 종교재판소가 문제를 본격적으로 다루기 시작했다. 그리고 9월에는 교황이 주재한 회의에서 갈릴레오를 로마 법정에 세우자는 결론이 내려졌다. 갈릴레오는 출두 명령을 계속 무시했으나 결국 1633년 1월 법정에 섰다. 첫 심문에서 그가 제시한 제안을 교황이 받아들이지 않자 또다시 심문이 이루어졌는데 이때에는 고문 기구들이 눈앞에 있었다(종교재판의 첫 심문은 구두로만 이루어지고, 두 번째 심문은 고문 기구들이 눈앞에 진열되고, 세 번째 심문에서는 고문 기구들이 사용된다). 갈릴레오는 자신의 죄를 인정했고, 그 진술에 바탕하여 "이단으로 강력히 의심된다"라는 판결이 내려졌다. 이후 이단으로 확정된 다른 피고들처럼 사형대에 오르진 않았지만 종신형을 선고받았고 후에 가택연금으로 감형되었다.

타협의 붕괴

갈릴레오 재판 이야기는 근대 과학이 스스로를 규정하고 이미지를 형성하는 과정에서 중요한 역할을 했다. 독단적인 정치권력 앞에서 이성의 칼을 휘두르는 용감한 과학자의 이미지는 수 세기 동안 학생들을 끌어모으고 다양한 근대 가치를 옹호하는 수단이 되었다. 갈릴레오 재판은 많은 역사학자의 호기심을 크게 자극해왔다. 그들은 신화가 된 갈릴레오 재판의 실제 뒷이야기를 파헤치고 과학의 역사, 포괄적으로는 근대사에서 중요한 사건인 재판의 배경을 재구성했다. 그들의 몇 가지 통찰을 잠시 짚어보자.

재판 동안 갈릴레오와 교회 모두 잘못된 판단을 했다. 갈릴레오는 책의 내용을 철저히 조사해달라고 요구했지만 책을 조사할 자는 결국 신학자들이므로 이 전략은 실패할 수밖에 없었다. 적당히 검열자의 승인을 받았다면 문제가 그리 커지지 않을 수 있었다. 사실 이 문제를 법의 렌즈로만 바라보는 것은 옳지 않다. 대학을 떠나 왕실에 합류한 그는 왕실의 의식과 법도를 따라야 했다. 그가 특히 전성기에 조심해야 했던 것은, 안위를 위해서라면 가까운 누구라도 처단하던 왕실의 정치 생태였다. 그렇다고 해서 교회가 문제를 가볍게 넘길 수 있었다는 의미는 아니다. 교회 교리에 대한 갈릴레오의 도전은 지동설보다 훨씬 폭넓고 복잡했다. 그의 물질 이론은 성체 성사의 개념을 이해하기 어렵게 했고, 달이 순결하지 않다는 생각은 성모 마리아에 대한 믿음을 방해했다. 달의 완벽함은 성모 마리아의 순결한 동정을 상징했다. 갈릴레오는 교회 신학자들과 성경 해석에 대해 논쟁하려 하지 않았지만, 갈릴레오 지지자들은 동정녀의 모순을 거리낌 없이 지적했다. 이를테면 로도비코 카르디Lodovico Cardi('치골리Cigoli'로도 알려졌다. 1559~1613)는 갈릴레오에게 적을 만들지 말라고 처음으로 경고한 친구였지만 《별 세계의 보고》에 실린 반점이 가득한 달

| 그림 7.10 | 갈릴레오의 친구 로도비코 카르디가 1612년 로마에 있는 산타 마리아 마조레 대성당 파올리나 성전에 그린 프레스코화 〈동정녀 마리아의 승천Assumption of the Virgin〉. 성모 마리아 발아래의 '얼룩덜룩한' 달은 《별 세계의 보고》에 실린 갈릴레오의 그림을 모사한 것이다. 갈릴레오처럼 토스카나 출신인 카르디는 종교재판의 조짐이 보일 때부터 갈릴레오를 도운 중요한 측근이었다. 그는 갈릴레오에게 고향의 반대 여론이 심상치 않다고 충고하고, 관련 인물들과 여러 음모를 일러주었다.

그림(그림 7.7 왼쪽의 첫 번째 그림)을 자신의 그림에 등장시켜(그림 7.10) 성모 마리아의 무결한 신성함에 걸맞은 은빛 달을 기대한 사람들을 놀라게 했다.

　역사학자들은 갈릴레오가 휩말린 정치적·학문적·신학적 분쟁에서 그가 주인공은 아니었다고 지적한다. 중요한 것은 예수회의 엄청난 인기와 예수회가 인기를 유지하기 위해 기꺼이 치른 대가였다. 도미니크회 같은 정통 수도회가 보기에 예수회는 기독교의 핵심 믿음과 관습을 훼손하고 있었다. 예수회의 신과학 수용은 중국에서 중국인 옷을 입고 아마존에서 샤먼 의식을 받아들이는 것처럼 분명한 이단 행위에 가까웠다. 효율적인 교육 프로그램으로 포장했지만(5장 참조) 위험한 행동들이었다. 갈릴레오와 예수회의 관계는 많은 부침을 겪었는데, 갈릴레오의 운명(불운)을 판가름한 결정적 원인은 그가 반종교개혁에 여념이 없는 가톨릭교회 안에서 수세에 몰리던 편에 섰기 때문이었다.

갈릴레오의 말년은 그리 비참하지 않았다. 그는 마지막 10년간 피렌체와 가까운 아르체트리에 있는 메디치 가문의 별장에서 류트를 연주하며 지냈고 서서히 시력을 잃었다. 그러면서도 연구를 계속해 1638년에 《새로운 두 과학에 대한 논고Discourses Relating to Two New Sciences》를 라이덴에서 발표하여 엄청난 반향을 일으켰다(이 책의 주요 가르침은 9장에서 이야기하자). 과학의 성전이 올라가는 과정에 관한 이야기에서 갈릴레오의 재판은 토마스 아퀴나스가 정립한 진테제의 붕괴를 알린 극적인 사건이다. 가톨릭교회는 수 세기 동안 일신론과 이교도 과학 사이의 지적·제도적 타협을 통해 유럽에서 가장 중요한 지식 기관의 지위를 유지할 수 있었다. 이러한 타협 덕분에 교회는 한편으로는 성경 연구를 후원하고 다른 한편으로는 성경을 보완할 '자연의 책'에 대한 연구를 후원하는 프로젝트를 진행할 수 있었다. 그러나 이미 종교개혁으로 타격을 입은 이 타협은 점차 무너지기 시작했고, 신과학의 혁신과 신과학 주창자들의 급진적이고 타협하지 않는 태도를 더 이상 감당할 수 없게 되었다. 여전히 기독교를 믿는 과학자들이 있었고 기독교 신앙을 옹호하는(또는 반대하는) 데 과학이 동원되었지만, 가톨릭교회는 당대의 가장 유명한 철학자를 처벌함으로써 더 이상 기독교 과학은 존재하지 않는다고 선언했다.

01 지금의 천문학이 전통적 천문학과 결별하게 된 결정적 사건은 무엇일까? 지구가 공전한다는 코페르니쿠스의 선언이었을까? 지구 영역 밖에서도 변화가 일어난다는 튀코의 증명이었을까? 행성 궤도가 원이 아니라는 케플러의 계산이었을까? 갈릴레오가 달에 있는 산을 보여주었을 때일까?

02 코페르니쿠스가 아리스토텔레스주의를 옹호하고 튀코가 신학적으로 보수주의자였던 사실을 어떻게 이해할 수 있을까? 이들은 변화의 주체였을까 아니면 고대 전통을 부활시킨 자들이었을까?

03 갈릴레오와 케플러의 삶을 2장이나 4장에 등장한 과거의 인물들과 비교하면 흥미로운 교훈을 얻을 수 있을까? 각자 다른 그들의 삶이, 그들이 창출한 지식에 대한 관점에 영향을 줄까?

04 천문학자들은 항상 장비를 사용했다. 케플러의 카메라 옵스큐라와 갈릴레오의 망원경에는 어떤 특별한 점이 있을까? 아니면 그저 과거 장치들이 발전한 형태일까?

05 갈릴레오 재판의 내막을 알게 된 후에도 이 재판이 근대 과학 발전에 중요한 사건으로 여겨지는가, 아니면 그저 판단 착오와 정치적 음모의 결과로 여겨지는가? 이 두 가지 해석이 서로 모순될까?

의학과
몸

윌리엄 하비와 혈액순환

파도바와 런던의 하비

갈릴레오가 파도바대학교에서 유명해지기 시작한 무렵인 1599년에 케임브리지를 졸업한 청년 윌리엄 하비William Harvey(1578~1657)가 의학을 공부하기 위해 파도바를 찾았다. 파도바대학교는 라이덴대학교Leiden University와 더불어 유럽에서 가장 저명한 의료 교육기관이었고 가톨릭교도가 아닌 학생들도 입학할 수 있었으므로 대도시에서 의학으로 성공하고 싶었던 이 영국 청년은 자연스럽게 파도바를 찾았다.

영국 켄트에서 소지주이자 마차꾼의 장남으로 태어난 하비는 자신보다 몇 년 앞서 토스카나에서 태어난 갈릴레오와 마찬가지로 교육만 받으면 부와 명예를 차지할 수 있는 새로운 기회의 시대를 대표하는 인물이다. 1602년에 영국으로 돌아온 그는 개업의가 되었고, 1604년에 부유하고 명망 있는 의사 가문의 딸 엘리자베스 브라운Elizabeth Browne과 결혼한 덕에 더욱 성공할 수 있었다. 1607년에는 대학 교육을 받은 의사들을 공인하는 1백 년 역사의 길드 왕립치료사협회Royal College of Physicians 회원이 되었고, 1615년에는 협회 회원들에게 매년 해부학을 강의하는 '럼리 강사Lumleian Lecturer'로 임명되었다. 하비는 세상을 뜨기 한 해 전까지 40년 동안 해부학을 가르치며 큰 영향을 미쳤다. 그의 영향력은 의사들에만 국한하지 않았다. 왕립치료사협회의 초기 회원 대부분은 현장에서 직접 사람의 몸을 다루는 치료사였는데, 시체 해부뿐 아니라 생체 해부도 포함된 하비의 럼리 강연을 통해 직접적인 경험적 연구에 대한 인식의 틀을 형성했다(하비는 베룰럼 경Lord Verulam이라고도 불린 프랜시스 베이컨을 높이 평가했다). 1618년에 하비는 제임스 1세James I의 왕실 주치의가 되고 1625년에는 그의 아들 찰스 1세의 주치의가 되었다(찰스 1세의 끔찍한 죽음은 그의 뛰어난 의술로도 막을 수 없었다). 그는 왕실 주치의로서 왕이 사냥을 나갈 때마다 동행하며 영국 곳곳을 다녔다. 그리고 3년 동안 전쟁으로 폐허가 된 유럽을 다니면서 죽음을 날카롭게 인식하게 되었다. 이후 내전이 터지자 왕과 함께 옥스퍼드로 은신했고 그곳에서 '자연과학 진흥을 위한 런던 왕립학회'를 설립하게 될 학자들의 멘토가 되었다. 왕실이 무너지자 하비는 은퇴하고 여생을 런던에서 보냈다. 그가 해부학과 생리학에 미친 영향은 파도바대학교 선배인 갈릴레오가 천문학과 역학에 미친 영향과 어깨를 나란히 한다.

하비의 심장과 피

하비의 주요 관심사는 부모가 새로운 생명인 자손을 탄생시키는 번식 과정이었다. 수많은 난자와 태아를 관찰했지만 장비에는 별 흥미를 느끼지 않아 현미경은 거의 사용하지 않았다. 하비는 식물이든, 알을 낳는 난생卵生 동물이든, 새끼를 낳는 태생胎生 동물이든 모든 유기체의 발달에 중요한 단계는 알의 단계라고 주장했다. 그에 따르면 자손의 발달은 알이나 씨앗처럼 작은 용기에 담긴 형태 없는 덩어리로 시작하는데 이 덩어리는 이미 부모에 독립적이지만 아무런 구조가 없다. 이를테면 달걀 안에는 '작은 닭'이 없다. 알 안에서 병아리(또는 태아)가 진화하면서 점차 구조를 갖추기 시작하는 것이다. 예를 들어 처음 나타나는 빨간 점은 심장이 되고 그다음 나타나는 빨간 거미줄은 혈관이 된다.

하비의 이론은 새롭고 흥미로우면서도 동시대인들이 받아들이기에 어렵지 않았다. 번식에 관한 그의 이야기는 형상이 물질을 바탕으로 작용한다는 아리스토텔레스 이론의 많은 부분을 수용했다. 그는 《심장과 혈액의 운동에 관하여Exercitatio Anatomica de Motu Cordis et Sanguinis in Animalibus》(1628)라는 짧은 책을 발표한 후 사람들의 반발을 사고 큰 반향을 일으켰다. 이 책에서 그는 심장이 사지에서 피를 끌어모은 다음 다시 바깥으로 내보내는 펌프일 뿐이라고 주장했다.

하비가 파도바에서 공부했을 (합의되지 않은) 일반적 이론에 따르면 혈액은 소화된 음식이 간을 통해 '카일chyle' 형태가 되어 생성된다. 이렇게 생성된 혈액을 '프뉴마pneuma'가 혈관을 통해 온몸으로 밀어낸다. 프뉴마는 공기와 '생명의 영혼'을 모두 뜻한다('스피릿spirit'이 '영혼'과 '술'을 모두 뜻하듯). 장기들을 지나며 영양을 제공한 혈액이 우심실을 통과하면 온도가 올라가고 더 많은 프뉴마를 얻는다. 소량의 혈액은 폐로 보내지며, 심장은 폐를 통해 불필요한 열과 해로운 물질을 내보내고 외부의 프뉴마를 흡수한다. 심장이 수축하면서 폐로 보낸 '검댕 증기'는 호흡을 통해 배출되고, 심장이 팽창하면 공기가 안으로 들어온다. 나머지 혈액은 격막(심장의 두 구간을 분리하는 벽)에 있는 보이지 않는 구멍을 통해 좌심실로 간 후 혈관을 통해 온몸을 순환한다. 이때 혈관의 고동을 일으키는 '생명의 영혼'인 프뉴마가 혈액의 움직임을 이끈다. 심장은 정맥을 통해 도달한 혈액에 프뉴마를 주입하여 동맥으로 흘려보내지만, 정맥혈과 동맥혈은 근본적으로 다르다. 영양을 공급하는 정맥혈과 활력을 제공하는 동맥혈은 각각 다른 장기에서 흘러나와 주변으로 이동한다.

하비의 그림은 완전히 달랐다. 그는 혈액이 그 안에 있는 생명의 힘이 아닌 심장의 박동으로 순환한다고 주장했다. 심장은 수축하면서 동맥을 통해 우심실에서 피를 끌어오고, 팽창하면서 정맥을 통해 좌심실로 내보낸다. 사지에 도달한 '사용된' 피는 눈에 보이지 않는 미세한 모세혈관을 통해 동맥에서 정맥으로 이동한다. 모세혈관은 마르첼로 말피기Marcello Malpighi(1628~1694)가 1661년에야 개구리 폐를 현미경으로 관찰하여 처음 발견했으므로 모세혈관 가설은 당시로서는 무척 파격적이었다. 하비는 격막에는 구멍이 없다고 주장했다. 그는 좌심실의 피가 폐동맥을 통해 폐로 보내져 정화된 다음 폐정맥을 통해 우심실로 돌아온다고 설명했다.

하비가 인체에 다가간 방식

하비의 주장들은 신과학의 방법론과 접근법의 대표적인 예이며 신과학을 인간의 몸에 적용했다는 점에서 흥미롭다. 그의 주장은 다음과 같은 정량적 가정으로 시작되었다.

첫째, 심장의 움직임을 통해 대정맥에서 동맥으로 끊임없이 이동하는 혈액의 양은 섭취된 음식만으로는 공급될 수 없는 양이다.

— 윌리엄 하비,《심장과 혈액의 운동에 관하여》, 로버트 윌스Robert Willis · 알렉산더

보위Alexander Bowie(번역)(런던: 글로벌그레이GlobalGrey, 2018[1618]), 9장, 46쪽

실제로 하비는 얼마나 많은 혈액이 심장을 통과하는지 계산했다. 그는 사체의 좌심실 부피를 재고 이 수치를 심장박동 수와 곱해 심장이 한 시간 동안 나르는 혈액이 몸 전체의 부피보다 크다고 결론 내렸다.

하비는 독자들에게 집에서 할 수 있을 만큼 간단하지만 놀라운 몇 가지 실험도 소개했다. 예를 들어 "동맥이 있는 부분을 동여매면 무감각해지고 차가워지며 혈색이 사라질 뿐 아니라 시간이 흐르면 영양도 공급되지 않는다." 그러다가 매듭을 조금 느슨하게 하면 두꺼운 동맥에서 피가 다시 돌고 '매듭 아래' 정맥이 부풀어 오른다. 사지에 있던 혈액이 심장으로 올라오려고 애쓰기 때문이다. 그림 8.1처럼 팔에 시험해보면 정맥의 피만 올라오는 것을 볼 수 있다. 그 이유는 "매듭(하비,《심장과 혈액의 운동에 관하여》, 66쪽)"이 한 방향에 대해서만 밸브 역할을 하기 때문이다(파도바에서 하비의 멘토였던 히에로니무스 파브리시우스Hieronymous Fabricius도 이 현상을 발견했지만 잘못된 작용 원리를 주장했다). 이러한 밸브는 심장이 혈액을 밀어내 사지로 보내는 동맥에는 필요 없지만, 정맥에는 필요하다. 첫번째 이유는 사용된 혈액이 몸으로 돌아오지 않도록 해야 하고, 두 번째 이유는 혈액이 큰 정맥에서 작은 정맥으로 흘러들어 가 작은 정맥을 파열시키지 않도록 해야 하기 때문이다.

하비는 인간 사체 해부와 동물 생체 해부로 얻은 전문적인 관찰 지식을 바탕으로 간단한 실험들을 설명했다. 그는 장기들의 크기, 무게, 움직임뿐 아니라 인체에 아무 문제가 없을 때의 혈액 흐름과 혈관이 열렸을 때의 출혈량, 심장이 정상일 때의 박동 속도와 출혈이 있을 때의 박동 변화를 설명할 수 있었다. 하비는 몸은 자연의 훌륭한 장치이므로 자연의

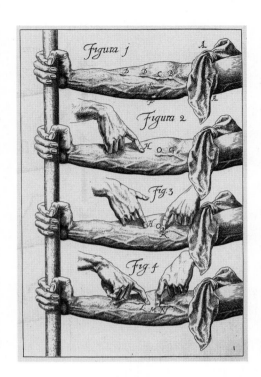

다른 부분과 같은 방식으로 연구할 수 있다고 주장했다. 혈액의 '역할'에 대한 그의 설명은 활력과 영양에 관한 고대 개념에서 크게 벗어나지 않았고, 심장과 혈액의 운동에 관한 그의 분석이 의학 치료에 영향을 미치기까지는 두 세기가 넘게 걸렸다. 이 두 가지 사실에도 불구하고 그의 분석 방식과 이를 뒷받침한 논증과 증거가 혁신적이었다는 점에는 변함이 없다. 그 이유를 이해하기 위해 우선 하비가 파도바에서 공부한 내용을 살펴보자.

| 그림 8.1 | 하비가 《심장과 혈액의 운동에 관하여》에서 소개한 매듭 실험. 피부 아래 깊숙이 있는 동맥에서는 피가 (심장에서 멀어지면서) 계속 아래로 흐르지만 피부와 가까운 정맥에서는 피의 흐름이 멈춘다(1번 그림). 정맥 위로 튀어나온 부분들은 혈액을 위로만 흐르게 하는 일방통행의 밸브다. 혈액을 억지로 H로 가게 하면(2번 그림), 밸브 O 아래의 정맥은 계속 비어 있게 된다. 혈액을 억지로 O로 보내고(그림 3) H를 눌렀던 손가락을 떼면, 피가 다시 정맥을 채운다. 위 그림은 《심장과 혈액의 운동에 관하여》의 특별판(런던, 1928)에 실린 S. 구든S. Gooden의 그림을 되도록 그대로 모사하되 더 선명하게 그린 것이다.

하비가 공부한 교과과정

현대의 의사들처럼 하비도 대학에서 의술을 익혔다. 의학 지식을 대학에서만 배울 수 있었던 것은 아니다. 원래 대학은 추상적 지식을 추구하는 자들의 모임이었다(4장). 교육기관으로 변모해가던 대학은 의학(그리고 법학) 같은 실용적 분야의 전문가들을 훈련하면서부터 '어떻게에 대한 앎'과 '무엇인지에 대한 앎'의 관계를 재구성했다.

의학은 항상 이 두 가지 지식의 경계를 넘나들었다. 치료 기술과 인체에 관한 이론으로 이루어진 의학은 자유로운 인간이 추구하는 순수한 지식으로 여기기엔 지나치게 실용적이지만, 구속받는 인간의 손에만 있기에는 지나치게 중요하고 흥미로웠다. 그림 8.2는 그 구분이 얼마나 미묘하고 복잡했는지 보여준다. 의학은 대학에서 다루어지면서부터 우리가 자연철학과 마법에서 발견한 제도적 분류와 위계 구조를 부분적으로나마 갖추기 시작했다. 어떤 지식을 가르치기 위해서는 표준화되고 기록되어야 하며, 그럴 수 없는 지식은 대부분 사라진다. 따라서 대학 교과과정에 포함된 글들은 공식화되고, 그렇지 않은 글은 거의 잊힌다. 하지만 병을 고치는 사람들에게 필요한 물질적·실용적 지식을 담은 자료들—처음에는 필사본이었고 나중에는 책의 형태를 갖춘—은 대부분 대학의 가르침과 관련이 없었다. 게다가 파도바대학교가 하비를 비롯한 학생들에게 가르친 내용은 어떻게 몸에 손을 대고, 몸을 어떻게 열고, 몸 안에서 무엇을 보게 되느냐였다. 그러므로 과학의 성전이 올라가는 데 중요한 역할을 했으며 이 책의 주제인 테크네와 에피스테메(2장)의 관계가 의학에서는 더욱 미묘했다.

의학의 학문적 전통

히포크라테스와 《히포크라테스 전집》

다른 분야의 학문적 전통과 마찬가지로 학문으로서 의학의 핵심 규범들은 고대 그리스의 문헌에서 비롯되었다. 하비가 파도바에서 배우고 이후 많은 부분을 바꾼 몸에 대한 기본 개념은 기원전 약 460~기원전 377년에 살았다고 전해지는 코스의 히포크라테스Hippocrates of Cos가 기원전 440~기원전 340년경에 집필한 여섯 편의 글을 바탕으로 약 2천 년

| 그림 8.2 | 1581년 존 바니스터John Banister가 런던 이발사-수술 기술자 협회 전당Barber-Surgeons'
Hall에서 해부학을 강의하는 모습. 헨리 8세는 이발사-수술 기술자 협회Company of Barber-Surgeons
가 매해 사형수 시신 네 구를 해부할 수 있도록 허락했고, 위 그림과 같은 해부학 강의는 협회 회원들
이 의무적으로 들어야 하는 수업이 되었다. 바니스터는 1572년에 회원이 되었고 1년 뒤 옥스퍼드에
서 의학 학사 학위를 받아 정식 치료사가 되었다. 바니스터가 자신의 책《해부학 표Anatomical Tables》
의 표지 그림으로 실으려고 의뢰한 이 그림은 몸에 대한 이중적 인식을 잘 보여준다. 바니스터처럼 현
장에서 일하는 수술 기술자이면서 이론적 지식을 갖춘 자들이 몹시 드물었던 이유는 이 같은 양가적
태도 때문이었다. 가운데에 선 그의 손은 시체 부근에 있지만 실제로 시체를 만지고 있는지는 확실하
지 않다. 반면 그의 '조수'들은 '분명' 죽은 자의 몸에 손을 올리고 있다. 수술대 앞에 있는 사람과 바니
스터의 왼쪽(우리가 봤을 때는 오른쪽)에 있는 사람은 탐침探針을 들고 있고 그 왼쪽에는 수술용 칼을 든
사람이 있다. 그림 맨 오른쪽에서는 바니스터의 선배로 보이는 수염을 기른 자가 시신을 만지지 않고
가리키기만 하고 있다. 또한 바니스터는 시체의 피를 직접 만지지 않고 있음을 알 수 있다(오른손 아래
수술대 위로 피 묻은 탐침이 놓여 있다). 그의 곁에 놓인 책 받침대에 레알도 콜롬보Realdo Colombo가 쓴
《해부학에 관하여De re anatomica》 11권이 펼쳐져 있고 그가 지휘봉으로 해골 모형을 가리키고 있는
모습에서 그의 학식을 짐작할 수 있다.

전에 정립되었다. 히포크라테스는 실존 인물이 아닐 수도 있다. 기원전 약 250년에 편찬된 《히포크라테스 전집》은 순수하게 이론적인 내용부터 순수하게 실용적인 내용까지 아울렀다. 건강하거나 병약한 인간의 몸, 몸을 건강하게 할 의술, 그리고 의술을 행할 치료자에 대한 개념이 일관적인 자연주의적 전통에 따라 분명하게 규정되어 있다.

《히포크라테스 전집》에 따르면 인체는 유체다. 인체는 물질이며, 플라톤을 비롯한 그리스인들이 물질에 관해 주창한 사상에 부합한다. 따라서 끊임없이 유동하고 때로는 정도를 지나친다. 다시 말해 계속 변화하고 불안정하며 불규칙적이다. 히포크라테스를 따른 치료사들은 장기들과 각각의 고유한 기능, 혈관의 종류 같은 구조에는 큰 관심이 없었다. 당대 조각가들을 매료시킨 근육에 대해서도 잘 몰랐던 듯하다. 그들은 몸이 체액으로 이루어졌다고 여겼다. 체액의 수와 종류는 히포크라테스의 글마다 다르지만 근본적인 본질에 관한 설명은 대체로 일관적이다. 히포크라테스에 따르면 생명은 체액들의 흐름이다. 체액은 신체의 각 부위를 연결할 뿐 아니라 인체를 우주와도 연결한다. 따라서 몸은 우주가 제공하는 식량, 계절, 기후, 천체들의 영향과 연결된다. 건강한 몸에서는 체액의 흐름이 균형을 이루지만, 체액이 조화를 이루는 일은 흔치 않다. 인체의 물질적 변덕 때문이기도 하지만 인간의 몸이 다른 동물들과 달리 지구의 삶에 최적화되어 있지 않아서이기도 하다. 인간은 몸을 옷으로 감싸 추위를 피하고, 음식은 익혀서 먹고, 체액의 질서를 유지해야 한다. 그러므로 플라톤이 다음과 같이 이야기했듯이 계속 치료받아야 한다.

몸을 그저 몸으로 두면 되는지 아니면 다른 무언가가 필요한지 내게 묻는다면 다음과 같이 답할 것이다. "분명 다른 무언가가 필요하다. 이 같은 이유에서 의술이 발명되었다. 몸은 불완전하므로 자생할 수 없기 때문이다. 그러므로 의술은 몸에 이로운 것들을 제공하기 위해 개발되었다."

- 플라톤,《국가론》, G. R. F. 페라리G. R. F. Ferrari (편집),

탐 그리피스Tom Griffith (번역) (케임브리지대학교출판부, 2000), 17쪽

그렇다면 히포크라테스 의학은 "불완전한" 몸의 균형, 다시 말해 체액 간 균형, 체액들과 우주의 균형을 되찾는 이성적이고 조직적인 '어떻게에 대한 앎', 즉 테크네(2장)라고 할 수 있다. 이 균형은 온갖 요인들의 영향을 받으므로 불안정하다. 따라서 환자들의 신체적·정신적 건강을 다룬 히포크라테스 학파 치료사에게는 의학 이론보다는 균형을 깨트리는 요인에 관한 정보가 더 중요했다. 특히 환자가 무엇을 먹었는지, 잠은 잘 자는지 같은 사실들을 파악하는 문진은 치료에서 빼놓을 수 없는 과정이었다. 하지만 환자들의 답만으로는 충분하지 않았다. 환자들의 기억이 잘못되었을 수도 있고, 환자들이 수치심을 느끼거나 처방을 따르지 않아 거짓말했을 수 있기 때문이었다. 더군다나 환자들은 자신의 몸 안에서 어떤 일이 일어나는지 모른다. 그러므로 소변 색과 변의 냄새, 맥박 속도와 리듬처럼 몸 안에서 어떤 일이 일어나고 있는지 암시하는 몸 밖의 모든 증후가 매우 중요했다.

체액은 계속 흐르고 좀처럼 균형을 이루지 않으므로 히포크라테스 학파 치료사들은 식습관을 바꾸도록 하거나 보리, 꿀, 식초 등을 탄 물을 마시게 하는 등의 가벼운 처방을 환자 대부분에게 했다. '식이요법dietetics' 은 음식만 관련된 처방이 아니었다. 자유로운 인간(2장)의 몸과 마음에 걸맞은 균형과 자기 절제를 이루려면 운동, 수면, 성생활을 모두 조절해야 했다. 치료사들은 필요할 경우 신체 내부에 어떻게 접근해야 하는지 알았다. 히포크라테스의 글에는 부러진 뼈를 맞추는 방법, 상처를 소독하는 방법, 미세한 관으로 결석을 제거하는 방법에 대한 설명도 있다. 하지만 몸을 여는 행위는 인체 작용 방식에 대한 이해와 "무엇보다도 해로

움이 없게 하라"라는 금언—히포크라테스 선서의 한 부분이라고 알려졌지만 사실은 〈전염병에 관하여On Epidemics〉라는 글에 나온 구절이다—에 따른 치료자의 역할에 반했다. 게다가 일상적으로 칼을 휘두르는 것은 학문을 추구하는 자유로운 인간에게는 어울리지 않았다. "나는 사람을 베지 않을 것이고… 그러한 작업을 하는 '기술자'들에게 맡기겠다"라는 히포크라테스 선서처럼 노예나 '기술자'에게 적합한 일이었다.

현대인의 관점에서 극단적인 히포크라테스 처방 중 하나는 피를 뽑는 사혈瀉血이다. 사혈은 히포크라테스의 글들이 전집으로 편찬된 이래 수 세기 동안 점차 대중화되었고 약 2천 년 동안 성행했다. 주목할 점은 (지역마다 역사적 배경은 다르지만) 사혈 요법이 서구뿐 아니라 중국과 인도에서도 큰 인기를 얻은 이유다. 혈액은 신체 외부에서 통제할 수 있는 유일한 체액이었으므로 특정 신체 부위에서 혈액을 제거하는 것은 치료사가 체액의 양과 분포를 바꿀 수 있는 유일한 방법이었다. 피를 뽑으면 불필요하게 많은 체액과 불순물을 제거하여 나머지 체액 사이의 균형을 회복할 수 있었다. 피를 내는 부분은 문제가 있는 신체 부위에 따라 달랐다. 가령 "간이 아픈 사람은 오른쪽 팔꿈치에서 피를 내고, 비장에 문제가 있는 사람은 왼쪽 팔꿈치에서 피를 내야 했다. 오른쪽 팔꿈치 정맥은 간과 이어지고, 왼쪽 팔꿈치 정맥은 비장과 직접 연결되기 때문이었다"(구리야마 시게히사栗山茂久,《몸의 노래Expressiveness of the Body》, 202쪽).

질병에 따라 다른 부위에서 피를 뽑는 방식은 혈관—히포크라테스의 글에는 동맥과 정맥의 구분이 없다—이 혈액뿐 아니라 프뉴마를 몸과 장기들로 전달한다는 이론에 따른 결과였다. 하지만 사혈 부위들을 살펴보면 사혈 요법이 이론보다는 고통 경감과 더 관련 있었다는 사실을 알 수 있다. 사혈 부위에 관한 히포크라테스 도표가 같은 시기에 중국에서 작성된 침 자리 도표와 매우 비슷하다는 사실은 신기하고 흥미롭다(1장에서 언급했듯이 중국 의학을 비롯한 비서구권의 학문은 이 책의 주제를 벗어나므로 자세히 이야기하지 않을 것이다). 어쩌면 당시 그리스 문화와 중국 문화가 생각보다 가까웠을지도 모르지만 침술이 사혈에서 발전했고 사혈은 현재까지도 침술의 가장 큰 기능인 고통 경감을 위한 시행착오에서 비롯되었기 때문에 비슷해 보일 가능성이 더 크다.

갈레노스와 의학의 계통화

《히포크라테스 전집》은 기원전 3세기 중반 알렉산드리아 도서관에서 편찬되었다고 추정된다. 기독교 시대 이전 헬레니즘의 마지막 수 세기 동안의 의학 사상에 관한 현대의 지식은 대부분 후대 학자들의 보고에 의존하여 형성되었다. 당시의 기록이 전하지 않는 이유 중 하나는 도서관이 불탔기 때문이다(4장). 이보다 극적이진 않은 또 다른 이유는 클라우디오스 갈레노스Claudius Galenus라는 압도적인 인물이 등장하면서 그의 동시대인과 후대인이 과거 학자들의 이론을 구식으로 여기기 시작했기 때문이다. 마치 그보다 다섯 세기 전 아리스토텔레스가 등장하여 그의 동시대인과 후대인들의 생각을 바꾼 것과 비슷하다. 갈레노스는 동시대인인 프톨레마이오스에도 비견할 수 있다.[1] 프톨레마이오스가 천문학의 대명사였듯이 갈레노스는 근대 초기까지 의학의 대명사였다. 그 이유 중 하나는 갈레노스가 어마어마한 분량의 저술을 남겼기 때문이기도 하다. 지금까지 전해지는 그의 필사본은 고대 그리스의 다른 의학 문헌을 모두 합한 것보다 많다. 하지만 가장 큰 이유는 경험적·철학적 혁신을 이루며 전통적 사상들을 일관적이고 합리적인 틀로 통합하고 체계화한 그의 능력 때문이다. 갈레노스 이후의 의학과 생리학의 모든 것은 그의 시각을

---

1 _ 갈레노스가 알렉산드리아에 왔을 때 프톨레마이오스는 이미 노인이었지만, 그들이 학당 계단에서 대화하는 장면을 상상하면 무척 흥미롭다.

통해 해석되었다.

4장에서 잠깐 언급했듯이 헬레니즘 세계가 물러나고 로마 세계가 등장하는 전환기를 겪은 갈레노스는 헬레니즘의 소아시아에서 태어나 알렉산드리아를 거쳐 로마에 정착해 라틴어로 연구하고 그리스어로 저술했다. 그의 삶은 다른 면들도 복합적이었다. 부유한 가문 출신이지만 생계를 위해 열심히 일했고, 이론과 실습 모두에 뛰어났으며, 왕의 주치의로서 왕실과 가깝게 지내면서도 검투사들의 거처를 제집처럼 드나들었다. 그는 검투사들의 열린상처를 "몸으로 통하는 창문"으로 여겼다.

다른 많은 동시대 의학자들의 업적이 갈레노스의 명성에 가려지긴 했지만, 그들에 대한 갈레노스의 언급에서 과학의 역사에 중요한 당시 의학계의 사상을 조금 엿볼 수 있다. 고대 후기 치료사들은 자신들이 익힌 지식의 본질과 지식을 추구하는 올바르고 효율적인 방식을 진지하게 논의했다. 진실의 본질과 진실에 다가가는 법에 관한 그리스 황금기의 철학적논의의 한 부분이었을 뿐 아니라(2장) 이 책 전반에 등장하는 범주들과비슷하며 실용적이고 전문적인 논의이기도 했다.

갈레노스와 한 세기 전의 의학 백과사전 저술가 켈수스Celsus에 따르면, 의학 사상가들은 세 부류로 나뉘었다. 우선 경험주의자들은 이론을피했다. 몸의 내부 작용을 알 수 없다고 생각한 그들은 유추와 추론에 기대며 과거 비슷한 증상에 적용된 요법을 처방했다. 한편 이성주의자로도불리는 원리주의자들은 이론을 믿었지만, 자신의 학파나 자신이 옳다고판단한 증거의 종류에 따라 받아들이는 이론이 달랐다. 받아들이는 이론이 다르더라도 인체의 본질과 작용에 관해서는 보편적 가정을 세울 수있다고 믿었으며, 이 가정들은 특정 증상을 일으키는 병의 원인을 추측하고 치료법을 마련하게 해주므로 유용하다고 여겼다.

세 번째 부류는 누구라도 반년 안에 배울 수 있는 '방법들'이 있다고말한 방법론자들이다. 이들은 균형의 관점에서 건강에 대한 이론을 형성했다는 점에서 히포크라테스와 비슷하지만 인체가 체액의 흐름이 아닌 원자로 구성되어 있다고 주장한 점이 다르다. 이들의 주장에 따르면 원자들이 미세한 구멍을 통해 몸 안을 돌아다니는데, 건강한 몸에서는 흐름이 자유롭고 유연하지만 병에 걸리면 흐름이 막힌다. 그러므로 누구나 복잡한 이론이나 환자의 몸 상태, 병력, 행동, 식단 같은 자세한 내용을 연구할 필요 없이 간단한 지식을 익히면 치료사가 될 수 있다.

앞에서 인식론적 가치와 사회적·정치적 지위 사이의 관계를 여러 번 이야기했으므로, 갈레노스가 방법론자들의 주장에 경악했다는 사실은 그리 놀랍지 않다. 그는 사회적 지위가 높은 사람이라면 으레 갖춰야 할 학식과 교양을 무시하고 민간요법을 바탕으로 인기에만 영합하는 접근법을 받아들일 수 없었다. 갈레노스가 보기에 방법론자들의 이론은 완전히 틀렸고 그들의 '방법'은 사기였다. 실용적 의학practical medicine에 대비되는 학문적 의학learned medicine은 역사 내내 민간요법을 이렇게 인식했지만 뒤에서 이야기할 몇 가지 예외도 있었다(목축업자와 산파의 지식에 대한 하비의 관심도 그 예외 중 하나다). 경험주의자와 원리주의자에 대한 갈레노스의 인식은 복합적이었다. 그는 다른 이들의 이론도 방법론자들의 이론처럼 위험한 처방으로 이어질 수 있는 잘못된 생각보다 낫지 않다고 여겼지만, 자신의 이론적 주장들만큼은 확실성을 증명할 수 있다고 믿었다. 그는 아리스토텔레스의 논리학 원리 중에서도 기본적인 논증 방식인 삼단논법으로 자신의 이론들을 증명했다. 예를 들어 그는 이성적인 '지배적' 영혼인 '헤게모니콘hēgemonikon'이 뇌에 있다고 주장했다.

신경의 원천이 있는 곳에 헤게모니콘이 있다.
하지만 신경의 원천은 뇌에 있다.
그러므로 헤게모니콘은 뇌에 있다.

- 출처: https://plato.stanford.edu/entries/galen

경험적 관찰과 논쟁적 가정에 바탕한 이런 논증이 어떻게 이론에 확실성을 부여할 것이라고 생각했는지 의아하기도 하다. 아마도 그가 말한 '확실성'은 현대인이 생각하는 확실성보다 의미가 넓었을 것이다. 어쨌든 갈레노스의 독자들은 1천5백 년 동안 아무런 문제의식도 느끼지 못했고, 중세 대학들은 아리스토텔레스의 도구들을 가장 훌륭하게 활용하여 자연에 관한 지식을 얻은 인물 중 하나로 그를 꼽았다.

실제로 인체에 대한 갈레노스의 기본 이론은 아리스토텔레스주의에 큰 영향을 받았다. 갈레노스는《히포크라테스 전집》에서 단 하나의 글만 받아들여 이론화했다. 네 가지 체액인 피, 가래, 황담즙, 흑담즙을 구체적으로 설명한 〈인간의 본질On the Nature of Man〉이다. 갈레노스는 이 체액의 사중주를 통해 물질의 끊임없는 흐름이라는 플라톤의 개념에서 히포크라테스의 인체 개념을 분리하여 아리스토텔레스 자연철학과 대칭을 이루는 틀로 정립했다. 히포크라테스 사상들에 아리스토텔레스주의를 적용한 이 해석에서는 네 개의 체액이 네 개의 원소와 각각 짝을 이룬다. 갈레노스는 체액들을 유동하는 물리적 실체가 아니라 원소들처럼 차가움과 뜨거움, 마름과 습함 같은 근본적 속성들의 구현으로 여겼다. 그는 각각의 체액을 장기와 연결했다. 피는 심장이고, 가래는 뇌고, 황담즙은 간이고, 흑담즙은 비장이었다. 사람의 성향마다 우세한 체액이 달랐다. 음악과 재미를 추구하는 낙관주의자는 피가, 느리고 둔한 게으름뱅이는 가래가, 성마르고 호전적인 싸움꾼은 황담즙이, 우울한 비관주의자는 흑담즙이 우세했다(그림 8.3). 갈레노스는 체액, 체액에 해당하는 장기, 사람들의 성향을 1년의 계절과 인간 생애의 계절, 그리고 기후와 행성으로도 설명했다(6장에서 이야기한 점성학적 특징). 이를테면 추운 지역에 사는 북방민족은 게으르고, 10대들은 낙천적이었다.

그러므로 갈레노스에게 건강한 몸은 자연처럼 다채롭고 변화무쌍하면서도 안정과 균형을 이룬 상태를 뜻했다. 병이란 균형이 깨졌다는 의미

| 그림 8.3 | 날짜와 서명이 없는 중세 필사본에 기록된 네 가지 성향 혹은 기질.

왼쪽 위: 낙관주의자-살집이 있고, 얼굴에 분홍빛이 돌며, 긍정적이고, 열정적이다.

오른쪽 위: 싸움꾼-힘이 세고, 얼굴이 붉으며, 성마르고, 폭력적이다.

왼쪽 아래: 게으름뱅이-뚱뚱하고, 창백하며, 느리고, 게으르다.

오른쪽 아래: 비관주의자-마르고, 걱정이 많고, 고집이 세며, 예민하다.

였다(영어에서 병을 뜻하는 'disease'도 어원을 거슬러 올라가면 '균형ease'이 '깨지다dis'를 뜻한다). 예를 들어 춥고 습한 겨울이 차갑고 겨울과 관련된 액체인 가래를 강화하면, 가래가 뇌에서 부비강과 폐로 이동해 기관지염과 폐렴처럼 기침 증상을 동반하는 질병을 일으킨다. 봄은, 공기와 관련되어 성질이 따뜻하고 습한 피의 양을 늘리고 흐름을 빠르게 하므로 열이 나고 코피가 흐를 수 있다. 황담즙과 흑담즙은 상처와 관련하므로 더 심각한 질병을 일으킬 수 있다. 여러 치명적인 질병(간염 등)에 걸리면 황담즙 과잉의 증후인 환자가 노래지는 증상과 간이 붓는 증상이 나타난다. 흑사병(선페스트)으로 사망한 사람의 배설물과 입속은 까맣고, 심각한 우울증—말라리아였을 것으로 추정된다—으로 죽은 사람의 장기 역시 까만데 모두 흑담즙의 영향 때문이다.

갈레노스의 글들이 엄청난 영향력을 발휘한 가장 큰 이유는 일관적이고 이해하기 쉬운 이론을 통해 이 모든 내용을 주요 철학 학파들의 가르침과 연결했기 때문이다. 앞에서 살펴봤듯이 그의 방법론은 아리스토텔레스에게서 비롯되었고, 물리적 인체에 관한 근본 개념들은 히포크라테스를 경유한 플라톤에서 비롯되었다. 그가 스토아학파(4장)의 사상을 바탕으로 정립한 생명 개념에 따르면, 인체가 살아 있고 움직이며 감각을 느끼는 이유는 프뉴마가 변형하여 형성하는 세상의 활력 또는 영혼인 세 가지 '프시케psyche'로 이루어져 있기 때문이다. 그는 이 철학적 개념들을 구체적인 생리학적 논증들로 뒷받침했다. 예컨대 간은 생명의 기본인 영양과 번식을 책임지는 성장과 희망의 영혼을 만들어 정맥을 통해 온몸에 전달한다. 심장은 운동과 열정을 책임지는 원기의 영혼을 만들어 동맥을 통해 온몸에 전달한다. 앞에서도 이야기했듯이 뇌는 이성적 영혼을 만들어 신경을 통해 전파하는데, 갈레노스는 이성을 일컫는 플라톤의 '로지스티콘logistikon' 개념을 스토아학파의 헤게모니콘 개념과 통합했다. 그는 자신의 주장을 뒷받침하기 위해 다양한 논증을 펼쳤다. 그중에는 격한 감정은 심장에서 느껴지고 피를 얼굴로 몰리게 한다는 것처럼 누구나 아는 사실도 있다. 돼지, 원숭이, 양, 염소를 꼼꼼히 해부하여 모은 증거도 있었다(인간의 몸은 해부해서는 안 되었다). 파격적인 실험으로 얻은 증거도 있었다. 예를 들어 살아 있는 돼지에서 신경을 하나씩 떼어내면 불쌍한 돼지는 계속 비명을 지르더라도 움직임을 멈추거나 반대로 계속 움직이지만 비명은 멈추었다.

실용성 측면에서 가장 오래 이어진 갈레노스의 유산은 사혈일 것이다. 히포크라테스 시대 치료자들보다도 사혈 요법을 굳게 믿은 그는 환자가 피를 뽑다 기절하더라도 계속 진행해야 하고 심지어 다른 부위에 출혈이 있어도 피를 뽑아야 한다고 주장했다. 피의 역할을 과소평가했기 때문이 아니다. 앞에서 보았듯이 갈레노스는 피에 생명의 전달자 역할을 부여했다. 그는 피가 몸에서 끊임없이 생성되고 사용되므로 그중 일부를 제거하거나 여러 차례로 나누어 많은 양을 뽑더라도 극적인 변화는 일어나지 않는다고 믿었다. 또한 그는 맥박을 측정하는 정교한 진단법을 개발했고, 사혈 부위와 양을 자세하게 설명하는 책자도 펴냈다. 사혈에 대한 그의 믿음은 이론적 증거뿐 아니라 경험적 증거에 바탕했다. 그는 어떤 이유에서인지 당시 치료사들 사이에서 인기를 잃은 히포크라테스의 사혈 요법을 열렬하게 옹호하면서 자신이 그 효능을 "광범위한 조사"로 입증했다고 주장했다(구리야마,《몸의 노래》, 207쪽). 또한 여성이 뇌전증, 통풍을 포함한 여러 질병에 대한 면역력이 남성보다 강해 보이는 이유는 월경에 치유력이 있기 때문이라고 믿었다. 히포크라테스의 이야기에서 설명했듯이, 1천 년 넘게 이어진 사혈에 대한 사람들의 믿음, 특히 갈레노스의 믿음은 그저 무지나 미신에 토대한 것이 아니었다.

이슬람의 학문적 의학

학문적 의학은 다른 학문 전통처럼 헬레니즘 문헌들의 운명과 궤를 같이했다. 4장에 등장한 아바스왕조의 대대적인 번역 프로젝트가 무엇보다도 큰 영향을 미쳤다. 아바스왕조의 후나인Hunayn(라틴어권에서는 '요하니티우스Johannitius'로 불렸다)은 갈레노스의 글 대부분을 번역했는데 일부는 그리스어 원본이 사라지고 그의 아랍어 번역만 남았다. 또한 그는 갈레노스 의학의 입문서인《의학 문제Medical Questions》를 편찬했고 눈 건강에 관한 책인《눈에 대한 열 가지 논제에 관한 책Book of the Ten Treatises on the Eye》을 썼다.

이슬람 의학자들은 후대 기독교 의학자들이 그랬듯이 갈레노스와 견줄 수 있는 인물은 아리스토텔레스뿐이라고 여겼다. 그들은 갈레노스의 글에서 실용적인 의학 정보와 인체에 관한 기본 정보를 얻었을 뿐 아니라 사상, 연구, 논증의 전반적인 체계도 배웠다. 물론 그렇다고 해서 갈레노스의 가르침을 맹목적으로 받아들이지는 않았다.

이슬람 세계에서 갈레노스의 이론들을 날카롭게 비판한 대표적 인물은 갈레노스의 글들을 초기에 접한 페르시아 출신의 아부 바크르 알라지(865~925)다. 라틴어권 유럽에서는 라제스로 불린 그는 당대에 영향력이 가장 큰 이슬람 지식인이었다. 그의 삶은 실용적 지식과 이론적 지식을 갖춘 이들이 어떤 사회적·문화적 장에서 활동했는지 보여주는 좋은 예다. 알라지는 제국의 수도 바그다드에서 공부한 뒤 새로운 종류의 자선 의료 기관인 비마리스탄bimaristan에서 수련의 과정을 거쳤다. 이후 페르시아 통치자 만수르 이븐 이스하크Mansur ibn Ishaq의 명을 받고 고향인 라이(지금의 이란 레이)로 돌아가 비슷한 병원을 운영했고, 명성이 높아지자 바그다드로 돌아가 또 다른 비마리스탄을 열었다. 그는 바그다드의 여기저기에 고깃덩어리를 걸어놓고 가장 오랫동안 썩지 않은 곳에 비마리스탄을 지었다고 한다. 공기가 깨끗한 곳일수록 고기가 상하지 않으리라 생각했기 때문이다.

알라지는 갈레노스 이론 대부분을 받아들였을 뿐 아니라 갈레노스의 여러 사례연구를 자신의 《포괄적 의학서al-Hawifi'l-tibb》(라틴어 번역본 제목은 'Continens Liber')에 소개했다는 점에서 분명 갈레노스 옹호자였다. 갈레노스를 본보기로 삼은 그는 자신을 의학'철학자'로 규정했고, 고깃덩어리로 병원 자리를 정한 이야기에서 짐작할 수 있듯이 이론과 관찰의 균형을 중요하게 생각했다. 병원 설립 이야기는 진위를 떠나 그가 신중하고 정교한 경험적 접근법을 얼마나 소중하게 여겼는지를 보여준다. 한편 그는 갈레노스가 제시한 경험적 세부 사실들의 오류를 주저 없이 지적했다. 갈레노스 학파가 발진으로 분류한 홍역과 천연두의 구분이 대표적이다.

> 홍역의 물리적 증후는 천연두와 거의 같지만, 구토와 염증이 더 심한 반면 요통은 덜하다. 홍역의 발진은 주로 한 번 나타나고 사라지지만 천연두의 발진은 반복된다.
>
> – 로이 포터Roy Porter,
> 《인류에 대한 가장 큰 혜택The Greatest Benefit to Mankind》에서 재인용, 97쪽

약 2백 편의 논문을 발표한 알라지는 갈레노스의 이론적 원리들도 거침없이 비판했으며, 갈레노스의 오류를 엮은 《갈레노스에 대한 의심 Shukuk 'ala alinusor》은 매우 큰 반향을 일으켰다.

한 세기 뒤에 알라지보다 더 막강한 영향력을 발휘한 아부 알리 알후사인 이븐 압둘라 이븐 시나Abu Ali al-Husayn ibn Abdullah Ibn Sina(980~1037) 역시 의학철학자를 표방했다. 나는 4장에서 이븐 시나가 일신교의 이교 과학 수용에 어떤 역할을 했는지 이야기했다. 라틴어로 아비센나Avicenna

로 불린 그가 기독교 유럽에 미친 영향은 아베로에스와 알하젠과 어깨를 나란히 한다. 이븐 시나의 유년기와 청년기 이야기 역시 사실인지 과장인지와 상관없이 아바스왕조 통치하의 이슬람 문화가 학식을 갖춘 자들을 얼마나 존중했는지 잘 보여준다. 뿐만 아니라 학자에 대한 존경만큼 실용적 지식 역시 중요하게 여겼다는 사실도 알 수 있다. 이븐 시나는 부하라(지금의 우즈베키스탄) 인근에서 세금 징수원인 아버지 밑에서 자라면서 열 살에 스스로 쿠란을 깨쳤고 열여섯에 의학 이론과 기술에 통달했다고 한다. 어린 시절부터 의술로 사람들을 고치는 동시에 인도 산술, 이슬람 법학과 아리스토텔레스, 유클리드, 프톨레마이오스, 플라톤의 문헌들을 포함한 모든 헬레니즘 과학과 철학의 번역 문헌들을 탐독하여 이론적 지식을 전문가 수준으로 쌓았다.

이븐 시나는 이슬람 세계의 아시아 지역에서 정치적 격동과 지식에 대한 열망에 따라 무대를 옮기며 왕실 주치의, 대법관, 왕실 철학자, 천문학자로 일하며 생계를 꾸렸다. 그가 대부분 말을 타고 이동하거나, 감옥에 있거나, 몸을 숨기는 동안 쓴 약 270편의 글 중 약 40편은 의학 문헌이고, 그중 많은 아랍어 원본과 일부 페르시아어 원본, 라틴어 번역본이 수 세기 동안 다양한 지역에서 활용되었다. 그중에서도 대표작은 1025년에 완성한 《의학 정전Al-Qanun fi al-Tibb》이다. 약 1백만 개 단어로 이루어진 이 책은 고대 히포크라테스의 지식부터 갈레노스와 그의 제자들 그리고 이븐 시나 생전의 후계자와 동료들의 지식이 결집되어 있다. 《의학 정전》은 다섯 권으로 정교하게 나뉘어 있다. 1권은 기본적인 체액 이론, 해부학, 위생, 병인학을 소개하고, 2권은 치료제로 쓸 수 있는 식물이나 다른 물질들을 설명하는 약물학 서적이며, 3권과 4권은 구체적인 질병들의 진단, 예후, 치료를 다루고, 5권은 약을 조제하고 처방하는 법을 설명한다. 《의학 정전》은 17세기 초 하비가 파도바에서 의학을 공부하던 시절에도 가장 중요한 교재였고, 이후 한 세기가 지날 때까지도 의학 교과과정의 핵심이었다.

《의학 정전》에서 설명하는 인체는 갈레노스의 이론과 같지만 중요한
차이가 하나 있었다. 신플라톤주의 해석을 일신교 신앙에 적용한 신실한
이슬람교도 이븐 시나(1장, 5장, 6장 참조)는 물질적 육신과 비물질적 영혼
을 철저하게 구분해야 했다. 하지만 《의학 정전》은 몸을 완전한 물질적
대상으로 다루지 않았다. 앞에서 보았듯이 몸이 주변이나 먼 환경의 영
향을 받을 수 있다는 생각은 《히포크라테스 전집》에서도 찾을 수 있다.
이븐 시나는 네 개의 체액이 우리가 6장에서 살펴본 방식으로 세상과 관
계를 맺는다고 생각했다. 네 가지 체액이 계절, 행성, 사물들의 형상을 나
타내고 상징한다는 것이다. 이븐 시나는 소우주와 대우주의 비유—각 명
칭은 두 세기 뒤에나 정해졌다—가 갈레노스 의학이 이야기한 몸의 기능
과 기질뿐 아니라(그림 8.2 참조) 건강과 질병에도 중요하다고 분석했다.
그러므로 연금술, 점성술, 해몽, 부적 작성처럼 상징적 관계에 대한 연구
는 그의 의학에서 빼놓을 수 없는 부분이었다.

《의학 정전》의 이론적 의학이 특히 흥미로운 까닭은 이븐 시나가 전형
적인 아리스토텔레스 자연철학으로 정교하게 구성했기 때문이다. 그는
아퀴나스가 이븐 루시드(5장)의 말을 인용해 "증명으로 얻은 지식의 확
실성(찰스 로르Charles Lohr, 《신과 인간에 대한 유럽 이미지The European Image of God
and Man》[라이덴: 브릴Brill, 2010], 260쪽에서 재인용)"으로 규정한 '스키엔티아'
를 열망한 철학자였다. 의학은 그 정도의 확실성을 얻기에는 너무 복잡
하고 주제가 광범위했지만, 이븐 시나는 갈레노스처럼 삼단논법으로 의
학을 설명하는 데 힘을 쏟고 신체 현상을 네 가지 원인으로 구조화했다
(2장). 질료인은 체액과 프뉴마, 활력이고, 형상인은 기질, 능력, 인체 장기
였다. 먹을 것과 마실 것, 운동과 잠, 약과 독처럼 몸에 변화를 일으키는
모든 외부 요인이 작용인이고, 몸의 건강한 균형이 목적인이었다. 그러므
로 《의학 정전》은 훌륭한 의학 입문서뿐 아니라 아리스토텔레스주의의

모범적인 연구서로서도 인기를 누렸다.

기독교의 학문적 의학

이슬람 영역에서 후나인과 이븐 시나 같은 '전문가'와 왕실 대신이 맡은 지식인 역할을 기독교 유럽에서는 처음에는 수도원의 성직자들이, 나중에는 대학 성직자들이 맡았다. 의학 지식도 마찬가지였다. 헬레니즘-이슬람 문헌을 모으고 라틴어로 번역하는 것 역시 성직자의 몫이었으며, 번역 프로젝트의 중심에는 4장에서 이야기한 크레모나의 제라드와 톨레도 번역 학교가 있었다. 의학 지식은 책으로 전달하더라도 실용적인 면이 무척 강하므로 받아들이고, 수용하고, 교육하는 방식이 다른 지식들과 크게 달랐다.

의학 문헌의 주요 창구 중 하나는 학식과 상업적 인맥을 갖춘 콘스탄티누스 아프리카누스(1020[?]~1087)가 주도하여 11세기 몬테카시노에서 이루어진 베네딕트 수도회의 연구였다(4장). 베네딕트 수도회 출신으로 몬테카시노에서 남서쪽으로 약 150킬로미터 떨어진 살레르노의 주교가 된 알파누스Alphanus(1085년 사망)가 그들을 후원했다. 알파누스는 1063년에 콘스탄티노플에서 갈레노스 이론을 접한 뒤 《프렘논 피시콘 Premnon Physicon》으로 요약하여 라틴어권 학자들에게 알렸다. 알파누스의 접근법은 철학적이었지만, 살레르노 학파는 학문적 의학과 실용적 의학을 진정으로 결합했다.

두 권의 책이 이 유산을 대표한다. 하나는 '여섯 가지 비자연적 요소'라는 갈레노스의 개념을 다룬 콘스탄티누스의 《입문서Liber Ysagogarum, Isagoge》로 후나인의 《의학 문제》의 라틴어 판이라고 할 수 있다. 비자연적 요소란 공기, 음식, 음료, 배설과 잔존—후나인은 소화뿐 아니라 성관계의 맥락에서도 배설과 잔존을 설명했다—, 운동과 휴식, 수면과 각성

상태, 마음 상태처럼 몸의 일부는 아니지만 건강에 영향을 미치는 요소를 뜻했다. 이 책은 쉽게 따를 수 있는 실용적인 건강 지침이었다. 하지만 《입문서》 역시 몸은 우주와 주변에 연결되어 있고 체액들이 계절과 원소를 나타내며 활력은 육신과 영혼을 연결한다는 갈레노스-히포크라테스의 이론적 개념—이븐 시나를 통해 전달된—을 담았다.

다른 하나는 약 2백 년 뒤 나온 작자 미상의 《살레르노 건강 처방 Regimen sanitatis salernitanum》으로 이론과 실용을 더욱 밀접하게 접목했다. 이 책은 운문 형식이기 때문에 위생, 운동, 식단, 기질에 대한 갈레노스의 처방과 이론적 틀을 공식 교육의 맥락에서 다룰 수 있었을 뿐 아니라 대가족이나 영주, 교구가 소장하여 일반인들에게도 소개할 수 있었다.

새롭게 설립된 대학들은 13세기부터 의학을 교육과정에 포함하기 시작했다. 이때 몬테카시노와 살레르노 학파가 이룬 '어떻게에 대한 앎'과 '무엇인지에 대한 앎'의 진테제가 기초 의학 교과과정의 뼈대를 이루었다. 의학 교재를 일컫는 '작은 예술'이라는 뜻의 '아르티켈라Articella'에는 앞에서 언급한 《입문서》, 갈레노스의 《테그니Tegni》('테크네Techne'로도 알려져 있다), 히포크라테스의 《금언집》과 《예후학Prognostics》, 테오필루스 프로토스파타리우스Theophilus Protospatharius의 《소변에 관하여De Urinis》, 필라레토스Philaretus의 《맥박에 관하여De Pulsibus》가 있었다. 마지막 두 권의 저자는 7~8세기 비잔틴제국의 치료사들이라는 것 외에는 알려진 사실이 거의 없지만 알파누스가 번역한 그들의 글은 널리 알려져 있었다. 이 사실은 의학 지식이 물리적·문화적·언어적 경계를 얼마나 뛰어넘었는지를 보여준다. 식이, 열 등에 관한 이슬람과 유대교 저자들의 아랍어 문헌 역시 꾸준히 번역되어 아르티켈라에 추가되었다. 책의 제목들을 보면 내용이 기본적으로 실용적임을 짐작할 수 있는데, 12세기 중반부터 살레르노 학자들이 처음에는 바르톨레메오Bartholomaeus(1192년 사망) 그리고 이후에는 마우로Maurus(1130~1214)의 지시 아래 이 책들을 한 편으로 묶어

주해를 달았다. 살레르노 학자들이 작성한 주석은 치료와 처방 측면에서 갈레노스 이론을 강조하는 데 그치지 않고 갈레노스 이론이 아리스토텔레스의 자연철학 틀 안에 어떻게 자리하는지 설명했다. 이들이 아르티켈라에 단 주석은 이후 수 세기 동안 대학 학자들이 인간의 몸과 우주 속 위치에 관한 철학적·이론적 개념들을 논의한 주해 전통의 뿌리가 되었다.

하비 시대의 치료사들이 신랄하게 비판한 이 문헌적·학문적 성향만으로 살레르노 학파의 성취를 규정할 수는 없다. 이 사실은 12세기 살레르노에서 편찬된 또 다른 문헌으로도 알 수 있다. 여성을 위해 여성이 작성한 세 편의 글인 〈여성의 조건들On the Conditions of Women〉, 〈여성을 위한 치료On the Treatments for Women〉, 〈여성의 미용Women's Costmetics〉은 '작은 트로타Trotula'로 통칭되었다. '트로타Trota'는 두 번째 글의 저자라는 사실 외에는 확실히 알려진 사실이 거의 없다(신화적인 영웅담은 많다). 사실 학문적 의학도 실용적인 측면을 배제할 수 없으므로 중세 의학 전반에서 여성들의 활약이 두드러졌다. 힐데가르트 폰 빙엔Hildegard von Bingen 수녀(1098~1179)가 좋은 예다. 힐데가르트는 종교 사상과 음악으로 유명하지만 방대한 의학 저술 역시 큰 영향력을 미쳤다. 그중 가장 유명한 《단순한 의학에 관한 책Liber simplicis medicinae》은 약초, 생약을 에탄올이나 에탄올과 물을 섞은 용액에 넣은 팅크제tincture, 희귀한 돌을 사용한 치료법, 진단과 예후에 관한 지침, 특히 여성의 신체를 비롯한 인체에 관한 이론적 논의에 이르는 광범위한 내용을 담고 있다.

대학의 의학 교육도 실용성에서 멀어지지 않았다. 의학 학위 과정은 학사를 마치기까지는 7년, 박사가 되기까지는 10년이 걸리는 무척 고된 과정이었다. 볼로냐나 파리 같은 곳에서 공부하는 의대생들은 《의학 정전》과 아르티켈라를 모조리 외우는 것은 물론이고 일정 기간 동안 개업의 밑에서 수련의로 실습해야 했다. 14세기 초부터는 해부도 해야 했다. 환자들은 이처럼 교양 학문과 자연철학을 바탕으로 한 엄격한 교육과정을 통과한 의사들을 높이 평가했고, 의학 박사들은 귀족과 왕의 주치의가 되었다. 그들은 가문 전체의 건강, 식단, 치료를 책임질 뿐 아니라 자신들의 처방에 관해 합리적이고 이론적인 설명도 제시해야 했다. 당시 의학 박사들은 모두 남성이었다. 여성(그리고 비기독교인)은 대학에 입학할 수 없었으므로 더 큰 명예와 재산이 따르는 귀족과 왕족의 주치의는 될 수 없었다.

치료 전통

《볼드 의서》

당시 유럽뿐 아니라 다른 지역에서도 학문적 의학의 도움을 받을 수 있는 사람은 소수였다. 대부분은 학자보다는 석공과 비슷한 지식을 갖춘 치료사들의 조언을 받았다. 이 책에서 여러 번 지적했듯이 이러한 지식은 과학의 성전에 핵심적인 요소지만 학문적 지식보다 복원하기가 훨씬 어렵다. 그렇지만 여러 그림, 비법서, 문서, 간접적 이야기를 통해 지식의 공식적 제도 바깥의 의학적 개념과 관행을 어느 정도 엿볼 수 있다. 학문적 의학의 전통에 실용적인 면이 많았듯이, 실용적인 치료 전통 역시 글로 전해지는 지식과 밀접한 관계를 맺었다. 실용적 치료사 중에는 종교적 소명에 따라 의학을 공부한 성직자들처럼 어느 정도 글을 읽을 줄 아는 사람들도 있었을 것이다. 《볼드 의서Leechbook of Bald》는 학문적 성격도 띠는 실용적 치료의 전통을 잘 보여주는 예이자 중세 기독교 유럽뿐 아니라 더 넓은 세계의 의료 관행들을 알 수 있는 훌륭한 참고서다(고대 영어 단어 'leech'는 치료사를 뜻한다). 고대 영어로 집필된 총 세 권의 《볼드 의서》는 클리드Clid라는 사람이 볼드Bald라는 자를 위해 10세기 초에 편찬한 책이다. 책에는 라틴어가 거의 등장하지 않지만 2권 마지막에 "클리드에게 집필을 지시한 볼드가 이 책을 소유한다"라는 라틴어 문장이 나온다(그림 8.4).

실용적 치료

《볼드 의서》는 치료를 위한 실용적 참고서였던 만큼 건강한 몸에 대한 이론보다는 질병을 고치기 위한 치료법에 초점을 맞추었다. 예를 들어 체액도 언급하지만 히포크라테스-갈레노스 이론의 기본 개념인 체액과 장기의 관계 그리고 그 균형은 설명하지 않았다. 또한 참고서

| 그림 8.4 | 《볼드 의서》의 일부. 맨 윗줄에 "클리드에게 집필을 지시한 볼드가 이 책을 소유한다Bald habet hunc librum, Cild quem conscribere iussit"라고 적혀 있다. 학문적 지식과는 잘 어울리지 않는 화려한 서체는 의학에서 '고급' 지식과 '하급' 지식의 구분이 다른 분야에서만큼 뚜렷하지 않았음을 암시한다.

로서 유용하려면 질병들을 구체적으로 설명하고 치료법을 신체 부위별로 자세히 소개해야 했다. 다시 말해 실생활에 적용할 수 있어야 했다. 가령 첫 부분의 "머리와 관련한 모든 병의 치료법"에는 다음과 같은 설명이 나온다.

몰약이라는 이름의 풀을 모르타르에 섞어 반죽한 것 1페니웨이트[약 1.5그램]를 포도주로 가득 채운 성수 그릇에 담은 다음 이것을 머리에 발라 적시고

밤에 공복 동안 마시게 한다. …

두통이 있다면 버드나무와 기름을 섞어 빻아 끈적해진 덩어리에 독미나리, 엉겅퀴, 붉은 쐐기풀을 넣어 치댄 것으로 몸을 씻는다.

두통으로 "눈이 침침할 때의 치료법"은 다음과 같다.

애기똥풀의 즙이나 꽃을 호박벌이 모은 꿀에 섞어 청동 그릇에 넣은 후 열기가 남은 석탄 사이에 놓아 잘 섞일 때까지만 데운다. 이것을 침침한 눈에 바르면 효과적이다.

이 밖에도 다양한 치료법이 등장한다.

《볼드 의서》의 지식이 두통만 다룬 것은 아니었다. "머리뼈에 난 금이나 개에게 물린 자국 같은 모든 상처를 위한 치료법, 연고, 물약과 폐병을 위한 연고, 내부 장기에 일어난 병에 대한 연고"도 소개되어 있다.

머리가 깨졌으면… 꽃무, 까마중, 펠리테륨, 우드 마르셰, 하고초, 베토니를 짠 용액에 작은 갈퀴덩굴, 수레국화, 왕질경이를 넣고 섞는다. … 뇌가 보일 만큼 머리가 열렸다면 달걀노른자를 소량의 꿀과 섞은 다음 상처를 채우고 아마로 덮은 뒤 그대로 둔다. 약 사흘 후 상처를 다시 채운다. 다 나은 것처럼 보이더라도 상처 둘레에 빨간 고리가 있다면 아직 나은 것이 아닐 수 있다.

히포크라테스-갈레노스 전통과 마찬가지로 《볼드 의서》는 칼을 사용하는 데 신중했다. 당시 지혈이 무척 어려웠다는 사실을 떠올리면 놀랄일은 아니다. 하지만 꼭 필요하다면 주저하지 말고 칼을 들어야 한다고 일렀다.

다친 부위의 상태가 너무 심각해 어떤 감각도 느끼지 않는다면 감각이 없는 죽은 살을 곧바로 잘라내어 차가운 철을 대거나 뜨거운 불을 대도 아무렇지 않은 죽은 살이 남지 않도록 해야 한다. … 사지 중 하나를 절단해야 한다면 어디를 절단할지, 환자가 절단 부위에 힘을 얼마나 줄 수 있는지 확인해야 한다. 주의하며 절단하지 않으면 절단 부위가 쉽게 썩기 때문이다.

《볼드 의서》는 성형에 대한 정보도 제공했다.

구순열이 있다면 유향수를 잘게 부순 다음 달걀흰자와 섞어 붉게 만든다. 그다음 윗입술에서 갈라진 부분을 칼로 절개한 뒤 명주실로 신속히 꿰매고, 만들어 놓은 연고를 꿰맨 부위 안팎에 바르고 이후 명주실이 썩을 때까지 연고를 자주 바른다. 입술이 붙으면 손으로 자리를 잘 잡아주고 또다시 연고를 발라준다.

학문적 자료

《볼드 의서》의 처방법들은 당연히 구체적이고 실용적이었다. 당시 치료사들의 임무는 설명이 아닌 치료였으므로 효과적인 지식을 쉽게 적용할 수 있어야 했다. 그런데 놀랍게도 실용적 치료 전통은 학문적 의학 전통에 주목했고, 추상적인 개념들과 쉽게 접근할 수 없는 치료법들에도 관심을 보였다.

실용적 치료 전통이 추구한 학문적 의학의 추상적 개념들은 실용적 내용과 접목되었다. 예를 들어 사혈에 대해서 《볼드 의서》는 "농포 환자를 치료하려면 피를 뽑은 뒤 녹인 버터를 마시게 해야 한다"라고 언급했다. 또한 갈레노스처럼 사혈을 자주 권장하진 않지만 적절한 사혈 절차에 관해서는 갈레노스의 지침을 따르려고 했다. 가령 "사혈을 삼가야 할 계절"이라든가 "한 달 중 날짜가 5의 배수가 되는 여섯 날에는 사혈을 해서는 안 되는 이유와 사혈에 가장 좋은 날"을 설명했다. 이러한 헬레니즘의 가르침이 어떤 경로로 9세기 영국으로 흘러들어 갔는지는 알 수 없다. 《볼드 의서》는 대학의 출현과 대대적인 기독교 번역 프로젝트가 시작되기 전에 작성되었다는 사실을 기억하자. 《볼드 의서》에 소개된 많은 치료법은 분명 그리스어 문헌을 번역—그리스어의 라틴어 번역을 다시 영어로 번역했을 것이다—한 것이고, 옥사Oxa, 둔Dun처럼 치료법을 가르친 사람들의 이름도 등장하는데 이들은 정식으로 교육받은 의사였을 것이다.

《볼드 의서》에서 가장 놀랍고 흥미로운 사실은 거의 구할 수 없는 약재가 필요한 몹시 비실용적인 치료법도 소개한다는 것이다.

> 변비에는 메꽃이 좋고, 비장에 통증이 있으면 암모니아 몇 방울이 좋으며, 설사에는 향신료가 좋고, 악취가 나는 분비물이 나오면 트라가칸트 고무가 좋다. 몸이 허약할 때는 알로에가 좋고 가슴 통증에는 갈바눔이 좋다. 모든 허약증에는 발삼 드레싱이 좋고, 몸속을 부드럽게 하려면 석유를 마시고 피부에 흡수시키면 좋다. 트리클도 몸속을 부드럽게 하는 데 좋은 음료이고, 알 수 없는 모든 우울증에는 하얀 돌인 라피스 알라바스트라이트lapis Alabastrites가 좋다.

위에서 언급된 재료는 대부분 영국에서 구할 수 없는 것들이다. 또한 책에는 "예루살렘의 원로 도미누스 헬리아스Dominus Helias가 이 모든 재료의 내용을 앨프리드Alfred왕에게 전하라고 누군가에게 지시"했다는 문장이 나온다. 헬리아스가 예루살렘에서 영국으로 전파한 지식을 통해 당시의 세계화 과정을 엿볼 수 있다. 그는 동쪽으로 광활하게 뻗은 이슬람 세계를 횡단하며 시리아 사막, 메소포타미아, 페르시아에서 구한 식물과 광물을 영국인들에게 소개했을 것이다.

치료 전통의 구성원들

볼드의 치료법들은 구체적이면서도 실용적인 의학 지식이 대부분이지만 접근하기 어렵고 추상적인 지식도 포함되었다고 할 수 있다. 실용적인 치료 전통의 구성원들이 추상적·이론적 지식에 얼마나 관심이 있었는지, 그 지식을 얼마나 활용했는지는 각기 달랐다.

약재상

약재를 수집하고 약을 제조한 약재상은 학문적 의학을 익힌 학문적 치료사와 문화적·지적 지위의 측면에서 가장 가까웠다. 약재상은 가까운 들판, 숲, 채석장에서 약재를 구했으므로 그들의 지식은 지역적이고 특수했다. 수도원이나 병원, 나중에는 대학 의학부와 제휴하기도 한 약재상은 자신만의 표본실을 갖춘 경우가 많았다. 그곳에서는 주로 전염병을 옮기는 악취가 심한 증기인 미아즈마miasma를 없앨 향초와 약초를 재배했다. 약재상은 약재가 되는 식물과 광물을 그대로 사용하거나 다른 재료들과 섞어 약을 만들었다.

《볼드 의서》에 등장한 이국적인 재료들에서도 알 수 있듯이, 약재에 관한 지식과 물자는 아주 먼 옛날부터 아시아, 북아프리카, 유럽을 넘나들었다(물론 이동의 어려움이 많았다). 약재와 약물 조제 과정에 관한 의학 이론들은 언어적·문화적 장벽을 넘나드는 과정에서 종종 사라졌지만 약재와 치료법 자체는 온전히 살아남아 세계를 누볐다. 특히 상업이 본격적으로 세계화한 15세기부터 유럽 약재상들은 말라바르에서 칼룸바 뿌리를, 말루쿠제도에서는 육두구와 메이스, 정향을, 멕시코에서는 호호바와 자트로파를, 바하마에서는 유창목을 들여왔다.

먼 지역에서 희귀 약재를 들여오려면 글을 읽을 수 있어야 할 뿐 아니라 다른 지역의 토착어도 어느 정도 이해해야 했다. 상인들과 거래하고 학문적 치료사들과 소통해야 했기 때문만이 아니라 두 권의 중요한 약재 교본을 읽어야 했기 때문이다. 첫 번째 책은 1세기 그리스 의사 페다니우스 디오스코리데스Pedanius Dioscorides가 쓴 《약재에 관하여De materia medica》다(그림 8.5). 약재상들은 이 책에서 디오스코리데스가 효능에 따라 세심하게 분류한 약 1천 개의 식물과 광물에 대한 정보를 얻을 수 있었는데 이 약재들은 대부분 소아시아에서 구할 수 있었다. 중세 동안 《약재에 관하여》는 그리스어 원본과 아랍어·라틴어 번역본으로 보급되다가 약재상들의 교본이 되었고 19세기까지 널리 읽혔다. 디오스코리데스의 책과 비슷한 책도 많았다. 가령 이슬람 약재상들은 안달루시아 치료사 디아 알딘 이븐 알바이타르Diyā' Al-Dīn Ibn al-Baytār(1197~1248)의 《약재 개요서Compendium on Simple Medicaments》를 참고했는데 이 책은 디오스코리데스의 책보다 세 배 많은 약재를 다루었다. 이븐 알바이타르의 《레몬에 관한 논문Treatise on the Lemon》은 기독교 세계에 소개되었지만 그의 《약재 개요서》와 디오스코리데스에 대한 논평집은 전혀 소개되지 않았다.

약재에 관한 갈레노스의 이론 역시 중요한 정보였다. 약재상들은 갈레노스가 쓴 《약재 치료의 효능에 관하여On the Powers of Simple Remedies》와 이븐 시나와 그의 제자들이 아랍어, 라틴어로 쓴 해설서의 번역본에서 그의 이론을 접했다. 갈레노스는 기본 원소들의 특징과 의학적 효능에 따라 약재 사용과 조제법을 설명했다. 그는 아리스토텔레스가 제시한 원소들과 그 기본 속성들에 따라 약재의 속성을 설명하는 동시에 특정 약재들은 아리스토텔레스의 원소 이론으로는 효능을 설명할 수 없다고 지적했다. 그 효능들은 물질의 고유한 자연적 본질에 따른 '초자연적' 속성이므로(6장) 그 자체로 받아들여야 할 뿐 분석이 불가능했다.

| 그림 8.5 | 디오스코리데스의 《약재에 관하여》 그리스어 원본에 실린 블랙베리 그림. 초판이 나온 후 추가된 위와 같은 그림들은 여러 판본에서 발견된다. 위 그림은 특히 오랫동안 많은 사람이 읽은 필사본인 《코덱스 메디쿠스 그라이쿠스Codex Medicus Graecus》에 실렸다. 515년에 비잔틴제국 공주 아니키아 율리아나Anicia Juliana를 위해 콘스탄티노플에서 편찬된 이 필사본에는 435점(!)의 자연주의 삽화가 실려 있고 그중 383점은 한 페이지를 모두 차지한다. 이후 수 세기 동안 콘스탄티노플에 있는 왕립 병원의 교재로 사용되었다. 위 그림에는 누군가가 필기체 그리스어로 메모한 흔적이 있다(윗부분에 검은딸기나무를 뜻하는 βάτος['바토스'로 발음]가 쓰여 있다). 이후 다시 제본되고 내용과 주석이 추가되어 1406년(!)까지 의사들의 참고 자료로 사용되었다. 오스만제국이 비잔틴제국을 함락한 후에는 술탄의 유대교 의사 모세스 하몬Moses Hamon이 참고하기 시작했고 각 식물의 아랍어 표기와 히브리어 표기가 추가되었다(그림에서 가지 사이로 وَاتُوش عُلَّيق['와투시 울라익'으로 발음]이라는 글자가 보이고 아래에는 라시Rashi 서체로 쓴 בטוש['바토시'로 발음]가 보인다. 모두 검은딸기나무를 뜻한다). 《코덱스 메디쿠스 그라이쿠스》는 15세기 중반 교황에게 헌정된 필사본을 포함해 디오스코리데스의 글을 바탕으로 편찬한 필사본의 표본이었고, 한 세기 뒤 빈에서 매입되어 신성로마제국 황제에게 헌정되면서 실용서가 아닌 경외의 대상이라는 본래의 용도를 되찾았다. 이후 《빈 디오스코리데스Vienna Dioscorides》로 불리기 시작했다.

마녀

앞에서 살펴보았듯이 초자연성은 마법 사상에서 중요한 요소였고, 의술을 행하는 이들에게는 마법 자체가 또 다른 이론적 틀이었다. 마토이키아나 발푸르가 같은 주술사는 글을 거의 읽을 줄 몰랐겠지만 자신이아는 마법 사상들을 치료의 바탕으로 삼으면서 학문적 의학과 연결되었다.

학문적 의학 전통의 기본적 개념들은 마법사의 치료법이 탄생하는 데큰 역할을 했다. 갈레노스에 따르면 인간의 몸은 주변과 먼 곳의 환경을구현하고 환경에 영향을 받는다. 이 구현과 영향은 마법사들이 조종하고자 하는 상징적 관계이며, 앞에서 이야기한 대우주-소우주 비유는 마법과 의학의 공통분모를 탁월하게 포착한다. 실용적 접근법을 택했지만 학문적 내용에도 익숙했던 볼드는 의서의 많은 부분에서 마법으로 인한 병폐를 어떻게 치료하는지 설명했다. 가령 "이교에 물드는 것을 막거나, 사악한 속임수에 빠진 사람들을 치료할 해열제나 가루약, 물약, 연고"를 소개했다. 자연적으로 발생한 질병에 대한 마법의 치료법들도 자세하게 설명했다.

관절에 통증이 있다면 '말리그누스 오블리가빗, 앙겔루스 쿠라빗, 도미누스 살바빗'을 아홉 번 왼 뒤 관절에 침을 뱉어라.

수술 기술자와 이발사

학문적 치료사와 가장 거리가 먼 부류는 피를 뽑고, 뼈를 맞추고, 상처를 소독하고, 피부를 봉합하고, 이를 뽑고, 거머리로 피를 뽑고, 부항을뜨고, 관장을 하며 몸을 직접 만지는 사람들이었다. 이들이 전부 글을 몰랐던 것은 아니다. 이들의 길드는 정식 교육을 받은 수술 기술자, 어느 정도 교육을 받은 이발사 겸 수술 기술자, 도제 생활을 하며 면도칼과 수술

칼 사용법만 익힌 이발사를 분류했다. 몸에 대한 이들 모두의 지식은 대부분 실용적 지식이었다(그림 8.2에서 알 수 있듯이 이들을 구분하는 경계는 그리 엄격하지 않았다).

앞에서도 설명했듯이 몸을 안전하게 열기란 쉽지 않았다. 당시에는 통증을 줄이거나 지혈을 제대로 하기가 거의 불가능했다. 게다가 '어떻게에 대한 앎'과 '무엇인지에 대한 앎' 사이의 전통적인 위계 구조에서는 수술 기술자가 학식을 갖추었더라도 이론을 익힌 학문적 치료사보다 지위가 낮았다. 히포크라테스가 급진적인 치료를 반대했음에도 고대부터 하비 시대에 이르도록 활동한 수술 기술자들은 야망이 크고 자신감이 높았으며 실력도 뛰어났다. 석공과 마녀처럼 그들의 '어떻게에 대한 앎'을 추적하기란 어렵지만,《볼드 의서》를 포함한 여러 훌륭한 의학 문헌에는 그들의 기술과 방법론을 유추할 수 있는 수술에 관한 글들이 실려 있다. 그중에서도 코르도바의 치료사 아불카심 칼라프 이븐 아바스 알자라위Abu'l-Qasim Khalaf ibn Abbas al-Zahrawi('알부카시스Albucasis'로도 불렸다. 936~1013)가 쓴 《정리서al-Tasrif》의 마지막 권인 30권의 아랍어 원본과 라틴어 번역본 모두가 큰 영향력을 발휘했다. 알자라위는 의료 도구와 치과 치료 도구의 삽화 약 2백 점을 실은 이 책에서(그림 8.6) 부식腐蝕, 봉합, 농양 추출, 골절 치료뿐 아니라 출산, 치과 치료, 신장결석 제거 방법도 설명했다. 그중 백내장 치료를 생생하게 설명한 부분이 무척 흥미롭다.

환자를 햇빛과 정면으로 마주 보게 앉히고 정상인 눈은 완전히 가린다. … 그다음 각공막 경계 옆 홍채 가장자리에 바늘을 댄다. 바늘을 찔러 돌리며 안구 안까지 밀어 넣으면 공간이 느껴질 것이다. 각막은 투명하므로 눈동자 가운데에 있는 바늘이 보일 것이다. 바늘을 백내장 병변 부위에 조준하여 여러 차례 누른다. 백내장으로 흐릿했던 부분이 사라지면 환자는 눈에 바늘이 있는 동안에도 앞을 볼 수 있게 된다. 앞을 보지 못한다면 바늘을 한 번 더 찔러 넣

| 그림 8.6 | 알자라위(알부카시스)의 필사본에 실린 수술 도구 그림. 본문에서 인용한 안과 수술은 고도의 정교함을 요구했지만, 위 그림에 여러 종류의 톱이 있다는 사실로 미루어볼 때 당시 통증을 줄이거나 출혈을 막는 기술이 거의 없었는데도 수술 기술자의 많은 작업이 무척 거칠었을 것으로 짐작할 수 있다. 그러므로 의학을 연구한 학자와 현장에서 일하는 수술 기술자의 기술을 모두 갖춘 사람은 매우 드물었고, 그 사실을 잘 알았던 알자라위는 자신의 실력과 지식을 자랑스러워했다.

은 후 원래 자리로 옮긴 다음 조심스럽게 빼낸다. 터키 소금을 녹인 물로 눈을 씻은 후 달걀흰자, 장미수, 오일에 적신 깨끗한 면포를 바늘에 찔린 눈에 한동안 올린 뒤 두 눈을 가린다.

- A. 자르가라A. Zargara · A. 메흐디자데흐A. Mehdizadeh, 〈알부카시스 필사본의 백내장 수술Cataract Surgery in Albucasis Manuscript〉(2012)에서 재인용, 《이란안과학저널Iranian Journal of Ophthalmology》75호, 24(1)

이처럼 고도의 정교함이 필요한 수술의 위험을 무릅쓸 환자가 얼마나 있었을까? 이 수술을 감행할 수술 기술자는 또 얼마나 되었을까? 수술 기술자들은 이런 책에서 지식을 얻었을까 아니면 그저 도제 제도를 통해 습득했을까? 답하기 어려운 질문이지만, 앞의 인용문은 과학의 성전 건축에 중요한 지식('어떻게에 대한 앎')의 본질을 잘 보여준다. 몸에 대한 수술 기술자들의 개념은 히포크라테스-갈레노스 전통의 개념과 무척 다르다. 이들은 인체가 각기 독립적으로 작용하는 부위들로 이루어져 있고, 인체와 주변을 엄격하게 나누는 경계 안으로 침범하려면 물리적 힘을 사용해야 한다고 생각했다. 하비에게 중대한 영향을 미친 이 대안적 개념은 그가 파도바에서 받아들인 해부학 전통뿐 아니라 곧 이야기할 건강과 질병에 대한 새로운 생각들의 바탕이 되었다.

산파

다양한 사람이 몸을 다루고 치료했지만 그중에서도 산파는 무척 특별하다. 출산은 건강한 신체 활동 과정이라고 하더라도 여러 어려움과 위험이 뒤따른다. 그러므로 주로 병든 몸을 다루는 학문적 치료사나 다른 실용적 치료사와는 다른 생리적·기능적 지식을 갖추어야 했다. 의학적 지식뿐 아니라 여러 전반적인 지식이 필요한 산파술은 유일하게 여성이 독점한 의학 분야였다. 의학은 여성에게 비교적 호의적이었지만, 여성 건강에 관한 책을 포함한 의료 서적 대부분은 남성이 썼다(트로타와 힐데가르트 같은 저자들은 이 관행이 얼마나 보편적이었는지 보여주는 무척 예외적인 경우다). 남성들은 수익이 큰 산파술에 눈독을 들였고 실제로 남성 산파도 있었지만, 여성 산파들은 자신들의 독립성을 지키는 데 성공했다.

그 독립은 부분적이었다. 의료 길드는 대학처럼 여성을 받아들이지 않았고, 산파들은 자신들만의 길드를 만들지 않았다고 추측된다. 게다가 여성이 주도하는 인체의 신비한 과정인 출산에 대해 도시, 왕실 그리고 특히 교회가 민감하게 반응했다. 아직 세례를 받지 않은 아이는 마녀가 뜻대로 할 수 있었기 때문이었다(잠자는 숲속의 공주 이야기는 이 같은 두려움을 탁월하게 포착했다). 그러므로 마녀에 대한 환상과 공포가 컸던 중세 후기와 르네상스 시대 동안 권력자들은 엄격한 기준에 따라 산파의 자격을 심사하고 감독했다.

이러한 제한은 산파들에게 오히려 자유를 선사했다. 자격증을 받는다는 것은 전문가로 인정받고 법적으로도 보호받는다는 뜻이었다. 제인 샤프Jane Sharp가 1671년에 발표한 《산파의 책The Midwives Book》 중 "영국의 산파들에게" 바치는 헌정사에서 산파들이 자신들의 정체성에 대해 느꼈던 자부심을 엿볼 수 있다.

> 자매들이여.
> 난 서투르고 해부 기술도 없으면서 돈만 생각하며 전문가인 척하는 산파 때문에 여자들이 견뎌야 했던 수많은 고통을 생각하면 가슴이 자주 아팠다. 난 프랑스어, 네덜란드어, 이탈리아어로 된 모든 관련 책을 번역하는 데 많은 수고를 들였다. 이 책의 내용은 내 경험을 바탕으로 한 것이다. 전능하신 신이 보살피사 이 훌륭한 책이 당신에게 도움이 되길 바란다.
> 당신을 사랑하는 친구 제인 샤프가.
>
> — 샤프, 《산파의 책》, 서문

제인 샤프에 대해 알려진 사실은 책에서 알 수 있듯이 30년 경력의 산파라는 것뿐이다. 하지만 그가 아무 어려움 없이 자유롭게 읽고 쓸 줄 알았음을 쉽게 유추할 수 있다. 또한 많은 책을 소장했을 것으로 짐작된다. 그는 여러 시대의 수많은 저명한 학자(남성)의 말을 정확히 인용했다(대부분은 니컬러스 컬페퍼Nicholas Culpeper가 1650년대부터 1660년대까지 편찬한 번역서와 해설서를 참고한 듯하다). 샤프에게 "산파술은 인류의 존재와 안녕에 가장 유용하고 필수적인 기술"이었다.

[산파의] 지식은 추론적이면서 실용적인 양면적 지식이어야 한다. 추론의 지

식을 원하는 산파는 눈이 보이지 않지만 앞을 보길 원하는 사람과 같다. 실용
성을 원하는 산파는 다리가 없지만 걷길 원하는 사람과 같다.

– 샤프, 《산파의 책》, 1쪽

샤프는 학문적 치료사들의 "추론적"인 글들에 자신이 얼마나 정통한
지 보여주면서 그들의 지식이 자신의 "실용적" 지식에 부합하지 않으면
주저하지 않고 의문을 제기하여 스스로의 권위를 입증했다. 그는 "해부
학자들이 자연의 신비로운 상자[자궁]에 그다지 관심을 기울이지 않았
으므로" 히포크라테스부터 갈레노스, 콜롬보에 이르는 "최고의 학자들"
이 "자궁 안에 얼마나 많은 방이 있는지" 같은 기본적인 사실도 합의하
지 못했다고 개탄했다. 그러면서 "그들의 무지와 논란은 쓸모가 없으므
로 반박할 수 없는 나 자신의 진정한 경험으로 모두를 만족시키겠노라"
라고 약속했다. "진정한 경험"이란 샤프 "자신의 경험"이었다.

새로운 의학과 새로운 인체

샤프 같은 실용적 치료사들이 자신의 기술과 지식에 대해 지닌 믿음
은 학문적 치료사들에게서도 발견된다. 이 현상의 근원에는 인문주의
(5장)라는 문화적 요소가 자리했다. 인문주의가 출현한 후 16~17세기 동
안 모든 지식은 '진정한 경험'을 바탕으로 해야 한다는 요구가 점차 커
졌다. 이러한 요구는 과학의 성전이 갖춘 모습에 큰 영향을 미쳤다. 특히
본질적으로 실용적인 의학은 신과학의 다른 분야들보다 훨씬 일찍 이 요
구를 받아들였다. 이탈리아의 페트라르카Petrarch(1304~1374)부터 네덜란
드의 에라스뮈스Erasmus(1466~1536)에 이르는 대표적 인문주의자들은 중
세의 지적 전통에 반대했고 특히 학문적 의학에 회의적이었다. 그러므로

샤프는 학문적 치료사들이 산파 "자매들"뿐 아니라 "부랑자, 백정, 이발사"의 실전 경험, 그리고 몸과 병에 대한 생각을 받아들이고 있었다는 사실을 알았을 것이다.

파라켈수스와 인체의 연금술

"부랑자, 백정, 이발사"에게 배움을 얻은 대표적인 인물은 자신을 '켈수스(의료 백과사전 저술가)를 뛰어넘는 자'라는 뜻의 파라켈수스Paracelsus로 지칭한 필리푸스 아우레올루스 테오프라스투스 봄바스투스 폰 호엔하임Philippus Aureolus Theophrastus Bombastus von Hohenheim(1493/4~1541)이다. 스스로 귀족 혈통이라고 주장한 스위스 의사의 아들로 태어난 파라켈수스는 바젤과 페라라에서 의대를 다녔지만 두 곳 모두 졸업하지는 않았다. 그의 이야기에 따르면 학교에서 가르치는 지식에 크게 실망하여 1517년 베네치아 군대에 군의관으로 입대했다고 한다. 군대에 있는 7년 동안 그는 콘스탄티노플과 유럽 지역 대부분을 다니며 실용적 치료사와 의술인들의 지식을 접했고 실력을 인정받으며 명성을 쌓았다. 이후 도시에서 개업의가 되려고 했지만 독일 농민전쟁 때문에 무산되었다(폭동에서 가까스로 피신했다). 계급 이동이 자유로웠던 르네상스 사회에서 그의 실용적 의술에 대한 명성이 갈수록 커졌고, 덕분에 1526년에 에라스뮈스의 추천으로 바젤에서 마을 의사 겸 의대 교수가 되었다. 그는 독일어로 강의하면서 연금술사가 입는 가죽 앞치마를 두르는 기행을 펼쳤을 뿐 아니라 (동시대 혁명가 마르틴 루터를 모방하여) 이븐 시나와 갈레노스의 책들을 불태우는 장관을 연출하여 2년 만에 학교를 떠나야 했다. 방랑 생활로 되돌아가 독일어권의 유럽 중부를 다니며 한동안 다시 명성을 얻었지만 치료사 자격을 잃었다. 그래도 저술 활동은 꾸준히 했다. 주로 독일어로 글을 썼는데 매독 치료부터 수술과 연금술, 그리고 자신에게 큰 영향을 준 헤르메스주의 철학에 이르기까지 내용이 방대했고, 진실한 글을 위해 대부분 술을 마시고 썼다(그러므로 진실성을 얻는 대신 일관성은 잃었다). 이후 마흔여덟에 잘츠부르크에서 파란만장한 삶을 마쳤다.

파라켈수스의 기벽과 삶에 관한 이야기는 과장되었을 수도 있지만, 그의 소명이 실현하기가 얼마나 어려웠고 지적 도구들이 얼마나 파격적이었는지 짐작할 수 있다. 그는 "[의사들의] 행위가 죽음과 사지 절단 외에는 어떤 성과도 이루지 못한다는 사실을 깨달으면서 끔찍한 기술을 포기하고 다른 곳에서 진실을 찾기로 마음먹었다"라고 선언했다. 다시 말해 그는 몸에 대한 새로운 이론을 원했고, 그 틀을 마련하려면 몸이 속한 세상에 대해 새로운 이야기를 짜야 했다. 그가 진실을 찾던 "다른 곳"은 헤르메스 전통(6장)과 마법이었다.

히포크라테스-갈레노스 전통에서 건강한 몸은 하나의 사원이고 몸속 균형과 우주와 몸 사이의 균형을 고요히 추구하며 외부의 영향을 흡수했다. 한편 파라켈수스의 몸은 온갖 활동이 벌어지는 연금술사의 작업장으로 발효, 증류, 하소, 승화 작용이 소화, 호흡, 생식 같은 강한 변화들을 일으켰다. 이런 면에서 몸의 경계들은 분명한 물리적 장벽이었다(곧 이야기하겠지만 다른 면들에서는 그렇지 않았다). 외부 물질이 몸 안으로 들어오면 생명의 과정으로 바뀌었다. 내부 장기들은 연금술사의 도구들처럼 각각 분리되어 있고 각 장기는 '생명력' 또는 '통치 원리'를 뜻하는 '아르케우스archeus'가 통제했다. 파라켈수스가 '몸속 연금술사'로 일컬은 아르케우스는 건강한 장기의 정상적 작동뿐 아니라 병든 장기의 비정상적 작동의 원인이기도 했다. 전통적인 학문적 치료사들에게 질병이란 불균형을 의미했고, 파라켈수스에게는 아르케우스를 오염시키는 해로운 외부 물질이 침입했음을 의미했다.

생화학, 미생물, 바이러스에 익숙한 우리에게 파라켈수스의 이론은 낯설지 않다. 인체는 외부와 분리된 닫힌계이고, 질병은 몸 밖의 독립적인 개체가 침입해 장기의 정상적인 작동을 방해하는 현상이다. 앞의 여러 사례에서도 강조했듯이, 역사적 사상이 '현대'의 사상처럼 보이는 까닭은 우리가 그것을 받아들였기 때문이지 당시 사람들이 우리의 존재를 염두에 두어서가 아니다. 이러한 측면에서 파라켈수스가 특히 흥미로운 이유는 이론을 세우면서 실용적·학문적 '마법'에 기댄 결과 그의 저명한 의학 저술이 마법 사상과 근대 과학을 잇는 중요한 통로 중 하나가 되었기 때문이다.

파라켈수스에 따르면 질병은 외부의 독립적인 개체가 몸에 침투해 특정 부위의 기능을 방해하여 일어난다. '현대' 의학을 떠올리게 하는 분석이지만 그 원천은 헤르메스주의 문헌들이다. 파라켈수스의 세상에서 성장하는 모든 것은 별이 내보내는 기운에서 생명을 얻었다(열성적인 연금술사였던 그는 광물과 금속도 성장한다고 여겼다). 물질과 기운의 매개체인 별의 광채는 몸속에서 비슷한 역할을 하는 아르케우스에 직접적인 영향을 미쳤다. 인간의 기운에는 원죄와 타락 같은 미천함의 흔적이 존재하는데 이 오염의 흔적이 아르케우스의 작업에 투영되면 발효가 부패로 바뀌는 것 같은 일들이 벌어진다. 그 결과가 병이다.

파르켈수스는 몸의 내부 작용에 대한 모형과 질병, 치료, 약물의 개념에 관한 정보를 연금술에서 찾았다. 전통적인 의학은 불균형의 원인을 제거하여 균형을 회복하려고 했다. 예를 들어 불과 관련한 황담즙이 지나치게 많아져 발병하는 콜레라를 치료하려면 체온을 낮추고 수분을 공급해야 했다. 파라켈수스 의학에서는 질병의 원인과 비슷한 물질이 오히려 병을 낫게 했다. 가령 신장결석은 게의 집게발이나 청금석처럼 돌과 비슷한 것으로 치료하고 비소 중독은 비소로 치료했다. 병의 증상이란 어떤 장기의 아르케우스가 오염되었는지 알리는 신호였기 때문이다. 오염된 아르케우스는 상징과 유사성을 통해 관계 맺는 대우주의 부분들로부터 도움을 얻어야 했다. 이것이 세상의 모든 물질이 쓰이는 양과 질병에 따라 독이 될 수도 있고 약이 될 수도 있는 이유이기도 했다.

파라켈수스 이론을 따르는 치료사는 마법사들이 주목한 자연의 측면들을 유심히 관찰해야 했다. 사물이 다른 사물과 어떤 관계를 맺는지, 주변에 어떤 영향을 미치는지를 알 수 있는 숨은 징후들을 예리한 눈으로 찾아내야 했다. "자연이 아무 표시도 하지 않은 물체는 존재하지 않으며, 자연의 표시를 통해 물체에 무엇이 숨어 있는지 알 수 있다."[2] 난은 생식기와 비슷하고 호두는 뇌와 비슷했다. 대우주와 소우주(몸)의 유사성은 우연일 수 없었다. 유사성은 둘 사이에 관계가 있음을 나타냈고 이 관계는 치료와 관련이 있었다. 파라켈수스 이론을 따르는 치료사는 "물질은 그 최종 상태인 '궁극적 물질ultima materia'의 상태로 탄생하지 않으므로"(맬컴 오스터Malcolm Oster, 《유럽의 과학Science in Europe》 중 〈연금술, 변형의 기술Alchemy, Art of Transformation〉에서 재인용, 100쪽) 연금술사이기도 해야 했다. 연금술은 물질을 신이 만들었을 때의 원물질prima materia 상태에서 "고귀하고 순수하며 완벽한"(《유럽의 과학》, 같은 쪽) 상태로 고양하여 의학적 용도로 사용할 수 있도록 완벽함을 실현하는 기술이었다. 농부가 씨앗에서 과일을 키우듯, 연금술사는 비금속을 은과 금으로 만들고 광물과 식물을 약으로 만들었다.

파라켈수스는 연금술에서 우주를 전체로 이해하는 새로운 사고방식도 발견했다. 갈레노스 의학의 기초를 이루는 아리스토텔레스 우주는 네 개의 원소가 조화로운 대칭을 이루었다. 반면 파라켈수스는 마법사들의 주재료인 태울 수 없는 소금과 불이 잘 붙는 유황, 금속성과 휘발성을 지닌 수은으로 이루어진 '3원질Tria Prima' 이론을 내세웠다. 그에 따르면 자

2 _ 파라켈수스, 《파라켈수스의 신비주의Der Mystiker Paracelsus》, 게르하르트 베어Gerhard Wehr(편집), 킨들Kindle 판본(비스바덴: 마리크스베를라크Marixverlag, 2013).

연은 몸속처럼 끊임없이 강렬하게 변화하는 곳이다. 자연은 조화가 아닌 연속적인 분리를 추구한다. 자연은 신이 어둠에서 빛을 분리하면서 시작된 이래 3원질을 계속 분리하면서 원소에서 원소를 분리하고 어미에서 새끼를 분리했다. 6장에서 설명했듯이 연금술사들은 증류, 소화, 발효를 비롯한 여러 분리 과정을 이용하여 금속을 변형하려 했다. 하지만 연금술의 이론과 관행에 대한 파라켈수스의 관심은 거기까지였다. 그에게 연금술은 의학을 위한 도구였다.

의화학

파라켈수스의 유산을 완벽하게 가늠하기란 어렵다. '파라켈수스주의'는 그가 세상을 떠난 후 널리 전파되었지만, 그의 이론을 받아들인 많은 치료사가 실제로 난해하고 일관성이 부족한 철학을 완전히 이해하지는 못했을 것이다. 그들에게 파라켈수스주의는 전통적인 학문으로서의 의학과 관련 제도, 그리고 실용적이고 효과적인 치료에 대한 요구의 속박으로부터 벗어날 탈출구였을 것이다. 전통적인 지식인 사이에서는 '파라켈수스주의'가 마법의 속임수를 암시하는 경멸적인 표현이었다. 진정으로 파라켈수스주의를 흥미로워한 사람들은 대부분 파라켈수스의 글이 아닌 페데르 쇠렌센Peder Sørensen(1540/2~1602)의 《철학적 의학의 개념Idea medicinae philosophicae》(1571) 같은 글을 통해 간접적으로 그의 철학을 알게 되었다. 코펜하겐대학교University of Copenhagen 교수이자 덴마크 왕실 주치의로 전형적인 학문적 치료사였던 쇠렌센은 파라켈수스주의를 이해하기 쉽게 수정했다. 예를 들어 헤르메스 철학(6장)은 플라톤의 틀에서 설명했고, 의학철학은 히포크라테스 의학과 접목했다. 또한 연금술은 유용한 약을 만드는 역할에만 한정했다.

파라켈수스의 불같은 성격, 술 취한 상태에서 제시한 난해한 비전, 분노에 찬 비난[3]에도 불구하고 그의 가르침 중에서 마지막까지 남은 것은 아이러니하게도 무척 실용적인 '의화학iatrochemistry'이었다. 아리스토텔레스의 이론적 틀과 그 틀에 바탕한 갈레노스 의학을 고집했던 대학들이 거부한 새로운 화학적 치료는, 효과적인 치료를 이론적 내용보다 중시한 왕실과 귀족 사이에서 성행했다. 학문적 치료사들은 약재와 광물에서 원액을 추출할 수 있다는 전통적인 생각은 받아들였지만 지적인 측면에서는 미심쩍고 법적인 측면에서는 위험한 의화학의 마법적 효능에 회의적이었다. 그러자 타협을 제시한 여러 약학 서적이 출간되었다. 대표적인 책은 예나대학교University of Jena에서 역사와 시를 가르치면서 의학에 대한 토론을 감독한 안드레아스 리바비우스Andreas Libavius(1540[?]~1616)가 쓴 《연금술Alchemia》(1597)과 《연금술 옹호Alchymia triumphans》다. 리바비우스의 접근법은 17세기 초 유럽 의학계의 상황뿐 아니라 학자들이 전반적인 신과학을 받아들이며 느낀 흥분과 두려움을 잘 보여준다.

리바비우스는 기꺼이 연금술과 약물 조제뿐 아니라 금속 변형 비법을 소개했지만, 모든 미신을 경계하고 신비주의나 불가사의와 무관한 합리적인 '화학'만을 받아들이도록 당부했다. 한 세대 후 독일의 교수 다니엘 제너트Daniel Sennert(1572~1637)는 한 걸음 더 나아가 파라켈수스주의를 전통적인 주류 의학에 접목했다. 그는 비텐베르크대학교 의대 교과과정에 의화학 과목을 신설했고, 18세기까지 큰 영향을 미친 여러 저술에

---

3 _ 그의 《고백서Credo》 중 다음 부분에서 엿볼 수 있다. "난 약재상에게 약을 짓지 않는다. 약방은 형편없는 죽이나 내오는 형편없는 부엌일 뿐이다. 당신은 당신의 왕국을 코가 바닥에 닿을 듯한 아첨꾼들로 지키려고 한다. 그런 왕국이 얼마나 오래갈 것 같은가? … 한 가지 사실을 명심하라. 내 목에 난 털 한 올이 당신과 모든 필경사보다 더 많이 알고, 내 구두 죔쇠는 갈레노스와 이븐 시나보다 더 많이 배웠으며, 내 수염은 그 어떤 대학보다 경험이 풍부하다." 《파라켈수스 엄선집Paracelsus, Selected Writing》, 욜란데 야코비Jolande Jacobi(편집), 노버트 구터만Norbert Guterman(번역)(프린스턴대학교출판부, 1979[1951]), 6쪽.

서 원자론에 바탕한 의화학을 설명하여 원자론과 의화학 모두에 신빙성을 더했다. 하지만 의화학이 마법의 전통에서 유래한 사실을 감추기는 쉽지 않았다. 예를 들어 1618년에 하비가 협회장이었던 왕립치료사협회가 발간한 《런던 약전Pharmacopoeia Londinensis》에는 말린 독사, 여우의 폐, 산개구리, 늑대 기름, 게의 눈처럼 마법 전통을 떠올리게 하는 약재가 포함되어 있었다.

판 헬몬트와 병의 침투

의화학의 주요 주창자인 얀 밥티스타 판 헬몬트(1579~1644)는 의화학과 마법 사상의 복잡한 관계를 잘 보여주었다. 그가 곤경에 처한 이유는 마법을 옹호해서가 아니라 마법에 대한 사람들의 믿음을 막고 실용적 요소들만 활용하기를 바라는 마음에서 마법을 자연의 원리로 설명하려 했기 때문이다. 그는 1621년에 이른바 '무기 연고'의 효능을 주장하여 큰 비난을 받았다. 이 연고를 상처의 원인이 된 무기나 도구에 바르면 상처가 낫는다고 설명했기 때문이다. 그러면서도 무기와 상처 사이의 초자연적 관계를 부정했다. 상처에서 나는 피와 무기에 묻은 피 사이에 작용하는 자성이 상처를 치료한다는 것이었다. 스페인령 네덜란드의 루뱅대학교 Louvain University 검열관들은 이 생각, 그리고 기적을 자연현상으로 설명하려는 시도들이 신성한 자연의 마법과 악마의 마법의 중요한 경계를 흐리므로 몹시 위험하다고 판단했고, 판 헬몬트는 가택연금되었다.

판 헬몬트는 자신이 파라켈수스 옹호자로 취급받았다는 사실에 분노했지만, 그의 생애와 철학을 고려하면 역사학자들과 동시대인들이 그를 파라켈수스주의자로 여긴 이유를 이해할 수 있다. 브뤼셀 지방 의원의 아들로 태어난 판 헬몬트는 루뱅에서 의학을 공부했지만 파라켈수스처럼 제도권 의학 교육에 실망하고 흥미를 느끼지 못했다. 하지만 방황을 계속한 스위스 출신의 파라켈수스와 달리 1599년에 결국 박사 학위를 받았다. 그는 수년 동안 가택연금 상태였기 때문에 여러 곳을 돌며 지식을 모을 기회가 없었으므로 집에 머물며 실험에 집중했다. 결국 자유의 몸이 되었지만 가택연금이 끝나고 고작 2년 뒤 세상을 떠났기 때문에 아들 프란시스쿠스 메르쿠리우스Franciscus Mercurius가 그의 거의 모든 저술을 발표했다.

다음 두 장에서는 17세기에 실험, 도구, 수학, 세속적 지식을 중요시한 신과학의 모험이 국가의 후원 아래 부상하는 과정을 이야기할 것이다. 파라켈수스와 더불어 판 헬몬트는 아리스토텔레스 의학에 대항하여 약물에 바탕한 대안적 자연철학—생화학 같은 과학 기반의 의학 분야와 혼동하지 말자—의 대표 주자였고 이들의 철학은 '생기론vitalism'으로 발전했다. 그들의 자연철학은 신과학을 정의한 수학적 자연철학만큼 경험주의적이었고 속세의 인류에 대한 지식에 초점을 맞추었다. 하지만 케플러와 갈릴레오, 그들의 제자들이 '수학으로' 우주의 사물들과 힘을 설명한 것과 달리 파라켈수스와 판 헬몬트는 우주가 '살아 있는 힘으로' 이루어졌다고 생각했다. 그러므로 물리주의자physicalist들은 역학을 근본적인 과학으로 받아들인 반면 생기론자들은 화학을 과학의 근본으로 받아들였다.

판 헬몬트는 우주의 생기론이야말로 합리적 이론이므로 파라켈수스가 내세운 소우주와 대우주의 비유가 불필요하다고 주장했다. 또한 원소와 성질에 대한 아리스토텔레스 이론과 갈레노스의 체액론을 거부한 것처럼 파라켈수스의 이론이 공허하다고 비판했다. 그는 파라켈수스가 제시한 소금, 수은, 유황의 3원질은 받아들였지만 이들은 원소가 아니라 화학작용으로 생성된 물질이라고 생각했다. 판 헬몬트는 실험과 측정을 통해 물과 공기만이 진정한 원소이고 모든 영양소는 물이라는 사실을 증명하려 했다. 예를 들어 버드나무가 5년 동안 늘어난 무게는 같은 기간 동안 공급된 물의 무게와 거의 같으므로 버드나무는 오로지 물에서 자양분을 얻었다고 결론 내렸다. 그에 따르면 광물이든, 식물이든, 동물이든 모든 것은 씨앗에서 진화해 아르케우스의 지휘에 따라 성장하고, 병도 예외가 아니었다. 모든 병은 특수한 개체가 몸 밖에서 침투해 몸 안에 씨를 뿌리면 아르케우스가 혼란에 빠져 몸이 아니라 스스로를 위해 행동하면서 시작된다.

파라켈수스주의자 대부분이 파라켈수스 이론을 제대로 이해하지 못했듯이, '헬몬트주의자' 대부분은 판 헬몬트의 복잡한 자연철학을 온전히 이해하지 못했을 것이다. 하지만 17세기 후반부터 프란시스쿠스 메르쿠리우스가 정착한 영국을 중심으로 여러 저명한 치료사가 자신이 판 헬몬트의 제자라고 공언하기 시작했다. 파라켈수스 옹호자들에게 파라켈수스주의가 의미했던 것처럼 헬몬트주의는 전통적인 의학과 막강한 권력 기관인 왕립치료사협회에 대한 저항을 의미했다. 동시에 환자의 건강을 위해 '기독교적'으로 헌신하고 전염병을 치료하는 전문성을 뜻하기도 했다.

병을 독립적인 개체로 인식하는 의화학은 전통적인 학문적 의학보다 전염병을 훨씬 훌륭하게 설명했다. 갈레노스주의자들은 특정 지역에서 병이 확산하는 원인을 물과 공기의 오염으로만 설명했지만, 헬몬트주의자들은 병이 다른 환자에게로 옮는 과정과 병의 특수성을 설명했다. 파라켈수스와 동시대인인 지롤라모 프라카스토로Girolamo Fracastoro(1476/8[?]~1553)가 1530년에 발표한 논문 〈매독, 프랑스 병Syphilis, sive morbi gallici〉이 좋은 예다(매독이라는 용어를 처음 사용했다). 질병의 씨앗 개념을 처음으로 받아들인 의화학자인 그는 1546년에 발표한 《전염과 전염병에 관하여De contagione et contagiosis morbis》에서 이 개념을 발전시켰다. 씨앗을 병과 치유 모두의 전파자로 상상한 판 헬몬트의 씨앗 개념은 무척 난해했지만, 그와 제자들은 이를 바탕으로 가장 유능한 전염병 전문가라는 명성을 얻었다.

헬몬트 옹호자들의 헌신과 전문성은 1665년에 시험대에 올랐다. 런던에서 겨울에 시작된 선페스트 유행이 1년 동안 계속되면서 약 20만 명이 사망했고 수많은 사람이 런던을 떠났다. 저명한 의사들의 모임인 왕립협회 회원들도 떠났지만 헬몬트주의자들은 자리를 지켰고, 그중 조지 톰슨 George Thomson(1619[?]~1676)은 도망친 의사들을 다음과 같이 꼬집었다.

나도 여느 갈레노스주의자들처럼 이 나라에서 평온하고 안정적이며 부유한 삶을 즐길 수 있지만, … 갈레노스가 제자들에게 불명예스럽고 간교하게 충고한 바에 따라 이웃에 대한 박애를 저버리고 내가 소명에 따라 선택한 직업을 모욕하느니 삶을 끝내겠다.

– 패트릭 월리스Patrick Wallis,
〈역병, 도덕성, 의학의 장소Plagues, Morality and the Place of Medicine〉에서 재인용, 16쪽

이웃에 대한 "박애"는 많은 헬몬트주의자의 목숨을 앗아 갔는데 그중 가장 유명한 이는 미국 출신의 연금술사 조지 스타키(6장 참조)였다. 전염병이 창궐하는데도 헬몬트주의자들이 런던을 떠나지 않은 이유는 호기심 때문이기도 했다. 톰슨은 역병에 대한 헬몬트주의자들의 정교한 이론을 이렇게 요약했다.

나는 역병이 가장 기승을 부리는 곳을 지났다. 특정한 유해 가스나 미묘한 독성 물질이 내부에서 발생했거나 외부에서 유입된 그곳 대부분에는 치명적인 전염병이 퍼져 있었다. 이 유해 물질이 기습하자 무방비 상태였던 아르케우스는 공포에 떨며 바로 굴복했고, 그 어떤 병과도 다른 이 특수한 병에 대한 완벽한 그림을 그리는 데 자신의 물질을 할애했다.

– 캐슬린 밀러Kathleen Miller,
《역병의 문학 문화The Literary Cultures of Plague》에서 재인용, 63쪽

헬몬트주의자들은 두 눈으로 직접 역병을 관찰하고 싶은 마음에 죽음을 무릅쓰고 희생자의 몸을 해부했다. 톰슨도 한 시신을 해부하다가 목숨을 잃을 뻔했는데 그의 많은 동료는 그보다 운이 좋지 않았다. 헬몬트주의자들의 죽음을 안타까워하기보다는 고소해한 왕립협회 회원 중 일부는 영웅담의 주인공이 되기도 했다. 예를 들어 근대 과학이 부상하기 시작한 이 중요한 시대의 일상을 자세히 기록한 일기의 저자 새뮤얼 피프스Samuel Pepys(1633~1703)는 1665년 8월 25일 금요일에 주치의 알렉산더 버닛Alexander Burnett의 죽음을 애도했다. 왕립협회 회원인 버닛은 다른 왕립학회 회원들, 수술 기술자, 약재상 등의 열 사람이 모인 자리에 참석했다.

모든 구성원이 모이진 못하고 대다수가 모여 회의한 후 피부가 상흔으로 가득한 시신을 열어 몸속에 손을 넣었다. 그중 일부는 그 자리에서 쓰러지거나 다음 날 아침을 넘기지 못하고 눈을 감았다.

– 《멍크의 두루마리Munk's Roll》에서 재인용,
http://munksroll.rcplondon.ac.uk/Biography/Details/665

희생자 중에는 협회 소속 화학자이자 중도 헬몬트주의자였던 윌리엄 존슨William Johnson도 있었다. 왕립협회와 헬몬트주의자의 경계는 종종 모호했지만, 역병은 소속을 가리지 않고 목숨을 앗아 갔다.

해부학의 부상

파라켈수스 옹호자들과 헬몬트 옹호자들은 전통적인 학문적 의학을 윤리적, 정치적으로 비판했고 심지어 왕립협회에 대적하기 위해 '헤르메

스 의학 발전을 위한 고귀한 모임Noble Society for the Advancement of Hermetick Physick'을 창단하기에 이르렀다. 이들은 '헤르메스' 전통에서 발전한 사상들로 기존 원칙과 관행에 도전했다. 사상들의 바탕에는 내부와 외부의 경계가 훨씬 분명하고 새로운 인체 개념이 자리했다. 그 이론에 따르면 질병은 몸의 외부에서 비롯되고, 질병이 영향을 미치는 장기는 각기 달랐다. 파라켈수스와 헬몬트 옹호자들은 몸의 경계를 존중했다. 판 헬몬트는 특히 사혈에 회의적이었다. 그는 피를 뽑아 몸의 경계를 무너트리려는 전통적 관행에 대해 "의학이 있어야 할 자리에 피범벅된 제물이 올라가 있다"라고 신랄하게 비판했다.

인체가 외부의 영향을 흡수하고 건강은 몸의 균형에 영향을 받는다는 갈레노스의 전통 의학도 해부학에 대한 대학들의 관심과 기술이 빠르게 성장하면서 도전받기 시작했다.

초기의 문제들과 한계

의술을 행하는 사람들은 시대를 막론하고 해부학에 흥미를 느꼈다. 이발사들은 사혈을 하거나 상처를 치료하려면 혈관이 어디 있는지 알아야 했다. 수술 기술자들은 백내장을 수술하거나 상처 부위를 열려면 장기 주위에서 피가 흐르는 길을 알아야 했다. 학문적 치료사도 연구 대상인 인체에 자연스럽게 호기심을 느꼈다. 하지만 해부학 지식의 유용성과 실용성은 한계가 분명했다. 현대의 지역보건의와 비슷한 당시의 실용적 치료사들은 인체 표면과 가까운 장기만 다룰 수 있었다. 체액 개념을 믿었던 학문적 치료사들은 다양한 내부 장기를 본격적으로 연구할 동기가 없었다. 인체는 전체적인 균형에 영향을 받으므로 각각의 장기를 개별적으로 연구하는 것은 흥미로울지 몰라도 그로 인해 잘못된 지식을 얻을 수도 있다고 생각했다. 게다가 시신의 내부만 관찰할 수 있었고, 이마저

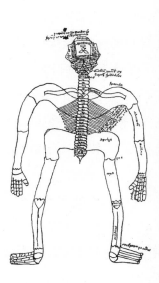
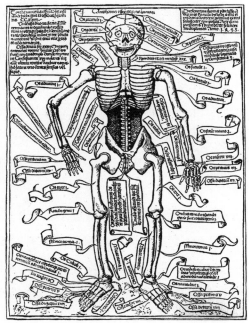

| 그림 8.7 | 요한 루트비히 초울란트Johann Ludwig Choulant가 1852년에 발표한《해부학 그림의 역사와 서지학History and Bibliography of Anatomic Illustration》에 실린 두 개의 해골 그림. 왼쪽은 14세기에 라틴어로 작성된《뮌헨 필사 의학서 목록Munich Manuscript Codex》에 실린 그림이고, 오른쪽은 셰델이 1493년에 발표한《뉘른베르크 연대기》에 실린 최초의 해골 인쇄 그림이다(그림 1.12 참조). 두 그림 모두 정밀한 묘사를 목표로 삼지 않았으며, 특히 오른쪽 그림은 인쇄 기술로 더욱 세밀하게 묘사할 수 있었는데도 대략적인 골격만 나타냈다. 이 그림은 해골 모형이라기보다는 당시 파리대학교 의학부 학장이었던 리샤르 일랭Richard Helain의 뼈에 대한 이론을 설명한 도식에 가깝다(인간의 뼈가 총 248개라고 주장했다). 모든 뼈의 형태를 나타내고 각 부위의 명칭을 표시한 이 목판화 인쇄본은 교육자료의 역할을 훌륭하게 수행했을 것이다.

도 쉽지 않았다. 이교 문화와 일신교 문화 모두 이유는 달랐지만 죽은 자의 존엄을 보호해야 했다.

　인간의 몸 안을 들여다보기가 어려웠더라도 해부학자들이 호기심을 충족하지 못한 것은 아니다. 인간과 동물을 구분하는 것은 '영혼'일 뿐 둘의 몸은 비슷했기 때문이다. 갈레노스는 양, 염소, 돼지, 영장류를 해부하여 인체에 대한 많은 해부학 지식을 얻었다. 하지만 동물 해부는 인간의 몸에 대한 여러 혼돈을 일으켰고, 이 문제는 인체를 직접 해부해야 풀 수 있었다. 이를테면 갈레노스는 많은 동물 종의 뇌 아래에서 발견되는 신경과 혈관의 망인 소동맥정맥그물rete mirabile을 무척 중요하게 여겼다. 그는 망의 위치와 복잡한 구조를 바탕으로 심장에서 나온 생명력이 뇌가 퍼트리는 동물의 활력으로 바뀌는 곳이 소동맥정맥그물이라고 추측했다. 그러나 이후 인체 해부가 보편화되면서 인간에게는 그러한 구조가 없다는 사실이 밝혀졌다.

해부학자들은 많은 불확실성을 없애고 싶어 했다. 감각이 뇌에서 발생하는지 아니면 심장에서 발생하는지, 폐는 몇 개의 엽lobe로 이루어져 있는지, 자궁은 몇 개의 방으로 나뉘어 있는지 같은 몸속 구조와 기능에 대한 논쟁은 고대부터 치열했다. 그중에는 실용적으로 중요한 문제들도 있었다. 가령 혈관에 공기가 들어 있는지, 프뉴마가 들어 있는지 아니면 피만 흐르는지 안다면 출혈이 있는 환자에게 큰 도움이 될 수 있었다. 그러나 치료사들은 개개인을 치료했고 사람마다 몸이 달랐으므로 말 그대로 느낌을 따라야 한다고 생각했다. 해부학 이론에서 얻을 수 있는 내용은 그림 8.7처럼 장기의 위치에 관한 전반적인 지식뿐이었다. 이 그림들은 인체를 현실적으로 그리지 못한 실패작이 아니다. 이 그림들은 기억을 돕는 교육 도구와 같았으므로 지도처럼 나타내는 것이 바람직했다. 생생하게 묘사하지 않아도 치료사들에게 해부학적 지식을 제공하는 데는 충분했다.

인문주의자와 예술가

웅장한 과학의 성전에서 현실적이고 세밀한 인체해부학과 생리학이 학문적 의학의 의미를 규정하기 시작했다. 해부학에 대한 관심이 새롭게 시작된 곳은 제도권 의학이 아니었다. 파르켈수스와 판 헬몬트의 제자들이 시작한 것도 아니다. 파라켈수스가 "죽은 해부학"이라고 부른 인체 해부에는 두 학파 모두 큰 관심이 없었다. 앞에서 보았듯이 그들에게 살아 있는 몸은 정적인 구조물의 집합이 아니라 여러 활동과 변화가 끊임없이 일어나는 곳이었다.

인체 내부 장기에 대한 새로운 호기심은, 새로운 혁신을 경외하는 대신 영광스러운 과거 헬레니즘의 위대한 성취를 그리워한 두 경향에서 비롯되었다. 그중 첫 번째는 고전 의학 문헌을 발굴하고 번역한 16세기 초의 이른바 '의학 인문주의'다. 의학 인문주의는 갈레노스의 《해부 절차에 관하여On Anatomical Procedures》의 첫 부분이 발견되고 번역된 이후, 사체를 해부하는 관행을 갈레노스가 주창한 이성적 절차로 바꿔야 한다고 인문주의자들이 주장하면서 절정에 이르렀다. 당시에는 부패하기 쉬운 내부 장기부터 해부하기 시작했는데 갈레노스의 지시대로라면 인체의 구조적 질서에 따라 뼈에서 시작해 근육, 신경, 혈관을 해부한 후 복부 장기 순서로 해부해야 했다.

인문주의자들이 헬레니즘 문헌을 접하고 해부학에 매료되었다면, 예술가들은 헬레니즘 예술을 접하고 해부학에 빠져들었다. 15세기에 로마와 폼페이를 비롯한 이탈리아 지역에서 웅장한 그리스·로마 예술이 새롭게 주목받기 시작했다. 예술가들은 고대 예술이 경이롭게 구현한 인체의 조화를 재현하려면 몸 안팎을 잘 알아야 한다고 생각했다. 인체 내부 구조를 세밀하게 연구해야 인체의 외부 형상도 이해할 수 있기 때문이었다. 인체 구조 연구의 가장 유명한 결과물은 레오나르도 다빈치(1452~1519)의 해부도다. 그는 1480년대 말부터 인체를 완벽하게 설명하는 해부 지도책을 만들려고 했지만 목표를 달성하지는 못했다(그림 8.8). 인체 구조에 주목한 인물은 레오나르도뿐이 아니었다. 그보다 몇 년 늦게 태어난 알브레히트 뒤러Albrecht Dürer(1471~1528)와 미켈란젤로(1475~1564)는 인

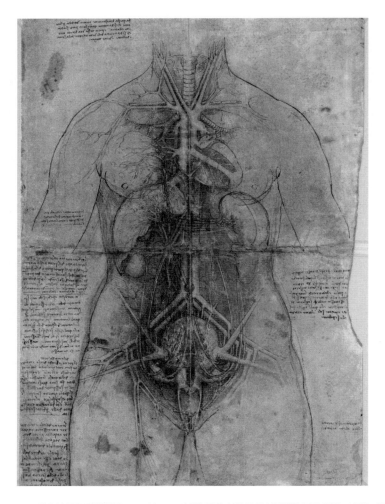

| 그림 8.8 | 레오나르도 다빈치가 1509(?)~1510년에 그린 여성의 심혈관계와 주요 장기. 현재는 윈저에 있는 로열컬렉션Royal Collection이 소장하고 있다. 그림 8.7보다 놀랍도록 현실적인 위 그림은 그저 그림이 아니라 해부학 연구의 결과다. 다빈치는 배가 열린 시체를 그린 것이 아니라 살아 있는 인간의 몸을 재창조했다. 위 그림을 보면 장기 사이의 공간 같은 구조적 세부 사실이 정밀하게 묘사되어 있는데 이를 근거로 다빈치가 여러 시체를 관찰하여 그렸거나 한 구의 시체를 여러 자세로 만들어 관찰한 후 그렸다고 짐작할 수도 있을 것이다. 실제로는 인체에 대한 과거의 설명을 참고하여 그렸고, 몇 가지 표현은 이후 오류로 판명되었다. 간 구조와 원형의 방광이 그 예다. 게다가 (1507~1508년 겨울에) 다빈치가 시체를 해부했다는 유일한 기록에 따르면 그가 해부한 시신은 나이 많은 남성이었다. 실제로 위 그림에서 팔, 어깨, 가슴 같은 외부는 남성의 모습이다.

체의 해부학 구조에 정통했고, 레오나르도의 스승 안드레아 델 베로키오 Andrea del Verrocchio(1435~1488)는 모든 제자에게 피부를 벗긴 시신을 관찰하게 했다. 인체(대부분 남성)에 대한 새로운 관심은 죽은 자의 존엄에 대한 걱정이 누그러지면서 시작되었다. 1482년에 식스토 4세Sixtus Ⅳ 교황이 사형수의 시신을 해부하고 유해를 기독교 의식에 따라 매장한다면 해부를 반대하지 않겠다는 뜻을 튀빙겐대학교에 전하면서 시체 해부는 교회의 공식 허가를 받았다.

해부학에 대한 관심이 의학적 동기가 아닌 심미적 동기에서 시작되었지만, 인체에 대한 호기심은 튀빙겐대학교 같은 대학들에서 혁신적인 프로젝트로 발전했다. 예를 들어 레오나르도 다빈치의 그림은 무척 세밀하고 현실적이지만 갈레노스의 설명을 따른 것이었다(게다가 그의 그림은 19세기까지 출간되지 않았기 때문에 동시대인과 후세대는 그의 그림에서 지식을 얻을 수 없었다). 대학들은 도전을 받아들일 준비가 되어 있었다. 13세기 중반부터 범죄 수사를 위해 공개 부검을 하며 학생들을 가르치기 시작했고, 1315년경에는 몬디노 데 루치Mondino de' Luzzi(1270[?]~1326) 볼로냐대학교 의과대학 학장이 부검을 정식 교과목으로 채택했다. 몬디노가 경험적 연구를 바탕으로 쓴 《몬디노 해부학Anatomia mundini》은 16세기까지 해부학 필수 교재였다. 처음 필사본으로 나온 뒤 1478년부터 인쇄본으로 나온 이 책은 약 40쇄를 찍었다.

다시 대학으로 - 베살리우스와 파도바 학파

다음 세기 동안 인체 해부에 관한 관심이 널리 퍼지면서 다른 대학들도 교육적 목적뿐 아니라 평판을 높이기 위해 공개 해부학 수업을 편성하기 시작했다(그림 8.9). 그중 하비가 다닌 파도바대학교는 볼로냐의 해부학 중심지가 되었다.

파도바대학교는 하비가 입학하기 전부터 벨기에 해부학자 안드레아스 베살리우스Andreas Vesalius(1514~1564)의 명성 덕분에 해부학으로 유명했지만, 베살리우스는 동시대인인 코페르니쿠스처럼 스스로를 혁명가로 여기지 않았다. 그가 처음 파리에서 의학을 공부하던 시절 스승이었던 의학 인문주의자 자코부스 실비우스Jacobus Sylvius(1478~1555)는 갈레노스를 열렬히 옹호했고, 시신을 해부하다가 갈레노스의 가르침과 어긋나는 부분이 발견되면 사소한 예외로 치부했다. 이후 베살리우스는 종교적 분쟁을 피해 루뱅으로 돌아온 뒤 갈레노스의 《해부학 절차에 관하여》를 라틴어로 번역한 귄터 폰 안데르나흐Guinther von Andernach(1487~1574)에게 해부학을 배웠다. 베살리우스는 갈수록 실비우스와 견해가 달라졌다. 어쨌든 베살리우스는 1537년에 박사 과정을 마치기 위해 파도바에 돌아왔고 갈레노스의 권위를 다시 세우는 데 전념했다. 그리고 학위를 마치자마자 수술과 해부를 가르쳐달라는 파도바대학교의 제안을 수락했다(그림 8.9와 8.10).

베살리우스는 갈레노스의 해부학보다 그의 경험주의에 더 충실했다. 그는 계속해서 갈레노스의 가르침을 기본 바탕으로 여겼지만 부검—부검을 뜻하는 'autopsy'의 어원은 '직접 보다'라는 뜻이다—을 거듭할수록 인간이 아닌 동물을 해부했던 위대한 스승의 오류들이 드러났고, 그는 스승의 실수를 바로잡는 일을 자신의 임무로 삼았다. 경험주의와 정확성이 핵심이었던 베살리우스의 해부학에서 각 세대가 과거 세대의 오류를 바로잡는 데에서 자부심을 느끼는 새로운 전통이 탄생했다. 예를 들어 1540년대에 베살리우스의 제자였고 그의 학생들을 가르치기도 한 레알도 콜롬보(1515[?]~1559)는 베살리우스가 펼친 반反갈레노스 논증의 칼끝을 스승에게로 돌렸다. 콜롬보는 그가 세상을 떠난 후인 1559년에 출간된 《해부학에 관하여De re anatomica》에서 베살리우스의 여러 해부학 이론 역시 인간이 아닌 동물의 해부를 바탕으로 한 것이라고 주장했다.

| 그림 8.9 | 베살리우스의 해부학 공개 강의. 왼쪽은 베살리우스가 1543년에 발표한 《인체 구조에 관하여》의 표지 그림이다. 로이 포터Roy Porter에 따르면 "《인체 구조에 관하여》의 표지 그림은 새로운 의학의 꿈, 프로그램, 어젠다를 나타냈다. 그림의 주인공은 시신이다. 모두가 볼 수 있도록 배가 열려 있어 마치 죽음 자체가 전시된 것처럼 보인다. [시신 위] 얼굴 없는 해골이 시신의 열린 배를 가리키고 있다. 베살리우스는 마치 해부학 공연의 출연자처럼 정면을 바라보고 있다. 이후 의학은 몸 안에서 병에 관한 진실을 찾기 시작했다. 해부는 그러한 진실의 계시를 얻기 위한 행위였다"(《인류에 대한 가장 큰 혜택》, 181쪽). 오른쪽은 베살리우스가 1538년에 발표한 《여섯 개의 해부학 표》다. 《인체 구조에 관하여》에 실린 그림들보다는 잘 알려지지 않았지만, 《여섯 개의 해부학 표》의 그림들이 어떤 면에서 보면 더 흥미롭다. 베살리우스가 직접 그린 위 그림에서는 다섯 개의 간엽으로 이루어진 간(왼쪽)에서 혈관들이 시작되는데, 그가 처음에는 갈레노스 이론에 무척 충실했다는 사실을 잘 보여준다. 이후 그는 시신을 해부하기 시작하면서 점차 갈레노스에서 멀어졌다.

당시에는 공로를 차지하기 위한 싸움이 치열했고 승리를 위해서는 전문적인 지식이 필수였다. 심장과 생식기 연구에 집중한 콜롬보는 자신이 폐 운동 주기와 클리토리스의 발견자로 인정받아야 한다고 강력하게 주장했다.

| 그림 8.10 | 파브리시우스의 설계에 따라 1599년에 파도바대학교 보 광장에 완공된 해부학 극장. 이곳은 지금도 보존되어 있지만 나무 구조물이 약해져서 더 이상 사람을 받지 못한다. 청중이 서는 벤치는 경사가 가파르고 폭이 좁아 사람들은 서로 어깨를 맞대야 했다. 위에 있는 청중은 아래층 들것에 놓인 시신을 내려다보았다. 들것을 단상 위로 올려 시신을 해부했을 것이다.

새로운 해부학은 신과학의 대표적인 예이지만, 그 뿌리가 예술가들의 연구였다는 사실에는 변함이 없다. 예술 학교가 저명한 해부학자를 초청하는 관행이 생겼고, 실제로 콜롬보도 미켈란젤로를 가까이에서 도왔다. 한편 베살리우스도 시각 자료를 해부학 교육에 중요한 요소로 삼으면서 '직접 보다'라는 부검의 금언에 새로운 의미를 부여했다. 그는 《여섯 개의 해부학 표Six Anatomical Tables》(그림 8.9 오른쪽)를 쓸 때만 해

도 비교적 신중하고 보수적이었지만 이후 1543년에 얀 스테판 반 칼카르Jan Stephan van Calcar가 그린 250여 점의 그림을 실은《인체 구조에 관하여De humani corporis fabrica》(그림 8.9 왼쪽)를 발표하며 큰 반향을 일으켰다. 그는 다섯 개의 간엽이나 소동맥정맥그물 같은 갈레노스의 오류를 바로잡았지만, 총 7권으로 이루어진 이 책에서는 뼈에서부터 근육과 힘줄, 혈관, 신경, 장기, 생식기, 심장, 마지막으로 뇌로 이어지는 갈레노스의 순서를 따랐다. 같은 해인 1543년에 발간된 코페르니쿠스의《천구의 회전에 관하여》와 더불어《인체 구조에 관하여》는 신과학 시대의 상징이었다.

전통, 혁신, 새로운 인체

베살리우스의 책에 실린 그림들은 대학의 벽 바깥에 있는 사람들에게도 해부의 장관을 접할 기회를 제공했지만, 그의 제자들은 대학 안에서만 인체를 연구했다. 구경거리로 전락한 공개 해부의 이미지를 바꾸어야 했기 때문이다. 베살리우스가 쓴 책의 그림과 달리 콜롬보의《해부학에 관하여》의 표지 그림에는 시신을 해부하는 콜롬보와 가운을 입은 남자 몇 사람만 등장한다. 렘브란트 하르머손 판 레인Rembrandt Harmenszoon van Rijn이 1632년에 그린〈니콜라스 튈프 박사의 해부학 강의Anatomy Lesson of Dr. Nicolas Tulp〉는 음산한 분위기마저 자아낸다. 더 중요한 사실은 해부를 위한 물리적 장소와 표준적인 절차가 마련되었다는 것이다. 히에로니무스 파브리시우스(1537~1619)가 설계하여 1599년에 완공한 해부학 극장은 유럽 전역 해부학 극장의 본보기가 되었고 지금도 파도바대학교 보 광장에 보존되어 있다(그림 8.10). 해부학 극장이 막 완공되었을 때 파도바에 입학한 윌리엄 하비는 주로 갈레노스와 이븐 시나의 이론을 공부해야 했지만, 해부학 극장은 새로운 의학 관행과 새로운 인체 개념이 부상하고 있음을 생생하게 보여주었다. 새로운 의학에 따르면, 사람의 몸은 분명한 구조들로 이루어져 있고, 물질적으로 세상과 분리되어 있으며, 특정한 원인이 있을 때만 세상과 연결되고, 인체와 바깥 세계를 가르는 경계를 물리적으로 침범해야만 몸속을 연구할 수 있었다. 하비가 주창한 심장과 혈액순환 이론은 이 새로운 인체 개념의 대표적인 예였다.

01 의학과 마법의 관계가 중요한 이유는 무엇일까? 이 관계가 인체에 관한 우리의
관심과 이해에 어떤 의미가 있는가?

02 인체를 하나의 전체로 바라보는 전근대 의학의 개념과 현대의 인체 개념은 얼마
나 다를까? 근대 의학의 혜택들을 얻으려면 불가피하게 전근대 개념을 거부해야
했을까? 그렇다면 그 대가는 적절했을까?

03 근대 의학은 다른 동물들의 어마어마한 고통 속에서 도래했다. 이 사실은 중요
한 일일까? 이 사실이 인류가 얻은 의학적 지식에 어떤 의미를 띨까?

04 근대 이전의 치료사와 환자는 현대와 전혀 다른 방식으로 통증과 질병을 묘사했
고 통증과 질병을 전혀 다른 증상과 병인으로 설명했다. 그렇다면 근대 이전 사
람들은 몸에 대한 감각이 우리와 달랐다고 말할 수 있을까?

05 해부학의 발달에서 예술이 맡은 역할이 근대 의학에 심미적 차원을 부여했을까?

09

신과학

갈릴레오의 역학 세계

갈릴레오는 명예를 좇아 대학의 안락한 울타리에서 벗어나 왕실의 문을 두드리다가 결국 자유를 잃었지만, 그의 선택은 무모하지 않았다. 갈릴레오는 '철학자'로서 자연의 구조에 대한 생각이 확고했지만, 대학은 수학자인 그가 그러한 주장을 펼치도록 허락하지 않았다. 하지만 그는 케플러와 마찬가지로 철학을 위해 수학을 저버릴 생각이 없었다. 그는 자연에 대한 철학이 수학을 따르도록 하는 프로젝트를 구상했다. 자연이 수학적 토대 위에 서 있다는 사실을 입증한다면 수학자는 그 토대에 대한 가장 뛰어나고 권위적인 해설자가 된다. 7장에서 살펴봤듯이 케플러가 야망을 실현하기 위해 재구성한 수학 분야는 광학과 천문학이었다. 갈릴레오의 표적은 자신의 전문 분야인 역학이었다.

아리스토텔레스의 운동 이론과 그에 대한 반박

당시 역학은 운동하는 고체의 사물을 다루는 수리과학이었다(지금도 마찬가지다). 이를 자연철학의 토대로 바꾸려면 사물과 운동이라는 두 요소가 자연의 기본 요소가 되어야 한다. 그러려면 두 가지 중 특히 운동에 새로운 의미를 부여해야 했고, 이 의미는 전통적인 아리스토텔레스 학파 자연철학자들의 분석 도구가 아닌 수학자의 도구와 기술에 도움이 되어야 했다. 무척 야심 찬 시도였다. 앞에서 이야기했듯이 운동은 아리스토텔레스 자연철학의 핵심이었고 그 의미가 구체적이고 자세하게 규명되어 있었다.

도토리가 참나무가 되고 아이가 어른이 되듯이 자연은 변화고, 위치 변화는 변화의 전형이었다(아리스토텔레스 학파는 모든 변화를 '운동'으로 일컬었지만, 이 책에서는 편의상 위치 변화만을 운동으로 지칭한다). 모든 변화에는 원인이 있으므로 위치 변화 역시 원인이 있어야 했다(원인을 밝히는 것이 자연철학자의 주된 임무였다). 그 원인은 공간적 맥락이 아니라 움직이는 사물의 본질에 따른 내부 원인일 수 있는데 이때 그 운동은 자연적인 운동이었다. 무거운 원소들은 그 합당한 위치가 우주 중심이므로 무거운 원소들로 이루어진 사물은 아래로 움직이고 가벼운 원소들로 이루어진 사물은 위를 향했다. 한편 손의 힘이 돌을 허공에 뜨게 하고 풀무가 공기를 움직이듯이 운동의 원인이 외부적일 수도 있는데 이것은 강제적 운동이었다. 자연적으로 운동하는 사물은 운동의 원인과 함께 움직인다. 가령 돌을 아래로 향하게 하는 원인인 무거움은 돌에서 분리할 수 없는 속성이다. 그러므로 자연적 운동을 하는 사물은 자연적 장소나 그 주변에 있어야 운동을 멈출 수 있다. 예를 들어 돌은 지구의 중심인 지면에 닿아야 하강을 멈춘다. 한편 강제적 운동은 운동을 일으킨 힘이 사물에 더 이상 영향을 미치지 않아야 중단된다. 마찬가지로 변화, 즉 운동은 원인이 있어야만 일어날 수 있기 때문이다. 원인이 중단되면 변화도 중단되고, 운동을 일으키는 힘이 멈추면 운동도 멈춘다.

자연적 운동과 강제적 운동은 이처럼 형이상학적으로 반대되므로 섞일 수 없다. 물체는 자연적 운동을 하거나 강제적 운동을 할 뿐 두 가지를 동시에 할 수는 없다. 그렇다면 감속과 가속도 설명할 수 있다. 낙하하는 물체는 자연적 위치와 가까워질수록 속도가 자연스럽게 빨라지고, 멀어지면 느려진다. 낙하 속도는 사물의 무게에 따라 달라진다. 무거움은 운동의 원인이고 운동의 효과는 원인의 크기에 비례하기 때문이다. 속도는 그러한 효과의 결과다. 반대로 속도는 운동이 일어나는 매질의 저항에 반비례하므로 운동은 매질 안에서만 이루어진다(자세한 내용은 2장을 참조하라).

아리스토텔레스의 운동 이론은 과학의 역사에서 단단하게 뿌리를 내렸지만 갈릴레오는 그 개념 모두를 받아들이지는 않았다. 아리스토텔레스 이론은 무척 견고했지만 이미 고대부터 큰 결함들이 발견되었다. 중세인들은 이 결함을 자세히 살펴보았는데 그 내용은 갈릴레오의 프로젝트에 무척 중요했다.

뷔리당과 임페투스 가설

아리스토텔레스 이론의 치명적인 결함은 우리에게 가장 익숙한 운동 중 하나인 발사체의 비행을 제대로 설명하지 못한다는 것이다. 우리가 돌을 던지거나 화살을 쏘면 돌과 화살이 손이나 활을 떠난 '뒤에도' 운동을 멈추지 않는 이유를 설명하지 못했다. 아리스토텔레스의 분석에 따르면 있을 수 없는 일이다. 손으로 던진 돌과 활로 쏜 화살은 강제적 운동을 하므로 계속 운동하려면 외부 원인이 지속되어야 한다. 그런데 사물이 손이나 활을 떠나 더 이상 미는 힘이 없는데도 어떻게 계속 운동할 수 있을까?

아리스토텔레스는 이 미스터리를 설명하기 위해 활시위에 밀린 공기가 화살을 계속 움직이게 한다고 주장했다. 그러면서 화살촉이 앞에서 퍼트린 공기가 뒤로 밀려 화살 뒷부분을 둥글게 감싸 화살 뒤로 진공상태가 일어나지 않도록 한다고 설명했다. 이 설명은 아리스토텔레스의 제자들에게도 설득력이 부족했다. 우선 아리스토텔레스 스스로도 저항력을 지닌 매질이라고 말한 공기가 어떻게 추진력과 저항력을 동시에 가질 수 있을까? 돛을 내린 배가 앞으로 나아간 뒤 다시 멈추는 광경을 떠올려보자. 배를 앞으로 민 것은 배를 멈추게 한 물이 아니다. 두 번째로 화살과 배에 대한 이 질문을 공기와 물에 대해서도 할 수 있다. '공기와 물' 역시 운동의 원래 원인과 분리되었는데도 어떻게 계속 운동할 수 있을까? 또한 돌이나 화살과 달리 창처럼 사물의 양 끝이 모두 뾰족하다면 어떻게 공기가 그 뒤를 밀어 움직이게 할 수 있을까? 도자기를 만들 때 쓰는 돌림판 같은 원형 물체 역시 도예가가 손을 뗀 뒤에도 축을 중심으로 계속 원형으로 운동하지 않는가? 14세기에 장 뷔리당Jean Buridan(1300[?]~1358[?]) 파리대학교 교수는 이 주장들을 검토한 끝에 강제적 운동에 관한 아리스토텔레스 이론이 틀렸다고 결론 내렸다. 그러면서 손, 활, 바람처럼 운동을 일으키는 사물이 돌, 화살, 배 같은 운동을 수행하는 사물에 어떤 힘을 전달한다고 주장했다. 그는 이렇게 전달된 힘이 운동을 수행하는 사물에 계속 남아 있으므로 두 사물이 분리된 후에도, 즉 돌이 손을 떠난 후에도, 화살이 활에서 당겨진 후에도, 배를 몰던 바람이 멈춘 후에도 사물을 추진시킨다고 설명했다. 그는 이 힘을 '임페투스impetus'로 불렀다.

'임페투스'는 다방면으로 유용한 개념이었다. 추진체가 계속 운동하는 이유뿐 아니라 속도를 늦추다가 멈추는 이유도 설명했다. 사물이 점차 느려지는 까닭은 시간의 흐름과 저항으로 인해 임페투스가 줄어들기 때문이다. 또한 자연적 운동인 낙하운동을 하는 사물이 가속하는 이유도 설명했다. 물체를 추진하는 내부 힘(중력)이 낙하 물체에 임페투스를 계속 가하면서 임페투스가 누적되어 속도를 높이기 때문이다. 임페투스는 천체의 끊임없는 등속운동도 설명했다. 신이 천체를 만든 뒤 원운동을 일으키는 임페투스를 적절한 양으로 부여하기만 하면, 천체는 아무런 저항이 없는 하늘에서 영원히 운동할 수 있었다.

과학을 배운 현대의 독자들은 뷔리당의 이론에서 추진력과 관성 같은 현대적 개념을 떠올릴지 모르겠지만 한 가지 사실을 유념해야 한다. 뷔리당은 아리스토텔레스에 대해 비판적이었지만 운동에 관한 기본적인 이해는 아리스토텔레스의 틀에서 벗어나지 않았다. 뷔리당 역시 운동에는 항상 원인이 있고 운동 속도는 힘이나 원인에 비례하며 저항에는 반비례한다고 생각했다. 한편 갈릴레오는 운동에 대한 몇몇 고대 개념은 받아들였지만 몇몇 개념은 때로는 의식적으로 때로는 무의식적으로 거부했다.

자유낙하의 미스터리

강제적 운동뿐 아니라 자연적 운동 역시 아리스토텔레스 자연철학으로 설명하기 어려웠다. 낙하 물체는 자연적 운동의 패러다임이었다. 낙하 물체는 그 자체의 무거움 때문에 운동하므로 속도는 무게에 비례해야 했다(반면 낙하가 이루어지는 곳의 공기나 물의 저항에는 반비례해야 했다). 하지만 무게와 운동의 관계는 보기보다 훨씬 복잡했다. 대표적인 예가 지렛대 원리를 이용한 대저울이다. 저울에 건 물체의 무게는 저울의 중심인 지렛목과 추의 거리에 비례한다. 과거 여러 유물과 그림에서 이 원리를 이용한 장치인 대저울이 발견될 만큼(그림 9.1 오른쪽) 고대부터 잘 알려

| 그림 9.1 | 대저울과 지렛대의 원리. 왼쪽 그림은 가울테루스 리비우스Gaultherus Rivius의《건축 수학적 예술Architecture Mathematischen Kunst》(뉘른베르크, 1547)에 실린 목판화다. 16세기에 그려진 이 그림은 실용적 도구를 수학적으로 분석할 수 있다는 사실을 강조한다. 오른쪽은 1천 년 이상 앞선 로마의 대저울이다. 고대인들이 지렛대 원리가 공식적 이론이 되기 훨씬 전부터 인공적 장치에 적용할 만큼 이 원리를 잘 이해했다는 사실을 알 수 있다.

진 경험적 사실이었다. 그런데 아리스토텔레스의 세계에서 무거움gravitas은 무거운 물체가 그것의 자연적 위치인 지구 중심을 향하려는 성향을 뜻했으므로 지구 중심과 평행을 이루는 수평의 위치 변화에 따라 무게가 달라질 어떠한 이유도 없었다. 아리스토텔레스 학파는 저울을 나침반으로 생각하여 이 수수께끼를 풀려고 했다(그림 9.1 왼쪽). 그들은 저울 지렛목을 중심으로 한 추의 원운동을 (아래를 향하는) 자연적 부분과 (받침대를 향하는) 강제적 부분으로 나눌 수 있다고 주장하며 강제적 운동에 대해 자연적 운동의 비율이 높을수록 "위치 무게"가 크므로 물체가 받침대와 멀어진다고 설명했다. 기발한 생각이었지만 자연적 운동과 강제적 운동은 섞여서는 안 되며, 무게가 운동을 설명할 수는 있어도 운동은 무게를 설명할 수는 없다는 아리스토텔레스 이론에 모순되었다. 무엇보다도 이 설명은 아리스토텔레스의 분석으로는 저울에 걸린 물체의 정적 무게와 자유낙하 물체의 역동적 무게 사이의 관계를 설명하기 어렵다는 사실을 여지없이 보여주었다.

갈릴레오는 자유낙하를 아리스토텔레스 이론을 비판할 공격 지점으로 삼았고 잠바티스타 베네데티Giambattista Benedetti(1530~1590)를 비롯한 16세기 역학 학자들의 여러 논증을 반론의 근거로 내세웠다. 자유낙하에 관한 대중의 상식과 갈릴레오의 수사법은 경험적 관찰로 형성되었지만, 16세기 역학 학자들의 논증은 일련의 사고실험으로 형성되어 철저하게 추상적이었다. 갈릴레오는 아리스토텔레스 이론에서는 낙하 물체의 속도가 무게에 비례해야 한다고 지적했다. 그렇다면 1천 드램에 달하는 대포는 10드램의 총알보다 1백 배 빠르게 낙하해야 한다(갈릴레오가 가장 좋아한 무게 단위 1드램dram은 약 4그램이다). 그러나 포탄이 클수록 어느 정도 더 빠르게 낙하할 수는 있겠지만 아무리 크더라도 금속 물체가 다른 금속 물체보다 1백 배나 빠르게 떨어질 수 있을까? 더군다나 가벼운 물체 (a)를 무거운 물체 (b)에 부착하여 (b)보다 무거운 (c)를 만든다면 더 빨리 떨어져야 한다. 하지만 (a)가 (b)보다 느리다면, 느리게 운동하는 물체가 빠르게 운동하는 물체의 속도를 어떻게 더 높일 수 있을까?

낙하 속도는 저항에 반비례한다는 아리스토텔레스의 가정도 더 이상 합리적이지 않았다. 나뭇조각은 공기 중에서는 낙하하지만 물에서는 수면으로 뜬다.

아리스토텔레스에 따르면 낙하 속도가 저항에 반비례한다고 하더라도 저항은 낙하 물체의 속도만 변화시킬 뿐 방향은 변화시키지 못한다. 물이 공기보다 저항력이 10배 강하다면 물속에서의 낙하 속도는 공기에서의 속도의 10분의 1이어야 하고, 1백 배 강하다면 1백 분의 1이어야 한다. 하지만 어떤 경우에도 낙하 방향은 바뀌지 않는다.

이 문제에 대한 갈릴레오의 결론은 간단했다. 낙하 물체의 속도를 계산하려면 추진력을 저항으로 나누는 것이 아니라 추진력에서 저항을 '빼야' 한다($V \propto F/R$가 아니라 $V \propto F - R$). 저항이 추진력보다 크다면, 공기에서는 아래를 향하고 물에서는 위를 향하는 나뭇조각처럼 운동 방향이

'바뀐다'.

이 수학식의 변경은 사소해 보이지만 형이상학적으로 광범위한 영향을 미친다. $V \propto F - R$이라면 저항이 0이 될 수 있고, 저항이 0이면 물체는 오로지 원래 힘에 의해서만 결정되는 속도로 움직여 $V \propto F$가 된다. 그런데 물체는 아무것도 없는 공간에서 운동할 때만 저항이 0이 될 수 있다. 2장에서 설명했듯이, 이는 진공이 불가능하다는 아리스토텔레스의 주장을 뒷받침했다. 속도가 저항에 반비례한다면 진공에서 물체는 무한한 속도로 운동해야 했다($F/0 = \infty$). 아리스토텔레스의 논리에 따르면 무한한 속도는 불합리—물체의 속도가 무한하다면 동시에 여러 곳에 존재해야 한다—하므로 진공 역시 불합리하고, 따라서 운동에는 매질이 필요하다. 이 논리를 뒤엎은 갈릴레오의 새로운 공식에서는 아리스토텔레스의 주장과 정반대로 진공 속 운동이 '가능'했다!

갈릴레오의 자료들

아르키메데스와 단순 기계

아리스토텔레스 이론과 대립하는 저항 개념을 통해 갈릴레오가 아리스토텔레스의 자연철학을 공격하고 대안을 제시하면서 어떤 자료를 활용했는지 짐작할 수 있다. 고대에 작성되었지만 전체 내용이 16세기 중반에야 유럽에 알려진 아르키메데스(기원전 287~기원전 212[?])의 글들이 중요한 자료 중 하나였다.

아르키메데스가 제시한 세상은 아리스토텔레스의 세상과 크게 달랐다. 아리스토텔레스의 지구에서는 자연적 실체들이 그 자연적 위치와 가까워지거나 멀어지며 직선운동을 했다. 반면 아르키메데스의 원소들은 힘을 운동으로 바꾸고 운동을 힘으로 바꾸는 경사면, 쐐기, 지렛대 같은 이상적인 역학 장치인 '단순 기계'였다(그림 9.2). 아르키메데스의 세계

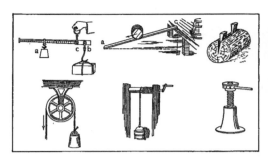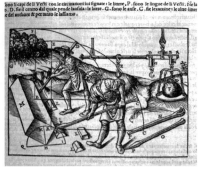

| 그림 9.2 | 단순 기계들. 왼쪽은 왼쪽 위부터 시계 방향으로 대저울, 경사면, 쐐기, 나사, 축바퀴, 도르래다. 존 밀스John Mills의 《근대 과학의 실재The Realities of Modern Science》(뉴욕: 맥밀런Macmillan, 1919)에 실린 이 그림은 도르래가 많을수록 물체가 가벼워지고 물체가 지렛목과 멀수록 더 무거운 것처럼 물질의 기하학적 구조가 실질적인 물리적 영향을 일으키는 현상을 설명한다. 이 개념은 아르키메데스 시대까지 거슬러 올라간다. 오른쪽 그림은 비트루비우스가 쓴 《건축 10서》(1장 참조)의 1521년도 이탈리아어 번역본에 실린 체사레 체사리아노Cesare Cesariano의 판화로 이 기계들이 실용적 용도로 사용되었지만 추상적 원리들에 바탕했다는 사실을 보여준다. 다듬은 돌을 왼쪽 M으로 굴리는 두 개의 막대와 오른쪽 대저울에 지렛대 원리가 구현되었다.

는 아리스토텔레스의 인과관계 이야기가 아닌 수학적 비율로 가장 잘 설명할 수 있었다. 대저울에서 물체 무게와 지렛목과 추 사이의 거리가 이루는 비율에 관한 지렛대 법칙이 그중 하나다. 아르키메데스가 주창한 수학적 비율들은 수학적 법칙이었지만, 아리스토텔레스가 경악한 피타고라스 학파의 무척 대략적인 수학적 추정이 아니었고 아리스토텔레스 제자들이 추앙한 유클리드의 엄격한 수학도 아니었다. 자와 컴퍼스로 그릴 수 있는 구조만 다루고 한 번에 하나의 운동만 밝히는 유클리드 수학은 각, 원, 삼각형 등에 대한 정리를 증명했다. 아르키메데스는 이러한 엄격함을 유연함으로 대체하여 여러 운동의 조합으로 만들어지는 다양한 곡선을 설명했다. 흥미롭게도 이 곡선들이 '역학 곡선'으로 불린 까닭은 역학의 주제인 고체 물체의 운동으로 만들어진 곡선이어서이기도 했지만 실

제 세상에서 작동할 수 있는 이상적인 단순 기계이기도 해서였다. 아르키메데스의 가장 유명한 발명품 중 하나인 나사의 나선이 역학 곡선의 좋은 예다. 수학적으로 나선은 한 점이 평면의 특정한 지점을 중심으로 도는 동시에 평면과 수직을 이루는 선을 따라 멀어진다. 역학적으로 나사는 로마 침략자들을 방어하려던 시라쿠사의 함선들이 물을 끌어 올리는 데 사용한 펌프를 가능하게 했다.

아르키메데스의 단순 기계들은 수학을 세상에 직접적으로 접목했다. 세상과 수학의 관계에 대한 이 개념은 완벽한 신의 질서에 대한 케플러의 꿈과 전혀 달랐지만, 역할과 성과는 비슷했다. 케플러의 이론은 전통적인 '복합 과학'을 물리학적으로 설명하는 데 성공했고(7장 참조) 수학자의 지위를 자연철학자의 반열에 올렸다. 아르키메데스 역시 갈릴레오에게 무게와 낙하의 복잡한 관계를 아리스토텔레스와 다른 방식으로 분석할 모형을 제시했다. 이 분석의 밑바탕은 그 유명한 '유레카 이야기'에 등장하는 부력 원리다. 이 이야기에 따르면 자신이 받은 왕관이 진짜 금인지 궁금했던 시라쿠사 왕이 아르키메데스에게 진실을 알아내라고 명했다. 그러려면 왕관의 무게가 같은 양의 금과 같은지 알아내야 했지만, 왕관은 형태가 복잡했기 때문에 얼마나 많은 금속이 사용되었는지, 다시 말해 부피가 얼마나 되는지 알 수 없었다. 아르키메데스가 답을 찾은 곳은 목욕탕이었다. 그가 탕에 들어가자 몸이 물을 밀어내면서 수면이 올라갔다. 바로 이 순간에 그는 유레카를 외쳤다. 물의 부피 변화를 재면 물에 잠긴 몸의 부피를 알 수 있었다. 그렇다면 왕관을 물에 담갔을 때 일어나는 물의 부피 변화가 왕관의 부피였다.

아르키메데스는 왕이 낸 수수께끼를 풀었을 뿐 아니라 무거운 물체가 물에 뜨는 이유도 밝혔다. 물체가 잠기면서 일어난 물의 부피 변화량의 무게가 물에 잠긴 물체보다 더 나가면, 물은 물체를 뜨게 한다. 금속으로 배를 만들더라도 내부 공간이 (가벼운 재질이나) 공기로 채워져 있다면,

공기(가벼운 재질)와 금속을 합한 부피의 무게는 같은 부피의 물보다 가벼워 물에 뜰 수 있다. 그의 생각은 무게에 대한 아리스토텔레스의 접근법과 전혀 달랐다. 중요한 것은 물체의 총무게가 아니라 '부피당 무게'인 '비중량'이었다. 어떤 물체가 상승하고 하강할지가 지구 중심과 가까워지거나 멀어지게 하는 물체 자체의 추진력으로 결정되지 않기 때문이다. '모든 물체'는 무게가 있으므로 가라앉을지 떠오를지는 물체 '간' 관계로 결정된다.

그러므로 부력 원리는 세상이 단순 기계로 이루어져 있다는 생각을 훌륭하게 뒷받침했다. 물체가 물에 뜨는 원리는 접시저울에 놓인 물체가 위로 올라가는 것이 그 자체로 '가벼워서'가 아니라 반대편 접시의 물체가 '더 무거워서' 올라가는 원리와 결국 같지 않은가?

타르탈리아와 대칭 궤도

아르키메데스가 갈릴레오에게 아리스토텔레스의 자연철학에 대항할 수학적-역학적 대안을 위한 자료를 제공했다면 타르탈리아(5장) 같은 르네상스 학자들은 다른 자료를 선사했다. 앞에서 언급했듯이 타르탈리아는 《신과학》에서 대포 궤도를 이론적으로 분석하여 포병 기술을 극적으로 향상할 수 있다고 자신했다. 근본적으로 아리스토텔레스 철학을 바탕으로 분석해야 했던 타르탈리아는 책의 서문에서 "자연적 운동과 강제적 운동이 합쳐지는 것은 불가능하다"라고 단언했다. 하지만 전장에서 대포를 쏘아야 하는 포병을 위해서는 엄격한 구분을 어느 정도 수정해야 했다. 현실에서는 대포알이 화약의 인위적 힘으로 날아올랐다가 중력에 의해 자연적으로 낙하하는 두 가지 운동을 했기 때문이다. 따라서 타르탈리아는 그림 9.3 위에서처럼 추진체가 처음에는 강제적 운동인 직선운동을 하다가(H에서 K) 원운동을 한 뒤(K에서 M) 마지막에는 직선으로 낙하(M에서 N)하는 자연적 운동을 하는 과정을 제시했다. 그는 대포알이 허공에서 곧바로 떨어지지 않고 지면이나 표적에 비스듬하게 닿는 이유는 대포알 궤도와 지면이 만나는 지점이 예컨대 M처럼 원운동이 끝나는 지점보다 종종 앞에 있기 때문이라고 설명했다.

타르탈리아가 이론과 경험을 진정으로 절충했다고 믿었든 그저 허세를 부린 것이었든, 아리스토텔레스의 이론은 그의 분석에 부합하지 않았다. K에서 M에 이르는 대포알 궤도의 원운동 부분이 아리스토텔레스가 금기시한 자연적 운동과 강제적 운동의 조합이 아니라면 무엇이란 말인가? 더 흥미로운 것은 타르탈리아의 결론이다.

> 지평선과 수직을 이루지 않는 무거운 물체의 강제적 궤도 또는 운동이 결코 완벽한 직선운동을 하지 못하는 이유는 물체 내부의 무게가 계속 작용하며 물체를 지구 가운데로 끌어내리려고 하기 때문이다.
> – 타르탈리아, 《신과학》, 스틸먼 드레이크 · 이스라엘 에드워드 드랩킨Israel Edward Drabkin, 《16세기 이탈리아의 역학Mechanics in Sixteenth-Century Italy》에서 재인용, 84쪽

그림 9.3의 위쪽 그림을 보면 타르탈리아의 논리를 이해할 수 있다. K의 위치는 정확히 어디여야 할까? K는 물체의 무거움이 궤도를 곡선으로 만들기 시작하는 지점이어야 하지만, 물체는 항상 무겁다. 그러므로 궤도는 대포가 발사된 순간부터 휘어야 한다. 그렇다면 물체는 아리스토텔레스의 주장과 달리 강제적 운동과 자연적 운동의 조합으로 곡선 궤도를 그린다! 그의 책 표지 그림에 등장하는 부드러운 곡선의 대칭 궤도에서 알 수 있듯이(그림 9.3 아래) 타르탈리아는 확신했을 것이다. 그는 수학 도식이 아닌 자유화의 표지 그림에서 아리스토텔레스 운동 이론에 대한 분명한 대안을 제시했다.

| 그림 9.3 | 타르탈리아가 1537년에 발표한 《신과학》에서 대포알 궤도에 대해 제시한 두 가지 상반된 분석. 위쪽 그림은 "지평선과 수직을 이루지 않는 무거운 물체의 강제적 궤도나 운동은 항상 부분적으로는 수직이고 부분적으로는 곡선이며, 곡선 부분은 원둘레 일부의 형태"라는 '3중 궤도' 원리를 설명하는 여러 도식 중 하나다. 아래는 1550년도 판본의 표지다. 그림에서 부드러운 곡선의 대칭을 이루는 대포알의 궤도는 "지평선과 수직을 이루지 않는 무거운 물체의 강제적 궤도 또는 운동이 결코 완벽한 직선운동을 하지 못하는 이유는 물체 내부의 무게가 계속 작용하며 물체를 지구 가운데로 끌어내리려고 하기 때문이다"라는 그의 통찰을 잘 보여준다. 그가 실제로 어떤 분석을 믿었는지는 알 수 없지만, 두 분석의 모순은 완벽한 형상을 다루는 수학으로 계속 변화하는 자연을 설명하기가 얼마나 어려운지 잘 보여준다. 타르탈리아는 표지 그림에 대포를 등장시켜 변화하는 자연을 수학으로 설명하는 것이야말로 자신의 소명임을 암시했다. 모든 방문자는 유클리드가 지키는 관문을 통과해야만 지식의 첫 영역에 발을 들일 수 있다. 그 안에서는 타르탈리아 주위로 수학의 여신들이 둘러싸고 있는데, 앞에는 4과의 여신들이 있고 뒤에는 점성술 같은 추상적 수학의 여신들이 서 있다. 이 수학의 영역을 통과한 사람만이 아리스토텔레스와 플라톤이 지키는 철학의 성지로 들어갈 수 있다.

갈릴레오의 연구

포물선 궤도

추진체의 궤도는 부드러운 대칭 곡선이었다. 그러한 곡선은 어떤 형태를 이루었을까? 새로 탄생한 수학 자연철학자가 고민할 문제였다. 수학은 '자연에' 새겨져 있었다. 케플러의 상상대로 신이 빛을 통해 새겼을 수도 있고, 갈릴레오가 배운 아르키메데스의 가르침처럼 단순 기계로 구현되었을 수도 있었다. 자연이 그린 수학 곡선을 해독하는 것은 철학자-수학자의 몫이었다. 답은 경험적으로 구해야 했으므로 예상 밖의 답이 나올 수 있었다. 수학은 더 이상 이상적이고 완벽한 추상성으로 현상을 구제하는 수단이 아니었다. 케플러는 17세기의 첫 10년 동안 이 같은 믿음을 따르며(7장 참조) 하늘 위 행성들이 원이 아닌 타원을 그린다는 사실을 발견했다. 그리고 16세기의 마지막 10년 동안 갈릴레오는 무게를 지닌 물체가 지구에서 어떤 곡선을 그리는지 연구하기 시작했다.

타르탈리아와 마찬가지로 대포에 호기심을 느낀 갈릴레오는 젊은 수학 교수였던 1590년대에 대포 실험을 시작했다. 그는 나이 많은 친구이자 후원자인 귀도발도 델 몬테Guidobaldo del Monte(1545~1607)와 함께 대포알을 잉크에 담근 후 경사진 지붕 위로 굴려 대포알이 그린 선을 관찰했다(그림 9.4).

이 실험은 새로운 질문 방식이었다. 갈릴레오의 질문은 경험주의적 질문이었지만 실험 대상이 자연에서 행동하듯이 행동할 것이라고 기대하지 않았다. 타르탈리아 역시 대포를 경험적으로 연구했다. 그는 대포를 최적의 사정거리로 발사하려면 기존 관행대로 30도 각도로 발사해야 하는지 아니면 (자신의 계산에 따라) 45도로 발사해야 하는지를 두고 공작의 포병들과 내기를 했고, 실험한 결과 승리했다(그가 스스로 한 이야기다). 타르탈리아는 실험을 위해 실제로 대포를 발사했고, 실험과 무관한 요소

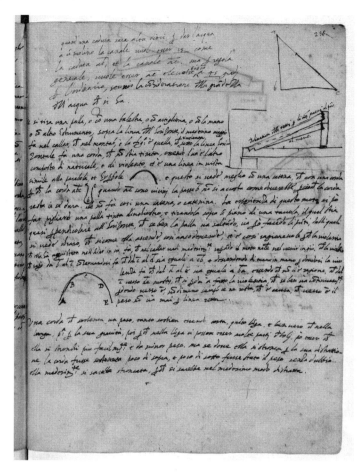

| 그림 9.4 | 갈릴레오와의 실험에 대한 귀도발도의 기록. 오른쪽 위 그림은 지붕이고 가운데는 대포알이 지붕 위에 그린 곡선이다. 왼쪽 아래는 그 곡선이 포물선이라는 사실을 분석한 것이다.

(방향, 화약의 양 등)는 모두 통제하려고 했다. 한편 갈릴레오와 귀도발도는 대포알이 지붕 위로 구르는 인위적 환경을 만들었다. 대포알이 남긴 잉크 자국으로 궤도를 조사할 수 있었으므로 그들은 목적을 달성할 수 있었다. 하지만 이 실험은 수행하기가 쉬운 대신 현실을 제대로 반영할지 의문이었다. 느리게 경사면을 구르는 대포알이 빠르게 허공을 가르는 대

포알을 대신할 수 있으리라는 가정을 1백 퍼센트 신뢰할 수는 없었다. 자연적 환경과 인위적 환경의 위계 구조를 뒤집은 이 방식은 자연에 대한 새로운 실험 연구의 핵심이 되었다.

갈릴레오와 귀도발도는 실험을 통해 궤도가 대칭을 이룬다는 타르탈리아의 주장이 옳다는 사실을 발견했다. 하지만 타르탈리아가 실제로 대칭 곡선이 원의 한 부분이라고 생각했는지는 확신할 수 없었다(그림 9.4 아래의 곡선 궤도도 원의 한 부분으로 보이지 않는다). 그렇다면 곡선은 '어떤' 도형일까? 갈릴레오와 귀도발도의 결론은 포물선이었다. 왜일까? 이는 케플러의 결론과 비슷하다. 케플러는 닫힌 곡선인 행성 궤도가 단순한 원일 수 없다면 원 다음으로 단순한 '닫힌' 원뿔 단면인 타원이어야 한다고 결론 내렸다. 갈릴레오와 귀도발도는 열린 곡선의 대포 궤도가 원이 아니라면 원 다음으로 단순한 '열린' 원뿔 단면인 포물선이어야 한다고 결론 내렸다.

한편으로는 갈릴레오와 귀도발도가 더 다양한 지식을 바탕으로 포물선이라는 결론을 내렸을 수도 있다. 실용적 지식을 중요시하고 호기심이 많았던 갈릴레오는 브루넬레스키가 두오모의 돔을 지으면서 적용한 포물선 아치의 안정성에 대한 석공들의 지식을 잘 알고 있었을지 모른다. 그런데 정적인 곡선의 안정성이 역동적인 궤도의 형태와 어떤 관련이 있을까?

갈릴레오는 아르키메데스로부터 답을 얻었을 것이다. 위 두 가지 다른 현상은 사실 하나의 단순 기계 원리에서 비롯되었다. 대포 궤도는 포탄 무게와 폭약 폭발이 일으키는 힘이 동시에 작용하여 균형을 이루면서 그려진다. 마찬가지로 아치는 돌의 수직 무게와 아치 구조의 수평 힘이 서로 균형을 이루면서 안정적이 된다. 아치가 안정적인 이유는 아치 무게가 궤도처럼 자발적으로 곡선을 따라 분산되기 때문이다. 하중이 제대로 분산되지 않는다면 곡선 구조가 불안정해진다. 그러므로 안정적인 아치가

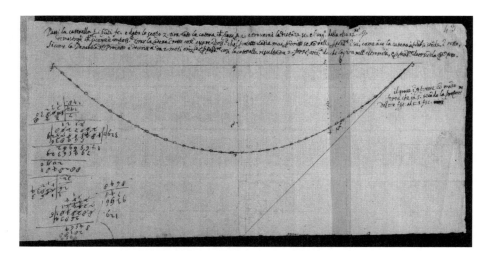

| 그림 9.5 | 양 끝을 위로 매단 사슬이 포물선임을 입증하려던 갈릴레오의 기록. 그는 사슬 뒤로 종이를 댄 뒤 곡선을 따라 그렸다. 왼쪽에는 자연 그대로의 경험적 곡선과 이와 비슷한 포물선 사이의 규칙적인 비율을 찾아내기 위한 수학식들이 적혀 있다. 갈릴레오 MS72, 43 r.

포물선이라면 궤도도 포물선이어야 한다.

갈릴레오가 이 같은 논리에 따라 궤도를 생각했다고 밝힌 적은 없지만, 포물선이 물체의 무게와 수평으로 당기는 힘이 조합되면서 자발적으로 발생한 곡선이라고 확신했을 실마리들이 있다. 심지어 그는 아무렇게나 걸어놓은 사슬도 안정적인 역아치나 역궤도와 같은 '단순 기계'이므로 역시 포물선이어야 한다고 생각했다. 이 생각은 틀렸다. 현수선인 사슬은 더 복잡한 곡선이다. 그러나 그는 평생 천장에 사슬을 걸어놓고 벽에 그 형태를 그리며 그것이 포물선임을 증명하려 했다(그림 9.5).

진자, 경사면, 자유낙하 법칙

갈릴레오가 고대와 르네상스 시대의 자료들을 참고하여 정립한 자연에 대한 수학철학은 케플러의 천문학이 프톨레마이오스의 천문학과 다르듯이 아리스토텔레스의 자연철학과 달랐다. 자연적 운동과 강제적 운동이 섞이는 곡선 궤도로 인해 둘 사이의 엄격한 구분이 깨졌고, 정적 현상과 역동적 현상이 같은 방식으로 설명되면서 운동과 정지 사이의 엄격한 구분도 깨졌다. 그리고 수학적 구조 측면의 분석이 아리스토텔레스의 인과관계를 대신했다. 무엇보다도 갈릴레오에게 강력한 도구였던 대칭은 궤도, 아치, 벽에 매달린 사슬, 그리고 진자에 공통되는 특징이었다.

진자가 흥미로운 이유는 지구의 원운동은 방해물이 없다면 영원히 계속될 수 있다는 아리스토텔레스의 주장을 정면으로 반박했기 때문이다. 갈릴레오는 뷔리당의 임페투스 가설의 관점에서 이 지속적 운동을 분석했다. 진자가 밑을 향하면서 얻는 '임페투스'는 반대편으로 같은 높이까지 올라갈 만큼 충분해야 하고, 그렇다면 다시 밑으로 떨어지면서 원래 자리로 올라갈 수 있는 임페투스를 얻는다. 공기 저항과 실의 마찰만이 진자를 멈추게 할 수 있다. 갈릴레오는 진자의 대칭이 진자의 원 궤도가 '아닌' 힘과 운동의 이 같은 교환으로 생성된다는 사실에 주목했다(그림 9.6, 왼쪽). 움직임을 멈추려고 줄 앞에 못을 대도 진자 줄이 못을 휘감고는 줄 끝의 추를 다시 같은 높이로 올려 보내려고 하는 현상은 이러한 이유에서다.

아르키메데스 이론의 틀에서 위와 같은 논리는 무척 유용했다. 진자는 또 다른 단순 기계고, 밑을 향하는 추는 아르키메데스의 단순 기계 중 하나인 경사면을 구르는 대포알과 같았다. 못으로 줄을 가로막는다고 해도 추가 항상 같은 높이로 올라가는 것처럼, 밑으로 내려가던 대포알이 반대편의 또 다른 경사면을 올라간다면 경사면의 각도와 상관없이 처음과 같은 높이로 올라가려고 한다. 하지만 대포알이 타고 올라가는 경사면이 각도가 매우 작다면 어떻게 될까? 원래 높이까지 '절대' 도달하지 못할 만큼 각도가 몹시 작다면? 그렇다면 대포알을 움직이는 힘(내려올 때 얻은 임페투스)이 절대 소진되지 않으므로 영원히 구를 것이다(마찰을

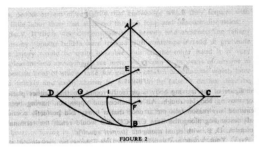

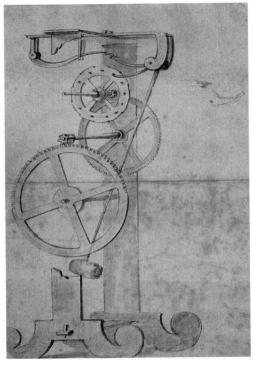

| 그림 9.6 | 왼쪽 그림은 갈릴레오의 《새로운 두 과학에 대한 논고》에 실린 삽화다. A를 축으로 진동하는 진자가 C에서 하강한다. 진자는 항상 C에서 D로 이어지는 선에서 C의 높이까지 올라간다. 심지어 C보다 높은 E에서 줄을 잡거나 C 아래인 F나 B를 잡더라도 C까지 올라간다. 갈릴레오는 마찰을 무시했을 때 진자의 고도는 오로지 진자가 내려갈 때 얻는 추진력의 크기인 '모멘텀'으로 정해진다고 추론했다. 이 힘의 크기에 따라 진자가 올라가거나 내려가는 경사와 상관없이 진자가 정확히 같은 높이로 올라간다. 오른쪽 그림은 갈릴레오의 진자시계 설계도다. 갈릴레오는 같은 논리에 따라 원운동을 하는 진자가 진폭에 상관없이 주기─줄의 길이가 주기를 정한다─가 항상 같은 등시성isochronous을 띨 거라고 확신했다. 진폭이 증가하면 복원력도 증가해 속도 역시 빨라지므로 늘어난 궤도를 그만큼 감당할 수 있기 때문이다. 1641년에 이미 앞을 보지 못하게 된 갈릴레오는 아들 빈첸초에게 이러한 생각을 받아 적게 했고 이후 빈첸초가 위 설계도를 그렸다. 실제로 작동한 최초의 진자시계는 크리스티안 호이겐스Christiaan Huygens(1629~1695)가 1658~1659년에 설계했다. 호이겐스는 몇 년 뒤 등시성의 곡선은 갈릴레오 진자의 원이 '아니라' 회전하는 바퀴 위의 한 점이 그리는 곡선인 '사이클로이드cycloid'라는 사실을 증명했다. 하지만 진폭이 매우 좁은 진자에서는 원과 사이클로이드의 차이가 무시할 수 있을 만큼 작기 때문에 괘종시계에서는 줄이 매우 긴 진자가 무척 짧은 진폭으로 원운동을 한다.

무시한다면). 반대 방향의 힘을 가해야만 대포알을 멈출 수 있다.

그렇게 해서 갈릴레오는 시작과 끝이 없고 가속과 감속도 없으며 강제적 운동도 아니고 자연적 운동도 아닌 '중립 운동'이라는 새로운 운동 개념을 발명했다.

> 어떤 외부 저항도 받지 않는 물체를 경사면 윗부분에 놓으면 경사면 각도가 아무리 작더라도 외부에서 힘을 가하지 않는 한 아래를 향하는 자연적 운동을 한다. 물도 마찬가지다. 같은 물체를 경사면 끝에 놓으면 경사면 각도가 아무리 작더라도 힘을 가하지 않는 한 위로 올라가지 않는다. 그렇다면 수평면에서 이루어지는 물체의 운동은 자연적이지도 않고 강제적이지도 않다고 결론내릴 수 있다. 하지만 물체의 운동이 강제적 운동이 아니라면 모든 가능한 힘 중에서 가장 작은 힘만으로도 움직이게 할 수 있다.
>
> – 갈릴레오 갈릴레이, 《운동과 역학에 관하여On Motion and Mechanics》,
> 이스라엘 에드워드 드랩킨·스틸먼 드레이크(번역 및 주해)
> (위스콘신 매디슨: 위스콘신대학교출판부University of Wisconsin Press, 1960), 66쪽

현대 역학에 익숙한 독자들을 위해 강조하자면, 갈릴레오는 이 운동을 우리가 떠올리는 '관성 운동'으로 생각하지 '않았다'. 그는 "모든 가능한 힘 중에서 가장 작은 힘"마저 없어도 운동이 계속될 수 있다고 말하지 않았다. 갈릴레오는 자신이 운동에 대한 보편적 법칙을 발견한 것이 아니라 '지구에서' 일어나는 운동을 분석한 것이라고 여겼다. 또한 중립운동을 직선운동으로 생각하지도 않았다. 지평선을 따라 움직이는 물체는 결국 '지구 둘레를 돌아' 아주 큰 원을 그리기 때문이다. 하지만 '중립운동'이라는 새로운 개념이 추진체 운동의 분석에 일으킨 변화는 매우 극적이었다.

갈릴레오의 추론에 따르면 추진체 궤도의 포물선은 아리스토텔레스

의 명령을 거스르는 강제적 운동과 자연적 운동의 조합이다. 다시 말해 표적을 향하는 힘이 일으키는 직선운동과, 물체의 무게가 일으키는 아래로 향하는 직선운동이 합쳐진 것이다. 사실 이 두 운동은 강제적 운동과 자연적 운동 대신 '중립' 운동과 '가속' 운동으로 생각하면 이해하기가 더 쉽다. 지평선을 따라 구르는 대포알 같은 중립 운동은 속도가 일정하고, 아래를 향하는 운동은 속도가 증가한다. 그런데 그 비율은 어떻게 될까? 지평선을 따라 등속으로 이동하는 '중립' 운동은 이동 거리가 시간에 비례하고, 포물선에서는 세로 선이 가로 선의 제곱에 비례한다($y = x^2$). 그러므로 추진체 운동에서 자유낙하에 의한 거리는 시간의 제곱에 비례한다. 다시 말해 '자유낙하 물체가 이동한 거리는 낙하 시간을 제곱한 값에 비례'한다. 현대 역학의 첫 번째 법칙이다. 그렇다면 이 비율은 어떻게 생겨나는 걸까? 갈릴레오는 시행착오 끝에 '자유낙하 물체의 단위 시간당 가속량이 일정'하다는 가속 법칙을 발견했다. 무게는 낙하 속도와 아무런 상관이 없었다! 이로써 아리스토텔레스 운동 이론의 근간이 완전히 무너졌다.

데카르트와 역학철학

자연에 대한 수학철학에는 연구 대상이 될 수학적 세계가 있어야 했고 갈릴레오는 이것도 훌륭하게 제시했다.

나는 우리가 맛, 냄새, 소리를 인지하려면 외부 물체에 크기, 형태, 수, 느리거나 빠른 운동 외의 다른 요소가 있어야 한다고 믿지 않는다. 귀, 혀, 코가 사라지더라도 물체의 형태, 수, 운동은 그대로겠지만 냄새나 맛, 소리는 없을 것이다. 나는 겨드랑이나 코 주변을 건드리면 일어나는 간지럼이 실체 없는 이름

뿐이듯이 냄새, 맛, 소리도 살아 있는 동물과는 별개인 그저 이름일 뿐이라고 믿는다.

- 갈릴레오 갈릴레이, 《분석자》, 스틸먼 드레이크·C. D. 오말리C. D. O'Malley (편집 및 번역), 《1618년 혜성 논쟁The Controversy on the Comets of 1618》(펜실베이니아 필라델피아: 펜실베이니아대학교출판부University of Pennsylvania Press, 1960)에서 재인용, 311쪽

갈릴레오의 세계에서는 "크기, 형태, 수… 운동"처럼 수학자가 연구할 수 있는 속성들만 있을 뿐이다. 우리가 세상에서 인식하는 "맛, 냄새, 소리" 같은 나머지 속성은 물체들이 '우리에게' 주는 인상일 뿐이다. 이 속성들은 사물의 '진짜' 속성이 아니며, 새로운 자연철학자의 도전 과제는 가짜 속성들을 '배제하고' 물체들을 진짜 속성인 수학적 속성으로 환원하는 것이다.

갈릴레오가 재판을 받은 후 20년 동안 매달린 신과학의 임무와 이를 위해 세운 새로운 존재론은 '역학철학'으로 불리게 되었다. 역학철학의 선지자는 프랑스인 르네 데카르트René Descartes(1596~1650)였다.

데카르트의 삶과 그의 시대

데카르트는 갈릴레오와 케플러와 같은 시대에 살았지만, 대학에도 왕실에도 속하지 않은 도시 지식인이었던 그의 삶과 이른 죽음을 추적하다 보면 다른 시대의 사람처럼 느껴진다. 소도시 라에(지금의 데카르트시)에서 계급이 낮은 가톨릭 귀족 집안에서 태어난 그는 예수회 학교인 라플레슈La Flèche에서 공부하면서 아리스토텔레스 철학과 인문주의에 심취했다. 그리고 푸아티에대학교University of Poitiers에서 2년 만에 변호사 자격증을 딴 뒤 스무 살에 파리에 정착했다. 그곳에서 처음으로 쓴 논문은 이후 평생 그와 지적 교감을 나눈 수도사이자 철학자 마랭 메르센Marin

Mersenne(1588~1648)을 위해 쓴 음악에 관한 글이었다. 2년 후인 1618년에는 브레다에서 군사기술에 관한 실용 수학 강의를 듣고 마우리츠 판나사우Maurits van Nassau가 이끄는 네덜란드 군대에 입대했는데 전사가 아닌 군의관이었을 가능성이 크다. 그는 30년전쟁의 용병으로 유럽 전역을 다니다가 3년 후 전역했지만 이후에도 계속 유럽을 여행했다. 고향으로 돌아온 그는 1623년에 부모에게 상속받은 유산을 팔아 채권을 매입했고, 이자 수익으로 호화롭지는 않지만 넉넉한 여생을 보낼 수 있게 되자 파리를 다시 찾았다. 그러다가 대도시인 파리마저 지루해져 1628년에는 유럽에서 가장 활기 넘치던 암스테르담을 찾았고 그곳 사람들에게서 자신의 야심 찬 지적 활동에 걸맞은 독립심과 자유를 발견했다. 처음에는 모험이 여러 결실을 이루었다. 그가 뛰어난 의학적 지식으로 점차 유명해지면서 사관생도 시절 스승이었으며 새로운 역학철학에 주목한 의사였던 이사크 베이크만Isaac Beeckman(1588~1637)과 동업 관계를 맺었다. 데카르트와 베이크만은 (논문의 제1저자를 누구로 표기하느냐는 문제로 사이가 틀어지기 전까지) 약 10년 동안 역학과 유압 문제들을 연구하면서 신과학의 여러 수학적 도구와 물리학적 원리를 탄생시켰다.

데카르트는 갈릴레오를 언급한 적이 많지 않았지만 그와 자신의 프로젝트가 같다는 사실을 알고 있었을 것이다. 갈릴레오가 이탈리아에서 재판받는다는 소식을 들은 그는 '세계Le Monde'라고 제목을 지으려 한 대작의 작업을 중단하고 논쟁적인 내용을 수정하여 1637년에 세 편의 에세이로 엮어 발표했는데 그중 《방법서설Discours de la méthode》은 그의 유명한 첫 철학 문헌이 되었다. 그는 세 편의 에세이 중 한 편인 《기하학La Géométrie》에서 기하학 문제를 산술적 방식으로 푸는 방법을 알려주면서 새로운 수학의 토대를 제공했다. 이후 《제1철학에 관한 성찰Meditationes de prima philosophia》(1641)과 《철학 원리Principia philosophiae》(1644)를 발표하면서 유럽에서 영향력이 가장 큰 자연철학자가 되었다. 확실성을 추구했던 젊은 시절과는 다른 방식으로 지식에 접근한《정념론Les passions de l'âme》 (1650)은 그가 눈을 감고 얼마 지나지 않아 출간되었다. 수년 동안 누구의 후원도 받지 않고 스스로 생계를 해결했던 데카르트는 1649년 겨울에 스웨덴의 크리스티나 여왕Queen Christina이 제안한 왕실 철학자 자리를 받아들였다. 크리스마스 직전에 사냥에서 돌아온 여왕은 데카르트에게 자신이 아침 식사하는 동안 철학 강의를 하라고 명했다. 잠과 꿈에 대해 많은 글을 썼을 뿐 아니라 라플레슈에서도 천재성을 인정받아 늦잠 자는 호사를 누렸던 그에게 온몸이 꽁꽁 어는 스웨덴의 겨울 아침에 일어나는 것은 무척 큰 곤욕이었다. 결국 데카르트는 스웨덴에 온 지 여섯 주만에 폐렴에 걸려 세상을 떠났다.

역학 존재론

갈릴레오가 시적으로 표현한 개념들은 데카르트의 손을 거치면서 자연의 역학철학을 위한 존재론적 토대로 변모했다. 그러한 철학이 자연에서 허용하는 요소는 수학으로 완전하게 설명할 수 있는 물질과 운동뿐이었다. 아리스토텔레스에게 광범위한 형이상학적 범주였던 물질은 물질이 차지하는 공간 또는 그 공간의 '연장extension'인 수학적 차원으로 환원되었다. 색, 냄새뿐 아니라 딱딱함 같은 정량화할 수 없는 속성은 수학적 성질인 '1차' 성질에서 파생한 '2차' 성질이었다. 또한 운동은 물질의 기하학적 구성에서 나타나는 상대적 변화일 뿐 위치, 방해물, 저항과 상관이 없었다. 운동은 아리스토텔레스 주창자들이 내세우는 인과관계 설명이 아닌 갈릴레오의 자유낙하 분석 같은 수학적 분석으로 규명할 수 있었다.

데카르트가 라플레슈에서 접한 아리스토텔레스 철학은 역학철학에 등장하는 용어나 논증 방식에 영향을 주었지만, 내용은 전혀 달랐다. 그

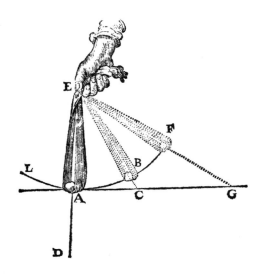

| 그림 9.7 | 자연법칙에 대한 데카르트의 설명. 손으로 흔든 돌은 띠 안에 있는 한 원 궤도를 유지한다. (가령 A에서) 띠에서 빠져나오면 등속으로 직선을 그린다(ACG). 띠가 EAD를 따라 팽팽하게 유지되는 것도 안으로 끌어당기는 힘인 구심력 때문이다. 하지만 접선을 그리려는 경향이 결국 반지름이 그리는 원운동으로 바뀌는 과정은 데카르트 이론의 주창자였던 크리스티안 호이겐스가 훨씬 후에 밝혔다.

는 진공이나 진정한 원자 개념은 인정하지 않았지만, 물질과 연장이 하나라면 모든 공간은 '사실상' 완전히 차 있고 차원을 갖는 모든 것은 나눌 수 있다고 주장했다. 이 세계관은 원자론자들의 세계관과 비슷하다. 데카르트의 세상은 어떤 힘이나 위치, 형태도 없이 서로 끊임없이 충돌하는 딱딱한 '알갱이corpuscle'만으로 이루어져 있었다. 형상인이나 목적인이 없는 그의 세계에서는 충돌이 인과관계의 유일한 실질적 형상이며 이러한 인과관계는 보존된다. 다시 말해 각 충돌에서 일어나는 운동의 양과 세상 속 운동의 총량은 충돌하는 알갱이의 방향과 속도가 변하더라도 항상 같다.

데카르트는 자신의 주장을 입증하기 위해 충돌에 관한 수학 법칙을 세우는 데 노력을 쏟아부었다. 그의 법칙들은 세대가 거듭되면서 세부적인 부분들의 오류가 발견되어 수정되었지만, 알갱이들의 운동을 수학적으로 설명한 원칙들과 더불어 알갱이들이 운동을 교환하는 그림은 다음 세대의 자연철학자들이 이끌 신과학을 정의했다. 그는 또한 운동에 관한 기본 법칙들도 제시했다(그림 9.7).

'첫 번째 자연법칙': 모든 사물은 그 힘의 영향 안에 있는 한 언제나 같은 상태를 유지하므로 움직이기 시작하면 계속 움직인다. …

'두 번째 자연법칙': 모든 움직임은 그 자체로 직선이다. 그러므로 원으로 움직이는 물체들은 항상 원의 중심에서 멀어지려고 한다.

- 데카르트, 《철학 원리》, 37~40쪽

이 법칙들은 수평선을 따라 움직이는 물체가 어떤 힘에 가로막히지 않는 한 계속 움직인다는 갈릴레오의 결론을 데카르트의 방식으로 표현한 것이지만, 데카르트의 '자연법칙'들은 더 이상 지구에서 일어나는 운동에 국한한 통찰이 아니었다. 직선의 등속운동은 변화의 형상이 아니라 상태라는 데카르트의 자연법칙들은 세상 '모든' 물체의 '모든' 운동에 적용되는 보편적 진실이었다. 등속직선운동이 시작되거나, 중단되거나, 방향을 바꾸거나, 속도가 달라지는 데는 이유가 필요하지만 그러한 운동이 계속되는 데는 이유가 필요하지 않았다.

새로운 역학 과학

데카르트의 주장은 2천 년 동안 유럽, 북아프리카, 많은 아시아 지역의 철학자들이 자연을 이해한 방식이었던 아리스토텔레스 자연철학과 완전히 결별했다. 역사학자들은 이 변화를 '혁명'으로 불러야 할지에 대해 아직도 논쟁하고 있다. 그 결과는 당연히 혁명이라는 용어를 어떤 맥락으로 사용하는지에 따라 달라질 것이다. 갈릴레오, 케플러, 데카르트를 비롯해 신과학을 이끈 이들은 아무리 큰 대가—대부분 지식인으로서의 명성에 대한 대가였지만 개인적 삶에 대한 대가도 치러야 했다—를 치러야 하더라도 굴하지 않고 지식에 대한 낡은 접근법을 물리치고 새로운 접근법을 탄생시킨 자신들이 극적이고 급진적인 변화를 불러일으켰다고 자부했다. 그러한 변화는 아무것도 없는 상태에서 하루아침에 일어나

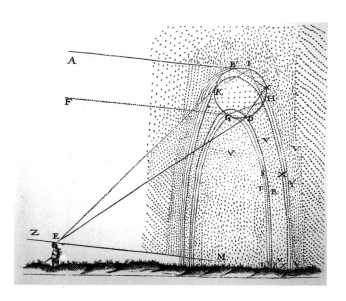

| 그림 9.8 | 데카르트가 1637년에 발표한 《기상학Les Météores》 중 무지개에 관한 분석. A에서 나온 광선이 데카르트가 물 공으로 재현한 빗방울을 통과한다. 그러면 B에서 굴절된 다음 C에서 반사되고 다시 D에서 굴절되는데, 굴절된 광선이 우리 눈에 입사되는 각도에 따라 색이 다르게 보인다.

지 않았다. 성당의 은유에서도 알 수 있듯이 혁신은 그때마다 이용 가능한 자원을 동력으로 삼아 점진적으로 이루어진다. 갈릴레오의 발견은 데카르트에게 중요한 자원이었고, 갈릴레오도 아르키메데스와 뷔리당 그리고 16세기 역학의 도움을 받았다. 케플러의 발견 역시 중요했다. 데카르트는 케플러의 광학(7장)에서 순수하게 수학적-물리학적인 과학 모형을 발견한 후 미발표작인 《세계》의 부제를 '빛에 관한 논고Traité du monde et de la lumière'로 지었다.

케플러의 새로운 광학에 따르면 빛은 수학으로 모두 분석할 수 있는 물리학적 대상이었고, 데카르트는 과거 자연철학자들을 미궁에 빠트렸던 현상인 무지개를 분석하여 이를 입증했다. 아리스토텔레스는 투명함은 물, 공기 같은 매질의 속성이고 불투명함은 고체 물체의 속성이며 색은 불투명함의 형상이라고 가르쳤다. 그렇다면 공기에서 어떻게 무지개색이 나타날 수 있을까? 데카르트는 수학적인 동시에 경험적인 답을 제시했다. 그는 그림 9.8에서처럼 광선이 빗방울 안에서 굴절과 반사를 여러 번 반복하고 그로 인한 방향 변화들이 이루는 각도가 색을 결정한다고 설명했다. 예를 들어 그가 빗방울 대신 물을 채운 투명한 공으로 실험한 결과 굴절각이 42도면 빨간색으로 보였다. 데카르트가 물체가 지구 '둘레를 도는' 갈릴레오의 '중립 운동' 개념을 등속직선운동에는 원인(운동이 계속될 원인)이 필요하지 않다는 법칙으로 표현할 수 있었던 이유는 빛을 항상 직선으로 움직이는 순수한 운동으로 생각했기 때문일 것이다. 데카르트는 한 걸음 더 나아가 같은 원리들을 바탕으로 행성 운동 이론, 유성과 혜성의 운동 이론, 자성 이론, 생리학 이론, 인체 감각 이론을 만들려고 했다. 이 이론들은 케플러 광학에 대한 그의 새로운 해석만큼 성공적이지는 않았지만, 시도 자체가 새로운 역학철학의 패러다임이 되었다.

새로운 과학의 정립

옛 질서의 붕괴

케플러, 갈릴레오, 데카르트의 연구에서 신과학이 등장하기 시작한 17세기 초 유럽은 골머리를 앓고 있었다. 종교개혁 후 한 세기 동안 고조되었던 긴장이 1618년에 폭발하면서 1648년까지 이어진 30년전쟁이 발발한 것이다. 시작은 가톨릭 국가와 프로테스탄트 국가 사이의 다툼이었지만, 가톨릭교도인 데카르트가 프로테스탄트인 마우리츠 공작의 용병으로 참전했다는 사실에서도 알 수 있듯이 탐욕과 기회주의가 이끄는 만인 대 만인의 잔인한 전쟁으로 치달았다. 몇몇 독일 지역에서 인구의 반이상이 사라질 만큼 직접적인 피해도 어마어마했지만 다른 피해도 있었다. 수많은 군주와 영주가 새로운 금융 제도(5장)를 악용해 무리하게 채무를 지기 시작한 것이다. 군주가 서명한 약속어음과 왕의 얼굴을 새긴 주화가 유럽에 넘쳐나면서 가치가 떨어졌다. 인플레이션은 전에 없던 낯선 현상이었다. 투명한 교환 수단이어야 하는 돈에 어떻게 가격이 있을 수 있을까? 돈의 가격이란 무엇을 나타내는가? 군주의 모습이 동전의 가치를 보장하지 않는다면 그 모습이 상징하는 것은 무엇일까?

이 위기는 종교, 정치, 경제 모두에서 불안정과 불법 행위를 조장했는데 가장 극적인 행태는 영국에서 나타났다. 영국은 물리적으로 유럽 대륙과 분리되어 있고 이미 한 세기 전에 헨리 8세에 의해 가톨릭교회와 제도적으로도 분리된 사실을 고려하면 위기로부터 가장 안전한 곳이어야 했다. 하지만 영국에서 전쟁은 신의 질서와 정치적 질서 사이의 오랜 관계를 뒤흔들었다. 많은 이익을 안겨줄 듯한 대규모 전쟁에 합류하고 싶었던 찰스 1세는 (결국 실패한) 군사적 모험에 필요한 자금을 마련하기 위해 계속 세금을 올렸고 결국 의회의 반발에 부딪혔다. 상원의원보다 신분이 낮은 주요 마을의 대표인 하원의원들은 세금에 대한 권한이 전통과 관습법에 따라 자신들에게 있다고 생각했으며, 권한을 지키기 위해서는 투쟁도 마다하지 않았다. 스코틀랜드 계통으로 가톨릭교도와 결혼하여 가톨릭교회와 은밀하게 거래한다는 의심을 받던 찰스 1세가 하원 지도자들을 체포하려 하면서 왕실과 의회의 관계는 더욱 멀어졌다. 그러다가 1642년에 의회 군대와 왕실 군대 사이에 본격적인 전쟁이 벌어졌고 1649년 1월 20일에 왕이 재판에 서면서 싸움은 끝났다.

찰스 스튜어트Charles Stuart는 부자연스럽고 잔인하며 피로 물든 전쟁의 주도자, 선동자, 옹호자이므로 전쟁 동안 또는 전쟁에 의해 국가에서 발생한 모든 반역, 살인, 강간, 화재, 파괴, 황폐화, 손해, 피해에 대해 유죄다. … 존 쿡

John Cooke[검사]은 영국 국민을 대신하여 상술한 이유와 범죄를 근거로 찰스 스튜어트를 독재자, 반역자, 살인자이자 잉글랜드연방의 공공의 적으로 고발한다.

- K. J. 케셀링K. J. Kesselring, 《찰스 1세의 재판The Trial of Charles I》에서 재인용, 34쪽

1월 26일 찰스 1세는 유죄 판결을 받고 나흘 뒤 참수되었다.

분노한 백성의 손에 왕이 무참히 죽은 일은 처음이 아니었지만, 왕에 대한 재판은 역사상 전례 없는 사건이었다. 왕은 어떤 법에 따라 재판을 받을까? 어떤 권력에 의해 심판대에 설까? 왕이야말로 모든 법의 '저자'가 아니었던가? 왕이 어떻게 반역자가 될 수 있을까? 누구를 반역한 것일까? 찰스 1세는 자신이 결코 관할권을 인정하지 않았던 의회 법정에 서게 되자 이 딜레마를 유려하게 묘사했다.

관할권이 아무리 강력한 기관이라도 왕을 재판할 수는 없다. … 법이 없는 권력이 법을 만들고 왕국의 기본법에 손을 댄다면 영국의 어느 국민도 자신의 재산은 물론이고 목숨도 보장받지 못할 것이다.

- K. J. 케셀링, 《찰스 1세의 재판》에서 재인용, 41쪽

그러나 찰스 1세는 결국 재판을 받았고 처형당했다.

유럽은 종교적·정치적 권위가 사라진 공백 상태에 빠졌고, 이 공백을 메울 기회는 새로운 지식을 제공하고 이 지식을 모을 새로운 방법과 도구를 제시하는 신과학에 있었다. 신과학은 과거 비정통적인 운동들이 그러했듯이 '이단'이 되어 도덕적·사회적 요구를 제창하는 대중적 종교가 될 수 있었다. 과거 이단 운동은 대부분 진압되었지만, 종교개혁처럼 성공할 수도 있었다. 앞에서 보았듯이 벨라르미네가 갈릴레오에게서 이 같은 위험을 발견한 데에는 여러 합리적인 근거가 있었다.

예상과 달리 신과학은 지식에 대한 혁명적 성향을 정치나 종교에 적용하지 않았다. 대신 권력 제도를 지지하고 협력하여 점진적인 개혁 프로젝트로 발전했다. 프랜시스 베이컨(1561~1626), 자칭 철학자였던 데카르트, 로버트 보일(1627~1691)은 이처럼 보수적인 정치와 협력하는 동시에 급진적인 인식론을 구성하는 신과학 프로젝트를 이끈 삼인방이다.

베이컨의 우상

프랜시스 베이컨은 영국의 새로운 지식 엘리트 계급이었다. 그의 어머니 앤 쿡Anne Cooke은 에드워드 4세Edward IV의 교사였던 저명한 인문주의자 앤서니 쿡Anthony Cooke의 딸이고 자신도 저명한 지식인이었다. 아버지 니컬러스 베이컨Nicholas Bacon은 엘리자베스 왕실에서 두 번째로 높은 직위인 국새상서Lord Keeper of the Seal로 임명되면서 작위를 받았다. 케임브리지에서 공부한 베이컨은 아버지가 세상을 떠나면서 가세가 기울자 법조인이 되었다. 그는 당시 가장 강력한 권세가였던 에식스 백작Earl Of Essex—엘리자베스 여왕의 총애를 얻어 권력을 얻었지만 이후 여왕의 눈밖에 나면서 몰락했다—의 비밀 고문이 되었고 이후 국회의원이 되었으며 1613년에는 검찰총장이 되었다. 제임스 1세가 엘리자베스 여왕의 뒤를 이으면서 입지가 더욱 탄탄해진 베이컨은 왕실과 모의하여 1617년에 아버지처럼 국새상서가 되었고 이듬해에는 그보다 높은 지위인 대법관으로 임명되어 베룰럼 남작Baron Verulam 작위를 받았다. 1621년에 그가 몰락한 이유도 모의 때문이었다. 뇌물 수수 혐의로 기소된 그는 범죄를 시인하여 유죄 판결을 받았고 4만 파운드의 벌금을 문 뒤 런던탑에 구금되었으며 이후 국회의원은 물론이고 어떤 공직도 수행할 수 없었다. 사실 베이컨은 판결 후 감형되어 벌금은 한 푼도 내지 않았고 옥살이도 나흘밖에 하지 않았지만, 정치 생명이 끝나면서 남은 삶을 철학과 과학에 헌신했다. 1626년 3월 베이컨은 말을 타다가 추위가 고기 부패에 미치는 영향이 궁금해졌고 실험을 해보기로 했다(17세기 유럽은 지금보다 훨씬 추웠다). 그는 닭을 사서 눈으로 속을 채우다가 감기에 걸렸고, 이후 감기가 기관지염으로 악화한 결과 4월 9일에 눈을 감았다.

섬뜩한 냉동 닭 이야기는 베이컨이 스스로를 적극적인 경험주의 자연철학자로 여겼음을 잘 보여준다. 그의 방대한 연구를 집대성하여 사후에 발표된 《숲의 숲》은 제목에서 유추할 수 있듯이 많은 부분에서 자연 마법의 전통(6장)을 따른다. 베이컨의 가장 영향력 있는 글은 철학서인 1605년 작 《학문의 진보The Advancement of Learning》, 《대개혁Instauratio Magna》, 그리고 1620년 작 《신기관》이었다('신기관'은 아리스토텔레스의 논리학 문헌을 통칭하며 '기관'이라는 뜻도 내포하는 '오르가논Organon'에 착안한 제목이다). 세 작품을 통해 베이컨은 1592년에 삼촌인 버글리 경Lord Burghley에게 편지로 이야기한 것처럼 "철저한 관찰, 합리적 결론, 이윤을 선사하는 발명과 발견"이라는 선의의 열망을 실현할 신과학의 철저한 경험주의 프로그램을 제시했다.

정치인이자 인문주의자인 베이컨은 과학은 책임 있고 구체적이며 이익이 되어야 한다고 믿었다. 그에게 과학의 목표는 정신을 고양하거나 신의 창조를 해독하는 것이 아니라 현세의 삶을 낫게 하는 일이었다. 그는 목표들을 달성하는 방법에 대한 여러 실용적 개념을 제시했다. 가령 학문 분야들을 체계적으로 재구성하고 경험주의적 정보를 수집하는 방식을 제시한 '존재와 부재의 표tables of presence and absence'를 만들어 눈에 보이는 사물의 속성들을 세밀하게 비교하여 사물의 숨은 형상을 발견할 수 있도록 했다. 하지만 그의 죽음에서 알 수 있듯이 베이컨은 갈릴레오와 케플러 같은 당대 학자들이 경험적 연구를 위해 마련한 복잡한 도구적·수학적 방법론에 대한 이해가 부족했다. 대신 그는 새로운 과학이 스스로를 인식하고 표현하는 방식에 큰 영향을 미쳤고, 이러한 영향력을 발휘한 데에는 그의 방법론보다 철학이 더 큰 역할을 했다. 다음 편지에서도 알 수 있듯이 그는 대학이 가르치는 과학뿐 아니라 그 주변의 과학에 몹시 비판적이었다.

하찮은 논쟁, 논박, 말장난이나 일삼는 무리와 맹목적 실험, 귀동냥으로 주워들은 전통, 사칭이 난무하는 무리가 처참하게 더럽힌 자연철학을 정화할 수 있다면 좋으련만.

– J. 스펠딩J. Spelding 외(편집 및 번역),《프랜시스 베이컨의 글The Works of
Francis Bacon》(매사추세츠 케임브리지: 리버사이드 프레스Riverside Press, 1900)에서
재인용, 제8권, 109쪽

"논쟁, 논박, 말장난"은 아리스토텔레스주의를 꼬집은 것이고 "맹목적 실험"과 "귀동냥으로 주워들은 전통"은 연금술과 자연 마법을 포함한 실용적인 '어떻게에 대한 앎'의 전통을 비판한 것이다. 과거에 갈릴레오가 피렌체에서 그랬고 데카르트가 암스테르담에서 그랬듯이 영국에서 베이컨은 전통을 철저하게 거부했다. 사실 아리스토텔레스 철학의 모든 용어와 방법론(4장과 5장)에 정통했던 세 사람의 진짜 표적은 아리스토텔레스가 아니라 '전통'이었다. 지식은 새롭게 출발해야 했다.

지식은 전통이 목표하거나 허용하는 곳보다 훨씬 멀리 나아갈 수 있으므로 새롭게 출발해야 했다. 베이컨의 글은 불만이 가득해 보이지만 실제로는 인류가 지식뿐 아니라 지식을 얻기 위한 새로운 방식을 손에 넣을 수 있다는 강력한 낙관주의와 자신감을 표출한다. 우리는 속고 있기 때문에 잘못된 길을 걷고 있지만 속임수에서 벗어날 방법을 배울 수 있다. 베이컨은《학문의 진보》와《신기관》에서 이러한 속임수를 시적으로 묘사하며 여러 '우상'으로 분류했다. 이를테면 "종족의 우상"이 우리의 제한적인 본성으로부터 출현하여 우리를 속이는 이유는 "인간의 이해는 가

짜 거울이 빛을 불규칙하게 투영하여 거울의 속성과 사물의 속성을 뒤섞어 사물의 변질을 왜곡하고 변색시키는 것과 같기 때문"이다. "동굴의 우상"은 교육과 습관에서 비롯된 속임수로, "모든 이에게는… 자연의 빛을 왜곡하고 퇴색시키는 자신만의 동굴이나 은신처가 있다"라는 말은 분명 플라톤의 동굴을 지칭한 것이다. 베이컨은 편견, 선입견, "잘못된 단어 선택" 등에 의한 왜곡은 "시장의 우상"으로, "철학의 온갖 도그마"에서 비롯된 왜곡은 "극장의 우상"으로 일컬었다.

데카르트의 상식

베이컨의 열망은 선한 의도에서 비롯되었고 합리적이었지만 그가 기댄 수단들은 급진적이었다. 학습, 교육, 전통, 감각처럼 우리가 지식을 얻는 기본 방식으로 여기는 모든 것은 장애물이었고, 이들을 제거하기 위해서는 탐구해야 했다. 데카르트는 약 15년 뒤 《방법서설》에서 비슷한 생각을 드러냈다.

> 나는 스승들의 통제에서 벗어날 만큼 나이가 든 뒤에는, 나 자신에게서 발견할 수 있는 지식이나 세상의 위대한 책에서 읽을 수 있는 지식을 제외하고는 그 어떤 지식도 찾지 않겠다고 결심하고 학문을 저버렸다.
>
> – 데카르트, 《방법서설》 1부

데카르트는 독서와 지식인의 가르침이 지니는 가치에 대해서는 베이컨보다 훨씬 신중했고, "진정한 가치를 알 수 있고 속임수로부터 우리를 지켜준다면" 그 가르침을 받아들여야 한다고 말했다. 그는 또한 신과학에도 베이컨보다 훨씬 정통하여 정교한 실험을 수행하고 장비를 설계했을 뿐 아니라 신과학에서 수학이 도맡는 역할을 깊이 이해하고 규정했다. 하지만 과학에 대한 그의 생각은, 낙천적이고 개방적이며 어떤 한계나 간섭에서도 자유로웠던 베이컨의 생각과 근본적으로 같았다.

> 양식良識은 이 세상에서 가장 공평하게 배분된 것이다. … 우리는 제대로 판단하고 거짓에서 진실을 판별하는 능력을 '양식'이나 '이성'이라고 부르는데 이 능력은 모든 이에게 공평하게 존재한다.
>
> — 데카르트, 《방법서설》 1부,
> www.earlymoderntexts.com/assets/pdfs/descartes1637.pdf, 1쪽

그러므로 데카르트는 베이컨과 마찬가지로 모두가 새로운 지식의 경이로운 탄생에 참여할 수 있는 '방법'을 제시했다.

> 나는 내 마음이 다른 이들의 마음보다 낫다고 생각한 적이 한 번도 없다. … 오히려 다른 이들보다 못났다는 생각을 자주 하며 남들의 기지나 예리함, 상상력, 기억력을 부러워했다. 하지만… 한 가지 면에서만큼은 평균 이상이다. 나는 유년 시절 이래 운이 좋게도 성찰과 격률格率로 이어지는 분명한 길을 걸으면서 한 가지 방법을 마련할 수 있었다. 이 방법은 내 지식을 점차 넓혀주어 결국 내 평범한 마음과 덧없는 삶이 이를 수 있는 최상의 상태에 도달하게 해줄 것이다. … 그러므로 이 책에서 내 목적은 자기 자신의 이성을 올바르게 이끌려는 모든 자가 따라야 할 방법을 가르치는 것이 아니라 나 자신이 내 이성을 어떻게 이끌려고 했는지 보여주는 것뿐이다.
>
> — 데카르트, 《방법서설》 1부, 1~2쪽

방법에 관한 데카르트의 생각은 베이컨보다도 모호했다. 처음에 그는 자신이 암스테르담에서 쓰기 시작한 논문의 제목이기도 한 '정신 지도 규칙Rules for the Direction of the Mind'을 세울 수 있다고 진심으로 믿은 듯

하다. 수학적 확실성을 통해 '분명하고 개별적인 생각들'을 의심의 여지가 없는 결론으로 만들기 위한 규칙이었다. 데카르트가 이 프로젝트를 완수하지 못한 이유는 게으름 때문이 아니었다. 수학과 실험 중심의 새로운 자연철학을 위한 기술을 연마하면서 방법에 관한 이 같은 생각이 희미해졌고, 그의 방대한 과학 연구는 성당을 지은 석공의 지식처럼 절충적이고 융통성 있는 지식이 되었다.

하지만 방법에 대한 그의 철학적 믿음은 분명 진심이었다. 인간의 지식은 '올바른 방식'으로 실천된다면 경계가 거의 없다는 원대한 희망은 이 믿음 때문에 가능했다. 갈릴레오는 이러한 낙관주의를 가장 급진적으로 표현했다.

> 인간의 지성은 어떤 문제들은 완벽하게 이해하므로 그것들에 대해서는 자연만큼이나 절대적으로 확신할 수 있다. 기하학과 산술인 수리과학만이 그러하다. 물론 전지한 신의 지성은 무한히 더 많은 문제의 답을 안다.
> – 갈릴레오 갈릴레이, 《두 우주 체계에 관한 대화》, 스틸먼 드레이크(번역),
> 2판(캘리포니아 버클리: 캘리포니아대학교출판부, 1967), 103쪽

신은 '모든 것을' 알지만 인간은 아는 것이 많지 않다. 하지만 수학처럼 우리가 '아는 것'에 관해서는 신만큼 안다. 교회 권력과 보수적인 학자들은 이 주장에 지동설 때보다도 더 경악했다. 중세 철학자들은 인간의 지식과 신의 지식 사이의 구분을 신학과 인식론 모두의 핵심으로 삼았다. 신은 모든 것을 알 뿐 아니라 인간과 다른 방식으로 알았다. 우리의 지식은 '무질서'하므로 단어와 문장으로 구성해야 했기 때문에 일반화와 범주화가 불가피했다. 그러므로 개별적인 사물들이 지닌 본질의 많은 부분을 놓칠 수밖에 없었다. 한편 신의 지식은 '직관적'이었다. 신은 자신이 이룬 세상 '내부의' 모든 부분을 전체적으로뿐 아니라 개별적으로도 이해

했다. 신은 '창조자'로서 세상을 알았으므로 인간이 신과 같은 방식으로 알 수 있다고 말하는 것은 인간이 창조를 모방할 수 있다고 말하는 것과 같으므로 결코 용납할 수 없는 자만이었다. 6장에서 보았듯이 베이컨의 실용주의적 열망도 이처럼 이단에 가까운 갈릴레오의 태도와 그리 동떨어지지 않았다. 베이컨의 《새로운 아틀란티스》에 등장하는 솔로몬 학술원의 사제이자 과학자들 역시 자신들이 창조를 모방할 수 있는 미스터리를 풀었다고 자부하며 다음과 같이 말한다. "우리는 모든 빛과 색을 재현할 수 있습니다. … 우리는 모든 소리와 그 울림을 만들고 재현할 수 있습니다. … 우리는 다른 여러 곳의 냄새를 조합해 모든 냄새를 모방할 수 있습니다"(베이컨, 《새로운 아틀란티스》, 33~35쪽).

새로운 아카데미

베이컨이 솔로몬 학술원 같은 새로운 지식 기관을 구상하며 신과학에 대한 생각을 주창한 일은 그리 놀랍지 않다. 지식에는 장소가 필요하고 신과학에는 새로운 장소가 필요했다. 수 세기 동안 학자들에게 자유를 주면서 교육과 학문을 이끈 대학은 과거의 믿음과 관행에 갇혀 있었다 (4장과 5장). 그렇다고 튀코와 갈릴레오가 몸소 깨달았듯이 변덕스러운 왕실의 후원에 마냥 의지할 수도 없었다.

이미 16세기 이탈리아에서는 비공식적으로나마 새로운 지식 기관들이 출현하고 있었다. 그 본보기는 1492년에 출판업자이자 인문주의자인 알도 마누치오Aldo Manuzio(1452~1515)가 베네치아에 설립한 아카데미 알디나Accademia Aldina일 것이다. 플라톤의 아카데메이아가 부활한 '새로운 아카데미'를 표방하며 고전 문헌 인쇄와 관련한 여러 문헌학 문제를 다루기 위해 문을 연 아카데미 알디나는 이후 출현한 다른 아카데미와 마찬가지로 생계 걱정이 없고 지적 호기심이 큰 상류층 남성들이 정기적으로 모여 새로운 사상들을 논의하는 곳이었다. 이후 등장한 아카데미들은 좀 더 실용적이고 실험적인 주제를 다루었다. 음악과 음악 이론을 주로 연구한 피렌체 카메라타Camerata는 빈첸초 갈릴레이를 후원했고, 린체이 아카데미는 앞에서도 언급했듯이 갈릴레오를 후원했다. 1657년에는 갈릴레오의 제자들이 피렌체에 아카데미 델 치멘토Accademia del Cimento('실험의 아카데미')를 세웠다.

아카데미 대부분은 설립자가 세상을 떠나면 문을 닫았으므로 1635년에 당시 프랑스 정치계에서 가장 막강한 힘을 과시했던 리슐리외 추기경Cardinal Richelieu이 프랑스 문헌에 관심 있는 파리인의 모임에 '특허장'을 발급하도록 루이 13세Louis XIII를 설득한 일은 이정표적인 사건이었다. 이를 계기로 탄생한 아카데미 프랑세즈Académie Française는 국가가 후원하는 공식적인 첫 아카데미로 여전히 건재하다. 리슐리외 추기경에 뒤이어 프랑스 정치계의 거물로 등장한 장바티스트 콜베르Jean-Baptiste Colbert는 태양왕 루이 16세Louis XIV에게 아카데미 프랑세즈를 본보기로 제시하면서 국가와 관리들이 회원과 지위를 결정하며 국가가 후원하는 과학 아카데미 설립을 제안했다. 그렇게 해서 1666년에 설립된 아카데미 데 시앙스Académie des Sciences는 아카데미 프랑세즈와 함께 프랑스의 핵심 지식 기관이 되었다. 특히 아카데미 데 시앙스는 신과학이 정치 엘리트들과 어떤 비공식적 합의—과거 유니베르시타스들이 정치계와 맺은 관계와 전혀 다른—를 맺었는지 잘 보여준다. 국가는 아카데미에 재정적·제도적 지원을 제공했고, 새로운 과학 기관은 상업, 산업, 운송, 병력처럼 국가권력을 강화하는 데 도움이 될 분야들의 발전을 우선으로 삼았다.

보일과 왕립학회

리슐리외와 콜베르처럼 실용주의를 중요시한 이들이 "말장난"을 삼가고 "재현", "향수", "엔진" 같은 표현을 쓴 베이컨의 수사법에 주목했다는 사실은 그리 놀랍지 않다. 신과학 주창자들은 국가와 합의하면서 자신들의 역할을 직시했다. 근대 초기의 대표적인 아카데미는 국가의 인정을 받는 데 많은 에너지를 쏟아부었다. 좋은 예는 '자연과학 진흥을 위한 런던 왕립학회(이하 왕립학회)'다.

왕립학회는 두 개의 비공식 모임에서 기원했다. 그중 하나는 1645년경 런던에서 시작된 '보이지 않는 대학Invisible College' 모임으로 주로 그레셤 칼리지Gresham College에서 만났다. 1597년에 토머스 그레셤Thomas Gresham 이 자신의 이름을 따 설립한 공공 교육기관인 그레셤칼리지는 전임 교수 들에게 정기적으로 공개강좌의 기회를 제공했다. 다른 모임인 '실험 철학 클럽Experimental Philosophical Club'은 옥스퍼드에 있는 워드험칼리지Wadham College에서 모였는데 워드험칼리지 학장 존 윌킨스John Wilkins(1614~1672) 가 회장이었다. 두 모임을 통합한 인물은 베이컨의 비전을 실현하는 일을 삶의 과제뿐 아니라 종교적 소명으로 삼은 로버트 보일이다.

로버트 보일은 영국에서 손꼽히는 자산가이자 식민지 아일랜드에서 재무장관을 지낸 '모험가' 리처드 보일Richard Boyle의 막내아들로 태어 났다. 그는 어린 시절부터 초대 코크 대백작First Earl of Cork의 자제에게 걸 맞은 교육을 받았다. 처음에는 여러 가정교사에게 개인교습을 받았고 이후 이튼칼리지Eton College에 입학했으며 졸업 후에는 유럽 대륙을 두 루 돌며 학식을 넓혔다. 1644년에 영국으로 돌아와 아버지에게 토지를 물려받고 도싯에 정착해 처음에는 종교, 도덕에 관한 논문을 썼지만 새 로운 실험과학에 흥미를 느끼기 시작했다. 그리하여 1649년에 도싯에 실험실까지 지었고, 1656년에는 옥스퍼드로 이사해 윌킨스의 모임에 합 류한 후 12년 동안 실험과 저술에 몰두했다. 1668년에는 런던으로 가서 누나 라널라Ranelagh와 함께 실험실을 지었고 이후 런던을 거의 떠나지 않았다.

보일은 런던 모임과 옥스퍼드 모임 모두와 가까웠고, 그들을 공식 기관으로 만들 재정적 능력과 사회적 지위가 충분했다. 더군다나 영국을 공화국으로 만들려던 의회의 시도가 실패하고, 참수된 찰스 1세의 아들인 찰스 2세가 복권하면서 보일은 어렵지 않게 계획을 실현할 수 있었다. 왕실이 찰스 1세를 기소한 쿡에게만 보복하면서 지배 계급과 엘리트 지식인 사이에 평화가 찾아왔기 때문이다. 이처럼 호의적인 분위기에서 두 모임의 회원들은 그레셤칼리지에 모여 논의한 끝에 1660년 11월 '물리학-수학 실험 교육 진흥을 위한 칼리지College for the Promoting of Physico-Mathematical Experimental Learning'를 설립했고 2년 뒤에는 왕립학회로 인정받았다.

초창기 회원들을 살펴보면 왕립학회가 어떤 성격의 기관이고 어떤 종류의 과학을 발전시키려 했는지 알 수 있다. 초대 회장 윌리엄 브롱커William Brouncker(1620~1684) 자작은 해군 사령관이자 수학자였고, 세스 워드Seth Ward(1617~1689)는 주교이자 수학자, 천문학자였으며, 윌리엄 페티William Petty(1623~1687) 경은 경제학자이자 지리학자인 동시에 (의회 군대 수장이자 영국이 공화정이던 시절 호국경이었던) 올리버 크롬웰Oliver Cromwell의 주치의였다. 앞에서도 언급했듯이 존 윌킨스는 대학 학장이자 자연철학자였다. 그와 같이 옥스퍼드 모임에 속했던 존 월리스John Wallis(1616~1703)는 사제이자 수학자 겸 암호 전문가였으며, 토머스 윌리스Thomas Willis(1621~1675)는 왕실 주치의이자 해부학자였다. 모임에서 가장 도회적이었던 존 에블린John Evelyn(1620~1706)은 화약 제조로 부호가 된 가문 출신으로 일기 작가와 역사학자였다. 왕립학회 간사장이었던 독일 출신의 헨리 올덴부르크Henry Oldenburg(1619~1677)는 신학자였다. 외교관(이자 간첩) 신분으로 유럽 전역을 돌며 수많은 아카데미를 방문했던 올덴부르크는 왕립학회의 구조와 운영 방식에 대한 여러 구상을 제시했다. 그는 왕립학회가 임금을 지급한 두 명의 회원 중 한 명이었다(하지만 왕립학회는 회비를 걷거나 재정 의무를 지키는 데에 그다지 철저하지 않았다). 다른 한 명은 왕립학회의 '실험 큐레이터' 로버트 훅Robert Hooke(1635~1703)이었다. 왕립학회 회원 중 유일하게 전문가였던 훅은 여러 장비를 설계, 제작하고 실험을 계획, 감독하며 이론을 발표하고 새로 나온 책들을 검토했다. 왕립학회 주간 모임은 훅이 어쩌다 참석하지 못하면 대개 취소되었다. 그에 대해서는 10장에서 자세히 이야기하겠다.

왕립학회가 공식적으로 표방한 이상은 그 상징에서 잘 드러난다(그림 9.9). 천사가 화관을 씌워주고 있는 찰스 2세가 왼쪽으로는 브롱커, 오른쪽으로는 베이컨의 보호를 받고 있다. 한쪽 벽에는 책들이 진열되어 있고 각종 측정 장치와 실험 도구가 가까운 곳에 있다. 뒤로는 맑은 광경이 펼쳐져 있다. 찰스 2세의 흉상 위에는 "누구의 말도 곧이곧대로 믿지 말라Nullius in Verba"라고 적혀 있다. 이 상징은 왕립학회가 왕실로부터 권위를 인정받기 위해 1662년에 발간한 《런던 왕립학회 역사The History of the Royal Society of London》의 표지를 장식했고, 저자 토머스 스프랫Thomas Sprat(1635~1713)은 이 이상을 강렬한 단어들로 표현했다.

폐하께 아뢰옵나이다.

폐하께서는 유럽의 여느 왕보다 앞서 실험을 위한 이 고귀한 모임을 허가하시어 모범을 보이셨나이다. 폐하의 행동은 가장 뛰어난 군주들이 이룬 최고의 성취를 전부 합친 것에 필적합니다. 전 인류의 힘을 향상하고 사람들을 오류의 속박에서 벗어나게 하는 것은 제국을 확장하거나 식민 국가들의 목에 사슬을 채우는 것보다 더 큰 영광입니다. …

저희[학회 회원]는 그에 응당하게 실험을 이끌고, 판단하고, 연구하며, 발전시켜왔습니다. 하지만 학회의… 깊은 우려가 있사오니 이는 담화의 방식에 관한 것입니다. 냉철함을 잊은 불필요한 말과 중언부언은 저희 모임의 정신과 활기를 잠식해버립니다. 다른 대부분의 예술과 기술 분야가 이미 말의 과잉이 일

| 그림 9.9 | 토머스 스프랫의 《런던 왕립학회 역사》(1667) 1판 표지에 실린 왕립학회 상징(벤체슬라우스 홀라르Wenceslaus Hollar의 판화). 가운데 찰스 2세의 흉상 왼쪽으로 브롱커가 있고 오른쪽으로는 베이컨이 있다. 오른쪽에는 기압계, 왼쪽에는 시계가 있고, 흉상 오른쪽 어깨 위에는 훅과 보일의 공기 펌프가 있으며, 뒤로는 커다란 망원경이 걸려 있다. © 왕립학회.

으킨 부정적 영향에 압도당하고 말았습니다. …

그러므로 학회는 말의 과잉에 대한 유일한 해결책을 실행하는 데 총력을 기울였습니다. 그 해결책이란 말의 증폭, 여담, 과장을 모조리 거부하고 어떤 주제든 거의 같은 수의 단어로 전달할 수 있도록 원초적인 순수함과 간결함으로 회귀하는 것입니다. 이는 모든 회원에게 요구되는 사항입니다. 생생하고 아무런 꾸밈이 없는 자연스러운 화법, 긍정적 표현, 명료한 설명, 이해하기 쉬운 서술은 모든 주제를 수학만큼 간결하게 만듭니다. 또한 재담가나 학자의 언어가 아닌 장인, 농부, 상인의 언어를 택해야 합니다. …

학회는 주요 관찰 결과들을 한데 모아 모두가 볼 수 있는 장부에 기록하여 다음 세대에 투명하게 전달할 수 있도록 했습니다. … 방대한 실험 결과를 하나의 완벽한 모형으로 응축하는 대신 있는 그대로 보관하기 위해서입니다. 이를 위해서 저희는 연구 주제에 순위를 매기지 않았습니다. 회원들이 무엇을 기록하든, 어떤 일을 하든, 모든 것은 최종 의견이 아니라 그저 아직 끝나지 않은 있는 그대로의 역사입니다.

– 토머스 스프랫, 《런던 왕립학회 역사》(런던: J. 마틴J. Martin, 1662), 헌사

17세기의 과장된 어조에 압도된 독자들도 있을 테고 찰스 2세가 실험 설계의 측면에서 모범이 되었다는 말에 고개를 갸우뚱한 독자도 있을 것이다. 분명히 밝히자면 찰스 2세는 실험과 거리가 멀었다(그의 삼촌 루퍼트 공작Prince Rupert은 실험에 관심이 많았다). 스프랫은 화려한 미사여구와 의미를 알기 어려운 왕실 언어, 온갖 과장을 사용했지만 사실 학회 회원들의 입장을 대표로 전달한 것이다. 누구나 참여할 수 있는 개방성, 지식과 "다음 세대"를 책임질 인류의 능력에 제한이 없다는 희망, 철저한 경험주의, 말에 대한 극도의 불신을 주창하며 마치 《새로운 아틀란티스》를 요약한 듯한 그의 글을 통해 학회 회원들의 입장이 사실은 베이컨의 입장이었음을 짐작할 수 있다.

실험의 유산

왕립학회의 배타성

왕립학회 회원들은 스프랫이 언급한 신조들을 따라야 했지만 현실은 훨씬 복잡했다. 회원 목록에서도 알 수 있듯이 협회는 "장인, 농부, 상인"에게 열려 있지도 않았고 그럴 수도 없었다. 회원들은 출신 배경이 비슷하고 하나같이 교육을 많이 받았으며, 시간적·재정적 여유가 있는 계급이 아니면 가입할 수 없었다. 협회가 배타적일 수밖에 없었던 데에는 더 근본적인 철학적 이유도 있었다. 과학은 회원들이 "냉철함"을 유지하여 교양 있는 담화를 나누고 증거와 합리적 논증을 바탕으로 논의해야만 이룰 수 있기 때문이었다. 또한 교양 있는 담화를 위해서는 견해와 관심사가 지나치게 다른 사람들을 배제해야 했다. 그러므로 무신론자나 광신자, 정치적 급진론자, 그저 논쟁을 즐기는 싸움꾼은 환영받지 못했다. 대표적인 예가 당대 가장 저명한 영국 자연철학자였던 토머스 홉스Thomas Hobbes(1588~1679)다. 그는 왕립학회가 자신을 받아들이지 않은 사실이야말로 이상과 현실의 틈을 생생하게 보여준다고 냉소했다.

> 학식과 독창성으로 누구보다도 유명한 50명가량의 학자가 자연철학 발전을 위해 매주 그레셤칼리지에서 모이기로 했다. 그들은 목적을 위해 실험 방식이나 방법, 장치를 제시하여 모임에 이바지할 수 있는 자들이다.
> – 토머스 홉스, 《자연학 대화Dialogus Physicus》, 스티븐 샤핀Steven Shapin·사이먼 섀퍼 Simon Schaffer, 《리바이어던과 공기 펌프Leviathan and the Air Pump》에서 재인용, 113쪽

왜 50명일까? 홉스는 "그들 말고 실험에 대한 의견을 제시하기 원하는 사람들은 같이할 수 없을까?"라고 물은 뒤 "결코 그럴 수 없다"라고 쓸쓸

하게 답했다.

　실험 철학자를 위한 이 모임의 구성원들은 냉정하게 실험과 관측을 하고, 공정하게 논증을 검토하고, 아무리 놀랍거나 충격적인 사실이더라도 합리적인 의견을 교양 있게 표현할 것으로 '신뢰할 수 있는' 자들이어야 했다. 왕립학회는 남성들만의 모임이었다. 저명한 학자이자 작가이며 귀족이었던 마거릿 캐번디시Margaret Cavendish(1617~1673)는 1667년에 학회를 방문했고 학회 역시 대대적인 환영식을 열어주었지만 회원 자격은 얻지 못했다. 회원들은 독립적으로 생계를 꾸릴 수 있어야 했으므로 귀족이더라도 독립적일 수 없다고 여겨진 여성은 회원이 될 수 없었다. 또한 회원들은 '신사gentleman'로 대표되는 도덕성을 지녀야 했다. 보일은 1690년에 발표한 작품의 제목이기도 한 '기독교도 거장Christian Virtuoso'을 새로운 과학인의 도덕적 모범으로 삼았다. 독선적이고 다혈질이며 무신론자로 추정된 홉스는 모든 면에서 기준 미달이었다. 도구를 다루는 기술자와 시종도 대부분 마찬가지였고, 그들이 실험 장치를 손보다가 다치거나 심지어 목숨을 잃더라도 왕립학회 명부에 이름을 올리는 일은 없었다.

공기 펌프

　왕립학회의 대외적 인식론과 그와는 다른 실제 관행을 형성한 것은 이처럼 계급, 윤리, 종교에 근간한 선입견만이 아니었다. 왕립학회가 근대 과학으로 발전시키고 형성한 실험주의 탐구 방식은 베이컨의 꿈과 스프랫의 장황한 수사와 달리 본질적으로 배타적이고 이론적이었다. 학회 초창기의 대표적 프로젝트였던 보일의 공기 펌프 실험과 이를 위해 훅이 특별 제작한 공압 엔진Pneumatical Engine을 살펴보면 잘 이해할 수 있다(그림 9.10).

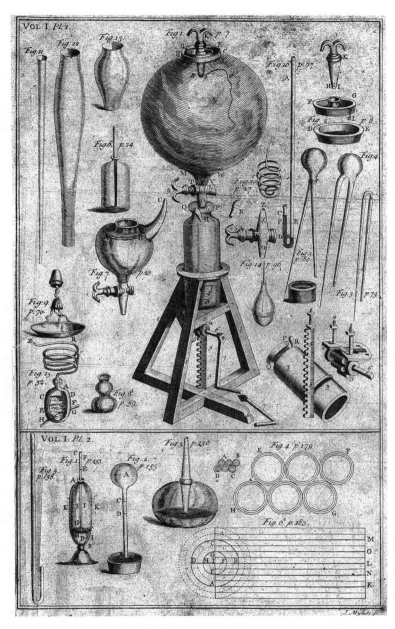

| 그림 9.10 | 훅이 보일의 실험을 위해 설계하고 제작한 공기 펌프. 실린더(4)에 장착된 피스톤은 크랭크 핸들(7)로 조정하는 기어 샤프트(5)로 움직일 수 있다. 피스톤을 아래로 내리면 컨테이너(A)에서 공기를 빨아들인다. 그러면 밸브(X)가 닫히면서 피스톤이 올라가는데 핸들 작업자가 힘에 부칠 때까지이 과정을 반복한다. 반대로 컨테이너에 공기를 넣는 과정도 가능하다. 스토퍼(K)가 달린 윗부분 뚜껑(BD)으로 실험 장비를 컨테이너 안에 넣을 수 있다.

이 프로젝트는 말 그대로 극적이었다. 호흡, 연소, 소리, 유체의 움직임, 낙하 속도 같은 일상의 온갖 현상이 공기로 일어나거나 공기에 영향을 받는 듯하다. 이 모든 현상에서 공기는 정확히 어떤 역할을 할까? 유리 용기인 '리시버receiver'에서 공기를 제거하면 질문들에 답할 수 있었다. 인공적으로 자연의 본질을 탐구한 갈릴레오와 귀도발도의 실험보다 과감했다. 잉크를 묻힌 대포알을 굴린 갈릴레오와 귀도발도는 최소한 실제 궤도를 따라 하려고 했지만, 훅과 보일은 원칙적으로 자연에 존재할 수 없는 완전히 인공적인 환경을 만들었다.

무엇보다도 흥미로운 점은 펌프 주위로 모인 신사들이 말 그대로 두 눈을 통해 답을 '보았다'는 사실이다. 그 광경은 실로 놀라웠다. 리시버에서 공기가 모두 빠지면 안에서 흔들리는 종의 소리가 밖에서는 들리지 않았다. 공기를 빼내면 촛불이 꺼졌고 카나리아가 정신을 잃었다. 재빨리 공기를 다시 넣으면 카나리아를 살릴 수 있었다. 리시버에 쪼그라진 방광을 넣은 다음 공기를 빼내면 부풀었다. 깃털과 금속 구슬을 리시버 윗부분에서 떨어트리면 갈릴레오의 예측대로 바닥에 닿는 시간이 같았다.

왕립학회는 이 같은 장관을 연출하기 위해 많은 비용을 부담해야 했을 뿐 아니라 스스로 공언한 가치들을 배반해야 했다. 공기 펌프는 무척 비싸고 정교한 장치였으므로 보일만이 만질 수 있었고, 따라서 배타적일 수밖에 없었다. 사람들 대부분은 '직접 보지 못하고' '다른 사람의 말'로 들어야 했고 홉스는 이 일을 신랄하게 꼬집었다. "그레셤 회원들은… 대단한 구경거리도 아닌 자신들의 새로운 진공 장치를 선보이면서 돈 받고 외국의 동물을 보여주는 자들처럼 굴었다." 이 사실을 잘 알았던 보일은 실험이 마치 눈앞에서 펼쳐지는 것처럼 느낄 수 있도록 자세하게 설명한 책을 발간했다.

그다음 홉반sucker을 아래로 당기면(밸브 닫힘) 실린더 안 공기가 홉반에 의해 빠져나온다. 그러므로 키를 돌리면 리시버 안에 있던 공기가 비어 있는 실린더로 옮겨 가 두 용기의 내부 공기량이 거의 같아지면서 비슷한 정도로 팽창한다. 다시 키를 돌려 리시버를 닫고 밸브를 열어 흡반을 올리면 실린더가 공기로 거의 꽉 채워진다. …

- 로버트 보일, 《공기 용솟음에 대한 새로운 물리학-역학적 실험New Experiments Physico-Mechanical Touching the Spring of Air》(옥스퍼드: 로빈슨Robinson, 1662), 11~12쪽

보일의 글은 자세하고 구체적이며 감정에도 치우치지 않았다. 그의 수사는 스프랫이 같은 해에 약속한 대로 "거의 같은 수의 단어로" 많은 것을 "전달하는" 것처럼 보였다. 하지만 수사는 수사였다. 베이컨의 독자들은 기껏해야 보일의 단어들을 통해 '가상 경험'을 할 뿐이었다. 보일의 글이 "생생하고 아무런 꾸밈이 없다"고 해도 그의 글을 읽는 것은 눈으로 직접 보는 일차적 경험이 아니라 보일의 자의식을 거친 간접적인 경험이라는 사실에는 변함이 없었다.

진공 속 진공

스프랫의 약속 중 가장 큰 문제가 된 약속은 "방대한 실험 결과"를 "투명하게 전달"하여 "최종의 의견"이 아닌 있는 그대로를 보존하겠다는 것이었다. 이 약속이 허황한 꿈이었다는 사실은 '진공 속 진공' 실험에서 여실히 드러났다.

왕립학회의 어떤 실험보다 웅장한 장관을 연출한 이 실험의 목적은 한 세대 전 갈릴레오의 제자들이 발명한 실험 절차와 이론들을 (자랑스럽게도 영국에서 만든) 새로운 장치로 증명하는 것이었다. 갈릴레오의 제자들은 광산에서 물을 제거할 때 사용하는 흡입 펌프로는 최대 10미터 아래의 물만 끌어 올릴 수 있다는 널리 알려진 지식에 주목했다. 흡입 펌프

는 파이프 속 물줄기 위로 진공을 만들어 물을 끌어 올리는 원리로 작동했는데, 물이 진공을 채워 없애는 이 원리는 자연에서는 진공상태가 존재할 수 없다는 아리스토텔레스 이론에 부합했다. 하지만 특정 깊이 아래에서는 물을 끌어 올리지 못하는 이유를 설명하지 못했다. 갈릴레오는 진공 펌프의 이 같은 한계는 아리스토텔레스의 이른바 '진공 공포Horror Vacuui'가 형이상학적 원칙이 아닌 물리적 경계가 분명한 물리학적 속성이라는 사실을 보여준다고 생각했다. 다시 말해 진공 공포의 힘에는 특정한 한계가 있었다. 심지어 갈릴레오는 일시적으로 진공상태를 만들 수 있다고도 결론 내렸다. 예를 들어 잘 다듬은 대리석 평판 두 장을 서로 붙였다가 떼면 그 사이로 금세 공기가 차지만 그전에 아주 짧은 시간 동안 진공상태가 되었다.

갈릴레오의 제자들은 스승의 논증을 한 차원 더 발전시켰다. 그들은 진공 펌프의 성능에 한계가 있는 현상은 애초에 진공 펌프를 작동하게 한 원리의 직접적인 결과라고 주장했다. 진공 펌프는 천칭 저울 원리의 또 다른 예였다. 그들의 설명에 따르면 물줄기는 진공으로 '이끌리는' 것이 아니며 '진공 공포'는 애당초 '존재하지 않았다'. 대신 광산 아래로 깊게 판 땅속 기둥에서 대기의 무게가 밑에 있는 물을 '밀면' 물이 아무런 저항이 없는 진공 펌프 파이프 속 허공을 타고 위로 올라가는 것이다. 천칭 저울에서 무거운 물체가 가벼운 물체를 움직이듯이, 기둥 속 공기 무게가 아래 있는 물의 무게보다 '무거우면' 공기가 물을 누르고, 눌린 물이 파이프를 타고 올라간다. 그렇다면 대기의 무게는 10미터의 물줄기 무게와 같다고 유추할 수 있다(좀 더 정확히 말하면 대기 기둥의 무게는 단면적이 같은 물기둥의 무게와 같다).

1641년 로마의 수학 교수 가스파로 베르티Gasparo Berti(1600[?]~1643)가 이 가설을 실험해보기 위해 11미터 관의 아래를 막고 물을 채운 후 위를 막았다(그림 9.11 왼쪽). 그다음 수조에 담근 채로 아래 마개를 열었더니 관 속 물줄기가 어느 정도 내려와 그 위로 공간을 만들었다. 베르티는 갈릴레오의 논증대로 이 공간이 아무것도 없는 진공이라고 주장했다. 그리고 1644년에는 갈릴레오의 제자 에반젤리스타 토리첼리 Evangelista Torricelli(1608~1647)가 자신의 제자 빈첸초 비비아니Vincenzo Viviani(1622~1703)와 함께 베르티의 실험을 효율적으로 재구성했다(그림

| 그림 9.11 | 두 개의 진공 실험. 왼쪽에서 베르티는 1640/1년에 자신의 집 건물 벽을 따라 약 '40뼘' 길이의 납 파이프를 설치했다. 아래 밸브(R)를 열자 파이프 윗부분에 있는 유리 플라스크(CA)의 물 일부가 아래 캐스크(EF)로 내려왔다. 종(M)은 실험을 관람한 예수회 학자 아타나시우스 키르허Athanasius Kircher(1602~1680)의 아이디어였다. 키르허는 물 위 공간에 실제로 공기가 없다면 망치(N)로 종을 치더라도 소리가 나지 않을 거라고 예측했다. 이 기발한 생각은 후에 훅과 보일의 공기 펌프에서 재현되었다. 오른쪽은 토리첼리와 비비아니가 1644년에 설계한 진공 실험이다. 토리첼리와 비비아니는 관 위에서 수은을 부어 채우고 손으로 입구를 막은 뒤 뒤집어―관 아래 B를 손으로 막고 있다―역시 수은이 담긴 커다란 용기에 담갔다. B에서 손을 떼자 수은 줄기는 76센티미터 지점으로 내려왔다(물은 10미터 지점으로 내려왔다). 두 그림 모두 예수회 수도사 가스파르 쇼트Gaspar Schott가 자신의 책 《기이한 기술 Technica Curiosa》(뷔르츠부르크, 1664)에 실은 상상도다.

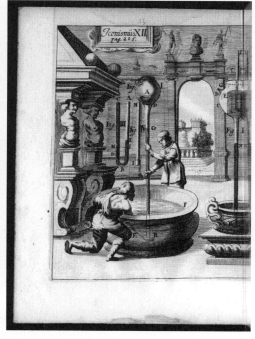

9.11, 오른쪽). 토리첼리와 비비아니가 물보다 13.5배 무거운 수은으로 관을 채우자 수은 줄기는 관이 76센티미터를 넘어야 아래로 떨어졌다.

이 실험은 '토리첼리 실험'으로 불렸고 토리첼리는 공기의 압력을 측정하는 장치인 기압계의 발명자라는 명성을 얻었다. 보일은 대기가 수은 줄기를 파이프 속에서 머물게 한다면 공기를 뺀 리시버에서는 수은 줄기가 내려와야 한다고 생각했고 공기 펌프로 실험을 했다.

그리고 실제로 수은 줄기가 내려왔다.

그런데 수은 위 공간에는 무엇이 남아 있을까? 갈릴레오의 제자들과 보일에 따르면 아무것도 없었다. 그저 진공이었다. 하지만 홉스는 동의하지 않았다. 그는 토리첼리의 관이나 '보일 기계'가 진공상태를 만들었다는 주장을 받아들이지 않았을뿐더러 진공 자체가 가능하다고 생각하지 않았다. 그는 이미 1648년 5월에 마랭 메르센에게 보낸 편지에 다음과 같이 언급했다.

당신과 다른 사람들이 한 모든 수은 실험으로는 진공이 존재한다고 결론 내릴 수 없습니다. 압력을 받은 공기 속 미세한 물질이 수은이든 다른 액체든 점성이 아무리 높더라도 통과할 것이기 때문입니다. 연기가 물을 통과하듯이 말이죠.

— 샤핀·섀퍼, 《리바이어던과 공기 펌프》에서 재인용, 86쪽

보일은 진공의 가능성이라는 형이상학적 질문에 대해서 홉스와 정면 대결을 피했다.

공기에 대한 홉스의 의견으로 미루어보건대 그가 보일 장치의 일부 현상을 설명하면서 그 장치의 목적이 진공의 증명이라고 암시하여 왕립학회에 영광스럽게 속한 회원들을 비판하는 동시에 엔진 설계자를 비판하는 듯하다. 그가

또다시 같은 설명을 내놓고 있으므로, 나 역시 그가 왕립학회 회원들이나 나를 진정한 학자로 여긴다면 표적을 비껴가는 실수를 범하고 있음을 다시 밝히는 바다. 왕립학회와 나는 진공의 존재를 인정하지도, 부인하지도 않았기 때문이다.

— 로버트 보일, 《홉스의 진공 관련 지적들에 대한 비판Animadversions upon Mr. Hobbes's Problemata De Vacuo》(런던: 윌리엄 고드비드William Godbid, 1674), 26~27쪽

그런데 펌프로 공기를 빼낸 리시버 안에는 공기나 "미세한 물질"이 과연 있었을까? 보일은 공기 펌프가 이물질의 유입을 막았다고 확신했다.

　장치에서… 최선을 다해 공기를 제거했으므로 거의 남아 있지 않았고, 밀랍으로 외부의 어떤 물질도 들어오지 않게 했으므로 [실험에] 영향이 있을 수 없었다.

— 보일, 《홉스의 진공 관련 지적들에 대한 비판》, 94쪽

　장기적으로 승자는 보일이었다. "왕립학회 회원들"의 실험 전통은 형이상학적 우려들에도 냉철했다. 하지만 실험자들은 이른바 '조작적 정의operational definition'는 기꺼이 받아들였다. 가령 보일의 말처럼 "거의 남아 있지 않은" 공기가 실험에 영향을 주지 않는 한 리시버는 진공으로 여길 수 있었다. 그러나 보일과 홉스의 논쟁은 이론이 언제라도 실험에 도전장을 내밀 수 있다는 사실을 보여준다. 베이컨, 보일, 스프랫에게는 유감이지만 그 어떤 것도 "있는 그대로" 볼 수는 없었다.

기술자와 새로운 세상

언어에 구속되지 않는 관찰과 개방성이 실현할 수 없는 목표로 판명되었지만, 진보는 공허한 이상이 아니었다. 하지만 "전 인류의 힘"은 보일과 왕립학회 동료들이 예상한 방식으로 "향상"되지 않았다. 향상을 이끈것은 그들의 학식이 아니라 그들이 거의 언급하지 않은 장치 설계자들의 기술이었다.

훅은 무無에서 공압 엔진을 만든 것이 아니다(7장에서 이야기했듯이 갈릴레오의 망원경도 무에서 탄생하지 않았다). 유리공은 수 세기 동안 광학 실험에 사용되어왔고 피스톤, 크랭크, 밸브는 여러 분야(광업, 수로 건설 등)의 기술자들이 널리 사용하고 있었다. 훅의 공압 엔진은 기본적으로 프로이센 공무원이자 자연철학자였던 오토 폰 게리케Otto von Guericke(1602~1686)가 1650년에 발명한 기계의 설계를 따른 것이다. 게리케는 두 개의 반구를 붙이고 공압 기계로 둘 사이의 공기를 빼내면 다시 떼어내기가 얼마나 어려운지를 독일 전역을 다니며 보여주었다(그러나 게리케의 반구 안에서는 공압 엔진에서처럼 다양한 실험을 할 수 없었다. 리시버 내의 실험은 훅의 아이디어였다). 게다가 훅의 엔진 이후에도 비슷한 장치들이 등장했다. 1727년에 훅과 마찬가지로 영국인이자 왕립학회 회원이며 아카데미 데 시앙스에도 속했던 스티븐 헤일스Stephen Hales는 물질에 열을 가한 다음 그 연기로 수조에 기포를 생성하여 훅의 유리공 같은 구체 안으로 가스를 모으는 기술을 발표했다. 1760년대에는 수많은 실험자가 수조에 물 대신 수은을 채워 물에 녹는 가스도 모으는 데 성공했다. 그러면서 18세기 화학 연구 대부분은 유리 용기에 모은 '공기'를 다루는 실험이되었고 용기 형태도 시간이 흐르면서 진화했다. 사실 이미 1679년에 훅의 후배이자 보일의 직원이던 프랑스인 드니 파팽Denis Papin(1647~1713)이 초기 진공 장치로 발견된 여러 원리에 바탕하여 만든 장치가 수조보다 훨씬 극적인 영향을 미쳤다. 처음에 파팽은 고기 뼈를 조리하기 위한 압력솥인 '스팀 조리기'를 만들었는데, 증기의 힘이 압력 밸브를 움직이는 것을 보고는 이 힘을 활용할 수 있겠다고 생각했다(압력 밸브는 파팽의 조리기를 폭발에 취약했던 이전 조리기들과 차별화해주었다). 1712년에 대장장이이자 침례교 전도사였던 토머스 뉴커먼Thomas Newcomen(1664~1729)이 파팽의 아이디어를 응용하여 개발하고 특허를 받은 증기 엔진은 말 그대로 산업혁명을 이끈 '엔진'이 되었다.

과학의 성전이 어떻게 올라갔는지에 관한 웅장한 이야기에서 대부분 이름이 알려지지 않은 장치 설계자들은 힘과 기술을 갖춘 벽돌공일 뿐 아니라 장인이기도 했다. 그들은 전통 기술의 지식을 후대에 물려주었을 뿐 아니라 새로운 용도를 위해 기술을 더욱 다듬고 발전시켰다. 그래야만 했기 때문이다. 자신의 손끝에서 나온 물건들을 팔아 생계를 유지했으므로 변화하는 요구에 맞추어 유용하고 가격이 합리적인 물건을 만들어야 했다. 그러므로 훅은 에피스테메와 테크네의 전통적인 위계 구조에 굴복하고 고용주인 왕립학회 회원들에게 경의를 표했다.

나의 열망은 유리를 만든 사람들과 세공한 사람들이 내게 그랬듯이 당대 위대한 철학자들이 후에 주문하거나 사용할 재료들을 더 나은 기술로 더 뛰어나게 만들어 제공하는 것이다.

– 훅, 《마이크로그라피아Micrographia》, 서문

그렇지만 훅이 장치 자체를 이야기할 때는 신중하고 겸손한 태도를 찾을 수 없다. 그는 자신이 "인공 기관"으로 부른 장치들이 "모든 유용한 지식에 엄청난 혜택"을 안겨줄 거라고 장담했으며 다음과 같은 사실에 흥분을 감추지 못했다.

망원경 덕분에 아무리 먼 물체라도 우리 시야 안으로 들어올 수 있었다. 또한 현미경의 도움으로 아무리 작은 물체라도 우리의 탐구를 벗어날 수 없다. 그러므로 새로운 세상이 발견될 것이다.

- 훅, 《마이크로그라피아》, 서문

"유리를 만든 사람들과 세공한 사람들"은 그저 "재료들을… 제공"한 것이 아니다. 역학의 세계는 기술자의 손에서 탄생했다. 왕립협회 회원들의 혁신은 장치 제작자들에게 자연을 측정하고 탐구할 새로운 방법들을 마련하도록 요구했다. 동시에 장치를 "만든 자들"은 자신만의 독창성과 혁신으로 "당대 위대한 철학자들"이 연구할 "새로운 세상"을 열었다.

01 왕립학회가 개방성을 이상으로 삼았지만 실제로는 폐쇄적 집단이었던 모순이 중요할까? 윤리적으로 어떤 의미가 있을까? 존재론적으로는? 과학과 우리 시대에는 어떤 의미일까?

02 근대 초기 과학과 근대 초기 철학은 어떤 관계였을까? 과학은 철학이 닦은 길을 따르고 있는가? 철학이 과학을 보조하기 위해 동원되는가? 그렇다면 어떤 방식으로 동원될까?

03 7장 토론 문제 3번에서 제시한 비교를 데카르트의 삶에도 적용해보자. 데카르트는 어떤 면에서 새로운 인물이었는가?

04 공기 펌프의 유리 용기 내부는 지구에서 유일한 진공 공간이었다. 이는 실험과학의 새로운 단계였을까? 당시 경험주의 과학에는 어떤 의미가 있을까?

05 데카르트와 그의 제자들이 주창한 '역학철학'은 자연에 수학적으로 접근하고 인류 환경에 기술적으로 접근한다는 점에서 종종 근대성의 핵심적인 축으로 묘사된다. 우리는 여전히 '역학 시대'에 살고 있을까?

10

과학의
성전

두 명의 석학

로버트 훅

왕립학회가 표방한 실험의 이상을 실현하는 역할을 도맡은 로버트 훅은 자신이 그 형성에 이바지한 신과학의 제도와 관행 안에서 직업적 경력을 쌓은 첫 인물일 것이다.

로버트 훅은 영국해협 남부의 와이트섬에서 성공회 목사 존 훅John Hooke과 세실 가일스Cecil Gyles 사이에서 태어났다. 훅 가문은 1647년에 찰스 1세가 와이트섬에 피신했을 때 왕실과 가까이 지냈을 만큼 섬에서는 명문가였다. 훅은 열세 살 되던 해인 1648년에 아버지가 세상을 떠나자 얼마 안 되는 유산을 가지고 런던으로 갔다. 그곳에서 네덜란드 출신으로 '페테르 반 데르 페스Peter van der Faes'로도 알려진 유명 초상화 화가 피터 릴리Peter Lely의 도제가 되었으나 웨스트민스터 학교Westminster School에 입학하면서 그림을 관두었다. 학비를 벌기 위해 학교에서 일도 하고 공부도 해야 했지만 무척 명석했다. 학생들에게 가차 없이 매를 들었던 리처드 버스비Richard Busby 교장은 훅에게는 한 번도 매를 들지 않았다. 1653년 옥스퍼드에 입학한 훅은 학업과 일을 병행해야 했다. 그때부터 그의 실용적 재능과 이론적 재능이 독특한 조화를 이루면서 신과학의 실험 관행을 형성할 핵심적 인물로 성장했다.

1656년에 훅은 토머스 윌리스의 해부학-생리학 실험의 '화학 조교'로 고용되었다. 윌킨스가 이끄는 '실험 철학 클럽'과도 교류했고 1658년에는 보일의 실험 조교이자 장치 설계자로 일하기 시작했다. 이처럼 훅은 왕립학회 초창기부터 적극적으로 참여했지만, 폐쇄적인 학회는 그의 초기 성과를 신사 신분의 고용주 보일의 업적으로 여겼다. 훅이 1661년 4월 10일에 발표한 모세관 작용에 대한 담론과 증명 역시 그러했다. 상황이 달라진 것은 1662년 11월에 훅이 학회의 '실험 큐레이터'로 공식 임명되면서 훅과 보일의 전통적인 후원자-피후원자 관계가 임금에 바탕한 근대의 고용 관계로 바뀌면서였다. 하지만 학회는 연 60파운드의 임금을 자주 체납했고, 훅에게 다른 수입이 생기면 이를 임금으로 대체하려고 했다. 훅은 1664년에 그레셤칼리지의 기하학 교수로 임명되면서 고정 수입이 생겼지만, 1665년부터 참여한 커틀러 강연Cutler Lectureship—강연 후원자 존 커틀러John Cutler의 이름을 딴—에서 가장 혁신적인 연구 결과들을 강의했는데도 강연료를 거의 받지 못했다.

왕의 후원을 얻기 위한 인상적인 선물을 찾던 왕립학회는 훅에게 현

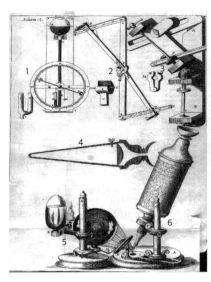
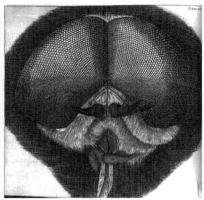

| 그림 10.1 | 훅의 《마이크로그라피아》에 실린 삽화. 왼쪽은 훅의 현미경과 부속 장비들이고 오른쪽은 현미경으로 관찰한 파리의 눈이다. 장비들이 어떤 관계를 맺고 어떤 역할을 했는지에 주목하라. 그림 6의 현미경 렌즈는 그림 3의 장비로 세공하고, 그림 4는 액체를 채운 현미경이며, 현미경에 사용되는 액체의 굴사성은 그림 2의 장치로 측정한다. 아름다운 파리 눈 그림은 전근대인과 근대인 모두 관찰을 예술로 다루었다는 사실을 잘 보여준다. 파리는 관찰자가 눈을 세밀하게 그릴 수 있도록 가만히 있지도 않았으며—훅은 파리에게 술을 먹여보기도 했다—그만큼 오래 살지도 않았다. 그러므로 위 그림은 한 번의 관찰을 그대로 그린 것이 아니라 '여러 차례'의 관찰을 재구성한 것이다. 또한 훅은 뛰어난 그림 솜씨로 음영을 생생하게 표현했을 뿐 아니라 수정체마다 창문의 빛을 투영시켜 '실제' 관찰처럼 보이도록 했다.

미경 관찰 결과를 책으로 엮으라고 지시했고, 그렇게 해서 훅이 1665년에 발표한 《마이크로그라피아Micrographia》는 예상대로 베스트셀러가 되었다. 그는 책에 실린 그림을 모두 직접 그렸는데 하나같이 걸작이었다. 현미경은 망원경만큼 오래되었고 현미경 관찰에 관한 책은 과거 몇십 년 동안에도 수없이 발표되었지만, 그림의 수, 종류, 질에서 훅의 책을 따라올 책은 없었다(그림 10.1). 런던에 대화재가 일어난 후인 1666년에 런던시가 그를 재건 사정관 세 명 중 한 명으로 임명하면서 그는 마

침내 높은 고정 수입을 보장받았다. 훅을 포함해 런던시가 임명한 사정관들은 왕이 임명한 감독관이자 훅의 동료인 크리스토퍼 렌Christopher Wren(1632~1723)과 함께 토지와 부동산 구획을 정리하여 런던 지도를 다시 그렸다. 훅은 세인트 폴 대성당의 설계자인 렌과 공동으로 여러 중요한 건축물도 설계했는데 런던 화재 추모비와 베들레헴 정신병원 같은 주요 건축물은 렌의 작품으로 기록되었다(베들레헴 정신병원은 19세기 초에 철거되었지만 영어로 '야단법석'을 뜻하는 'bedlam'의 어원이 되면서 사람들의 기억에 영원히 각인되었다).

훅은 1660년대 후반부터 세상을 뜨기 전까지 '근대적' 도시인의 표상으로서 런던을 종횡무진하며 수학자, 실험 전문가, 교사, 건축가, 발명가로 활동하는 동시에 틈날 때마다 일기를 쓰고 새로운 커피숍이 생기면 코코아를 마시며 동료들과 과학을 논했다. 그는 죽는 날까지 스스로 처방한 온갖 약에 의지할 만큼 건강이 좋지 않았지만 많은 재산을 축적했고 1703년에 열정적인 삶을 마쳤다(그의 옷장에서 약 1만 파운드가 발견되었다).

아이작 뉴턴

훅이 옥스퍼드에서 실험 전문가와 장비 설계자로 명성을 쌓았다면, 아이작 뉴턴(1642~1726)은 케임브리지에서 수학적 재능으로 이름을 날렸다. 영국 동부 해안가에 있는 링컨셔의 작은 마을 출신인 뉴턴은 훅과 마찬가지로 지역 성직자의 아들로 태어나 어린 시절부터 부모 없이 자랐고, 학교에 입학한 후에도 훅과 마찬가지로 학비를 충당하기 위해 학교에서 허드렛일을 하면서 학업을 병행하다가 두각을 드러냈다. 술집과 카페의 단골이던 훅과 달리 뉴턴은 사람들과 어울리는 것을 꺼렸으나 훅에게는 없는 카리스마가 있었다. 1669년에 저명한 수학자 아이작 배로Issac

Barrow(1630~1677)는 제자 뉴턴의 천재성을 발견하고는 케임브리지의 고위 교수직인 루카스Lucas 수학 교수직을 물려주고 떠났다. 뉴턴이 학창 시절 필기한 공책을 보면 그 이유를 알 수 있다. 종이를 가득 채운 혁신적인 생각들은 실제 물체의 움직임과 그 원인, 다시 말해 실제 운동과 힘을 설명하며 케플러와 갈릴레오의 문제들을 해결할 수학의 토대를 제시했다(7장과 9장 참조. 그림 10.2의 예도 참조하라).

트리니티칼리지Trinity College 교수가 된 뉴턴은 대학 소속 학자답게 훅보다 훨씬 정적인 삶을 살았다. 그는 수학자로서 이름을 알렸고 광학 연구로 왕립학회의 회원이 되었다(혹은 회원 목록에 오르지 못했다). 한편으로는 수학만큼 혹은 그 이상 연금술과 성경의 예지적 해설을 연구하는 데도 몰두했다. 연금술과 광학에 관한 그의 실용적 재능은 수학의 재능에 버금갔다. 특히 그가 설계한 광학 실험은 여러 논쟁을 일으키긴 했지만 그의 천체역학 연구만큼이나 큰 주목을 받았다. 유명한 실험 중 하나인 그림 10.3의 '결정적 실험'은 모든 피조물에 스며드는 백색 빛이 단일한 빛이 아니라 여러 색의 광선이 합쳐진 것이라는 사실을 입증했다.

뉴턴은 1687년에 《자연철학의 수학적 원리Principia Mathematica Philosophiae Naturalis》(이하 《프린키피아》)를 발표하면서 과학계뿐 아니라 대중 사이에서도 유명인이 되었고, 스스로 마땅한 인정을 받지 못하고 있다고 생각한 훅과 숙적이 되었다. 뉴턴은 독일의 지식인 고트프리트 빌헬름 라이프니츠Gottfried Wilhelm Leibniz(1646~1716)와도 둘 중 누가 미적분학을 발명했는지 논쟁했다. 이런 논쟁은 큰 의미가 없다. 1장에서 지적했듯이 과학은 목표가 미리 정해진 경쟁이 아니라 수많은 손이 쌓아 올린 성전이다. 마지막 장인 이 장에서는 《프린키피아》의 천체역학이 수많은 사람의 온갖 노력을 거쳐 탄생한 과정을 살펴볼 것이다. 하지만 이 이야기의 주인공들에게는 누가 승자인지가 중요한 문제였다. 뉴턴은 1703년에 훅이 사망한 뒤 《광학Opticks》―광학은 뉴턴과 훅의 초기 논쟁 대상이었다―을 발표하여

| 그림 10.2 | 젊은 시절 뉴턴이 새로운 수학적 도구들로 푼 물리학 문제(1666~1669년에 작성한 노트 중 일부). 뉴턴은 자신의 과감한 근사치를 수학적으로 엄격하게 증명한 적이 없다는 사실을 기억해야 한다. 그는 이 과정에서 미적분 접근법을 개발했다.

물체가 C를 중심으로 ADE를 따라 시계 반대 방향으로 등속 원운동을 한다. 등속운동에서는 시간이 거리에 비례하므로 $t_{AD} \propto$ AD가 된다. 데카르트에 따르면 물체가 A 지점에서 자유롭게 운동할 수 있게 되면 AB 접선을 따라 계속 등속운동을 하는데 뉴턴은 무한히 작은 시간 동안 AB=AD가 될 것으로 추정했다. 그렇다면 BD의 '짧은 선'은 D 지점에서 원심력이 물체를 움직이게 한 거리가 된다. 뉴턴은 무한히 짧은 시간인 t_{AD} 동안에는 CDB가 직선이라고 추정했고, 따라서 유클리드의 정리인 AB²=BD·BE를 적용할 수 있었다. 또한 원심력이 중력처럼 작용한다고 가정하면 갈릴레오 이론에 따라 BD는 시간의 제곱에 비례하므로 $BD \propto t_{AD}^2$ 또는 $BD \propto AD^2$가 된다. 뉴턴은 공식들을 여러 단순한 방식으로 변형하여 회전하는 물체의 원심력은 반지름을 회전 주기의 제곱으로 나눈 값에 비례한다는 결론에 이르렀다($f \propto R/T^2$). 이를 다시 행성에 관한 케플러의 제3법칙인 $T^2 \propto R^3$(주기를 제곱한 값은 태양과 거리의 세제곱에 비례)에 접목하면 행성의 원심력은 태양과의 거리를 제곱한 값에 반비례한다($f \propto 1/R^2$).

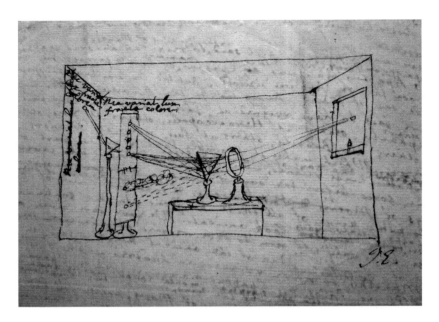

| 그림 10.3 | 빛은 기본적으로 흰색이 아니라 색을 지닌 여러 광선의 조합이라는 사실을 증명한 뉴턴의 '결정적 실험'. 오른쪽 셔터의 구멍을 통과한 광선을 렌즈로 초점을 맞추고 프리즘으로 굴절시킨다. 그러면 반대편 막에 여러 색의 광선이 수직으로 배열된다. 막이 멀수록 색을 지닌 광선들의 간격이 벌어진다. 색을 띤 각각의 광선이 막에 난 구멍을 지나 또 다른 프리즘을 통과한다. 그러면 같은 각도로 굴절하고 같은 색을 유지하는 중요한 현상이 발견된다. 이 현상은 처음의 굴절이 빛을 '변화'시키지 않았거나 두 번째 굴절이 처음 변화를 되돌렸음을 의미한다. 아니면 굴절이 빛의 기본 구성이 지니는 속성인 색과 굴절률을 드러낸 것일 수 있다. 다시 말해 색을 지닌 광선들(무지개를 이루는 색들)은 하얀빛이 '변형'된 것이 아니라 하얀빛의 구성 요소들이다.

왕립학회 간사장이 되었고, 올덴부르크를 비롯한 초창기 회원 대부분이 세상을 떠나 혼란에 빠진 학회의 권위를 다시 세웠다. 이후 런던으로 가 영국 조폐국 국장이 되어 작위를 받은 후 여생 동안 제자들은 요직에 앉히고 반대자들은 처단하여 영향력을 강화하고 자신의 유산을 지키는 데 힘을 쏟았다. 뉴턴의 독창과 혁신, 그리고 근대 과학 형성에 기여한 공로는 결코 부정할 수 없지만, 그가 과학의 서사에서 신격화된 이유는 지적 능력보다는 정치적 처세술 덕분이었다.

편지-새로운 질문

낙하하는 지구

뉴턴과 훅 모두 전성기에는 서로 의견을 주고받을 만큼 사이가 나쁘지 않았다. 1679년 11월 24일 런던에 있던 훅은 케임브리지에 있던 뉴턴에게 편지를 보냈다. 헨리 올덴부르크 초대 왕립학회 간사장이 세상을 뜨면서 그의 뒤를 이은 직후였다. 앞에서도 이야기했듯이, 훅은 1662년부터 왕립학회 실험 큐레이터로서 신사 회원들을 위해 매주 진지하면서도 흥미로운 여러 발표를 했지만 그 공을 인정받지 못했다. 그는 아마추어 실험가 사이에서 유일하게 전문적인 실험 자연철학자인 동시에, 부유한 신사들 밑에서 일하는 임금 노동자였다. 이 모순을 잘 알았던 훅은 학회에서 유일하게 임금을 받는 또 다른 구성원인 올덴부르크와 사이가 좋지 않았다. 훅은 올덴부르크가 렌처럼 자기 아이디어들을 돈벌이 수단으로 삼고 자신과 다른 학자들을 이간질한다고 항상 의심했다. 그러다가 간사장으로 임명되는 기쁨을 누린 그는 과거 불화들을 잊었고, 당시 저명한 수학자였던 뉴턴에게 공식 서한을 보내 왕립학회와 교류해달라고 요청했다(하지만 얼마 지나지 않아 임기를 채우지 못하고 자리에서 내려왔다).

훅이 그저 친목을 다지기 위해 편지를 보낸 것은 아니었다. 5장에서 이야기했듯이 왕립학회는 여느 아카데미처럼 '글로벌 지식 기관'을 표방했는데, 성공 여부는 세계 곳곳의 학자들이 주고받는 편지의 중심지로 발전할 수 있느냐에 달렸다. 연구자들이 바라는 무대이자 공신력과 명망을 갖춘 기관이 되길 바란 왕립학회는 실제로 유럽 전역과 아시아, 신세계의 석학뿐 아니라 상인, 선교사, 여행자로부터 편지를 받았다. 훅은 뉴턴도 학회의 영향력 아래에 두길 바랐다.

그러므로 훅은 예의를 갖춘 인사말과 학회의 최근 업적을 서술하며 편지글을 시작한 뒤 "외람되지만"이라는 말로 진짜 관심사에 대해 운을 뗐다.

> 행성들의 천체 운동이 접선에 의한 직선운동과 가운데 천체를 향하는 인력 운동의 복합이라는 이론[내 가설]을 어떻게 생각하는지 알려주시면 감사하겠습니다.
>
> – 아이작 뉴턴, 《서신The Correspondence》 2권, 297쪽

훅은 행성 궤도가 궤도의 접선을 따르는 등속직선운동과 (아마도 태양인) 가운데 천체를 향하는 직선의 인력이 '복합'된 물리학적 현상이라고 주장했다.

무척 기발한 생각이었다. 훅은 행성이 천체에 걸맞은 조화로운 원운동을 하는 것이 아니라 그저 휘청거리며 이동한다고 여겼다. 다시 말해 끊임없이 태양을 향해 낙하하지만, 끊임없이 낙하를 가로막는 또 다른 운동으로 태양과 충돌하지는 않는 것이다. 두 운동 모두 직선운동이고 태양 주위를 도는 궤도의 곡선운동은 그 자체로 독립적인 운동이 아니다. 그렇다면 행성 운동은 천체의 완벽함과는 거리가 먼 복잡한 인과 과정의 임의적인 결과일 뿐이다.

현대 과학에 익숙한 우리는 당시 사람들이 이 같은 주장을 받아들이는 것은 고사하고 이해하는 것조차 얼마나 힘들었을지 상상하기 어렵다. 첫 번째 이유는 우리가 행성과 태양이 중력으로 인해 서로 끌어당긴다는 사실을 잘 알기 때문이다. 둘째로 훅의 주장은 아마도 갈릴레오, 케플러, 데카르트의 이론에서 비롯되었거나 그 연장선이었기 때문이다. 사실 훅은 뉴턴에게 편지를 쓰기 약 15년 전부터 왕립학회 동료들과 직원들에게 '복합적 천체 운동' 개념을 설명해왔지만 뒷받침할 증거가 거의 없었다. 행성 궤도의 속성에 대해서는 다양한 문제가 논의되었지만, 왜 행성이 애

초에 궤도를 도는지는 케플러 이후에도 훅 외에는 묻는 사람이 거의 없었다(왕립학회 내에서는 행성이 지구가 아닌 태양을 중심으로 돈다는 사실은 더이상 논란의 대상이 아니었다). 고대부터 그저 당연한 현상으로 여겨졌고 누구도 묻지 않았다. 곧 이야기하겠지만 뉴턴조차도 훅의 주장을 곧바로 이해하지 못했고 그 중요성도 깨닫지 못했다.

훅의 주장은 위대한 혁신이었지만 이제까지 이야기한 모든 발명가와 지금의 모든 발명가처럼 그도 과거의 자료에 기댔다. 하지만 그의 아이디어들이 독창적이었다는 사실에는 변함이 없다.

훅은 어떤 자료들에서 도움을 얻었을까. 곡선의 궤도가 두 가지 직선운동의 결과라는 '복합' 개념은 갈릴레오의 위대한 이론(9장 및 그림 10.4)에서 비롯되었다. 그리고 갈릴레오는 니콜로 타르탈리아로 대표되는 르네상스 역학(5장과 9장)에서 통찰을 얻었다. 갈릴레오의 관심사는 대포알 같은 추진체의 운동처럼 지구에서 일어나는 운동이었다. 그러므로 그의 곡선은 포물선처럼 열린 곡선이었다. 하지만 타르탈리아의 고뇌─그림 9.3 책 표지의 자유화와 책 속에 실린 도식 사이의 차이를 기억하라─에서 알 수 있듯이, 이처럼 열려 있는 곡선도 사람들은 쉽게 상상하지 못했다. 다시 말해 하나의 직선운동(화약이 일으킨 강제적 운동)이 연속적인 '곡선'을 그리는 이유는 또 다른 직선운동(대포의 무거움으로 인해 아래를 향하는 자연적 운동) 때문이라는 사실을 잘 이해하지 못했다.

이처럼 갈릴레오는 훅에게 중요한 자료를 제공했다. 또 다른 중요한 자료는 케플러의 이론이었다. 케플러의 이론을 잘 알고 있던 훅은 그의 글들에서 천체의 실제 운동과 천체 사이에 작용하는 실제 힘을 다룬 케플러의 이른바 '신천문학physica coelestis'을 발견했다. 훅이 케플러의 생각을 추적하기로 한 것은 대담한 결단이었다. 케플러도 체험했듯이 천문학 영역을 물리학으로 확장하는 것은 논란을 일으킬 수 있는 대담한 모험이었다. 케플러는 "물리학자들이여, 당신들의 영역을 침범할 주장이 펼쳐질

테니 귀를 쫑긋 세워라!"라고 유쾌하게 (하지만 진심으로) 선언했다(요하네스 케플러, 《신천문학》[1607], 윌리엄 H. 도너휴William H. Donahue[번역][케임브리지 대학교출판부, 1992], 89쪽).

혹은 뉴턴에게 '행성의 천체 운동 복합'을 이야기하면서 하늘에 대한 케플러의 물리학이 땅에 대한 갈릴레오의 물리학과 같을 수 있고 같아야만 한다고 암시했다. 케플러나 갈릴레오의 이론에서는 찾아볼 수 없는 혹만의 독창적 생각이었다. 갈릴레오는 땅 위의 운동에 대해서, 케플러는 하늘 위 운동에 대해서 전례 없는 혁신을 일으켰지만 둘 중 누구도 자신의 혁신을 다른 영역에 적용할 생각은 하지 못했다.

지상 운동이든 천체 운동이든 모든 운동을 동일한 역학 법칙으로 설명할 수 있어야 한다는 혹의 생각은 데카르트에서 비롯되었다. 그는 데카르트의 글들에서 등속직선운동은 변화가 아니라 '상태'라는 사실을 발견했다(2장과 3장에서 이야기했듯이 등속직선운동은 고대부터 변화로 여겨졌다). 이는 '직선운동'을 멈추거나, 시작하거나, 속도를 변화시키거나, 방향을 바꿀 때는 힘이 필요하지만 계속 유지하는 데는 힘이 필요하지 않다는 뜻이었다. 다시 말해 직선 등속운동은 어떤 설명도 필요하지 않았다. 이는 케플러의 확신과 달리 모든 '곡선'운동은 등속직선운동에서 비롯된 파생운동이며 설명이 필요한 것은 바로 '곡선'이라는 사실을 암시했다. 이 생각들은 갈릴레오 시대 후의 역학철학자들에게 보편적인 지혜가 되었지만, 혹이 하늘의 물체든 땅의 물체든 세상의 '모든' 물체에 동일하게 적용되는 '자연법칙'이 있다고 가정하게 된 것은 데카르트 덕분이었다.

낙하하는 돌

이제까지 혹이 어떤 글들에서 도움을 얻었는지 이야기했다. 다시 한 번 강조하자면 그가 과거의 자료에 기댔다고 해서 뉴턴에게 편지로 이야

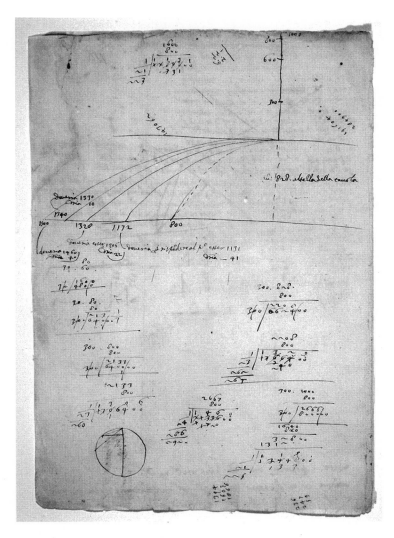

| 그림 10.4 | 추진체의 포물선 궤도가 수평의 '강제적' 추진력과 수직의 '자연적' 낙하라는 독립적인 두 개의 운동으로 이루어져 있음을 증명하기 위한 갈릴레오의 실험 기록. 갈릴레오는 경사면으로 대포알을 굴려 자유롭게 움직이도록 한 뒤 낙하 지점을 표시했다. 위 기록에서는 궤도들을 재구성한 것처럼 보이지만, 다른 기록에서는 잉크가 묻은 대포알이 남긴 경로를 그대로 그렸다. 그다음 이동 거리를 측정하고(800, 1,172, 1,328 등) 대포알이 구른 높이(300, 600, 800)와의 제곱비, 다시 말해 포물선 비율을 산출했다. 그는 마찰, 오류 같은 여러 물리적 조건 때문에 수치들이 정확할 수 없다는 사실을 잘 알았고, 원하는 비율을 얻기 위해 계산을 반복했다. 갈릴레오가 자신의 실험을 만족해했는지에 대해서는 역사학자 사이에서 의견이 분분하다.

기한 생각—이후 '훅의 프로그램'으로 불렸다—이 독창적이지 않다는 것은 결코 아니다. 훅의 독창성을 이야기하기에 앞서 뉴턴과 주고받은 편지를 다시 살펴보자.

1679년 말 훅의 편지를 받은 뉴턴은 존경받는 저명한 학자였지만 나이가 훅보다 어렸으므로 내키지는 않았지만 나흘 뒤인 11월 28일에 예의를 갖추어 답장을 보냈다. 그는 훅의 가설을 잘 모르며, 여러 개인적인 이유로 비슷한 연구를 하고 있지 않다고 밝혔다. 하지만 무례하게 보이지 않도록 사고실험 하나를 제시했다(그림 10.5).

훅의 가설은 지구를 포함한 행성의 '공전'에 관한 것이었지만 뉴턴의 사고실험은 지구가 축을 중심으로 도는 지구 '자전'에 관한 것이었다. 뉴턴의 그림에서 B에서 A에 이르는 무척 높은 탑의 꼭대기인 A에서 돌을 떨어트린다고 상상해보자. 지구는 그림 왼쪽의 G를 향해 동쪽으로 움직이고 우리는 북극에서 아래를 내려다보고 있다. 그렇다면 돌은 어디로 떨어질까? 뉴턴은 아리스토텔레스 이론을 따르거나 그저 상식에 기대는 "범인凡人"이라면 탑의 서쪽, 다시 말해 B의 오른쪽인 '뒤'라고 답할 거라고 말했다. 이 추론은 상식적이다(실제로 지금의 학생 대부분도 그렇게 대답한다). 탑은 돌을 움직이는 지구와 연결하는 매개체처럼 보이므로 이러한 연결이 끊어져 돌이 떨어지기 시작하면 탑의 바닥 부분은 동쪽으로 회전하면서 돌과 멀어져야 하기 때문이다. 이는 코페르니쿠스주의에 대한 전형적인 반박이었다. 구름과 새가 서쪽으로 이동하지 않으므로 지구가 움직일 리가 없다는 것이다. 7장에서 이야기했듯이 코페르니쿠스는 우리 발밑에 있는 단단한 부분만이 지구인 것은 아니라고 주장하며 (아리스토텔레스 이론에 따라) '범인'들과 다른 답을 내놓았다. 그는 지구의 영역이 지구 표면부터 달까지 분포하는 원소들의 구체로 이루어져 있으며 이 모든 것이 함께 움직인다고 설명했다. 코페르니쿠스에 따르면 돌은 지구와 함께 자전하므로 탑의 바로 밑에 도달해야 한다.

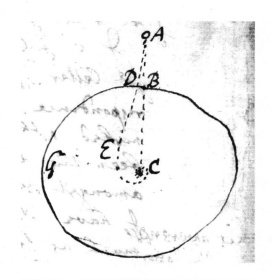

| 그림 10.5 | 뉴턴이 1679년 11월 28일에 훅에게 보낸 답장에 그린 그림. 북극에서 내려다본 광경으로 동쪽이 왼쪽이고 지구는 오른쪽에서 왼쪽으로 돈다. 이 그림에는 두 개의 모순된 생각이 담겨 있다. 첫 번째는 탑 위에서 돌을 던지면 탑 꼭대기는 탑 아래인 B보다 회전 중심에서 더 멀리 떨어져 있어 돌의 운동에서 동으로 향하는 움직임이 더 빠르므로 B가 아닌 D로 떨어진다는 생각이다. 이 생각은 지구의 운동을 설명할 뿐 아니라 추진체의 '자연적' 운동과 '강제적' 운동이 서로 독립적으로 계속되고 그 궤도는 두 운동의 조합이라는 갈릴레오의 통찰을 보여준다. 두 번째는 돌이 E를 향해 나선을 그리며 돌아 중심인 C에 안착한다는 것이다. 훅이 답장에서 설명한 것처럼(그림 10.6) 이는 첫 번째 주장에 어긋난다.

뉴턴이 훅에게 제시한 정답은 놀랍게도 돌이 '지구의 운동과 함께 동쪽으로' 움직여 D로 떨어진다는 것이었다. 탑 꼭대기는 탑 아래보다 지구 가운데인 회전 중심에서 더 멀리 떨어져 있으므로 이동 속도가 빠르기 때문이다. 회전 중심에서 먼 지점일수록 같은 각도를 이동하려면 더 많은 거리를 움직여야 한다. 돌이 직선으로 떨어진다고 해도 탑 꼭대기에서 이루어진 운동은 상실되지 않는다. 돌은 탑 아래 지면보다 빠르게 계속 동쪽을 향해 직선으로 움직인다. 한 방향(아래)의 운동이 다른 방향(동쪽)의 운동을 상쇄하지 않는다는 갈릴레오의 위대한 통찰을 따른 것이었다. 돌의 최종적인 곡선 궤도는 이 두 가지 직선운동의 조합이다.

뉴턴은 아무리 높은 탑이라도 지구의 크기에는 비할 수 없어서 앞의 현상을 직접 관찰하기 어려우므로 이는 사고실험일 뿐이라는 사실을 분명히 밝혔다. 하지만 실험을 정교하게 설계하여 여러 번 반복한다면 돌이 탑의 서쪽보다 동쪽으로 떨어지는 비율이 눈에 띄게 높을 것이라고 주장했다(뉴턴은 기발한 실험 방법도 제시했다).

뉴턴의 실수

여기에서 뉴턴은 별 생각 없이 한 가지 설명을 덧붙였다. 떨어진 돌이 지구를 '통과'한다면 DEC를 따라 나선으로 움직이다가(그림 10.5) 지구 중심인 C에서 멈춘다는 것이었다. 이해하기 힘든 실수다. 우리의 기준에서 이해하기 힘들다는 뜻이 아니다. 앞에서도 강조했듯이, 역사적 사건을 우리가 진실이라고 믿는 기준에 따라 판단하는 오해는 더 많은 오해를 낳는다. 그러한 오해는 '당시 사람들의' 동기와 딜레마, '그들이' 이용할 수 있었던 자원이 무엇이었는지를 무시하여, 우리가 그들에게서 물려받은 믿음이 형성된 과정과 이유에 대한 관점을 흐린다. 뉴턴의 설명이 실수였다는 말은 그의 지식에 비추어보았을 때 그러하다는 뜻이다.

떨어지는 돌이 멈출 것이라고 생각하려면 애초에 뉴턴의 독창적인 사고실험의 기반이 된 갈릴레오의 통찰을 잊어야 했다. 운동하는 물체는 물체를 멈추게 하는 힘이 있어야만 멈추고, 한 물체의 두 가지 (혹은 그 이상의) 운동은 서로 상쇄되지 않는다는 통찰이었다. 돌이 탑 바닥의 동쪽에 떨어지는 이유는 탑 꼭대기에서 이루어진 접선 운동이 계속되기 때문이다. 가운데에서 정지하려면 이 운동은 멈춰야 한다. 하지만 멈춰야 할 이유가 무엇일까?

12월 9일 혹은 답장을 보내 그림 10.6으로 뉴턴의 실수를 지적했다. 그는 돌이 가운데에 도달하지 않을 것이라고 말하면서 뉴턴의 설명을 정정했다(그러면서 분명 희열을 느꼈을 것이다). 대신 AFGHA의 "엘렙튜에이드 Elleptueid"를 따라 궤도를 돌 것이라고 설명했다. 공기 저항 같은 또 다른 이유가 있다면 AIKLMNOP를 따라 움직이면서 속도가 느려지다가 C에서 멈춘다는 것이었다.

뉴턴의 실수와 훅의 지적이 흥미로운 까닭은 온갖 생각, 분류, 가정이 시시각각 재구성되고 새로운 질문과 도전이 과거의 생각과 뒤섞이는 대

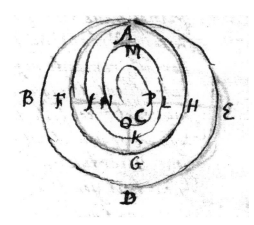

| 그림 10.6 | 1679년 12월 9일에 훅이 뉴턴에게 보낸 답장에 그린 그림. ABDE의 원은 지구이고, 뉴턴의 사고실험에서처럼 떨어진 돌이 지면을 통과한다. 하지만 AJKLMNOP의 나선을 그리다가 마찰이나 저항 같은 제삼의 힘이 원래의 접선 운동을 방해하여 C에서 멈춘다. 한편 접선 운동과 낙하운동만 작용한다면, 돌은 계속되는 '낙하'와 그와는 독립적인 접선 운동의 조합으로 태양 주위를 도는 행성처럼 AFGHA를 따라 가운데를 중심으로 궤도를 돌 것이다.

변혁 시대의 과학을 엿볼 수 있기 때문이다. 뉴턴의 실수는 오해나 의견 불일치의 결과가 아니었다. 오히려 그 반대다. 돌이 탑의 동쪽으로 떨어진다는 사고실험의 첫 부분에서 그가 갈릴레오와 데카르트보다도 그들의 새로운 생각들을 더 잘 이해했다는 사실을 알 수 있다. 과거의 두 거장 모두 자신들의 운동 개념이 암시하는 의미를 이처럼 생생하게 표현하지 못했다. 물론 갈릴레오도 (1624년도 편지에서) 코페르니쿠스 이론을 뒷받침하기 위해 움직이는 배의 돛대 꼭대기에서 돌을 떨어트리는 사고실험을 제시했다. 하지만 뉴턴의 주장과 분석보다는 훨씬 단순했다. 갈릴레오는 배가 수평으로 움직이고 돌은 "정확히 돛 아래로 떨어져 돌이 닿은 지면과 떨어진 궤도가 수직을 이룬다"라고 설명했다(피노치아로, 《갈릴레오 추문》, 183쪽. 7장 참조). 돌이 '앞으로' 떨어진다는 답은 돌이 지구 가운데에서 '멈출 수 없는' 이유인 여러 운동의 '복합'을 탁월하게 설명한다.

그렇다면 뉴턴은 그렇게나 훌륭하게 이해한 아이디어를 어떻게 혼동했을까? 어떻게 방금 설명한 원리를 금세 잊을 수 있을까? 아마도 낙하 물체가 지구 가장 깊숙한 곳에서 정지하리라는 직감적인 추측에 지나치게 초점을 맞춘 나머지 운동의 복합 원리를 더 이상 깊이 생각하지 않았을 가능성이 크다. 훅이 실수하지 않은 이유는 그가 이해하고자 했던 것은 '돌의 낙하와 지구의 운동이 근본적으로 같은 역학 과정'일 가능성이었기 때문이다. 이 생각은 갈릴레오와 데카르트의 이론에서 비롯되었지만 돌의 낙하운동이 궤도 운동이 될 가능성에 주목한 인물은 훅이 유일했다. 훅의 생각이 돋보이는 이유는 그 생각을 이해하기 힘든 이유이기도 했다. 바로 행성 궤도가 태양을 향해 지속적으로 낙하한 결과라는 것이다.

훅에게는 이 생각이 그다지 새롭지 않았다. 그는 이미 13년 전인 1666년에 왕립학회에 이 문제를 거의 즉흥적으로 제기했다.

나는 왜 행성들이 코페르니쿠스 추론에 따라 태양 주위를 도는지 종종 궁금하다. 행성들은 고체의 구체에 있는 것도 아니고… 눈에 보이는 끈으로 태양과 연결된 것도 아닌데 단 한 번의 힘만 가하면 각도가 바뀌거나 직선으로 움직이는 여느 사물과 달리 태양 둘레를 벗어나지 않는다.

– 토머스 버치Thomas Birch, 《왕립학회의 역사The History of the Royal Society》에서
재인용, 2권, 91쪽(1666년 5월 23일)

훅은 행성들이 "일반적인 고체 물체"이므로 모든 물체에 적용되는 법칙들을 따라야 한다고 생각했다. 천구와 지구 사이에는 경계가 없고 우주는 "물체"로 가득한 하나의 세상이라는 생각은 신과학의 가장 근본적인 통찰 중 하나였다. 여느 물체처럼 행성들은 역학 법칙을 따라야 했고, 그렇다면 무엇보다도 "운동을 곡선으로 휘게 하는… 다른 원인"이 없는 한 "직선으로 움직여야" 한다. 그렇다면 곡선운동을 일으키는 원인은 무엇일까? 그 작용 원리는 무엇일까? 그 원리는 어떻게 행성들을 천문학자들이 관찰하는 궤도대로 움직이게 할까?

올바르게 질문하기

바로 여기에서 훅의 독창성이 발견된다. 훅의 아이디어가 혁신적인 까닭은 그가 해답을 제시했기 때문이 아니라 '질문을 올바르게 했기 때문'이다(그는 뉴턴에게 여러 중요한 단서를 제공했지만 답은 구하지 못했다). 갈릴레오, 케플러, 데카르트의 가르침을 바탕으로 한 훅의 질문은 돌이켜보면 셋 중 적어도 한 명은 궁금해했을 법한 질문이었다. 훅에게는 어떤 새로운 지식도 없었지만 갈릴레오, 케플러, 데카르트 중 누구도 묻지 않은 질문을 했다. 중요한 생각을 떠올릴 모든 재료가 있는 것과 실제로 그러한 생각을 하는 것에는 큰 차이가 있다. 돌이켜보았을 때 '훅의 프로그램'이 과거 생각들을 단순하게 발전시킨 듯하다면, 이는 그가 (수많은 노력과 좌절 끝에) 동시대인들을 설득하는 데 성공했기 때문이다. 우리가 아는 천체역학은 과학자들이 그의 질문에 답하면서 발전했고, 훅보다 앞선 세 학자의 업적은 이 렌즈를 통해 바라봐야 한다.

그러므로 훅이 기댄 케플러, 갈릴레오, 데카르트의 이론을 짚어보고 그의 생각이 세 명의 이론과 어느 지점에서 갈리는지 살펴보면 역사학적, 철학적으로 무척 흥미로울 것이다.

케플러는 물리학을 천체에 적용하려 했지만 그의 물리학은 역학이 아니었다. 또한 그는 직선운동이 모든 운동에 대한 설명의 기초라고 생각하지 않았으며 행성들을 "일반적인 고체 물체"로 여기지도 않았다. 그는 "원운동(회전)은 영속적인 물체의 운동이고… 직선운동은 사라질 물체의 운동"이라고 믿었다(케플러, 《혜성에 관한 3부작De cometis libelli tres》, J. A. 러프너J. A. Ruffner의 논문 〈곡선과 직선: 케플러부터 헤벨리우스에 이르는 혜성 이론The Curved and the Straight: Cometary Theory from Kepler to Hevelius〉[1971]에서 재인용, 《천문학역사 저널Journal for the History of Astronomy》 181호). 그러므로 케플러는 '왜 행성이 곡선으로 움직이는가?'가 아닌 '왜 행성이 '움직이는가?''를 물은 것이다. 물질은 모든 운동에 저항하는 '관성적' 속성을 지녔다고 생각한 케플러에게 천체물리학의 목표는 행성이 애초에 왜 움직이는지 밝히는 것이었다. 앞에서도 이야기했듯이 그의 잠정적인 답은 태양이 행성 운동의 원인이라는 것이었다. 케플러는 태양이 돌면서 자성이나 빛 같은 어떤 "원동력"으로 행성들을 회전시키고 끌어당긴다고 추측했다. 그러므로 혹의 '복합' 가설과 달리 케플러의 이론은 행성의 회전을 태양의 회전으로 설명했다. 다시 말해 닫힌 곡선의 운동은 또 다른 닫힌 곡선운동으로만 생성될 수 있었다.

갈릴레오의 생각은 천체들과 지구가 같은 물리학 법칙을 따른다는 생각에 그나마 가까웠다. 코페르니쿠스 이론을 지지한 그의 주장은 지구에서 이루어지는 배와 파도의 운동에 대한 분석에 바탕했으며 《새로운 두 과학에 대한 논고》에서는 "[역학에 관한] 이 생각과 천체들이 회전하는 다양한 속도의 기원에 관한 플라톤의 관점 사이의 우아한 일치"를 암시했다(갈릴레오 갈릴레이, 《새로운 두 과학에 대한 논고》, 헨리 크루Henry Crew·알폰소 드 실비오Alfonso de Silvio [번역] [뉴욕: 도버 퍼블리케이션스Dover Publications, 1954], 261쪽). 갈릴레오는 여기에서 더 나아가지 못하고 혹이 다다른 목적지에 이르지 못했다. 우선 추진체 운동에 관한 그의 분석에서는 하나의 운동이 다른 운동을 휘게 했지만, 직선운동에 어떤 특수한 형이상학 지위가 있다는 생각은 하지 않았다. 9장에서 이야기했듯이 갈릴레오가 주장한 지속적인 '자연적' 운동은 사실 지구 표면을 따라 움직이는 원운동이었다. 게다가 갈릴레오는 "우아한 일치"의 가능성을 생각했는데도 지구에서 이루어지는 역학에 대한 이론을 천체 운동에 적용해볼 생각은 하지 않았다.

무엇보다도 놀랍고 흥미로운 점은 데카르트가 혹이 한 질문을 한 번도 하지 않았다는 사실이다. "움직이는 모든 물체는 직선운동을 계속하려고 한다"는 데카르트가 세운 "자연법칙"이었다. 하지만 그에게조차도 행성이 스스로 운동하는 것이 아니라는 생각은 상식에 전혀 맞지 않았다. 심지어 케플러가 그랬듯이 행성의 회전은 "영속적인 물체의 운동"이므로 행성의 속성이라고 단정하며 자신이 세운 자연법칙들이 무엇을 암시하는지 알아차리지 못했다. 그는 천체 운동과 관련해 물체가 곡선으로 휘지 않는다면 직선으로 움직여야 한다는 사실을 고려하지 않고 "행성들이 놓인 천구 물질은 끊임없이 '회전'한다"라고 주장했다(르네 데카르트, 《철학 원리》, 밸런타인 R. 밀러Valentine R. Miller · 리스 P. 밀러Reese P. Miller[번역] [도르드레흐트: 리델Reidel, 1983], 3부, 30조, 96쪽). 그림 9.7을 다시 보면 띠 안에 있는 물체의 원운동이 또 다른 원운동(띠를 흔드는 손)에 의해 일어난다. 물체가 직선운동을 계속하려는 '경향'을 보여주는 이 그림을 데카르트는 돌이 띠에서 '빠져나오면' 빠져나온 지점에서 원형 궤도와의 접선으로 직선운동을 계속할 것으로 해석했다. 이 그림이 훅의 생각과 결정적으로 다른 부분은 원운동이 직선운동으로 '생성'된다고 여기지 않는다는 것이다. 데카르트는 '두 개의 직선운동이 어떻게 '복합'되어 곡선의 궤도가 될까?'라는 훅의 질문을 한 번도 하지 않았다.

뉴턴 이후의 시대에 사는 우리는 행성 궤도가 접선을 따라 발생하는 관성 운동과 태양에 계속 이끌리는 인력의 결과라는 사실을 잘 안다. 돌이켜보면 갈릴레오, 케플러, 데카르트가 이미 정립한 생각들을 조금 다듬은 것뿐이다. 하지만 훅 이전에는 누구도 행성들은 물론이고 지구 위에 있는 인간도 태양을 향해 계속 낙하하려 하지만 결코 태양과 닿지 못하며 비틀대는 그림을 머릿속에 그리지 못했다. 훅이 이 그림을 떠올리고 그 그림을 확신하자 "종종 궁금해했다"던 질문이 자연스럽게 뒤따랐다.

다시 편지로 돌아가보자. 이제 우리는 뉴턴이 처음 편지에서 훅의 핵심을 놓친 이유와 뉴턴이 제안한 사고실험에 대한 훅의 답이 뉴턴을 자극한 이유를 안다. 뉴턴은 오류를 지적받은 사실이 불쾌했지만 훅의 가설이 얼마나 중요한지 인정할 수밖에 없었고 나흘 뒤인 1679년 12월 13일 또다시 답장을 보냈다. 자신이 어느 부분에서 잘못 생각했는지 곧바로 이해한 뉴턴은 실수를 인정하지 않았고 자신이 낸 문제에 훅이 얼마나 제대로 답했는지 분석했다. 왜 훅은 두 개의 직선운동으로 하나의 닫힌 곡선 '궤도(타원이지만 분명 닫힌 궤도)'를 만들 수 있다고 생각했을까? 왜 그림 10.7처럼 행성이 계속 경로를 바꾸는 복잡한 궤도가 아닐까? 뉴턴은 이에 대한 그림을 제시하며 계산의 결과인 것처럼 이야기했지만 그의 말을 곧이곧대로 받아들일 이유는 없다. 주목할 점은 훅의 가설이 지닌 중요성을 깨달은 뉴턴이 그 가

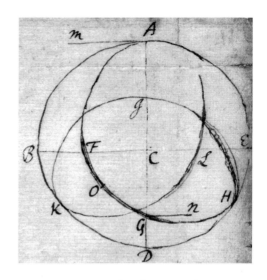

| 그림 10.7 | 1679년 12월 13일에 뉴턴이 훅에게 보낸 편지 속 그림. 뉴턴은 훅의 지적을 받아들였지만 그의 결론에는 의문을 제기했다. 자유낙하와 접선 운동의 조합으로 움직이는 천체가 왜 닫힌 곡선 궤도를 그려야 하는가? 왜 이처럼 복잡한 궤도는 아닐까? 달리 말하면 왜 우리는 행성들의 닫힌 곡선 궤도가 그러한 조합으로 생성된다고 가정해야 하는가? 훅은 자신의 가설을 뒷받침할 독립적인 논증이 있는가?

설이 제시하는 우주론적이면서 형이상학적인 난제와 마주했다는 사실이다. 어떻게 행성의 궤도를 어떠한 '작용'의 결과로 생각할 수 있을까? 천체 궤도는 언제나 완벽한 질서와 조화의 상징이었다. 궤도의 원형은 완벽함의 직접적인 결과였으므로 어떤 설명도 필요하지 않았다. 이러한 가정은 우주론과 천문학에 깊이 뿌리 박혀 있었으므로 대부분의 천문학자는 뉴턴과 훅이 서신을 주고받기 70년 전에 나온 케플러의 천체물리학을 여전히 이해하지 못했다. 그들에게 케플러의 타원은 프톨레마이오스부터 코페르니쿠스에 이르는 전통 천문학의 설명처럼 두 가지 원운동의 조

합(이심원과 주전원)이었다.

뉴턴은 훅에게 단순한 역학적 원인들이 어떻게 그러한 질서를 가능하게 하느냐고 물었다. 어떻게 곡선이 '닫혀' 있어 질서정연한 방식으로 반복될 수 있을까?

훅이 질문에 답할 수 있었다면 애초에 뉴턴에게 도움을 청하지 않았을 것이다. 훅이 3주 후인 1680년 1월 6일에 제시한 것은 답의 토대가 될 세 가지 원칙이었다. 사실 그는 약 10년 전 이 원칙들을 〈세계의 계System of the World〉라는 글로 발표했는데 여기서도 태동기의 과학을 엿볼 수 있다. 〈세계의 계〉를 보면 원칙들의 출처가 어떤 이론들인지 알 수 있고 이 과거 이론들의 조합이 다시 얼마나 놀라운 독창성을 창출했는지 깨달을 수 있다.

훅의 첫 번째 원칙은 행성과 태양의 거리와 행성의 속도가 관계를 맺는다고 가정해야 한다는 것이다. 케플러는 면적 법칙으로 이 관계를 포착했고, 훅은 비록 오류가 있긴 했지만 케플러의 법칙을 염두에 둔 것이 분명하다.

두 번째 원칙은 궤도의 접선을 따르는 직선운동을 곡선으로 휘게 하는 태양의 인력이 거리가 멀수록 약해진다는 것이다. 여기서도 훅은 인력이 태양과 행성들을 잇는 빛의 힘이나 원거리에서도 작용하는 다른 힘일 것이라는 케플러의 주장을 염두에 두었다. 케플러는 빛이 광원 주위로 구체처럼 확장한다고 추론했다. 구체의 면적은 중심부터의 거리를 제곱한 값에 비례하여 증가한다(지금의 수학식은 $\{A=4\pi r^2\}$이지만 17세기 수학자들은 상수를 생략하고 $\{A\propto r^2\}$로 표현했을 것이다). 그러므로 이 면적에서 각 지점을 비추는 빛의 양은 광원과의 거리를 제곱한 값에 반비례하고 이것이 바로 그 유명한 역제곱 법칙이다. 훅은 〈세계의 계〉를 쓸 때만 해도 태양으로부터의 인력을 감소시키는 법칙이 무엇인지 확신하지 못했다. 그러나 뉴턴에게 편지를 보냈을 때는 빛의 구체 팽창과 이 인력의 구체 팽창이 유사하므로 둘 다 같은 법칙을 따라야 한다고 확신했다. 그즈음 훅과 뉴턴 모두 '중력'이라고 부른 이 인력은 거리를 제곱한 값에 비례해 감소했고, 훅은 뉴턴에게 이를 계산에 고려해야 한다고 지적했다.

훅의 마지막 원칙은 힘(태양의 인력)과 속도의 관계를 설명하는 법칙인 $\{f \propto V^2\}$였다. 이 법칙에 따르면 힘은 속도의 제곱에 비례한다. 그러므로 어떤 힘이 정지해 있는 물체를 특정 속도로 움직이게 할 경우 속도가 두 배가 되려면 힘은 네 배가 되어야 한다. 이 원칙은 용수철에 관한 훅 자신의 연구에서 비롯된 듯하다(하지만 그의 추론을 정확하게 재구성하기는 어렵다).

뉴턴은 조력자이자 경쟁자인 훅에게 배울 수 있는 것은 다 배웠다고 생각했는지 더 이상 답장을 보내지 않았다. 하지만 계속 편지를 주고받고 싶었던 훅은 약 2주 뒤인 1월 17일에 보낸 마지막 편지에서 새로운 천체역학의 '도전 과제'를 아래와 같이 요약했다.

이제는 접선에서의 낙하 속도 또는 모든 지점에서의 등속운동 속도를 거리의 제곱에 비례하게 하는 가운데 인력으로 생성된 (원도 아니고 동심원도 아닌) 곡선의 속성들을 밝혀야 합니다. 나는 당신이 훌륭한 방법으로 이 곡선의 정체와 속성을 어렵지 않게 밝히고 이 비례가 나타나는 물리적 이유를 설명할 수 있을 것이라고 믿어 의심치 않습니다.

– 뉴턴, 《서신》, 2권, 313쪽

뉴턴은 이 편지에도 답하지 않았다.

새로운 천체역학

훅과 뉴턴이 편지를 주고받은 사건을 우리가 아는 하늘과 지구의 역학이 출현하게 된 주요 계기로 생각한다면, 관련 있는 두 가지 문제를 짚어봐야 한다. 하나는 복잡한 법칙들이 좌우하는 힘, 힘과 운동의 복잡한 비율, 거리·속도·궤도 형태 사이의 복잡한 관계처럼 역학 이론과 천체물리학이 약 두 세대 동안 얼마나 복잡해졌느냐다. 갈릴레오, 케플러, 데카르트 그리고 그들의 동시대인과 제자들은 수학을 자연철학에 적용하면 수학처럼 단순하고 확실한 자연의 구조가 드러날 것이라고 기대했지만 오히려 점차 복잡해졌다.

또 다른 문제는 행성 궤도가 어떤 작용의 결과일 뿐 아니라 여러 원인이 '복합'하면서 나타난 결과라는 훅의 주장이다. 천체 운동이라고 하면 사람들이 으레 떠올리던 조화롭고 완벽한 운동과는 거리가 멀었다. 훅에 따르면 궤도는 서로 경쟁하는 힘과 운동 사이의 임의적 균형에 의한 결과다. 접선 운동의 원래 속도와 태양과 지구 사이의 인력이 감소하는 비율 중 하나만 달랐어도 지구 궤도의 형태는 달라졌을 것이다. 이 속도나 힘의 법칙이 조금이라도 달랐다면 지구는 태양을 향해 낙하하다가 충돌하거나 태양과 영영 멀어져 궤도를 그리지 않았을 수도 있다. 힘과 운동의 균형은 복잡하고 위태로우며, '이 모든 것에서 어떻게 닫힌 곡선 궤도가 생기는가'라는 뉴턴의 질문에 대한 훅의 답은 한마디로 '항상 생기는 것이 아니다'였다. 우리는 지구 궤도가 비교적 안정적이어서 앞으로 당분간은 태양으로 낙하하지 않을 것이라는 사실에 감사해야 한다.

훅과 뉴턴이 편지를 주고받은 뒤 4년 반이 지난 1684년 여름에 (핼리혜성으로 유명한) 에드먼드 핼리Edmund Halley(1656~1742)가 런던에서 케임브리지를 찾았다. 왕립학회에서 (그리고 이후에는 왕실 천문학자 모임에서) 가장 활발하게 활동한 회원 중 한 명이던 핼리는 뉴턴과 다음의 문제를 이야기하고 싶어 했다. '태양이 거리를 제곱한 값에 반비례하는 힘으로 행성들을 끌어당긴다고 가정하면 행성들은 케플러가 주장한 대로 타원 궤도를 그릴 수 있다.' 핼리는 왕립학회 회원들이 커피숍에서 이 문제에 관해 자주 토론한다고 전했다. 그러면서 뉴턴에게 자신이 최근 훅과 그의 친구이자 협력자이며 동업자인 렌과 식사를 했는데, 렌이 자신도 이 문제를 계산해봤지만 실패했다고 토로했다는 사실을 알려주었다. 그러자 훅은 타원 궤도를 계산하는 방법을 알고 있지만 아직은 발표할 생각이 없다고 답했다고 한다(한참 전에 왕립학회 간사장 자리에서 별다른 성과 없이 물러난 뒤였다). 훅은 다른 사람들이 먼저 계산에 실패해야 자신의 성과가 높이 평가받을 것이라고 생각했다. 그러자 렌은 처음으로 계산에 성공한 사람에게 40실링 수표를 주겠다며 내기를 걸었다. 핼리는 "학문적 야망이 큰" 훅이 판돈을 따지 않았다는 사실로 미루어 볼 때 그가 정말 답을 알고 있다고 생각하지 않았다. 뉴턴은 이 논의에 함께할 뜻이 있을까?

이미 몇 년 전에 자신이 답을 제시했다는 뉴턴의 말에 핼리는 놀라움과 흥분을 감추지 못했다. 아마도 뉴턴은 훅과 편지를 주고받으면서 시작한 연구를 통해 제시했다고 언급했을 것이다. 하지만 뉴턴은 자료를 찾지 못했고, 대신 다시 계산해서 보내주겠다고 약속했다. 핼리는 반신반의하며 런던으로 돌아갔지만 약속받은 자료인 〈궤도를 도는 물체의 운동에 관하여De Motu Corporum in Gyrum〉라는 논문을 11월에 받았고 이를 왕립학회에 보고했다(그림 10.8).

문장과 도표가 가득하고 군데군데 줄 친 부분과 강조 표시도 있는 아홉 페이지의 논문은 훅의 문제나 핼리의 질문에 완벽하게 답하지는 않았지만 많은 부분을 설명했다. 이 글은 세 가지 정의, 네 가지 가설, 네 가지 정리, 일곱 가지 문제, 그리고 수많은 결과와 해석으로 이루어져 있

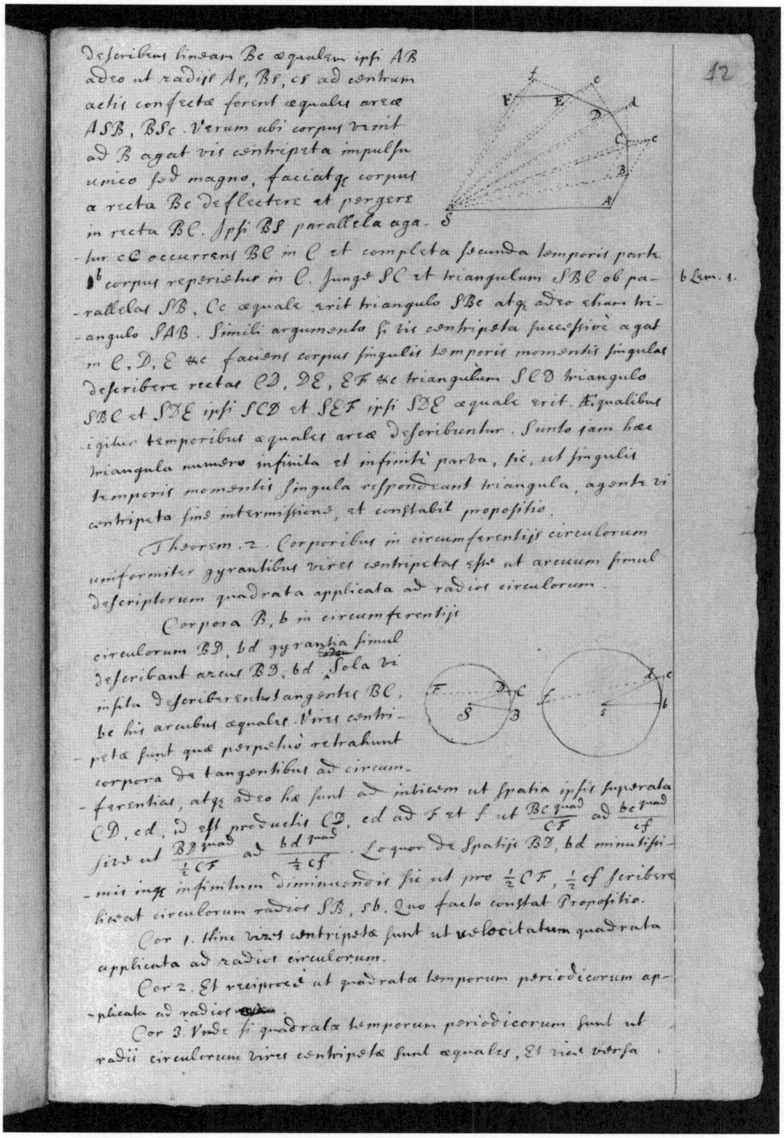

| 그림 10.8 | 뉴턴의 《프린키피아》의 초안이었던 〈궤도를 도는 물체의 운동에 관하여〉 초고. 오른쪽 위의 도표에 대한 설명은 그림 10.9를 참조하라. 이 도표는 가운데 힘을 중심으로 회전하는 물체의 동경 벡터가 차지하는 면적은 시간에 비례한다는 케플러의 면적 법칙이 궤도 운동을 하는 모든 물체에 적용된다는 사실을 증명한다. 그 아래로 증명에 대한 비교적 단순한 설명이 적혀 있다. 오른쪽 아래 도표는 그림 10.2의 힘의 법칙을 발전시킨 것이다.

었다. 뉴턴은 역학 지식, 행성 운동의 물리학에 관한 '훅의 프로그램', 그리고 자신의 독창적이고 색다른 수학적 기술을 탁월하게 조합했다. 그는 자신이 새롭게 명명한 구심력에 관해 정의하고, 훅이 고민한 가운데 물체를 향하는 인력, 내재적 힘, 저항을 구분했다. 두 번째 가설은 직선으로 운동하는 물체는 다른 힘을 가하지 않는 한 등속운동을 계속한다는 데카르트의 법칙이었다. 세 번째와 네 번째는 하나의 움직이는 물체에서 (평행사변형 법칙에 따라) 여러 운동이 조합되고 힘에 의한 운동은 이동 거리가 시간의 제곱에 비례한다는 갈릴레오의 법칙을 바탕으로 했다. 첫 번째 정리는 케플러의 면적 법칙을 가운데 힘을 중심으로 궤도 운동을 하는 모든 물체에 적용할 수 있는 가장 보편적인 방식으로, 그리고 가장 간단한 수학 공식으로 증명했다(증거는 그림 10.9를 참조하라). 두 번째 정리는 회전 주기와 거리의 비율로 어떤 궤도에도 적용되는 힘의 법칙을 세울 수 있는 기하학 공식을 정립했다(그림 10.2의 스케치가 한 가지 예다). 이 두 번째 정리에 대한 다섯 번째 결과는 시간의 제곱과 거리의 세제곱 간 비례 관계에 관한 케플러의 세 번째 법칙을 바탕으로 태양과 행성들에 관한 역제곱 법칙을 추론했다. 세 번째 문제는 가운데 힘이 두 개의 초점 중 하나에 있는 타원 궤도에 관한 케플러의 법칙에 따라 운동하는 물체는 '구심력'이 거리의 제곱에 반비례한다는 사실을 증명했다. 훅이 인력에 관해 역제곱 법칙에 따라 타원 궤도를 구성한 문제를 역으로 풀이한 것으로, 훅이 처음 제시한 문제에 관한 뉴턴의 답이다. 뉴턴의 성취는 혁신적이었다. 그는 수수께끼 같은 케플러의 경험주의적 법칙들이 자연의 수학적-물리학적 구조에서 직접 비롯되었다는 사실을 밝혔다. 훅이 제시했지만 아무런 증거가 없어 어느 순간 런던의 토론에서 사라진 힘에 관한 역제곱 법칙은 뉴턴의 손을 거치면서 이 모든 것을 하나로 엮는 열쇠가 되었다.

뉴턴의 논문에 감격한 핼리는 케임브리지에 은둔하던 그에게 논문을

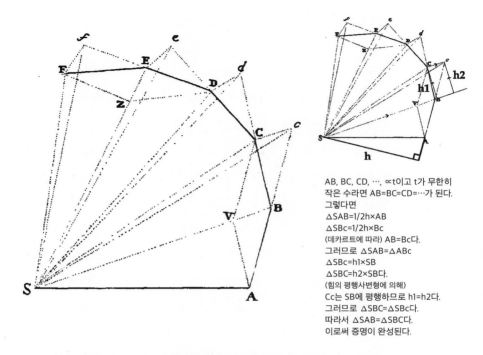

AB, BC, CD, …, ∝t이고 t가 무한히
작은 수라면 AB=BC=CD=…가 된다.
그렇다면
$\triangle SAB = 1/2h \times AB$
$\triangle SBc = 1/2h \times Bc$
(데카르트에 따라) AB=Bc다.
그러므로 $\triangle SAB = \triangle ABc$
$\triangle SBc = h1 \times SB$
$\triangle SBC = h2 \times SB$다.
(힘의 평행사변형에 의해)
Cc는 SB에 평행하므로 h1=h2다.
그러므로 $\triangle SBC = \triangle SBc$다.
따라서 $\triangle SAB = \triangle SBC$다.
이로써 증명이 완성된다.

| 그림 10.9 | 케플러의 면적 법칙이 가운데 인력을 중심으로 회전하는 모든 물체에 적용된다는 뉴턴의 증명. 위 그림은 뉴턴이 논문 〈궤도를 도는 물체의 운동에 관하여〉에 처음 그린 도식을 《프린키피아》에서 다시 그린 것이다. 오른쪽 도식에 추가된 선들은 증명을 설명한다. 케플러에게는 그저 경험적 근사치였던 케플러의 '제2법칙'이 뉴턴의 손을 거치면서 수학적 공식의 지위를 얻었다. 뉴턴은 행성 운동을 분석하며 면적을 통해 시간을 추산할 수 있었다.

책으로 펴내자고 끈질기게 설득했다. 그렇게 해서 왕립학회가 출간을 후원하기로 했고, 핼리는 얼마 지나지 않아 왕립학회의 '간사장'이 되어 직접 출간을 감독했다. 뉴턴은 18개월도 채 안 되어 원고를 완성했고 이듬해(1687) 《프린키피아》가 세상에 나왔다. 2쇄는 1713년에 나왔고, 내용을 추가한 마지막 판본은 1726년에 나왔다.

뉴턴의 《프린키피아》

나의 경험에 비추어보면 21세기에 갈릴레오나 케플러, 데카르트, 훅의 이론을 접하는 학생들은 역사적 배경도 알아야 그들의 업적이 과학 수업에서 배운 내용과 어떻게 연결되는지 깨달을 수 있다. 학생들이 뉴턴의 《프린키피아》를 접하면서 느끼는 첫 감정은 주로 익숙함이다. 하지만 역사적 배경을 알고 나면 《프린키피아》가 자신이 배운 뉴턴의 물리학과 상당히 다르다는 사실을 깨달을 것이다.

《프린키피아》가 이 책의 대미를 장식하는 까닭은 그저 역사 기록의 전통을 따라서가 아니라 그러한 이유 때문이다. 뉴턴에 관한 당시의 몇 가지 평가도 주목할 만하다. 뉴턴의 동시대인들에게 《프린키피아》는 말 그대로 성전이었고 뉴턴은 대사제였다. 예컨대 알렉산더 포프Alexander Pope가 1730년에 쓴 뉴턴의 묘비명은 "자연과 자연의 법칙들은 어둠에 숨어 있었으나 신이 '뉴턴이 있으라!'라고 말하니 모든 것이 밝아졌다"였다. 얼마 지나지 않아 그동안 뉴턴에 냉소적이었던 볼테르Voltaire 역시 "교리문답서는 아이들에게 신을 알리지만 뉴턴은 현자들에게 신을 알렸다"라고 칭송했다. 이 평가들은 그저 존경의 표시가 아니었다. 《프린키피아》 출간에 직접 참여한 핼리는 뉴턴의 책을 인간의 피조물이 아닌 계시로 여겼고 책 서문에 '뉴턴에게 부치는 시'를 실었다.

보라, 너의 눈을 사로잡는 하늘의 패턴을!
그 질량과 계산의 놀라운 균형
신성하도다! 신이 만든 법칙들 또한 보라
우주의 틀을 짠 신은 그 법칙들을 방관하는 대신
자신의 토대로 삼았도다
… 그러면 이제 천상의 꿀 같은 성찬 앞에 앉은 당신은

나와 함께 여신들에게

뉴턴의 이름을 찬송할지니

진실의 숨은 보고의 문을 연 자여

마음 깊이 포이보스가 자리한 자여

그는 그 자체로 신성함의 광채를 내뿜나니

속세의 누구도 그보다 신에게 가까이 다가가지 못할지어다.[1]

뉴턴에 대한 찬사가 과장 같을 수도 있겠지만, 세 권으로 이루어진 《프린키피아》는 실제로 "우주의 틀을 짠 신이… 자신의 토대로 삼은 법칙들"을 해독했으며 뉴턴이 〈궤도를 도는 물체의 운동에 관하여〉에서 스케치한 접근법을 본격적으로 설명했다. 뉴턴은 일련의 "정의"와 "공리 또는 운동의 법칙"으로 책을 열었다. 그리고 1권 '물체의 운동'에서는 자신의 새로운 수학적 도구들을 소개하고 이 도구들을 자신이 제시한 정의와 공리들에 어떻게 적용해야 '훅의 프로그램'에 따라 궤도를 도는 물체들의 운동에 관한 여러 복잡한 문제와 정리를 풀고 증명할 수 있는지 설명했다. 2권에서는 '저항하는 매질에서의 물체 운동'을 다루었다. 대기나 물속에서 일어나는 운동처럼 우리가 주변에서 경험하는 운동들이다. 그러므로 1권이 전통적인 우주론으로 하늘의 영역을 다루는 방식을 제시했다면 2권은 지상의 영역을 다루었다. 두 영역 사이가 분명히 구분되지는 않았다. 뉴턴이 첫 부분에 제시한 정의와 공리는 모든 물체와 운동에 적용되었다. 신과학의 심오한 통찰을 이야기한 3권 '세계의 계'에서 뉴턴은 목성과 토성의 위성들로 설명한 케플러 법칙들의 "현상들"이 어떻게 1권의 "수학적 원칙들"을 따르는지 보여주었다.

1 _ 이 시를 포함하여 《프린키피아》의 인용문은 앤드루 모트Andrew Motte의 1729년도 번역을 일부 수정한 것이다.

뉴턴이 책 제목을 '자연철학의 수학적 원리'로 지었다는 사실에서 그가 데카르트의 수학 원리들을 본보기로 삼는 데 그치지 않고 뛰어넘으려 했음을 유추할 수 있다. 게다가 뉴턴은 한 가지 중요한 측면에서 데카르트가 닦은 길을 데카르트보다도 앞서 나갔다. 데카르트는 수학으로 표현할 수 있는 요소만 자연철학의 영역이 되어야 한다고 요구했지만 이 요구는 철학적 열망일 뿐이었다. 뉴턴은 이 요구를 실행에 옮겼다. 뉴턴이 내세운 요소들은 양이었다. 그는 '물질'과 '운동' 대신 "물질의 양("밀도와 부피의 결합")"과 "운동의 양("물질의 속도와 양의 조합")"을 정의했다. 뉴턴은 세 번째 정의를 통해 데카르트와 결정적으로 멀어졌다. 그는 세상에는 물질과 운동밖에 없다는 데카르트의 선언을 어기고 훅의 프로그램과 자신의 논문 〈궤도를 도는 물체의 운동에 관하여〉에 등장한 세 번째 요소인 힘을 추가했다. 학창 시절부터 힘의 수학을 공부한 뉴턴은 훅과 편지를 주고받으면서 데카르트의 철학적 요구가 지나치게 제한적이라고 생각했을 것이다. 케플러가 구상한 천체물리학은 훅의 프로그램처럼 힘에 독립적인 존재론적 지위를 부여하지 않으면 불가능했다. 그러므로 뉴턴은 물체가 운동(또는 정지 상태)의 변화에 저항하는 힘을 "물질의 내재적 힘"으로, 그러한 변화를 일으키는 힘을 "가해진 힘"으로, 자신과 훅이 서신을 교환하면서 단순하게 '중력'으로 일컫기 시작한 인력을 "구심력"으로 정의했다. 그리고 "힘의 양"을 절대적 관점, 가속의 관점, 시간에 따른 가속의 관점에 따라 세 가지로 정의했다.

뉴턴은 이 양들을 자연 분석에 적용하기에 앞서 형이상학적 틀을 마련해야 한다고 생각했다. 물질과 운동으로만 이루어진 데카르트의 스파르타식 우주에서는 모든 운동이 그저 위치의 상대적 변화였다. 그러므로 내가 문을 통과했는지 아니면 문이 내게 다가와 나를 통과한 것인지 또는 문과 내가 동시에 반대 방향으로 움직인 것인지는 관점의 문제일 뿐이다. 뉴턴은 세상을 구성하는 기본 요소에 실질적인 힘을 추가하여 이를 실질적으로 구분했다. 발을 떼거나 서거나 몸을 트는 주체는 나 자신이고 속도를 올리거나 줄이는 것 역시 나이므로 움직인 것은 문이 아니라 '나'다. 그러므로 힘이 존재하는 곳은 문이 아니라 '나'다.

그런데 어떻게 구분할 수 있을까? 실제 힘을 경험하면서 속도를 높이는 물체와 주변 물체들이 운동하여 위치가 변한 것처럼 보이는 물체는 어떻게 다를까? 실제 운동과 상대적 운동을 구분하려면 움직이는 것은 나고 문은 움직이지 않는 기준틀을 마련해야 하고, 이 틀은 운동하는 물체들에 독립적이어야 한다. 뉴턴은 "절대적 시간"과 "절대적 공간"을 상정하여 틀을 마련했다. 이 틀은 세상의 물체들이 '담긴' 공간이자 물체들이 '움직이는' 시간이며, 이 공간과 시간은 물체들이 출현하기 전부터 존재했고 물체들의 영향에 독립적이다. 이해하기 어려운 이 개념이 많은 비판을 받자 뉴턴은 간단한 사고실험을 제시했다. 물이 담긴 양동이가 꼬인 밧줄에 매달려 있다고 상상해보자. 밧줄이 풀리면 처음에는 양동이가 돌아가더라도 물은 가만히 있는다. 그러다가 물도 양동이와 함께 돌기 시작하다가 양동이 가장자리에서 위로 솟는다. 하지만 양동이가 돌아도 물은 멈춰 있을 때, 물의 '상대적' 운동(주변 환경인 양동이에 대비한 운동)은 크기가 크다. 양동이와 물이 같이 움직일 때는 물의 상대적 운동은 크기가 작다. 그렇다면 왜 물은 양동이와 함께 돌면서 표면이 곡선이 되어 변했을까? 뉴턴은 물이 '절대적으로' 움직이기 때문이라고 주장했다. 물은 양동이에 상대적으로 움직이는 것이 아니라 절대적 장소에 대해 움직인다!

뉴턴은 물질과 운동의 양, 힘, 절대적 시간과 공간이라는 수학적 자연철학의 요소들을 바탕으로 자신의 "공리 또는 운동 법칙들"을 통해 데카르트와 훅의 통찰을 조합했다. 이 일은 무척 어려웠지만 값진 결실을 맺었다. 첫 번째 법칙인 "정지해 있거나 직선의 등속운동을 하는 모든 물체는 상태를 변화시키는 힘을 가하지 않는 한 그 상태를 유지한다"라는 데카르트의 두 가지 자연법칙을 탁월하게 조합한 결과물이다. "운동의 변화는 가해진 추진력에 비례하고 힘을 가한 직선의 방향으로 일어난다"라는 두 번째 법칙은 훅의 프로그램에서 비롯된 힘의 개념을 오로지 수학적으로 표현한 것이다. "모든 작용에는 같은 크기의 반작용이 있다"라는 세 번째 법칙은 대칭성을 제시한다. 뉴턴은 여러 "결과"를 통해 이 운동과 힘의 법칙을 어떻게 이해할 수 있는지 설명했다. 가장 간단한 첫 번째 결과인 "두 개의 힘이 동시에 작용한 물체는 각 힘이 그리는 선을 변들로 하는 평행사변형의 대각선을 그린다"가 좋은 예다. 〈궤도를 도는 물체의 운동에 관하여〉에 등장한 '힘의 평행사변형' 법칙인데, 눈치가 빠른 독자라면 뉴턴이 《프린키피아》에서 어떤 전략을 구사하려 했는지 짐작할 것이다. 힘의 평행사변형은 여러 운동이 하나의 물체에서 서로 상쇄하지 않고 조합될 수 있다는 갈릴레오의 통찰과 연관된다. 뉴턴은 훅과 주고받은 편지에서도 중요한 역할을 한 이 개념을 자연의 물리학 법칙이자 유용한 수학적 도구로 변모시켰다. 그다음 자연에 관한 훨씬 복잡하고 이해하기 어려운 주장들을 세우고 증명하는 데 사용했다.

실제로 이 전략은 큰 영향력을 발휘했다. 핼리, 포프, 볼테르를 비롯한 수많은 동시대인이 뉴턴의 이론에 매료된 이유는 뉴턴이 이를 통해 점차 놀라운 전제들을 제시하고 수학적 확실성을 부여했기 때문이었을 것이다. 뉴턴이 〈궤도를 도는 물체의 운동에 관하여〉에서 거의 그대로 인용한 케플러의 면적 법칙을 다룬 방식 역시 단순하지만 강력한 예다. 뉴턴은 《프린키피아》 1권 첫 부분에 제시한 혁신적인 "최초와 최후의 비율 방법론"을 통해 운동 궤도의 특이점들을 수학적으로 설명했다. 그다음 케플러에게는 그저 경험적 일반화였던 면적 법칙이 가운데 힘 주변으로 회전하는 모든 물체에 적용될 수 있다는 사실을 단순한 유클리드 기하학과 물리학적 추정, 수학적 근사치를 조합하여 증명했다(그림 10.9).

뉴턴은 면적 법칙을 하나의 정리로 만들면서 시간을 기하학적으로 표현할 수 있었다. 이후 어떤 물체를 중심으로 회전하는 물체가 그리는 궤도의 차원과 주기에서 가운데 물체와 회전체 사이의 인력이 거리에 따라 감소한다는 법칙을 유추하여 단순한 기하학적 공식을 정립했다. 그리고 몇 가지 전제를 제시한 뒤 힘의 계산에 관한 이 기하학적 공식으로 두 초점 중 하나에 인력을 일으키는 물체가 있는 타원 궤도에 관한 법칙을 세웠다. 케플러가 제시한 태양 주위의 행성 궤도에 관한 법칙이다. 행성들을 케플러 궤도로 돌게 하는 힘은 태양과 행성 사이의 거리를 제곱한 값에 반비례했다. 태양과 행성의 인력은 케플러가 빛에 대해 세웠고 훅이 지구와 나중에는 자신의 프로그램에 적용했으며 뉴턴 스스로도 과거에 행성의 구심력 계산에 적용했던 법칙인 역제곱 법칙을 따랐다. 뉴턴은 〈궤도를 도는 물체의 운동에 관하여〉에서 그랬던 것처럼 역제곱 법칙을 통해 케플러의 법칙들을 일관적인 수학적-물리학적 전체 그림에 연결했다. 《프린키피아》 3권에서는 케플러 법칙들이 뒤에서 이야기할 또 다른 중요한 의미를 띠었다. 뉴턴은 1권에서 역제곱 법칙에 대한 자신의 논리가 오로지 경험적 판단을 따랐다는 사실을 강조했다. 그는 독자들에게 다양한 곡선 궤도에 관한 힘의 법칙을 계산하는 방법을 알려주었을 뿐 아니라 케플러의 '조화 법칙(행성 주기의 제곱과 거리의 세제곱 간 비례 관계)'이 달랐다면 힘의 법칙들이 어떻게 달라졌을지 여러 결과를 통해 설명했다. 그리고 전제 53~55와 66~68에서는 달과 함께 태양 주위를 도는 지구처럼 제3의 물체로부터 인력이 작용하는 복잡한 궤도를 궤도 자체가 회전한다고 가정하여 접근하는 방식도 설명했다.

사실 뉴턴은 무척 기술적인 1권에 뒤이어 2권에서는 하늘과 지구를 바라보는 새로운 관점을 "다수가 읽을 수 있는 대중적인 방식"으로 설명하려 했다(마지막 권인 3권 서문에 밝혔다). 하지만 그가 《프린키피아》의 2권으로 구상한 《세계의 계에 관한 논고Treatise of the System of the World》는 사후에 출간되었다(그림 10.10. 다음 웹사이트에서 열람할 수 있다.

https://books.google.com.au/ books?id=DX-E9AAAcAAJ). 뉴턴 이 자신이 제안한 "대중적 방식" 대신 매우 기술적이고 난해한 '저 항하는 매질에서의 물체 운동'을 2권으로 발표한 것은 근대 과학 이 택한 배타적이고 엘리트주의적 인 경로의 이정표적 사건이다. 헬 리에게 밝혔듯이 그는 철학적 의제 를 수학적 능력보다 중요하게 여기 는 사람들의 논쟁에 휘말리고 싶 지 않았다. 과학은 이제 전문가들 의 영역이었다.

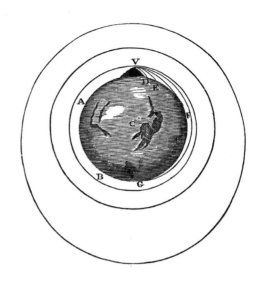

| 그림 10.10 | 뉴턴의 '세계의 계'. 위 그림이 훅이 뉴턴에 게 보낸 편지에 그린 추상적 그림(그림 10.6)을 어떻게 유용 한 도구로 변모시켰는지 주목하라. 매우 높은 산의 꼭대기 인 V에서 포탄을 발사하면 발사한 힘에 따라 지표면 D, E, F, G 중 한 곳에 떨어질 것이다. 하지만 이 힘이 아주 강력 하다면 포탄은 땅에 떨어지지 않고 BAVAB를 따라 지구 주 위를 돌 것이다. 지구의 대포와 태양을 향해 '낙하'하는 행 성은 근본적으로 같은 원리를 따른다.

그러므로 2권은 1권의 속편 격 이었다. 역사학자들은 《프린키피 아》 2권을, 저항력을 지닌 매질 안 에서 일어나는 운동은 행성의 궤 도를 설명하기에는 지나치게 복 잡하다는 데카르트의 소용돌이 이론을 장황하게 반박한 책으로 여기곤 한다. 예를 들어 2권 3장은 "어느 정도는 속력의 비율로 저항을 받고 어 느 정도는 속력의 제곱의 비율로 저항을 받는 물체의 운동"을 살펴보면 서 용액 속 구체의 저항은 "일부는 점성, 일부는 소모, 일부는 매질의 밀 도로 일어난다고 결론 내린다. 그리고 4장은 저항이 궤도를 가운데의 인 력으로 향하는 나선으로 바꾼다는 훅의 1679년 12월 9일 자 편지 내용 을 수학적으로 분석한다(그림 10.6).

원래의 《세계의 계》 대신 훨씬 기술적인 3권을 펴낸 결정은 그저 독자

층을 "수학 지식이 뛰어난 사람들"에 한정하는 데 그치지 않았다. 3권은 《프린키피아》를 새로운 천체역학 원칙들을 설명하는 책에서 원칙들이 지닌 힘을 증명하는 책으로 바꾸었다. 뉴턴은 행성들의 주기와 목성과 수성의 위성들의 주기, 행성 거리의 최적 측정치, 지구의 다양한 높이와 장소에서의 진자 운동 비교, 낙하 물체에 관해 실험한 결과들—이 중 다수는 2판에만 실려 있고, 1판에 실린 결과들은 대부분 2판에서 수정되었다—을 제시했다. 뉴턴은 이 모든 내용이 1권의 수학-물리학 정리들로 세운 틀에 탁월하게 들어맞는다는 사실을 보여주었다.

전제 1: 목성의 위성들을 직선운동 경로에서 이탈하게 하여 적절한 궤도 운동을 하게 하는 힘들은 목성 중심을 향하고, 이 중심과 위성과의 거리를 제곱한 값에 반비례한다.

전제 3: 달을 궤도로 돌게 하는 힘은 지구를 향하고, 지구 중심과 달의 거리를 제곱한 값에 반비례한다.

전제 20: 물체들의 무게가 지구 위 장소마다 어떻게 다른지 비교한다.

전제 24: 해수면의 밀물과 썰물은 태양과 달의 작용으로 일어난다.

전제 40: 혜성들은 태양 중심을 초점으로 하는 원뿔 단면을 궤도로 운동하고, 태양과 혜성 사이의 간격을 반지름으로 하여 혜성이 움직인 면적은 시간에 비례한다.

이처럼 수많은 현상은 1권에 설명한 수학-물리학 도구들의 경험적 유용성을 보여줄 뿐 아니라 그 보편성을 입증한다. 뉴턴의 《세계의 계》는 혹이 같은 제목의 글에서 스케치한 계획을 현실화하여, 행성 운동을 타원 궤도로 휘게 한 인력이 그저 케플러가 생각한 태양 고유의 힘이 아니라는 사실을 증명했다. 행성 운동을 타원 궤도로 만든 이 힘은 행성들과 그 위성들도 연결했고, 그러면서 위성 역시 태양 주위를 돌게 했다. 돌이 지표면을 향해 떨어지는 것도, 물질의 모든 입자가 다른 입자와 결합하는 것도 모두 같은 힘 때문이다. 이 보편성을 가장 극적으로 입증하는 논증은 유명한 '달 실험'일 것이다. 뉴턴은 달 궤도에 관한 여러 천문학 측정치를 바탕으로 달이 지구를 향하는 가속도를 지구에서 이루어지는 낙하 가속도의 602분의 1로 계산했다. 달과 지구의 거리는 지구 반지름의 약 60배이므로 달을 지구 주위에 머물게 하는 힘도 태양과 행성들 사이에서 작용하는 힘처럼 역제곱 법칙을 따른다. 두 힘이 같은 법칙을 따른다는 사실은 같은 힘임을 암시한다. 그리고 이 힘이 지구에서 나온다는 것은 그 영향이 달까지 미치더라도 그저 중력임을 의미한다. 하늘의 인력과 지구의 인력은 모두 역제곱 법칙을 따르는 보편적 중력이라는 결론은 《프린키피아》의 핵심적인 성취다.

하지만 "현자들에게 신을 알린 교리문답서"인 《프린키피아》는 값비싼 대가를 치러야 했다. 3권은 근사치, 타협, 대담한 일반화로 가득했다. 달 실험에 대해서도 뉴턴은 2판 편집자인 로저 코츠Roger Cotes에게 정돈된 계산 결과를 위해서는 숫자들에 '도움'을 줘야 했다고 인정했다. 목성 위성들을 예로 든 것도 순수한 의도는 아니었다. 목성 위성은 태양계에서 이루어지는 어떤 운동보다 규칙적으로 운동한다. 중요한 사실은 케플러 법칙들이 이상화한 법칙이라는 것이다. 행성은 우주에서 오로지 태양과 서로를 당길 때만 면적이 시간에 비례하는 규칙적인 타원 궤도로 태양 주위를 돌 수 있다. 뉴턴은 보편적 중력 개념이 그리는 시나리오가, 신성한 질서에 대한 케플러의 환상과 천구의 완벽함에 대한 고대 그리스 사상가들의 이상이 그리는 시나리오와 다르다는 사실을 잘 알았다. 그는 〈궤도를 도는 물체의 운동에 관하여〉의 최종본에서 다음과 같이 인정했다.

행성들의 위치에 대해 공통 중력 중심을 계산하면, 주로 태양이나 태양과 아주 가까운 곳이 된다. 이처럼 태양이 중력 중심에서 벗어날 때도 있으므로 구심력이 항상 움직이지 않는 중심을 향하는 것은 아니며, 따라서 행성들은 정확한 타원을 그리지도 않고 항상 같은 궤도를 도는 것도 아니다. 행성마다 궤도가 많고… 하나의 행성이 그리는 궤도는 다른 모든 행성의 복합적인 운동에 영향을 받을 뿐 아니라 행성들은 서로의 운동에 영향을 미친다. 하지만 운동의 모든 원인을 동시에 고려하고 이 운동들을 계산이 쉬운 법칙들로 정의하는 것은… 모든 인류의 지성을 합치더라도 불가능하다. 사소한 사실들을 차치하고 모든 계산 오류의 평균을 내어 산출한 단순한 궤도는 타원이 된다.

– 뉴턴, 〈궤도를 도는 물체의 운동에 관하여〉 3판, 존 헤리벨John Herivel,
《뉴턴의 프린키피아에 관한 배경The Background to Newton's Principia》에서 재인용, 297쪽

자연의 복잡성은 환원할 수 없으며 인간의 지식은 한정적이다. 실제로 행성들은 완벽한 궤도로 공전하지 않고 어떤 과학도 "계산이 쉬운" 정확한 법칙을 제시할 수 없다.

이 같은 결론을 《프린키피아》에서는 찾을 수 없다. 뉴턴은 자신의 걸작에서 과학의 한계를 겸허히 인정하지도 않았고 "타원"이 "오류의 평균"에 지나지 않는다는 사실을 받아들이지도 않았다. 대신 이 위대한 책의 말미를 장식한 '일반 주해General Scholium'에서 질서정연한 자연에 대한 지식이 무결하다고 자신했다.

행성으로 이루어진 공간 전체는 많은 사람의 믿음처럼 정지해 있거나 직선으로 등속운동을 하므로 행성들의 공통 중력 중심도… 정지해 있거나 공간을 따라 움직인다. 두 경우에서… 행성들의 상대적 운동은 같으며 공통 중력 중심은 우주 전체에 대비해 정지해 있으므로 행성계 전체의 정지해 있는 중심으로 여길 수 있다. 따라서 코페르니쿠스계를 연역적으로 입증할 수 있다. 행성들이 어느 위치에 있든 공통 중력 중심을 계산하면 언제나 태양이나 태양과 아주 가까운 곳으로 나타나기 때문이다.

뉴턴의 《프린키피아》로 근대 과학은 마침내 성전을 갖게 되었다. 불완전하고 비대칭적이지만 신성한 완벽함을 열망하며 쌓아 올린 인간의 손길을 결코 감추지 않는 이 성전을 인류는 경외하고 모방하며 보강하고 재구성했다.

01 훅과 뉴턴의 생애에서 발견되는 비슷한 점과 차이점에서 어떤 흥미로운 사실을 알 수 있을까? 그들의 사후 명성이 크게 다르다는 사실에서는 어떤 흥미로운 사실을 알 수 있을까?

02 훅과 뉴턴이 주고받은 편지에서 탄생한 지식을 어떤 관점에서 생각해볼 수 있을까? 사회성이라는 맥락에서 지식을 바라볼 수 있을까?

03 그림 10.5를 다시 보자. 어떻게 뉴턴 같은 인물이 그처럼 기초적인 실수를 했을까? 이 사실은 본문에서 논의한 개념들과 관련해 어떤 의미가 있을까?

04 훅의 혁신을 어떻게 생각하는가? 그가 '질문을 발명'했다는 말은 합리적인가? 왜 케플러나 갈릴레오, 데카르트는 훅이 한 질문을 떠올리지 못했을까? 이 의문이 합당할까?

05 지구를 비롯한 행성들이 계속 태양을 향해 '낙하'하지만 결코 태양에 도달하지 않는다는 생각이 여전히 이상하게 느껴지는가? 그렇다면 왜 과학은 이 이상한 생각에 중요한 역할을 부여할까? 이상하지 않다면, 과학의 '소비자'인 우리가 이처럼 기이한 생각에 어떻게 익숙해졌을까?

더 읽을거리

1. 대성당

1차 자료

Augustine, *On Christian Doctrine*, Book II, chs. 27-30; 39-42, www.newadvent.org/fathers/12022.htm.

Grosseteste, Robert, *On Light*, Clare C. Riedl (trans.) (Milwaukee, WI: Marquette University Press, 1942).

2차 자료

- 존 오먼드의 〈성당을 지은 이들〉:

Ormond, John, *Collected Poems*, Rian Evans (ed.) (Bridgend, Wales: Poetry Wales Press, 2015).

- 성당과 중세 과학에서 성당이 차지한 위치에 관하여:

Heilbron, John L., *The Sun in the Church: Cathedrals as Solar Observatories* (Cambridge, MA: Harvard University Press, 1999).

- 인류의 성취로서의 과학에 관하여:

Golinski, Jan, *Making Natural Knowledge* (Cambridge University Press, 1998).

- 말이 중세 문화에 미친 영향과 기술 및 문화의 전반적인 관계에 미친 영향에 관하여:

White, Lynn Jr., *Medieval Technology and Social Change* (Oxford University Press, 1966).

- '어떻게에 대한 앎'이 지니는 독창성에 관하여:

Polanyi, Michael, *Personal Knowledge: Towards a Post-Critical Philosophy*, corr. edn. (University of Chicago Press, 1974).

- 아우구스티누스에 관하여:

Evans, Gillian Rosemary, *Augustine on Evil* (Cambridge University Press, 1982).

Hollingworth, Miles, *Saint Augustine of Hippo: An Intellectual Biography* (Oxford University Press, 2013).

- 플로티노스에 관하여:

Uždavinys, Algis, *The Heart of Plotinus: The Essential Enneads* (Bloomington, IN: World Wisdom, 2009).

- 기독교에서의 빛과 지식에 관하여:

Edgerton, Samuel, *The Mirror, the Window, and the Telescope* (Ithaca, NY: Cornell University Press, 2009).

2. 고대 그리스 사상

1차 자료

Plato, Meno, 81-86, in: Plato, *Complete Works*, John M. Cooper and D. S. Hutchinson (eds.) (Indianapolis: Hacket, 1997), pp. 880-887 (also: http://classics.mit.edu/Plato/meno.html).

Plato, Timaeus, 27-40, in: Plato, *Complete Works*, John M. Cooper and D. S. Hutchinson (eds.) (Indianapolis: Hacket, 1997), pp. 1234-1244 (also: http://classics.mit.edu//Plato/timaeus.html).

Aristotle, *On the Heavens*, Book I. 8, in: Aristotle, On the Heavens, W. K. C. Guthrie (trans.) (Harvard University Press, 1939), pp. 68-81 (also: http://classics.mit.edu/Aristotle/heavens.1.i.html).

Lucretius, *On the Nature of Things*, Book II, On Atomic Motions (http://classics.mit.edu/Carus/nature_things.2.ii.html).

2차 자료

- 그리스 고전 과학에 관하여:

Lloyd, G. E. R., *Early Greek Science: Thales to Aristotle* (London: Chatto & Windus, 1970).

• 그리스 문화와 인식론에 관하여:

Arendt, Hannah, *The Human Condition*, 2nd edn. (University of Chicago Press, 1958).

• 파르메니데스와 그가 그리스 철학에 미친 영향에 관하여:

Palmer, John, *Parmenides and Presocratic Philosophy* (Oxford University Press, 2009).

• 플라톤의 삶과 작품에 관하여:

Friedlander, Paul, *Plato: An Introduction*, Hans Meyerhoff (trans.) (Princeton University Press, 2015 [1970]).

• 《티마이오스》에서 발견되는 플라톤의 형이상학과 우주론에 관하여:

Broadie, Sarah, *Nature and Divinity in Plato's Timaeus* (Cambridge University Press, 2011).

• 아리스토텔레스 생애의 맥락에서 바라본 그의 사상에 관하여:

Natali, Carlo, *Aristotle: His Life and School*. D. S. Hutchinson (ed.) (Princeton University Press, 2013).

• 아리스토텔레스의 인식론과 자연철학, 그리고 둘의 관계에 관하여:

Falcon, Andrea, *Aristotle and the Science of Nature: Unity without Uniformit* (Cambridge University Press, 2005).

3. 천문학의 탄생

1차 자료

Aristotle, *On the Heavens*, Book II, 13-14 (http://classics.mit.edu/Aristotle/heavens.2.ii.html).

Ptolemy, *Almagest*, Book I, 1; 3; 5; 12; Book III, 3. In: Toomer, J. G., *Ptolemy's Almagest* (London: Duckworth, 1984), pp. 35-37, 38-40, 41-42, 141-153.

2차 자료

Aaboe, Asger, *Episodes from the Early History of Astronomy* (New York and Berlin: Springer, 2001).

Dreyer, J. L. E., *History of Astronomy from Thales to Kepler*, 2nd edn. (New York: Dover (1953).

Evans, James, *The History and Practice of Ancient Astronomy* (Oxford University Press, 1998).

Goldstein, Bernard R., "Saving the phenomena: the background to Ptolemy's planetary theory" (1997) 28 *Journal for the History of Astronomy* 2-12.

Kuhn, Thomas S., *The Copernican Revolution: Planetary Astronomy in the Development of Western Thought* (Cambridge, MA: Harvard University Press, 1992).

Neugebauer, Otto, *The Exact Sciences in Antiquity*, 2nd edn. (Dover, 1969).

Ptolemy, Claudius, *Ptolemy's Almagest*, G. J. Toomer (trans.) (Princeton University Press, 1998).

Van Helden, Albert, *Measuring the Universe: Cosmic Dimensions from Aristarchus to Halley* (University of Chicago Press, 1986).

4. 중세의 배움

1차 자료

Plinius, Gaius Secundus (Pliny the Elder), *Natural History (Historia Naturalis)*, John Bostock and Henry T. Riley (trans.) (London: Henry G. Bohn, 1855-1857), http://resource.nlm.nih.gov/57011150R, Dedication and Book I, chs. 1-2 (V.1, pp. 6-16); Book II, chs. 17-31 (V.1, pp. 50-63).

Abū 'Alī ibn al-Haytham (Alhacen), "Alhacen's Theory of Visual Perception," Mark A. Smith (ed.) (2007) 91(4-5) *Transactions of the American Philosophical Society* 343-346, 561-577.

Grosseteste, Robert, *On light (De Luce)*, Clare C. Riedl (trans.) (Milwaukee, WI: Marquette University Press, 1978).

"The Reaction ⋯ to Aristotelian ⋯ Philosophy" in E. Grant (ed.), *A Source Book in Medieval Science* (Cambridge, MA: Harvard University Press, 1974), pp. 42-52.

2차 자료

• 그리스 과학의 운명에 관하여:

Lehoux, Daryn, *What Did The Romans Know? An Inquiry into Science and World-*

making (University of Chicago Press, 2012).

• 이슬람의 헬레니즘 과학 수용에 관하여:

Gutas, Dimitry, *Greek Thought, Arabic Culture: The Graeco-Arabic Translation Movement in Baghdad and Early 'Abbasid Society* (London: Routledge, 1999).

• 이슬람 과학과 철학에 관하여:

Rashed, Roshdi (ed.), *Encyclopedia of the History of Arabic Science* (London: Routledge, 1996), Vols. 1-3.

Rashed, Roshdi, "The Ends Matters" (2003) 1(1) *Islam & Science* 153-160.

Sabra, Abdelhamid I., "The Appropriation and Subsequent Naturalization of Greek Science in Medieval Islam: A Preliminary Statement" (1987) XXV *Journal for History of Science* 223-245.

Saliba, George, *Islamic Science and the Making of the European Renaissance* (Cambridge, MA: MIT Press, 2007).

• 유럽 중세 의학과 철학에 관하여:

Grant, Edward, *Physical Science in the Middle Ages*, Cambridge History of Science Series (Cambridge University Press, 1977).

Lindberg, David C., *Science in the Middle Ages* (University of Chicago Press, 1978).

Lindberg, David C., *The Beginnings of Western Science: The European Scientific Tradition in Philosophical, Religious, and Institutional Context, 600 B.C. to A.D. 1450* (University of Chicago Press, 1992).

• 대학의 출현에 관하여:

Grant, Edward, *The Foundations of Modern Science in the Middle Ages* (Cambridge University Press, 1996).

Pedersten, Olaf, *The First Universities*, Richard Nort (trans.) (Cambridge University Press, 1997).

5. 혁명의 씨앗

1차 자료

Aquinas, Thomas, "Q. 14, Art. 9: Can Faith Deal with Things Which Are Known as Scientific Conclusions?" *in Truth (Quaestiones Disputatae de Veritate)*, Robert E. Schmidt (trans.) (Cambridge: Hacket, 1995 [1954]), Vol. 2, pp. 247-252.

Tartaglia, Niccolo, "Letter of Dedication" from *Nova Scientia*, in Stillman Drake and I. E. Drabkin (trans.), *Mechanics in Sixteenth-Century Italy* (Madison: University of Wisconsin Press, 1969), pp. 63-69.

Moryson, Fynes, *An Itinerary, Containing His Ten Yeeres Travell* (Glasgow: James MacLehose & Sons, 1907 [1617]), Vol. 1, "to the Reader," xix-xxi and ch. V, pp. 112-117; Vol. 2, ch. VI, pp. 122 ff.

2차 자료

• 과학과 일신론 사상에 관하여:

Funkenstein, Amos, *Theology and the Scientific Imagination* (Princeton University Press, 1986).

• 장인과 학자의 만남에 관하여:

Smith, Pamela H., *The Body of the Artisan: Art and Experience in the Scientific Revolution* (University of Chicago Press, 2004).

Zilsel, Edgar, *The Social Origins of Modern Science*, D. Raven, E. Krohn and R. S. Cohen (eds.) (Dordrecht: Kluwer, 2000).

• 인쇄기의 문화적 의미에 대하여:

Eisenstein, Elizabeth L., *The Printing Press as an Agent of Change: Communication and Cultural Change in Early Modern Europe* (Cambridge University Press, 1979).

Ong, Walter J., *Ramus, Method, and the Decay of Dialogue: From the Art of Discourse to the Art of Reason* (Cambridge, MA: Harvard University Press, 1983).

• 항해와 수학적 지식에 관하여:

Alexander, Amir, *Geometrical Landscapes: The Voyages of Discovery and the Transformation of Mathematical Practice* (Stanford University Press, 2002).

Markham, Clements R., *The Letters of Amerigo Vespucci and Other Documents Illustrative of his Career* (Farnham: Ashgate, 2010 [1894]).

• 예수회 과학에 관하여:

Dear, Peter, *Discipline and Experience: The Mathematical Way in the Scientific Revolution* (University of Chicago Press, 1995).

• 예수회의 중국 활동에 관하여:

Brockey, Liam, *Journey to the East: The Jesuit mission to China, 1579-1724* (Cambridge, MA: Belknap Press of Harvard University Press, 2007).

• 글로벌 교역과 지식에 관하여:

Brook, Timothy, *Vermeer's Hat: The Seventeenth Century and the Dawn of the Global Age* (New York: Bloomsbury Press, 2008).

Cook, Harold John, *Matters of Exchange: Commerce, Medicine, and Science in the Dutch Golden Age* (New Haven, CT: Yale University Press, 2007).

• 중국의 유럽 지식 수용과 활용에 관하여:

Elman, Benjamin A., *On Their Own Terms: Science in China, 1550-1900* (Cambridge, MA: Harvard University Press, 2005).

6. 마법

1차 자료

Herms Trismegistus, *Poimander I* in Copenhaver, *Hermetica*, pp. 1-7.

Plato, *Timaeus* (http://classics.mit.edu/Plato/timaeus.html: from "All men, Socrates, who have any degree of right feeling" to "visible gods have an end").

Augustine, *On Christian Doctrine*, Book II 30-36; 45.

Giambatista della Porta, *Natural Magick*, Book 1, chapters I-III; Book 5, chapter I; Book 9, chapter I.

2차 자료

• 마법 사상과 관행의 전반적 역사에 관하여:

Briggs, Robin, *Witches & Neighbors: The Social and Cultural Context of European Witchcraft* (London: Penguin, 1998).

Copenhaver, Brian, *Magic in Western Culture: From Antiquity to the Enlightenment* (Cambridge University Press, 2015).

Eamon, William, *Science and the Secrets of Nature: Books of Secrets in Medieval and Early Modern Culture* (Princeton University Press, 1994).

Hanegraaff, Wouter J. (ed.), *Dictionary of Gnosis & Western Esotericism* (Leiden: Brill, 2006).

Kieckhefer, Richard, *Magic in the Middle Ages* (Cambridge University Press, 2000).

• 《헤르메틱 코르푸스》에 관하여:

Copenhaver, Brian, *Hermetica* (Cambridge University Press, 1992), Introduction.

• 연금술에 관하여:

Newman, William R., *Promethean Ambitions: Alchemy and the Quest to Perfect Nature* (University of Chicago Press, 2004).

Principe, Lawrence M., *The Secrets of Alchemy* (University of Chicago Press, 2015).

• 점성술에 관하여:

Beck, Roger, *A Brief History of Ancient Astrology* (Blackwell, 2007).

• 마법사에 관하여:

Ginzburg, Carlo, *The Cheese and the Worms: the Cosmos of a Sixteenth-Century Miller*, 2nd edn. (Baltimore, MD: Johns Hopkins University Press, 2013).

Grafton, Anthony, *Cardano's Cosmos: The Worlds and Works of a Renaissance Astrologer* (Cambridge, MA: Harvard University Press, 2001).

Yourcenar, Marguerite, *The Abyss*, Grace Frick (trans.) (London: Weidenfeld & Nicolson, 1976).

• 마법과 과학에 관하여:

Bono, James J., *The Word of God and the Languages of Man: Interpreting Nature in Early Modern Science and Medicine* (Madison, WI: University of Wisconsin Press, 1995).

Webster, Charles, *From Paracelsus to Newton: Magic and the Making of Modern Science* (Cambridge University Press, 1982).

Yates, Frances A., *Giordano Bruno and the Hermetic Tradition* (University of Chicago Press, 1964).

• 마녀사냥의 이론에 관하여:

Stephens, Walter, *Demon Lovers: Witchcraft, Sex, and the Crisis of Belief* (University of Chicago Press, 2002).

7. 움직이는 지구

1차 자료

Copernicus, Nicolaus, "Commentariolus," in Edward Rosen (trans. and ed.), *Three Copernican Treatises* (New York: Octagon Books, 1971), pp. 55-65.

Kepler, Johannes, *Somnium* (The Dream), Edward Rosen (trans. and ed.) (Madison, WI: University of Wisconsin Press, 1967), pp. 11-21 ff.

Galileo, Galilei and Roberto Bellarmine, "Correspondence" and "Considerations Concerning the Copernican Hypothesis," in Maurice A. Finocchiaro (ed.), *The Galileo Affair* (Berkeley, CA: University of California Press, 1999), pp. 67-86.

2차 자료

• 전기:

Caspar, Max, *Kepler*, C. Doris Hellman (trans. and ed.) (New York: Dover, 1993).

Heilbron, John L., Galileo (Oxford University Press, 2010).

Thoren, Victor E., *The Lord of Uraniborg: A Biography of Tycho Brahe* (Cambridge University Press, 1990).

• 코페르니쿠스의 지동설에 관하여:

Kuhn, Thomas S., *The Copernican Revolution: Planetary Astronomy in the Development of Western Thought* (Cambridge, MA: Harvard University Press, 1957).

• 튀코와 그의 프로젝트에 관하여:

Christianson, J. R., *On Tycho's Island: Tycho Brahe and His Assistants, 1570-1601* (Cambridge University Press, 2000).

• 루돌프 왕실에 관하여:

Evans, Richard J., *Rudolf II and His World* (Oxford: Thames & Hudson, 1997).

• 튀코의 프로젝트에 대한 케플러의 옹호에 관하여:

Jardine, Nicholas, *Birth of History and Philosophy of Science* (Cambridge University Press, 1984).

• 케플러의 광학에 관하여:

Chen-Morris, Raz, *Measuring Shadows: Kepler's Optics of Invisibility* (University Park, PA: Pennsylvania State University Press, 2016).

• 케플러의 우주론에 관하여:

Field, Judith V., *Kepler's Geometrical Cosmology* (London: Athlone Press, 1988).

Hallyn, Fernand, *The Poetic Structure of the World: Copernicus and Kepler*, D. M. Leslie (trans.) (New York: ZONE BOOKS, 1993).

• 케플러의 천문학에 관하여:

Stephenson, Bruce, *Kepler's Physical Astronomy* (Princeton University Press, 1994).

• 린체이 아카데미에 관하여:

Freedberg, David, *The Eye of the Lynx: Galileo, His Friends, and the Beginnings of Modern Natural History* (University of Chicago Press, 2002).

• 갈릴레오의 망원경에 관하여:

Van Helden, Albert, "The Telescope in the Seventeenth Century" (1974) 65 *Isis* 38-58.

Reeves, Eileen, *Galileo's Glassworks: The Telescope and the Mirror* (Cambridge, MA: Harvard University Press, 2008).

• 갈릴레오의 발견들에 관하여:

Reeves, Eileen, *Painting the Heavens: Art and Science in the Age of Galileo* (Princeton University Press, 1997).

• 측정 장비의 문화적 영향에 관하여:

Alpers, Svetlana, *The Art of Describing: Dutch Art in the Seventeenth Century* (University of Chicago Press, 1983).

Clark, Stuart, *Vanities of the Eye: Vision in Early Modern European Culture* (Oxford University Press, 2007).

Edgerton, Samuel Y., Jr., *The Mirror, the Window, and the Telescope: How Renaissance Linear Perspective Changed Our Vision of the Universe* (Ithaca, NY: Cornell University Press, 2009).

Panofsky, Erwin, *Galileo as a Critic of the Arts* (The Hague: Martinus Nijhoff, 1954).

• 갈릴레오 재판에 관하여:

Biagioli, Mario, *Galileo Courtier: The Practice of Science in the Age of Absolutism* (University of Chicago Press, 1993).

Feldhay, Rivka, *Galileo and the Church* (Cambridge University Press, 1995).

Redondi, Pietro, *Galileo Heretic*, R. Rosenthal (trans.) (Princeton University Press, 1987).

8. 의학과 몸

1차 자료

Galen, *On the Natural Faculties*, Arthur John Brock (trans.), The Loeb Classical Library (London: William Heineman, 1652), pp. 3-17.

Galen, *Galen on Anatomical Procedures*, Charles Joseph Singer (trans.) (Oxford University Press, 1999), pp. 1-9.

Bald and Child, "Leechbook" in Oswald Cockayne (ed.), *Leechdoms, Wortcunning, Starcraft* (London: Longman, Green Reader & Dyer, 1865), Vol. II, pp. 3-17, 27-31, 57-59, 323-335.

Paracelsus, "Alchemy, Art of Transformation" in Malcolm Oster (ed.), *Science in Europe, 1500-1800* (New York: Palgrave Macmillan, 2002), pp. 99-107.

Sharp, Jane, *The Midwives Book, or the Whole Art of Midwifry Discovered* (London: Simon Miller, 1671), frontispiece and pp. 153-162.

2차 자료

• 의학의 전반적 역사:

Porter, Roy, *The Greatest Benefit to Mankind: A Medical History of Humanity from Antiquity to the Present* (London: Fontana Press, 1999).

• 고대 의학:

Kuriyama, Shigehisa, *The Expressiveness of the Body and the Divergence of Greek and Chinese Medicine* (New York: ZONE BOOKS, 1999).

Nutton, Vivian, *Ancient Medicine* (London: Routledge, 2004).

von Staden, Heinrich, *Herophilus: The Art of Medicine in Early Alexandria* (Cambridge University Press, 1989).

• 중세 의학:

Siraisi, Nancy, *Medieval & Early Renaissance Medicine: An Introduction to Knowledge and Practice* (University of Chicago Press, 1990).

• 기타 의학:

Lo, Vivian (ed.), *Medieval Chinese Medicine* (Oxford: Routledge Curzon, 2005).

Winterbottom, Anna and Facil Tesfaye (eds.), *Histories of Medicine and Healing in* the Indian Ocean World, Vol. 1: The Medieval and Early Modern Period (New York: Palgrave Macmillan, 2016).

• 무기 연고 및 의학과 마법의 전반적인 관계에 관하여:

Harline, Craig, Miracles as the Jesus Oak: Histories of the Supernatural in Reformation Europe (New Haven, CT: Yale University Press, 2011).

Moran, Bruce T., Distilling Knowledge: Alchemy, Chemistry and the Scientific Revolution (Cambridge, MA: Harvard University Press, 2005).

• 글로벌 상업 시대에 이루어진 의학적 변화에 관하여:

Cook, Harold John, Matters of Exchange: Commerce, Medicine, and Science in the Dutch Golden Age (New Haven, CT: Yale University Press, 2007).

• 런던의 역병과 그 중요성에 관하여:

Miller, Kathleen, The Literary Culture of Plague in Early Modern England (New York: Palgrave Macmillan, 2016).

Wallis, Patrick, "Plagues, Morality and the Place of Medicine in Early Modern England" (2006) 121(490) English Historical Review 1-24.

9. 신과학

1차 자료

Bacon, Francis, New Atlantis (London: Tho. Necomb, 1659), www.gutenberg.org/ebooks/2434.

Descartes, René, Principles of Philosophy (Principia Philosophiæ, 1644), Valentine R. Miller and Reese P. Miller (trans.) (Dordrecht: Reidel, 1983), pp. 59-63.

Elisabeth, Countess Palatine and René Descartes, The Correspondence between Princess Elisabeth of Bohemia and René Descartes, Lisa Shapiro (ed. and trans.) (University of Chicago Press, 2007), pp. 61-81.

Hooke, "Preface" to Micrographia (London: Jo. Martin and Jo. Allestry, 1665), www.gutenberg.org/ebooks/15491.

2차 자료

• 과학혁명에 관하여:

Floris Cohen, H., *The Scientific Revolution: A Historiographical Inquiry* (University of Chicago Press, 1994).

Koyré, Alexandre, *From the Closed World to the Infinite Universe* (Baltimore, MD: Johns Hopkins University Press, 1957).

• 광학의 역사에 관하여:

Lindberg, David C., *Theories of Vision from Al-kindi to Kepler* (University of Chicago Press, 1976).

• 데카르트의 과학과 철학에 관하여:

Garber, Daniel, *Descartes' Metaphysical Physics* (University of Chicago, 1992).

Schuster, John, *Descartes-Agonistes: Physico-mathematics, Method & Corpuscular-Mechanism 1618-33* (Dordrecht: Springer, 2013).

• 보일과 옥스퍼드 실험주의자들에 관하여(역사적 고증을 받은 픽션):

Pears, Iain, *An Instance of the Fingerpost* (New York: Berkeley Publishing Group, 1998).

Atkins, Philip and Michael Johnson, *A Dodo at Oxford: The Unreliable Account of a Student and His Pet Dodo* (Oxford: Oxgarth Press, 2010).

• 보일과 왕립학회에 관하여:

Shapin, Steven, *A Social History of Truth: Gentility, Civility and Science in Seventeenth-Century England* (University of Chicago Press, 1994).

• 로버트 훅과 왕립학회에 관하여:

Shapin, Steven, "Who Was Robert Hooke?" in Michael Hunter and Simon Schaffer (eds.), *Robert Hooke: New Studies* (Wolfeboro, NH: Boydell Press, 1989), pp. 253-286.

Pumfrey, Stephen, "Ideas above His Station: A Social Study of Hooke's Curatorship of Experiments" (1991) XXIX *History of Science* 1-44.

• 문화적 맥락의 신과학에 관하여:

Gal, Ofer and Raz Chen-Morris, *Baroque Science* (Chicago University Press, 2013).

Jacob, Margaret, *The Cultural Meaning of the Scientific Revolution* (Philadelphia, PA: Temple University Press, 1988).

• 갈릴레오의 과학에 관하여:

Koyré, Alexandre, *Galileo Studies*, John Mepham (trans.) (Atlantic Highlands, NJ:

Humanities Press, 1973).

Renn, Jürgen, Peter Damerow and Simone Riger, "Hunting the White Elephant: When and How Did Galileo Discover the Law of Fall?" (2000) 13 *Science in Context* 299-423.

• 실험 장치의 전통에 관하여:

Bertoloni Meli, Domenico, *Thinking with Objects: The Transformation of Mechanics in the Seventeenth Century* (Baltimore, MD: Johns Hopkins University Press, 2006).

Landes, David S., *Revolution in Time: Clocks and the Making of the Modern World* (Cambridge, MA: Belknap Press, 1983).

Lefèvre, Wolfgang (ed.), *Picturing Machines 1400-1700* (Cambridge, MA: MIT Press, 2004).

• 신과학을 위한 수학의 발전에 관하여:

Mahoney, Michael, "Changing Canons of Mathematical and Physical Intelligibility in the Later Seventeenth Century" (1984) 11 *Historia Mathematica* 417-423.

Mancosu, Paolo, *Philosophy of Mathematics and Mathematical Practice in the Seventeenth Century* (New York: Oxford University Press, 1996).

• 프랜시스 베이컨의 철학에 관하여:

Rossi, Paolo, *Francis Bacon: From Magic to Science*, S. Rabinovitch (trans.) (London: Routledge and Kegan Paul, 1968).

• 보일과 왕립학회, '가상 경험' 등에 관하여:

Shapin, Steven, *A Social History of Truth: Gentility, Civility and Science in Seventeenth-Century England* (University of Chicago Press, 1994).

Shapin, Steven and Simon Schaffer, *Leviathan and the Air-Pump* (Princeton University Press, 1985).

• 실험 전통에 관하여:

Schaffer, Simon, "Glassworks: Newton's Prisms and the Uses of Experiment" in David Gooding, Trevor Pinch and Simon Schaffer (eds.), *The Uses of Experiment: Studies in the Natural Sciences* (New York: Cambridge University Press, 1989), pp. 67-104.

Shapin, Steven, "The House of Experiment in Seventeenth-Century England" (1988) 79 *Isis* 373-404.

• 찰스 1세에 대한 재판과 처형에 관하여:

Kesselring, Krista J. (ed.), *The Trial of Charles I* (Peterborough, ON: Broadview, 2016).

Robertson, Geoffrey, *The Tyrannicide Brief* (London: Chatto & Windus, 2005).

10. 과학의 성전

1차 자료

Hooke, Robert, "Address to the Royal Society" in Thomas Birch (ed.), *The History of the Royal Society of London* (London, 1756-7). Facsimile reprint in *The Sources of Science*, Vol. 44 (New York: Johnson Reprint Corporation, 1968), Vol. II, pp. 91-92.

Hooke, Robert and Isaac Newton, "Correspondence" in Isaac Newton, *The Correspondence of Isaac Newton*, H. W. Turnbull (ed.) (Cambridge University Press, 1960), Vol. II, pp. 297-313 (esp. pp. 300, 301-302, 305, 307-308, 312-313).

Newton, Isaac, "De Motu III-B" in J. W. Herivel (ed. and trans.), *The Background to Newton's Principia* (Oxford: Clarendon Press, 1965), p. 301.

Newton, Isaac, "Definitions, Scholium, Axioms" in Isaac Newton, *The Principia: Mathematical Principle of Natural Philosophy*, I. B. Cohen and A. Whitman (trans. and ann.) (Berkeley, CA: University of California Press, 1999), pp. 403- 418.

2차 자료

Brackenridge, J. Bruce, *The Key to Newton's Dynamics: The Kepler Problem and the Principia* (Berkeley, CA: University of California Press, 1996), https://publishing.cdlib.org/ucpressebooks/view?docId=ft4489n8zn;brand=ucpress.

De Gandt, François, *Force and Geometry in Newton's Principia* (Princeton University Press, 1995).

Densmore, Dana, *Newton's Principia: The Central Argument*, William Donahue (trans.), 3rd edn. (Santa Fe, NM: Green Lion Press, 2003).

Dobbs, Betty Jo Teeter, *The Janus Faces of Genius: The Role of Alchemy in Newton's Thought* (Cambridge University Press, 1991).

Gal, Ofer, *Meanest Foundations and Nobler Superstructure: Hooke, Newton and the*

Compounding of the Celestiall motions of the Planetts (Dordrecht: Kluwer, 2002).

McGuire, James E. and Piyo M. Rattansi, "Newton and the 'Pipes of Pan'" (1966) 21 *Notes and Records of the Royal Society of London* 108–143.

Schaffer, Simon, "Glass Works: Newton's Prisms and the Uses of Experiment" in David Gooding, Trevor Pinch and Simon Schaffer (eds.), *The Uses of Experiment* (Cambridge University Press, 1989), pp. 67–104.

Westfall, Richard S., *Force in Newton's Physics* (London: Macdonald and Co., 1971).

찾아보기

과학혁명의 기원

고대 그리스 철학부터 뉴턴의 역학까지

초판 1쇄 인쇄 2022년 7월 20일
초판 1쇄 발행 2022년 7월 25일

지은이 오퍼 갤
옮긴이 하인해
펴낸이 양미자
편　집 강진홍
디자인 이수정

펴낸곳 도서출판 모티브북
주소 서울시 마포구 토정로 222, 304호(신수동, 한국출판콘텐츠센터)
등록번호 제313-2004-00084호
전화 063 251 4671　　　　**팩스** 0303 3130 1707
이메일 motivebook@naver.com

ISBN 978-89-91195-62-2　93130